李华瑞 主编

宋辽西夏金史青蓝集

中国社会科学出版社

图书在版编目（CIP）数据

宋辽西夏金史青蓝集/李华瑞主编 .—北京：中国社会科学出版社，2017.5

ISBN 978 – 7 – 5203 – 0048 – 3

Ⅰ.①宋…　Ⅱ.①李…　Ⅲ.①中国历史—辽宋金元时代—文集 ②中国历史—西夏—文集　Ⅳ.①K240.7 – 53

中国版本图书馆 CIP 数据核字（2017）第 047327 号

出 版 人	赵剑英
责任编辑	刘　芳
责任校对	周　昊
责任印制	李寡寡

出　　版	中国社会科学出版社
社　　址	北京鼓楼西大街甲 158 号
邮　　编	100720
网　　址	http://www.csspw.cn
发 行 部	010 – 84083685
门 市 部	010 – 84029450
经　　销	新华书店及其他书店
印刷装订	北京君升印刷有限公司
版　　次	2017 年 5 月第 1 版
印　　次	2017 年 5 月第 1 次印刷
开　　本	710×1000　1/16
印　　张	33.25
字　　数	548 千字
定　　价	138.00 元

凡购买中国社会科学出版社图书，如有质量问题请与本社营销中心联系调换
电话：010 – 84083683
版权所有　侵权必究

写在前面的话

我生于 1958 年 2 月，但生日是在丁酉年的腊月，所以明年是我的耳顺之年。有学生建议搞庆生或祝寿活动，我谢绝了，因为不论从哪方面讲我觉得我还没有到值得总结人生的阶段。新近收到黄正林先生的大著《农村经济史研究——以近代黄河上游区域为中心》，翻到最后致谢部分，映入眼帘有这样一段文字：

> 李华瑞教授是我的大学班主任，也是把我带进学术殿堂的领路人。一九八四年秋季，我考入西北师范学院（一九八八年改名西北师范大学）历史系读书，系里安排了两位研究生给我们班当辅导员（不同于现在大学管理学生的辅导员），一位是李华瑞老师，一位是徐斌老师。李老师负责我们的学术活动，徐老师负责思想政治（徐老师硕士毕业后，再未见面，但对他的业绩，我也时有耳闻）。李老师毕业留校，又担任我的班主任一年。李、徐两位老师给我们班当辅导员，有两件事情可圈可点：一件是在大学一年级时，李、徐两位老师给我们班组织了一次学术讨论会，我写的文章虽未引起老师注意，但这次讨论会对我走上学术道路影响至深；一件是在当时的《兰州青年报》上，李、徐两位老师为我们班开辟了一个栏目："在新的起跑线上"。我虽没有在上面发文章，但激发了我写作与"投稿"的激情。李老师颇有口才，谈学术，谈时政，谈人生，谈理想，给同学们留下了深刻的影响。我们班有几位同学走上了学术道路，与李老师、徐老师有很大的关系。我到河北大学工作时，李老师时任该校人文学院院长。在大学读书的时候，懵懵懂懂，李老师把我引上了学术道

路；人到中年，李老师又指点迷津，让我在学术道路上继续坚定地走下去。在人生旅途中，能与李老师两次相遇，并获得巨大帮助，一生向学，真乃幸事也。①

读了这段文字内心不免感慨系之，从1984年至今已整整32年了。如果要总结，总结一下三十多年来作为一名教师传道授业倒是很有必要，看到受过我点滴影响的学生和朋友在学术上取得进步和崭露头角，内心无疑是很自豪的，同时更有一种青出于蓝而胜于蓝的情结油然而生，于是就有了这部论文选集。

1985年7月，我硕士毕业留在西北师院历史系成为一名教师，1986年9月承担本科二年级宋元明清史的教学工作，我的讲义是自己编写的，约15万字。用这部讲义只讲过1次课，其后便束之高阁。1986年春季应甘南"合作民族师范高等专科学校"（现甘肃民族师范学院）的邀请，为该校首届汉语言文学系的汉、藏两个班的学生讲过一学期中国通史课。此后至2001年，没有再给本专科生上过课。1987年我考入河北大学社会科学研究所宋史研究室，师从漆侠先生。漆侠师很重视本科教学，重视教学相长，当得知我用自己编写的讲义讲过1次宋元明清史时，颇为赞许。我说讲义虽不是用一种指定教材而是自己编写，但基本都是东抄抄西抄抄拼凑的。漆侠师说能集中学界的最新成果，如果还能较为准确地表达出来也是很不易的。没想到得到老师的肯定。但是也体悟出漆侠师注重科研与教学互动的教学理念，后来常听漆侠师说没有新成果就不讲课，只要有一天研究停止了，也就是教学工作终止之时。1990年6月我获得博士学位后留在宋史研究室工作，不久宋史研究室更名为历史研究所。1992年晋升副教授，1994年获得硕士研究生导师资格，并开始给硕士研究生授课，主讲《宋代经济史研究》，1995年7月破格晋升教授，1996年5月经河北省教委批准获得博士研究生导师资格。也是从这年起，我开设的《宋代经济史研究》成为硕士、博士生必修课。2000年10月担任河北大学人文学院院长，第二年春季按照教育部关于教授应当上一线教学的要求，开始给本科生开设《宋史选修课》。2004年8月调入首都师范大学，2005年

---

① 按：徐斌是我的大学、研究生同学、挚友，黄正林提到《兰州青年报》设栏目是徐斌倡议并安排相关事宜，当时我负责同学们的专业学习，徐斌负责引导学生解放思想、改变观念。

春季为首都师大历史系本科生继续开设《宋史选修课》，为硕士、博士生开设《宋史专题研究》（侧重宋代经济史）和《文献与宋史研究》两门课，直到现今。2006年开始招收进站博士后。

从1994年开始招收研究生到现今分两个阶段，1994年至2000年是为第一阶段。按照河北大学历史研究所的惯例，都是以漆侠师的名义招收，硕士生自进校之日起已分配到具体的导师名下，而博士生则往往是在第二年分配导师。彭向前是第一个跟我硕博连读的学生，后因种种原因，在博士入学不久以后转到刘秋根、杜建录名下。彭向前硕士毕业时，我推荐他到宁夏大学跟杜建录兄做西夏史研究，他考博士入学后的选题即在宋夏关系基础上进行拓展研究。当时他很想不通我让他去宁夏，曾半开玩笑地说是我把他流放到西北。彭向前出生在河南潢川县，有很深的中原情结。后来他在西夏学创出一片天地后，每次见到我都庆幸当年让他做西夏学是一个正确的选择。汪天顺和韩毅都是母校李清凌老师极力向我推荐的。汪天顺是在入学第二年分配在我的名下，论文题目《章惇研究》是我帮助他确定的。与汪天顺同级的靳华来自哈尔滨师范大学，她的硕士学位是在华中师大取得的。1998年靳华与我书信联系，之后还曾专程来河北大学咨询。1999年考入河北大学以后，因她一直想做宋朝与周边民族关系方面的研究，因我写过宋夏关系史，漆侠师就让我负责她的学习。论文拟定为宋金经贸关系，可惜靳华身体较弱，经常咳嗽，入校后病情出现加重的趋势，二年级开学不久就回到哈尔滨的家里休养，但很快就传来肺病被诊断为癌症的消息。2002年4月本应是她收获的季节，却在23日与世长辞。我与她丈夫联系，她丈夫说靳华生前最大的遗憾是没能读完博士，她丈夫一再说到靳华生前对读书和研究宋金史的眷恋。真是天妒英才。马玉臣是师兄程民生的开山弟子，他考入河北大学之前，民生兄特别致信说马玉臣是可造之才，期望能给以关注，因为这层关系玉臣跟我比较亲近。直到现今我每每走进河南大学，玉臣用浓重的河南口音称呼我"亲老师"的声音仍在耳边回响。玉臣的博士论文题目《开源与节流——关于熙丰理财的几个问题》也是与我商议后得到漆侠师首肯。2001年11月漆侠师遽归道山之后，是我与刘秋根兄一同负责其后的一年半的学习。玉臣是又一位英年早逝的才俊，2013年逝世时才满41岁，正是可以出成绩的大好年华，真是"天道有情哭英才"。韩毅入学不到两个月，漆侠师就遽归道山，韩毅从选题到撰写论文均由我负责，他算是我全程培育的第一个博士生。

漆侠师遽归道山以后，我开始进入独立招生培养研究生的第二个阶段。邵育欣、张金花、魏华仙是我独立招生的第一批硕士、博士生。迄今共培养和招收硕士研究生35人，毕业并获得硕士学位25人；共培养和招收博士研究生26人，毕业并获得博士学位20人。从2006年以来招收进站博士后10人，出站5人。

入选本论文集的论文并不是所有学生的论文，而是分三种情况：1. 收录硕士和博士在读期间发表，或者是毕业后以学位论文为主发表的论文，有的学生虽有论文发表但不是在读期间或不是以学位论文内容为主发表，故不收。所收论文以毕业时间先后为序。在博士生中有好几位六〇后，特别是吕变庭、肖建新，他俩与我的关系既是师生更是学术同道。1994年以后国家评聘博士生导师资格制度改革和高校职称与学位挂钩相向并行，于是在国内高校产生了师生年龄相近甚至过去的同学成为师生的奇特现象，他们与我的风云际会是这种奇特现象的具体表现。说句实话，对于他们的指导，名义大于实际。张金花毕业于河北师大中文系，没有读过硕士学位，是以副教授的身份考入，跟我读博士的时候，她的女儿已在准备高考，从接受命题作文到完成，其中的艰辛是不言而喻的。顺便提及，2009年我在台湾东吴大学讲学期间，参访国际暨南大学图书馆，发现该馆书架上陈列的大陆宋史学者的论著不多，但却有张金花的由博士论文修订而成的《宋诗与宋代商业》一书，颇感意外和高兴。魏华仙是林文勋兄的在职硕士生，报考专业是古代经济史，她的论文题目是自选的。尚平是葛金芳先生的高足，尚平答辩时落泪的情景总是让我感到有些愧疚。杨小敏、杨芳都来自我的母校，她俩考上博士生之前都未曾接触过宋史，虽然都是经我命题作文，但是她们都极其努力，一方面努力弥补宋史知识的不足，另一方面则努力搜集资料撰写论文，克服重重困难完成学位论文。杨小敏的论文写作我已在她《蔡京蔡卞与北宋晚期政局研究》一书的序中作了说明，这里不再重复。杨芳报考的专业也是古代经济史，她的论文《宋代仓廪制度研究》近期得到杭州社会科学院南宋研究中心的立项支持，也算是对她论文的另一种方式的肯定吧。邱志诚毕业的时候，中国科学院自然科学史研究所的曾雄生先生通过韩毅给我带话主动邀请他做博士后，继续农书的研究，但出于家庭团圆，他选择了去温州大学，为此我为他遗憾了很长时间，这种选择和牺牲将会对他未来的学术道路产生难以预料的负面影响，而我以为有好的平台他应是有所作为的。陈朝阳来自河北大学，是汪圣铎先生的学生。郭志安、纪雪娟、孙方圆是随我硕博连读的学生。刘双怡是魏华仙的硕士生，她的学位论文是我参加史金波先生主持的国家社科基金委托项目子课题的内容。现已被列入史金波先生主编的"西夏文物与文献研究"丛书。魏华仙近些年还推荐保送了两名本科生到我这里读硕士，基础都不错，看来她在教学上也是颇有方法的。范建文是罗家祥先生的硕士生。郭洋辰是去年毕业的硕士，入选本论文集的文章不是硕士论文内容，而是在听我讲课时受到启发撰写而成，得到王曾瑜先生的好评。

2. 博士后崔红芬、刁培俊、方兴、张剑、俞菁慧、张勇与我是合作关系，除了俞菁慧的论文（从她师承汤一介先生读博士到进站做博士后）确与我有较多的互动外，出站报告主要都是各自独立完成，所以不敢掠美，只请博士后友情赞助一篇在站期间发表的论文，以进站时间先后为序。

3. 收录了三篇本科生的毕业论文。在西北师大和河北大学教书期间没有指导过本科生学年和毕业论文。首都师大历史学科很重视本科生的学年论文，从2008年起我总共指导过12篇本科生的学年、毕业论文。收入本论文集的本科生论文的三位作者纪雪娟、朱义群、夏季全都是从二年级选修我的《宋史选修课》，三年级主动选我做她（他）们的学年论文指导教师，而后又选修一次我的《宋史选修课》，在学年论文基础上再做毕业论文。并且都是在四年级经保送推荐又跟我读硕士学位。而纪雪娟一直读到博士毕业。其实，我从感情上更重视更倾向于本科生的论文，因为他（她）们将来在学术上若有可塑的前途，我是最初的园丁。

另外，我将黄正林和徐黎丽的文章置于最前面，是为了不能忘却的纪念。我在西北师院历史系任教两年，做了两次班主任，第一次就是黄正林所说的他所在的1984级班，第二次是1986年9月担任新疆维吾尔族汉语"民族班"，由于语言和该班受学校特别关注等原因，我对这个班实际上没有什么印象。去年9月去天水师范学院参加学术会议，由张翠芬召集，在天水市中学和市政府供职的84级同学王永刚、颉立春、张根录、裴怀春、薛茵、王陆锋闻讯赶来看我，他们说的一句话令我感动不已，他们说："上大学四年听过许多教师的课，但能让我们记住不忘的是启迪我们最初的辅导员和班主任，你与我们谈学习、谈人生、谈时局、谈思想、谈理想，给了我们很多的激励。"84级班现今已有7人走上学术道路，具有教授职称，黄正林、徐黎丽是他们当中的杰出代表。近日在网上看到有网友回复黄正林《农村经济史研究——以近代黄河上游区域为中心》致谢时说："看来当年李老师没有影响黄老师做宋史是个'错误'呀。"黄正林回复说："在李老师的影响下，我曾对宋史做过粗浅的研究，发表过两篇文章：《北宋时期环庆路的蕃族》，《西北史地》1997年第3期；《南宋主战派经营陕西述论》，《西北史地》1998年第4期。还买过不少宋史文献和研究宋史的专著。只是后来兴趣不在这方面了，很多宋史的文献和专著书都送人了，只保留下来《续资治通鉴长编》和《苏轼文集》、漆侠的《宋代经济史》等几部自己比较喜欢的书籍，以及李华瑞老师的专著《宋夏关系史》等。"可惜我能招收硕士生时，黄正林的兴趣已转向近代经济史和陕北边区经济史。徐黎丽也有类似的经历，她是84级班的学习委员，她的第一篇文章就是经我修改后在《兰州青年》报上发表的。1991年，徐黎丽曾致信和打电话联系我，想考我的研究生，但当年我还没有带研究生的资格，她才改考兰州大学，走上治民族史和民族理论的学术道路。黄正林和徐黎丽各自在从事的专业方面取得很大成绩，都已是各自领域的知名学者，他们把自己的成功与我联系起来，是一种自谦吧，不过我内心还是很欣慰的。如果说黄正林和徐黎丽没有从事宋史研究是一个"错误"，那也是一个美丽的"错误"。

李华瑞
2016年7月5日

目　次

国民政府"扶植自耕农"问题研究 …………………………… 黄正林（1）
论民族的三个基本属性 ………………………………………… 徐黎丽（31）
试论辽对西夏的遏制政策 ……………………………………… 彭向前（47）
章惇与曾布、蔡卞交恶及其对绍述政治的影响 ……………… 汪天顺（55）
试论宋神宗时期的州县省废 …………………………………… 马玉臣（75）
嘉定议和后的宋金关系 ………………………………………… 靳　华（100）
宋代僧人对儒家中庸思想的认识与回应
　　——以宋学形成前释智圆和释契嵩为中心的考察 …… 韩　毅（109）
论北宋河患对农业生产的破坏与政府应对
　　——以黄河中下游地区为例 …………………………… 郭志安（127）
宋代女性经商探析 ……………………………………………… 张金花（136）
宋代政府与节日消费 …………………………………………… 魏华仙（150）
杨辉算书与南宋社会经济诸关系初探 ………………………… 吕变庭（162）
宋代的科举责任追究 …………………………………………… 肖建新（181）
政事与人事：略论蔡京与讲议司 ……………………………… 杨小敏（199）
南宋马纲水运考述 ……………………………………………… 尚　平（212）
试论宋代义仓的设置与运营 …………………………………… 杨　芳（221）
熙宁末年宋交战争考述 ………………………………………… 陈朝阳（238）
宋代农书的时空分布及其传播方式 …………………………… 邱志诚（254）
西夏地方行政区划若干问题初探 ……………………………… 刘双怡（279）
北宋废止皇帝"田猎"之礼考述 ……………………………… 孙方圆（294）

北宋元丰改制前宰相名衔新探 ………………………… 郭洋辰（309）
宋代坐仓析论 ……………………………………………… 范建文（321）
西夏僧人赋役问题初探 …………………………………… 崔红芬（337）
官治、民治规范下村民的"自在生活"
　　——宋朝村民的生活世界初探 …………………… 刁培俊（352）
范浚的理学思想及其时代意义 …………………………… 张　剑（377）
明代科举中的"同等学力" ………………………………… 方　兴（395）
北宋熙宁青苗借贷及其经义论辩
　　——以王安石《周礼》学为线索 ………… 俞菁慧　雷　博（399）
宋代三种物资转输地理格局的分解 ……………………… 张　勇（430）
契嵩生平编年及思想述论 ………………………………… 纪雪娟（442）
北宋宰相吕大防研究 ……………………………………… 朱义群（463）
宋太祖"重儒"说献疑 ……………………………………… 夏　季（490）
宋辽西夏金史青蓝集内容初刊信息 ………………………………（508）
主编简介 ……………………………………………………………（511）
作者简介 ……………………………………………………………（513）

国民政府"扶植自耕农"问题研究

黄正林

"扶植自耕农"是国民政府抗战时期和抗战后实行的一项重要土地改革政策，旨在国家以政治或经济力量帮助无地农民获得土地，使其成为自耕农。其思想来源于孙中山三民主义中"平均地权"和实现"耕者有其田"，借鉴欧美扶植自耕农的理论与方法。包括两个方面，一是扶植自耕农，二是创设自耕农。所谓扶植自耕农，是"由政府运用金融机关的金融力量，乃至由政府运用减免捐税的政策，协助自耕农民的农业经营，使其不致因为资金的缺乏与捐税的繁重而沦为佃农"；所谓创设自耕农，是"由政府以法令规定佃农租用地主的最高租额，并保障佃农对于承租土地的租用权；同时又规定佃农对于承耕土地的优先承购权，或贷于购买土地必需的资金，使得他们能由佃农进为自耕农"[①]。从1942年到1948年，先后在福建、甘肃、绥远、四川、广西、江西、宁夏、湖南、陕西、湖北、安徽、贵州、浙江、广东、江苏等省办理扶植自耕农。关于国民政府扶植自耕农问题，学术界研究不多，关注点主要在理论依据、土地政策和个案研究等方面，[②] 在以往的一些研究中，对国民政府实施扶植自耕农评价褒贬不一，也有论者对此持否定观点。本文从对土地问题的认识，扶植自耕农的理论渊源、制度设计、实践绩效等几个方面，对国民政府"扶植自耕农"问题进行较为系统的考察。

---

① 朱剑农：《自耕农扶植问题》，中华书局1946年版，第8页。
② 郭德宏：《南京政府时期国民党的土地政策和实践》，《近代史研究》1991年第5期；杨振亚：《抗战时期国民政府扶植自耕农政策初探》，《南京大学学报》1985年增刊二；赖晨：《民国闽西扶植自耕农研究（1941—1948）》，硕士论文，福建师范大学社会历史学院，2006年。

一 地权与租佃：农村经济的核心问题

关于民国时期的土地与租佃问题，学术界已有比较深入的研究，讨论的问题主要集中在人地关系、地权分配、租佃关系等几个方面。从现有文献来看，20世纪二三十年代，绝大多数研究农村经济问题的学者，不论其政治背景如何，大多认为土地分配不均，且有集中之势。那么，当时中国地权分配不均到什么程度？地权分配不均或土地集中与否，有两个主要指标，一是农民占有土地比例。根据已有研究成果，民国时期土地占有状况是地主、富农占总户数的9.43%，占总人口的11.55%，占土地总数的50.64%，其他阶层（中农、贫农、雇农等）占总户数的90.66%，占总人口的88.41%，只占土地总数的48.03%。① 二是佃农所占比例。1935年土地委员会调查，全国纯粹佃农的数量，约占总人口的12.07%，占全国农民总数的15.78%；如将兼佃农加入计算，则约占总人口的28.45%，约占全国农民总数的37.19%；佃耕面积占耕地面积的30.72%。② 从地主占有土地和佃农所占比例看，地权分配不均。尽管近年有研究表明，地主、富农土地占有率没有传统所言那么高，即便如此，也不能说明地权是分散的。

民国时期土地兼并大量存在，而且有愈演愈烈的趋势。"举凡商业资本、高利贷资本等都可以直接对土地投资而成为广大的对土地农民的剥削阶层。"③ 20世纪二三十年代水旱灾害加剧，农村地价骤减，各种投机资本深入农村争购土地。如陕西渭北"土地集中的趋势，极其迅速……真正农户，已无立锥之地"④。在土地集中过程中，"贫农及雇农比中农丧失土地更为迅速"⑤。抗战爆发后，土地集中继续加剧。"自抗战军兴以来，

---

① 郭德宏：《旧中国土地占有状况及发展趋势》，《中国社会科学》1989年第4期。
② 罗醒魂：《农地问题之严重性及其解决》，《人与地》第3卷第7—8期合刊，1943年8月，第23页。
③ 吴静：《"土地革命"与土地问题》，《农村经济》第1卷第1期，1934年9月1日，第16页。
④ 仵建华：《西北农村经济之出路》（续），《西北农学》第3卷第1期，1935年5月1日，第18页。
⑤ 陈翰笙：《现代中国的土地问题》，《中国经济》第1卷第4—5期合刊，1933年8月25日，第17页。

粮价飞涨，投资土地得利既稳且厚，一般大发国难财之豪绅土劣富商大贾与昔日满载而归之落伍军人以及其他特殊阶级，遂不惜以重价收购土地，以增加其地租收入。"① 其结果是许多农民失去土地，如抗战初期对后方15省调查，1936—1939年佃农比例由30%上升至38%，半自耕农由24%上升至27%，自耕农由46%下降为35%。② 这说明抗战初期某些地方地权呈集中趋势。

租佃关系问题表现在两个层面，一是地租的高低。20世纪三四十年代土地问题研究者，大多认为地租过高。如高信认为中国租佃关系不良，表现有三，即"租额之苛重""租期之短促"和"租约之苛刻"③。范苑声认为"中国地租的额数之高，为世界各国所罕有的"④。又有研究表明，全国各地平均水田的地租在45%—52%之间，旱田的地租在44%—48%之间。⑤ 地主每年收租的次数也在增加，如马扎亚尔所言："以前中国中部的佃农只付一次地租，但现在已经渐渐地改为两次了。"⑥ 地租有上涨的趋势，如以1904年地租指数为100，则1914年为156，1924年为284，20年之内地租上涨了2倍。⑦ 抗战初期，因受各种因素影响，地租"租额比较以前更重"⑧。可见，当时的研究者普遍认为地租是比较高的。二是主佃关系紧张与否。因征收高额地租与地主收租的严苛，主佃矛盾尖锐。有的地方地主收租严而苛，如佃农不按期交租，则动用地保乃至疏通县长帮助催租，有的地方则设有佃农

---

① 罗醒魂：《农地问题之严重性及其解决》，《人与地》第3卷第7—8期合刊，1943年8月，第23页。
② 章伯雨：《农业国家的新出路》，《四川经济季刊》第1卷第3期，1944年6月15日，第385页。
③ 高信：《实施我国土地政策之步骤》，《财政评论》第6卷第3期，1941年9月，第26页。
④ 范苑声：《我对中国土地问题之认识与意见》，《中国经济》第1卷第4—5期合刊，1933年8月25日，第10页。
⑤ 谢劲键：《中国租佃制度之研究及其改革之对策》，《中国经济》第1卷第4—5期合刊，1933年8月25日，第30页。
⑥ 马扎亚尔：《中国农村经济研究》，陈代青、彭桂秋合译，神州国光社1934年版，第394页。
⑦ 曹平逯：《中国农村租佃关系之探究》，《地方自治》第2卷第5—6期合刊，1948年6月30日，第17页。
⑧ 叶倩振：《谈扶植自耕农》，《人与地》第3卷第7—8期合刊，1943年8月，第12页。

监狱。① 江苏有的地方田主规定交租期限为头限、二限、三限，每限半个月，过了三限，佃户因交不起租被关押也比较多见。② 中国大部分省均有押金，有的地方地主出租土地时要收取地价7.7%—10%押金，③ 而且自抗战以来，"各地普遍增加押金，高者竟达战前之20余倍"④。为了交付押金佃农又不得不借贷。湖北有地主用佃农的押金购买耕牛，再将耕牛贷给佃户收牛租，佃户承受着地主二重三重剥削。⑤ 这些都是导致主佃关系紧张的因素，如江苏"佃农抗租，已成普遍之现象"⑥。抗战期间，广西玉林、桂平"租佃纠纷也很严重"⑦。租佃关系紧张，是农村社会经济的主要问题。

正是基于地权分配与租佃问题的认识，有识之士把土地私有制看作制约国家发展中的核心问题。"现代之种种土地问题，一言以蔽之，其根源在于现代之土地私有制度。"⑧ "土地问题之目前的重心……是因为土地分配的不均，以致发生今日这样极恶劣而不公平的租佃制度。"⑨ "中国土地问题的核心问题，就是解决'地租'问题。"⑩ "土地问题不能解决，其余一切问题之解决是等于无效。"⑪ "土地问题不仅为国际潮流的摩登问题或政党的政权问题，而是整个国家民族的存亡问题。"⑫ 国民政府也认识

---

① 卜凯：《中国租佃问题》，翁绍耳译，《财政评论》第13卷第3期，1945年3月，第103—104页。
② 刘桐华：《现租佃关系下的中国农村危机》，《行健月刊》第5卷第6期，1934年12月15日，第14页。
③ 曹平迲：《中国农村租佃关系之探究》，《地方自治》第2卷第5—6期，1948年6月30日，第18页。
④ 乔启明：《抗战以来各省地权变动概况》，《乔启明文选》，社会科学文献出版社2012年版，第237页。
⑤ 谢劲键：《中国租佃制度之研究及其改革之对策》，《中国经济》第1卷第4—5期合刊，1933年8月25日，第15页。
⑥ 赵棣华：《租佃问题研究报告》，《地政月刊》第4卷第4—5期合刊，1936年5月，第572页。
⑦ 胡耐秋：《"扶植自耕农"问题探讨》，《中国农村》第8卷第8期，1942年8月，第5页。
⑧ 黄通：《中国现阶段的土地问题》，《地政月刊》第4卷第4—5期合刊，1936年5月，第833页。
⑨ 朱剑农：《自耕农扶植问题》，第6页。
⑩ 祝平：《中国土地改革导言》，《地政月刊》第2卷第1期，1934年1月，第16页。
⑪ 高信：《我国现在之土地问题》，《时事月报》第14卷第3期，1936年3月，第171页。
⑫ 萧铮：《一年来之中国地政学会》，《地政月刊》第2卷第1期，1934年1月，第3页。

到：" 一、佃农与自耕农在全国农户中的比率依旧很高；二、在中国的'农业阶层上'，佃农升为半自耕农，半自耕农升为自耕农的进程比较艰难与缓慢，而由自耕农沦为半自耕农，或半自耕农沦为佃农的机会与可能性则极多、极大……为阻止土地集中到大地主手里，必须积极扶植自耕农，使他们已有的土地，不致因经济或其他原因丧失；另一方面更需积极保障佃农，使他们有机会可以用勤劳与节俭来获得田地。"① 正是知识界与国民政府在土地问题上的共识，成为实施"扶植自耕农"的基础。

二 理论与方法：借鉴欧洲经验

民国时期扶植自耕农的理论与方法主要借鉴了欧美经验。19世纪中后期，欧美国家出现土地改革思潮，主张改良现行土地制度。欧美资产阶级土地改革思潮大致归为两种：一种主张"地租公收"。1848年英国经济学家约翰·斯图亚特·穆勒（John Stuart Mill）的《政治经济学原理及其在社会哲学上的若干应用》认为，土地私有不仅不正当，而且没有必要；论及地租时主张把土地发生的地租，没收归公。② 英国土地制度改革协会（Land Tenure Reform Association）主张以"征收地价税"的方法解决土地问题，就是践行穆勒的理论与方法。1881年，美国土地问题理论家亨利·乔治（Henry George）出版了《进步与贫困》，主张废除土地私有制，把土地当作"公共财产"，进行土地改革，由课税的方法全部征收不劳所得的地租。③ 他关于土地改革的主张，"陡然助长了各国土地改革论的气势，推其影响所及，实可谓近世土地制度改革运动之向导"④。1913年，德国土地问题理论家达马熙克（Adolf Damaschke）《土地改革论》，是继《进步与贫困》后的"第一部重要著作"，指出解决土地问题关键就是要

---

① 国民政府行政院：《扶植自耕农，保障佃农》，国民政府行政院新闻局1947年版，第2页。
② ［英］约翰·斯图亚特·穆勒：《政治经济学原理及其在社会哲学上的若干应用》，赵荣潜、桑炳彦等译，商务印书馆1991年版，参见上卷第258—263页，下卷第393页相关论述。
③ 转引自高信《亨利·乔治之生平及其学说》，《地政月刊》第1卷第7期，1933年7月，第985—989页。
④ 转引自曾济宽《土地改革论述要》，《地政月刊》第1卷第8期，1933年8月，第1045页。

解决分配问题，其具体内容就是地租问题，地租是社会财产，"应该由社会全体收回"①。一种主张"土地社会化"。1796 年，英国的托马斯·斯宾塞尔（Thomas Spence）发表《自由之正午》，认为土地是天赋人权，而私有土地制违反这种权利，"应该即行废止"。1885 年，奥布林（J. B. O'Brien）出版《奴隶制度的起源、发达和形态》，主张在政府主导下进行废除土地私有制的改革。在土地国有制基础上，国家建立信用制度，为生产者贷款，以"避免雇佣劳动制的不合理和资本家的专制"②。欧美经济学家不论是"地租公收"还是"土地社会化"的主张，都是针对土地私有制提出的，主张对现行土地制度进行改革。

中国较早关注欧洲土地改革理论与方法的是孙中山。1896—1897 年孙中山滞留英国期间，曾在伦敦研究土地问题，交游土地改革领袖人物，参加土地改革者的集会，对他有深刻影响。③ 1912 年，孙中山在对中国社会党演讲中曾说："美人有卓尔基亨利（即亨利·乔治——引者注）者……曾著一书名《进步与贫困》，其意以为，世界愈文明，人类愈贫困，盖于经济学均分之不当，主张土地公有。其说风行一时，为各国学者所赞同。其发阐地税法之理由，尤为精确，遂发生社会主义之一说。"④ 基于对欧洲土地改革的理解，孙中山"平均地权"的学说及实施"照价抽税""涨价归公"等办法，就是采纳了英国土地国有派及地价税派的学说。⑤

20 世纪三四十年代，随着中国农村经济问题日益凸显，欧美解决土地问题的理论和方法越来越受到中国学者关注。一方面，欧美资产阶级经济学家关于土地改革的著作、理论被翻译或介绍到国内，特别是 1933 年 1 月《地政月刊》创刊后，讨论欧美诸国土地改革问题，成为一时之风气。1935 年 7 月，德国土地问题专家达马熙克逝世后，《地政月刊》刊出

---

① 高信：《达马熙克之土地改革论》，《新社会科学》第 1 卷第 2 期，1934 年 8 月 15 日，第 254—265 页；祝平：《目前中国土地问题之重心》，《地政月刊》第 2 卷第 1 期，1934 年 1 月，第 95—99 页。

② 曾济宽：《土地改革论述要》（续），《地政月刊》第 1 卷第 9 期，1933 年 9 月，第 1209—1214 页。

③ 祝平：《中国土地改革导言》，《地政月刊》第 2 卷第 1 期，1934 年 1 月，第 16 页。

④ 中国社会科学院近代史研究所等编：《孙中山全集》第 2 卷，中华书局 1982 年版，第 514 页。

⑤ 陈淑铢：《浙江省土地问题与二五减租（一九二七—一九三七）》，台湾"国史馆"1996 年版，第 445 页。

"纪念达马熙克先生纪念专号"（第3卷第9期），向中国读者全面介绍这位德国土地问题专家的理论与实践方法。另一方面，中国土地改革的主张者与国外土地问题专家有了比较多的交流。1924年，应孙中山邀请，威廉·路易·单来到广州，帮助广东革命政府专门研究土地税问题，有的主张被以后建立的南京政府颁布的《土地法原则》接受。① 1934年丹麦教育家、国际民众学院院长马烈克（Peter Manniche）访问中国，1月20日，他受邀在山东邹平乡村建设研究院做了《丹麦的合作运动与土地政策》演讲。② 中国学者与欧洲土地改革者交流日益增多。1930年10月，德国希来齐省土地改革者年会召开，萧铮应邀出席并发表土地问题演讲。③ 他回国后，主张扶植自耕农的土地改革运动，"在原则上是奉行国父遗教，但有很多方法上，是参考了达氏的主张"；在倡导和参与修改土地法时，以达马熙克建议"作为重要的参考"④。可见，欧美土地改革理论与方法对中国产生直接而深刻的影响。

　　中国学者认为，欧洲土地改革的理论与方法对中国有借鉴意义，主张借鉴欧洲经验进行土地改革。如高一涵认为，爱尔兰、英国、丹麦诸国扶植自耕农的法律"都与我国平均地权的宗旨相合，都可以做我们将来关于土地的立法的参考"⑤。吴景超认为欧洲的农业国家，"每一个国家的解决佃农问题办法，都有一两点可供我们参考"⑥。他在《从佃户到自耕农》一文中指出："丹麦以政府的力量，帮助农民购地，结果使国内佃户的百分数，从百分之四十二降低到百分之十，此举中国颇可效法。"⑦ 因此，中国学者根据欧洲经验，围绕如何实施扶植自耕农进行许多有益的讨论。举其要者，有以下几方面：

　　第一，关于废除地主土地所有制应采取方法的问题。西方国家废除地

---

① 《土地法原则》，《东方杂志》第27卷第14号，1930年7月25日，第123页。
② 马烈克演讲：《丹麦的合作运动与土地政策》，张锡龄译，《乡村建设》第3卷第17期，1934年2月11日，第2—5页。
③ 萧铮：《纪念达马熙克先生》，《地政月刊》第1卷第9期，1933年9月，第1225页。
④ 萧铮：《土地改革五十年——萧铮回忆录》，"中国地政研究所"1980年版，第34、37页。
⑤ 高一涵：《平均地权的土地法》，《东方杂志》第25卷第1号，1928年1月10日，第41页。
⑥ 吴景超：《耕者何时有其田》，《独立评论》第165号，1935年8月25日，第6页。
⑦ 吴景超：《从佃户到自耕农》，《清华学报》第9卷第4期，1934年10月，第992页。

主土地所有制，在理论和实践上有3种可能途径，即"踢去地主""税去地主"和"买去地主"。"踢去地主"是以暴力手段推翻地主阶级，无价没收其土地分配给农民；"买去地主"是由国家发行土地债券或筹措现金将地主土地收买；"税去地主"是按照政府估价或地主陈报的地价，重征土地税，使地主无利可图自动放弃土地。① 资产阶级学者主张扶植自耕农，"并不立即推翻土地的私有制，只是要在土地私有制度仍然存在的今天，废除或者减轻坐享其成的地主阶级对于劳作农民的剥削"②。而"踢去地主"是俄国十月革命后通过暴力革命的手段，资产阶级学者认为这种方法会"引起农村的极端骚动，与社会的不安，自非吾人所当效法"③。不论从经济上还是政治上看，"踢去地主"的方法都是不现实的。④ 从资产阶级学者到国民政府上层领导人,⑤ 都不主张用暴力手段解决地权问题。

在资产阶级学者看来，"买去地主"和"税去地主"比较符合孙中山"农民可以得利，地主不受损失"的"和平解决方法"⑥。因此，这两种方法为中国扶植自耕农主张者所接受。他们主张政府"务必一方面用某种间接手段，强制地主出卖其土地；一方面贷款于佃农，使向原地主购买其耕地，方获效果"。要做到强制地主出卖土地，就必须减少地主从土地上的不劳所得。一是借鉴爱尔兰经验，"制定保障佃农法规，使租佃关系上地主权利特别缩小"；二是借鉴新西兰经验，"对地主的所有土地，于普通地税外，课以相当高率的累进税"⑦。也有人提出"尤其要在大地主身上多做打算，善为运用租税的力量，加紧迫使大地主脱售其土地，可以增多无地农民自为耕作的机会"⑧。这种观点也得到国民党上层的认可。⑨

---

① 曾宪镕：《实施扶植自耕农之管见》，《时代中国》第7卷第2期，1943年2月20日，第26页。
② 朱剑农：《自耕农扶植问题》，第7页。
③ 朱曙：《扶植自耕农的实施》，《人与地》第3卷第7—8期合刊，1943年8月，第15页。
④ 祝平：《中国土地改革导言》，《地政月刊》第2卷第1期，1934年1月，第23页。
⑤ 参见《蒋委员长对解决土地问题意见》，《地政月刊》第1卷第11期，1933年11月，第1563—1565页。
⑥ 朱曙：《扶植自耕农的实施》，《人与地》第3卷第7—8期合刊，1943年8月，第14页。
⑦ 卢伯鸥：《论扶植自耕农》，《中农月刊》第5卷第3期，1944年3月，第5页。
⑧ 叶倍振：《关于扶植自耕农》，《人与地》第3卷第7—8期合刊，1943年8月，第3页。
⑨ 参见《蒋委员长对解决土地问题意见》，《地政月刊》第1卷第11期，1933年11月，第1564—1565页。

上述两种途径,中国扶植自耕农主张者更倾向于"买去地主",看作是"平均地权中之重要方法"①。祝平认为采取重税政策,地主会把土地税转嫁于佃耕农,而且需要进行土地测量,故"用租税的方法以解决土地问题,在理论上既已不能成立,在事实上又属毫无把握",故主张采取"买去地主"方法。他说,基于欧洲经验和中国现状,"征收土地确是一种可能而有效的途径"②。罗醒魂也指出,应"以和平渐进的方法,实施土地改革……故于地权之取得,系以照价收买为主"③。可见,通过国家购买土地分配给无地农民是扶植自耕农倡导者普遍赞同的方法。

第二,关于"扶植自耕农"土地来源的讨论。主要有三种主张。第一种借鉴欧洲经验,扶植自耕农的土地来源于政府征购地主的土地。刘炳若认为,欧洲国家用来创设自耕农场的土地,除去国有地外,"其余全由征收而来";也可以仿效罗马尼亚、波兰的经验,"在一定年限上出租的土地"予以征收,可作为创设自耕农的土地来源。④ 朱曙主张政府征用土地的次序,应仿照罗马尼亚1918年12月与1921年7月的立法先例,"尽先拨用公有土地,然后依次再及于较大地主的私有地"⑤。罗醒魂主张照价收买地主的土地分给农民,有两种办法:(1)由政府依据自由契约或强制征收地主超过政府规定的土地,转售于农民;(2)由政府贷与资金,使农民直接向地主购买土地。⑥ 唐启宇认为国家颁布限田办法,勒令富豪将多余的土地"出售于农人"⑦。第二种办法是开荒移民。通过国内移民,调剂人口密度也是欧洲各国扶植自耕农的一种办法,"近代各国有同时为调剂人口密度,奖励荒地开发起见,往往用国内移垦的方法……这样使耕

---

① 高信:《实施我国土地政策之步骤》,《财政评论》第6卷第3期,1941年9月,第28页。
② 祝平:《中国土地改革导言》,《地政月刊》第2卷第1期,1934年1月,第23—25页。
③ 罗醒魂:《农地问题之严重性及其解决》,《人与地》第3卷第7—8期合刊,1943年8月,第24页。
④ 刘炳若:《怎样扶植自耕农》,《河北省银行经济半月刊》第3卷第4期,1947年2月下期,第17、18页。
⑤ 朱曙:《扶植自耕农的实施》,《人与地》第3卷第7—8期合刊,1943年8月,第15页。
⑥ 罗醒魂:《农地问题之严重性及其解决》,《人与地》第3卷第7—8期合刊,1943年8月,第24页。
⑦ 唐启宇:《土地与人权》,《地政月刊》第1卷第11期,1933年11月,第1477页。

者得田的方法，在俄在美在德均曾行之有效，现在各国仿行的也甚多"①。罗醒魂认为，"政府运用政治经济力量，将人口过剩区域之佃农，移殖边远或荒区，使其取得土地，开发利用。此种方法，曾行之俄、德、美等国而历著成效。亦乃我国今日之迫切要求"②。因此，依据欧美经验和中国国情，很多学者认为实行有计划、有组织、有意义的"大规模国内移殖，以创设自耕农为比较切当"的方式。③ 第三种是将公共土地作为扶植自耕农的土地。如刘炳若主张将数额庞大的官有地、公有地、寺庙地、宗族地等，"若加以征收，则对于创设自耕农场，甚多裨益"④。上述主张，既有经验可据，又适合中国国情，不失为扶植自耕农切实可行的办法。

　　第三，关于土地金融问题的讨论。欧洲各国扶植自耕农，由政府设立土地银行筹措现金或发行土地债券，以帮助农民偿付地价，如罗马尼亚、爱尔兰、丹麦、德国等国"无不凭借土地金融的力量，办理购地贷款以促其成"⑤。因此，中国学者根据欧洲各国经验，主张建立土地金融，对于需要购地或赎地自耕的农民，"运用金融力来实行收购政策"，贷给充分的款项，助其收购或取赎土地。⑥ 唐启宇指出："佃农欲有地，每苦资金之缺乏，惟政府为能救济而补助之。欧美各国所行之土地贷款颇可取法。"政府补助的办法，一是根据增加耕地面积的多少决定贷款的数额；二是对无地农民除给予土地外，"并负担若干之开垦费及保险费"，借此方式"可安置若干小农于土地上"⑦。黄通肯定了土地金融在扶植自耕农方面的作用，⑧ 他认为，"凡佃农或雇农欲购置土地而苦资力不足者，可

---

① 萧铮：《平均地权和耕者有其田》，《地政月刊》第5卷第2—3期合刊，1937年3月，第163页。
② 罗醒魂：《农地问题之严重性及其解决》，《人与地》第3卷第7—8期合刊，1943年8月，第24页。
③ 张丕介：《国内移殖与创设自耕农》，《地政月刊》第5卷第2—3期合刊，1937年3月，第268页。
④ 刘炳若：《怎样扶植自耕农》，《河北省银行经济半月刊》第3卷第4期，1947年2月下期，第18页。
⑤ 熊鼎盛：《扶植自耕农放款之理论与实务》，《中农月刊》第2卷第9—10期合刊，1941年10月，第47页。
⑥ 叶倍振：《关于扶植自耕农》，《人与地》第3卷第7—8期合刊，1943年8月，第11页。
⑦ 唐启宇：《土地与人权》，《地政月刊》第1卷第11期，1933年11月，第1479页。
⑧ 黄通：《土地金融之概念及其体系》，《地政月刊》第2卷第2期，1934年2月，第238页。

向土地金融机关请求放款"①。可见，土地金融在土地改革中扮演着重要角色，"土地行政与土地金融为推行土地改革之双翼，有土地金融机构，地政始能运用经济力量，以为政策性之举措"②。土地金融政策是实现耕者有其田最有力的经济方法，"要实现'耕者有其田'，最重要的还是经济方法，便是以土地金融的机构，运用土地信用，对农民投资，使其取得耕地，然后由耕者逐年摊还地价"③。

　　银行还可通过发行土地债券，解决农民购买土地资金不足的问题。"我国实现耕者有其田之主要方法，虽有移民垦荒与创设自耕农二种。然此皆非有绝大资金不办，农民类皆贫乏，已无力于为此之谋；欲由国库支付，又非今日政府财力所能担负。且是项资金，需时甚长，而利息则极微薄，已非普通存款所能适用。故结果必依各国前例，赋予发行土地债券之特权，以资肆应"④。吴景超也主张购买土地款项的来源"或由政府举债，或发给地主以土地债券即可"⑤。萧铮在为国民党制定的《匪区土地整理计划大纲》中，也提出"由各县农民银行发行土地债券，以为补偿地价之用"⑥。通过讨论，实行土地金融，给农民贷款购买土地是扶植自耕农主张者的共识，也为国民政府当局所认可。⑦

　　除上述问题外，"扶植自耕农"主张者还就欧洲维持自耕农方法以及中国扶植自耕农中的征收土地机关、扶植自耕农与合作农场、自耕农场面积大小、自耕保持与一子继承制、保障佃农、土地金融机关与地政机关关系等问题进行讨论，不再赘述。总之，在20世纪三四十年代，中国"扶植自耕农"主张者不但引进了欧洲国家土地改革的理论与方法，而且从不同角度对这些理论与方法在中国的适应性做了有意义的学术探讨，不但提出在中国实施扶植自耕农的紧迫性和可行性，而且提出具体的实施意见

---

①　黄通：《土地金融问题》，商务印书馆1942年版，第42页。
②　萧铮：《土地改革五十年——萧铮回忆录》，第225页。
③　萧铮：《平均地权和耕者有其田》，《地政月刊》第5卷第2—3期合刊，1937年3月，第162页。
④　罗醒魂：《农地问题之严重性及其解决》，《人与地》第3卷第7—8期合刊，1943年8月，第24页。
⑤　吴景超：《从佃户到自耕农》，《清华学报》第9卷第4期，1934年10月，第992页。
⑥　萧铮：《土地改革五十年——萧铮回忆录》，第41页。
⑦　《中国地政学会第三届理事会会务总报告》，《地政月刊》第4卷第4—5期合刊，1936年5月，第833页。

和建议。这都说明实行以"扶植自耕农"为核心的土地改革,在理论上和方法上比较成熟了。

三 顶层设计:土地改革的制度安排

1932年7月,萧铮受蒋介石之命邀请曾济宽、刘运筹、万国鼎、冯紫岗、骆美奂、向乃祺、张森、程远帆、聂国青、洪季川10人组成"土地问题讨论会",每周聚会一次,讨论"推行中国国民党土地政策的纲领"。土地问题讨论会是民国土地改革运动最早成立的团体,也是土地运动的发轫。① 经过两月讨论,通过了国民党土地原则十项,包括防止土地投机、改善租佃关系、积极扶植自耕农、筹设土地金融机关、征收土地税及土地增益税、合理使用与改良土地、鼓励开垦荒地、清丈与登记土地、分期实行土地政策等内容。② 尽管只是空泛的理论,"却因此发动了大家试作进一步研究和实际运动的要求"③,国民政府制定的各种土地政策,"在原则上,仍然没有(脱)离土地问题讨论会所通过的十项原则"④。在此基础上,1933年1月8日,中国地政学会成立,宗旨是"研究土地问题,促进土地改革"⑤。同时出版《地政月刊》作为学会研究土地问题的阵地与喉舌,也是政府土地主管机关的"施政之主要参考"⑥。1937年3月,《地政月刊》推出了"扶植自耕农专号",对扶植自耕农的一系列问题进行专门讨论。

作为土地问题研究的学术团体,地政学会参与了国民党土地政策的讨论与制定。1934年8月,全国经济委员会土地委员会将"关于土地问题之研究,决定委托地政学会办理"⑦。受此委托,地政学会提交"土地法研究报告",在地价、土地税制、地租、土地使用、土地登记等问题上,

---

① 萧铮:《土地改革五十年——萧铮回忆录》,第53—54页。
② 土地问题讨论会:《推行本党土地政策原则十项》,《地政月刊》第1卷第1期,1933年1月,第125—130页。
③ 萧铮:《一年来之中国地政学会》,《地政月刊》第2卷第1期,1934年1月,第5页。
④ 萧铮:《土地改革五十年——萧铮回忆录》,第55页。
⑤ 《中国地政学会简章》,《地政月刊》第1卷第1期,1931年1月,第147页。
⑥ 《中国地政学会第三届理事会会务总报告》,《地政月刊》第4卷第4—5期合刊,1936年5月,第829页。
⑦ 《土地委员会组织条例》,《经济旬刊》第3卷第5期,1934年8月15日,第66页。

提出土地政策主张和改革方案①及"土地法修改意见书"②。根据该意见书，国民党中央土地专门委员会通过了《土地法修改原则二十四项》，关于扶植自耕农和佃农获得土地的内容包括："（一）参酌地方情形，规定一定自耕农户应有耕地面积最低限度，并限制其处分。（二）限制自耕地之负债最高额。（三）自耕地之继承办法……佃农依法请求征收佃耕地时，其地价之补偿，得先付原价三分之一至二分之一，余额由地方政府担保其分年偿付之。"1935年4月，地政学会第二届理事会对土地政策进行讨论，所形成的决议，以"积极推行本党土地政策"提案，由萧铮提到同年11月国民党第五次全国代表大会，成为国民党全国代表大会首次正式通过的土地政策提案。③此次会议根据该项提案做出"土地政策纲领五项"，包括实行土地统制，以便调整土地分配；从速规定地价，实行累进地价税及增值税；实施"耕者有其田"；促进垦殖事业，扩大可耕地面积；活跃农村金融，调剂农村经济，取缔高利贷，扶植自耕农。上述纲领与地政学会第二届年会的决议案内容一致。大会还通过萧铮的"成立中央地政机关""设置中央土地银行"两个提案。④1936年4月，地政学会第三届年会主要讨论了租佃问题，提出改革租佃的五条办法：（1）租佃制度之最大流弊，在地主侵取不当得利，欲救改革，应由政府严定租佃条件，俾业佃关系，得合于社会正义之原则；（2）农民今日之苦痛，在缺乏购买土地之资金，故政府应组织土地金融机关，援助农民取得土地；（3）现有佃耕土地之佃农，得备地价20%—50%，由政府代为征购土地，其余部分由政府担保分年摊还；（4）实行累进地价税，使不自耕地主逐渐放弃其土地，实现耕者有其田；（5）现有佃农过多及地权过于集中之区域，政府应发行土地债券，征收土地，分给佃农。⑤根据该办法，7月召开的国民党五届二中全会上，萧铮领衔提交了《请迅速改革租佃制度以实施耕者有其田案》，获得通过。1937年4月，地政学会第四次年会主

---

① 《中国地政学会土地法研究报告》，《内政消息》第5号，1934年12月30日，第355—356页。

② 《中国地政学会拟请修改土地法意见书》，《地政月刊》第3卷第1期，1935年1月，第9—37页。

③ 萧铮：《土地改革五十年——萧铮回忆录》，第139—144、132页。

④ 荣孟源主编：《中国国民党历次代表大会及中央全会资料》下，光明日报出版社1985年版，第318页。

⑤ 《租佃问题》，《地政月刊》第4卷第4—5期合刊，1936年5月，第499页。

要讨论"如何实现耕者有其田"的问题:"一、政府应发行土地债券,尽先征收不在地主之土地,依次及于不自耕作之耕地,以供创造自耕农之用。二、自耕农场应按照地方情形及农地种类,规定适当大小之面积,禁止分割或移转于不自耕之人,并限制其负债最高额。三、荒地之开发,已耕地之改良重划,地价税之推行,土地银行之设立,及农村合作社之提倡,均为创设及维持自耕农场之必要手段,应即实施。"① 可见,中国地政学会为国民政府如何进行土地改革和土地政策的设计做出了许多努力。

抗战期间,为解决财政困难,国民政府把土地改革提上了议事日程。1941年6月,国民政府召开第三次全国财政会议,蒋介石在"训词"中把"平均地权"作为抗战时期最大的三项要务之一。② 在闭幕式上,其再次强调土地问题的重要性,他说:"我以为我国今日政治经济与社会政策,最迫切而需要解决的,莫过于土地问题⋯⋯土地问题,实为一切问题中之根本问题。必须土地政策能够推行,土地问题获得真正解决,然后我们三民主义革命的革命理想,才能全部贯彻,而目前抗战建国的大业,才能得到最后成功!"③ 会议最后发表宣言,指出抗战时期粮食问题的解决"端赖实施平均地权之土地政策"④。这次会议是实行平均地权政策的关键性会议,不仅为战时土地政策出台奠定基础,而且开启了土地改革新阶段。12月,国民党五届九中全会通过了《土地政策战时实施纲要》,指出"抗战以还,土地问题更见重要,如何调整分配,促进利益,以应战时需要,尤为当务之急";"农地以归农民自耕为原则,嗣后农地所有权之移转,其承受人均以能自为耕作之人民为限。不依照前项规定移转之农地,或非自耕农所有之农地,政府得收买之,而转售于佃农,予以较长之年限,分年偿还地价"⑤。该纲领包含

---

① 萧铮:《土地改革五十年——萧铮回忆录》,第179页。
② 蒋中正:《第三次全国财政会议训词——建立国家财政经济的基础及推行粮食与土地政策的决心》,《财政评论》第6卷第1期,1941年7月,第4页。
③ 秦孝仪主编:《中华民国主要史料初编——对日抗战时期》第4编《战时建设》(三),中国国民党中央委员会党史委员会1988年版,第82—83页。
④ 《第三次全国财政会议宣言》,《中央银行月报》第10卷第7期,1941年7月,第1004页。
⑤ 《土地政策战时实施纲要》(1941年12月22日),《地政通讯》创刊号,1943年7月1日,第9页。

地政学会"多年来所研究之成果"①,从征收土地税、限制地租、农地归自耕农三个方面调整地权和土地收益分配。1942年3月,国民政府颁布《国家总动员法》,第15条规定:"政府于必要时,得对耕地之分配,耕作力之支配,及地主与佃农之关系,加以厘定。"② 以国家力量确立了以"扶植自耕农"的土地改革作为国民政府土地政策的原则。

土地金融是实现平均地权土地政策的保障。有研究指出:"中国由于人地分配不均的关系,所以耕者能否'有其田地',极属疑问,若无充分外力的援助,佃农恐将永为佃农。"③ 这里的外力主要指的是政府用土地金融的力量来实现,即"政府利用政治和经济力量,方能使耕者有其田"④。随着国民政府以"扶植自耕农"为核心的土地政策的制定,土地金融政策也相继出台。1940年7月,国民党五届七中全会上,通过了萧铮等12人提出的"请拟设中国土地银行,以促进土地改革,实现平均地权,活跃农村金融,改善土地利用案"。但阻力很大,主要是财政机关始终反对设立土地银行,"故各种决议统被搁置"。蒋介石也无可奈何地说:"土地银行自应早日建立,惟查现有中中交农四大国家银行,原订规章,虽属各有专营,但实际业务并无区别,在此抗战期间,与其新创一行,不如即令难民一行参照土地银行办法纲要之要旨,先行试办,俾早逐渐实现土地银行应有之任务。"⑤ 最终国民政府以农民银行"土地抵押放款之基础兼办此项业务,见著成效,遂责成该行负责办理"⑥。次年4月,农民银行设立土地金融处,"以办理扶植自耕农放款为中心工作"⑦。9月5日,颁布了《中国农民银行兼办土地金融业务条例》,土地金融业务包括:照价收买土地、土地征收、土地重划、土地改良和扶植自耕农放款。其中扶植自耕农放款是"政府为直接创设自耕农征购土地之放款,及农

---

① 萧铮:《土地改革五十年——萧铮回忆录》,第221页。
② 《国家总动员法》(1942年3月29日府令公布),《经济部公报》第5卷第15—16期合刊,1942年8月1日,第406页。
③ 张柏雨、汪荫元:《中国佃农问题》,商务印书馆1948年版,第135页。
④ 《中农银行设土地金融处》,《银行周报》第25卷第23期,1941年6月17日,"国内要闻"第1页。
⑤ 萧铮:《土地改革五十年——萧铮回忆录》,第225—226页。
⑥ 姚公振:《十年来之中国农民银行》(续),《经济汇报》第6卷第12期,1942年12月16日,第70页。
⑦ 行政院新闻局编:《扶植自耕农,保障佃农》,国民政府行政院新闻局1947年版,第6页。

民购买或赎回土地自耕或依法呈准征收土地之放款属之"①。上述规定，说明农民银行土地金融处"几已包括土地银行之职掌"②。12月，为实行土地金融，农民银行颁布《中国农民银行土地金融处扶植自耕农放款规则》，扶植自耕农放款有两种：一是甲种放款，二是乙种放款。放款对象为征购土地直接创设自耕农的政府机关，为购买土地或赎回土地自耕或依法呈准征收土地自耕所组成的农民团体与农人。放款额度不超过赎回或征收土地估定价格的八成，期限最长不超过15年，月息为8厘。③发行土地债券是土地金融机关募集资金的主要方法。1942年3月，农民银行公布了《土地债券法》，发行计划是：1. 暂定发行5000万至1亿元；2. 较抵押放款利率低1—2厘；3. 分10、50、100、500、1000元5种；4. 偿还期限暂定为10年，3年内只付利息，第4年起开始还本。④ 8月，由财政部核准农行发行土地债券1亿元，"专作扶植自耕农办法中偿还征收地主之地价用"⑤。该项措施为实施扶植自耕农提供一定的资金保障。

随着农行兼办土地金融，扶植自耕农成为农贷的一项主要任务，在历年农贷政策中都有明确规定。如1943年《三十二年度土地金融业务计划大纲》中指出，"土地金融业务之推进，以奉行平均地权政策与适应抗战需要为最高原则"。扶植自耕农贷款包括甲乙两种，甲种包括："（1）协助政府建立扶植自耕农示范区；（2）配合大型农田水利及垦殖，协助政府实施征购土地，创设自耕农场；（3）协助政府于（1）（2）两项以外为创设自耕农之土地征购"。乙种包括："（1）扶助农民购买或呈准征收土地自耕并试办解除土地负债之放款；（2）以贷款土地信用合作组织为主，并附带对农民个人放款。"⑥ 抗战胜利后，国民政府继续执行扶植自耕农的土地金融政策。1946年5月关于农贷方针中指出：扶植自耕农贷

---

① 《中国农民银行兼办土地金融条例》，《经济汇报》第4卷第7期，1941年10月1日，第129页。

② 萧铮：《土地改革五十年——萧铮回忆录》，第228页。

③ 中国第二历史档案馆编：《中华民国史档案资料汇编》第5辑第2编《财政经济（三）》，江苏古籍出版社1997年版，第588—589页。

④ 姚公振：《十年来之中国农民银行》（续），《经济汇报》第6卷第12期，1942年12月16日，第71页。

⑤ 胡耐秋：《"扶植自耕农"问题探讨》，《中国农村》第8卷第8期，1942年8月，第6页。

⑥ 四联总处秘书处编：《四联总处农业金融章则汇编》，四联总处1943年版，第6页。

款，"应注意贫农购买土地，解除自耕农高利负债，暨垦区与农田水利工程区域之自耕农创设业务，以逐渐达到耕者有其田之目的。"① 1948年4月制定的《三十七年度农业、土地金融贷款实施办法纲要》规定：扶植自耕农贷款，"以尽量配合政府地政设施，以期调整土地分配"，主要用于协助"各省选定地区设立自耕农示范区"，扶助农民及农民团体"购赎自耕土地，或解除土地高利贷债务"②。土地金融政策的制定，不仅表明以"扶植自耕农"为核心的土地改革有了资金支持，也说明国民政府农贷"步入统一正规"③。

四　土改试验区："扶植自耕农"的尝试

1941年12月，国民党五届九中全会通过了蒋介石提交的设立地政署提案。提案称："为遵行国父平均地权之遗教，实施土地政策，行政院内亟应有主管土地行政专管之设置。惟着手伊始，业务宜求切实，组织可从简单，先设置地政署，隶属于行政院。其业务以掌理地籍、地价及土地使用为主，对于地价申报有关地政之调查、统计事务，尤应着手进行。"④ 次年6月，地政署⑤成立后，即"以扶植自耕农列为战时土地行政主要工作之一"⑥。地政署的成立，标志着"扶植自耕农"进入实施阶段。

地政署成立后，拟定了《战时自耕农扶植办法草案》，制定扶植自耕农三项原则："一、佃农半自耕农购买土地由政府予以协助；二、非自耕农禁止购买土地；三、地主出卖土地应由自耕农收买，无自耕农收买时得由政府收买。"⑦ 1942年6月，地政署根据国民党土地政策战时实施纲要，

---

① 中国第二历史档案馆编：《中华民国史档案资料汇编》第5辑第2编《财政经济（八）》，第48页。
② 四联总处秘书处编：《三十七年度上半年农贷报告》，四联总处1948年版，第111页。
③ 翟克：《中国农贷之发展与问题》，《中农月刊》第7卷第9—10期合刊，1946年9月，第89页。
④ 《蒋总裁交议设立地政署案文》，《人与地》第1卷第23—24期合刊，1941年12月，第452页。
⑤ 1947年5月，地政署升格为地政部；1949年4月，地政部又降格为地政署，改隶属于内政部。
⑥ 中国第二历史档案馆编：《中华民国史档案资料汇编》第5辑第2编《财政经济（八）》，第207—208页。
⑦ 《一年来之地权调整》，《地政通讯》创刊号，1943年7月，第29页。

拟具战时扶植自耕农办法呈报国民政府行政院后做出"缓议"的决定，只是"准由各省政府择县试办"。当局的解释是：扶植自耕农"推行之初农村经济组织势将发生极大之变动，其终极结果必能增加农村生产。但在推行之过程中，则不免使农村生产量暂时减低，对于军糈民饮食以及土地税收均有不良影响之可能"①，使土地改革未能在全国展开。1942年11月，召开全国地政业务会议，通过了《试办扶植自耕农试验区方案》，选择扶植自耕农实验区的条件是："（甲）由政府举办水利工程或其他土地改良事业的地方；（乙）有大面积荒地可以利用的地方；（丙）业佃关系恶劣，亟待调整的地方。"② 根据该方案，1942年择定的地区有两种：一种是直接创设自耕农地区，选择地权集中、佃业纠纷较多的广西省全县、郁林、桂平3县，湖南省的衡阳、长沙、常德，江西的第四行政区（赣南等11县），广东省的南雄、始兴、连县，福建省的龙岩县，甘肃省湟惠渠灌溉区，四川北碚，陕西省平民、扶风、武功等8省20余县为直接创设自耕农区。一种是间接创设自耕农地区，包括广西的柳江、南宁、苍梧、百色、钟山、恭城、灌阳、永福等县，湖南省计划全省普遍实施，江西省第四行政区11县，福建省永安、南平，四川省巴县、绵阳、乐山、彭县，湖北省恩施、咸宁共6省确定了间接扶植自耕农地区。③ 1943年，在择定的直接创设自耕农地区，共计扶植自耕农7992户，农地面积140991市亩，④ 户均17.64市亩。随着扶植自耕农展开，试验区逐年扩大，1944年，绥远、宁夏开始试办，共扶植自耕农8843户，农地面积160099市亩，⑤ 户均18.1市亩。1945年，四川择定仁寿、自贡等11县，分别推行。1946年扶植农户3304户，农地面积18206.75市亩。总计四年试办自耕农15省82县，农户20954户，农地33.1万亩。⑥ 1948年上半

---

① 中国第二历史档案馆编：《中华民国史档案资料汇编》第5辑第2编《财政经济（八）》，第207—208页。

② 金德群主编：《中国国民党土地政策研究（一九〇五——九四九）》，海洋出版社1999年版，第282页。

③ 《扶植自耕农概况》，《地政通讯》第3期，1943年9月，第15页。

④ 中国第二历史档案馆编：《中华民国史档案资料汇编》第5辑第2编《财政经济（八）》，第210—211页。

⑤ 《国民政府政绩报告（土地行政部分）》，《地政通讯》第15期，1947年4月，第46页。

⑥ 王慰祖：《近年来推行扶植自耕农保障佃农工作之检讨》，《地政通讯》第21期，1947年10月，第7页。

年，在苏、皖、赣、鄂、湘、川、闽、桂、粤、黔、陕、甘、宁13省由政府机关征购土地，"由农民承领耕种"，直接扶植自耕农9839户，购债及解除高利负债土地52041亩。另在湖南酃湖町配合政府设置扶植自耕农试验区，征购土地12000亩，预计可扶植自耕农2400户；在江西赣县、白云等13乡调整地权，设置自耕农试验区，第一期约征购土地4000亩，扶植自耕农800户。① 从全国看，抗战时期扶植自耕农只涉及全国15省82县，抗战后扶植自耕农只有13000余户农民获益，与全国县数与农户数相比，所占比例极小。因此，民国时期扶植自耕农只是土地改革的一种尝试。在上述举办扶植自耕农省份中，甘肃省湟惠渠灌溉区、四川省北碚和福建省龙岩县是扶植自耕农最成功的地区。因此，本文以这三个县区为例，探讨国民政府是如何实施扶植自耕农的问题的。

湟惠渠位于甘肃省永登县和皋兰县（今属兰州市红古区）达家川，东北接皋兰县，西北接永登县，南隔湟水与永靖县毗邻。1939年3月开工，1942年4月竣工，灌区长约32公里，可灌溉农田2.5万亩。② 这里既有荒地又在兴修水利，因此，扶植自耕农政策出台后，甘肃省把此地划定为试验区。甘肃省政府拟定《湟惠渠灌溉区域土地整理办法》，规定了土地征收、地价补偿年限、单位农场划分、地权交易等。③ 1944年7月，又增订《湟惠渠特种乡土地整理第一期实施方案》，对征收土地顺序、发放地价标准、增加承领单位农场及合作农场等做了详细规定。④

1942年6月，成立湟惠渠土地整理事务所，业务由甘肃省地政局与建设厅协同督促办理。因其无行政职能，工作推进困难，如在达家川一次承领土地动员大会上，当地一绅士当面质问甘肃省政府主席谷正伦："你们搞的这是三民主义，还是共产主义？"足见绅士有很强的抵触情绪。为便于扶植自耕农，次年11月，甘肃省政府成立湟惠渠特种乡，编制与六等县相同，对阻挠、干涉"耕者有其田"推行者有严厉的制裁权力，⑤ 对

---

① 四联总处秘书处编：《三十七年度上半年农贷报告》，第73—74页。
② 中国第二历史档案馆编：《中华民国史档案资料汇编》第5辑第2编《财政经济（八）》，第208页。
③ 《湟惠渠灌溉区域土地整理办法》，《地政通讯》第5期，1943年11月，第10—11页。
④ 甘肃省政府：《甘肃省试办扶植自耕农初步成效报告》，甘肃省政府1946年版，第26页。
⑤ 张敦田：《湟惠渠"特种乡"组建始末》，《西固文史资料》第1辑，中国人民政治协商会议兰州市西固区委员会2003年版，第147页。

扶植自耕农有重要作用。为征购土地，省政府与农民银行协商前后四次贷款共1280万元，另有土地债券320万元，合计1600万元，月息2分3厘至2分5厘，期限4—5年。① 该区土地在整理之前，由政府依法征收，地价5年补偿；征购的土地除渠道、道路占地和政府保留公用地外，一律划分为单位农场，依法放领。② 按照土地性质和地主类别分3期征收，第一期1944年11月15日公告，征收不在地主及未依法登记的土地5036亩；第二期1945年1月25日公告，征收荒地、老砂地及公用地5822亩；第三期1945年8月1日公告，征收水地14287亩。③ 根据实际情况，特种乡将24506亩耕地根据土地质量不同划分为1162个自耕农场，其中10—15亩367个，15—20亩23个，20—25亩329个，25—30亩439个。承领农场的资格是："甲、无论男女有耕作能力，而愿亲自耕种者；乙、居住本区域附近各县以农为业者；丙、无不良嗜好、不端行为者。"④ 自耕农场划定后，湟水两岸、皋兰、永登、河口等地农民，"纷纷来到这里，拉下了自家的农场，分得了属于自己的土地"⑤。

截至1946年，该区放领1103个自耕农场，剩余的59个农场"因土壤太劣"未有人承领。实施扶植自耕农后，该区有农户1089户，人口5406人，领自耕农场者844户，其中560户为原有耕地的自耕农或半自耕农，承领耕地16471亩，户均29.4亩，人均4.6亩；原有佃农或雇农195户，承领耕地4508亩，户均23.1亩，人均5.1亩；外来农户89户，承领耕地2108亩，户均23.7亩，人均10.2亩。⑥ 原地老住户人均耕地少于外来户，原因是每户只来一二人，其余均在老家，只有农忙季节才来劳动，故外来农户人均耕地达到10.2亩。湟惠渠灌溉区是因兴修水利而建立的比较成功的扶植自耕农示范区。

北碚位于四川江北、巴县、璧山、合川4县之间，因卢作孚在此进行乡村建设，"政令贯彻，人事健全，政务推行，颇易收效。在此环境中，

---

① 甘肃省政府：《甘肃省试办扶植自耕农初步成效报告》，第7页。
② 《湟惠渠灌溉区域土地整理办法》，《地政通讯》第5期，1943年11月，第10—11页。
③ 江余：《湟惠渠的过去与现在》，载中国人民政治协商会议甘肃省委员会文史资料研究委员会编《甘肃文史资料选辑》第26辑，甘肃人民出版社1987年版，第27—28页。
④ 甘肃省政府：《甘肃省试办扶植自耕农初步成效报告》，第10—11页。
⑤ 张敦田：《湟惠渠"特种乡"组建始末》，《西固文史资料》第1辑，第147页。
⑥ 甘肃省政府：《甘肃省试办扶植自耕农初步成效报告》，第12页。

推行扶植自耕农实业,亦较易行"①,故1942年被四川省确定为扶植自耕农试验区。3月,北碚扶植自耕农由北碚管理局、农行和农林部派员合作进行。其分工是:中国农民银行负设计并供给办理必需资金之责,北碚管理局负一切行政及参加实际工作之责,农林部辅导北碚自耕农合作农场办事处负示范区办理完成后自耕农经营辅导之责。②北碚在征购土地前做了大量准备工作,颁布《北碚管理局扶植自耕农示范区实施办法》和《北碚自耕农示范区办理程序大纲》,作为扶植自耕农耕作准则。由地主、佃农、北碚参议会、朝阳镇十九保、农行北碚分行、北碚管理局、农林部北碚合作农场指导处各派1人,组成评价委员会,评估地价。③经调查,全区耕地1428.4亩,为97户所有。依照土地法原则,又结合当地土地买卖习惯,对地价进行评定,需补偿地价近200万元。④1943年5月1日,农民银行向四川北碚示范区贷款199.95万元,供佃农购买土地,期限15年,年息8厘。⑤全区耕地1428.4亩,其中610亩是从地主手中购得,⑥占全部耕地的42.7%。在征购土地过程中,北碚有12户地主"故意刁顽,不领地价,企图拖延,然在发放地价期限届满后,即依法将其价款存储待领,而将其土地予以征收"。有的地主发动佃户组织"劳土合作"公约,主张地主佃农合作,"地主永久掌握土地所有权,佃农拥有长期耕作权",收获物和田赋地主佃农各半,"请求政府从缓征收土地,但终以其他自耕佃农反对,上级机关之批驳,及详实之解释而罢休,征购耕作得以顺利完成"⑦。

土地征收结束后,对征购的土地进行重划与分配。原则是:(1)面

---

① 樊克恩:《北碚扶植自耕农示范区纪实(一)》,《地政通讯》第19期,1947年8月,第33页。
② 同上书,第34页。
③ 杨及玄:《考察北碚自耕农示范区以后》,《四川经济季刊》第3卷第3期,1946年8月30日,第23页。
④ 樊克恩:《北碚扶植自耕农示范区纪实(二)》,《地政通讯》第20期,1947年9月,第20页。
⑤ 李挚宾:《北碚扶植自耕农示范区之鸟瞰》,《人与地》第3卷第7—8期合刊,1943年8月,第42页。
⑥ 《北碚扶植自耕农示范区视察报告》,《地政通讯》第16期,1947年5月,第21—22页。
⑦ 樊克恩:《北碚扶植自耕农示范区纪实(二)》,《地政通讯》第20期,1947年9月,第21、23页。

积大小根据各农户耕作能力与生活必需费用及地形、地势、地质关系而定；(2) 每单位农场必须搭配各类土地；(3) 每单位农场土地力求集中，不使分散插花。① 经重划后新组合为 80 个自耕农场，其中水田 46 个，旱田 34 个，每个农场面积 15—20 亩。划定的自耕农场分配农民自耕，原则是："一、被征收地原有的自耕农；二、被征收地原有的佃农；三、被征收地原有的雇农；四、管理局辖区内出征军人家属的男丁，具有自耕能力者；五、管理局辖区内从事耕作三年以上的农民。"② 经过认真筛选和核定，有 80 户被选为扶植对象，由管理局通知各户承领农场面积和应缴地价，并介绍向农民银行办理借款手续。农民借款缴付地价以后，"由北碚管理局颁发承领耕地证明书，以为管业与使用土地之凭据"。1945 年底，"各农民已将全部借款本息还清，故无论在事实上或理论上，该区农民已完全取得其承领土地之所有权"③。完成各种法定程序后，农民最终取得土地所有权。

福建省龙岩县是属于业佃关系紧张的地区。该县经历过中共土地革命、十九路军的"计口授田"，闽变失败后国民政府当局又曾实施"业权恢复"，这些变故导致该地区土地关系呈畸形状态。④ 原有业主想收回原属于自己的土地，但"恐引起大多数佃农之反抗，而造成流血惨案"；而佃农"以种种手段，以威胁业主，冀维系现状"；政府"因无妥密完善之办法，故亦不敢轻言解决，盖恐稍一不慎而引起社会上更大之骚动"⑤。在地方政府苦于无计可施时，福建省政府借助国民政府实施扶植自耕农政策，选龙岩县为扶植自耕农试验区。⑥

1943 年 1 月，福建省政府通过《福建省扶植自耕农暂行办法》，规定

---

① 李挚宾：《北碚扶植自耕农示范区之鸟瞰》，《人与地》第 3 卷第 7—8 期合刊，1943 年 8 月，第 42 页。

② 杨及玄：《考察北碚自耕农示范区以后》，《四川经济季刊》第 3 卷第 3 期，1946 年 8 月 30 日，第 24 页。

③ 樊克恩：《北碚扶植自耕农示范区纪实（二）》，《地政通讯》第 20 期，1947 年 9 月，第 22 页。

④ 《龙岩扶植自耕农放款业务报告》(1947 年 3 月)，《地政通讯》第 17 期，1947 年 6 月，第 24 页。

⑤ 林诗旦：《解决龙岩县土地问题之商榷》，《人与地》第 2 卷第 9—10 期合刊，1942 年 10 月，第 28 页。

⑥ 萧铮：《土地改革五十年——萧铮回忆录》，第 232 页。

了土地征收、土地分配、地价偿还及土地金融放款等内容。① 该县还拟定扶植自耕农计划书、征收土地权利申报办法、土地地价补偿办法、承领土地规则等规章制度。② 9月，龙岩县从征购土地第一期业务开始成立地权调整办事处，在每乡镇设立分办事处；又组织扶植自耕农协进会，各乡镇设立分会，聘请地方党政社团及公正人士为委员，协助政府"推行扶植自耕农及评估地价等业务"③。龙岩县扶植自耕农的方法是将全部土地征购，重新分配。为此，征购土地分5期完成，每期定为4—7个乡镇，每期5—7个月。1943年9月至1944年1月为第一期，征购土地29105.82亩；1944年2月至12月为第二期，征购土地25502亩；1944年11月至1945年12月为第三期，征购土地67769.77亩；1945年8月至1946年11月为第四期，征购土地56227.05亩；1946年11月至1947年7月为第五期，征购土地99640亩。④ 以上五期共征购土地278244.64亩。扶植自耕农征收土地所需资金，除农民自行负担及原自耕农地价得相互抵销外，由农行"供给需要资金"⑤。1943年4月办理第一期贷款574万元，"搭放土地债券五成"⑥，期限10年，月息9厘；1944年3月，核放第二期贷款1500万元，"搭放土地债券七成"，期限10年，月息1分5厘；1945年7月，核放第三期贷款5000万元，"搭放土地债券七成"，期限10年，月息2分，本期款未用完，剩余移作第四期贷款；1947年3月，核放9.4亿

---

① 中国第二历史档案馆编：《中华民国史档案资料汇编》第5辑第3编《财政经济（六）》，第218—219页。
② 《龙岩县扶植自耕农业务之检讨》，《地政通讯》第6期，1948年7月，第13页。
③ 中国第二历史档案馆编：《中华民国史档案资料汇编》第5辑第3编《财政经济（六）》，第196页。
④ 《龙岩扶植自耕农放款业务报告》（1947年3月），《地政通讯》第17期，1947年6月，第24—25页。
⑤ 中国第二历史档案馆编：《中华民国史档案资料汇编》第5辑第3编《财政经济（六）》，第195页。
⑥ 龙岩在补偿地价时搭发土地债券，第一期占五成，第二、三、四各期占七成，因配搭债券过多对耕作推行颇有影响。因此在第五期业务开始时，省政府商得农民银行同意将配搭办法酌于修改，凡补偿地价每户在5万元以下，"免搭土地债券"，超过5万元，采取累进配搭制，就其超过部分以10万元为一级，1万—10万元配搭土地债券三成，每递增10万元加搭一成，至50万元以上，其超过部分配搭十成。后因物价高涨，此项标准又不适用，又与农民银行商洽，将免搭基数及累进间距数"均提高十倍"（中国第二历史档案馆编：《中华民国史档案资料汇编》第5辑第3编《财政经济（六）》，第202页）。

元，期限7年，月息3分。① 龙岩县自耕农场"按各乡镇土地人口分布情形，以乡镇为单位，每户可供给四口生活的土地为基准"②，确定农场面积大小。4口之家最多平均约20亩，最少平均约10亩，以"十五亩者最为普遍"③。截至1947年12月，全县完成办理扶植自耕农，受益农户32242家，人口12.73万人，分配土地26.25万亩。④ 龙岩县是民国时期扶植自耕农最彻底的县。

上述三个地区代表着国民政府创设自耕农的不同模式。三个地区三种不同的扶植自耕农模式，都具有一定的示范意义。

五 绩效与问题：扶植自耕农再评价

以往研究中，对国民政府实施扶植自耕农的土地改革褒贬不一，见仁见智。如有学者指出，国民政府扶植自耕农政策是失败的，即使龙岩扶植自耕农有成绩也是中共进行过彻底的土地革命，彻底废除地主阶级土地所有制的结果。⑤ 有学者认为，国民党的土地改革政策，始终停留在理论上和纸面上，未能真正付诸实施。⑥ 扶植自耕农的贷款能受惠的不过是一些富户，"数量有限的贷款也大多落在掌握基层政权的豪绅地主的腰包里"⑦。《四川省志》关于北碚扶植自耕农示范区办理土地金融业务的记载："四川各地共贷款195万元（应为199.95万元——引者注）因无法推广，未产生实际影响。"⑧ 国民政府实施扶植自耕农是不是如上述研究

---

① 《龙岩扶植自耕农放款业务报告》（1947年3月），《地政通讯》第17期，1947年6月，第24—25页。
② 中国第二历史档案馆编：《中华民国史档案资料汇编》第5辑第3编《财政经济（六）》，第198页。
③ 李耀福、陈国琨：《龙岩县扶农耕作之检讨》，《协大农报》第10卷第3—4期合刊，1949年6月，第192—193页。
④ 中国第二历史档案馆编：《中华民国史档案资料汇编》第5辑第3编《财政经济（六）》，第206页。
⑤ 杨振亚：《抗战时期国民政府扶植自耕农政策初探》，《南京大学学报》1985年增刊二。
⑥ 朱宗震：《战后国民党对中共土地改革政策的回应》，《孤独集》，上海书店2001年版，第267页。
⑦ 卢伟明、张艳飞：《抗战后期国民政府扶植自耕农运动初探》，《牡丹江师范学院学报》2005年第5期。
⑧ 四川省地方志编纂委员会：《四川省志·金融志》，四川辞书出版社1996年版，第256页。

者所评价的那样，还需进一步研究。

如何评价国民政府扶植自耕农试验区是否取得成效？本文主要从三个方面考量。

一是看扶植自耕农地区的地权是否平均。扶植自耕农主要目标是平均地权，故地权状况是衡量扶植自耕农绩效的主要指标。湟惠渠灌溉区在修渠前大多是荒芜土地，地价极低。湟惠渠放水后地价上涨，不在地主高价收购土地，"土地集中在在皆是"，据当时调查，已有40％的土地转移于不在地主手中。[①] 扶植自耕农后，"一部分大地主，不免损失，但贫富阶级，日渐消除，贫农已有恒产，可以自食其力"[②]。北碚地权关系在扶植自耕农前后也发生变化，扶植自耕农前不在地主19户，住在地主16户，地主兼自耕农2户，自耕农39户，自耕农兼佃农3户，佃农47户；扶植自耕农后全部80户均为自耕农。扶植自耕农前1428.42亩耕地，自耕占35.85％，佃耕占64.15％；扶植自耕农后全部为自耕，地权分配是6—20亩33户，21—30亩32户，31—50亩15户。[③] 说明北碚实施扶植自耕农完成后，地权集中问题已得到解决。龙岩县不仅通过实施扶植自耕农彻底解决了地权问题，而且为维护自耕农，办理扶植自耕农区域各保土地信用合作社，截至1947年12月底，共有232社。这些合作社"对自耕土地管理，承领地价之汇收代缴，均有良好成绩"[④]。土地信用合作社成为连接农家与土地金融机关的纽带，也为维护自耕农发挥重要作用，即自耕农"获得农业资金，不致受高利贷之压迫，而丧失土地沦为佃农，俾谋成果之永久保持"[⑤]。仅从上述三地实验情况来看，扶植自耕农实验区成效接近平均地权的目标。

二是土地金融的实施是否起到扶植自耕农的作用。随着各地扶植自耕农工作相继展开，土地金融密切配合，各年都有扶植自耕农贷款放出。如

---

① 魏宝珏：《湟惠渠灌溉区之扶植自耕农》，《人与地》第3卷第7—8期合刊，1943年8月，第62页。
② 甘肃省政府：《甘肃省试办扶植自耕农初步成效报告》，第13页。
③ 樊克恩：《北碚扶植自耕农示范区纪实（三）》，《地政通讯》第24期，1948年1月，第31页。
④ 李耀福、陈国琨：《龙岩县扶农耕作之检讨》，《协大农报》第10卷第3—4期合刊，1949年6月，第193页。
⑤ 《龙岩扶植自耕农放款业务报告》（1947年3月），《地政通讯》第17期，1947年6月，第25页。

1942年放款49.35万元，1943年放款1217.92万元，1944年核定甲乙两种放款22950万元，分布于川桂等13省70余县市，其中甲种实贷4350.45万元，创设自耕农4965户，购赎及解债自耕地54929亩；1945年核定甲乙两种贷款总额33250万元，业务包括15省79县4市1局，其中创设自耕农贷款8824.66万元，协助政府及农民收购土地110060亩，扶植自耕农7770余户。① 具体到每个扶植自耕农试验区，土地金融的作用也是很明显的。如龙岩"扶植自耕农征收土地所需资金，除农民自行负担者外，系向中国农民银行贷借"。在借贷过程中，农行也考虑到农民利益，"凡贷款的动用和承领地价的收回，对县政府及农民，在手续上莫不予以便利，即以银行本身有直接利害关系的，利率高低与土地债券配搭多寡，亦能照顾到农民的负担和地主的权益，与政府慎重磋商，适当规定，此种尊重政策，不计盈亏，始终对政府全力支持的作风，站在实现耕者有其田政策的立场上，确是值得称颂的，故本县扶农业务的完成，土地金融与土地行政能够密切配合，也是一个重要的因素"②。湟惠渠"原有地主由政府向农民银行借现金及土地债券予以补助。农民得地后，甚为欢欣，越年收获大增，交还地价甚为踊跃，此为运用土地债券扶植自耕农之又一事例"③。北碚农家不仅获得购地贷款，而且农户已在3年内将所贷购地款偿清，④ 并非《四川省志·金融志》所记载的"未产生实际影响"。

三是实施扶植自耕农地区农村经济与社会的考量。扶植自耕农是为了促进农村经济发展和社会进步，在这方面也取得明显效果。北碚示范区扶植自耕农完成后，"农业收益，普遍增加"，一是农产物增加，扶植自耕农前的1942年为1839市石，1945年为2400市石，增长30.5%；二是经营费用减少，扶植自耕农实施后土地、劳工等费用和高利贷都有大幅降低；三是通过经济作物栽培、储押借款办理、农产品贩运与加工等途径，提高农产品价格；四是农村副业收入增加，扶植自耕农后农家养猪、养鱼、草帽辫、编制竹器等收入都有大幅增加；五是农民生活有所改善，扶

---

① 中国第二历史档案馆编：《中华民国史档案资料汇编》第5辑第3编《财政经济（三）》，第602、617—618、658—659页。
② 同上书，第211、212页。
③ 萧铮：《土地改革五十年——萧铮回忆录》，第233页。
④ 《北碚扶植自耕农示范区视察报告》，《地政通讯》第16期，1947年5月，第22页。

植自耕农前农家80%的细粮交租给地主,自己只有"食用粗粮",扶植自耕农后,"谷物均为农民所有,供自己食用"①。农民温饱问题在扶植自耕农地区也得到解决,如龙岩县人多地狭,土地重新分配后,每农户最多20亩,少者仅有10亩半,"惟农户取得地权后,咸知此后农产收入,不致再受地主剥削,多能勤恳耕作,使生产量增加。加以农民没有地租负担以后,经营副业的资金亦较宽裕,其副业收入自比过去增多,故四、五口之家,大都粗可温饱"②。乡村社会的政治生态也发生了变化,如湟惠渠灌溉区"豪绅以金钱势力压迫操纵者,无所施其伎俩。而无田可耕,习为盗匪之贫农亦不复存在,社会秩序,日形安定,风俗习惯,日趋正常,教育卫生等事业,亦日渐改进,例如学校现已增至四所,学生已增至460人"③。扶植自耕农对周边社会也产生较大影响,如北碚附近各乡镇地主豪商,"不复再向土地投机,操纵田房产业,原为自耕农之农户居民,获得有效之保障,消除丧失地权之痛苦,农村社会得以稳定";甚至附近未实行扶植自耕农地区的"不在或不耕地主,多自动请求政府征收其土地以为扶植自耕农之用;亦有其他各保之佃农援例扶植以利战时国策之推行;更有原为自耕农所请求贷与资金,以助其农业经营之改良"④。国民政府扶植自耕农从提倡、政策出台到实施,前后经历十余年时间,但也仅止于实验,并未在全国展开。究其原因,主要有三方面。

第一,中国传统经济以农业为核心,工商业不发达,土地是社会各阶层积累财富的主要方式。"每一个人都以买田买地身当地主为最后的企图,试看过去做官的有几人不想买几亩附廓之田……经商的赚了钱,谁不要买一片膏腴之田,准备做一个当地士绅。至于原来是地主的,更不用说,小地主想成大地主,大地主想田连阡陌,就是穷无立锥的人,他又何尝不随时在做买田置产的幻梦。"⑤ 土地拥有者不仅仅是商人和地主,而

---

① 樊克恩:《北碚扶植自耕农示范区纪实(三)》,《地政通讯》第24期,1948年1月,第33—37页。
② 中国第二历史档案馆编:《中华民国史档案资料汇编》第5辑第3编《财政经济(六)》,第211—212页。
③ 甘肃省政府:《甘肃省试办扶植自耕农初步成效报告》,1946年6月印行,第13—14页。
④ 李挚宾:《北碚扶植自耕农示范区之鸟瞰》,《人与地》第3卷第7—8期合刊,1943年8月,第44—45页。
⑤ 熊鼎盛:《克服扶植自耕农的阻力和困难》,《人与地》第3卷第7—8期合刊,1943年8月,第4页。

且大部分政府公务人员,"做官后更可以广置田园"①。一般知识分子"大部分都是地主出身,或者是由地主孕育培植出来"。不管政府官员还是知识分子,都是不自耕地主。因此,"一提到实施耕者有其田,要不自耕作的地主抛出他的土地,这好像对社会习惯打一个晴天霹雳,很自然地会引起社会上大部分人士——不一定尽是地主——心理上的不妥和疑惧,以至于起而反对和阻挠"②。因此,扶植自耕农政策受到社会有产者阶层的普遍质疑,难以全面推开。

第二,受到来自国民党官僚权贵阶层的阻碍。一直以倡导扶植自耕农为职志的萧铮在谈及国民党战时土地纲要不能实现的原因时指出:"其一,为政府官僚之积习,所采之延搁战术,逐渐使问题由延缓而趋于冷漠。当时之行政、立法机关,便对于本纲要并不欲采取步骤。既不依之限期实施,亦不依之拟定法律。故虽系总裁之交议案而经大会通过者,乃为之具文。其二,为财经当局之消极反对,当时兼财长孔祥熙、经长翁文灏,对此案私下反对甚烈,认为乃系采取书生之见,故不欲有任何积极行动,而且以先办好'实行实征'为挡箭牌,而延搁土地政策。"③尤其是出身地主的官僚和做官后广置田产的官员,"土地改革多少要革去他们的既得利益,他们自然要反对。他们都是有权有势,能说能行的,这一般反对的力量非常强大。改革计划必须通过政府,也就是必须通过他们的手掌,他们不同意,往往可以根本推翻和搁置。即使迁就现实,兼顾到官僚地主的利益,或由于更大的压力,改革计划在他们手中通过了,也会或明或暗地加以种种阻碍,予土地改革以致命打击"。因此"改革的阻碍往往直接来自政府本身,甚至在某省参议会中,反对二五减租的主力,竟全是国民党党员"④。受权贵与官僚阶层的反对,国民政府土地改革难以在全国推行。

第三,国民政府不能在全国推行土地改革是由其政权性质决定的。国民政府奉行维护私有制的土地政策,平均地权"并不是把私人的土地所

---

① 万国鼎:《土地问题与官僚政治》,《土地改革》1948年第1卷第1期,第9页。
② 熊鼎盛:《克服扶植自耕农的阻力和困难》,《人与地》第3卷第7—8期合刊,1943年8月,第4页。
③ 萧铮:《土地改革五十年——萧铮回忆录》,第221页。
④ 万国鼎:《土地问题与官僚政治》,《土地改革》1948年第1卷第1期,第9、6页。

有权,变成国家的土地所有权,只不过是推翻大地主的土地独占"①。故1946年4月,国民政府公布修正后的《土地法》时,在《修正土地法草案趣旨之说明》中说得明白,不管是"扶植自耕农"还是"照价收买私有土地",都"盖于推行政策之中,仍寓保护私权之意"②。保护土地私有制是南京政府的政治主张,也是其统治的阶级基础。加之在抗战时期,"政府要征粮,要筹财税,不免仍多依赖地主合作,故各县政府及士绅均不能真正赞助二五减租的推行"③。因此,从顶层设计也能看出,这场旨在"扶植自耕农"的土地改革,却要维护土地私有制和地主、士绅的最基本利益,难以进行像中共那样的疾风暴雨式的土地改革。时人在总结国民政府未能开展大规模土地改革时指出:"无他,顾全地主之权益而已。即以政府本身而论,无容讳言的潜藏着浓厚的地主意识。因为中国是农业国家,知识分子,都直接或间接的和土地有关,'士'与'土'是密切相连的。所以,一提到土地改革,这潜藏的意识,便不知不觉的出来作祟了。"④ 国民政府奉行土地私有制的主张,具有"革命性"的土地改革难以大规模在全国展开。

结　语

综观国民政府以"扶植自耕农"为主旨的土地改革,一方面,基于孙中山平均地权的思想和借鉴欧美等国家解决土地问题的理论与方法;另一方面,面临着日益严峻的农村经济问题,把土地改革当作解决农村经济问题的主要政策。不论从国民党政策方面还是国民政府制度层面都做了比较好的"扶植自耕农"的设计,但由于受各种力量制约,在具体实施时转变为"各省政府择县试办"的实验性土地改革。在各省择定的实验区,最值得重视的一是土地金融制度的确立,一是扶植自耕农的实施,尽管只是"标本式"的点缀,但"对全国政策的意义大于对土地问题解决的实

---

① 萧铮:《平均地权真诠》,《地政月刊》第1卷第1期,1931年1月,第3页。
② 中国第二历史档案馆编:《中华民国史档案资料汇编》第5辑第3编《财政经济(六)》,第26页。
③ 萧铮:《土地改革五十年——萧铮回忆录》,第231页。
④ 黄通:《我们为什么首先要求土地改革》,《土地改革》1948年第1卷第2期,第4页。

效"①。因此，抗战胜利后，国民政府根据在试验区土改取得的经验基础上，尤其为应对中国共产党在解放区土地改革赢得农民的支持，加大执行土地改革的政策力度和举行全国土改的意图。1947年4月成立了土地改革协会，并于次年2月颁布《土地改革方案》，指出："我国当前土地问题之严重，已成为一切祸乱的根源，和民族生死存亡的关键，而政府现行有关土地政策与法令，并不足根本解决这一问题，如果不急求彻底普遍的改革，实有非常可怖的后果……兹根据当前需要，提出这个土地改革初步方案，以期迅速而普遍的达到耕者有其田的目标。"该方案规定"土地改革的目标为耕者有其田，所以全国农耕土地，应自即日起，一律归现耕农民所有"；"现在佃耕他人土地之农民，分年清偿地价，取得土地所有权，化佃农为自耕农"；"为彻底实行土地改革，各地佃农应组织佃农协会，代为办理土地登记收缴地价"等。②该方案表达出了急切而激进的土地改革政策。但此时的国民党政权已摇摇欲坠，再激进的土地改革政策也无济于事。随着国民党在大陆统治的结束，"扶植自耕农"主张者所倡导的土地改革也随之夭折。

---

① 桂尘：《左右碰壁的土地改革》，《土地改革》1948年第1卷第2期，第8页。
② 《土地改革方案》，《土地改革》1948年第1卷第1期，第21—22页。

论民族的三个基本属性[*]

徐黎丽

人以类聚是人类社会生活的自然法则,民族就是其中类型之一。但人类在相当长的时间内以民族实体存在却很少论及其概念,直到国家出现威胁到这种实体存在时才争论和反思为什么人类以民族这种类别存在。喋喋不休的争论伴随国家的兴起与衰落,但仍没有达成共识。因为不同时代的民族实体随时代变迁而变迁,争论反思民族的研究者也生活在民族发展变化的不同时代,因此对民族的认识自然不同。本文则从民族的三个基本属性谈起,论述民族的当代概念。

一 生物性

当人类的祖先以游群的形式生活在地球不同表面时,首先不得不做的事情就是在顺应自然法则的前提下,依靠和使用自然资料生存与延续。这种游群便是以后民族的雏形,它是以血缘关系为纽带的群体,而他们依赖生存的自然环境,包括纬度、海拔、气候、地形及其蕴藏的各类自然资源,则是地缘。民族的生物性就是指人类不同群体的血缘作用于地缘产生的生物属性。

首先,血缘是人类不同群体保持与其他群体不同体质特征的生物性基础。虽然古代人类无法用 DNA 技术确定人类不同群体的血缘关系,但我

---

[*] 本文为兰州大学中央高校基本科研业务费创新团队项目《中国文化戍边战略研究》(13LZUJBWTD006,Supported by the Fundamental Research Funds for the Central Universities)的系列成果。

们从世界各地流传下来的婚姻、家庭、亲属制度和关系记载中了解到我们的祖先是如何确定自己的血缘关系。如早期进化论派人物巴霍芬认为人类婚姻从母系社会的乱伦到父系社会的一夫一妻制；麦克伦南认为婚姻的规则有两种：内婚和外婚；摩尔根和恩格斯则认为人类婚姻经历了乱婚制、母系、父系及一夫一妻制等。① 虽然他们的说法不一，但我们却从他们的研究成果中不仅看到了从群婚、多偶婚（包括一夫多妻和一妻多夫）、对偶婚（包括内婚中的妻姐妹婚、夫兄弟婚及外婚中的同辈之间的婚姻）、一夫一妻婚、连续一夫一妻婚②、同性婚（女—女婚、男—男婚）的递进演化，而且从这些不同婚姻关系中看到人类的血缘关系如何通过婚姻关系而强化或弱化。由于家庭是以婚姻为基础形成的人类生活的基本单位，因此家庭随婚姻制度的变化而变化。如多偶家庭、扩大家庭③、核心家庭④。这些不同的家庭形式则是人类不同群体的血缘关系得以保持的前提。在婚姻和家庭基础上形成的亲属关系、制度及其称谓则不仅成为基本的生产生活组织，更是人类不同群体血缘圈向外扩散的象征。我们从摩尔根的六类型的亲属称谓就可以看出。⑤ 由此可见每一种亲属称谓的背后均代表一种亲属关系，这些亲属关系则以辈分、同辈先后的结构固定下来，形成制度，同一群体的人则生活在由亲而疏的亲属关系网络的血缘社会中。四类型说中的直系型、二分合并型、行辈型、二分旁

---

① 王寿南、陈水逢主编：《人类学理论发展史》，台湾商务印书馆股份有限公司1996年版，第38—61页。
② 指一个男子或一个女子连续与一系列伴侣结婚或同居的婚姻形式。
③ 指由三个或更多世代组成的家庭。
④ 指由父母和他们所生养的孩子组成的家庭。
⑤ 如在爱斯基摩型中，有母亲、父亲、兄弟、姐妹的亲属称谓，父亲和母亲兄弟被称为叔伯舅，母亲和父亲的姐妹被称为姑姨舅母；在夏威夷型中，同代同性别的亲属都用同一称呼。如用来称呼其父亲的那个词也被用来称呼其父亲和母亲的兄弟，母亲、母亲的姐妹和父亲的姐妹也用同一个称谓；在易洛魁型中，称谓则有性别之分，如父亲和父亲兄弟用同一个称谓，母亲和母亲姐妹也用同一个称谓，父亲姐妹、母亲兄弟各有称谓，同一辈也有兄弟、姐妹、和平表兄弟姐妹称谓；在克劳型中，强调父亲一方的交表兄弟姐妹等同于父母一辈的称呼，母亲一方交表兄弟姐妹则与自我的儿女一辈等同；在奥马哈型中，则强调母亲及其姐妹共同一个称谓，父亲及其兄弟共同一个称谓，平表兄弟和姐妹共用另一个称呼；在苏丹型中，母亲的兄弟与父亲的兄弟称谓不同，父亲的兄弟和父亲的称谓不同，母亲、母亲姐妹、父亲姐妹的称谓各不相同，每一个堂表兄弟姐妹的称谓都彼此区别。引自［美］William A. Haviland：《文化人类学》，瞿铁鹏、张钰译，上海社会科学出版社2006年版，第308—313页。

系型也同样如此。① 因此我们从四类型说中也同样看到了亲属称谓背后由近到远的亲属关系，以及亲属关系网络中血缘的延续程度和方式。一般来说，亲属关系越近，血缘关系就越深，表现在体质特征上，则是体质特征上的相似性，如五官、毛发、体形等。这是人类不同群体之间极易区别的生物属性。

其次，地缘则是人类不同血缘群体在地球不同表面生活不得不顺应的自然环境因素总和。无论是人类一点起源说还是人类多点起源论，都不能忽视的一个事实是：不同纬度、海拔、气候、地形及其蕴藏的自然资源所组成的地缘在人类起源和发展的初期发挥的作用比现代人类更大。人类不同体质不仅是人类不同血缘关系发展的结果，也是人类不同血缘关系的人与不同地缘相适应的结果。"每个独立的族群都有一个特定的发源地。这个发源地是这个族群全体成员在体质和文化上演化的物质基础。在该族群的体质特征上，会留下人类作为一个自然物种而对环境适应留下的适应性结果，这些适应性结果通常表现得比较明显。例如，对不同纬度的适应性结果会产生不同的体型和面型，越居于高纬度的群体，体形相对高大；越接近低纬度的人群就越矮小。"② 不同纬度地区因为气候不一样也对人类特征产生巨大的影响。如尼格罗人种形成于热带的草原旷野上，那里太阳辐射强烈，而色素较深的黑皮肤和浓密的卷发能对身体和头部起保护作用。因为黑色素有吸收太阳光中的紫外线的能力，这种深色可使皮肤不至于因过多的紫外线照射而受到损害。另外，紫外线还会刺激人体内维生素D的产生，而深色皮肤可以防止人体内维生素D的过多产生所导致的维生素D的中毒。宽阔的口形与外黏膜发达的厚唇，以及宽大的鼻腔也有助于冷却吸入的空气。欧罗巴人种，主要形成于欧洲的中部与北部，那里气候寒冷，云量多而日照弱，阳光中的紫外线不会危害身体，反而能刺激必要的维生素D的形成，因此人体的肤色、发色和眼睛的颜色都较为浅淡。人的鼻子高耸，鼻道狭长，使鼻腔黏膜面积增大，从而使寒冷空气被

---

① 如直系型指沿自我的一位祖先向上或向下连接到自我的任何一位亲属；二分合并型指将母亲与父亲方面的亲属分成两边，母亲与母亲姐妹被合并在同一种亲属称谓下，父亲与父亲兄弟也得到同一个称谓；行辈型只采用两种称谓指称双亲的那个世代，如以父亲称谓称呼父亲、父亲兄弟和母亲兄弟，以母亲称谓称呼母亲、母亲姐妹和父亲姐妹；二分旁系指对亲代的六种类型，分别使用不同的称谓，如父亲、母亲、叔叔、舅舅、姨姨、姑姑。引自［美］William A. Haviland：《文化人类学》，瞿铁鹏、张钰译，第308—313页。

② 李法军：《"自然"的人与"文化"的人》，《吉首大学学报》2007年第1期，第90页。

吸入肺部时可以变得温暖些。蒙古人种形成的气候环境没有非洲的炎热和欧洲的寒冷，故形成较为适中的人体特征。① 人的身高也受气候的影响。例如，"生活在热带地区的人个头一般比较矮小，生活在寒带地区的人，个头高大壮实；温带地区像我国，一般来说也是北方人高大，南方人矮小。这是由于热带地区的气候炎热，人们消耗比较大，所以个头相对就小一些；而寒带地区气候寒冷，人们能量消耗也小一些，所以个头大一些。在热带地区，人们为了尽快地散热，体型瘦小比较适宜；而在北方，在寒冷的冬季为了保持体温，高大健壮比较占优势。无论是古代还是现代，热带地区的物产都比较单一，尤其不适合农业和养殖业的发展。于是，热带地区的人吃得比较少，越是吃得少，他们越是要为食物而奔波，摄入少而支出多就导致了他们身体矮小。而在北方地区，土地肥沃，降雨量大，物产丰富，人们不必为饮食而发愁，摄入多而支出少就导致他们身体高大。"② 因此不同纬度、海拔、气候、地形及其物产组成的地缘对人类由血缘关系而表现出的体质特征产生长期的异化影响，而且时间越长，产生的异化影响越大，并最终反映在体质特征上，使得以血缘关系为纽带的人类群体的体质特征在长期的地缘作用下不断扩大范围，从而为民族的形成奠定了生物属性。

由此可见，血缘与地缘交替作用的结果，就使地球上的以不同民族相称的人类彼此之间仅从体质特征上就区别出"你""我""他"。这就是民族的生物性。

二　文化性

文化之所以能够成为民族的属性，主要源于以下原因。

首先，文化是人类不同群体自出生以后从自我群体中习得并创新的知识体系及其包含的价值观。文化无论在研究者的眼中是物质设备、精神文化、语言和社会组织，③ 还是"包括知识、信仰、艺术、道德、法律、习

---

① 钱建伟、张海虹：《人对气候的适应性探究》，《能源与环境》2009年第26期，第131页。
② 同上。
③ [英] 马林诺夫斯基：《文化论》，费孝通译，中国民间文艺出版社1987年版，第1页。

惯以及作为社会成员的人所获得的任何其他才能和习性的复合体"①，或是"使用各种符号来表达的一套世代相传的概念，人们凭借这些符号可以交流、延续并发展他们有关生活的知识和对待生活的态度"②，或是共享的理想、价值和信念，人们用它们来解释经验，生成行为，③但我们都不能排除文化起源于人类对幸福生活的追求。在这一漫长而艰辛的过程中，人类不同群体在顺应不同自然环境、组织自身群体并与周边群体结成不同类型的关系获取生产生活资料时逐渐形成了自成体系的生计方式、社会组织、语言文字、风俗习惯和宗教信仰，逐渐使人类创造的生产工具和生产成果与精神思想分离，最终使文化成为人类不同群体为了维持和创造幸福生活过程中积累起来的经验、智慧的象征符号以及所代表的价值、理想和信念。由于人类不同群体面临的自然、社会及精神环境不同，因此他们创造的文化从生计到信仰均呈现出不同的属性，在此基础上形成的核心价值、信念和理想则自然不同。这些属性不是从父母那里遗传下来后又经过长期的自然适应的生物属性，而是从母亲子宫出生后在自身所在的人类社会群体中习得祖先相传及随时代变化而创造的经验、智慧及其所代表的价值、信念和理想。因此文化是人类不同群体后天习得并随时代变化的属性。

其次，构成文化的主要因子均具有独特的习得属性。这些主要的文化因子有生计方式、社会制度、语言文字、风俗习惯及宗教信仰。下面分述。

（一）生计方式

根据人类学及其分支考古学的研究成果表明，人类经过原人（Hominines，560万年）、能人（Homo habilis，260万年）发展到直立人（Homo erectus，160万年）阶段后，已经创造了与自然相适应的采集狩猎生计方式，④即搜食，这种生计方式后经智人（Homo sa piens，40万年）及后来的旧石器和新石器时代的发展，成为1万年以前地球上的人类最主要的生

---

① ［美］William A. Haviland：《文化人类学》，瞿铁鹏、张钰译，第34页。
② ［美］克利福德·格尔茨：《文化的解释》，韩莉译，译林出版社1999年版，第2页。
③ ［美］William A. Haviland：《文化人类学》，瞿铁鹏、张钰译，第34页。
④ 同上书，第78—94页。

计方式，①如今仍然在热带雨林、沙漠边缘及北极圈附近等边缘化地区可以看到以搜食为生的人类群体。如美国西部大盆地的肖肖尼人"几乎完全依靠采集野生植物为生，由于这些植物在不同的季节和地方可以获得，所以西部肖肖尼人不得不走很远的路去寻食"②；"非洲南部布须曼人中的一支——亢人，男女平均每周工作时间只有42.3小时，肉类、坚果及其他根茎的摄入使他们有充沛的精力"。他们"从不聚集成一个群体在很长时间内生活在同一地点，这样，任何疾病都不能轻易地在他们中间扩散开来"③，除此之外经常迁徙也使人口出生率得到一定控制。但采集狩猎却为种植庄稼和驯养家畜（1万年到500年前）这种生计方式所代替。原因只是因为"人们迫于需要更多食物来供养更多的人口"④。这种以生产食物为特征的生计方式，在世界四大文明古国的历史中有充分的体现。如地处非洲东北的亚欧非三洲交界处的撒哈拉沙漠东部、96%的国土为沙漠所覆盖、全境只有一条河流——尼罗河纵贯南北，却在公元前4000年诞生了人类有史以来的第一个文明的埃及，其"文明分布于一条沿尼罗河两岸分布的充满生机的绿色狭长地带"⑤。这条地带因为尼罗河的泛滥"有利于灌溉"而使"沙漠变为沃土"⑥，因而农业就成为古埃及的经济支柱。以游牧为主的鄯善洋海人在公元前2000年左右就以博格达山为中心形成了以畜牧业为主的生计方式。⑦由于不同民族赖以生存的地缘不同，因此尽管都是为了获取生存资源，但获取的方式、对资源的加工及分配、消费方式不同，就形成了不同的生计方式。于是后来的民族学研究者就以人类不同群体从事的不同生计方式作为划分人类不同群体的一个标准。比如俄罗斯学者划分的经济文化类型及其中国学者林耀华对中国不同民族生计方

---

① ［美］科塔克（Conrad Phillip Kottok）：《文化人类学》，徐雨村译，桂冠图书股份有限公司2007年版，第172页。

② ［美］William A. Haviland：《文化人类学》，瞿铁鹏、张钰译，第167页。

③ ［美］卢克·拉斯特：《人类学的邀请》，王媛、徐默译，北京大学出版社2008年版，第129页。

④ 同上书，第132页。

⑤ H and H-A Frankfort, John A Wilson, Thorkild Jacobsen, *The Intellectual Adventure of Ancient Man*, Chicago and London, 1977, p.37.

⑥ ［美］威尔·杜兰：《世界文明史》卷1《东方的遗产》，东方出版社1999年版，第149页。

⑦ 中央电视台10——科教频道，《探索与发现》栏目节目《远去的文明——新疆鄯善洋海人考古纪实》（7集），2010年9月21—27日。

式的划分。① 这种划分其实就是对民族生计特征的认可,也是民族通过后天培养习得的文化属性。

(二) 社会制度

人类不同群体在维持自身生产过程中积累的社会制度经历了由血缘制度向地缘制度的演变。其中血缘制度以婚姻家庭亲属制度为主,地缘制度则是亲属制度的扩大和延续,如世袭群、氏族、部落、部落联盟,最终发展成为民族和国家,当然并不是每个国家的人民都一成不变地经历过以上的社会制度的变迁,这在马克思、恩格斯及列宁的著作中都曾提及。以后人类的社会制度还会随人口膨胀和资源短缺而走向更大规模,但至少我们从人类发展史中可以看出,民族作为人类生存与发展过程中的一种群体,其社会制度呈现出不同于血缘制度和以后国家时期社会制度的属性。我国古代不同民族的社会制度就是如此。如蒙古族初期的社会制度是由集体游牧经济组织"古列延"逐渐演变而来。"古列延意为环。古代,当某一部落停留在某地时,多结成环形,其中是首领的帐幕,像圆圈的中心点,叫作古列延。"② 成吉思汗统一蒙古后,为了巩固自己的统治地位,把蒙古族旧有的氏族宗法组织和国家行政军事组织相结合,推行了领户分封制。千户之上有万户,之下有百户、十户,并设有十户长、百户长、千户长和万户长。全国95个千户分属于左翼万户长、右翼万户长、中军万户长、镇守林中百姓的万户长管辖。千户长既是行政长官和封建领主,又是军事指挥官。万户长是大汗统治管辖各个千户长的直接代理人。蒙古国组编千户百户的具体方式主要有三种:一是对主动投降的部落或部落分支,基本上不予以拆散,即按其原有的划分改编为若干千户或百户,如汪古部、斡亦剌惕部、翁吉剌惕部等。二是从各部落中凑集散杂人众,合并另编新千户。如迭该、古出古儿等人所收部众构成的就是这样的一些千户。第三种情况是以上两种方式的结合。③ 与此同时,成吉思汗还在其直接掌管地区漠北中心地区的东面和西面又推行了分封制。成吉思汗的儿子们分封在西部,诸弟封在东边。成吉思汗的四个弟弟,即哈撒儿、合赤温、别里古台

---

① 林耀华主编:《民族学概论》,中央民族学院出版社1991年版,第80—90页。
② [波斯]拉施特:《史集》第1卷第2册,余大钧、周建奇译,商务印书馆1983年版,第86页。
③ 姚大力:《蒙元制度与政治文化》,北京大学出版社2011年版,第32页。

和铁木哥斡赤斤被封在东边，成吉思汗的儿子，术赤、察哈台、窝阔台、拖雷被封在西边，且分别建了察合台汗国、窝阔台汗国、伊利汗国和钦察汗国。成吉思汗的诸子、诸弟等宗亲在其汗国和封地又实行分封，出现许多小支宗。这样最终形成了层层相属的社会制度。由于蒙古族曾经是建立过横跨亚欧非三大洲的帝国的民族，其社会制度具有代表性，故举例说明。当然世界上所有民族均建立过自己的社会制度。这些社会制度均以因地制宜而适合本民族社会事务的管理和社会问题的解决。它作为人类不同群体的文化因子，也是不断积累和承袭的结果。

（三）语言文字

全世界现有约6000种不同的语言。① 但无论什么样的语言，在结构语言学家费迪南·德·索绪尔看来均可以分为"语言"和"言语"。"语言代表的是语言的结构和语法意义，以此类推，它也可以代表语言和文化的基础。言语代表的是话语的实际表达。以此类推，它也可以代表个人的社会行为。"② 这就说明，特定的语言所代表的结构和语法意义只有使用这种语言的人才能明白；使用这种语言进行言语的表达，则通过声音反映特定语言人群的社会行为和方式。如使用藏语的人从发声部位、声音高低到节奏快慢都与使用维吾尔语的人有很大的不同，听到他们用自己语言表达各自的言语时，我们立刻感到他们与我们在语言及其透过语言反映出的行为特征。因而他们的语言和言语便成为他们通过声音而形成的表达和符号特征。在语言的基础上形成的文字，不仅以不同的书面符号彰显民族的文化，而且以写在不同物质材料上的符号记载、传播本民族的历史，如蒙古族在成吉思汗时期任用塔塔统阿创制蒙古文字，并用这种文字记载蒙古族的历史、法律、习俗及信仰，这些文字记载，从用来记载蒙古族的文字来说，它本身就是蒙古族区别于其他民族的特殊符号，用这些文字记载的蒙古族历史与传统，则进一步加强和巩固了蒙古族的文化性。因而语言与文字作为民族的表达和记忆习得性符号，同样也是文化的组成部分。

---

① ［美］威廉·A.哈维兰：《文化人类学》，瞿铁鹏、张钰译，第102页。
② ［英］阿兰·巴纳德：《人类学历史与理论》，王建民、刘源、许丹译，华夏出版社2006年版，第133页。

(四）禁忌仪式

不同民族在与自然相适应的道路上形成的种种生产生活禁忌和仪式则反映了他们的社会行为特征。比如：生活在比属刚果伊图利森林中的巴姆提俾格米人在20世纪50年代定期举行的莫利莫仪式（集体歌唱仪式）源于他们对森林的极度敬仰，用他们自己的话说：森林"像父母一样，它给予我们所需要的一切——食物、衣服、庇护和温暖……还有爱。通常一切都安然无恙，因为森林对它的孩子充满了善意；但是当事情出差错的时候，一定是事出有因"[1]，因此他们举行莫利莫仪式颂扬森林和惩罚犯规行为，使森林人的群体生活得以和谐发展。居住在尼罗河与苏拜特河和加扎尔河交汇处的努尔人的任何习俗都源于他们是"牛背上的寄生者"[2]。如"人们经常以男人们最喜爱的公牛的颜色和形状来称呼他们，女人们则从公牛或她们为之挤奶的奶牛身上取名。甚至小男孩在牧场上一起玩耍时，也彼此称呼对方从公牛身上得来的名字——那里的小孩子通常从他母亲为之挤奶的奶牛所生的小公牛身上取名。男人们常常在一出生时便得到一个公牛名或奶牛名。有时，一个男人传给后代的名字是他的公牛名，而不是他的血统名。这样一来，努尔人的族谱听起来好像一个畜栏中的牲口清单"[3]。这种仪式不仅反映了牛对于他们农耕生活的重要性，更反映出他们的社会行为的群体性。中国云南省红河州元阳县新街镇土戈寨箐口村哈尼族崇拜涉及植物、动物、水源、土地、人类繁衍及农业生产等多样属性的综合神灵"昂玛"的仪式[4]也反映出哈尼人的社会行为的特征。正如波拉尼所说，"在小规模社会中，人们依靠生产方式的三种模式——市场、再分配和互惠之间的划分来认识交易和社会有机体之间的关系"[5]，即所有人不是为由市场联系起来的陌生人生产，而是为了这个群体所有人的生活而进行的生产，因此其核心价值是和谐的社会关系以及背后代表的

---

[1] [美]科林·M.特恩布尔：《森林人》，冉凡等译，民族出版社2008年版，第87页。

[2] [英]埃文思-普里查德：《努尔人——对尼罗河畔一个人群的生活方式和政治制度的描述》，褚建芳、阎书昌、赵旭东译，华夏出版社2001年版，第46页。

[3] 同上书，第24页。

[4] 郑宇：《箐口村哈尼族社会生活中的仪式与交换》，云南人民出版社2009年版，第68—74页。

[5] [英]罗伯特·莱顿：《他者的眼光——人类学理论入门》，蒙养山人译，华夏出版社2007年版，第90—91页。

小群体利益。其行为特征也体现了传统社会中以人与自然、人与人之间直接生产与交换而形成的仪式、禁忌及其背后以协调、通融甚至相互妥协为目标的行为准则。这些禁忌和仪式也是人类不同群体与自然长期协调并传给后人的智慧。

（五）宗教信仰

信仰的本质就在于它在人类无法克服自然和人类自身困惑时能够帮助人类增强战胜自然和人类本身的勇气，使人类生命的意义明朗化，使人的死亡意义积极化。宗教属于信仰的组成部分。人类在自身的发展过程中因所处自然环境和人文环境不同，因而信仰自然而然不同。英国人类学之父泰勒在《原始文化》一书中认为：宗教起源于对神灵的信仰，此事是针对一般经验的普遍反应，如对死、梦及影子等的反应，那些事必然产生双重观念即灵魂与肉体、影像与真实。他从进化的观点出发，认为信仰经过三个不同发展阶段，先是泛灵信仰，再到多神信仰，最后才是一神信仰。[1] 弗雷泽则在《金枝》一书中将人类的信仰划分为另外三个阶段——巫术、宗教和科学，其中巫术是操纵性的，宗教则是祈祷性的；巫术又可以分为模拟和接触两种。[2] 从他们的研究成果中就可以看出人类的信仰从多神逐渐减少并向局部地区的一神过渡的事实。另外人类历史发展脉络也印证了信仰从多神向一神的过渡。因为"在某个氏族部落和民族国家中，任何人从其出生之日起，即面对祖先传承下来的传统信仰和既有的宗教体制"[3]。但"在进一步的发展阶段上，许多神的全部自然属性和社会属性都转移到一个万能的神的身上，而这个神本身又只是抽象的人的反映。这样就产生了一神教"。历史发展至今天，我们仍然可以在遗存下来的布须曼人、拉普人、印第安人、因纽特人、纳西人那里看到泛灵信仰的存在；在中国，民间信仰就是多神信仰的代名词，如在河西走廊、藏彝走廊这些多民族杂居地带，村与村之间就有不同的信仰。[4] 任何海外华人生活的地

---

[1] 王寿南、陈水逢主编：《人类学理论发展史》，台湾商务印书馆股份有限公司1996年版，第45页。

[2] ［英］J. G. 弗雷泽：《金枝》，徐育新、汪培基、张泽石译，新世界出版社2006年版，第15—48页。

[3] 吕大吉：《宗教学通论新编》，中国社会科学出版社1998年版，第626页。

[4] 如在位于河西走廊与藏彝走廊的交界地带甘肃省临夏市康区县XX乡的三个村庄分别信仰草、山、水三种神灵。

方,都能看到祖先崇拜;① 在全球范围内,则存在基督教、佛教、伊斯兰教等几大世界性宗教。但无论全球不同民族有什么样的宗教信仰,其最终的目的就是为了使生突显意义,使死有积极的价值,最终因为宗教信仰解决了人的生死问题而使不同群体的人以不同宗教信仰的形式平静地对待生死问题,也使不同民族的人从生的仪式到心灵归属具有文化性。

从以上文化因子时空变迁轨迹来说,不同民族的祖先为了生活更方便和舒适所创造的文化因子从生计到信仰均具有明显的特征。这些特征,均是人类不同民族在顺应自然和人类内部社会关系的基础上不断积累、习得和发展的结果。不仅如此,各个文化因子之间存在的不可分割的关系并构成文化的整体性上的特征更能使"此"民族区别于"彼"民族。这种文化性,则是民族在后天习得并在传承中逐渐随时代变化而改变的属性。

三　建构性

在对民族的认识的过程中,有以下几种现象值得关注:一是有些人具有某些民族的体质特征和文化特征却不为本民族某些成员认同;二是有些人具有某些民族的体质和文化特征却不认同为某一群体的成员;三是当本民族成员不认同某一成员或本人不认同自己为某一民族成员,他民族的成员无法确认其民族身份;四是无论我们属于哪个民族和生活在人类的哪个时代,我们对民族的认识和理解时刻影响着我们对民族的认识。以上四种现象,不仅是当代民族的生物性和文化性随全球移民加速而不断削弱的表现,也是我们对民族意向性认识并付诸行动的结果,即建构性。因为"建构主义所指涉的是这样一种思想,即人类不是静态地认识、发现外在的客观世界,而是经由认识、发现过程本身,不断地构造着新的现实世界"②。即当民族身份可以通过认识与实践相结合的途径建构时,建构性就成为当代民族的属性之一。这种建构性,源于以下三种理由:

第一,建构性是人类族群在现代社会发展过程中的生存境遇遇到严重挑战的反映。在当代,全球经济社会一体化带来的民族体质文化特征趋同

---

① 如在马来西亚、印度尼西亚、英国、美国等国的唐人街或华人社区均有祖先崇拜的祠堂。
② 闫志刚:《社会建构论:社会问题理论研究的一种新视角》,《社会》2006年第1期。

的背景下，以族群为生存组织的人类为了维护自己的生存权利和利益而不断从逐渐消失的生物与文化因子中建构自己的族群属性。众所周知，为了养育不断膨胀的人口，人类在即使发现新大陆、牧场变农田也没有解决这一问题的前提下，最终在500年前发展了工业，并将农业、牧业、商业集约化，使市场经济成为主导全球生计的最主要模式。随着人类生存的经济基础——生计的转变，人类走过了从寻到什么食物就吃什么的生计到完全依赖市场交换的生计；人类的生产方式从直接摘取自然生长的果实到通过包含技术在内的文化与自然接轨；人类的食物结构和内容也从肉、果、蛋、根、茎等多元化向单一的快餐过渡。最终不同民族的生计向趋同化方向发展。与此相适应，组织生计的多元制度向国家过渡；语言平均每个月就有两种语言消失；[1] 习俗与信仰也从多元向一元过渡。民族的文化性特征正在向趋同性方向发展。除此之外，随着市场经济以市场为中心、以资源为基础、以产业为纽带的人类生存方式的普及，移民及跨族婚姻的普及，使得民族的生物性特征逐渐混合。当民族的生物性和文化性特征的呈现出不断弱化趋势时，民族成员作为生物与文化属性的传承者自然会在外界刺激和自我意向性认同驱使下建构自我民族认同，建构族群的地理、心理边界。如今我们在多民族村落中看到各民族成员以民族文化的传统特征为基础，依靠现代科技手段进行建构[2]的事实表明，在全球经济社会市场化的今天，人类的民族自我认同的建构性则成为在生物性和文化性特征不断消失的今天民族成员们认同自我的手段。因而可以说，当族群客观特征在现代化的消解下逐渐淡化、瓦解、消失的情况下，而构成族群的成员们依靠历史记忆、族群传统知识积累的族群情感和认同却不会与那些客观性的特征同步消失，有时反而会加深。因此"族群是这样一些群体，要么由于体貌特征或习俗相近，或者由于两者兼有，要么由于殖民和移民的记忆，从而对共同血统抱有主观信仰；这种信仰，对于群体构建肯定具有重要意义，至于是否存在着客观的血缘关系则无关宏旨"[3]。当然，"族群身份（ethnic membership）本身并不能构成一个群体；它仅仅用来促进各种各样的群体的形成，特别是在政治领域。另一方面，主要政治共同体——

---

[1] 刘江：《语言人类学视角中的文化多样性》，《思想战线》2008年第4期。

[2] 徐黎丽、孟永强：《多民族村落民族认同的原生性与现代建构》，《广西民族大学学报》2011年第2期。

[3] [德]马克斯·韦伯：《经济与社会》，上海世纪出版集团2010年版，第512页。

不管是如何缔造的,激发了共同的族性认同。"① 最极端的建构方式就是"精英创作、歪曲并有时编造他们想代表的群体的文化的材料,以保障他们的福祉或存在,或获得本群体以及主要精英自己的政治和经济优势"②。当然这不是普通民族成员的目的,但通过建构民族认同而保留民族身份则是现代民族求生存的一种手段和工具。因而使当代民族具有了建构性的属性。

第二,建构性是不同族群的人类对族群的集体意向性认识并付诸行动的结果。任何认识,首先要有"认识的可能性条件",即"关于一般理论的可能性条件的问题,更一般地说,关于一般推理和一般认识的可能性条件的问题"③。其次要有"一般认识何以可能?"即"所有关于存在的多种多样的含义中究竟哪一种才是贯彻始终的、单纯的、统一的规定性?"④正如胡塞尔所说:"比如我面前的一棵树,那么我每次都只能从一个角度感知这棵树,并且无论我怎样变换角度,我都永远无法穷尽这棵树的所有面。我每变换一个角度,都会获得关于这棵树的或多或少不同的材料。在这个过程中,感知行为一直在变,感觉材料也一直在变,但无论怎样变换,我每次都将这些杂多的感觉材料立义为同一棵树(意向对象)。"⑤ 我们之所以对"你""我""他"认识不同,就是因为我们站在不同的角度和处于不同时代。因为人的意识不仅是对外界的被动记录和复制,而是主动地认识和构造着世界,"一切意识都是对某物的意识,"即"意向性"⑥。具体来说,"生活的动源原初地就带有意义趋向,这种趋向就实现为一个世界。尽管'存在的多种多样的意义'是在生活经验的这一一体的'动源—趋向'之内的'自身区别'"⑦,当然这种意向性认识有个体

---

① [德] 马克斯·韦伯:《经济与社会》,第389页。

② P. Eliter Brass, "Competition and Origins of Ethnic Nationalism", in J. G. Beramendi, R. Maiz and X. Nunez (eds.), *Nationalism in Europe: Past and Present*, Santiage de Compostela: University of Santiage de Compostela, 1993, p.111.

③ 胡塞尔:《逻辑研究》引论,倪梁康译,上海译文出版社1994年版,第206页。

④ 陈启伟主编:《现代西方哲学原著选读》,王炜译,北京大学出版社1992年版,第688页。

⑤ 李晓进:《西方哲学中意向性话题的嬗变脉络和发展动》,《中山大学学报》2012年第1期。

⑥ 梁康主编:《面对实事本身——现象学经典文选》,东方出版社2006年版,第647页。

⑦ 欧东明:《意向性关联结构在胡塞尔和早年海德格尔思想中的作用》,《四川大学学报》2001年第6期。

和集体之分。比如,"如果我是一名管弦乐队中的提琴手,那么我不仅仅是作为一个体的'我'在演奏,而且是作为一个集体的'我们'的交响乐演奏中的一分子在进行演奏。因此个体意向性叠加可以导致集体意向性。但把集体意向性还原为个体的意向性的努力是行不通的。原因在于,我们无法通过叠加补充的办法从个体性的'我意识'达到集体性的'我们意识'"①。对民族的认识,也同样属于集体意向性认识,并随时代变化而改变。比如在民族兴起和强盛时期,其生物性特征和文化性特征在与其他民族交往过程中体现出来并有民族生计、制度、语言、习俗和信仰保障时,民族成员在思想意识形态上认同这些生物性和文化性特征,在语言行为上刻意建构并在内心认同这些特征时,民族就成为自我认同和他者的分界标志;但随着人类社会的现代性增强,民族的集体意向性认识也发生了变化。正如布迪厄所说:"现代社会已经成为以文化再生产为主轴的新型生命共同体,它一方面是人与人之间、人与其所创造的文化之间相互关系的产物,这个相互关系是由各种象征性的权力网络为基础所构成的相互竞争的力的紧张关系网;另一方面,社会又是人与人之间关系的相互关系及其所创造的文化不断地进行更新和再生产的基本条件。"② 在这样一个时刻充满着反思与问题的社会中,只有当我们对民族认识的意向性投射于民族实体并形成对民族的各种各样认识时,民族才真正地成为被认同的事物。即"一个族群的存在不是因为其与其他群体可观察和测量的差异,而是相反,即因为不管是群内的人还是群外的人都知道这是一个群体;因为群内和群外的人都谈论、感知到他们好像是一个独立的群体"。然后我们把这种意向性的认识付诸于思想行动和物理行动,如通过多种媒体宣传、发表演说、著书立说等途径建构了民族心理边界,从而使现代民族的概念与历史上存在过的民族概念有了很大的区别,建构性因而成为当代民族必不可少的属性。

第三,建构性得以实现与族群这种人类共同体在不同政体形式下不断从实体向虚拟转化密切相关。关于此点,我们可以从中外学者对民族的认识中可见一斑。古希腊人判定民族及相关族群的标准不外乎血缘(或更

---

① John R. Searle, *The Construction of Social Reality*, the Penguin Press, 1995, p. 26.
② 宫留记:《"哲学资本"——布迪厄的社会理论的"工具箱"》,《自然辩证法研究》2007年第3期。

多的是想象的血缘)以及语言、宗教、生活方式等文化属性。① 随着人类在地球上的不断迁徙,人类对不同于自己的民族开始关注,一些研究者试图给民族下定义。如瑞士法学家布伦奇里在1851—1852年所写的《普通国家法》一书中认为:"民族者,民俗沿革所生之结果也。民族最要之特质有八:1. 其始也同属一地;2. 其始也同一血统;3. 同其肢体形状;4. 同其语言;5. 同其文字;6. 同其宗教;7. 同其风俗;8. 同其共计。由这八种因素相结合、并传之子孙,久而久之,则成为民族。"② 意大利的学者马齐也认为:"民族是具有土地、起源、习惯、语言的统一,以及生命和社会意识共同一致的人类的自然社会。"俄国的民粹主义者米海洛夫斯基认为:"民族联系是氏族联系的延续和综合。"③ 由此可见以上研究者均认为民族则是生物性和文化性特征结合的产物。以后随着人类人口大规模快速迁徙并覆盖全球,人们对民族的认识更偏重于意识、心理和情感上的认同。如马克斯·韦伯认为:民族是一个自我宣称具有国家情感的共同体。同样,它也倾向于建立属于自己的国家共同体。④俄罗斯学者B.蒂什科夫认为,民族仅仅是一个国家内的公民总和,是一种社会结构和"想像的共同体",它们在"人群获得对某种思想及其内涵的信仰过程中,逐渐变成现实"。他认为可以通过对人群施加心理和思想意识的影响来推进"族群工程"和"民族建设",还可由国家创办各类学校来灌输民族主义思想意识,亦即"民族组建"意识。⑤ 兹德拉沃梅洛夫认为民族和民族自觉完全是一码事,因为民族自觉之所以存在,仅仅是由于其他民族存在自觉的缘故。这就是他所说的"民族相对论"⑥。中国学者对民族的定义也经历了物化、文化到建构的三阶段。这可以从纳日碧力戈有关民族的定义中可以看出。纳日碧力戈早期对民族的认识是:"民族是在特定历史的人文和地理条件下形成,以共同的血统意识和先祖意识为基础,以共同的语言、风俗或其他精神和物质要素组成系统特征的人们共同体","在民族

---

① 徐晓旭:《古希腊人的"民族"概念》,《世界民族》2004年第2期。
② 转引自李鹏程《论中华文化的一体多样性及其现实意义》,《浙江学刊》2003年第5期。
③ 转引自贾东海《关于60年来"民族"概念理论研究的评述》,《西北民族大学学报》2009年第6期。
④ H. H. Certh and C. Wright Mills (eds.), *From Max Weber: Essays in Sociology*, New York: Oxford University Press, 1958, p. 172.
⑤ 解建群:《俄罗斯学者关于民族概念的争论》,《国外理论动态》2000年第9期。
⑥ 同上。

特征中，唯有民族自我意识和民族自称是最为稳定的了"，"是与民族本体共存之的要素"。语言和风俗习惯是较稳定的民族特征，与民族概念相连的语言、习惯和文化系统有"投射作用，类推作用，促激作用，变体作用"①。后来他对民族的认识逐渐演化为："民族是家族的全符号扩展，是对族群文化要素的重组和政治利用。""民族是在家族符号结构和家族符号资本的基础上形成的超族群政治—文化体。"② 因此古今中外研究民族的学者对民族的认识因为时代变化经历了从实体向虚拟的过渡，虚拟化则为民族身份的建构提供了便利条件。

以上三点，则是民族属性之一建构性表现所在。其中当代人类族群社会向后现代发展过程中族群生存境遇遇到的严重挑战是民族的建构性属性得以存在的物质基础；不同族群的人类对族群的意向性认识并付诸行动则是民族的建构性属性得以实现的途径；族群这种人类共同体在不同政体形式下不断从实体向虚拟转化则是民族建构性能够认可的条件。

四　结语

民族曾是人类历史上最为强盛的一种共同体，在人类生存和发展过程中起过巨大的作用。但随着人类人口过度增长，比民族更为强大的国家成为人类生存和发展的更高社会组织。在国家时代，民族仍然存在，就像在民族时代氏族和游群存在一样。但国家时代的民族随时代变迁也发生了相应的变迁，这种变迁，不仅是客观特征的变迁，如生物性，也是派生性的变迁，如文化性，更是主观对客观存在认识的变迁，如建构性。因此在国家代替民族并发展成为地球人类生存与发展的主要形式的今天，民族就是生物性、文化性与建构性三位一体的人类共同体。

---

① 纳日碧力戈：《民族与民族概念辨正》，《民族研究》1990年第5期。
② 同上。

试论辽对西夏的遏制政策

彭向前

相互依靠、利用是辽夏关系的主要内容,但双方也存在着相互争夺的一面,甚至爆发过大规模的战争。关于辽夏交恶的原因,目前学界大都简单地认为在于宋辽订立澶渊之盟、宋与德明订立景德和约后,辽夏均与宋息兵休战,双方联盟的基础一度松动了。这只是矛盾发生的外因而已,很少有人从内因入手,即从开始于 10 世纪的华夷两分天下的大背景出发,从辽统治者千方百计维护掎角之势,即保持辽夏合力要挟宋朝的局面,而西夏政权随着实力的增强,决心摆脱藩属国地位以实现民族独立这种控制与反控制的角度进行考察。是以辽对西夏的遏制迄今尚未引起充分注意。鉴于此,本文对在党项崛起之际,辽对西夏所采取的一系列遏制政策试作探讨,不妥之处,敬请指正。

一 辽对西夏采取遏制政策的历史背景

(一) 辽与宋竞争构建国际秩序

契丹于后晋取得幽蓟 16 州以后,国势日益强盛。五代初,契丹还曾向后梁请求册封,向后唐进贡良马,后晋、后汉时中原政权则成为契丹的藩属。后周至北宋初,双方再度处于敌对状态。至辽保宁六年,即宋太祖开宝七年 (974),双方恢复友好关系,并且是对等的关系,尽管双方的历史记载都把对方的出使称为"慕化"和"请和"。契丹崛起,加之武力又强于中原,因而汉唐以来以汉族为中心的东亚秩序被打破,契丹逐渐建立一个以自身为中心的国际秩序,与以汉族中原政权为中心的国际秩序竞争。① 契丹统治者凭借着武力，在向南深入汉地掳掠的同时，在西北和东北展开了大规模的征战。史载，国主阿保机"亲征突厥、吐浑、党项、小蕃、沙陀诸部，皆平之"②。可见其时辽在东北亚国际间的大国地位已露出端倪。辽圣宗在位期间，契丹族跨入封建社会，加以澶渊之盟签订后，辽宋间基本上保持长期的和平相处，辽趁机进一步与宋竞争构建国际秩序。宋仁宗时大臣富弼曾这样说过：

契丹正强，奚、霫、渤海、党项、高丽、女真、新罗、黑水鞑靼、回鹘、元昊凡十国皆役服之，贡奉不绝，唯与中原为敌国。③

透过富弼的话，我们可以对契丹在整个东亚的大国地位有具体的认识。

而在契丹构建国际秩序的过程中，接受党项李继迁的内附，无疑是最为重要的一环。辽保宁十一年，即宋太平兴国四年（979），宋太宗于下太原之后改变了以往对辽国的态度，他想趁灭亡北汉的气势一举攻取幽蓟，从此，宋与辽展开了争夺燕山地区的长期战争。党项李继迁自辽乾亨四年即宋太平兴国七年（982）揭起反宋大旗后，屡遭挫折，有时几乎搞到全军覆没的地步，便不失时机地投进辽朝的怀抱。李继迁的叛宋附辽，不仅使辽在与宋竞争构建国际秩序上争得了颜面，更为重要的是，辽夏双方从此结成军事联盟，辽从北方正面扼制宋的进攻，李继迁则从西北方向牵制宋军，使北宋收复燕云地区的梦想化为泡影。此后，宋辽双方态势发生了重大变化，宋从战略进攻转入战略防御，陷于被动挨打的局面，辽则稳稳抓住战争的主动权，与夏互为犄角，经常以其机动的骑兵部队驰骋于河北大平原之上，攻城陷镇，最终于辽统和二十二年，即宋景德元年（1004），迫使宋签订了城下之盟——澶渊之盟，每年从中捞取金币数十万。西夏在辽对抗北宋中所具有的极其重要的战略地位，由此可以概见。

（二）继迁叛宋附辽后党项势力的发展

夏辽联盟，就辽而言，西夏军队连年攻掠边郡，牵制住宋朝部分兵

---

① 李华瑞：《宋夏关系史》，河北人民出版社1998年版，第361页。
② 《辽史》卷1《太祖纪上》，中华书局1974年标点本，第11页。
③ 方勺：《泊宅编》卷10，中华书局1983年版，第55页。

力，解除其南下后顾之忧；就西夏而言，也大大加强了自身的发展。① 李继迁叛宋之初遭到重创，为重振势力，需要一个为周围各割据政权认同为宗主的大国，尤其是能与宋朝抗衡的大国的支持，借以在政治上抬高自己的身份，加强联络豪右的号召力，辽以定难军节度使的封授、义成公主的下嫁使李继迁如愿以偿。紧接着他又被辽册封为夏国王。所有这些都使李继迁势力大张，不仅恢复了夏、绥、银、宥、静等五州故土，又进一步攻陷宋的西北重镇灵州。灵州的失陷更是辽夏配合默契的结果。在李继迁举兵围攻灵州期间，辽不失时机地加紧了进攻北宋的步伐。宋为了避免两面作战，集中力量对付来自辽的更大的威胁，不得不置灵州于不顾。宋咸平五年（1002）三月李继迁攻占灵州后，取得了西进、北上、南侵的立足点和主动权，所谓"西取秦、成之群蕃，北掠回鹘之健马，长驱南牧"②，加之宋夏景德和约签订，党项贵族在南线上的军事压力大为减轻。李继迁的后继者们李德明和元昊在此基础上竭力向河西走廊发展，先得甘州以为右臂，继占凉州而最终囊括整个河西走廊。等到河西走廊的战略目标实现后，党项贵族的腰杆子更硬了，此时对辽的依赖已没有继迁时代的那种紧迫感，例如元昊已不再把辽朝的和亲放在眼里。早在辽太平九年（1029），李德明曾为其子元昊请婚于辽，辽景福元年，即夏显道元年（1031），辽兴宗封一宗室女子为兴平公主，嫁与元昊，然而元昊却待之甚薄，致使兴平公主在西夏生活了七年就抱病而死。辽兴宗大为不满，遣专使持诏责问公主的死因。元昊的最大愿望就是摆脱辽、宋的藩属地位，与辽、宋三分天下。辽重熙七年，即宋宝元元年（1038），元昊正式称帝，国号"大夏"，改元"天授礼法延祚"。更有甚者，元昊称帝后，竟开始明目张胆地诱纳辽西南诸部族，尤其是党项羌部落因种族关系而为元昊所诱，投附西夏的日益增多。如辽重熙十二年，即夏天授礼法延祚六年（1043）十月，"夏人侵党项，（辽）遣延昌宫使高家奴让之"。次年四月，南院大王耶律高十奏"党项等部叛附夏国"。五月，罗汉奴奏"所发部兵与党项战，不利。招讨使萧普达、四捷军详稳张佛奴殁于阵，李元昊来援叛党"③。辽兴宗遣使责问，元昊非但不认错，且态度傲慢："自称西

---

① 杜建录：《西夏与周边民族关系史》，甘肃文化出版社1995年版，第108—113页。
② 《宋史》卷257《李继迁传》，中华书局1985年标点本，第8971页。
③ 《辽史》卷19《兴宗纪》，第229—230页。

朝，谓契丹为北边。又言：'请戢所管部落，所贵不失两朝欢好。'"① 由上述可见，党项势力获得显著发展后，不仅破坏了辽与宋竞争构建国际秩序的战略意图，而且对辽本身也构成威胁，这是辽朝统治者所不能容忍的。

二 辽对西夏的遏制政策

"民族间物质利益的矛盾和统一，构成了民族关系的本质特点。"② 辽与宋竞争构建国际秩序，隐藏在背后的动机就是获取最大的经济利益。辽接纳党项族的联盟，即意在借其在宋西部造成的紧张局势来敲诈宋朝。因此，牢固地控制住西夏这个抗宋盟友，对以游牧经济为主，迫切需要农耕经济补充的辽朝来说具有十分重要的意义。早在辽统和七年，即宋淳化二年（991）十二月，已接受辽朝封授的李继迁，为了更能抬高自己在诸部族中的政治地位，又接受了宋的封授和赐姓，遂引起辽圣宗的猜疑，命西南招讨使韩德威持诏谕之，李继迁借故不见。翌年，辽兵"至灵州俘掠而还"③。其时西夏尚称弱小，并无摆脱辽朝控制的意图，这起事件才未能妨碍此后辽夏之间友好关系的发展。然而随着西夏的日益强大和李元昊的越发狂傲不羁，辽统治者为确保掎角之势，便一改往日的扶持政策，在经济、政治、军事、外交多方面采取措施以遏制西夏。

（一）实行经济封锁政策，对西夏禁限贸易

辽夏自结盟交好以来，双方之间从政府到民间，通过各种渠道进行商品贸易。其中有一种为贡使贸易，即西夏政府利用频繁使辽的机会，令使者兼充商人，在沿途大做生意。继迁、德明时期夏辽亲密无间，辽朝以此来维系和西夏的友好关系，但到元昊继位以后，情况就不同了。辽重熙二年，即夏显道二年（1033）十二月，辽兴宗下诏"禁夏国使沿路私市金

---

① 田况：《儒林公议》卷下，文渊阁《四库全书》影印本，台湾商务印书馆1986年版，第1036册，第298页。
② 陈育宁：《民族史学概论》，宁夏人民出版社2001年版，第86页。
③ 《辽史》卷82《耶律德威传》，第1291页。

铁"①。这对缺乏铁矿而又急于锻造兵器的西夏来说，无疑是一个巨大的损失。辽重熙十一年，即夏天授礼法延祚五年（1042），除禁止私市金铁外，还禁止夏购买战马，"禁吐浑鬻马于夏"②。金铁、马匹都与军备有关。从禁限的物品来看，辽企图削弱西夏的目的至为明显。

（二）在政治上不欲元昊称帝，取得与自己相侔的地位

元昊称帝之初，契丹采取了默认的态度，但从后来的发展情况来看，契丹并不希望元昊称帝，打破业已形成的"南北朝"局面。元昊为迫使北宋承认他这个大夏皇帝，对宋发动一系列的战争，宋军屡遭失败。辽重熙十一年，即宋庆历二年（1042），辽兴宗便趁机遣使向宋索取晋阳及瓦桥关以南十县之地，并声称：

> 李元昊于北朝久已称藩，累曾尚主，克保君臣之道，实为甥舅之亲，设罪合加诛，亦宜垂报。③

然而当宋朝决定每年新增岁币20万后，契丹便为经济利益而背盟，满口答应"弹遏"西夏。

> 梁适口陈夏台之事，已差右金吾卫上将军耶律祥、彰武军节度使王惟吉，赍诏谕元昊令息兵。况其先臣德昭（明），北朝曾封夏国主，仍许自置官属，至元昊亦容袭爵。自来遣人进奉，每辞见燕会，并升坐于矮殿。今两朝事同一家，若元昊请罪，其封册礼待，亦宜一如北朝。④

对这段历史，以往论者多联想到"鹬蚌相争，渔翁得利"，感慨契丹是宋夏战争的最大受惠者。笔者认为，契丹此举，不独为坐收渔利，讹宋岁币20万，也表明它本来就有遏制西夏而不欲元昊称帝之心。元昊自然

---

① 《辽史》卷18《兴宗纪》，第215页。
② 《辽史》卷115《西夏外纪》，第2526页。
③ 李焘：《续资治通鉴长编》卷135，庆历二年三月己巳，中华书局2004年版，第3230页。
④ 李焘：《续资治通鉴长编》卷142，庆历三年七月癸巳，第3408页。

不肯轻易就范，辽兴宗便暴露出自己的本来面目："今来昊贼不肯称臣，则是契丹之威不能使西羌屈服。"① 于是拟向西夏动用武力。元昊为避免两面作战，只好向宋称臣，自号夏国主，与宋媾和。

（三）在军事方面，在边境采取防范措施，甚至不惜以兵戎相见

史载辽朝于云中路置西南面都招讨府、西京兵马都部署司、金肃河清军、五花城、南北大王府、乙室王府、山金司等，以"控制夏国"②。

辽兴宗在位期间，曾先后两次兴兵伐夏。本来元昊因与兴平公主婚姻的摩擦已使辽人颇感不快，称帝后又诱纳辽西南诸部族，且直呼契丹为"北边"，俨然与契丹贵族平起平坐，同宋、辽鼎足而三。辽实不愿看到西夏过分强大而失去抗宋的"犄角"，在讹宋岁币 20 万后，便促夏与宋和，元昊表面上给予回应，并无对宋称臣的诚意。辽兴宗决定以武力来教训西夏的"悖逆"行为。辽重熙十三年，即夏天授礼法延祚七年（1044）十月，辽兴宗亲自率领 10 万大军，长驱直入夏境，结果为元昊所败，兴宗本人"单骑突出，几不得脱"③。此为辽兴宗第一次伐夏。虽然元昊获胜后马上求和，但辽未达目的，岂能善罢甘休。辽重熙十八年，即夏延嗣宁国元年（1049），此时元昊已于上年被弑身亡，谅祚年幼继位，母党讹庞专权，辽兴宗趁机再度伐夏。此次战争陆陆续续进行了五年多，辽军先后俘获"李元昊妻及其官僚家属"④；包围夏都兴庆府，纵兵四处大掠；破贺兰山西北的西夏重要粮仓摊粮城，"尽发廪积而还"⑤，辽自认为大国尊严勉强可以维持，这才允许西夏请和的要求。辽兴宗两次伐夏，使辽对夏的遏制活动达到了高潮。

（四）在外交方面与西蕃通婚，挟制西夏

在辽军的连续打击下，西夏深感力量不足，放弃了称帝的要求，并连续遣使求和。辽朝虽然许和，但总认为西夏不是出于诚心。辽重熙二十三年，即夏福圣承道二年（1054），辽兴宗拒绝了西夏请婚的要求。但在辽

---

① 李焘：《续资治通鉴长编》卷 139，庆历三年二月乙卯，第 3355 页。
② 徐梦莘：《三朝北盟会编》政宣上帙。
③ 《辽史》卷 109《罗衣轻传》，第 1479 页。
④ 《辽史》卷 20《兴宗纪》，第 240 页。
⑤ 《西夏书事》卷 19。

清宁四年，即夏奲都二年（1058），辽道宗答应与河湟吐蕃联姻。元昊称帝前后，河湟吐蕃唃厮啰政权兴起，唃厮啰政权所在地正处于西夏国土的肘腋之间，它奉行联宋抗夏政策以图自存。元昊、谅祚时期从地缘政治的需要出发，在准备进攻北宋时，总是先以军事手段威慑河湟吐蕃，以解后顾之忧。宋人魏泰说：

> 元昊未叛时，先以兵破回鹘、击吐蕃，修筑边障；谅祚亦连年攻唃氏，又破连珠城，然后以兵犯边。世人每见夷狄自相攻讨，以为中国之利，不知其先绝后顾之患，然后悉力犯我，此知兵者所宜察也。①

面对拥有强大实力的西夏政权的侵逼，唃厮啰政权在实行"联宋抗夏"方针的同时，趁辽夏交恶之际，也试图结好辽朝以制夏。辽重熙十七年（1048）、二十年（1051）、二十三年（1054）三年中，吐蕃均遣使通好于辽。② 辽为了遏制西夏，对河湟吐蕃极力笼络。辽清宁四年（1058），辽道宗竟送公主与唃厮啰子董毡完婚。此后多次遣使约河湟吐蕃举兵攻夏。

> 契丹既与唃厮啰通姻，数遣使由回鹘路至河、湟间，与唃厮啰约举兵取河西。河西，谓夏国也。欲徙董毡凉州，与之相近，唃厮啰辞以道远，兵难合，乃止。③

可见，直到此时，辽统治者还念念不忘遏制西夏。然而从历史记载来看，辽此举并未获得预期效果。辽清宁八年（1062），董毡与辽国公主不和，又杀辽使，辽蕃关系破裂。

三 结语

1. 从继迁叛宋附辽到辽朝灭亡，辽夏关系经历了一个友好—交恶—

---

① 魏泰：《东轩笔录》卷15，中华书局1983年版，第172页。
② 《辽史》卷20《兴宗本纪三》，第238—247页。
③ 李焘：《续资治通鉴长编》卷188，嘉祐三年九月乙亥，第4527页。

友好的过程。在140年的时间里，双方交恶的时间有三十余年，几占四分之一。虽然时间较短，但这一时段正当元昊称帝前后，西北民族关系风云变幻，颇具研究意义。

2. 辽夏交恶的主要原因是控制与反控制而不是其他。辽在西夏意欲实现民族独立之际，在经济、政治、军事、外交多方面采取一系列遏制政策，意在维持业已形成的"犄角"之势，利用西夏在宋西部造成的紧张局势，向宋攫取更大的经济利益。也正是出于这个目的，当宋夏战略地位发生变化，西夏失去了往日的优势时，辽统治者立即解除对西夏的遏制，甚至在斡旋中偏袒西夏，或为西夏声援。

3. 辽统治者完全从自身利益出发制定对夏政策，对西夏政权产生的消极作用要大于积极作用，它破坏了西夏政权的独立性。正如朱筱新先生所指出的："控制西夏是辽得以干预和操纵夏、宋关系的重要途径，因此西夏经常受到辽的束缚和摆布，在臣属的名义下，西夏继续为辽所利用，使西夏政权始终没能获得完全的独立自主。"[①]

[①] 朱筱新：《评辽在夏、宋关系中的作用》，《宁夏大学学报》1998年第1期。

章惇与曾布、蔡卞交恶及其对绍述政治的影响

汪天顺

绍述时期变法派不仅与反变法派尖锐对立，其内部同样矛盾重重，在很大程度上对绍述政治的进程、性质和发展方向都有所制约和规定。章惇、曾布、蔡卞三人，可以说是绍述的三驾马车，他们为政之道的差异，具体代表和反映了变法派内部矛盾的一般情形。而这种矛盾无疑是北宋变法改革运动变化发展的结果，也是王安石之后变法事业的后继者们自身变化的产物。章惇与曾布、蔡卞的思想分歧和矛盾纠葛，贯穿绍述政治的始终，三方之间明争暗斗，表现在施政与用人的多方面。这些矛盾由于宋哲宗轴心势力的加入，进一步复杂化，从而给绍述新政以重大影响。目前从绍述时期代表人物相互之间的关系入手考察绍述政治的研究成果尚不多见，故本文拟从此角度作些分析，不当处敬乞指正。

一　王安石变法后的北宋政局

纵观中国历史上的历次变法、改革，就其对当时国家政治产生的深远影响看，似乎还没有哪一次能够与王安石变法相提并论。以富国、强兵、安民为主旨的王安石变法，且不论其改革效果究竟如何，而由此引发的北宋国家政治层面的波澜，却愈益惊心动魄。变法派与反变法派之间的斗争以及两派内部的纷争，成为左右此后北宋政局走向的主导因素。北宋后期政治正是在两派围绕变革展开的争斗、特别是变法派内讧的不断剥蚀下，在演变中衰败，在衰败中演变，终止于败亡。

学者大都认同，北宋后期的变法大致可分四个阶段，王安石主持的熙

宁时期，宋神宗主持的元丰时期，哲宗亲政后的绍圣、元符时期和徽宗时期。与政局的变动相为表里、相互作用，四个阶段的变法从其政策和性质看，日呈倒退之势。王安石变法尚能在富国强兵的同时兼及民生问题，元丰时期则明显专注于理财富国。元祐更化后立志于绍述新政的变法派，其作为更异于往昔。无论是绍述熙宁还是承继神宗，不过是绍述政治的一块招牌。宋人陈瓘言："绍圣之初大改元祐，此乃必致之理，天下皆知其然。然以用事之臣自任私意，既不师古，又绝人言，所以有误朝政。"[①] 变法派以破元祐为职志，继志有余，述事不足。至蔡京，遂专假绍述之说，"始终只用'不患无财，患不能理财'之说"[②]，无所不为，北宋国运至是殆尽。

伴随政局演变而来的是官僚士大夫群体的万千变相。而隐庇于这种种变相之后的，则是世风无常、士风日衰促使官僚士人的政治追求从忧乐天下向忧乐一己之私转变。其中尤以变法派人士为典型。曾布讥章惇、蔡卞等"皆谋身而已。昔相朋比，今相疑忌，莫非为私计，未尝志于国事"[③]。而他本人又何尝不是如此。[④] 曾经亲历绍述的安焘说："自绍圣、元符以来，用事之臣持绍述之名，诳惑君父，上则固宠位而快恩仇，下则希进用而肆朋附。彼自为谋则善矣，未尝有毫发为公家计者也。"[⑤] 这应当是较接近事实之论。利之所驱，一方面是变色龙现象层见叠出。作为反变法派对立面出现的变法派，其内部进进出出，纷纷扰扰，无不以变求存，"视一时君相之好尚，将以取富贵"[⑥]。蔡京、杨畏[⑦]、邢恕等人便是典型代表。另一方面，则大肆分朋立党。章惇、蔡卞、曾布无不植党营私。在上述背景下，作为绍述主要领导人的章惇、曾布、蔡卞之间的恩怨，注定要对绍述政治产生无与伦比的影响。

---

① 赵汝愚编：《宋朝诸臣奏议》卷119，上海古籍出版社1999年版，第1312页。
② 黎靖德编：《朱子语类卷》卷130，中华书局1986年点校本，第3127页。
③ 李焘：《续资治通鉴长编》（以下简称《长编》）卷495，元符元年三月辛亥，中华书局2004年版，第11765页。
④ 《萍州可谈》载：曾布当轴唯自营，于国事殊无可否。季父出其门，因以书切责之，其间有云："如某事，邹浩能言之，相公不言也。"布大沮，竟以此败（参见朱彧《萍洲可谈》卷1《章惇王安礼气傲》，中华书局2007年版，第117页）。
⑤ 《宋史》卷328《安焘传》，中华书局1977年点校本，第10568页。
⑥ 《宋史》卷335《董易传》，第11197页。
⑦ 章惇说，杨畏，昔人谓之"杨三变"，今谓之"杨万变"。以其在元丰、元祐、绍圣中，反覆不常，唯利是附故也（参见曾布《曾公遗录》卷9，《丛书集成续编》本，第330页）。

二 章惇与曾布交恶及其对绍述政治的影响

章惇与曾布之间产生嫌隙，始于熙宁七年的所谓"市易违法案"。在这次加剧王安石变法集团分裂的事件中，章惇与吕惠卿等人不仅亲自参与调查该案，终使曾布被贬官出京，而且由于章惇、吕惠卿二人过从甚密的私人关系，遂让曾布耿耿于怀，自此与二人结下矛盾。直到绍述时期，曾布在哲宗面前对他俩仍不无嘲讽和攻击。① 绍圣元年章惇升任宰相，因赞成绍述政治已任翰林学士的曾布在起草拜相制词时对章惇极其称美，希望章惇能汲引自己为同省执政，但未如愿，曾布更加心怀怨恨。这件事成为双方关系恶化的转折点。② 同年六月曾布任同知枢密院事，之后双方的裂痕始不断加深。绍圣元年十月，借着讨论吕惠卿是否回朝任职的问题，曾布始对章惇用人、为政进行了公开批评，指责他"秉政以来，所引皆闾茸小人"，"专恣弄权日盛一日"，但此时尚未发展到水火不相容的地步。大致从曾布跻身枢密院到升任枢府长官期间，双方的矛盾在酝酿中时有爆发。随着曾布与宋哲宗关系逐步密切，他在朝中说话的分量也越来越重，从而加重了与章惇斗争的筹码，对绍述政事产生了重要影响。例如绍圣三年六月，殿中侍御史陈次升抨击章惇、蔡卞举荐的周穜，说他"奸险贪佞，不可进用"，哲宗征询曾布的意见，曾布立即说道，"次升所言颇有理，穜附丽惇、卞，众所共知"，不可任用。"上欣纳。"③ 由于深谙宋朝祖宗家法的精髓，并摸透了宋哲宗忌讳朋党的帝王心理，加上不失时机地表现，曾布逐渐赢得哲宗的信赖，其政治地位也稳步提升。绍圣四年闰二月，曾布任知枢密院事后，与章惇的矛盾迅速趋于激化。曾布公然站出来，以枢密院为阵地，与章惇分庭抗礼。史称："枢密院故事，日得独对。惇疑布，更引（林）希同知枢密院，使察之。希寻为布所诱，亦背

---

① 曾布对哲宗说："人言惇与惠卿为刎颈之交，半夜之客，又目之为城狐社鼠。惠卿既逐，而惇未去也，绾又击之，云：'如粪除一堂之上而留其半。'"（参见李焘《长编》卷501，元符元年八月丙戌，第11933页）

② "章惇入相制词，布所草也。而因进拟之失，布倾之。"（参见吴泳《鹤林集》卷15《孝宗与洪遵论吕蒙正所言君子小人之失》，文渊阁《四库全书》本，台湾商务印书馆1986年版，第1176册，第142页）

③ 杨仲良：《续资治通鉴长编纪事本末》（以下简称《长编纪事本末》）卷120，北京图书馆出版社2003年版，第3714页。

惇，布与惇益不合。"① 此后曾布对章惇立身行事方方面面进行大肆攻讦。

章惇与曾布的交恶是在变法与党争的大环境下，变法派内部权力和利益矛盾的缩影，体现了双方思想认识和政治态度的巨大差异。

熙宁七年"市易违法案"后，曾布这位昔日王安石变法的得力助手便开始从变法集团中分离出去。② 几十年宦海沉浮，曾布形成了一套他的为政之道，即为谋求自身的仕进和显达富贵，他不依附于任何一派，以走调和路线为主，以皇帝之从违为从违。③ 通过适时调整其策略，抑制异己势力的剧增，来维护政治均势，保持自身利益不受侵害。他在给弟弟曾肇的信中总结了自己多年在政坛立于不败之地的奥秘：

> 布自熙宁立朝以至今日，时事屡变，唯其不雷同熙宁、元丰之人，故免元祐之祸；唯其不附会元祐，故免绍圣之中伤。坐观两党之人反覆受祸，而独泰然自若，其自处亦必粗有义理，以至处今日风波之中毅然中立，每自谓存心无愧于天，无负于人……④

显然曾布认为自己无党无派，不属于任何一派，诚如他在哲宗面前口口声声所表白的一样："臣在西府，亦无以威福人，兼亦无所党与，故门下亦无人"。⑤ 这正是曾布自己总结得出的为政之道，也是指导他在当时的政治风波中能够泰然自若的"义理"所在。由此可见，灵敏的政治嗅觉以及对皇权的合理倚靠，是曾布在政治上制胜的重要法宝。

反观章惇，自王安石变法受到重用以来，一直坚定地站在变法阵营一边，坚持推行改革。在绍述新政之前，其汲汲于以推行新法为务，期间的一言一行都不乏可圈可点之处。此后随着政局的日益复杂多变和难于掌控，对于绍述熙丰政事，章惇心有余而力不足，而利用独相身份专权、专断的营私之举则时有发生。尽管如此，章惇与曾布的政治态度和追求依然泾渭分明、判若两样。

---

① 徐自明：《宋宰辅编年录》卷10，中华书局1986年校补本，第649页。
② 裴汝诚：《曾布三题》，载《中日宋史研讨会中方论文选编》，河北大学出版社1991年版，第273页。
③ 裴汝诚：《宋哲宗亲政时期的曾布》，载《半粟集》，河北大学出版社2000年版，第211页。
④ 杨仲良：《长编纪事本末》卷130，第4070页。
⑤ 曾布：《曾公遗录》卷7，第251页。

曾布以"调和"姿态参与绍述，就难免不与专意于绍述、坚持变法的章惇在政治上形成尖锐对立。双方在哲宗面前多次进行直接交锋。章惇、曾布之间的对立主要表现在以下几个方面：

一是关于用人问题。由于新、旧两派长期斗争的结果，以党派标准区分和品评人物成为绍述时期朝政的显著特点，宋哲宗尤其如此。在哲宗眼里某人是否为元祐党比他是否交结朋党，罪行更严重，他曾多次驱逐与元祐党人有牵连者不予任用。① 相反，若非元祐党人且支持绍述新政者，则可不次进用。例如曾遭曾布反对任用的蔡京党人方天若，因"论元祐人当诛"，博得哲宗喜欢，"上甚称之"②，方天若随即升官增俸，得到提拔任用。宋哲宗这样看问题，不能不使章惇、曾布的关系受到影响。在这种情况下，章惇却坚持"兼取元祐"的政治态度而不稍改变。③ 在他看来，只要有利于宋朝统治的稳定，有利于变法的人或意见，就可以吸纳，在这一点上不论是非地区分熙丰、元祐是毫无意义的。但所有这一切的大前提必须是赞成或支持绍述政治，否则绝不引用。章惇拒用陈瓘便是明证。当时陈瓘主张"消朋党，持中道"，反对绍述，被曾布视为同道力加荐引，但章惇不予任用，认为陈瓘论"文艺固可为馆职"，但是"议论乖僻，却云神宗晚年疏斥王荆公不用。此乃是苏轼之语，如此岂不是乖僻？"④ 除去上述因素，那么某人是否属于元祐党或跟元祐党人有牵连就不再显得重要，重要的在于因人制宜，使才用能，发挥各人的优势，为绍述政治服务。显然，在对待元祐党人的问题上，宰相章惇与宋哲宗的态度差异，使其在与事事投哲宗所好的知枢密院事曾布的斗争中，处于不利地位。

此外，在用人的其他方面，章惇都跟曾布存在着明显分歧。章惇主张不"以虚名进退人"⑤，要任用那些经过实际锻炼而具有真才实学的人。曾布选拔人才却最看重出身，尤其以是否在科举考试中"登高科"为主要衡量标准。曾布主张裁量人才还要听取"士论人材"的意见，章惇认为"士论亦不足听"。曾布则坚持认为"士论乃天下之公是公非，安得不

---

① 参见李焘《长编》卷498、499"赵叡与王旂事"。
② 杨仲良：《长编纪事本末》卷100，第3203页。
③ 史料显示，章惇与元祐党吕大防、刘挚、苏轼等人有很深的渊源，"兼取元祐"的态度，除了说明他有较理性、清醒的政治头脑之外，或许与此也有一定关系。
④ 李焘：《长编》卷485，绍圣四年四月乙未，第11532页。
⑤ 李焘：《长编》卷489，绍圣四年六月丙戌，第11597页。

听？况人材亦必待士论而后知。"① 可见曾布更重视一个人的社会声誉和影响，以此作为选拔和使用人才的前提条件。曾布这样做还有另一方面的目的，他始终在为自己的仕途做长远打算，为赢得所谓天下"士论"对自己的广泛支持，以及树立自己在天下士大夫中的良好形象而积极努力。章惇则正相反，务实而不务虚，专意于变法事业，注重人才的实际能力。由于对人才的审视标准不一样，他们在人才任用方面的分歧自然难以调和。章惇认为："众所谓贤者未必贤，须考实；若全以虚名进退人，则却于政事有害。"曾布则指出："君子小人之分，无以逃天下公议，若不顾公议，则是非贸乱，何以辨明……臣以为君子小人，有天下公议在，诚不难分别。"曾布指责章惇进用非人，说贾青"所至官守逾滥……如此等人，岂可付之一方？"而章惇则认为："青所至，职事修举。今但欲以有虚名者为监司、为从官，则政事皆弛矣。"② 从以上争论可见两人的分歧所在。

政见上的差异表明各自政治追求的终极目的不尽相同。章惇希望推进绍述政治，曾布从他不止一次标榜的所谓"公论""天下公议""义理"等来看，攻击矛头完全对准章惇、蔡卞等人，其目的无非争权夺利。总而言之，道不同不相为谋，章惇与曾布的交恶，使曾布视章惇为其仕途上的巨大障碍，必欲去之而后快。在官员的升降差除上，曾布用一系列手段，通过影响哲宗的态度，左右朝廷用人大权。他一方面严厉批评章惇施政，说："进君子而退小人，乃宰相之职。宰相得人，则陛下何所用心。章惇作相，举措乖错，不为人所服，自士大夫至闾巷小人，无不倡言慢骂，故于此一切不能弹压众论。陛下分别贤愚善恶，使陛下不得不劳心于此，以至刑政失当，致天下论议。"③ 斥责章惇不能尽宰相职责，使宋哲宗劳心费神，国家政事废弛。另一方面则向宋哲宗陈述"异论相搅"的祖宗家法的妙用："先帝听用王安石，近世罕比，然当时大臣异论者不一，终不斥逐者，盖恐上下之人与安石为一，则人主于民事有所不得闻矣。"希望哲宗"以先帝御安石之术为意"④。不仅如此，曾布以枢密院为基地，实际扮演了真正"异论相搅"的主角。蔡卞说，官员为"三省所恶，西府

---

① 李焘：《长编》卷485，绍圣四年四月乙未，第11532页。
② 李焘：《长编》卷489，绍圣四年六月丙戌，第11597—11598页。
③ 李焘：《长编》卷505，元符二年正月甲子，第12040页。
④ 李焘：《长编》卷488，绍圣四年五月辛未，第11581—11582页。

必收之。政如熙宁中王安石有所为,则吴充等未尝不立异也。"① 陈瓘、张庭坚、王涣之、陈次升、董敦逸、郭知章诸人因敢与执政大臣立异,对曾布有利,都为他所竭力称荐。如曾布称赞言官郭知章、董敦逸、陈次升"皆以劲正,为众所称",称"(陈)次升每事与执政为敌,如此岂易得?"② 曾布企图通过引荐与章惇立异人士达到打击与排挤章惇的目的显而易见。对于章惇引荐的人,曾布往往加以阻挠或贬斥,有些便被否决不用。如章惇提议擢任赵叡为司封郎中,曾布随即向哲宗进言说赵叡又是吕大防党中人,于是赵叡的除命遭到哲宗封杀。有些则因哲宗的态度,曾布的评判也跟着趋于折中。如章惇荐用安师文为提举泾原路沿边新弓箭手,哲宗虽勉强答应,但因安师文是"吕大防亲党",所以心里感觉很不痛快,曾布便顺其心意说"师文与大防兄弟亦有瓜葛",接着却又说"此人其他才术不可知,然必熟陕西事"③,完全以哲宗的意志为转移,一副十足讨好的样子。在更多情况下,则是曾布对章惇已用官员的各种形式的大肆诋毁,甚至无所顾忌地在哲宗及诸大臣面前指责章惇所引荐推举之人,大多不当其位。曾布还常常在哲宗面前指出某人是章惇党,某人为蔡卞党,但多次表白自己不树朋党,从而获得哲宗的信任,打击政敌章惇。殊不知,只要与三省宰执立异、与章惇抗衡者,他都与之遥相呼应。元符二年尚书右丞黄履请求罢政,黄履本是一个政治上极其平庸、缺乏识见之人,曾布却向哲宗称黄履"真善人君子也","无可去之理",原因是黄履敢于检举揭发章惇,"同列初以不晓事忽之,既发明章惇放罪等事,遂颇知敬畏"④。邢恕与林希同为章惇所拔擢,而"恕为(御史)中丞,惇实荐之,布亦有力焉"⑤。由于林希进入枢密院后即依附于曾布,邢恕却不为他所用,曾布遂对二人的态度判若分明,对林希每每赞赏有加,说他"自秉政以来,持心议论,无不向正,实孜孜体国爱君之心,在政府未有过失"⑥。对邢恕则大加挞伐,斥为"天资反覆,利欲多端,故持守不常"⑦之徒。曾布的所作所为说明,他所谓的不树朋党当然是政治谎言,

---

① 李焘:《长编》卷492,绍圣四年十月甲午,第11686页。
② 李焘:《长编》卷493,绍圣四年十二月戊戌,第11713—11714页。
③ 李焘:《长编》卷490,绍圣四年八月庚子,第11638页。
④ 李焘:《长编》卷506,元符二年二月甲戌,第12050页。
⑤ 徐自明:《宋宰辅编年录》卷10,第656页。
⑥ 李焘:《长编》卷494,元符元年一月壬申,第11735页。
⑦ 曾布:《曾公遗录》卷7,第248页。

经不起事实的检验。曾布不仅干预执政官的黜任，而且尤其看重经筵、台谏官的任用，并直接插手干预其人选。如元符元年三省拟除侍讲，当哲宗宣布"除赵挺之"时，章惇一行人为之愕然，因为赵挺之"非素议所及"，根本就不在议除人选之内。实际上赵挺之正是曾布在背后向哲宗举荐的结果。曾布通过对经筵、监察机构的控制，从封建皇权和政治舆论导向两方面给章惇施政设置障碍，施加压力。他声称的所谓"天下公议"，不难看出，主要就是发自台谏等部门与宰相等人立异而与他同调的声音。

由于以是否是元祐党人为标准取舍人才，又由于在用人上"宰执各有所毁誉"①，"某以为可者，某必以为不可，某以为不可者，某必以为可，可不可之论相持于上，而公是公非悉蔽于下"②。从而一方面使一些中央要害职位严重缺员却无合适人选。如绍圣四年曾布言："从官台省多不称人望，最所急者言路，今谏官、殿中皆止一人，恐须增置。"③ 元符元年初，"中书舍人缺人"，宋哲宗说"本六员，一员太少"。同一时期，"密院缺人已久……外司并诸路申请文字不少，今但以一副承旨吏领之，文字稽滞已多矣"④。直至宋徽宗即位，这种情况无丝毫改善，反而更加严峻。⑤ 另一方面官员中不称职者大有人在。章惇批评被蔡卞欲用为左右史的叶棣"作二小文字，亦有病败，不可用。道着一句，却有三两句道不着，兼趣操存心，众所不与"⑥。曾布亦曾抱怨当时"经筵多非其人，而史院尤甚，无一人称职者"⑦。此话虽不免有所夸张，但在当时那种政治氛围下，众多官员不称职应是不争的事实。

上述情形是变法派内部矛盾激化的直接产物，对北宋后期朝政产生了非常恶劣的影响。作为二府长官的章惇与曾布，其相攻击尤对当时的政坛带来不小冲击。邹浩曾弹劾章惇"不务同心同德，陪辅圣政，惟以口舌较胜负于庙堂之上。故人不问其忠邪，事不究其利害，但同列以为是者，

---

① 李焘：《长编》卷502，元符元年九月己酉，第11950页。
② 李焘：《长编》卷504，元符元年十一月庚子，第12022页。
③ 李焘：《长编》卷491，绍圣四年九月癸亥，第11654页。
④ 李焘：《长编》卷498，元符元年五月丁丑，第11866页。
⑤ 据曾布讲，执政"本是八员，今止有其半"；"左右司郎中及其他缺员甚多"；"都副承旨亦久不除人"；"台官六员，缺四员，谏官六员，缺五员"。可见当时要害部门缺员现象极为严重（参见曾布《曾公遗录》卷9，第302、304、305、309页）。
⑥ 李焘：《长编》卷499，元符元年六月丙申，第11884页。
⑦ 李焘：《长编》卷502，元符元年九月庚戌，第11952—11953页。

惇必以为非，同列以为非者，惇必以为是。于是，是非疑似之际，则有私焉存于其间，遂使国是莫克有定，而希合趋附之徒乘以射利。是以元祐之朋党方绝，而后来之朋党又炽矣。"① 曾布自己也说："臣自先朝（指哲宗朝）与惇、卞论议，无一事同者。"② 无休止的是非口舌之争，致使人才不兴，士风衰败，私党竞起，终使国家政事日趋于颓废。

二是关于打击反变法派的问题。在变法派看来，打击反变法派是绍述政治的前提和首要之务，没有政治上的同一作保障，绍述新政就断难施行。章惇对此态度坚定而又明确，他在这场政治风波中实际所扮演的重要角色也毋庸置疑。问题在于，曾布的态度前后却有着相当大的反差，由最初一段时期的积极参与到后来趋于消极以至于竟公然在哲宗面前抨击章惇与蔡卞打击元祐党人，是奸邪小人之所为，曾布的这个巨大变化，实际上已经牵涉到要把绍述政治引向何处去的重大问题，显然与章惇在这件事上的态度是相抵牾的。

曾布之所以有如此变化，之所以与章惇的摩擦不断升级，是伴随绍述新政的推进，变法派内部矛盾与外部矛盾的逐步加剧，以及随着他与哲宗关系的密切和他自己在朝中影响力的加强而变化的，但最根本的原因在于：在他那一套"不雷同""不附会"任何一方的为政哲学指导下，与章惇、蔡卞争夺权势、谋取自身利益而已。如前所述，曾布最初为在政坛站稳脚跟支持并参与了打击反变法派的活动，③ 但同时他反对打击的步伐业已启动，只是由于哲宗的态度而不得不暂为顺从。如绍圣三年二月，曾布在谈到编类章疏事件时说："三省编排自前岁累曾奏陈，以谓施行元祐之人，殊无伦理，今亦尽矣。兼降敕榜更不施行。④ 今方编排章疏，中外人情不安，恐难施行……"上曰："若有罪如何只为有敕榜更不可行？"布曰："此事亦更在圣断，但恐诏令失信耳，兼如刘挚等已皆施行，恐难再行。"上曰："只是本轻。"布曰："如文彦博辈未经施行，将来致仕遗表

---

① 邹浩：《道乡集》卷23《论宰相章疏三首》，文渊阁《四库全书》本，台湾商务印书馆1986年版，第1121册，第353页。

② 曾布：《曾公遗录》卷9，第320页。

③ 如废孟后事件（《宋史》卷471《曾布传》）、重修《神宗实录》事件（陈次升：《谠论集》卷3《奏弹曾布》，文渊阁《四库全书》本，台湾商务印书馆1986年版，第427册，第357页），曾布都曾积极参与。

④ 绍圣元年七月，曾降诏限制过分打击反变法派，但实际并未执行，打击活动依旧进行并不断加剧。

之类，若一依宰执例推恩，则似有过。"上深以为然。① 曾布这样不失时机地改变自己的态度来迎合、讨好哲宗，以至于后来哲宗往往在一些政事的处理上征询曾布的意见，受其影响很大。但曾布的善变并不表明他真正改变了态度，这在北宋后期的政坛上是一种司空见惯的现象。按照曾布的政治逻辑和经验，"唯其不雷同"熙丰、元祐时期的任何一方，故能"泰然自若"；同样，"唯其不雷同"绍圣、元符之人，日后一旦反变法派再度得势，自己仍可免祸及身，"泰然自若"。曾布正是基于这种长远考虑而反对过分打击反变法派的，因此绍圣四年二月他反对章惇、蔡卞追夺反变法派的荫补恩泽，说："追夺恩泽此例不可启，异时奸人施于仇怨，则吾人子孙皆为人所害。"② 可见曾布考虑问题的出发点不在是否有利于绍述政治，而是是否有利于自身及其家族的安全，与章惇形成鲜明对比。绍述后期曾布恃哲宗之力，又与一批绍述政治的"异论者"互为声援，大肆攻击章惇、蔡卞等人对反变法派的无休止的打击行为，并直接将"攻毁元祐之人不已"③ 定为章惇、蔡卞诸人的一大罪状，一箭双雕，既打击了章惇等人，又消除了反变法派报复的隐患。宋徽宗即位，曾布着力经营君臣关系。在借助徽宗之力扳倒政敌章惇、蔡卞等人的同时，曾布通过种种手段，一步步向心仪已久的权位靠近，最终如愿荣登右揆，依然兜售他那套为政哲学。史云："布于元符末欲以元祐兼绍圣而行，故力排蔡京，逐出之；至崇宁初，知上意有所向，又欲力排韩忠彦而专其政。"④ 然而不久即被蔡京排挤出朝，标志了其"不雷同"政治原则的破产。

章惇、曾布关于打击反变法派的矛盾是北宋后期朝政党争化的产物，双方在政治追求上存在显著差异，这正是变法派这个不成熟和不稳定的士大夫集团利益纷争的局限性所在。宋人说得好，"君子、小人参用，乃非中道"⑤，在长期的政治斗争中铸成的官僚士人二元对立的思维方式指导下，章惇、曾布等人的举动，只能加剧政治混乱的程度。

三是关于对西夏开边问题。开边是绍述政治的重要内容、宋朝军政

---

① 杨仲良：《长编纪事本末》卷101，第3246页。
② 杨仲良：《长编纪事本末》卷102，第3253页。
③ 李焘：《长编》卷502，元符元年九月庚戌，第11952—11953页。
④ 杨仲良：《长编纪事本末》卷130，第4085页。
⑤ 吕乔年编：《丽泽论说集录》卷2《门人集录易说下》，文渊阁《四库全书》本，台湾商务印书馆1986年版，第703册，第333页。

大事之一。按照规定,凡军国大事,必须由二府共同商讨、集体向皇帝提交对策,并"同奉圣旨"①,集体负责政策措施的发布实施。因此开边事宜必须由三省长贰官与枢密院长贰官共同参与筹划,这样就使章惇与曾布双方围绕着开边一事,发生了一系列尤为激烈的纷争。

开边之议最初提出时,曾遭遇到很大阻力,哲宗说:"初兴边事时,人人以为不可为,从官而下皆以为笑。"②门下侍郎安焘、知枢密院事韩忠彦都持反对态度。章惇鉴于元祐弃地之辱,一方面迅速清除这些反对势力,另一方面竭力主张并全力投入开边活动,"用浅攻挠耕之说","绝夏人岁赐,进筑汝遮等城"③。曾布这个时候为巩固自己的地位,对反对开边者也进行了批驳,他与章惇一样,开边的态度是积极的,④也确实为开边顺利进行出力不小。但是升任枢密院长官之后,情况发生了很大变化,双方的分歧开始占据主导地位,曾布与章惇无事不立异,纷争的场面屡屡发生。在开边的终极目标即是否灭西夏的问题上,章惇"必欲覆兴州而后已",曾布只主张与西夏"画河为界"⑤。由于双方在战略指导思想上不统一,导致行动上不能够一致步调,因此在具体战术等问题上引发一系列争执。曾布时时处处对章惇的行动进行阻挠,将枢密院"异论相搅"的功能发挥到了极点,以致在开边中章惇常常孤军奋战,力有未逮。

绍圣四年,陕西、河东五路的进筑活动全面展开。六月,由章惇推荐任命的环庆经略使孙路,也是力主灭西夏的主要代表人物,拟从灰家嘴(后来的兴平城)入手进而向韦州、清远军一线,深入推进进筑。曾布立即站出来反对,说此地宋太宗时期就因条件艰苦经营未果,进筑价值不大,"不免烦朝廷馈饷"。但章惇却充满信心,说"孙路言有良田千顷可耕,足以自给"。并反驳了曾布只相信史籍记载而不信孙路实地考察结果的错误行为。在熙河兰岷路,章惇支持钟传由青石峡(后建为平西寨)、会州、西夏卓罗监军司、凉州一线,渐次经营,从右厢压迫西夏。曾布也

---

① 马端临:《文献通考》卷58,中华书局1986年影印本,第524页。
② 李焘:《长编》卷510,元符二年五月甲子,第12145页。
③ 《宋史》卷471《章惇传》,第13712页。
④ 曾布:《曾公遗录》卷9"章语",第302页。
⑤ 李焘:《长编》卷498,元符元年五月壬戌,第11852页。

表示异议，说"此二者（指卓罗监军司与凉州）要皆不可为"①。曾布之所以如此，主要是自绍圣四年以来哲宗因开边经费浩繁，"颇吝内帑物"②，开边态度始有动摇。曾布窥知这一情形，遂提出收敛边事之论。据绍圣四年闰二月任同知枢密院事的林希言，"臣初秉政，便闻朝廷欲渐为收敛边事之计"③，可见，曾布升任知枢密院事不久，即主张收敛边事。此后曾布多次向哲宗陈述"收敛边事"的建议，并且列举种种理由以证其说。曾布认为：第一，从宋朝国内来看，"进筑城寨虽为困敌之计，然搬运财植、刍粮，不免差保甲，雇脚乘，即吾民已先困矣。当且休息，爱养公私事力"。第二，从宋朝周边各民族政权的情况看，西夏并未困弱，不可小觑；契丹、青唐吐蕃都因开边而惊疑不定，则宋的西边、北边也会随之不安定。而且天象因开边发生星变，不可不戒。曾布的进言，与熙宁年间反变法派反对变法派开边的借口几乎如出一辙，但却使哲宗"每以为然"④，先前对边事的积极态度发生显著转变。曾布一方面不失时机地争取赢得哲宗对自己的支持，一方面则向章惇施压，说："公于边事踊跃如此，乃心国事，固众所不及。然敌未可轻，公私之力有限，亦不可不审……兼众论可畏，中外得以藉口，此何可不恤？"并且恐吓章惇："只如士卒穷岁征役不易，庆州之变，安敢谓无？"⑤ 面对曾布借天子以自重的形势，章惇仍然据理力争。曾布反对鄜延路经略使吕惠卿进筑杏子河（后建为平戎寨），认为会发生类似宋神宗元丰年间永乐惨败之事，"唯章惇颇为之挥解"；曾布拟下诏节制诸路经略使不得擅自进筑，章惇则不允许束缚边将手脚；甚至"（章）惇殊不以天变为可惧云"。但即使如此，由于曾布的从中作梗，哲宗对章惇所为深表不满，"比来上每以惇论边事为不然，且病其多大言，无谨戒之意"⑥，使章惇在与曾布的权力争夺中渐处于下风。绍圣四年九月，哲宗遂诏令"止诸路进筑，惟泾原、熙河则听乘利"⑦进筑。这正是曾布以经营泾原路为主，通接泾原、熙河两路

---

① 李焘：《长编》卷489，绍圣四年六月甲辰，第11603、11604页。
② 李焘：《长编》卷488，绍圣四年五月丁丑，第11591页。
③ 李焘：《长编》卷489，绍圣四年六月甲辰，第11604页。
④ 李焘：《长编》卷491，绍圣四年九月壬戌，第11653—11654页。
⑤ 李焘：《长编》卷492，绍圣四年十月辛卯，第11684页。
⑥ 李焘：《长编》卷491，绍圣四年九月己卯，第11660、11654、11667页。
⑦ 李埴：《皇宋十朝纲要》卷14，《续修四库全书》本，上海古籍出版社2003年版，第514页。

边面后即收敛边事的主张的翻版。此后因章惇一再坚持，开边得以继续。但同时曾布也加快了阻止的步伐，大致在元符元年五月，他提出在泾原路进筑天都寨（后来洒水平新寨）后，便与西夏讲和，"画河为界"的主张。章惇为此大怒，痛骂曾布"画河为界"是"杂货院子中语"①，曾布不甘示弱，指责章惇灭西夏是"害心风"，使章惇在压力下不得不做出让步，答应"但得横山及天都一带，亦可结绝"②边事，最终迫使开边停下来。

章惇与曾布意见不合，使二府在边事上不能协调行动，往往贻误军机。为了避开曾布的掣肘，章惇直接用"私书"指挥边将，"令如其意指经营奏请"③。章惇的专断行为使身为枢府长官的曾布尤其难以忍受，斥责章惇贪功专权，向哲宗告状说："祖宗以来边事……则必令二府同议同进呈……故密院事稍大者，三省无不可照管，至三省事，则密院无繇预闻。今起此等大事，乃欲以私书使边吏为之，而不使同列预议，未见其可。"④哲宗也对章惇的行为很不满。章惇专权行事，使他成就边事的愿望愈益陷在一种难堪的境地中。曾布本来就反对因开边西夏而使辽国与青唐政权产生疑心，引发不必要的摩擦，因此他与章惇在对辽插手干涉边事的态度上迥然有别，双方唇枪舌剑，大动肝火。此后对于用兵青唐，曾布也基本上持反对态度。元符二年底青唐开边的军事行动遭到失败，曾布得理不饶人，归罪于章惇和蔡卞，指责章惇把绍圣开边以来"所向无不如意"的大好形势引向"焦头烂额"⑤的狼狈局面，把自己的责任推卸得干干净净。

关于章惇、曾布二人的开边冲突，有两个问题值得探讨。一是《曾公遗录》记载的可信度。曾布对开边的态度，史料记载确有矛盾之处。在对西夏开边阶段，在是否进筑会州一事上，《曾公遗录》载，章惇说"曾布初不肯筑会州"，曾布则极力反驳，拒不承认，⑥《长编》所记与章惇所说吻合；关于是否灭西夏，曾布与《孙觉墓志铭》所记矛盾；在发

---

① 李焘：《长编》卷498，元符元年五月壬戌，第11852页。
② 李焘：《长编》卷500，元符元年七月甲子，第11912页。
③ 曾布：《曾公遗录》卷7，第266页。
④ 李焘：《长编》卷501，元符元年八月壬寅，第11944页。
⑤ 曾布：《曾公遗录》卷8，第290页。
⑥ 曾布：《曾公遗录》卷8，第269页。

起开青唐一事上,《曾公遗录》所载章惇与曾布的说法矛盾,①而与《孙览墓志铭》的记载暗合。②曾布曾评价章惇"议论亦多平直"③,其他宋人对章惇的言论也有类似评价,由此笔者以为章惇的说法是可信的。总体上看,曾布的态度确实是随着皇帝的态度和战局的变化而变化的,《曾公遗录》的记载巧于缘饰、夸功讳过的痕迹十分明显。诚如缪荃孙所论:曾布"对上之语多持两端,又辄增损以著此书"④,因此,对其记载应予全面客观分析。

二是君臣关系与制度缺陷。影响章惇、曾布与宋哲宗君臣关系此消彼长的因素很多,就个人因素言,章惇与哲宗的政治态度明显有不一致处,对于任章惇为相,哲宗一开始就不怎么满意;⑤而曾布恰恰善于经营,巧于迎合,深得哲宗信任。就制度层面言,章惇独相和枢密院独奏制度,都缺乏权力制衡和舆论监督机制,使二府同奏制度流于形式,容易形成个人专权。事实的确如此,章惇在开边中尤其专断跋扈,⑥"力引亲旧,分布要路,表里相应,以为持禄保宠之计"⑦,使其在君臣中的威望不断下降。再加上曾布在暗处煽风点火,章惇与哲宗的关系僵化势不可免。

章惇、曾布二人关系既如此,在他们主持下的开边活动,尽管取得了突出成绩,但负面影响亦不无巨大。安焘说:"绍圣以还,倾竭以供边费,使军无见粮,吏无月俸,公私虚耗,未有甚于此时,而反谓绍述,岂不为厚诬哉!"⑧陈次升论道:曾布"顷居枢府,阿顺宰臣,进用非人,大开边隙,费财用如粪壤,轻人命如草芥,今独归罪章惇,未知布之所职

---

① 当时"章子厚为宰相,曾布子宣知枢密院,欲遂合兵以取灵武"。"时上益厌兵,诸帅稍内徙。子宣欲先事制人使不言,即为诏约束诸路固守,慎无以私见挠前功,且令画知以闻。"(参见毕仲游《西台集》卷13《孙览墓志铭》,文渊阁《四库全书》本,台湾商务印书馆1986年版,第1122册,第169页)

② 章惇说:"青唐事是密院从初行遣。"(参见《曾布:曾公遗录》卷9,第323页)"时子宣在右府,边事悉从中制,人莫敢校。"(参见毕仲游《西台集》卷13《孙览墓志铭》,第169页)

③ 李焘:《长编》卷495,元符元年三月辛亥,第11766页。

④ 曾布:《曾公遗录》卷9"缪氏跋语",第335页。

⑤ 当时宋哲宗任章为相是不得已之举,因为没有合适人选,"未有以代者"(王巩:《甲申杂记》,文渊阁《四库全书》本,台湾商务印书馆1986年版,第1037册,第185页)。

⑥ 不仅如此,蔡卞说章惇"于定宗庙社稷大计,亦不与众人商量"(曾布:《曾公遗录》卷9,第309页)。

⑦ 邹浩:《道乡集》卷23《论宰相章惇疏三首》,第353页。

⑧ 《宋史》卷328《安焘传》,第10568页。

何事"①。加剧北宋国势衰败的罪责,二人都难逃干系。

要之,章惇与曾布的矛盾,是在宋王朝加强中央集权的情况下二府权力划分的结构性矛盾,又是党争激化的特定条件下的产物。由于政见差异,曾布借助宋哲宗的君威,利用枢密院这块"异论相搅"的绝佳阵地,与章惇争权夺利,时时处处给章惇处理政事设置障碍,制造麻烦。在绍述时期的内政外交上,在各项军政要事上,无不深深烙上曾布的印迹。因而其地位虽未及宰相,权势却与章惇相颉颃,且有凌驾之势,对绍述政治产生了深远甚至超常的影响。

三 章惇与蔡卞交恶及其对绍述政治的影响

蔡卞,字元度,兴化军仙游(今属福建)人,蔡京弟,熙宁三年与蔡京同登进士第,自此步入仕途。他早年在地方为官清廉,颇获好评。史称:"广州宝具丛凑,一无所取。及徙越,夷人清其去,以蔷薇露洒衣送之。"②苏辙草蔡卞知江宁府制词,称颂他"文华之美,发自早年;才力之优,见于治郡"③。可见蔡卞不但才华出众,而且政绩突出,曾得到老百姓和朝廷众官员的一致赞誉。然而在绍述时期的北宋政坛上,蔡卞使出浑身解数,沉溺于政治争斗,展现出来的却是迥然不同的一面。蔡卞是王安石的女婿兼门生,与变法渊源有自,但他在北宋政坛产生影响力却是绍述时期。绍圣元年蔡卞入为中书舍人,旋即上奏称元祐时期所修《神宗实录》"类多疑似不根",要求重新刊定,遂兼国史修撰。绍圣二年十月,蔡卞除尚书右丞,绍圣四年闰二月除尚书左丞,自此跻身丞弼之列,与章惇同省执政,对绍述政治的影响力与日俱增。

章惇与蔡卞的矛盾也是一个由政治上从合作到产生摩擦以至于相攻击的过程,其中原因是多方面的。蔡卞为政处事不露形迹,凡事多暗中操作,往往陷章惇于尴尬之中。史称:"惇轻率不思,而卞深阻寡言,论议之际,惇毅然主持,卞或嗫不启齿,一时论者以为惇迹易明,卞心难

---

① 陈次升:《谠论集》卷3《奏弹曾布》,第357页。
② 《宋史》卷472《蔡卞传》,第13728页。
③ 苏辙:《栾城集》卷27《西掖告词六十一首·蔡卞知江宁府》,上海古籍出版社1987年版,第581页。

见。"① 曾布更引"外议皆云蔡卞心，章惇口"，以证蔡卞"最阴巧"，章惇"轻率"，"多为其所误"② 这样一个事实。曾布虽不免有攻击二人之嫌，但对章惇与蔡卞施政的特征差异还是概括得大致不差。在政治态度上，蔡卞"一意以妇公王氏所行为至当"③，过分推崇王安石学术及政事。陈瓘曾弹劾蔡卞云："自绍圣以来，自任以安石之道，而愿为天下学者之师者，蔡卞一人而已矣……以不仕元祐为高节，以不习诗赋为贤才。自谓身之出处可以追配安石云云。"由此可见蔡卞政治上的偏激倾向。正因为如此，蔡卞遂在政治上走向两个极端，一方面全面否定元祐政治，"凡元祐之所行，必扫荡而后已"④，打击反变法派，并进一步因人废言，力图毁废司马光《资治通鉴》，从意识形态上禁绝元祐学术的影响。这跟章惇"兼取元祐"的政治主张是背道而驰的。另一方面进行个人崇拜，奉王安石为圣人，这一点也与章惇大异其趣。章惇说："王荆公，惇自来只知是王介甫，如今亦只见他是王介甫，却不曾唤他作真人、至人、圣人。"⑤章惇反对搞偶像崇拜，尤其在政治上，虽追随王安石却不神化其人其事，政治头脑比较清醒，当时宋人就曾给予积极肯定的评价，说："惇之议论，不与时辈同。虽为王荆公门下士，见蔡卞以荆公为圣人，乃曰某不敢以王介甫作圣人。"⑥ 因为上述种种差异，章惇与蔡卞的关系自然不十分和谐，积久难免呈恶化之势。

绍圣三年六月，蔡卞在哲宗面前极力推荐常立作侍从、台谏。按：常立是常秩之子，常秩在熙宁中为王安石所称赏，被树为熙宁变法运动的道德楷模。因为这种关系，蔡卞视常立为同道而大力扶植。但是，元祐更化中为了躲避反变法派的政治迫害，一些曾经参与或支持变法者，阿附更化以求政治保全。常立及其父门人赵冲撰写的《常秩行状》内，也不自觉地对新法颇有微词而迎合时好。其中有褒美王安石、常秩，批评宋神宗及其所为的字眼，这正合蔡卞心意，所以绍述时期力荐常立。但这件事却给

---

① 《宋史》卷472《蔡卞传》，第13729页。
② 杨仲良：《长编纪事本末》卷120，第3714页。
③ 《宋史》卷472《蔡卞传》，第13730页。
④ 徐自明：《宋宰辅编年录》卷11，第666页。
⑤ 李焘：《长编》卷485，绍圣四年四月乙未，第11532页。
⑥ 徐自明：《宋宰辅编年录》卷11，第675页。

曾布以攻击章惇和蔡卞的良机，曾布通过与国史院叶涛的关系，[①] 获知《常秩行状》的内幕，遂向哲宗告状，经查证属实，哲宗十分生气。面对哲宗的批评，章惇仍被蒙在鼓里，不知事情真相。等到亲见《常秩行状》中的褒贬之语，"由是惇始悟为卞所卖"[②]。章惇与蔡卞的矛盾由此趋于表面化。同时，蔡卞与其党人林自、薛昂辈在太学"竞推尊安石而挤元祐，禁戒士人不得习元祐学术"[③]。林自打着蔡卞的旗号鼓吹："神考（指宋神宗）知王荆公不尽，尚不及滕文公之知孟子也。"章惇为此勃然大怒，痛斥林自，"章、蔡由是不咸"[④]。又据陆游《老学庵笔记》卷一记载：

> 林自为太学博士，上章相子厚启曰："伏惟门下相公，有献有为，无相无作。"子厚在漏舍，因与执政语及，大骂云："这汉敢乱道如此！"蔡元度曰："无相无作，虽出佛书，然荆公《字说》尝引之，恐亦可用。"子厚复大骂曰："荆公亦不曾奉敕许乱道，况林自乎！"坐皆默然。

可见，由于章惇与蔡卞所执不同，矛盾自然不可避免。此外，章惇认为蔡卞兄弟同列朝廷要地殊为不当（蔡京曾任权户部尚书、翰林学士等），说"自三代以来，无此故事"[⑤]，使蔡氏兄弟对章惇尤加怨恨。因为这些不大不小的冲突，章惇与蔡卞之间裂痕日深，终至于交恶。

章惇、蔡卞不协，使蔡卞成为章惇的另一个主要异论者。蔡卞利用与章惇同处政府的便利条件，给章惇用人行事以很大制约。如章惇荐邢恕为御史中丞，蔡卞则力主安惇；章惇引用刘昱、蔡肇、陈师锡诸人，蔡卞"指以为元祐人"，声称："元祐党最分明者，莫是刘昱。"使章惇无可奈何，说："是元祐党或有何罪恶，以此不能除得。"又说："自来于陛下前

---

① 陈瓘《尊尧余言》云，"曾布主叶涛"，《长编》所载曾布对叶涛也多有称扬。事实上二人关系之密切，除了有相同的政治追求外，还有一层姻亲关系在起作用，叶涛乃曾布甥婿（曾布：《曾公遗录》卷9，第309页），这恐怕也是二人在政治上互为奥援的重要原因之一。由此还可从一个侧面表明曾布一向标榜的所谓大公至正政治说教的欺骗性。
② 杨仲良：《长编纪事本末》卷106，第3432页。
③ 李焘：《长编》卷485，绍圣四年四月乙未，第11531页。
④ 同上书，第11529页。
⑤ 李焘：《长编》卷496，元符元年三月戊辰，第11802页。

不曾言元祐人不可用。"① 二人在人事权上纷争不已，结果造成"每事更相猜贰，议论之际，互相观望，莫肯启口，以致差除不能金谐，往往引二三人取决圣断"②的僵持局面。时三省仅有章惇、蔡卞和许将三人主持政务，章、蔡二人势同水火，而许将又唯诺观望，对政事的正常运行产生极大危害。曾布说："惇、卞既睽，许将凛凛畏此两人，不敢启口。每有一事，惇以为可而卞未答，卞以为可而惇未然，则将莫敢对；直俟两人者稍同，将乃敢应答。今两人者又交恶，自此政事愈乖谬矣。"使宋王朝"上下内外缺官鲜有差除，纵有差除，人必以为不当"③。蔡卞既以元祐之政为非，则必以熙丰为是。《长编》卷四八八，绍圣四年五月辛未条引陈瓘《尊尧集·理财总论》说，蔡卞在"绍圣用事之初，专述熙宁，及哲宗既怒常立，然后骤述元丰"，尽管其政治态度有一个变化过程，但主熙丰的格调并没有改变。蔡卞固执而又教条地坚持"以元丰之法为不可改"，就使一些事关重大的问题久而未决，影响恶劣。例如元符二年章惇等"欲以国子监解名羡额，许开封府举人就试"，希望改变"唯开封人不入（太）学及一年者，不许应举"的不合理规定，解决更多开封士子科举考试难的问题，唯独蔡卞"坚执元丰七年先朝已罢，不可改。同列自夔（指章惇）而下议论数四，终莫能夺"。蔡卞"自此专政益甚于前日"④，成为绍述时期少数几个对北宋政坛产生重大影响力的人物。

蔡卞的作用尚不止此。绍述时期变法派以党派标准臧否人物极其正常，而历来为宋朝统治者所忌讳的朋党禁律，在变法派内部却相应地有些松弛，为朋党的产生提供了条件。章惇、曾布等人结党无可异议，蔡卞结党更粲然可见。蔡卞在其周围确实延揽了一批旨趣相投的官僚士大夫，形成蔡氏小集团势力。当时不仅台谏官弹劾蔡卞朋党之罪，而且宋哲宗、曾布、章惇都一致认定蔡卞立党。陈瓘说：

> 自京、卞用事以来，牢笼荐引天下之士，处要路得美官者不下数百千人。其间才智艺能之士，可用之人，诚不为少。若京去朝廷，则私门之士数百千人者，皆为朝廷之用矣。京在朝廷，则皆蔡氏之党

---

① 曾布：《曾公遗录》卷7，第251页。
② 李焘：《长编》卷495，元符元年三月辛亥，第11765页。
③ 曾布：《曾公遗录》卷8，第285页。
④ 曾布：《曾公遗录》卷7，第267—268页。

也。然则消党之术，唯在去京而已。①

陈氏此论旨在抨击蔡京而把结党之罪主要归于蔡京之身，其实，就绍述时期而言，蔡卞身为执政，位势皆显于乃兄，蔡氏之党至少在表面上看是以蔡卞为中心形成的。蔡京擅政，始移于其门。据《长编》等书的记载，当时蔡卞集团的主要人物应包括：蹇序辰、安惇、蔡京、邓洵武、叶棣、邓棐、常立、薛昂、林自、郑居中、吴伯举、蔡蹈、邢恕、李积中、吕嘉问、周稺、范镗、朱服、刘拯、方天若、家彬、石嗣庆、董必、舒亶、王祖道、温益、吴居厚等。蹇序辰、安惇、蔡京等重要人物皆在其中。

蔡卞执政六年，"门生故吏遍满天下"②。他借助朋党之力，往往凌驾于章惇之上，使"朝廷政事一出于卞，惇无敢违者"③，特别对打击反变法派活动的扩大化起了助长作用。陈瓘评论说："哲宗躬揽之初，圣意本无适莫。章子厚虽挟功自恣，然其初犹有兼取元祐之意。自京、卞首发邪论，盗攘国柄，凡有所请，必以继述为说。稍违其意，则欲以不忠之名加于上下。"④ 当时包括曾布在内的许多人，同样是对章惇与蔡卞的攻击，但都认为蔡卞罪恶重于章惇。如宋徽宗言："蔡卞阴狡害政，绍圣以来，伤害人物，多出于卞，其罪更大于惇。"⑤ 陈瓘言："凡惇之行事为天下害者，其谋皆发于卞。"⑥ 任伯雨则直言"卞之恶有过于惇"，并列其六大罪状，其中涉及打击反变法派的两件大事，都因蔡卞及其党人而成，一是"编排元祐章牍……被罪者数千人，议自卞出"；一是"蹇序辰建看详诉理之议，章惇迟疑未应，卞即以二心之言迫之，惇默不敢对，即日置局，士大夫得罪者八百三十家"⑦。蔡卞及其党羽劫持章惇，大肆罗织窜逐元祐党人。"惇本出文潞公门下，卞劫之，贬潞公。吕相微仲（吕大防）与惇为甥舅，卞劫之，贬微仲。惇与苏子瞻故相善，卞劫之，贬子瞻。如诬

---

① 徐自明：《宋宰辅编年录》卷11，第697页。
② 杨士奇等：《历代名臣奏议》卷181《去邪》，文渊阁《四库全书》影印本，台湾商务印书馆1986年版，第438册，第226页。
③ 李焘：《长编》卷505，元符二年二月乙未，第12062页。
④ 赵汝愚编：《宋朝诸臣奏议》卷35，第351页。
⑤ 曾布：《曾公遗录》卷9，第320页。
⑥ 杨仲良：《长编纪事本末》卷120，第3730页。
⑦ 《宋史》卷472《章惇传》，第13729页。

谤宣仁与废立皇后,皆得罪天下后世者。惇至迁谪,方悔用下,亦无及矣。"① 作为首相的章惇,对于蔡卞及其党类的作为无力遏制,就使对反变法派的打击丧失了原则,其后果必然祸及无辜、混淆是非而扰攘朝政。徽宗时期蔡京擅政,即是继承了绍述新政恶的一面,并使之登峰造极。

结　语

综上所述,宋哲宗亲政时期,章惇、曾布、蔡卞三巨头鼎立于北宋政坛,他们之间冲突甚于合作的关系,表明此时的北宋朝政和变法派内部都发生了巨大的变化。对于新法取舍态度的巨大变化,使绍述政坛成为部分变法派官员个人名利的角斗场。它体现了由变法引起的党争环境下变法派内部的一种政治分野,这种政治分野和利益上的冲突,使绍述政治缺乏合力共振的条件,章惇孤掌难鸣,力图以继承王安石变法精神、高扬变法旗帜为基调的绍述政治也就徒具声势,大大落在了时代的后面。

---

① 徐自明:《宋宰辅编年录》卷11,第675页。

试论宋神宗时期的州县省废

马玉臣

　　裁抑"冗官"是熙丰变法的重要内容之一。这一时期裁抑"冗官"包括两方面内容，一是控制入仕、减少官员；二是撤销机构，其中最重要的是撤掉一批州县建制。这里，仅就熙丰时期州县省废情况，试作浅论，[①] 以期对王安石变法、宋代冗官以及政区地理研究有所裨益，欢迎批评指正。

一　宋神宗、王安石等人对省废州县的认识

　　宋朝名臣范镇曾说："祖宗之规模在于州县，州委之生杀，县委之赋役。"[②] 州、县是宋代最重要的地方行政单位。州县多寡是封建中央对地方控制强弱的象征之一，但也是影响官俸、吏禄开支的重要方面。赵氏王朝既重视中央对地方的控制，以强化专制主义中央集权的统治，又注意到州县的废置对财政的影响。在一定时期，宋政府于州县问题上，是置或是废，各有所侧重。纵观北宋前五朝百余年间，州县时废时置，但总趋势是设置多、撤废少，州县总数不断增长。宋太

[①] 按，关于这一问题，学界已经注意。漆侠：《王安石变法》，河北人民出版社 2001 年版，第 98 页；陈振：《宋史》，上海人民出版社 2003 年版，第 376—378 页。聂崇岐：《宋代府州军监之分析》，《宋史丛考》，中华书局 1980 年版，第 78 页。
[②] 赵汝愚编：《宋朝诸臣奏议》卷 111《上神宗论新法》，上海古籍出版社 1999 年版，第 1208 页。

祖末年，有297州，县1086；① 太宗时，州级行政区311个，② 总县数1381个；③ 至庆历八年（1048），天下州郡320，县1250。④ 州县设置过多会带来官多费冗、役众民困之弊。这一点已为当时有识之士所认识，⑤ 可惜未引起最高统治者充分重视，也未达成广泛共识。相反，宋神宗、王安石对一些州县户少役多、户多民稀情况的认识却极为深刻。

熙宁元年（1068），神宗对辅臣们说："天下自五代分裂，擅据一方，多置郡县，以固疆圉。由是役繁民困，其议并省之。"⑥ 宋神宗之分析实为允当。我们注意到，神宗于熙宁元年发此论，此时王安石尚没有为执政官，这说明熙宁年间省废州县非王安石先为，亦非王安石所独为，神宗已早于王安石而为之。这个细节当引起学者注意，在评判州县省废功过问题上，不应该由王安石一人来担当。在州县废并过程中，宋神宗与王安石还进行了多次磋商。史载：

  上（按指神宗）谓执政曰："河北大抵立州县太多。"
  王安石因论秦用小邑并大城卒以致强及唐筑三受降城事，且曰："今市人、公人不愿并合，并合即多进状，朝廷人多从之。已并复析者非一。小人狃见如此，所以每并一县，辄言不便；凡言不

---

① 《宋史》卷85《地理一》，中华书局1977年标点本，第2094页。
② 《宋史》卷85《地理一》，第2095页记雍熙中级政区"几于四百"。然据郭黎安《宋史地理志汇释》（安徽教育出版社2003年版，第5页）考证，应为311个州级行政区。
③ 赵葆寓：《关于宋代县望等级的几个问题》，《北京师院学报》1987年第1期，第58页。
④ 包拯：《包拯集校注》卷3《论冗官财用等》，黄山书社出版社1999年版，第140页。《宋史》卷44《理宗纪》，第858页，记宋熠言，景德、庆历时，三百二十余郡。又《长编》卷186，嘉祐二年七月辛卯，第4484页，知谏陈旭言："今天下州三百，县千二百。"又《长编》卷486，元祐六年十二月乙卯朔，第11177页记，北宋前期，有州三百，县一千二百。
⑤ 如，天圣四年（1026）八月，知广济军范讽言："本军地方才四十里，距曹州甚近，而户口不及一县，其差役乃与他州等。请还隶曹州，或割曹、濮、单近县户三五千以隶本军。"范讽的请求未能得到批准（《长编》卷104，天圣四年八月丙戌，第2419页）。庆历三年（1043）九月，参知政事范仲淹于著名的《答手诏条陈十事》中，陈述其新政的主张，阐述了并废州县的原因、步骤、意义等（《长编》卷143，庆历三年九月丁卯，第3442页）。
⑥ 杨仲良：《皇宋通鉴长编纪事本末》卷77《州县废复》，黑龙江人民出版社2006年版，第1365页。

便，多是近县廨有资产豪宗及公人而已。朝廷若能察此，则河北州县可并处甚多也。"

上问唐河北州县，安石曰："唐时或是藩镇欲张虚名，纵唐州县亦不足问，但计方今利害何如尔。"①

宋神宗之疑问在王安石那里得到了解答，有问题之本身足以证明神宗对州县省废的重视。

州县本是中央权力在地方之延伸，宋神宗敢于放手合并州县，其原因是多方面的，除了他所说的"役繁民困"外，另一重要原因即是"节费宽财"，消弭"官冗"之祸。我们知道，始议于熙宁二年（1069）三月、而颁于四年十月一日的募役法，代替了差役法，是宋代役法重大变革。此前差役多而"困民"，而募役法推行后，州县多则役多而困国用。因此，合并州县，省官、省役又节费，不失为上策。

熙宁五年（1072）八月，宋神宗又询问执政曰："闻郑人不以废州为便，然否？"王安石答曰："此乃郑民吏自乞，又属王畿，则诸事优便，所省钱一岁几十万缗，省州官十余员，郑州州役省四百余人，诸县复不在是。此两州（按郑州、滑州）止公使库逐年破坏人产自不可胜言，不知何缘废州乃于郑人不便。又此两州出役钱比天下为最重，若废即出钱如府界，比天下为最轻。惟是士大夫有置产在郑州者，或不欲尔。"王安石一番开导，神宗"皆以为然"，乃曰："言欲恃郑、滑为吭扼，非也。"②神宗原以为恃郑、滑可屏翼京师，强化统治，一听到撤郑州"所省钱一岁几十万缗，省州官十余员"，"州役省四百余人"，立刻说"恃郑、滑为吭扼，非也！"在不危及中央集权的前提下，神宗尤先考虑的是国用不足。缘于此，当国用急蹙有所缓解后，神宗便选择了强化统治，因此在其单独主持变革期间，一批废于熙宁时期的州县于元丰年间得到复置，③从而出现了"返潮"现象。

---

① 李焘：《长编》卷 214，熙宁三年八月甲戌，第 5209 页。
② 李焘：《长编》卷 237，熙宁五年八月辛巳，第 5759 页。
③ 如《长编纪事本末》卷 77《州县废复》，第 2460 页，记，熙宁十年正月，荆湖南路转运判官唐义问言："北路近年废荆门军为长林县以隶江陵府。此军控制巴蜀，备防百越。今以为县，城郭不完，屯兵减少，不足以控制要会。乞复建军。"诏荆湖北路监司相度以闻，既而不行。按此时王安石已罢去，宋神宗单独主政，首先考虑加强统治而不是财用。又见《长编》卷 280，熙宁十年正月庚申，第 6850 页。

王安石是神宗所说的"多置郡县役繁民困"口号下最积极的响应者，也是熙宁年间主张与实行合并州县的中坚分子。上文已述，学高才富的王安石每每能解除宋神宗之疑惑，促使宋神宗坚决地合并应合并的州县。不惟如此，王安石尚有一些惊人之语。据《临川文集》卷六二《看详杂议》记曰："臣所见东南州县，大抵患在户口众而官少，不足以治之。臣尝奉使河北，疑其所置州县太多，如雄、莫二州相去才二十余里。闻如此者甚众，其民徭役固多，财力凋弊，恐亦因此。"在他看来，"州县太多"是"民徭役固多、财力凋弊"的重要原因，那么省废州县则是减轻民役、缓解财乏的措施之一。诚如前引《长编》卷二三七，熙宁五年八月辛巳条，王安石答宋神宗问说：废郑州，"所省钱一岁几十万缗，省州官十余员，郑州州役省四百余人，诸县复不在是。此两州（按指郑、滑）止公使库逐年破坏人产自不可胜言，不知何缘废州乃于郑人不便。又此两州出役钱比天下为最重，若废即出钱如府界，比天下为最轻。"撤州县最直接效益是减费，同时又减少冗官、减轻百姓负担。减费节流，符合当时大多数士大夫的一贯主张，无须多言。而减轻百姓负担，则符合王安石开源的主张。王安石曾讲，"理财，以农事为急，农以去其疾苦、抑兼并、便趣农为急，此臣所以汲汲于差役之法也"[①]。差役是"农"之"疾苦"，"民徭役固多"则更是"农"之"疾苦"。前者变差役为募役，可去"其疾苦"；后者减少"民徭役"，岂不"去其（民）疾苦"？因此，王安石撤州县、减徭役、省冗官的主张，既是其节流思想的直接体现，又是其改革役法的另一措施，间接地体现了其开源思想。

在《看详杂议》一文中，王安石还提出东南州县"户众官少""不足以治之"的主张。言外之意，东南地区应该多设州县。这一主张说明王安石废州县是有限度的。这个限度就是维护封建统治，只有于此限度内方可省废地方政区。故陈瓘《尊尧集·序》云："安石论河北要省民徭，可以减州县。至于言江南利害，则曰州县可析。"[②]应该说陈氏概括了王安石的废置州县的基本主张。

---

① 李焘：《长编》卷220，熙宁四年二月庚午，第5351页。
② 《长编》卷246，熙宁六年七月庚午，第5985页；又见《皇宋通鉴长编纪事本末》卷77《州县废复》，第1368页。

此外，王安石还认为，反对州县合并者，"多是近县廨有资产豪宗及公人而已"①，或是"士大夫有置产"于被废州县者。②应该说，王安石判断十分准确，合并州县损害的是这批既得利益者，对广大下层百姓而言，显然有利。

不惟宋神宗、王安石看到州县多之弊端，一些基层地方官也看到了这点。他们提供的基层信息更反映实际。熙宁三年（1070）八月，权河北监牧使周革言："本朝建黎阳为通利军，调度赋役与古不殊，而户口比古才十分之一，民困于力役为甚。乞废军为县，还属卫州"③。京西路转运使吴几复等奏："废州为县，罢诸徭役支费，实宽民力，兼审问民吏，实皆乐从。"而滑州地方官也上奏曰："本州自天禧河决后，市肆寂寥，地土沙薄，河上差科频数，民力凋敝，愿隶府界，与郑（州）俱为畿邑为便，且庶几王畿四至，地里形势相等。"④熙宁中，反对新法的盛陶曾曰："朝廷以便民省役，议废郡县，诚便。"⑤这些地方官的呼声，大致反映各地真实状况，有力地推动了州县合并的进行。

但是，熙丰变革每前进一步，总会有人不分轻重或不权衡利害，一味地反对。在并废州县上，并没有出现像其他新法那样"一兴异论，群声和之"的状况，⑥却有个别人站出来公开反对。盛陶反对说：河北"沿边地相属，如北平至海不过五百里，其间列城十五，祖宗之意固有所在，愿仍旧贯"⑦。熙宁四年（1071）七月，时为监察御史里行的刘挚上言曰："省并州县也，则诸路莫不强民而应令。"⑧刘挚所说的"民"当不是所有百姓，而是"近县廨有资产豪宗及公人"⑨、"坊郭近上人户"⑩。熙宁年间的刘挚等，尚人轻言微，挡不住省废州县之潮流。

---

① 李焘：《长编》卷214，熙宁三年八月甲戌，第5209页。
② 李焘：《长编》卷237，熙宁五年八月辛巳，第5759页。
③ 李焘：《长编》卷214，熙宁三年八月甲戌，第5209页。
④ 李焘：《长编》卷237，熙宁五年八月辛巳，第5759页。
⑤ 《宋史》卷347《盛陶传》，第11006页。
⑥ 王安石：《王安石全集》卷8《答曾公立书》，上海古籍出版社1999年版，第73页。
⑦ 《宋史》卷347《盛陶传》，第11006页。
⑧ 《宋朝诸臣奏议》卷116，刘挚《上神宗分析曾布札子》，第1267页。
⑨ 李焘：《长编》卷214，熙宁三年八月甲戌，第5209页。
⑩ 李焘：《长编》卷407，元祐二年十二月丙申，第9908页。

但元祐元年,神宗死后,侍御史刘挚"畅言"废州县之不便,①从而掀起复置州县的"逆流"。

由于宋神宗、王安石和一些地方官僚对州县役多事繁之弊有着某些共识,而裁撤州县、减少开支又符合是时多数士大夫"节流"的主张。因此,并废州县主张在不危及皇权对地方的统治下,在缓解财政困难的背景下,得到了多数人的认同,熙宁时期省废州县行动进展较为顺利。虽有个别士大夫出面反对,但多数反对派对此予以默认。这是不同于其他新法的地方。

二 熙丰时期合并州县情况

熙丰时期,是有宋以来废罢州县最频繁、数量最多、效果最明显的时期。②熙丰合并州县始于熙宁元年,主要进行于王安石当政时期,延及元祐初年,先后持续十几年,每年都有一批州县被合并掉,但也有一些州县得以复置和新建。为清楚说明合并州县与复建情况,以《元丰九域志》《长编》《长编纪事本末》《宋史·地理志》《宋会要·方域》等相关记载为据,拟作表1—2。通观表1、表2,熙丰时期州县废置大概有以下情况:

第一,所有州县省废均在熙宁九年(含九年)以前,尤集中于熙宁二年至熙宁九年。统计数据表明:废于熙宁元年者仅5地次,占所废总次地173的2.9%。相反,熙宁二年到熙宁九年末所废并州县占97.1%。这个比例数据揭示一个铁的事实:废并州县始于神宗,完成于王安石。我们知道王安石于熙宁二年二月庚子至七年四月丙戌、八年二月癸酉至九年十月丙午,③先后执政达六年另十月之久。其执政期间恰出现了前后未有的州县废并的高潮。这种巧合,不是偶然的,而是王安石主张废并州县的必然结果。前文已说过,当神宗对来自反对者的声音进行质疑时,王安石屡释其惑,坚决行之。熙宁十年以后至元丰末,王安石远离政治,宋神宗单独主政,竟无废并反有复置,此更突出了王安

---

① 详见《皇宋通鉴长编纪事本末》卷77《州县废复》,第1373页。
② 陈振先生认为:"王安石当政期间大规模省并州县,在宋代是绝无仅有的。"(见氏著《宋史》,第377页)笔者是之。
③ 《宋史》卷14、15《神宗本纪》。

石的作用。因此，我们说神宗与王安石对熙丰时期废并州县都有贡献，而王安石功劳更大。

第二，州县废并过程中又出现了复置情况。统计表明：在废并27个州级政区中，熙宁1地次，元丰4地次，分别占3.7%与14.8%。在并废146个县中，熙宁复置15地次（其中包新建和熙宁之前罢废而又复建者），元丰复建13地次（其中包括于熙丰之前已废而至此复置者），分别占10.3%、8.2%。这种情况说明，政权强化始终是最高统治者的首要任务，在不妨碍专制集权范围内的"放权"是为了更好地运转国家机器，但不能是无限而是有限的。

第三，新复地区的政区建置。熙丰时期，颇有一番"气派"。史称，"大抵宋有天下三百余年，由建隆初讫治平末，一百四年，州郡沿革无大增损。熙宁始务辟土，而种谔先取绥州，韩绛继取银州，王韶取熙河，章惇取懿、洽，谢景温取徽、诚，熊本取南平，郭逵取广源，最后李宪取兰州，沈括取葭芦、米脂、浮图、安疆等砦"①。但与州县变化无甚影响，在新复的土地上，建9州4县。这是宋神宗时国势一度振奋之表现，与州县废并不矛盾。故在评价废并州县意义时，我们不将新复地区的州县建置作为参考因素。

第四，州县废并地区差异明显。前引王安石《临川文集》卷六二《看详杂议》说，"东南州县，大抵患在户口众而官少，不足以治之"，河北"所置州县太多"。陈瓘批评王安石说："安石论河北要省民徭，可以减州为县，至于言江南利害，则曰州县可析。"② 实际废并情况不完全反映王安石的主张。熙宁时期，河北东西两路是罢废州县的重点，其中州级政区废1个，县级区废38个，熙丰又复5个，实废33个，③占全国实际废县数118个的28%。"东南"地区，如两淮、两浙、江南东西、福建等7路，州级政区废4个，县级区3个，不及河北之零头，却又新置4个。河北减并可谓明显，而东南地区所谓"析置"情况与实

---

① 《宋史》卷85《地理一》，第2095页。
② 李焘：《长编》卷246，熙宁六年七月庚午引《尊尧集·序》，第5985页。
③ 按，庆历四、五年间，河北有府、州、军、县共187个，至元丰初年为136，亦可印证。《元丰九域志》卷2《河北路》，第63—77页；(宋)欧阳修：《欧阳修全集》卷118《论河北财产论时政书》附录卷一，中华书局2001年版，第1826、2603页。

际不符。熙宁州县并废多者，除河北两路外，还有京西北、永兴军等路、河东、湖北路、川峡四路，广西路，而并废州县少者，除东南7路外，还有北方的京西南、京东西路、秦凤等路，南方的湖南、广东等6路。州县并废兴建的依据是户口。权以河北路与两浙路平均每县户口比较分析之。据《元丰九域志》记，元丰初，河北路有33州军93县，此是并废州县后的数字，有1232659户，平均每县13254户。再看两浙地区。元丰初州县调整后，有州14县79，户1778953，平均每县有户22518户。二者差9264户。需要说明的是，我们依据的数字是元丰初年州县合并后的数字，若是熙宁六年前后王安石分析河北与东南州县时数据，则河北县更多户更少，而两浙县更少户更多，平均每县户口差距则更大。因此，王安石所说的情况是符合实际的，其并废州县主张也是可行的。相反，陈瓘指责王安石说"安石并析之议，分南北，偏而不还"①，委实无理。

第五，元祐初掀起复置州县的小高潮。我们注意到王安石第二次罢相后，熙宁并州县的高潮宣告结束，复置州县渐趋增多。元丰复13县4州，然尚有限度。神宗死后一年多，尤其是高太后、司马光为政期间，在罢废其他新法的同时，掀起了复建州县的小高潮。短短两三年间，复建州8个，县43个。所幸没有完全恢复，熙丰改革成果，至少保留了一半。这一点是与新法完全被抛弃的历史命运不尽相同，值得注意。

此外，由于熙丰年间部分已废州县陆续复建，使得熙丰实废数与原废数不尽吻合。熙宁年间废州级区27个，熙宁元丰重建5个，实废数22个。县，熙宁废146个，复建28，废118个。这个数与《宋朝事实类苑》卷三三《并省州县》所记略异。②

---

① 李焘：《长编》卷246，熙宁六年七月庚午引《尊尧余言》，第5986页。
② 《宋朝事实类苑》卷33记"熙宁中，废并天下州县，迄八年，凡废州军监三十一"，"废县一百二十七"。按其所列州、县，有部分与《宋史·地理志》《元丰九域志》（王存：《元丰九域志》，中华书局2005年版）等记录有出入，须订正。另，所列数字没有考虑复建数。故以此作为评判废并州县依据，有些不妥。

表 1　　　　　　　　　熙丰时期州县废置情况一览表

路	州（府、军、监）	县	废并时间	复置时间	备注
京西北路	滑州		熙宁五年	元丰四年	
		灵河	熙宁三年		《宋史·地理一》记：废隶白马县。它书记为治平三年
	郑州	郑州	熙宁五年	元丰八年	
		原武	熙宁五年	元祐元年	废入阳武县
		荥阳	熙宁五年	元祐元年	废入管城县
		荥泽	熙宁五年	元祐元年	
	河南府	洛阳	熙宁三年	元祐二年	省入河南县。《宋史·地理志一》记为"五年"
		颍阳	熙宁三年	元祐二年	省入登封。《宋史·地理志一》，记为"二年"废
		伊阙	熙宁三年	元祐二年	省入伊阳，《宋史·地理志一》记为"五年"，废入河南，六年改隶伊阳
		福昌	熙宁三年	元祐二年	省入寿安。《宋史·地理志一》，记为"五年"省
		偃师	熙宁三年	熙宁八年	省入缑氏，《宋史·地理志一》记为"五年"
		缑氏	熙宁八年		省入新复偃师县
	颍昌府	许田	熙宁四年		省入长社县
	孟州	汜水	熙宁五年	元丰三年	省入河阳县。《宋史·地理一》，记"二年"复
	陈州	南顿	熙宁六年	元祐元年	省入商水县、[项城县]
	汝州	龙兴	熙宁四年	元祐元年	省入鲁山县，《宋史·地理一》，记"五年"省
小计	废2州、14县。其中熙宁时期复1县，元丰时期复2州1县，元祐时期复9县				
京西南路	光化军		熙宁五年	元祐初	《宋史·地理一》。《长编》卷二三七，页5783，记降为县，隶襄州
		乾德	熙宁五年		初置乾德二年，原隶光化军。熙宁五年，军废为光化县，县废为镇，改隶襄州
	随州	光化	熙宁元年		废为镇入随县。此光化县，异于光化军所废之县。《长编纪事本末》卷七七（页2449）记"废随州为光化县"，误
	唐州	方城		元丰元年	后魏县，庆历四年废入邓州南阳县
	金州	平利	熙宁六年	元祐元年	废入西城县
小计	废1军、3县。元丰复建1县，元祐初复1县1军				
京东东路	宣化军		熙宁三年		原置于景德三年，废为高苑县，隶淄州
小计	废1军，复置无				
京东西路	兖州	邹县	熙宁五年	元丰七年	废入仙源县
	广济军		熙宁四年		
小计	废1军、1县。元丰复建1县				

续表

路	州（府、军、监）	县	废并时间	复置时间	备注
河北东路	北京	永济	熙宁五年		废为镇入馆陶，寻改隶临清
		大名	熙宁六年		废为镇入元城县
		洹水	熙宁六年		废为镇入成安
		经城	熙宁六年		废为镇入宗城
	澶州	顿丘	熙宁六年		省入清丰
	沧州	饶安	熙宁五年		省为镇入清池县
		临津	熙宁六年		省为镇入南皮县
	冀州	枣强	熙宁元年	熙宁十年	省为镇入信都
		新河	熙宁六年		省为镇入南宫
		武邑		熙宁十年	原废于嘉祐八年
	瀛州	束城	熙宁六年	元祐元年	省入河间县
		景城	熙宁六年		省入乐寿县
	莫州	长丰	熙宁六年		省为镇入任丘
		莫县	熙宁六年	元祐二年	省入任丘
	德州	德平	熙宁六年		省为镇入安德
	滨州	招安	熙宁六年	元丰二年	庆历三年置，废入渤海
	恩州	清阳	熙宁四年		省入清河县
	永静军	阜城		熙宁十年	原省于嘉祐八年
	乾宁军	乾宁	熙宁六年		省为镇
小计	废17县，熙宁十年复3县，元丰二年复1县，元祐复2县				
河北西路	真定府	井陉	熙宁六年	熙宁八年	
		灵寿	熙宁六年	元祐二年	省为镇入行唐县
	相州	永和	熙宁六年		省为镇入安阳。《宋史·地理二》记"五年"
		邺县	熙宁六年		省为镇入临漳。《长编》《宋史·地理二》，记"五年"
	邢州	任县	熙宁五年	元祐元年	省为镇入南和县
		尧山	熙宁六年	元祐元年	省为镇入内丘
		平乡	熙宁六年	元祐元年	镇入钜鹿
	怀州	武德	熙宁六年		省为镇入河内
		修武	熙宁六年		省为镇入武陟
	通利军		熙宁三年	元祐元年	所属卫县、黎阳县隶卫州
	卫州	卫县	熙宁六年		省为镇入黎阳县
		新乡	熙宁六年	元祐二年	省为镇入汲县
	洺州	曲周	熙宁三年	元祐二年	省为镇入鸡泽
		洺临	熙宁六年	元祐二年	省为镇入永年县
	磁州	昭德	熙宁六年		省为镇入滏阳
	祁州	深泽	熙宁六年	元祐元年	省为镇入鼓城县
	赵州	柏乡	熙宁五年	元祐元年	省为镇入高邑
		赞皇	熙宁五年	元祐元年	省为镇入高邑
		隆平	熙宁六年	元祐元年	省为镇入临城
	顺安军	高阳	熙宁六年	熙宁十年	
小计	废1军，19县。其中熙宁复2县，元丰复无，元祐复1军14县				

续表

路	州（府、军、监）	县	废并时间	复置时间	备注
永兴军等路	乾州			熙宁五年	所属奉天县隶京兆府
	庆成军			熙宁元年	属县荣河隶河中府
	河中府	河西	熙宁三年		省入河东县
		永乐	熙宁六年		省入河东县
	陕州	湖城	熙宁四年	元丰六年	省为镇入灵宝县。《宋史·地理三》记为"元丰元年"复置
		硖石	熙宁六年		省为镇入陕县
	延州	丰林	熙宁五年		省为镇入肤施
		延水	熙宁八年		省为镇入延川
		金明	熙宁五年		省为镇入肤施
	绥州			熙宁二年	是年收复，废为绥德城隶延州。元符二年改为绥德军
	同州	夏阳	熙宁三年		废为镇入郃阳县。《宋史·地理三》记"四年"
	华州	渭南	熙宁六年	元丰元年	废为镇入郑县
	鄜州	三川	熙宁七年		废为镇入洛交县
	庆州	华池	熙宁四年		省为镇入新置合水县
		乐蟠	熙宁四年		省为镇入合水县
		合水		熙宁四年	新置
	虢州	玉城	熙宁四年		省为镇入虢略县
	坊州	昇平	熙宁元年		省为镇入宜君县
	丹州	汾川	熙宁三年		省为镇入宜川县
		云岩	熙宁七年		省为镇入宜川县
小计	废2州1军16县。其元丰元年复2县，熙宁四年新建1县				
秦凤等路	熙州			熙宁五年	唐临州之地，后陷吐蕃、熙宁五年新复
		狄道	熙宁九年	元丰二年	熙宁五年新复地置之。《宋史·地理》记为"熙宁六年"置
	岷州			熙宁六年	唐旧地，熙宁六年新复
	仪州		熙宁五年		
	河州			熙宁六年	唐旧地，是年收复
		枹罕	熙宁九年		熙宁六年新置
	兰州			元丰四年	唐旧地，元丰四年收复新置
	通远军			熙宁五年	新建军
小计	废1州，新建4州1军。1县新建复废，1县新置寻废后复				

续表

路	州（府、军、监）	县	废并时间	复置时间	备注
河东路	太原府	平晋	熙宁三年		省入阳曲县
	潞州	黎城	熙宁五年	元祐元年	省入潞城县
	晋州	赵城	熙宁五年	元丰二年	省为镇入洪洞县
		和川	熙宁五年	元祐元年	省为镇入冀氏
	慈州		熙宁五年		元祐元年复置
	隰州	文城	熙宁五年	元祐元年	省为镇入吉乡县
	忻州	定襄	熙宁五年	元祐元年	省入秀容县
	汾州	孝义	熙宁五年	元祐元年	省为镇入介休县
	宪州		熙宁三年	熙宁十年	
	辽州		熙宁七年	元丰八年	废隶平定军
		平城	熙宁七年	元祐元年	省为镇入辽山县
		和顺	熙宁七年	元祐元年	省为镇入辽山县
		榆社	熙宁七年	元祐元年	省为镇入武乡县
	岢岚军	岚谷	熙宁三年	元丰六年	
	宁化军	宁化	熙宁三年	元祐元年	
	火山军	火山	熙宁四年		初置于治平四年
小计	废3州，熙宁、元丰、元祐各复1州；废13县，元丰复2县，元祐复9县				
淮南东路	高邮军		熙宁五年	元祐元年	
	扬州	广陵	熙宁五年		废入江都县
	涟水军		熙宁五年	元祐二年复	
小计	废1县2军。元祐复2军				
淮南西路	无为军	无为		熙宁三年	新置
小计	熙宁新置1县				
两浙路	杭州	南新	熙宁五年		省为镇，入新城县
	明州	昌国		熙宁六年	新置
	江阴军		熙宁四年		废隶常州
小计	熙宁时期废军1，废县1，新置县1				
江东路	信州	永丰		熙宁七年	新置
小计	州废无；熙宁新置1县，废无				
江西路	吉州	万安		熙宁四年	新置
小计	废无。熙宁新置1县				

续表

路	州（府、军、监）	县	废并时间	复置时间	备注
荆湖南路	潭州	安化		熙宁六年	新置
	道州	永明	熙宁五年		废为镇，入营道县
	邵州	新化	熙宁五年		熙宁五年新复梅州，置县
小计	熙宁州废无，县废2，于新复地置1县				
荆湖北路	江陵府	枝江	熙宁六年	元祐元年	省为镇，入松滋县
		建宁	熙宁六年	元祐元年	省为镇，入石首县
		玉沙	熙宁六年	元祐元年	废入监利县
	复州		熙宁六年	元祐元年	废入江陵府
	荆门军		熙宁六年	元祐三年	以属县隶江陵府
	汉阳军		熙宁四年	元祐元年	废为汉阳县，入鄂州
	鄂州	汉川	熙宁四年	元祐元年	废入鄂州
		通城		熙宁五年	新置县
	安州	云楚	熙宁二年	元祐元年	废为镇入安陆县
	归州	兴山	熙宁五年	元祐元年	镇入秭归
	沅州			熙宁七年	于新复地置州
		卢阳		熙宁七年	于新复地置县
		招谕	熙宁八年		废入麻阳，旧县
		黔阳		元丰三年	新置
		渠阳		元丰五年	据《宋史·地理四》，新置
	诚州			元丰四年	熙宁九年收复。新置
小计	熙宁废1州2军7县。于收复地置2州3县。元祐复3州军6县				
成都府路	成都府	犀浦	熙宁五年		省为镇，入郫县
	永康军		熙宁五年		废隶蜀州
	彭州	堋口	熙宁四年		熙宁二年新置
	绵州	西昌	熙宁五年		废入龙安县
	嘉州	平羌	熙宁五年		省为镇，入龙游县
	邛州	临溪	熙宁五年		省为镇，入临邛县
	雅州	百丈	熙宁五年	元祐二年	省为镇，入名山县
	陵州		熙宁五年		废为陵井监，治仁寿县
	陵井监	贵平	熙宁五年		省入成都府广都县
		籍	熙宁五年		省入成都府广都县
小计	废1军、降1州为监，废8县。元祐复1县				

续表

路	州（府、军、监）	县	废并时间	复置时间	备注
梓州路	梓州	永泰	熙宁五年		省为镇入盐亭县
	遂州	青石	熙宁六年	熙宁七年	省为镇入遂宁
	果州	流溪	熙宁六年		省镇入南充县
	戎州	宜宾	熙宁四年		省为镇入僰道县
	淯井监			熙宁八年	以新得十余州置军，隶泸州
	合州	赤水	熙宁四年	熙宁七年	省入铜梁县
	荣州	公井	熙宁四年		省镇入荣德县
	富顺监	富顺	熙宁元年		建于治平元年
小计	熙宁废7县，复2县，于新得地建1监				
利州路	利州	平蜀	熙宁三年		
	阆州	岐平	熙宁三年		省入奉国县
		晋安	熙宁三年		省，复入西水县
	剑州	临津	熙宁五年		省为镇，入普安县
	巴州	七磐	熙宁二年		省为镇，入恩阳县
		其章	熙宁五年		省为镇，入曾口县
		清化	熙宁五年		省为镇，入化城县
		白石	熙宁五年		省为镇，入通江县
		符阳	熙宁五年		省为镇，入通江县
	璧州		熙宁五年		
	集州		熙宁五年		
	蓬州	蓬山	熙宁三年		省为镇，入营山县
		良山	熙宁五年		省为镇，入伏虞县
小计	熙宁废2州，11县。				
夔州路	达州	三冈	熙宁六年		
		石鼓	熙宁七年		
	忠州	桂溪	熙宁五年		
	涪州	温山	熙宁三年		省为镇，入涪陵
	云安	安义	熙宁八年		熙宁析置
	南平军	南川	熙宁七年	元丰元年	
				熙宁七年	以新复地置军。《宋史·地理五》《长编》记"八年"
小计	熙宁省6县，于新复地置1军。元丰元年复1县				
福建	建州	瓯宁	熙宁三年	元祐四年	
小计	熙宁废1县。元祐复1县				

续表

路	州（府、军、监）	县	废并时间	复置时间	备注
广东路	循州	长乐		熙宁四年	析地新置
	梅州		熙宁六年	元丰五年	
	新州	信安	熙宁五年		并入新兴
	春州		熙宁六年		
		铜陵	熙宁六年		并入阳春
小计	废2州复1州，废2县，新置1县				
广西路	桂州	永宁	熙宁四年	元祐元年	省为镇，入荔浦县
		修仁	熙宁四年	元丰元年	省为镇，入荔浦县
	融州	武阳	熙宁七年		省为镇，入融水县
		罗城	熙宁七年		省为镇，入融水县
	蒙州		熙宁五年		
	梧州	戎城	熙宁四年		镇入苍梧县
	南仪州		熙宁四年		
	宜州	古阳	熙宁八年		废入龙水县
		述昆	熙宁八年		废入龙水县
		礼丹	熙宁八年		废入宜州带溪寨
	横州	永定	熙宁四年		省入宁浦县
	窦州		熙宁四年		
	琼州	舍城	熙宁四年		省入琼山县
	昌化军	昌化	熙宁六年	元丰四年	省为镇，入宜伦县
		感恩	熙宁六年	元丰三年	省为镇，入宜伦县
	万安军	陵水	熙宁七年	元丰三年	省为镇，入万安县
	朱崖军	吉阳	熙宁六年		省为镇
		宁远	熙宁六年		省为镇
小计	熙宁废3州，15县；元丰后复4县，元祐初复1县				

表2 **熙丰、元祐时州县废复变化统计表：**

路	州废数	县废数	州复数	县复数			新复地设置数	备注
				熙宁	元丰	元祐		
京西北	2	14	2（元丰）	1	1	9	〇	
京西南	1	3	1（元祐）	〇	1	1	〇	
京东东	1	〇	〇	〇	〇	〇		
京东西	1	1	〇	〇	1	〇		

续表

路	州废数	县废数	州复数	县复数 熙宁	县复数 元丰	县复数 元祐	新复地设置数	备 注
河北东	○	17	○	3（十年）	1	2	○	
河北西	1	19	1（元祐）	2（八年、十年各1）	○	14	○	
永兴军等	3	16	○	1（新建）	2	○	○	其中绥州为新复地，废
秦凤等	1	1（新复地）	○	1（新复地）			5（州军）	新复熙州、岷州、河州、兰州、通远军
河东	3	14	3（熙宁、元丰、元祐各1）	○	2	9	○	
淮南西	○	○	○	1（三年）				新置
淮南东	2	1	2（元祐）	○	○	○	○	
两浙	1	1	○	1（六年）	○	○		新置
江南东	○	○	○	1（七年）	○	○		新置
江南西	○	○	○	1（四年）	○	○		新置
荆湖南	○	2	○	○	○	○	1（县）	熙宁五年新复梅州，置新化县
荆湖北	3	7	3（元祐）			6	置2州3县	
成都府	1	8	○	○	○	1	○	降州为军1，不计入
梓州	○	7	○	2（七年）	○	○	1（监）	
利州	2	11	○	○	○	○	○	
夔州	○	6	○			1	○	1军（熙宁七年）
福建	○	1	○	○	○	1	○	
广东	2	2	1（元丰）	1（四年）	○	○	○	新置
广西	3	15	○	○	4	1	○	
总计	27	146	13（熙宁1，元丰4，元祐8）	15（十年4）	13	43	9州军监4县。	元祐共复8州43县

三 熙丰时期州县废并的意义

(一) 并废州县可以局部缓解冗官问题

宋代"冗官"集中表现于机构性冗官与人员性冗官两个方面。前者又表现于州县密度，后者表现于官员数量。裁并州县，既撤并机构又减少官员，可谓解决冗官问题的捷径之一。

先看熙丰时期州县密度。熙丰时期实际撤掉22个州级政区、118个县，使是时州县数减少不少。据《元丰九域志·表》记：裁并州县后，府州军监为297个，县为1135个。[①] 此数比于庆历八年 (1048) 包拯所说的天下州郡320个、县1250个，[②] 分别少23个与115个。需要注意的是，宋神宗时"疆理万邦，声教旁暨"，"南开五溪，西举六郡，皆正朔所不及，祖宗所未臣，可谓六服承德，万世之一时也"[③]。撇开史臣溢美之词，不难发现宋神宋时疆域比之前期诸君显然是扩大了，宋神宗于新得土地建置了9州军4县，一改"由建隆初讫治平末一百四年，州郡沿革无大增损"之局面。[④] 元丰时期县之密度盖是宋初统一以来最小之时，平均2207平方公里才有一县，而其他时期1980至2000平方公里就有一县。[⑤] 同理，州级密度显然应小于其他时期。从州县之密度变小的角度来说，熙丰时期裁并州县对缓解"冗官"问题是有显著作用的。

再看官员数量变化。宋制，"凡[官]员数多寡，视郡小大及职务之简繁"而定。[⑥] 每州，通常要有知州、通判各一人，幕职诸官五人、诸曹官四员左右，[⑦] 通计11人左右。史书记载多与之相类。熙宁五年 (1072)

[①] 原记县为1235，实际为1135。参看王存《元丰九域志·表》正文后"校勘记"。不少学者误以1235为是，当注意。

[②] 《包拯集校注》卷3《论冗官财用等》，第140页。

[③] 《元丰九域志·表》。

[④] 《宋史》卷85《地理一》，第2095页。

[⑤] 据梁方仲《中国历代户口、田地、田赋统计》（上海人民出版社1981年版，第164、280页）之甲表40、89所统计的面积与县数计算而来。

[⑥] 《宋史》卷167《职官七》，第3937页。

[⑦] 参见苗书梅《宋代州级属官体制初探》，《中国史研究》2002年第3期。

八月，王安石进奏曰：撤废郑州可以"省州官十余员"①。南宋初，江阴军复置，"添知州、职幕官、曹掾官兵［疑为'共'］十数员"②。由郑州、江阴军设官情况来看，州级政区一般要10名左右的官员。据此，废22余州军，要省官220人。

县级官员设置相对简单，宋制：千户以上县置县令、主簿、县尉；四百户以上置县令、县尉，县令知主簿事；四百户以下县置主簿、县尉，以主簿兼知县事。③凡是省废的县户口一般在千户以下，每县一般应有常置县官2至3名。熙宁六年（1073），并省真定府井陉等28县，减官76员，平均每县约3员。④如是，则熙丰时期省118县，当减省县官236至354员左右。

通计之，熙丰时期并废州县，当省减州县官450至570，取其中数约520人左右。司马光等人多批评王安石"设官则以冗增冗"⑤，但不知并废州县减官裁冗！我们注意到，元丰初年官员24549人，比治平24000员，多549人，而户数与官数比元丰为668，比治平之538要多130个单位。⑥冗官问题有所缓和，所致其然者，裁并州县是其一端。

（二）撤并州县，减少役人

前面已说过，州县户少役众当时人所共识，是撤废州县的原因之一。州县合并与役人人数变化怎样呢？

先看州级役人。熙丰年间，福州所用役人情况是：衙前154人，散从官1058人，贴司191人，弓手350人，手力437人，总计1292人。⑦福州是大州，役人较多。熙宁年间，郑州废，"州役省四百余人"，"诸县复

---

① 李焘：《长编》卷237，熙宁五年八月辛巳，第5759页。
② 孙觌：《鸿庆居士集》卷12《沈相书（二）》，文渊阁《四库全书》本，台湾商务印书馆2008年版，第1135册，第132页。
③ 《宋史》卷167《职官七》，第3978页。
④ 李焘：《长编》卷246，熙宁六年七月庚午，第5985页。
⑤ 《宋朝诸臣奏议》卷111《上神宗乞罢条例司及常平使者》，第1211页。
⑥ 据王曾瑜《宋朝阶级结构》（河北教育出版社1996年版，第256页）所统计的官户与总户口的比例计算而得。
⑦ 漆侠：《关于宋代差役法的几个问题》，《知困集》，河北教育出版社1992年版，第150页。

不在是"①。郑州算得上中州。②绍兴末年,江阴军复建,"增指使、孔目官、曹使、散从官、院虞候等"役人"数百"③。元祐二年(1087),有人反对复置州县时说,"复一小邑,添役人数百"④。据此知,一州军当有役人400人左右。熙丰废22个州级政区,当省役人近万人。

再看县之役人数。县之大小不同,役人一样。⑤河南府庆历四年,6县有役人一千五六百,⑥平均每县有250人。开封、祥符两畿县,"户口略等"⑦,用1100役人左右。⑧熙宁六年七月,省真定府井陉等28县,省役人3127人,⑨平均每县役人112人。所废县一般是户少的小县,役人自然不多。河北真定府28县役人人数,差不多代表了所废县役人真实情况。熙丰废118县,每县役人平均112人,总省役人13216人。

总州县所省役人,约有23000人。免役法推行以前,全国役人总为53.6万余人,免役法施行后,全国役人数为42.9万人,⑩前后相差10.7万人。造成此差异原因是多方面的,而裁省州县减少役人2.3万,约占全国役人减少10.7万的21.5%,是其主要原因之一。

(三)省官减役与节费

熙丰时期裁废州县,不仅减官省役,而且节省官俸与役钱。熙宁五年(1072)八月,王安石回报说,郑州废,"所省钱一岁几十万缗,省州官十余员,郑州州役省四百余人,诸县复不在是"⑪。王安石所说的废郑州,

---

① 李焘:《长编》卷237,熙宁五年八月辛巳,第5759页。
② 王存《元丰九域志》卷1《京西路·郑州》,第31页记:郑州,辅州,辖五县,有主户14,744,客户16,232人,与福州(主户114,636,客户96,916人,辖12县)相比可谓中州。按,福州户,见《元丰九域志》卷9《福建路》,第400页。
③ 孙觌:《鸿庆居士集》卷12《沈相书(二)》,第132页。
④ 李焘:《长编》卷407,元祐二年十二月丙申,第9908页。
⑤ 赵彦卫:《云麓漫钞》卷12,中华书局1998年版,第217页。另见梁克家《淳熙三山志》卷13《州县役人》。
⑥ 《范仲淹全集》卷20《论复并县札子》,四川大学出版社2002年版,第456页。
⑦ 《宋朝诸臣奏议》卷113,孙觉《上神宗辞免体量府界青苗钱》,第1232页。
⑧ 《宋史》卷177《食货上五》,第4314页。又见《宋史》卷178《食货上六》,第4330页。
⑨ 李焘:《长编》卷246,熙宁六年七月庚午,第5985页。
⑩ 刘安世:《尽言集》卷11《论役法之弊》,文渊阁《四库全书》本,台湾商务印书馆2008年版,第427册,第291页。
⑪ 李焘:《长编》卷237,熙宁五年八月辛巳,第5759页。

"省钱一岁几十万缗",披露了废州县省费的事实。前文已述,熙丰并废州县,裁减州县官520员,以每官岁费料钱113.5贯计之,① 则岁省费约6万贯。

再看役钱。熙丰时期,平均每役人岁支役钱多少,史书无确载。但我们可推算出来。熙宁九年(1076),役钱岁支定额6,487,688两、贯、石、匹,② 而元丰新定全国役人额为42.9万人,③ 平均每个役人岁支役钱15贯等。元丰二年(1079),广西提举司抱怨说:"广东、西监司、提举司吏一月之给,上同令录、下倍摄官,乞裁损其数。"遂诏吏月给钱递减2千,岁遂减役钱1200余缗。④ 役人役钱月支"同令录",按"令录"指县令、录事参军,⑤ 每月约支20贯俸钱,⑥ 每年支役钱240贯。据此,广东、西监司、提举司吏岁支役钱240贯。元丰三年(1080)司农寺丞吴雍言,淮、浙役人,减冗占1300余人,裁省缗钱近29万,⑦ 平均每役人岁支役钱223贯。前文王安石所说废郑州岁省"几十万"贯,其中裁官"十余员"岁减官俸五六千贯,其余应是省"四百余"役人的役钱,平均每人岁支役钱约220贯。这里,浙、淮州县役钱、广西监司役钱与郑州州役钱岁支处于同一水平。

再看几个地区。熙宁中,兴国军永兴县役钱岁支"才千余贯"⑧,若以每县役人112人计之,则每人平均岁支才10贯余。开封县为赤县,岁支役钱1.2万贯,⑨ 役人约1000余人,⑩ 平均计之每役人岁支12贯。由此,永兴县、开封县与全国平均役钱支出水平大体相当。

---

① 据方勺《泊宅编》卷10(中华书局1997年版,第56—57页),元丰初,官员数为24549,岁支料钱为2786824贯,平均每人岁支113.5贯,尚不包括粟米。熙宁七年,王安石建议神宗派遣500名常平给纳官,负责各县给纳役钱、常平,岁"废钱三十万贯",平均每官岁费600贯。按,王安石所述是约数,恐高于实际情况。(见于《宋史》卷176《食货上四》,第4286页。)
② 《永乐大典》卷7507引《中书备对》,第3357页。
③ 李焘:《长编》卷442,元祐五年五月壬申,第10634页;另见《尽言集》卷一一《论役法之弊》;《宋会要辑稿》食货66之62。
④ 《宋史》卷117《食货上五》,第4309页。
⑤ 龚延明:《宋代职官辞典》,中华书局1997年版,第594页。
⑥ 《宋史》卷171《职官十一》,第4108页。
⑦ 《宋史》卷177《食货上五》,第4310页。
⑧ 李焘:《长编》卷395,元祐二年二月己丑,第9628页。
⑨ 《宋史》卷177《食货上五》,第4300页。
⑩ 《宋史》卷178《食货上六》,第4330页;卷177《食货上五》,第4314页。

相较而言，浙、淮州县役，广西监司、提举司役，郑州州役，岁支220贯左右；而全国与永兴县、开封县役钱平均岁支才十几贯，悬殊约20倍。原因何在？笔者以为原因是多方面的，一是史传数据可信度不高。淮、浙、郑州役钱数据，系司农寺丞吴雍、王安石提供，二人均有为推行免行法与裁减役人而竭力夸张的嫌疑。广西路数据系广西提举常平刘谊提供，他反对役法，不免夸大役钱给广西造成的危害。永兴县数据是由元祐年间王觌提供，王觌为配合当时废募役改差役时势，极力反对免役，痛斥免役宽剩太多，而对役钱支出数可能有压缩。总之，史传数据五花八门，从而造成了统计结果迥异。二是当时存在募役者与差役者之别。地方官以宽剩多为功，竭力减少使用有偿募役，扩大无偿差调。差、募并行于熙丰时期，故统计中的役人数包括支禄募役者与不支禄差派者。上述诸例中，全国平均役钱支出与开封、永兴县役钱支出水平，当是包括差、募在内所有役人的平均支费水平。而郑州、淮浙、广西等地役钱支出，概是募役人之支费，不包括差派人。三是地区、部门差役所致。淮浙经济发达，役钱支出高；广西乃为监司役人支费，自然很高；而州、县役以及多数落后地区的役人支费水平应该很低。鉴于以上之分析，我们认为全国平均役钱支出数据大体可信，它涵盖范围广、兼容差、募两种役法实况，具有代表性。

若以役人平均岁支15贯为率计之，则省2.3万州县役人（其中有募有差），可减约30万贯。再加上州县省裁减官500员，岁节支6万贯，总36万贯。若加上官员的禄粟、诸州公使钱，[①] 当省50万贯左右。

（四）从元祐初复置州县之争，看熙丰时期并废州县

在不触及中央集权之下的合并州县，可收到减官减役减费之功效，但也产生一些不利的因素。元丰三年（1080），知晋州的王说言，赵城县废入洪洞县后，"百姓输纳、词诉回远，岁输税课不便"，请求复置。宋神宗以赵城县"乃是国家得姓始封之地，不与他县邑比"，故复之。[②] 赵城县复建虽以"国姓"而不以"输纳不便"，但也反映省废州县确有输纳、

---

① 徐松辑：《宋会要辑稿》礼62之23至30（中华书局1997年版），记各州公使钱熙丰"新额"多在1000贯以上，废22个州级政区，当省22000贯以上。

② 李焘：《长编》卷303，元丰三年三月庚辰，第7369页。又赵城县废于熙宁五年，见王存《元丰九域志》卷4《河东路·晋州》，第164页。

词诉回远与岁输税课之不便。

元祐初年，一切处于"废新复旧"之际。熙丰之时的州县废并，在元祐初成为王安石等人的历史"罪过"。元祐元年（1086）二月，侍御史刘挚、监察御史王岩叟上奏言：①

> 窃惟天下涵濡太平之恩久，戴白之老，不识兵革者，非一日矣。事方繁夥，民务增衍，议者谓益置郡县以分治之，乃其所也。而比者聚敛之吏，苟欲减役人、收役钱以附今日，率尔之间，遂行并废，不复问事体之何如、人情之乐否。

二人首先给熙丰合并州县之举规定了性质：合并州县是"聚敛之吏""欲减役人、收役钱"而不顾"事体之何如、人情之乐否"的轻率之举。接着，他们列举了"废州县之弊端"：

> 盖废并之后，州县相辽阔，有山岭重复，江河阻绝，远者数日，近者五六七宿，不能一往来于官者。以言争讼，则百姓赴愬难；以言赋税，则百姓输纳难；以言豪强，则官司弹治难；以言盗贼，则官司警捕难；以言死亡，则官司检视难；以言期会，则官司追呼难。不独如此而已也，且有据会要、扼津渡，四方百姓莫不引领以望城邑之复其故，而欣然愿出力役以奉公上。

这里列举了废州县的种种弊端：来往难、赴讼难、输纳难、弹治难、警捕难、检视难、追呼难等，除赴讼、输纳二难与百姓直接有关外，其余五难都是与中央于地方权力运作、官府对百姓统治不便有关。除了这些"难"处之外，他们又举例证明之：

> 自来并废州县，虽省得役钱以为封桩之利，然酒课税额亏失者不可胜计。今复添官三数员，禄廪至微，酒税之利自足备用，亦于公家无所侵耗。臣昔尝亲见废相州永和县为镇之初，永和之民，相与号诉于官曰："不知官中岁所利者几何，百姓愿计其数均认之，随二税以

---

① 以下见于李焘《长编》卷365，元祐元年二月乙丑，第8756—8757页。

纳，幸留吾邑不废也。"官不敢受其词，竟废之。陛下以此观废邑之人情，宜复否也。又亲见恩州漳南镇百姓告于州，乞自备材植，出公力修廨宇，完仓库，复置本邑。又亲见大名府永济县自废为镇，屡遭群盗掠劫，民居破散，无复生意。

这一段，刘挚、王岩叟举出河北永和、漳南、永济等三县废为镇，对百姓不便的实例，并指出"失酒税""遭劫盗"二害。

刘挚和王岩叟的奏议，对熙丰并废州县进行了全面否定。他们所说的"非其便"，使"朝廷不得不虑也"。于是朝廷于元祐元年二月九日下诏，复已废州县，"缘此诸路已废之州县，并多兴复"①。所谓"不便民"之弊理应随着州县复建而去。然事实却恰恰相反，州县的复置却带给百姓诸多不便。元祐二年（1087）十一月赵偶曰："废兴郡邑，非有大利害不得已者，何必改作，今复军立县，则必增置官吏，迁易户税，扰费甚重。虽城郭之民利在交易，而农民实被其害。"②同年又有臣僚上言曰：

> 臣愚窃谓兴复州县，若别无大利害，则惟坊郭近上人户便之，乡村上户乃受其弊也。何以知其然也？州县既复，则井邑盛而商贾通，利皆归于坊郭，此坊郭上户所以为便也；复一小邑，添役人数百，役皆出于乡村，此乡村上户所以受其弊也。自元祐元年二月九日降敕相度，几二年矣，其利害明白而不可以不复者，令下之初，皆已复矣；其可以复可以不复者，仍迁延至今。彼坊郭上户倡率同利之人，诱乡村之下户，共为陈请，转运司不从则诉于提刑司，提刑司不从则诉于转运司，前官不听则诉于后官，必至于复而后已。故迁延至于今日而复者，皆非利害明白，不可以不复者也。况自朝廷行差役法，中外莫不以为宜，而论者独以地薄民贫之邑，乡村应役之户不多者难得番休为患也。此虽州县所在利害不同，要之役人不可以更有增添，乃天下之所同也。今诸路方且攀缘前岁一时指挥，而复县不已，增乡村之力役，以利坊郭，臣窃以为非便也。③

---

① 李焘：《长编》卷407，元祐二年十一月丙申，第9908页。
② 李焘：《长编》卷407，元祐二年十一月丙辰，引《赵偶行状》，第9898页。
③ 李焘：《长编》卷407，熙宁二年十一月丙申，第9908—9909页。

这一大段引文，揭穿了刘挚等人所谓的"不便"与"便"：废州县不便者乃"坊郭近上人户"，而"便"于乡村户；复州县则便于坊郭户，而不便于乡村应役之户。这个分明利害，进一步印证：熙宁初王安石主张并废州县是正确的。熙宁三年八月，王安石回答神宗说："凡言不便，多是近县廨有资产豪宗及公人而已。"① 引文所述，还披露了刘挚等人所说百姓请复州县的闹剧与谎言。差役法复行后，昔日纳助役钱的坊郭户依旧无差调之役，他们串联上诉请复州县，利于自己交易而归役害于乡村百姓，尤其是乡村应役上户。因此，复、废州县之争实质上是坊郭无役上户与乡村应役上户利害之争。在不妨害中央集权的前提下，两者之争对封建国家并没什么损失，但对乡村应役户利害攸关。于是，"议者率以为非"，纷纷请求"元祐元年二月九日敕更不施行"，得到最高统治者的"慨允"②。这样，元祐初复建州县之议遂告一段落，元祐初复置州县的"逆流"渐渐停缓。于是，熙宁改革成果之一，废州县、减官员、省徭役、节财用的裁并州县的绝大部分果实幸得保存，免遭诸如青苗法、役法等改革措施元祐初完全被废止的悲惨命运。

元祐初，兴复已罢州县之争与高太后诏敕元祐元年二月九日复置州县之敕更不实行，证明了宋神宗、王安石熙宁年间并废户少役重的州县是正确的，是值得肯定的。

四 小结

中央集权下的州县，是中央政府对基层实行权力控制的有效工具，是统治百姓之利柄，历朝各代相因不改。州县建置多少为宜？既能实现中央对地方、国家对百姓有效的控制，又能使百姓接受得了国家徭役负担，从而保证国家机器顺利地运行，此大概是州县建置多少的标尺。众所周知，中央集权的封建专制主义于宋代得到了进一步加强，州县密度大，机构臃肿、冗官泛滥，百姓职役负担尤显沉重。范仲淹等北宋前期的有识之士业已认识到，州县并废前五朝也时有之，然力度小，废又寻复，或建多废少，州县多之弊终未革除。随着三冗局面的形成，财政困窘的日益加剧，

---

① 李焘：《长编》卷214，熙宁三年八月甲戌，第5209页。
② 李焘：《长编》卷407，元祐二年十一月丙申，第9909页。

州县多非但影响百姓生产生活，也妨碍国家机器整体运作。在此背景下，革除州县多之弊，业成当务之急。宋神宗率先废并，王安石坚决行之，终熙宁九年，废并27个州级政区，146个县级政区。熙宁十年至元丰末，王安石罢政，宋神宗单独主之，罢州县停止，复建始多。然终元丰，仍废掉22个州军，118个县。史称："熙宁、元丰之间，并废州县甚多！"① 在不妨碍国家权力运作的前提下，省官吏500名左右，裁役人2.3万人，岁省役钱、官俸50万缗，既缓解"冗官"，又节约了财费，收到一定的成效。

但是，废并州县作为熙丰新政之一，推行中遭人反对，元祐初又惨遭否定，短短几年内有8个州军、43个县重置，改革成果眼看就要被吞没，州县多的弊端形将再现。恰于此时，乡村上户因州县复置而受损，"议者率以为非"，公开反对复置已废州县。高太后诏敕停止复建州县，熙丰时期并废州县之成果大部分得以幸存，宋神宗、王安石的努力得到了间接承认。

---

① 李焘：《长编》卷407，元祐二年十一月丙申，第9908页。

嘉定议和后的宋金关系

靳 华

  1208年（宋宁宗嘉定元年、金章宗泰和八年）宋的开禧北伐以宋金双方签订和约而告结束。这个史称"嘉定和议"的条约，对宋来说仍是个屈辱的和约，且与此前的隆兴和议比，宋的地位又有下降，金宋由叔侄之国改为伯侄之国，宋给金的岁币由年20万两匹增至30万两匹，宋另付给金犒军银300万两，且函韩侂胄首以献金人。但这个和约也是双方势均力敌、互相妥协的产物。"韩侂胄举恢复之谋，诸偾将军，边衅不已。朝廷寻悔，金人亦厌兵，乃遣韩元靓来使，而都督府亦再遣壮士遗敌书，然皆莫能得其要领。"① 于是宋廷派方信孺为使，与金交涉。对于金人提出的割地、称藩、函首等要求，方信孺据理力争地说："本朝谓增币已为卑屈，况名分地界哉？且以曲直校之，本朝兴兵在去年四月，若贻书诱吴曦，则去年三月也，其曲固有在矣。如以强弱言之，若得滁、壕，我亦有凤凰山之捷。若谓我不能下宿、寿，若围庐、和、楚果能下乎？五事已从其三，而犹不我听，不过再交兵耳。"② 由此可知是金人引诱吴曦在先；双方在战争中互有胜负，实力相当；若金方过分地要求，宋亦"不过再交兵耳"。方信孺前后使金三次，始终不屈。但因宋廷一贯对金屈辱妥协，改派王枏出使，最终签订了基本满足金人要求的和约。那么，这以后宋金关系的发展情况如何呢？这就是本文要探讨的内容。

---

  ① 《宋史》卷395《方信孺传》，中华书局1977年标点本，第12059页。
  ② 同上书，第12060页。

一 嘉定议和后,宋金关系发展的阶段性

嘉定议和后,宋金关系的发展经历了主动权从金方手中逐渐转移到宋方手中的过程。这期间宋方由执行和约、部分执行和约、发展到最后抛开和约、与金抗衡,加入灭金的行列。这个过程可以分为三个阶段:

第一阶段:宋方完全执行和约阶段(1208年—1214年6月)。这一阶段,宋金关系的主流是和好。双方互派使臣贺生辰、贺正旦等礼节性的交往不断,作为双方和好重要标志的榷场贸易又恢复了;"宋界诸场,以伐宋皆罢。泰和八年八月,以与宋和,宋人请如旧置之,遂复置于唐、邓、寿、泗、息州及秦、凤之地"[①]。秦州榷场于贞祐元年(1213)为宋兵焚毁,贞祐二年因宋人所请,又重新恢复,进行正常贸易往来。金大安三年(1211)以后,由于蒙古攻金,道路阻隔,宋金使臣往往有不至之时,甚至给金方的岁币也不能如期送达。1211年,宋金使臣皆因"金国有难"[②]而不至。随后,金方的衰落状态在宋金关系中就显现出来了。在蒙古铁骑的蹂躏下,金北方山河破碎,蒙古人成了金的头号敌人。金对宋不再讲究形式上的礼节往来,于贞祐二年正月,因北方边事未息,免宋朝贺。但对金有经济意义的岁币,金人并未自动放弃,而于同年三月,"金国来督二年岁币"。五月,金宣宗迁都,七月,"金人来告迁于南京",接着宋方"以起居舍人真德秀奏罢金国岁币"[③],双方的正常往来开始瓦解。

第二阶段:宋方部分执行和议阶段(1214年7月—1217年)。这一时期,宋金双方仍互派使节贺正旦、生辰等,榷场贸易仍在进行,嘉定和议中最实在的内容——宋给金的岁币,宋于1214年7月正式废罢。宋首先部分破坏了和约,表明宋金关系的主动权已从金方逐渐转移。这时宋不仅罢金国岁币,而且还屡次骚扰金境,于是金廷于兴定元年(1217)二月作出反应:"(完颜赛不)转签枢密院事。时上以宋岁币不至,且复侵盗,诏赛不讨之。"[④]当然,这一阶段也有金方主动对宋用兵之举。1215年11月,"枢密院进王世安取盱眙、楚州之策,遂以世安为招抚使,与

[①] 《金史》卷50《食货志五·榷场》,中华书局1987年标点本,第1115页。
[②] 《宋史》卷39《宁宗纪三》,第757页。
[③] 同上书,第760页。
[④] 《金史》卷130《完颜赛不传》,第2479页。

泗州元帅府所遣人同往淮南计度其事"①。贞祐中,主兵者不能外御而欲取偿于宋,故频岁南伐。② 这时局部战争频繁发生,但双方还未最后撕破脸皮,断绝和好关系。

第三阶段:宋金战争阶段(1217年4月—1234年)。这一时期宋金完全断绝和好关系,战争成为主流,且在宋金战争中还夹杂着宋夏、宋蒙的联合攻金,双方关系的主动权完全转移到宋人手中。在这一阶段有一个值得注意的现象,就是金始终试图与宋和好,虽多次主动求和,但均未成功。在南北长期的对峙中,金人已得出了一条经验:即在战争中不能得到的东西,往往通过和议而能从宋方得到。蒙古人的凌厉攻势,使金把防蒙作为重中之重,为避免两面作战,只能缓和与宋的矛盾,以便全力对付蒙古人,当然这并不是说金不想动武,而金人惯用的伎俩就是以武力逼宋就范。1230年,宋金双方为议和而互派了使臣,但"约竟不成"。天兴二年(1233)8月,金已穷蹙不堪,灭亡在即,还派人"如宋借粮",遭到宋方拒绝。③ 金哀宗对出使宋朝的大臣说:"宋人负朕深矣。朕自即位以来,戒饬边将无犯南界。边臣有自请征讨者,未尝不切责之。向得宋一州,随即付与。近淮阴来归,彼多以金币为赎,朕若受财,是货之也,付之全城,秋毫无犯。清口临阵生获数千人,悉以资粮遣之。"④ 可见金方对宋讲和是抱有积极态度的。当然,这一时期,金朝也有反对与宋讲和的,高汝砺即是典型代表。而宋方也有主张与金议和的,这都不是当时的主流意见,通过以上的叙述,我们知道,嘉定和议没有像以前的和议那样维持了较长时间的相对和好局面,没有维护住金方在宋金关系中传统的优势地位,这以后,控制宋金关系的主动权逐渐转到了宋人手中,双方能否达成和议是宋人说了算的。

二 嘉定议和后,宋金关系主动权转移的原因

嘉定议和后,南宋的统治也更加腐朽。史弥远、贾似道等人专权擅

---

① 《金史》卷14《宣宗纪上》,第314页。
② 《金史》卷110《杨云翼传》,第2424页。
③ 《金史》卷62《交聘表下》,第1490页。
④ 《金史》卷18《哀宗纪下》,第400页。

嘉定议和后的宋金关系

政,宋出现了"将帅不足仗""军士不足仗"① 的局面,且民力日竭,民命日残:"数年以来,江湖闽浙,寇乱交作,吾民死于征敛,死于徭戍,死于兵革,否则死于饥荒者,何可数计。"② 在宋江河日下时,金也正急剧地衰败下去,且处境更加艰难,宋方不再像先前那样对其一味地屈辱求和而是敢于对金说"不"了。之所以这样,原因是较复杂的,主要有以下几点:第一,金国力衰微。嘉定和议签订不久,金章宗对金的国力和宋人的诚意即有顾虑,他曾问臣僚:"宋人请和复能背盟否?"③ 的确,今非昔比,嘉定和议签订时,宋朝的有识之士既已看到"当时金虏实已衰弱,初非阿骨打、吴乞买之比",只因宋"当路者畏懦,惟恐稍失其意,乃听其恐吓,一切从之"④。我们知道,包括金世宗在内的金朝前代君主及臣僚们,大都能审时度势,顺应历史潮流和女真民族的发展需要,使金朝始终处于蓬勃向上之势。特别是到世宗时,还出现了小康之世。金直接统治的国土大大超过了南宋,在周边国家中保持着赫赫的大国地位,作为军队的猛安谋克始终是维护女真贵族利益的主要支柱。然而,世宗时,进据中原的女真人出现明显的贫富分化,过起了养尊处优的生活,使尚武强悍、积极进取、淳朴豪放的民族传统不断丧失。世宗曾力图加以改变,但收效甚微。章宗时,出现"风俗侈靡,纪纲大坏,世宗之业遂衰"⑤ 的局面也就不足为怪了。从卫绍王开始,金之情形"与辽天祚,宋靖康时之奔降,如出一辙"⑥。宣宗时,统治更加腐朽,由于蒙古人的步步紧逼,金宣宗被迫南迁,河北、陕西、山东等地动荡不安,战乱不已,再加上红袄军起义,金廷已对北方局势失去控制。金廷南迁后,其"疆土日蹙,将帅乏人,士不选练,冗食猥多,守令贪残,百姓流亡,盗贼滋起,灾变不息"⑦。金哀宗也承认:"南渡二十年,所在之民,破田宅,鬻妻子,竭肝脑以养军。"⑧ 面对蒙古人的节节推进,金国走到了"转战连年不绝,兵

---

① 袁甫:《蒙斋集》卷2《入对札子》,丛书集成新编本,新文丰出版社2008年版,第65册,第5页下。
② 袁甫:《蒙斋集》卷4《秘书少监上殿第一札子》第65册,第13页下。
③ 《金史》卷121《王维翰传》,第2648页。
④ 周密:《齐东野语》卷3《诛韩本末》,中华书局1983年版,第50页。
⑤ 《金史》卷65《杜时昇传》,第2749页。
⑥ 赵翼:《廿二史札记》卷28《金用兵先后强弱不同》,中华书局1984年版,第633页。
⑦ 《金史》卷47《陈规传》,第2402页。
⑧ 《金史》卷17《哀宗纪上》,第384页。

死于阵，民疲于役"，国力已竭的地步，在与宋的较量中已无牌可打，只能无可奈何而已。①

第二，内忧外患严重。内忧主要是指红袄军起义，外患就是蒙古、西夏和南宋对金的军事进攻。红袄军起义是金朝末年阶级矛盾和民族矛盾激化的结果，原因较复杂，但与金朝几次大规模的括地密切相关。红袄军起义波及山东、河北、河南、陕西，起义军前仆后继，坚持了 12 年之久，起义部众数十万计，他们沉重地打击了金朝的统治，牵制和消耗了金军的有生力量，加速了金朝的灭亡。在金朝统治遭到来自内部农民起义沉重打击的同时，来自外部蒙古、西夏、南宋的军事进攻使金朝本已动荡的统治更是雪上加霜。首先就是来自蒙古人的威胁。统一的蒙古汗国在大漠崛起以后，很快就把军事进攻的矛头指向了金。1211 年，成吉思汗率领蒙古铁骑，带着反抗民族压迫和向外掠夺扩张的双重目的，向金发起了大规模进攻。1212 年，浍河堡一役，号称四十万的金兵被打得"僵尸百里"，一败涂地。② 1214 年春，顿兵中都城下的成吉思汗逼金议和。议和后，蒙古退出居庸关，金宣宗惊惧南迁。成吉思汗以金缺乏诚意为借口，于 1214 年秋再次攻金，此次攻金规模更大，前锋直达开封附近的杏花营。由于金军的顽强抵抗，成吉思汗意识到短期内还不能灭金，于是委任木华黎为国王，统治所征服的汉地。原来金统治的辽西、辽东、河北、河东、山东及陕西部分地区，全并入蒙古版图。在金面临的外患中，蒙古人是主角，西夏和南宋是配角。当北方的蒙古人把金打得焦头烂额时，长期以来在与金的交往中处于屈辱地位的西夏和南宋，乘机从西面和南面对金展开攻势。"是时金兵败绩于浍河堡，夏人乘其兵败侵略边境。"③ 宋也是在金被迫南迁"境土日蹙，民力雕耗"④ 的情况下罢金国岁币的。这里我们只看金夏关系。自夏人开边以来，就不断攻金，虽然从《金史·宣宗本纪》和《金史·外国上·西夏》的记载中可知，夏攻金的战争，在军事上往往是金胜的多，但金却无法阻止夏的军事行动，战争中双方互有损伤，金也不可能抽调大兵去对付夏人，所以，夏人看到金在失掉兰州后竟不能收复，知道金已衰弱，于是在 1224 年，当双方议和时，夏方提出让金给夏岁币

---

① 《金史》卷 124《术甲脱鲁灰传》，第 2698 页。
② 《元史》卷 119《木华黎传》，中华书局 1992 年标点本，第 2930 页。
③ 《金史》卷 72《外国上·西夏》，第 2870 页。
④ 《金史》卷 124《术甲脱鲁灰传》，第 2698 页。

的要求，虽遭到拒绝，但最终金夏"易君臣之名为兄弟之国"① 达成议和。金夏之间自"天会议和"，八十余年与夏人未尝有兵革之事。对于来自北、西、南三方面的军事威胁，金人不敢主动对哪一方发起大规模的进攻，一是在这段时间里，为镇压红袄军起义和抵御蒙古、西夏、南宋的军事进攻已消耗了大量的人力物力，更主要的是如果对某方采取行动的话，那么另两方就可能"乘隙而动"，后果不堪设想。所以，金对这三方只能采取议和、被动防御加必要反击的办法，它失去控制宋金关系走向的主动权也是自然而然的事了。

第三，宋念念不忘与金的世仇关系。靖康之难给广大中原人民带来了深重的灾难和国破家亡的奇耻大辱，激起了广大军民的爱国热情和抗金情绪。此后，中原人民和南宋军民时刻不忘收复失地，报仇雪耻。宋朝不仅有以李纲、岳飞、吴氏兄弟、毕再遇、孟珙等为代表的武将们在抗战前线与金人浴血奋战，还有辛弃疾、陆游、胡铨、陈东等为代表的士大夫们以诗文、奏章的形式反对对金屈辱求和，在思想上和舆论上为抗战摇旗呐喊。岳飞北伐、孝宗时的张浚北伐、开禧北伐就是宋收复失地的实践，得到了广大抗战军民的支持和响应。"靖康耻，犹未雪，臣子恨，何时灭"的思想情绪使广大爱国军民刻骨铭心，不断有"女直乃吾不共戴天之仇"②"国耻不可忘"③ 的呐喊。就是金人也深知这一点："宋虽羁栖江表，未尝一日忘中国，但力不足耳。"④"宋我世仇，比年非无恢复旧疆、洗雪前耻之志，特畏吾威力，不能窥其虚实，故未敢轻举。"⑤ 那么，当金国力衰微，内忧外患并重时，宋人又岂能放弃洗雪前耻的大好机会！宋不仅抛开了嘉定和议的条款，发兵攻金，拒绝金的议和请求，而且还与其他反金力量联合。前面已提到宋与西夏、蒙古联合攻金，使金处于首尾不能相顾的危险之中。宋不仅与金的外敌联手，而且还对爆发在金国内的农民起义采取招抚的办法，使金的内忧外患纠结在一起，对金产生更大的威胁。1221 年，金在战书中指责宋："顷岁以来，纳我叛亡，绝我贡币，又

---

① 《金史》卷 110《李献甫传》，第 2434 页。
② 《宋史》卷 397《刘光祖传》，第 12100 页。
③ 《宋史》卷 437《真德秀传》，第 12956 页。
④ 《金史》卷 124《独吉思忠传》，第 2064 页。
⑤ 《金史》卷 108《胥鼎传》，第 2380 页。

遣红袄贼乘间窃出，跳梁边疆，使吾民不得休息。"① 红袄军的重要将领李全就曾一度降宋，助宋攻金。连弱小的西夏都能趁金走向衰败的机会，通过一系列的军事斗争摆脱了过去对金的从属地位，那么金人始终没能以武力征服，而又与之结成世仇的宋，在这种情况下怎能再"忍耻包羞事北庭"②，仍遵守屈辱的和议，不起而雪耻呢？！

在金"国步多艰"③、内忧外患日趋严重的情况下，宋凭着自己国内外形势的相对稳定，凭着广大军民的爱国激情，凭着自己"有江南蓄积之余"对金的"止河南一路征敛之弊"④ 的经济优势，凭着有长期军事斗争中锻炼起来的以孟宗政、赵方、孟珙等为代表的进可攻、退可守的优秀军事将领，在嘉定议和后，逐渐打破了宋金关系的原有格局，变被动为主动，在宋金关系中成为主导方面，对两国的历史发展产生了一定的影响。

三 嘉定议和后的宋金关系对两国的影响

毫无疑问，嘉定议和，使宋金双方又处于相对和平的环境里，广大人民不必因战争而背井离乡、服兵役徭役，这对双方的社会稳定和经济发展都有利。在和好的条件下，宋金双方可以恢复榷场贸易，民间可以互通有无，加强联系，国家还可以从中获得可观的收入。金从秦州榷场中，"岁收以十万计"⑤，而息州榷场"每场所获布帛数千匹、银数百两、大计布帛数万匹、银数百两"⑥。宋的收入也应与之相上下。另外，按嘉定议和的规定，宋每年要给金付 30 万两匹的岁币，这对金的财政是大有好处的，金宋为伯侄之国，使金处于居高临下的地位，这是金获得的额外好处，宋在逐渐摆脱对金屈辱地位的过程中，两国成为对等的敌对国，宋不再给金岁币，这在精神上和物质上对宋都是有利的。然而，我们还要看到，由于宋金关系的破裂，加速了宋、金两国灭亡的历史进程。嘉定议和签订不久，蒙古人即开始大举南下攻金，这在客观上帮了与金世仇关系的

---

① 《金史》卷110《纥石烈牙吾塔传》，第2064页。
② 周密：《齐东野语》卷12《淳绍岁币》，中华书局1983年版，第216页。
③ 《金史》卷107《张行信传》，第2368页。
④ 《金史》卷109《许古传》，第2416页。
⑤ 《金史》卷109《完颜弼传》，第2254页。
⑥ 《金史》卷106《术虎高琪传》，第2344页。

嘉定议和后的宋金关系

南宋。在蒙古人沉重的军事打击之后，金廷被迫南迁，失去了对北方领土的控制，使其综合国力和军事实力均遭受到前所未有的削弱。这时，宋开始了对金的复仇行动，此后双方频年用兵。金除了反击宋人的进攻外，还试图通过武力向南扩大疆域或对宋进行政治讹诈，然而，在金实力不足的情况下，无法达到自己的目的，反倒消耗了一部分有生力量。"南渡后，屡兴师伐宋，盖其意以河南、陕西狭隘，将取地南中。夫己所有不能保，而夺人所有，岂有是理？然连年征伐，亦未尝大有功，虽能破蕲黄，杀虏良多，较论其士马物故，且屡为水陷溺，亦相当也。"① 后来宋蒙又联合起来攻金，宋人借道、借兵、借粮，使金很快灭亡了。金的灭亡对宋来说自然是件可喜可贺的大事。但金的灭亡使宋换了个新邻国，这就是比金更有军事进攻能力的蒙古国。蒙古人攻金，使宋人看到了蒙古强大的军事力量和金的行将灭亡，但却缺乏对蒙古军事贵族对外军事扩张本质的认识，根本没想到自己是否也会受到蒙古人的威胁，其采取联蒙的策略是失算的，是宋人自己把蒙古人领到了家门口。嘉定四年，名臣真德秀曾上疏言："金有必亡之势，亦可为中国忧。盖金亡则上恬下嬉，忧不在敌而在我。多事之端恐自此始。"② 这有一定道理，也代表了当时宋廷有识之士的主流看法。但真德秀忧虑的只是宋廷自毁江山，而忽视了外患的存在。当然，外因总是通过内因起作用，当金蒙战争时，如果宋方在坐山观虎斗的同时，积极整顿内政，充实自己的力量，也不会很快灭亡的。当金南迁后，宋即有人提出"金亡，更生新敌，尤为可虑"③，并未引起宋廷重视。金亡后，宋监察御史洪咨夔言："今残金虽灭，邻国方强，益严守备犹恐不逮，岂可动色相贺，涣然解体，以重方来之忧？"④ 宋理宗表示赞同，但仍未做亡羊补牢的工作，继续其腐朽的统治。其实，关于蒙古人对宋将构成威胁这件事，金人早已看出来了。许古曾以为宋人在"北兵方强"之时，会恃金为"屏蔽"。

金将术甲脱鲁灰在分析金、蒙、宋三方军事部署时，担心蒙古绕道宋境对金形成包围，提出："宜与宋人释怨，谕以辅车之势，唇亡齿

---

① 刘祁：《归潜志》卷7，中华书局1983年版，第71页。
② 《宋史》卷437《真德秀传》，第12958页。
③ 《宋史》卷395《徐应龙传》，第12050页。
④ 《宋史》卷41《理宗纪一》，第801页。

寒……"① 1233 年，金哀宗派使到宋借粮，对使臣说：宋人乘我疲弊攻击我，为谋太浅。"大元灭国四十，以及西夏，夏亡及于我，我亡必及于宋。唇亡齿寒，自然之理。若与我联和，所以为我者亦为彼也。卿其以此晓之。"② 就事论事，对于蒙古人的进攻，金宋间可算唇亡齿寒的关系。但在当时特定的历史环境下，宋金不可能联合抗蒙，宋也不可能放弃报仇雪耻的大好时机，双方在战争中彼此消耗一部分国力和军队也在所难免，在蒙古人的强大攻势下，自然也就加快了各自走向灭亡的步伐。

---

① 《金史》卷 124《术甲脱鲁灰传》，第 2699 页。
② 《金史》卷 18《哀宗纪下》，第 400 页。

宋代僧人对儒家中庸思想的认识与回应
——以宋学形成前释智圆和释契嵩为中心的考察

韩 毅

一 问题的提出

晚唐宋初以来，受佛教唯心主义哲学的影响，儒学开始向哲学化的方向转进。在这一思潮的激荡下，中庸学应运而生。《中庸》是先秦时期儒家重要的一部政治、哲学著作，相传由孔子的孙子孔伋子思所作，保存在儒家经典《礼记》中。《中庸》包含了东周时期学术界共同探讨的"天命""性"和"道"等一系列重要的哲学概念，是中国古代儒家所提倡的一种道德实践原则和处世待人方法。它充分发挥了孔子"过犹不及"的思想，要求人们追求"和而不流""中立不倚"的境界，力图使封建社会等级秩序恒常不变，"居上不骄，为下不倍"，以免出现"愚而好自用，贱而好自专"，"小人而无忌惮"的"反中庸"现象，主张待人、处事不偏不倚，无过无不及。尽管儒家以中庸为最高的道德标准，但在唐代以前，除梁武帝作《中庸义疏》外，《中庸》并未引起儒家学者的重视。自中唐韩愈、李翱发现其价值并将其从《礼记》中析出之后，《中庸》"在儒家哲学中的地位陡然地提高起来"[①]。宋代时，中庸始成为一门学问，

[①] 漆侠：《中庸之道与司马光哲学》，《揖芬集——张政烺先生九十华诞纪念文集》，社会科学文献出版社 2002 年版，第 682 页。又见漆侠《宋学的发展和演变》，河北人民出版社 2002 年版，第 363 页。

受到儒家学者的高度重视，成为宋儒的"心传之要"①。南宋时，《中庸》在朱熹等理学家的推动下，同《论语》《孟子》《大学》一起上升到儒经的地位。这与宋儒向更高的抽象思维领域内探索本体论、心性论和认识论有关。

那么，《中庸》究竟是一部什么样的书？宋儒为什么对《中庸》如此钟爱呢？这要从《中庸》一书所包含的丰富的辩证法思想谈起。《论语·雍也》载："中庸之为德也，其至矣乎，民鲜久矣。"何晏集解道："庸，常也，中和可常行之道。"②这句话强调了中庸在儒学上的重要意义，漆侠先生认为这种意义已达到至高无上、无以复加的地步。③《中庸》最重要、最根本的原则和方法是，"执其两端，用其中于民"④，"道之不行也，我知之矣。知者过之，愚者不及也。道之不明也，我知之矣。贤者过之，不肖者不及也"⑤，"君子中庸；小人反中庸。君子之中庸也，君子而时中。小人之中庸也，小人而无忌惮也"⑥。在孔子看来，处理好中庸之关系，必须抓住"两端"，也就是说，实行中庸之道，既要反对"愚者"之"不及"，又要反对"贤者"之"过之"，"允执其中""从容中道"就是实现中庸之道的最好方法。《中庸》的核心观念是"诚"，认为"诚"是"天"的本性，是天地万物皆赖以存在的根本，"诚者物之始终，不诚无物"；人要通过道德修养功夫，以求达到"不勉而中，不思而得，从容中道"的境界。《中庸》自东周以后，一直没有引起儒家学术界的重视。晚唐时期，韩愈、李翱为复兴儒学，在哲学领域内对抗佛教，遂对《中庸》中之"心性义理"思想进行了阐发。宋代时，《中庸》成为中国思想界尤其是儒家关注的重要话题，成为除五经之外弘扬儒学思想新的重要典籍之一。儒家的这种做法，得到了佛教的支持，华严宗、天台宗、法华宗、禅宗的思想中有相当多类似的论述。既然《中庸》对振兴和弘扬儒学如此

---

① 永瑢：《四库全书总目》卷35《经部·四书类一》，中华书局1981年版，第294—295页。
② 何晏注，邢昺疏：《论语注疏》卷6《雍也》，李学勤主编《十三经注疏》（标点本）十，北京大学出版社1999年版，第82页。
③ 漆侠：《宋学的发展和演变》，第176页。
④ 郑玄注，孔颖达疏：《礼记正义》卷52《中庸第三十一》，李学勤主编《十三经注疏》（标点本）六，北京大学出版社1999年版，第1425页。
⑤ 郑玄注，孔颖达疏：《礼记正义》卷52《中庸第三十一》，第1424页。
⑥ 同上。

重要,那么在唐宋学术思想转型中,宋代僧人群体对中庸思想的认识与回应如何?这对宋代哲学史和思想史的发展产生了什么样的学术指向?关于宋代僧人对儒家中庸思想的认识,漆侠先生在《宋学的发展和演变》一书中有所论述,为我们的研究提供了一种新的理路。

本文在上述研究的基础上,主要以宋初名僧释智圆和释契嵩为主,探讨了宋学形成前僧人群体对儒家中庸思想的认识与回应。从宋代中国哲学思想史发展的历程来看,智圆、契嵩对儒家中庸思想的认识与回应,对于提高儒家理论思维水平,探究事物的本原和规律性,起到了重要的推动作用。同时,这种认识与回应也为宋代学术界提出了重建社会秩序与思想秩序的一种策略,昭示了后来中国思想世界中主流知识、思想与信仰的走向,而相当多的宋代士大夫尤其是宋学中的理学派,对这种走向与策略表示认同。

二 宋以前僧人对有关佛教中道义思想的论述

早在智圆、契嵩以前,僧人就已提出了有关佛教中道义的思想。《中论》是印度著名哲学家龙树(Nagarjuna,约150—250)的一部著作,后秦时期由鸠摩罗什译成汉文。在这部著名的佛教典籍中,龙树提出了佛家中道义的思想。《观因缘品第一》说:

> 不生亦不灭,不常亦不断;不一亦不异,不来亦不出;能说是因缘,善灭诸戏论,我稽首礼佛,诸说中第一。[①]

《观涅槃品第二十五》说:

> 一切法空故,何有边无边。亦边亦无边,非有非无边。何者为一异,何有常无常。亦常亦无常,非常非无常。[②]

[①] [印]龙树著,鸠摩罗什译:《中论》卷1《观因缘品第一》,《中华大藏经》(汉文部分)第28册,中华书局1987年版,第835页。
[②] [印]龙树著,鸠摩罗什译:《中论》卷4《观涅槃品第二十五》,第898页。

龙树提出的这些哲学范畴和命题,从佛教的立场看,似乎虚无缥缈,无从着手,但它却包含着佛教对哲学上"中道"的认识和看法。龙树的观点,对中国僧人的影响很大。

鸠摩罗什(Kumarajiva,344—413)在其所译的《维摩诘所说经》中,也提出了同样的命题。《见阿閦佛品》曰:

> 不一相不异相,不自相不他相,非无相非取相,不此岸不彼岸不中流,而化众生。观于寂灭亦不永灭。不此不彼,不以此不以彼。不可以智知,不可以识识。无晦无明无名无相,无强无弱非净非秽,不在方不离方,非有为非无为。无示无说,不施不悭,不戒不犯,不忍不恚,不进不怠,不定不乱,不智不愚,不诚不欺,不来不去,不出不入。一切言语道断,非福田非不福田,非应供养非不应供养,非取非舍,非有相非无相。同真际等法性,不可称不可量,过诸称量。非大非小,非见非闻非觉非知。离众结缚,等诸智同众生,于诸法无分别,一切无失,无浊无恼,无作无起无生无灭,无畏无忧,无喜无厌无著,无已有无当有无今有,不可以一切言说分别显示。①

维摩诘(Vimaiakirti)作为印度佛教中著名的居士,在印度佛教和中国佛教中享有很高的声誉。《维摩诘所说经》中包含了佛教居士对佛家哲学上一系列范畴的认识和看法。

隋代天台宗大师智顗(538—597)在《摩诃止观》中也提出了对中道义学说的看法:

> 问:示三文者,文是色,色是门为非门?若是门者,色是实相更何所通?若非门者,云何而言一色一香皆是中道?
> 答:文门并是实相,众生多颠倒少不颠倒,以文示之,即于文达文非文、非文非不文。文是其门,于门得实相故。文是其门,门具一切法。即门即非门,即非门非不门。②

---

① [印]龙树著,鸠摩罗什译:《维摩诘所说经》卷下《见阿閦佛品第十二》,《中华大藏经》(汉文部分)第15册,第861页。
② 释智顗:《摩诃止观》卷1上《大意第一》,《中华大藏经》(汉文部分)第94册,中华书局1995年版,第689页。

唐代僧人法藏（643—712）也有类似的看法：

> 大必收小方得名大，小必容大乃得小称。各无自性，大小所以相容，并不竟成，广狭以之齐纳，是知大是小大，小是大小，小无定性，终自遍于十方；大非定形，历劫皎于一世，则知小时正大，芥子纳于须弥；大时正小，海水纳于毛孔。①

维摩诘、智颛、法藏提出的有关佛教中道义的范畴和命题，主要是针对佛教的教义而言的，这些"有""无""生""灭""大""小"等范畴中的哲学命题，包含着朴素的辩证法思想，显示了僧人对于哲学本体论的认识和把握。在大乘佛教看来，这些诸如生灭、有无、常断、非与不非等命题，不是绝对的、孤立的、互不相连的，而是在一定条件下可以相互转化，相互依存。大乘佛教僧人对中道义学说的论述，对于构建儒家哲学本体论和心性论的宋儒来说，无疑提供了一种认识论的工具。

三　释智圆对儒家中庸思想的认识与回应

宋代中国思想界最早探索中庸之道的不是儒家学者，而是宋初名僧——释智圆。释智圆（976—1022），字无外，自号中庸子，又称潜夫，两浙路杭州钱塘（今浙江杭州）人，俗姓徐氏，天台宗山外派僧人，赐谥法惠大师。平生著述宏富，尤以《闲居编》影响最大。智圆自幼喜好儒学，"于讲佛经外，好读周、孔、扬、孟书，往往学为古文，以宗其道。又爱吟五七言诗，以乐其性情"②。其学术思想"旁通庄、老，兼通儒、墨"③，因而对儒学有很深的认识和了解。智圆关于儒家中庸思想最重要的论著是《中庸子传》。在这篇著名的学术论文中，智圆受天台宗"三观"学说中"中道"思想的启发，提出了儒家中庸乃"龙树所谓中道

---

① 释法藏：《华严策林·四融大小》，《卍续藏经》第4册，新文丰出版公司1993年版，第853页。
② 释智圆：《闲居编》卷首《自序》，《卍续藏经》第101册，新文丰出版公司1993年版，第54页。
③ 吴遵路：《闲居编序》，释智圆《闲居编》卷首，《卍续藏经》第101册，第53页。

义"的著名命题,因而轰动了北宋学术界,对于宋学形成前儒、佛向更高抽象思维领域内的渗透与融合,作出了重要的学术贡献。20世纪40年代,陈寅恪先生敏锐地注意到宋代学术界的这种变化,对智圆的贡献给予高度评价,称其为"似亦于宋代新儒家为先觉"[①]。关于智圆的中庸思想,漆侠先生有过详细的研究。[②] 在本文中,笔者想从宋代中国哲学史和思想史演进的态势,谈谈智圆对儒家中庸思想的认识与回应,借以探讨宋代学术思想的转型与整合。

在《中庸子传上》中,智圆系统地阐述了中庸思想的主要内容,儒佛两家在中庸思想上的立场、观点、方法以及他本人对中庸思想的理解等。

中庸子,智圆名也,无外,字也。既学西圣之教,故姓则随乎师也。尝砥砺言行,以庶乎中庸,虑造次颠沛忽忘之,因以"中庸"自号,故人亦从而称之。或曰:"中庸之义,其出于儒家者流,子浮图子也,安剽窃而称之耶?"对曰:"夫儒释者,言异而理贯也,莫不化民,俾迁善远恶也。儒者,饰身之教,故谓之外典也;释者,修心之教,故谓之内典也。惟身与心,则内外别矣。蚩蚩生民,岂越于身心哉?非吾二教,何以化之乎?嘻!儒乎,释乎,其共为表里乎!故夷狄之邦,周礼之道不行者,亦不闻行释氏之道也。世有限于域内者,见世籍之不书,以人情之不测,故厚诬于吾教,谓弃之可也。世有滞于释氏者,自张大于己学,往往以儒为戏,岂知夫非仲尼之教,则国无以治,家无以宁,身无以安。国不治,家不宁,身不安,释氏之道何由而行哉?故吾修身以儒,治心以释,拳拳服膺,罔敢懈慢,犹恐不至于道也,况弃之乎?呜呼!好儒以恶释,贵释以贱儒,岂能庶中庸乎?"或者避席曰:"儒之明中庸也,吾闻之于《中庸》篇矣;释之明中庸,未之闻也,子姑为我说之。"中庸子曰:"居,吾语汝。

---

① 陈寅恪:《冯友兰〈中国哲学史〉(下册)审查报告》,《金明馆丛稿二编》,上海古籍出版社1980年版,第252页。
② 漆侠:《儒家的中庸之道与佛家的中道义》,《北京大学学报》1999年第3期。又见漆侠《宋学的发展和演变》,第174—187页;漆侠《释智圆与宋学——论宋学形成前儒佛思想的渗透》,《探知集》,河北大学出版社1999年版,第47—65页。

宋代僧人对儒家中庸思想的认识与回应

释之言中庸者，龙树所谓中道义也。"①

从这段论述可以看出，智圆对儒家中庸思想有很深的认识和了解，并通过两相比较，得出了儒佛两家"言异而理贯""共为表里"的结论。为了适应宋代社会的需要，智圆站在佛教的立场上，以天台三观之道中的"中道"学说解释儒家中庸思想，认为儒家的"饰身之教"与佛家的"修心之教"，是表里结构，缺一不可。偏颇任何一方，都不能称之"中庸"，不能行教化，不能治民。在全面会通儒佛两家中庸思想的基础上，智圆批判了儒家反佛和佛家贱儒这一不合中庸思想的极端行为。为了解答部分僧人的疑问，智圆提出了"释之言中庸者，龙树所谓中道义也"的命题，从而把儒佛两家思想在世界观和抽象思维领域内紧紧地连接了起来，为儒佛两家在哲学领域内相互沟通打下了基础。如果不是这样，便是一偏之见，非"中庸之道"。为此，智圆进一步阐发道：

> 噫，能仁千万言说，岂逾此旨乎！去圣远，微言绝，学之者攀枝舍其根，挹流忘其源，于是乎或荡于空，或胶于有。荡于空者，谓泯然其无得，寂然其无朕，谁为凡乎？谁为圣乎？及其失也，迷因果，混善恶，弃戒律，背礼义。胶于有者，硁然执有修，彰然著有法，凡岂即圣乎，自岂即他乎。及其失也，固物我而不可移，泥怨亲而不可解，拘缚于近教，杀丧于远理。……过犹不及也，唯中道为良。②

智圆批判了"荡空"和"胶有"这两个不合中庸之道的极端化、绝对化行为，称"荡空"的缺陷在于"迷因果，混善恶，弃戒律，背礼义"；"胶有"的局限在于"拘缚于近教，杀丧于远理"，认为这些都不合儒家中庸之道，只有"中道"最好。对此，智圆对"中道"给予了很高的赞誉：

> 适言其有也，泯乎无得，谁云有乎！适言其无也，焕乎有象，谁云无乎！由是有不离无，其得也，怨亲等焉，物我齐焉，近教通焉，

---

① 释智圆：《闲居编》卷19《中庸子传上》，《卍续藏经》第101册，第110—111页。
② 同上。

远理至焉;无不离有,其得也,因果明焉,善恶分焉,戒律用焉,礼仪修焉。大矣哉,中道也!妙万法之名乎,称本性之谓乎。苟达之矣,空有其无著,于中岂有著乎。呜呼!世之大病者,岂越乎执儒释以相诬,限有无以相非,故吾以"中庸"自号,以自正,俾无咎也。①

在智圆的心目中,假如真正做到了"中庸之道",就可以"怨亲等焉,物我齐焉,近教通焉,远理至焉","因果明焉,善恶分焉,戒律用焉,礼仪修焉"。毫无疑问,智圆是将儒家中庸之道与佛教的中道义学说放在一个系统内加以认识的,尽管两家在文字言语和本质上有所不同,但在揭示事物的认识论方法上,却是相同的。他要求人们按照一定的道德原则和规范,自觉地调节个人的思想感情和言论行动,使之不偏不颇,无过不及,严格保持在儒家规定的道德规范所许可的范围之内。

智圆在宋学形成前对儒家中庸思想的探索,早于宋儒司马光、程颢、程颐等对中庸思想的认识,因而在宋代思想史上具有划时代的意义。陈寅恪先生对此给予了很高的评价,认为:

北宋之智圆提倡中庸,甚至以僧徒而号中庸子,并自为传以述其义(孤山闲居编)。其年代犹在司马君实作中庸广义之前,(孤山卒于宋真宗乾兴元年,年四十七。)似亦于宋代新儒家为先觉。②

陈先生在这里将智圆称为"宋代新儒家之先觉",说明了其对儒家哲学贡献的意义是非常重大的。钱穆先生说:"唐李翱以来,宋人尊中庸,似无先于智圆者。"③ 漆侠先生也认为:

从这一基本点来说,既然儒佛两家所坚持的中道是方法论中的重大原则问题,那么释智圆通过《中庸》和《中论》将儒佛两家思想

---

① 释智圆:《闲居编》卷19《中庸子传上》,《卍续藏经》第101册,第110—111页。
② 陈寅恪:《冯友兰〈中国哲学史〉(下册)审查报告》,第252页。
③ 钱穆:《读智圆闲居编》,《中国学术思想史论丛(五)》,东大图书公司1978年版,第30页。

沟通起来，绾联起来，是非常自然、顺理成章的，而不是牵强附会的。释智圆在学术思想史上做出了自己的贡献，是值得肯定的。①

从三位先生的评价可以看出，智圆试图通过对儒家中庸思想的认识，来达到沟通儒家中庸之道与佛家中道义学说的目的，以便调和贯彻"儒释心性抽象之差异"②。因此，智圆对儒家中庸思想的认识和对佛家中道义学说的阐发，主要是反对认识论上的极端化、绝对化，把握边际，以中取胜，对宋学形成前儒佛思想的相互渗透、沟通及其向纵深领域的发展，做出了积极的贡献。但是，由于儒佛两家在根本思想上的对立，智圆倡导的中庸之道和中道义学说，在认识事物的本质方面，又存在着根本的区别。由于佛教讲空、寂，因此它提倡的中道事实上是虚幻的，不存在的。而儒家讲入世，它倡导的中庸之道事实上是为宋王朝的封建统治提供永恒的理论依据。对这一根本性的不同，漆侠先生一针见血地指出："由于儒家强调中庸之道是统治者的哲学，强调统治的永恒性，所以中庸之道从孔夫子时代所具有辩证法因素向均衡论转化，把事物的存在和质的稳定性极端化、绝对化，陷入形而上学。而佛家则从否定事物的'无自性'开始，便离开了辩证法，滑向诡辩论，从这一方面向形而上学转化。两家沿着不同方向，自然辩证法转化为形而上学这一点，倒是有异曲同工之妙。"③毫无疑问，漆侠先生关于中庸之道与中道义学说发展趋向的论述，是极为精辟的，说明了释智圆力图沟通的中庸之道与中道义学说，尽管在认识论、方法论上有许多一致性，但在本质上却存在差异。

四　释契嵩对儒家中庸思想的认识与回应

北宋中期，在司马光、二程探索中庸之前，云门宗僧人契嵩站在佛教的立场上对儒家中庸思想给予了系统的探讨，为宋学形成前后佛儒在"心性义理"之学方面的渗透与融通铺平了道路，从而使中庸在儒家哲学中跃上了一个新的台阶。释契嵩（1007—1072），字仲灵，自号潜子，俗

---

① 漆侠：《宋学的发展和演变》，第186页。
② 陈寅恪：《论韩愈》，《金明馆丛稿初编》，上海古籍出版社1982年版，第288页。
③ 漆侠：《宋学的发展和演变》，第187页。

姓李氏，广南西路藤州镡津（今广西藤县）人。七岁出家，十三岁落发，十四岁受具戒，十九岁游方，得法于筠州洞山之聪公。住南屏最久，后隐居钱塘灵隐大桐永安精舍，仁宗皇帝赐号"明教"。其著作大多收集在《镡津文集》中。契嵩关于儒家中庸思想最重要的论著是《中庸解》。《中庸解》共有五篇，保存在《镡津文集》卷四中。在这篇著名的学术论文中，契嵩系统地阐述了他对中庸思想的理解和认识，提出了以"性命之学"来沟通儒、佛、道三教的命题。

在《中庸解第一》中，契嵩系统地阐述了中庸思想的概念、道德实践原则及修养方法等。

> 夫中庸者，盖礼之极而仁义之原也。礼、乐、刑、政、仁、义、智、性其八者，一于中庸者也。人失于中，性接于物，而喜、怒、哀、惧、爱、恶生焉，嗜欲发焉。有圣人者，惧其天理将灭而人伦不纪也，故为之礼、乐、刑、政，以节其喜、怒、哀、惧、爱、恶、嗜欲也，为之仁、义、智、信，以广其教道也。……故礼、乐、刑、政者，天下之大节也；仁、义、智、信者，天下之大教也。情之发不逾其节，行之修不失其教，则中庸之道庶几乎？夫中庸者，立人之道也。是故君子将有为也，将有行也，必修中庸然后举也。饮食可绝也，富贵崇高之势可让也，而中庸不可去也。其诚其心者，其修其身者，其正其家者，其治其国者，其明德于天下者，舍中庸其何以为也。亡国、灭身之人，其必忘中庸故也。《书》曰：道也者，不可须臾离也。可离非道也，其此之谓乎！①

在这段论述中，契嵩提出了中庸思想的基本概念和范畴。他认为中庸是"礼之极""仁义之原"，是道之本体。礼、乐、刑、政、仁、义、智、信都是以中庸为原则，并为实现中庸这一最高原则而制定的。假如失去了中庸，喜、怒、哀、惧、爱、恶这些儒家时常讨论的性情便会产生。因此，契嵩认为儒家历史上从孟子、荀子、扬雄、韩愈、李翱到宋儒关于"性"的讨论，主要"广其教"，"节其欲"。在契嵩看来，"中庸者，乃

---

① 释契嵩：《镡津文集》卷4《中庸解第一》，《中华大藏经》（汉文部分）第79册，中华书局1994年版，第807页。

正乎性命之说而已"①,"夫中庸者,乃圣人与性命之造端也"②,中庸思想与人的道德实践和立身处世有着紧密的关系。不难看出,契嵩将儒家中庸思想中的纲常伦理上升到了本体论的高度,认为:"故君子将有为也,将有行也,必修中庸然后举也。"从契嵩阐述的中庸"诚其心""修其身""正其家""治其国""明德于天下"来看,契嵩是以儒家的心性义理之学来解读中庸思想的,并进一步将其推广于佛、老。对于契嵩的这一认识,陈植锷先生给予了很高的评价,认为"整个儒、释、道三家在心性义理这一点上,被彻底打通了"③。

在《中庸解第二》中,契嵩进一步阐发道:

> 夫教也者,所以推于人也;节也者,所以制于情也。仁、义、智、信举,则人伦有其纪也。礼、乐、刑、政修,则人情得其所也。人不暴其生,人之生理得也。情不乱其性,人之性理正也,则中庸之道存焉。故喜、怒、哀、乐、爱、恶、嗜欲,其牵人以丧中庸者也。仁、义、智、信、礼、乐、刑、政,其导人以返中庸者也。故曰:仁、义、智、信、礼、乐、刑、政,其八者一于中庸者也。④

在这段论述中,契嵩基本上以儒家性命学说来解说中庸思想。在契嵩看来,儒佛两家只有真正贯彻了仁、义、智、信、礼、乐、刑、政,才能真正实现中庸之道,而这八个方面,也是中庸思想的具体表现形式。

对中庸思想中"性命之学"的挖掘与张扬,是契嵩对《中庸》认识所做出的最大贡献,他认为儒佛道三教在"性命之学"上是相通的。在给富弼的书信中,契嵩表达了自己的想法:

> 夫《中庸》者,乃圣人与性命之造端也;《道德》者,是圣人与性命之指深也;吾道者,其圣人与性命尽其圆极也。造端,圣人欲人

---

① 释契嵩:《镡津文集》卷4《中庸解第一》,《中华大藏经》(汉文部分)第79册,第807页。
② 释契嵩:《镡津文集》卷9《上富相公书》,《中华大藏经》(汉文部分)第79册,第851—852页。
③ 陈植锷:《北宋文化史述论》,中国社会科学出版社1992年版,第375页。
④ 释契嵩:《镡津文集》卷4《中庸解第二》,《中华大藏经》(汉文部分)第79册,第808页。

知性命也;指深,圣人欲人诣性命也;圆极,圣人欲人究其性命,会于天地万物,古今变化,无不妙于性命也。①

在契嵩看来,儒、道、释三教会于"性命"之"造端""指深"与"圆极",比三教皆归于"欲人为善"的提法又进了一步。"为善"是说三者的社会功用,"性命"则是三者作为学问的共同理论基础。契嵩用儒家性命思想来解说中庸,并将其作为中庸的理论基础,较之前人,认识已大大地深入了一层。契嵩在解释为什么要用儒家性命之学来阐发中庸思想时,认为:"然自孔子而来将百世矣,专以性命为教,唯佛者大盛于中国,孔子微意,其亦待佛以为证乎!不然,此百世复有何者?圣人太盛,性命之说而过乎佛欤,斯明孔子,正佛亦已效矣。"② 在契嵩看来,性命之学乃佛教之专利,儒学难与之匹敌,而《中庸》一书正可弥补儒学有关性命之学的先天不足。他阐发中庸,也主要是阐发儒家的性命之学。在给富弼的上书中,契嵩回答了宋代学术界关于性命之学的疑问与争执。他以儒家中庸出发,指出"性命之学"乃儒学、道教、佛教共处的理论基础。这样,契嵩就从学术上为儒学与佛教、道教的共处找到了理论基础。同时,他又指出佛教在"内益于圣贤之道德""外助于国家之教化"方面,其贡献比儒学有过之而无不及。在给端明殿学士、礼部侍郎张方平的书信中,契嵩亦有类似的主张,"然其书大抵世儒不知佛为大圣人,其道大济天下生灵,其法阴资国家教化,特欲谕其疑者、解其讥者,而所以作也。然吾佛常以其法付诸国王大臣,而圣君贤臣者,盖吾教损益之所系也"③。

在《中庸解第二》中,契嵩又用儒家伦理的观点、方法和范畴来解说中庸。

夫中庸也者,不为也,不器也,明于日月而不可睹也,幽于鬼神而不可测也(测或作无)。唯君子也,故能以中庸全;唯小人也,故

---

① 释契嵩:《镡津文集》卷9《上富相公书》,《中华大藏经》(汉文部分)第79册,第852页。
② 释契嵩:《镡津文集》卷14《非韩上·非韩第一》,《中华大藏经》(汉文部分)第79册,第902页。
③ 释契嵩:《镡津文集》卷9《上张端明书》,《中华大藏经》(汉文部分)第79册,第852—853页。

能以中庸变。全之者为善,则无所不至也;变之者为不善,则亦无所不至也。《书》曰:人皆曰"予知",择乎中庸,而不能期月守也。是圣人岂不欲人之始终于中庸,而慎其变也。舜以之为人君,而后世称其圣;颜回以之为人臣,而后世称其贤;武王、周公以之为人子,而后世称其孝。中庸者,岂妄乎哉。噫,后世之为人君者,为人臣者,为人之子孙者,而后世不称。非他也,中庸之不修故也。①

在这里,契嵩将中庸与儒家伦理紧密地联系在一起,认为中庸"不为也,不器也,明于日月而不可睹也,幽于鬼神而不可测也"。在契嵩的心目中,中庸成了划分君子与小人的标志,圣人、君子"始终于中庸而慎其变";小人之所以成为小人,其根本在于"变中庸"。这样,契嵩就以是否坚持中庸将君子与小人区分了开来。可见,中庸思想在契嵩的儒学观中,成了宇宙万物和人类社会的最高准则。只有坚持了中庸,儒家所倡导的君臣、父子、夫妇、兄弟、朋友这五种关系,才能得到更好的维持。人只有通过道德修养功夫,才能实现儒家所追求的"修身、齐家、治国、平天下"的最高境界。

道是中国古代哲学的重要范畴,用以说明世界的本原、本体、规律或原理。在不同的哲学体系中,其含义虽有所不同,但已成为宇宙本原、普遍规律性的代名词。在《中庸解第三》中,契嵩用中国古代哲学的重要范畴——"道"来阐发中庸。

中庸,道也。道也者,出万物也,入万物也,故以道为中也。其《中庸》曰:喜怒哀乐之未发谓之中,发而皆中节谓之和。中也者,天下之大本也;和也者,天下之达道也。致中和,天地位焉,此不亦出入万物乎。②

从这段论述可以看出,契嵩对中庸的认识,几乎全是儒家的理论观点,他甚至比儒家更儒化。契嵩将中庸等同于道,作为宇宙万物生成的本

---

① 释契嵩:《镡津文集》卷4《中庸解第二》,《中华大藏经》(汉文部分)第79册,第808页。
② 释契嵩:《镡津文集》卷4《中庸解第三》,《中华大藏经》(汉文部分)第79册,第808页。

原、本体,使宋代新儒学向更高抽象化的思维发展。它对于提高儒家理论思维水平,探究事物的本原和规律性,起到了重要的推动作用。《中庸》说:"天命之谓性,率性之谓道,修道之谓教。道也者,不可须臾离也,可离非道也。"① 如果说道在儒家思想中作为哲学范畴来讨论的话,契嵩则直接将其作为中庸的根本思想来讨论,从而使宋代学术界对儒学的探索向更高的抽象思维领域内迈进。

在《中庸解第四》中,契嵩从认识论的角度对中庸思想给予了概括。

中庸之道也,静与天地同其理,动与四时合其运。是故圣人以之礼也,则君臣位焉,父子亲焉,兄弟悌焉,男女辨焉。老者有所养,少者有所教,壮者有所事,弱者有所安,婚娶丧葬,则终始得其宜,天地万物,莫不有其序,以之乐也。②

契嵩认为,如果正确地处理好中庸之道,使事物经常处于"中"的状态,则儒家所倡导的社会繁荣、天下太平便会在这种状态中表现出来。契嵩认为实现中庸思想的根本目的在于"使天地万物有其序",而这个序,也就是儒家所追求的"内圣外王之道"。契嵩的这一论述,"对历史上关心自己统治命运的当权派来说,当然是满怀兴致,欣然接受的"③。在笔者看来,契嵩利用中庸之道来阐发的"序",也就是直接为北宋地主阶级的统治提供永恒的理论依据,从而把他对儒学思想的认识与北宋社会的变迁和政治需要紧密地联系起来。

那么,契嵩为什么要用儒家经典习用的语言和表达方式将佛门性命之学用中庸思想一一加以附会和解释呢?在宋代的"四书"学中,契嵩何以如此重视中庸思想呢?契嵩认为,"儒书之言性命者,而《中庸》最著"④。可见,契嵩重视《中庸》,与《中庸》一书的特性密切相关。在《中庸解第五》中,契嵩揭示了其中的原委。他说:

---

① 郑玄注,孔颖达疏:《礼记正义》卷52《中庸第三十一》,第1422页。
② 释契嵩:《镡津文集》卷4《中庸解第四》,《中华大藏经》(汉文部分)第79册,第809页。
③ 漆侠:《宋学的发展和演变》,第146页。
④ 释契嵩:《镡津文集》卷14《非韩上·非韩第一》,《中华大藏经》(汉文部分)第79册,第897页。

宋代僧人对儒家中庸思想的认识与回应

夫中庸之为至也，天下之至道也。夫天地鬼神无以过也，吾人非中庸则何以生也，敢问中庸可以学欤？曰：是何谓欤？孰不可学也。夫中庸也，非泯默而无用也，故至顺则变，变则通矣。节者所以制其变也，学者所以行其通也。变而适义，所以为君子；通而失教，所以为小人。故言中庸者，正在乎学也。然则何以学乎？曰：学礼也，学乐也。礼乐修，则中庸至矣。礼者，所以正视听也，正举动也，正言语也，防嗜欲也。乐者，所以宣喧郁也，和血气也。视听不邪，举动不乱，言语不妄，嗜欲不作，思虑恬畅，血气和平而中庸，然后仁以安之，义以行之，智以通之，信以守之，而刑与政存乎其间矣。……吾之不肖，岂敢也抑，亦尝学于吾之道，以中庸几于吾道，故窃而言之。①

从契嵩认为中庸"天下之至道也"可以看出，契嵩将中庸作为儒家思想的最高原则，从而为儒家的伦理规范和礼乐刑政制度作出了性命论哲学的解释。② 在契嵩看来，中庸思想作为哲学方法论被提出来，从个人修养到治国安邦、稳定社会秩序，都不离这个普遍性的方法。对于封建统治阶级来说，礼乐与中庸有着直接关系。他认为"礼乐修则中庸至矣"。因此，礼乐对于儒家来说，有着举足轻重的地位。在这一认识的基础上，契嵩得出了"以中庸几于吾道，故窃而言之"的结论。从契嵩的这一认识可以看出，契嵩从佛教的立场高举《中庸》这面旗帜，从而为佛教僧人向儒家靠拢，援儒入佛，提供了理论基础，这无疑在学术上是一个十分大胆而富有开拓精神的创新，值得引起我们的重视。在给仁宗皇帝的上书中，契嵩将中庸之义开列出来，用佛门之学一一加以比附和解释。

若今文者皆曰必拒佛，故世不用，而尊一王之道，慕三代之政，是安知佛之道与王道合也？夫王道者，皇极也；皇极者，中道之谓也。而佛之道亦曰中道，是岂不然哉？然而适中与正，不偏不邪，虽大略与儒同，及其推物理而穷神极妙，则与世相万矣。故其法曰随

---

① 释契嵩：《镡津文集》卷4《中庸解第五》，《中华大藏经》（汉文部分）第79册，第809—810页。
② 高聪明：《明教大师契嵩与理学》，载漆侠、汪天顺主编《宋史研究论文集》，宁夏人民出版社1999年版，第276页。

欲，曰随宜，曰随对治，曰随第一义，此其教人行乎中道之谓也。若随欲者，姑勿论其所谓随宜者，盖言凡事必随其宜而宜之也。其所谓随其对治，盖言其善者，则善治之；恶者，则恶治之。①

在契嵩看来，王道就是皇极，皇极就是中庸之道，这与佛教的中道义学说完全是相一致的。这样，契嵩从中庸出发，用儒家习用的语言和表达方式将佛家中道义学说一一加以附会和阐释，为后来宋学繁荣期儒家出入于佛老，尽用其学铺平了道路。

从契嵩对中庸思想的认识不难看出，宋代僧人对儒学思想的认同与肯定已走得相当之远，可以想象当时的佛教在多深的程度上接受了古代中国的知识、思想与学说。或许，人们会问宋代僧人为什么对儒学的认识如此深刻呢？对此，以往学界多从僧人为了自身的生存和发展，不得不向传统文化靠拢，对传统文化尤其是儒学作出的让步角度去解释，实际上造成这种现象还有其更深层的原因，亦即中国佛教自隋唐以后逐步被儒学化，已经使得这一时期的佛教在思想内容方面程度不同地、自觉不自觉地转向以现实的"人"为对象、为中心，而不像传统佛教那样始终环绕那个作为抽象本体的佛性，因此，作为现实的人与人之间相互关系的伦理道德问题，自然成为佛教必须加以探讨的问题。② 契嵩反复论证的中道、中正，就是中庸之意，它主要为儒家的纲常伦理秩序提供合理的论证。《论原三·中正》曰：

物理得所谓之中，天下不欺谓之正，适中则天下无过事也，履正则天下无乱人也。中正也者，王道之本也，仁义道德之纪也。人以强弱爱恶乱其伦，而圣人作之教道，以致人于中正者也。教者，效也；道者，导也。示之以仁义，使人所以效之也；示之以礼乐名器，导人所以趋之也。……是故治人者，非以中正存其诚，则不足以与议仁、议礼法也；教人者，不以中正修其诚，则亦不可以与议仁、议礼法也。夫圣人之法犹衡也，斗也，而持之在人者也，持之不得其人，器

---

① 释契嵩：《镡津文集》卷8《万言书上仁宗皇帝》，《中华大藏经》（汉文部分）第79册，第840—841页。
② 赖永海：《中国佛教文化论》，中国青年出版社1999年版，第156页。

虽中正而人得以欺之也。……曷其然也？盖天地之理与人同也。何以同乎？其中正者也。①

从契嵩阐述的"中正也者，王道之本也，仁义道德之纪也"可以看出，契嵩对中庸思想的认识和看法，并不单纯是僧人对儒学不得已的一种让步，而是佛教中国化、儒学化后僧人自身思想发展的一种内在需要和逻辑必然。高聪明认为："宋代儒学的理学化，为单纯以伦理规范为内容的儒家思想建立了一个完整的哲学基础，这个基础就是性命之学，在将性命之学引入儒学这一点上，契嵩是较早的一人。在北宋中期的反佛声浪中，契嵩以高度的使命感，担当起融合儒释的任务，努力在性命之学上寻找两教的共同点，为儒家的伦理原则作出了性命论哲学的解释。"②而性命之学的挖掘与复苏，却在于北宋学术界对《中庸》一书的阐发。契嵩作为宋代佛教僧人的代表，最早将中庸思想作为哲学本体论的范畴予以解释，从而使儒学思想升华并形成了一个完整的哲学基础。契嵩公开宣称的"而如此数说者，皆造其端于儒，而广推效于佛"③，就是宋代僧人对儒家中庸思想认识的实质所在。

五 结语

智圆、契嵩对中庸思想的认识与回应，对于提高儒家理论思维水平，探究事物的本原和规律性，起到了重要的推动作用，昭示了后来中国思想世界中主流知识、思想与信仰的走向，也提出了重建社会秩序与思想秩序的一种策略。而相当多的宋代士大夫尤其是宋学中的理学派，对这种走向与策略表示认同。从韩愈、李翱到范仲淹、张载、韩维、二程、苏轼、司马光以及南宋时期的朱熹，无不对中庸思想表现出浓厚的兴趣。清四库馆臣认为："迨有宋诸儒，研求性道，始定为传心之要，而论说亦遂日

---

① 释契嵩：《镡津文集》卷7《论原三·中正》，《中华大藏经》（汉文部分）第79册，第827页。

② 高聪明：《明教大师契嵩与理学》，载漆侠、汪天顺主编《宋史研究论文集》，第276页。

③ 释契嵩：《镡津文集》卷8《万言书上仁宗皇帝》，《中华大藏经》（汉文部分）第79册，第844页。

详。"① 应当说，这是宋代僧人对儒家哲学做出的一个重要贡献。但是，令智圆、契嵩所始料不及的是，他们对"心性义理"的认识和阐发，后来经过宋儒的涵化和诠释，逐渐从"自然物理、社会正义、生活道德"的指向，转向"针对内在的心性与道德的自我调整与自觉修炼上"②。"穷理尽性"的含义，似乎成了体验与探究万事万物之"理"，以凸显人的自我本真的"性"，而格物穷理的终极目标，也就成了对内在心性的探索。余英时认为："在内在超越的中国文化中，宗教反而是道德的引申，中国人从内心价值自觉的能力这一事实出发而推出一个超越性的'天'的观念。但'天'不可知，可知者是'人'，所以只有通过'尽性'以求'知天'。"③ 这一思路成了后来程朱理学的基本范式，影响了宋以后中国思想与哲学的发展。

---

① 永瑢：《四库全书总目》卷35《经部·四书类一·中庸辑略》，第295页。
② 葛兆光：《中国思想史》第2卷，复旦大学出版社2002年版，第206—207页。
③ ［美］余英时：《从价值系统看中国文化的现代意义》，《中国思想传统的现代诠释》，江苏人民出版社1998年版，第38页。

论北宋河患对农业生产的
破坏与政府应对
——以黄河中下游地区为例

郭志安

北宋时期,黄河诸河频繁决溢,直接引发人员大量伤亡、民众大批迁移、农田严重被毁、农业生产环境恶化等一系列社会问题。针对这种状况,北宋政府积极采取相应对策,通过安辑民众、灾后救助、改善农业生产条件等一系列措施来应对河患所造成的严重损失,减缓河患对农业生产的破坏。本文在学界已有相关研究成果的基础上,[①] 就北宋河患对黄河中下游地区农业生产的破坏与政府的应对试做较为深入的探讨。

一 河患对农业的破坏

北宋期间,频繁的水患对农业生产的破坏是多方面的,这主要集中体现为水患往往直接引发农田的大量损毁、人员的大批亡溺和迁移,以及农业生产条件的严重恶化。因水患所引发的诸如此类严重破坏,也就为北方农业的发展构置了诸多羁绊。

(一) 人员的大量伤亡与迁移

黄河中下游地区河流的频繁决溢,其直接造成的严重危害之一,即引

---

① 如张文《宋朝社会救济研究》(西南师范大学出版社 2001 年版),对北宋水灾的救护有所涉及;郭文佳《宋代流民救助述论》(《烟台大学学报》2006 年第 1 期)和《宋代流民与流民救助》(《新乡师范高等专科学校学报》2006 年第 1 期)两文,对因水患而造成的流民的救助略有论述。

发人口的大量溺亡。这种伤亡人员,既包括直接参与救治水灾的诸多河夫,更有水灾地区的大量民众,尤其是后者更占主体。如嘉祐元年(1056),宋廷导黄河入六塔河,即"溺没兵夫性命不少"①。在对汴河等水患的经常性救治中,也常常是"役者多溺死"②。而大的水灾之中,时常伴随着大批沿岸民众的丧生。如太平兴国八年(983),谷、洛、伊、瀍四水暴涨,结果竟致"溺死者以万计"③。皇祐三年(1051)时,据直集贤院刘敞所称,"乃者……淮汝以西,关陕以东,数千里之间罹于水忧者",由此造成的溺亡与流亡人口"略计百万人"④。另外,宋廷为救护河患而频兴河役,黄河中下游地区更是"工役罕有虚岁"⑤。其中,黄河沿岸的河北西路、河北东路、京东西路、京东东路等地,因水灾频仍、夫役征发沉重,河役对农业的破坏尤为显著。如至和二年(1055),在开修六塔河的过程中,"分大河之水不十分之三"⑥,沿岸民众因此而失业者即达三万户。即使是灾荒之年,河役的征发一般也不会停止,如王安石即曾称"河北民,生近二边长苦辛……今年大旱千里赤,州县仍催给河役"⑦。元祐年间,苏辙等人也曾严厉抨击回河之役导致河北路、京东路、京西路内"民为之不聊生"⑧。河役的长期实施,沉重的经济和劳役负担,导致黄河中下游地区民众往往因此破产,视河役为畏途。

  河决频繁、河役沉重、人员伤亡巨大,这些也是推动黄河中下游地区居民流动和外迁的重要因素。据陈襄《古灵集》记载,商胡埽决口之际,大批灾民"相望道路,集于河内者十余万口"⑨。可见,水灾迫使大量民

---

① 李焘:《续资治通鉴长编》卷182,嘉祐元年四月壬申,中华书局2004年版,第4405页。
② 李濂:《汴京遗迹志》卷6《河渠》,中华书局1999年版,第82页。
③ 脱脱:《宋史》卷61《五行志一上·水上》,中华书局1985年标点本,第1322页。
④ 赵汝愚编:《宋朝诸臣奏议》卷127《上仁宗论修商胡口》,上海古籍出版社1999年版,第1396页。
⑤ 晁说之:《嵩山文集》卷1《元符三年应诏封事》,文渊阁《四库全书》本,台湾商务印书馆1986年版。
⑥ 李焘:《续资治通鉴长编》卷182,嘉祐元年六月戊寅,第4415页。
⑦ 王安石:《王荆公诗注》卷21《古诗·河北役》,文渊阁《四库全书》本,台湾商务印书馆1986年版,第1106册,第144页。
⑧ 苏辙:《栾城集》卷46《论黄河东流札子》,文渊阁《四库全书》本,台湾商务印书馆1986年版,第1112册,第542页。
⑨ 陈襄:《古灵集》卷20《驾部陈公墓志铭》,文渊阁《四库全书》本,台湾商务印书馆1986年版,第1093册,第664页。

众为避河患而逃离家园，转为流民。正是出于对河患及河役的恐惧，以至黄河沿岸的民众不能安居故土，常生外迁之意。如河患严重的河北地区，黄河沿岸的民众长期无法安于居所，而"忧夫役者，虽非凶年，亦有转徙之意"①。

河患对民田的巨大破坏以及对人身、财产的严重威胁，导致大量沿河居民被迫迁徙，河北等地的流民一度形成"道路不绝"②的凄凉景象。建中靖国元年（1101），任伯雨也曾指出，在此前的水灾影响下，河北民众"自永静以北，居民所存三四；自沧州以北，所存一二"③，其他州郡也大致如此。除却大量民众外，部分士大夫家族也厕身外迁之列。如王速的祖辈原本定居大名府内，后来即因"避大河之患"④而移居济南。在中国古代安土重迁的浓厚传统意识下，这种民众、官员的外迁，也是在河患严重情形下的一种无奈之举。

（二）土地的大量损毁

受河流决溢的影响，农田耕作也深受其害，这突出体现在大量农田的直接被毁或因沙瘠化而生产能力大减，或因水涝而长期不得耕作。就北宋时期水灾对农田的直接损毁而言，如嘉祐元年（1056）四月，宋廷导黄河入六塔河失败，"河北被害者凡数千里"⑤，足见其对农田造成的损害之重。熙宁十年（1077），黄河南徙，灌注四十五郡县，"坏田逾三十万顷"⑥。诸如此类的黄河决溢，其对田地的破坏是极为显著的。另外，滹沱河、漳河等北方诸河对农田的破坏也为害不浅。淳化二年（991）和大中祥符元年（1008）的汴河、惠民河决溢，都曾造成大量民田的浸毁。⑦

另一方面，则是因水灾的破坏，或是瘠沙淤积而造成土地质量的降低，或是形成水涝之患而导致大量农田长期无法耕作。如河北境内"地形倾注，诸水所经，如滹沱、漳、塘类，皆湍猛不减黄河流势，转易不

---

① 李焘：《续资治通鉴长编》卷396，元祐二年三月丙子，第9660—9662页。
② 赵汝愚编：《宋朝诸臣奏议》卷43《上哲宗论水旱乞群臣面对言事》，第450页。
③ 赵汝愚编：《宋朝诸臣奏议》卷45《上徽宗论月晕围昴毕》，第471页。
④ 楼钥：《攻媿集》卷90《王速行状》，四部丛刊本。
⑤ 朱熹：《五朝名臣言行录》卷2《参政欧阳文忠公》，四部丛刊本。
⑥ 脱脱：《宋史》卷92《河渠志二·黄河中》，第2284页。
⑦ 脱脱：《宋史》卷61《五行志一上·水上》，第1322—1324页。

常，民田因缘受害……昔有者今无，昔肥者今瘠"①。这种水患破坏，自然构成对农田土壤质量的极大损害。而受水涝的严重影响，大量农田也会荒芜。天圣六年（1028），因受黄河水涝之害，无棣、饶安、临津、乐陵、盐山五县民田多被水占，以致当地农田长期无法耕种，"以养种不得，无由复业"②。

同时，河流沿岸民众的大量外迁，也进而加剧大批土地的荒芜。如康定元年（1040）时，欧阳修即曾指出，"自京以西，土之不辟者不知其数"③。这种局面的形成，河役沉重、河决频繁而引发的民众大批外迁，无疑是其主要因素。庆历八年（1048），河北民众为躲避河患，当地竟出现了民众"流离乡园……十室而九空"④的凄惨景象。

这种灾民为谋生和躲避河患而被迫逃离家园、劳动力大量流失的现象，必然会造成大量农田的荒废。皇祐元年（1049）时，包拯即指出，"近年黄河决溢，水灾尤甚……而农亩荒废，流亡未复"⑤。伴随着河流决溢的频繁发生、沿河地区内人口的大量外迁，土地的大批荒芜是难以避免的。

（三）农业生产环境的严重破坏

北宋时期，伴随着河役的长期开展，宋廷为筹集埽料而开展的木材采伐逐步由太行山、吕梁山等地区延伸到黄河上游。熙宁二年（1069），范纯仁即谈到，宋廷自虢州、解州、绛州等地每年差夫大约二万人至西京等处采伐梢木，最终竟至"令人夫于山中寻逐采斫"⑥。这种大规模林木采伐的长期开展，造成黄河沿线地区森林的严重破坏，成为黄河水患加重的一个重要而直接的因素。

而河患的频繁发生，对黄河中下游地区土壤的沙化也产生了重要影响。如滑州地区即因长期遭受黄河决溢之害，土壤沙化颇为严重，到熙宁

---

① 徐松辑：《宋会要辑稿》食货1之5，中华书局2006年版，第4804页。
② 徐松辑：《宋会要辑稿》食货61之60，第5903页。
③ 李焘：《续资治通鉴长编》卷129，康定元年十二月乙巳，第3068页。
④ 徐松辑：《宋会要辑稿》礼54之8，第1576页。
⑤ 李焘：《续资治通鉴长编》卷166，皇祐元年三月庚子，第3992页。
⑥ 范纯仁：《范忠宣奏议》卷上《条列陕西利害》，文渊阁《四库全书》本，台湾商务印书馆1986年版，第1104册，第751页。

五年（1072）时宋廷甚至不得不将其撤州而改隶开封府。① 王安石也曾于诗文中指出，开封城内外"日射地穿千里赤，风吹沙度满城黄"②，可以想象当时开封所受黄河决溢的沙化之害竟严重到何等程度。而开封地区因长期水患所致土地沙化之重，无疑仅仅是黄河中下游地区饱受黄河决溢之害、土地大量沙化的一个缩影。这种状况的形成，对该地区的农业生产环境造成了严重的破坏。

相对于此，河患中泥沙对黄河下游地区湖泊的不断淤积，严重削弱了其防洪、蓄洪功能。如真宗初年，黄河决溢并与济水合为一流，后黄河虽复归故道，但济水河原本正常的流径却因黄河水的泥沙淤积而受阻，以致长期被滞留在郓州、济州等地，"民田百万顷水宅焉。三十年民不得一垅耕、一穗收"③，可见此次黄河决溢对郓州、济州等地农业经济的破坏之重。元丰元年（1078），京东路体量安抚黄庶也曾称，京东路在遭受水灾后，"梁山、张泽两泺累岁填淤"④，从而浸毁大量民田。

从此后的发展来看，宋室南渡后，黄河进一步向南迁移，梁山泺最终也逐渐被淤积。⑤ 而受黄河水长期淤积的影响，到绍圣年间时，御河也"遂至湮塞"⑥。这种变化，对沿岸地区的农业生产也影响极大。

二 农业中的河患应对

面对频繁的水灾，宋廷除不断兴作河役加以救护外，针对其对农业生产所造成的种种破坏，也积极采取诸多相应举措，借此来尽力减轻民众负担，以设法使更多的民户固着在当地，保持农业生产秩序的相对稳定。大体而言，从宋廷为应对水患所借助的手段来看，主要涉及以下几个方面：

（一）人员的安辑

为尽力使水患灾民固着在原生产地区，避免农业人口的大量迁移，北

---

① 李焘：《续资治通鉴长编》卷237，熙宁五年八月辛巳，第5759页。
② 王安石：《王文公文集》卷76《读诏书》，上海人民出版社1974年版，第809页。
③ 石介：《徂徕石先生文集》卷19《新济记》，中华书局1984年版，第226页。
④ 徐松辑：《宋会要辑稿》食货61之104，第5925页。
⑤ 胡渭：《禹贡锥指》卷5《大野既潴东原底平》，文渊阁《四库全书》本，台湾商务印书馆1986年版，第67册，第362页。
⑥ 徐松辑：《宋会要辑稿》方域17之11，第7602页。

宋政府在安辑民众中，常于水灾之中或水灾之后，针对伤亡、失所及老幼无助人员，以赐钱粮、解决住所等措施予以多方救助。如开宝五年（972），宋廷即令黄河沿线官吏"勤恤所部民勿令转徙"[1]。这就表明，自宋初开始，黄河沿岸水患民众的迁移即已引起统治者的关注。大中祥符五年（1012），鉴于黄河决口于滨州、棣州后当地农田深受水涝之害，民众无法安于生产，朝廷即"委本路转运使及长吏倍加安抚"[2]。嘉祐元年（1056），宋廷令京西路转运使、提点刑狱分赴水灾州军，令住所损毁者"听于寺院或官属寓止"[3]，并安排相关官员负责事后的检查与监督。

而对于因水灾而衣食无着者，宋廷也通过赐粮、赐钱等救济举措，来保障灾民的生存和减少人员伤亡。如嘉祐元年（1056），对河北境内因水灾而转徙他处的灾民，朝廷即积极予以救助，每人赐米五斗，"其压溺死者，父、母、妻赐钱三千，余二千"[4]。元符三年（1100），鉴于河北滨州等地因黄河决溢千里、人畜没溺不可胜计，以致米价腾贵，"饥冻而死者相枕藉"[5]，朝廷责令河北路官员开展赈救。这些救济措施的实施，对暂时缓解灾民的生计困难、防止灾民大量赴外逃生、恢复和稳定当地的农业生产，无疑可发挥积极作用。

另外，在河政开展的过程中，统治者也常通过减罢力役征发或调整兴役时间，来稳定社会秩序和减轻河役对农业生产的破坏。如治平元年（1064），宋廷即令遭受水灾的各路官员存恤被灾人户，"诸科率不急妨农者，令一切罢之"[6]。次年正月，鉴于此前春夫充役与农业耕作的时间相冲突，该年恩州、冀州、深州、瀛州、沧州、永静乾宁军所役春夫被调整为于寒食节后兴役，而"邢、洺、德州夫赴恩、冀、深、瀛州役"则令"于寒食前半月入役"[7]。熙宁九年（1076），经河北西路提点刑狱司奏请，邢州、怀州春夫力役被减放一半。[8]

在水灾赈济中，宋廷有时也将灾民赈济与水利工程的兴建结合在一

---

[1] 李焘：《续资治通鉴长编》卷13，开宝五年六月丁酉，第284页。
[2] 李焘：《续资治通鉴长编》卷77，大中祥符五年二月丙寅，第1758页。
[3] 徐松辑：《宋会要辑稿》瑞异3之2，第2105页。
[4] 李焘：《续资治通鉴长编》卷183，嘉祐元年七月丙戌，第4424页。
[5] 徐松辑：《宋会要辑稿》职官52之13，第3567页。
[6] 徐松辑：《宋会要辑稿》瑞异3之3，第2105页。
[7] 李焘：《续资治通鉴长编》卷204，治平二年正月戊子，第4943—4944页。
[8] 徐松辑：《宋会要辑稿》食货59之1，第5639页。

起,即采取以工代赈的方式。这种做法,在神宗时期的黄河中下游地区水患赈济中得到了充分的体现。如熙宁五年(1072),朝廷即令司农寺遣官,将汴河两岸官府所属淤田及逃田赐予宿州、亳州等地灾民,"募饥民浚沟河"①。熙宁七年(1074),应河北西路转运司之请,宋廷也令"灾伤路召募缺食或流民兴役"②。这种措施,也不失为一种赈济饥民、稳定社会秩序的有效手段。

(二)赋税的减免与缓征

为使水灾地区的农业生产尽快恢复,宋廷也多借助于减免赋税等举措,来帮助灾民实现正常的农业生产。这一做法,也是北宋时常采纳并占主导地位的农业救护措施。反映到实际实施中,宋廷一般依据灾情的轻重,将有关赋税或减放,或蠲免。如淳化三年(992),宋廷即令各地"民被水灾甚者,所欠税物遣使按行蠲其半"③。大中祥符四年(1011),雄州、霸州、莫州及信安军等地遭水潦之患,朝廷为此而免除这些地区"今年夏税十之七,又免澶州沿(黄)河民田秋税"④。大观二年(1108),邢州钜鹿县下埽黄河决口,朝廷为此而下诏"见在人户依放税七分法赈济",对当地赋税大幅度予以减征。⑤

不止于此,在水灾颇为严重的情形下,朝廷也时常蠲免受灾民众的税赋。如乾德五年(967),因暑雨滂沱而致使诸多地区内堤防泛决成灾、损坏农物,朝廷即令"常赋宜从于蠲免……今年夏租及沿征物,并与放免"⑥。太平兴国八年(983),开封府境内的酸枣、阳武、封丘、长垣四县民田为黄河水所害,浚仪、中牟、襄邑、雍丘等六县民田为蔡河、广济河、白沟河决溢及水涝损害,宋廷也诏令在这些地区内并蠲其租。⑦

相对于赋税的蠲免,宋廷有时也通过"倚阁"的形式,对水灾民众

---

① 李焘:《续资治通鉴长编》卷238,熙宁五年九月壬子,第5796页。
② 李焘:《续资治通鉴长编》卷255,熙宁七年八月己丑,第6242页。
③ 徐松辑:《宋会要辑稿》食货70之158,第6449页。
④ 徐松辑:《宋会要辑稿》食货70之161,第6451页。
⑤ 徐松辑:《宋会要辑稿》食货68之50,第6278页。
⑥ 司义祖整理:《宋大诏令集》卷185《免霖雨河水损败田夏租诏》,中华书局1997年版,第675页。
⑦ 钱若水:《宋太宗实录》卷26,太平兴国八年七月辛巳,甘肃人民出版社2005年版,第6页。

所欠赋税实施缓征。如嘉祐三年（1058），原武县黄河决口于汴堤长城口，漂浸封邱等处庄稼，朝廷即为此而"权倚阁夏税及食盐钱"①。元丰元年（1078），齐州章丘县遭遇水灾，宋廷下令"第四等以下户欠今夏残税，权倚阁"②。而部分于水灾中被"倚阁"的赋税，在年月久远之后，实际上也就逐渐被免于征收了，这对水灾地区农业生产的恢复不无补裨。

（三）农业生产环境的改善

黄河中下游地区农业生产环境的破坏，无疑与河流的频繁决溢密切相关。为此，宋廷也积极鼓励民众广泛植树，借此来尽力减轻河流决溢对农业生产条件的损害。尤其是在对黄河的防治中，宋廷先后多次颁布法令，督促沿河官民广植树木。如建隆三年（962），宋廷即规定，每年春初，黄河、汴河沿岸州县官吏要"课民夹岸植榆柳，以固堤防"③。而在徽宗年间，滑州、澶州界内所筑"万年堤"也是充分借重林木固护堤岸，"其广行种植，以壮地势"④。

不仅如此，在对河流沿岸树木的日常维护中，宋廷也时常遣官对堤岸林木加以检查，对军民盗伐河堤林木者，予以严厉的惩处。如咸平三年（1000），即"申严盗伐（黄）河上榆柳之禁"⑤。对违犯此类法令者，宋廷则要对其予以重惩。如宋初即明确规定，对于盗伐河堤林木的河清兵，"凡盗及卖知情者，赃不满千钱，以违制失论，军士刺配西京开山军，诸色人决讫纵之；千钱以上系狱，裁如持杖斗敌，以持杖窃盗论"。之后，到天圣六年（1028）时，朝廷又规定京东路、京西路、河北路、淮南路等濒河之地"悉如滑州例"⑥，自此将严惩盗伐堤岸林木法令的实施范围明显扩大。

针对水灾中严重受损的农田，北宋政府也积极设法加以救护。如真宗初年，因黄河与济水并流而致济水河长期被滞留在郓州、济州等地，大量民田被淹毁，宋廷为此积极排泄积水，至天圣十年（1032）新济水河修

---

① 李焘：《续资治通鉴长编》卷187，嘉祐三年七月丙戌，第4516—4517页。
② 徐松辑：《宋会要辑稿》食货59之2，第5839页。
③ 脱脱：《宋史》卷93《河渠志三·汴河上》，第2317页。
④ 脱脱：《宋史》卷93《河渠志三·黄河下》，第2315页。
⑤ 脱脱：《宋史》卷91《河渠志一·黄河上》，第2260页。
⑥ 徐松辑：《宋会要辑稿》刑法4之16，第6629页。

建成后,"民得是良田,播殖五谷以衣食之"①,从而一改此前的被动局面。同时,宋廷也积极组织沿河民众借助于黄河"夏则胶土肥腴,初秋则黄灭土,颇为疏坏,深秋则白灭土,霜降后皆沙"②的特性,广泛开展淤田活动,并于王安石变法时期步入高潮。这些措施的采纳,其主要目的即为改善农业生产条件。

三 结语

总体而言,北宋时期频繁的水患造成人员的大量伤亡、财产的严重损失、农田的大批毁坏及农业生产环境的恶化,这些都为北宋社会的发展带来了诸多羁绊。面对这种严重状况,北宋政府也是积极谋划,通过广泛实施人员救助、赋税减免或缓征,以及多方改善农业生产环境等一系列措施,努力减轻水患对农业生产的破坏,尽力恢复正常的农业生产秩序和维护农业人口的稳定。

这些举措的综合实施,虽并不足以从根本上根除水患对农业生产的破坏,但在当时的社会条件下,其对社会的稳定与农业生产的恢复、发展,无疑也充分发挥了积极作用。从另一方面来讲,这也标志着中国古代农业救护的发展至宋代达到了一个新的高度。

---

① 石介:《徂徕石先生文集》卷19《新济记》,第226页。
② 脱脱:《宋史》卷91《河渠志一·黄河上》,第2365页。

宋代女性经商探析

张金花

妇女经商,自古有之。秦出巴妇清,汉有卓文君。张衡《西京赋》中说"鬻贩夫妇""肆人之男女"[1],《太平广记》记载了以织鞋子为生业的广州何二娘、"鬻蔬以给朝夕"的"卖菜家姬"等,[2] 说明为数不少的女性始终活跃在商业领域中。有宋一代,商业勃兴,经商蔚为大观,女性则成为其中一个不可忽视的特殊群体,为我国古代商业史增添了一抹靓色。自20世纪30年代以来,一批学者对妇女经商问题有所关注。全汉昇先生指出宋之前妇女从事的商业行为,与农工仍脱离不了关系。到了宋代,妇女在商业方面则有纯为商业行为的工作,比如开茶肆、开食店、开药铺、做小贩等。[3] 美国学者伊沛霞运用女性视角分析宋代婚姻和妇女生活,其中"女红"部分涉及女性的社会经济活动。吴旭霞分析了宋代妇女就业及经商妇女数量。[4] 从李华瑞先生的《宋代妇女地位与宋代社会史研究》及笔者所掌握的材料看,尽管宋代妇女史研究日渐深入,涉足领域日渐宽泛,但对妇女经商这个问题缺乏深入的专题性研究。[5] 本文依据

---

[1] 萧统:《文选》卷2(张衡)《西京赋》,中华书局1977年版,第62页。
[2] 李昉:《太平广记》卷62《何二娘》、卷159《定婚店》,中华书局1961年版,第390、1142—1143页。
[3] 参见全汉昇《宋代女子职业与生计》,《食货》1935年第1卷第9期,后收入陕西人民出版社《守节·再嫁·缠足及其它——中国古代妇女生活面面观》,陕西人民出版1990年版,第223—234页。
[4] [美]伊沛霞:《内闱——宋代的婚姻和妇女生活》,胡志宏译,江苏人民出版社2004年版;吴旭霞:《浅谈宋代妇女的就业》,《学术研究》1997年第10期。
[5] 详见李华瑞《宋代妇女地位与宋代社会史研究》,载邓小南主编《唐宋女性与社会》,上海辞书出版社2003年版,第905—915页。

宋人文集、诗集、笔记、小说等史料，对她们经商的形式、特点加以分析总结，力图从社会文明价值整体取向审视妇女在宋代商业活动领域以及社会经济发展过程中所处的确切位置。

一

商女贩妇在宋代被较多地关注，既源于男性文人的猎奇心理，也反映出如下历史事实，即宋代商品经济蓬勃发展，城乡市场兴旺发达，女性从商的比例较前代有所提高，当时社会对妇女经商在一定程度上予以肯定。北宋刘攽肯定了历史上的女工商业者，"巴妇能专利丹穴，始皇称作女怀清"①。南宋王洋则欣赏当代的女商贩，"牧儿贩妇哦新诗"②，赞叹贩妇能商能文。从现有史料看，宋代女性经商主要有专营、兼营两种形式。专业性经营主要以开设店铺或流动货卖为主，涉及服务性与商品性经营；兼业经营主要是小手工业者亦工亦商、农妇亦农亦商等为主的自产自销式买卖活动。

经营服务性店铺如餐饮、住宿、医药等。北宋汴京（今河南开封）城内有王小姑酒店、曹婆婆肉饼、丑婆婆药铺。③南宋临安（今浙江杭州）也有李婆婆杂菜羹、王妈妈"一窟鬼茶坊""陈妈妈泥面具风药铺"④。绍圣初年，贬居惠州（今广东惠州）的苏轼有诗记林氏媪，题云："正月二十六日，偶与数客野步嘉祐僧舍东南野人家，杂花盛开，扣门求观。主人林氏媪出应，白发青裙，少寡，独居三十年矣。感叹之余，作诗记之。"⑤ 在苏诗《白鹤峰新居欲成夜过西邻翟秀才》中有"林行婆家初闭户"⑥之诗句，可与《白鹤峰新居上梁文》中的"年丰米贱，林婆之

---

① 刘攽：《彭城集》卷18《女贞花》，文渊阁《四库全书》本，台湾商务印书馆1986年版，第1096册，第176页。
② 王洋：《东牟集》卷2《赠大猷》，文渊阁《四库全书》本，台湾商务印书馆1986年版，第1132册，第330页。
③ 孟元老：《东京梦华录注》卷2《宣德楼前省府宫宇》、卷3《大内西右掖门外街巷》、卷6《收灯都人出城探春》，中华书局1982年版，第52、83、176页。
④ 周密：《武林旧事》卷7《德寿宫起居注》，中国商业出版社1982年版，第142页；吴自牧：《梦粱录》卷16《茶肆》、卷13《铺席》，中国商业出版社1982年版，第130、107页。
⑤ 苏轼：《苏轼诗集》卷39，中华书局1982年版，第2100页。
⑥ 苏轼：《苏轼诗集》卷40，第2214页。

酒可赊"句互证。可见居住在东坡白鹤峰新居西邻的林婆是开小酒店的女掌柜。而福州福唐（今福建福清市）"有当垆老媪，常酿美酒，士人多饮其家"①。叶适《朱娘曲》记录的则是南宋时期临安城内一家原本颇有名气酒店的女店主：

忆昔剪茅长桥滨，朱娘酒店相为邻。自言三世充拍户，官抛万斛嗟长贫。

母年七十儿亦老，有孙更与当垆否？后街新买双白泥，准拟设媒传归好。

由来世事随空花，成家不了翻破家。城中酒徒犹夜出，惊叹落月西南斜。

桥水东流终到海，百年糟丘一朝改。无复欢歌撩汝翁，回首尚疑帘影在。②

临安长桥为西湖"三怪"之一（即长桥不长；断桥不断；孤山不孤）。长桥，在净慈寺前，旧有桥亭，非常壮丽。据《两浙輶轩录》讲，"长桥侧，宋时有朱娘酒店"③。叶适诗所述的店主朱娘，上有老母，下有儿孙，自祖辈即经营酒家，"三世充拍户"。从这些记载看朱娘酒店在当时应该是有一定名气的。

女性开设旅馆也较为常见。《渑水燕谈录》记载："卢多逊南迁朱崖，逾岭，憩一山店。店妪举止和淑，颇能谈京华事。"④《夷坚志》讲费枢见识过的一个女店主，"宣和庚子岁入京师，将至长安，舍于燕脂坡下旅馆"，"主家妇嫣然倚户，顾客微笑，发劳苦之语"。又有"元祐末，安丰县娼女曹三香"，"为客邸以自给"⑤。此类经营不需要多少本钱，也不需要特殊技能，只要有几间房屋便可以开张经营，且只赚不赔，虽不能发大

---

① 江少虞：《宋朝事实类苑》卷38《酒帘》，上海古籍出版社1981年版，第488页。
② 叶适：《叶适集》卷之6《朱娘曲》，中华书局1961年版，第56页。拍户，据《都城纪胜》记载"除官库与脚店之外其余皆谓之拍户"。
③ 阮元：《两浙輶轩录》卷23陈景钟《长桥》，《续修四库全书》，上海古籍出版社2013年版，第1684册，第22页。
④ 王辟之：《渑水燕谈录》卷9《杂录》，中华书局1981年版，第112页。
⑤ 洪迈：《夷坚志》丙志卷3《费道枢》、补卷13《曹三香》，中华书局1981年版，第384、1665页。

财，足可维持生计。

经营商品性店铺如杂货店等。这类经营亦是小本投入，女性当不在少数。《夷坚志》记载信阳罗山县（今河南罗山）"有沈媪者，启杂店于市"①，因其所在邑镇地处荒残，经营比较惨淡。"鄂州民媪李二婆，居于南草市，老而无子，以鬻盐自给。"②

流动货卖有专职的也有兼营的。专职流动女商贩，她们或携篮或挑担售卖各种食品、物品等。城市多卖花女，孙惟信有诗记述"禅寂之所，有卖花声，出廊庑间，清婉动耳"；陈著则"夜梦在旧京，忽闻卖花声，有感，至于恸哭，觉而泪满枕上。因趁笔记之"③。陆游的"小楼一夜听春雨，深巷明朝卖杏花"④，将春雨、杏花、小楼、深巷和卖花姑娘的叫卖声和谐地融合在一起，构成江南之春的特有图景和风情。几位诗人不约而同地写到卖花女及其卖花声。《夷坚志》中则记载了泉州城一个残疾卖药妇，"绍兴十七年，泉州有妇人货药于市，二女童随之"。此外，在洪迈作品中还记载了不少此类女性，如：潭州卖药老妪，则属于江湖游医，边卖药边治病，且专治疑难杂症。⑤ 张杲在《医说》中记载："京师有一妇人姓白，有美容，京人皆称为白牡丹，货下胎药为生。"⑥ 其他还有汴京"汴河岸有卖粥妪"；沧州一妇人自幼年起就"日卖果于市，得赢钱数十以养母"⑦；川东"有妇人负酒卖，亦如负水状，呼买之，长跪以献"⑧。

兼营的流动商贩即自产自卖的小生产者兼小贩，主要有小手工业者的亦工亦商和农妇的亦农亦商。宋代工商业的勃兴，在城镇涌现了大量的各

---

① 洪迈：《夷坚志》三志壬卷6《罗山道人》，第1508页。
② 洪迈：《夷坚志》补卷25《李二婆》，第1775页。
③ 厉鹗：《宋诗纪事》卷58（孙惟信）《禅寂之所有卖花声出廊庑间清婉动耳》，文渊阁《四库全书》本，台湾商务印书馆1986年版，第1485册，第236页。陈著：《本堂集》卷31《夜梦在旧京忽闻卖花声有感至于恸哭觉而泪满枕上因趁笔记之》，文渊阁《四库全书》本，台湾商务印书馆1986年版，第1185册，第143页。
④ 陆游：《剑南诗稿》卷17《临安春雨初霁》，上海古籍出版社1985年版，第1347页。
⑤ 洪迈：《夷坚志》甲志卷20《一足妇人》，第184页；《夷坚志》再补《卖药媪治眼虫》，第1793页。
⑥ 张杲：《医说》卷10《下胎果报》，文渊阁《四库全书》本，台湾商务印书馆1986年版，第742册，第225页。
⑦ 郭彖：《睽车志》卷3、卷2，《丛书集成初编》，中华书局1985年版，第82册，第509、507页。
⑧ 陆游：《入蜀记》卷6，《全宋笔记》第5编，大象出版社2012年版，第214页。

类作坊，而家庭作坊依然占据重要地位，其中的主力便是广大城乡妇女。北宋徐积叙写卖罗织女："此身非不爱罗衣，月晓霜寒不下机。织得罗成还不着，卖钱买得素丝归。"①南宋叶茵写纱绢机女："机声咿轧到天明，万缕千丝织得成。售与绮罗人不顾，看纱嫌重绢嫌轻。"②卖罗织女和纱绢机女两者均以生产、销售为一体，是典型的小工商业者。而集生产、销售于一身的江边煮盐女，虽"肩负争先汗如雨"，"经年鬻盐赴官市"，努力地生产销售，但因苛刻的盐政，其境遇是"屋里藜羹淡如水"，甚至难以维持生计，对"滋味尽八珍"的富家生活想也不敢想。③洪迈对靠磨面发家、勤劳致富的"侠妇人"的描写尤为详尽。"侠妇人"，宣和年间人，是莱州胶水县主簿董国庆小妾，"见董贫，则以治生为己任。罄家所有买磨驴七八头，麦数十斛。每得面，自骑驴入城鬻之，至晚负钱以归。率数日一出，如是三年，获利愈益多，有田宅矣"④。该妇人开设小型作坊，从事麦面加工，自产自销，具有相当的规模。经过三年的经营，已经能够置办土地、宅院。像侠妇人一类的女性在总体数量上不会很多，做得如此成功的也当为少见。

农家妇女一般从事的副业便是养蚕、纺织，除了用以缴纳赋税、供给家用外，她们还会把产品拿到市场上出售，以补贴家用。范成大诗记载苏州一带农村妇女煮茧、缫丝，一派忙碌，为的是"明日西门卖丝去"⑤。陈藻亦诗云"种麻卖布皆贫妇"⑥。农村多货卖水产、薪柴、茶果、菜蔬等各类生活物品的农村贩妇。郑刚中笔下有一个"贪趋市"的贩鱼妇，"积水翻深畎，轻舠徧远湾。鸣榔时拨刺，挈网乱斓斒。贩妇贪趋市，渔翁喜动颜。输他鸥鹭饱，烟际不胜闲"⑦。陆游笔下的卖鱼女则是送货上

---

① 徐积：《节孝先生文集》卷25《织女》，《宋集珍本丛刊》，线装书局2004年版，第15册，第665页。
② 叶茵：《顺适堂吟稿》之《机女叹》，《丛书集成三编》，新文丰出版公司1997年版，第41册，第54页。
③ 许景衡：《横塘集》卷2《江边行》，《宋集珍本丛刊》第32册，第190页。
④ 洪迈：《夷坚志》乙志卷1《侠妇人》，第190页。
⑤ 范成大：《范石湖集》卷3《缫丝行》，上海古籍出版社1981年版，第30页。
⑥ 陈藻：《乐轩集》卷1《渔溪西轩》，文渊阁《四库全书》本，台湾商务印书馆1986年版，第1152册，第31页。
⑦ 郑刚中：《北山集》卷22《民入钱抱偿公库东塘决水取鱼甚盛渔翁谓抱偿者贩妇则旁午于塘上者皆妇人也》，文渊阁《四库全书》本，台湾商务印书馆1986年版，第1138册，第241页。

门，所以诗人通常是"鲜鲫每从溪女买"，"买鱼日待携篮女"①。宋元之交人仇远有诗称"溪女卖鱼随市价"②。舒岳祥在其诗《十妇词》中历数摘茶妇、车水妇、卖鱼妇、汲水妇、农家妇、寄衣妇、舂米妇、种麦妇、织妇、卖菜妇等。其三诗云："江上提鱼妇，朝朝入市阛。守船留稚子，换酒醉良人。"写的是江上打鱼女子，每天早上提鱼入市，所得收入可以基本维持一家人的生计。其十诗云："卖菜深村妇，休嗟所获微。芜菁胜乳滑，莱菔似羔肥。橐里腰钱去，街头买肉归。"生动描绘了深村卖菜妇卖菜得钱、买肉归家的满足。诗中的卖鱼妇、卖菜妇就是农妇兼营商卖。③

陆游还捕捉到了镜湖一带梅市"街头妇卖薪"④的情形。"妇女卖茶芽"，"村女卖秋茶"，"溪姑负笼卖秋茶"⑤，则是陆游对镜湖一带女性从事茶叶买卖的代表性记录。《黄牛峡庙》颇为详细地描述了一个背儿贩茶女："村女卖秋茶，簪花髻鬟匜。襁儿着背上，帖妥若在榻。"⑥虽然诗人描写得很美，母亲美丽能干，襁褓中的小儿乖巧，似乎是一幅自然天成的审美画面，然而卖茶女既要育儿又要谋生，其艰辛是可以想象的。陆游在《入蜀记》中写道，川蜀卖茶女"皆以青斑布帕首，然颇白皙，语音亦颇正，茶则皆如柴枝草叶，苦不可入口"⑦。此外，李流谦有诗"卖菱女儿朝刺船"⑧，写的则是一位赶早撑船的卖菱姑娘。

值得注意的是一些女性经商者和男人一样干起了私贩盐、酒等禁榷物品的勾当。《夷坚志》记述了鄱阳东尉弓箭手之妻，寡居，"以私酤为生"。另一则记载更详细地记述了方五妻私酤的方式与规模，方五"孀妻

---

① 陆游：《剑南诗稿》卷15《幽居书事之二》、卷65《家风》，第1183、3677页。
② 仇远：《金渊集》卷5《公退曝日》，文渊阁《四库全书》本，台湾商务印书馆1986年版，第1198册，第48页。
③ 舒岳祥：《阆风集》卷3《自归耕篆畦见村妇有摘茶车水卖鱼汲水行馌寄衣舂米种麦泣布卖菜者作十妇词》，文渊阁《四库全书》本，台湾商务印书馆1986年版，第1187册，第358—359页。
④ 陆游：《剑南诗稿》卷60《野人舍小饮》，第3478页。
⑤ 陆游：《剑南诗稿》卷32《倚杖》、卷2《黄牛峡庙》、卷83《秋兴之四》，第2149、165、4466页。
⑥ 陆游：《剑南诗稿》卷2《黄牛峡庙》，第165页。
⑦ 陆游：《入蜀记》卷6，《全宋笔记》第5编，第212页。
⑧ 李流谦：《澹斋集》卷8《舟中》，文渊阁《四库全书》，台湾商务印书馆1986年景印本，第1133册，第657页。

独居,营私酿酒。每用中夜雇渔艇运致,传入街市酒店,隔数日始取其直"①。此类女子难免受到官府的追捕,苏辙有诗专门记录了为生活所迫而贩卖私盐遭遇连坐的吴地妇女:

丈夫强健四方走,妇女龌龊将安归?塌然四壁倚机杼,收拾遗粒吹糠粞。

东邻十日营一炊;西邻谁使救汝饥?海边唯有盐不旱,卖盐连坐收婴儿。

传闻四方同此苦,不关东海诛孝妇。②

更有甚者,有的女商贩还为盗贼做眼线,赚取不义之财。宣和中,乐平县(今山西昔阳)"邑有贩妇,以卖花粉之属为业",成为县舍的常客。后来知县家被盗,官府审问捕获的盗贼方才知道,"乃此妇为囊橐导贼至"③。此种女子,当然是宋代女经商者的特例。

二

从以上宋代女性经商的基本情况看,女性经商有着比较突出的几个特点。通常经营规模比较小,范围局限于饮食业、服务业。因性别原因,她们常常受到来自以男性为主导社会的不公正对待。此外,在不同的地域,女性经商又呈现出不同的地域特点。

其一,女性经商经营范围、规模的特点与局限。如范成大所指出的,人们的经商动机一般呈现为"大为声利驱,小者饥寒催"④。而宋代经商女性,无论是继承祖业还是自我谋生的,均以谋生养家为主要目的,而不是求富求贵。女子的灵巧、细心、体贴等性别特征,再加上生育、家务等因素,使她们更易于从事人力资本要求较低的服务性职业,即临时的、盈利较低的、不需要很多技术含量的职业。所以宋代妇女主要从事与城市巨

---

① 洪迈:《夷坚志》支庚卷9《陈道遥》、支癸卷9《吴六竞渡》,第1207、1287页。
② 苏辙:《苏辙集・栾城集》卷5《次韵子瞻吴中田妇叹》,中华书局1999年版,第81页。
③ 洪迈:《夷坚志》丙志卷9《郑氏犬》,第444页。
④ 范成大:《范石湖集》卷1《长安闸》,第7页。

大的生活消费需求密切相关的饮食业、娱乐业、手工业等工商业活动。如开设酒店（饭店）、茶坊、旅店等，或开个小杂货铺等，或小范围的流动货卖等。她们一般不具有支配大量资金的资格，经营成本微薄，同时也缺乏以发财致富、追求成功为目标和乐趣的胆识与能力，其经营范围和种类受到局限。因此在各种史料中尚未发现女性开书铺、粮铺、布帛铺、金银交引铺、质库等的记载，以及女性独立跨地域长途贩运或异地经商的记载；只有小商小贩的记载而未见女性富贾巨商。

女性专职从商带有较大程度的被动性，多数是不得已而为之，她们或少寡独居，或老而丧夫，或老而无子，绝大多数是小本经营。洪迈所讲"鄂渚王氏，三世以卖饭为业。王翁死，媪独居不改其故"①。这位鄂渚王氏在老伴死后独自支撑饭铺；惠州林氏媪少寡独居经营一家小酒店；鄂州南草市李二婆老而无子靠卖盐自给；鄱阳东尉弓箭手的妻子寡居以私酤为生，等等。这类情形在当时应当是相当普遍的。而小商贩从事经营的原因多是"小者饥寒催"，这些女性多是在生存出现危机的时候，才选择了经商这种谋生方式。她们在商品流通领域参与的商品交换极为有限，其从商规模也极为有限。尽管也有少数女性经营具有一定的经济基础和规模，但与男性相比，她们的经营范围和规模都是要大打折扣的，其发展势头更是不可与之同日而语，甚至有的已经呈现衰败之势，如前述承袭祖业的朱娘"成家不了翻破家"。而像"侠妇人"那样经营有道，能够融入社会经济的主流，且获得良好发展的，相当难得，大概也是特例吧。

其二，女性经商受到较严重的性别歧视。我们注意到，在以男性为主导的社会中，女性始终属于弱势群体。女性从商与男子相比，更多一些麻烦。南宋人曾丰以女性口吻作诗，叙说美丽漂亮的昭君同乡，倚市售卖手工织品的遭遇：

> 妾生昭君村，国色少所逮。固羞着红紫，亦懒傅粉黛。
> 少时母教严，稍稍攻组绘。针机参太玄，线道得三昧。
> 坐贫姑贸迁，不就村市侩。揭去长安游，几入未央卖。
> 其如主市司，所好与妾背。一金阳不酬，翻谓索价大。
> 永言妾所挟，未道美无对。犹欺西蜀锦，岂数南海贝。

---

① 洪迈：《夷坚志》支甲卷8《鄂渚王媪》，第775页。

厥价诚不廉，其理独何怍。况妾所索价，似亦非分外。
售否委自然，于妾无利害。古女不上工，肯犯出闺戒。
追思妾初谋，轻发良独悔。雅负倾城姿，来为倚市态。
人得贱视之，自是妾之罪。①

全诗以女主人公入城卖自产纺织品为线索，写出了貌美的女商贩受到"主市司"的故意刁难。不是货不好，"犹欺西蜀锦"；不是索价高，"似亦非分外"，只是因为"主市司"的"所好与妾背"。从全诗来看，似乎"主市司"之所好为女主人公所难接受，或者是受到女主人公的拒绝，而借故刁难。尽管诗歌以女主人公的自责作为结束，但字里行间还是流溢着女主人公受了欺辱的不满与无奈。这首诗实际上反映了当时普遍存在的一种情状，即因性别的关系，女性更容易受到市场管理者、征税官员、交易者等的刁难和轻侮。

许多女商贩虽辛苦经营，却因各种原因生活依然清苦，有些甚至遭遇游手恶少的欺骗。《随隐漫录》便记载了一例发生在临安钱塘的骗局，被骗对象便是一位卖绢的妇女。"有少年高价买老妪绢，引令坐茶肆内，曰：'候吾母交易。'少焉，复高价买一妪绢，引坐茶肆外指曰：'内，吾母也，钱在母处。'取其绢。又入，附耳谓内妪曰：'外，吾母也，钱在母处。'又取其绢，出门莫知所之。"② 这则事例既显示了行骗者的骗技之巧妙，又表明年长妇女最易成为骗子行骗的对象。有时女商贩还会受到军兵的欺压，皇祐四年（1052），"妇人卖蔬于道，一卒倍取"③，说明兵荒马乱的年代女商贩更容易被强取豪夺。

其三，体现了经商的一般规律。在宋代女性从商者中，因偶然的机遇成就发达的商海幸运儿虽有之，但更多的是勤勤恳恳维持生计的小商小贩。不可否认，其中为数颇多的女子具有独到的经营意识与手段。

生活于两宋之交的宋五嫂本是汴京城里酒家妇，烹制一手好鱼羹，南渡后寓居临安苏堤附近。淳熙六年（1179），太上皇赵构乘龙舟游西湖。

---

① 曾丰：《撙斋先生缘督集》卷2《自是妾之罪》，《宋集珍本丛刊》，线装书局2004年版，第65册，第43页。
② 陈世崇：《随隐漫录》卷5，中华书局2010年版，第49页。
③ 孙升、刘延世：《孙公谈圃》卷下，文渊阁《四库全书》本，台湾商务印书馆1986年版，第1037册，第116页。

宋五嫂一口熟悉的汴京腔叫卖声，勾起赵构的思乡之情，遂命宋五嫂制作鱼羹献上。赵构尝了鲜美可口的鱼羹，龙心大悦，当即赐给宋五嫂钱千文、银钱百文、绢十匹等物。此后，宋五嫂在钱塘门外设店，驰誉临安城。① 时人与后人多有吟诵，朱静佳为之赋诗云："柳下白头钓叟（嫂），不知生长何年。前度君皇游幸，卖鱼收得金钱。"② 又有人做诗曰："一碗鱼羹值几钱，旧京遗制动天颜。时人信值来争市，半买君恩半买鲜。"从此这种就地取材，运用北方烹调技法烩制的鱼羹，以其南料北烹特色流传下来，时至今日仍是一道有名的杭州传统名菜。显然宋五嫂是商海幸运儿。

　　能够商海弄潮的，必然是精明能干、有一定的经营意识和经营方法，且具有应对社会各色人等的进退技巧。当年苏轼贬谪海南，邻居是个制卖馓子的老妇人。此人颇有一些经济头脑和宣传意识，数次请求诗人为她做诗扬名。《戏咏馓子赠邻妪》即是苏轼应邀特为她而作："纤手搓来玉色匀，碧油煎出嫩黄深，夜来春睡知轻重，压扁佳人缠臂金。"③ 诗人不惜以溢美之词盛赞馓子的精细做工，突出描画了制作馓子的"纤手"、馓子的色泽、质量等。一经此诗传播，老妪的馓子大受欢迎，招来了众多的食客。临安王妈妈的茶肆叫做"一窟鬼茶坊"，可谓别出心裁、匠心独运。一窟鬼指西山一窟鬼，是宋代流传甚广的民间故事，也是说书人百说不厌的话题。虽说今人无从考证西山一窟鬼故事与"一窟鬼茶坊"到底孰先孰后，但这个招牌既神秘诱人又凸显特色，成为京城"士大夫期朋约友会聚之处"④。同样，临安"在五间楼前大街坐铺中瓦前，有带三朵花点茶婆婆，敲响盏，掇头儿拍板"⑤，竟成为街头一景，引人驻足观看。二者均具有很好的广告效应，买卖必然兴隆。

　　一般讲经营买卖，必须能够眼疾手快，察言观色，进退自如。"茗盌

---

① 参见袁褧《枫窗小牍》卷上，《全宋笔记》第4编，大象出版社2008年版，第231页；周密：《武林旧事》卷7《乾淳奉亲》、卷3《西湖游幸》，中国商业出版社1982年版，第148、42页；《梦粱录》卷13《铺席》，第106页。
② 周密：《武林旧事》卷3《西湖游幸》，中国商业出版社1982年版，第42—43页。
③ 庄绰：《鸡肋编》卷上《馓子》，中华书局1983年版，第7页。
④ 《梦粱录》卷16《茶肆》，第130页。
⑤ 《梦粱录》卷13《夜市》，第109页。

角饵邀人尝"①,是项安世对商妇热情招徕客人的描述。陈普倾力歌颂了福建古田商女。《古田女》序曰:"吾州近郭五六县,土风悉如老杜所赋夔州女,而郭尤甚。每惭无以答四海兄弟之诘问。一日来古田,见傍县一二十里内,于插秧时亦如之,以为三时惟此时最忙,不可不为夫子之助也。其说则甚善,而其事则未可。愚以为不如其已也,皆吾人也。作诗以道之,幸其一听。作华夏人,岂不足以美吾东南一隅哉。"其诗云:

> 插花作牙侩,城市称雄霸。梳头半列肆,笑语皆机诈。
> 新奇弄浓妆,会合持物价。愚夫与庸奴,低头受凌跨。②

诗人以细致的笔墨讲述精明能干的古田女农工商贸胜于男子,惟妙惟肖地描写她们的形貌及机敏性格,"梳头半列肆,笑语皆机诈","新奇弄浓妆,会合持物价",凸显出她们压倒须眉的才能。另有一些女性俨然是一家之主,利用自身的聪明才智,精心经营,担当起养家持家的责任。前述"侠妇人"便是一个典型。

其四,地域特点与局限。京城是经济、商业繁盛之所,那里的女子有着很强的商业意识。许多商家女子很小便到肆中做事,"京师民石氏开茶肆,令幼女行茶";金明池附近有一家酒肆,"花竹扶疏,器用罗陈,极萧洒可爱……当垆女年甚艾"③。北宋汴京大相国寺举办庙会,"诸寺师姑"的绣作如领抹、花朵、珠翠、领面、帽子、特髻、冠子、条线等在此出售。④

其他地方也各有特色。"吴侬生长湖山曲,呼吸湖光饮山绿。不论世外隐君子,佣奴贩妇皆冰玉。"⑤苏轼认为吴地的湖光山色孕育了一方灵秀人物,而从商的妇女等也是一派冰清玉洁。赵蕃也讲到严州"佣贩悬

---

① 项安世:《平庵悔稿》卷2《建平县道中》,《宋集珍本丛刊》,线装书局2004年版,第66册,第160页。
② 顾嗣立编:《元诗选》3集卷2(陈普)《古田女》,文渊阁《四库全书》本,台湾商务印书馆1986年版,第1471册,第267—268页。
③ 洪迈:《夷坚志》甲志卷1《石氏女》、甲志卷4《吴小员外》,第7、29页。
④ 《东京梦华录注》卷3《相国寺内万姓交易》,第88—89页。
⑤ 苏轼:《苏轼诗集》卷25《书林逋诗后》,第1344页。

知尽冰玉,不惟二士眇难攀"①。陆游则记述靠近"朱栈青林小益西,早行遥听隔村鸡"的地方竟有外商酒店,其店风格是"酒舍胡姬歌折柳",即胡姬歌唱杨柳枝曲。②川峡贩妇也很有特色,两宋诗人梅尧臣、陆游、刘克庄对她们均有所关注:

三峡蛮溪上,千山楚俗兼。妇人樵入市,官井货专盐。③

峡中山多甲天下,万嶂千峰通一罅。峒民无地习耕稼,射麇捕虎连昼夜。

女儿薄命天不借,青灯独宿江边舍。黎明卖薪勿悲吒,女生岂有终不嫁。④

岁晚郊居苦寂寥,日高盐酪去城遥。深深榕径苔墙里,忽有银钗叫卖樵。⑤

最富特色的是闽广等地,那里的女子参与了几乎所有的社会生产活动,甚至成为主力,特别是在商贸方面她们的作用尤其突出。正如周去非《岭外代答》记载:"余观深广之女,何其多且盛也……城郭墟市,负贩逐利,率妇人也。"⑥南宋晚期任职于广南西路的李曾伯,指出邕州的武缘、宣化一带风俗是"樵苏种获,与夫负贩趁圩,皆付之妇人"⑦。秦观笔下"一日三四迁"的卖鱼虾粤女:"粤女市无常,所至辄成区。一日三四迁,处处售虾鱼。青裙脚不袜,臭味猨与狙。"⑧显然粤女从商很有地方特色,既不是固定在同一个地方,也不是走街串巷,而是在不同的时

---

① 赵蕃:《淳熙稿》卷17《入严州界二首》,文渊阁《四库全书》本,台湾商务印书馆1986年版,第1155册,第273页。
② 陆游:《剑南诗稿》卷63《梦行益昌道中有赋》,第3597页。
③ 梅尧臣:《宛陵先生集》卷57《送洪秘丞知太宁监》,《宋集珍本丛刊》,线装书局2004年版,第4册,第121页。
④ 陆游:《剑南诗稿》卷2《书驿壁》之2,第209页。
⑤ 刘克庄:《后村先生大全集》卷3《岁晚书事十首之八》,《宋集珍本丛刊》,线装书局2004年版,第80册,第710页。
⑥ 周去非:《岭外代答》卷10《蛮俗门·十妻》,《全宋笔记》第6编,大象出版社2013年版,第215—216页。
⑦ 李曾伯:《可斋续稿后》卷7《回宣谕团结奏》,《宋集珍本丛刊》,线装书局2004年版,第84册,第628页。
⑧ 秦观:《淮海集》卷6《海康书事十首之五》,《宋集珍本丛刊》,线装书局2004年版,第27册,第259页。

间、不同的地点形成不同的小卖场。几乎一色的装扮，一致的行动，一样的热闹。福建人陈普诗称饶州一带（今江西景德镇一带）妇女与男子一样劳动，"朝昏卖鱼虾，晴雨亲耕稼。樵苏与负戴，咸与夫并驾"。而闽地的女子与之不同，"插花作牙侩，城市称雄霸"。她们把自己打扮得漂漂亮亮，伶牙俐齿，说合物价，控制市场，其能力与气势压倒"愚夫与庸奴"①。可见，在南方许多地区女性商卖颇成风气，某种程度上不仅不亚于男子，有的甚至胜过男儿，成为市场上的主力军。

三

宋代女性之所以有在商品经济舞台上活跃的空间，是由其所处时代的经济基础、文化氛围以及民风所决定的。宋代城市化进程加速，打破了唐代坊市制度，手工业和商业贸易的发展迅速，出现了坊市合一的市场形态。特别是其时整个社会的经商重商大趋势，奠定了女性大规模从商的经济社会文化基础，并对女性商人的发展起了决定性作用。

毋庸置疑，两宋女性的商业经济活动是宋代商品经济发展繁荣的重要表征，尤其是大都市以及沿海江浙地区的妇女积极参与社会活动，直接对当时经济、贸易和城市的发展作出很大的贡献。宋人对女商人的描写与记录是多层次多角度立体化的，塑造出了丰富多彩的女经商者群体形象，有正面形象也有负面形象。既有城市的，又有农村的；既有店主、贩妇，又有市场牙侩、小手工业者。从时间上看，南宋的记述较多；从地域上看，南方的记述较多。这也与南宋南方商品经济更为发达，女性从商数量增加的事实相契合。文人们对妇女的生活方式加以表述，包括她们的价值取向、思想观念、社会心理、生活情趣等诸多方面。就其存在方式而言，除了历史文献记载之外，它甚或可以通过诗歌的形式再现。在宋人的创作中，有相当数量的诗歌便反映了宋代商业贸易活动中的女性。借助这些文献，对女性经商行为及其动机、社会背景做一深入考察才成为可能。当然，士大夫是以自身的主流意识对妇女经商等行为进行解读，带有浓厚的价值评价倾向，而他们这种倾向性更有利于我们了解经商女性在当时的

---

① 顾嗣立编：《元诗选》3集卷2（陈普）《古田女》，文渊阁《四库全书》本，台湾商务印书馆1986年版，第1471册，第267—268页。

处境。

综上，两宋妇女成为社会劳动力量的重要组成，她们不仅承担着家庭角色，而且还承担起社会责任，从事必要的社会劳动，参与商品流通。这些女性经商不是个别现象，也不是偶然现象，应是宋代繁荣的商品经济深入社会的必然表现。同时也说明，适用于上层社会男主外女主内的传统性别角色分配与价值观，对于这些走出家门融入社会的经商女性是不适宜的。宋代女子同男性商人一样活跃在城市乡村各级各类市场中，为商品经济的发展做出了贡献。这一事实是否可以说在商品经济条件下，宋代妇女已经部分地脱离家庭走上社会，承担着一定的社会责任。

宋代政府与节日消费

魏华仙

宋代节日具有数量多、娱乐活动丰富多彩、人们物质和文化消费增多、市场化因素明显增强等特点。这除了宋代社会商品经济发展、城市人口增多、城市化步伐加快的根本原因之外，与宋代政府对节日的重视密不可分。政府在创设新节日、维护和"加工"传统节日习俗、规定节假、组织开展各种节日活动、营造节日气氛等方面，都起到了它作为国家最高权力机关对民风民俗所应有的引导和推动作用。同时，皇帝及其臣僚或者以统治者身份，或者以普通俗民身份积极地参与各项节日活动，"与民同乐"，这些使得宋代几乎每个传统节日，无论是在都城还是在地方城镇，都是人山人海、热闹非凡，而且与社会经济发展相适应，节日期间人们消费水平有所提高，消费的物品种类及消费方式都发生了明显变化。但现有的有关宋代节日文化的研究中，似乎还没有专门对政府与节日的关系尤其是节日消费进行探讨。有鉴于此，我们拟作一尝试，主要探讨宋代政府对士庶节日消费有过怎样的举措，这些措施对社会消费风气、消费市场以及士庶节日生活产生了怎样的影响等，以期为今天的官方处理与传统节日的关系提供点滴借鉴。

一 宋代政府对节日消费的举措

（一）对士庶节日消费的政策性鼓励

节日消费是士庶个人根据自身的经济状况而选择的节日生活标准和采取的消费行为。其中，个人的经济收入虽然是起决定作用的方面，但节日又与平常有别，即它有特定的全民性的习俗活动及深刻的文化意义，所以节日消费又并非完全私人而具有公开的集体的特点。政府作为国家最高权力机关，对民间节日习俗既有顺应、维护和利用的一面，也有引导、修补甚或改变的一面。宋代政府对传统节日的态度在这方面表现得特别明显，对士庶的节日消费主要采取了以下措施：

首先，允许士庶游玩，不禁各种买卖。北宋都城汴京在元旦、寒食、冬至三大节时，开封府发出允许士庶"关扑三日"的通告。关扑又称跌成、撅钱、拾博或跌博，是一种以铜钱为赌具的博戏活动。由于它集赌博、交易、游戏娱乐于一身，在宋代市井社会中十分流行，成为城市商业活动及岁时节日游艺活动的主要组成部分。但也正是由于它所具有的赌博特点，平常时日官府禁止开展此项活动。北宋时的关扑活动主要是在节日官府开禁的时间里进行，如上述三大节日时，汴京马行街、潘楼、州东宋门外、州西梁门外、踊路、州北封丘门外、州南一带，关扑的彩棚连成一片，里面铺陈冠梳、珠翠、头面、衣服、花朵、领抹、靴鞋、玩好等物，扑卖者的高声吟叫与彩棚间舞馆歌场传出的鼓乐笙歌，交相呼应。入夜，"贵家妇女，纵赏关赌，入场观看"①。此外，还有元宵节，如"宣德门，元夜点照，门下亦置露台，南至宝箓宫，两边关扑买卖"②。而最为热闹、物品最为丰富的关扑活动还是三月一日至四月八日开放金明池时。宋神宗元丰初年，"每开一池日，许士庶扑博其中，自后游人益盛"③。扑博成为了吸引游人前来的法宝，也是北宋政府在当时经济文化背景下，为营造都城大节的节日气氛所采取的一项举措，它不但丰富了市民的节日娱乐活动，也促进了节日市场的繁荣。

金明池在宋朝统一南方以后的和平时期里，由原来的国家水军训练基地逐渐转变为公众游乐场所，宋政府在这一转变过程中起了决定性作用，一方面，制定招来士庶游玩的优惠政策，"三月一日，三省同奉圣旨，开金明池，许士庶游行，御史台不得弹奏"④。并由御史台在宜秋门贴出黄榜告知市民。这就保证了官员在合法时间惬意游玩金明池而不至遭到

---

① （宋）孟元老撰，伊永文笺注：《东京梦华录笺注》卷6《正月》，中华书局2006年版，第514页。
② （宋）孟元老撰，伊永文笺注：《东京梦华录笺注》卷6《十六日》，第597页。
③ 金盈之：《醉翁谈录》卷3《三月》，江苏广陵古籍刻印社1981年版。
④ （宋）周辉撰，刘永翔、许丹整理：《清波别志》卷中，《全宋笔记》第5编第9册，大象出版社2012年版，第159—160页。

"游宴无度""耽于游乐"之类的弹劾。另一方面，组织开展多种活动，主要有：水军的水阵表演和龙舟争标比赛；游客的关扑活动、民间艺人的演出以及各种商业买卖活动等。这些活动已把金明池变成了最热闹的游乐场和最繁盛的商品交易市场，深深地吸引了京城士庶，以至俗谚有"'三月十八，村里老婆风发。'盖是日村姑无老幼皆入城也"①。"虽风雨亦有游人，略无虚日矣。"②即使用现在的眼光去看，也应该说是政府组织的较为成功的节庆旅游活动。

　　如果说北宋时期的节日消费市场主要由官方允许关扑和开放金明池而促成的话，那么，南宋政府则是以西湖游玩、龙舟比赛和钱塘江观潮等活动来激发节日消费市场的。临安地方政府一直很重视对西湖的治理，其中尤其值得注意的是"州府自收灯后，例于点检酒所开支关会二十万贯，委官属差吏倅雇唤工作，修葺西湖南北二山，堤上亭馆园圃桥道，油饰装画一新，栽种百花，映掩湖光景色，以便都人遊玩"③。这表明官府已有意识地关注节日旅游环境和市场。二月初八日西湖开始接纳游人，直至寒食清明节，官府举行龙舟赛，引得"湖山游人，至暮不绝"，即使贫穷无钱者，"亦解质借兑，带妻挟子，竟日嬉游，不醉不归"④。官府还明确表示"凡游玩买卖，皆无所禁"，于是一时间，各种日用商品、食品、娱乐品、伎艺人的表演等，纷纷呈现。到中秋节时的观潮更是上自皇帝臣僚，下至平民百姓的游乐活动高潮，其内容既有传统的海门观潮、祭祀潮神、祈求护佑，也有官府组织的水军海上竞技表演，更有潜水功夫十分了得的吴儿的弄潮踏浪；一方面是承欢龙颜，一方面是取悦百姓。每当这些时候买卖活动总是少不了，而且异常繁盛，"店舍经营，辐辏湖上，开张赶趁"⑤。"江干上下十余里间，珠翠罗绮溢目，车马塞途，饮食百物皆倍穹常时，而僦赁看幕，虽席地不容闲也。"⑥"都人士女，两堤骈集，几于无置足地。水面画楫，栉比如鱼鳞，亦无行舟之路，歌欢箫鼓之声，振动远近，其盛可以想见。"⑦一点也不亚于近年来我国在黄金周时出现的涌入

---

① 金盈之：《醉翁谈录》卷3《三月》。
② 孟元老：《东京梦华录笺注》卷7《驾回仪卫》，第737页。
③ 吴自牧：《梦粱录》卷1《二月》，山东友谊出版社2001年版，第13页。
④ 吴自牧：《梦粱录》卷1《八日祠山圣诞》，第15页。
⑤ 西湖老人：《西湖老人繁胜录》，中国商业出版社1982年版，第6页。
⑥ 周密：《武林旧事》卷3《观潮》，山东友谊出版社2001年版，第54页。
⑦ 周密：《武林旧事》卷3《西湖游幸》，第47页。

名胜景点的旅游潮。

其次,给予后宫及部分官员节料钱。节料钱是指在重要节日时朝廷给予后宫及部分官员的额外钱物。据文献记载,唐代已有节料钱。① 宋代的节料钱出现很早,在宋太祖征战上党李筠叛乱时,有赐给太后的诏书云:"朕亲提六师,问罪上党。未有回日,今七夕节在近,钱三贯与娘娘充作剧钱,千五与皇后,七百与妗子充节料。"② 南宋时岳珂看到这条材料后又作了记载。③ 从中可以了解到:1. 宋代最初得到节料钱的人只有皇太后、皇后等后宫地位很高的女性;节日是七夕节,说明七夕是与妇女乞巧节有关;2. 节料钱的用处,皇太后的用作"剧钱"或"则剧钱",据汪圣铎先生言,"则剧即杂剧"。皇后和妗子的只说用作节料,但不管怎么说,它是朝廷对后宫个人节日娱乐消费的支付。3. 南宋时,民间士庶亦相效仿,在一年的三个大节时由家长发给家人钱,"纵之呼博",可能是关扑之类的游戏,而且已"习尚已久",说明南宋民间也很重视对节日个人消费的鼓励。4. 后宫的节料钱后来成为其俸禄的一部分。④

南宋朝廷还在寒食、冬至、元旦(或端午节)三大节时赐予经筵官、讲读官等官员节料钱,⑤ 且数量比北宋增多。

再次,临安节日期间的官放赁屋钱。北宋灭亡后,"四方之民云集两浙,百倍于常"。有人估计临安的移民在其总户口中的比例甚至高达六七成,⑥ 尤其是临安成为南宋王朝的政治、经济、文化中心之后,大小官吏、应试举子、文人雅士、江商海贾等各类流动人口,或频繁出入或长期留住此地,致使人口陡然增加,产生了对住房的大量需求。然而受当时各种条件的限制,临安不可能在短期内新建大批房屋来满足新增人口的住房要求,于是房屋租赁则成为解决这一问题的一个有效措施,房屋租赁业由

---

① 李肇:《翰林志》,文渊阁《四库全书》本,台湾商务印书馆1986年版,第595册,第300页。
② 蔡絛:《铁围山丛谈》卷1,中华书局1983年版,第3页。
③ 岳珂:《愧郯录》卷15,《四部丛刊续编》。
④ 吴以宁、顾吉辰:《中国后妃制度研究》(唐宋卷),华东理工大学出版社1995年版,第267页。
⑤ 周必大:《文忠集》卷176,文渊阁《四库全书》本,台湾商务印书馆1986年版,第1149册,第21页;李心传:《建炎以来朝野杂记》甲集卷9《中兴讲读官节料》,中华书局2000年版,第180页。
⑥ 何忠礼、徐吉军:《南宋史稿》第9章,杭州大学出版社1999年版;葛剑雄主编,吴松弟著:《中国人口史》(第3卷),复旦大学出版社2000年版,第577页。

此也成为临安城的重要行业之一。① 可正是由于房屋少,租房人多,供不应求,所以临安房屋租金相对于一般市民的收入来说偏高。有官吏感叹:"任京有两般日月,望月初请料钱,觉日月长;到月终供房钱,觉日月短。"有着固定收入的官吏尚且如此,那些每月收入只三贯或不及三贯的小商人就更感难以应付了,承租人交不起房租的事时有发生。因此,政府为防止矛盾的激化,便采取了在一些特殊时日免去若干房钱以及下令减低房租等措施,以解决房租过高问题,岁时节日期间的放免赁屋钱就是其措施之一种。当时规定放免赁屋钱的节日主要有元旦、元宵节、冬至节,放免的时间是每节三日。②

这里特别应注意,不能把政府岁时节日的放免赁屋钱与救济性的蠲免房钱等同起来。宋代政府救济性蠲免房钱主要发生在冬季雨雪时节,这种救济性的蠲免与岁时节日时的放免尽管在对象上都是租赁房屋的人群,但在其他很多方面都不同。救济性的蠲免在时间上长于、在数量上也高于岁时节日的放免,据吴自牧《梦粱录》卷一八《恩霈军民》记载,蠲免时间从三天至半月不等,数量一贯只收七百。在蠲放目的上,救济性蠲免解决的是贫困百姓的居住、保暖及减少街头流浪等问题;岁时节日的放免房钱则是官府为营造一种宽松祥和的节日气氛,让更多的人参与到节日中来,刺激节日消费的政策性鼓励措施。由此我们说南宋政府比北宋政府更多地具有实效意识和节日经济意识。

以上可知,娱乐游玩已成为宋代节日里相当重要的活动内容,而且越是到后期,这种趋向越是明显。这既有节日习俗随着社会的发展而发展的自然原因,同时,官方的推动作用也是一个重要原因。宋代政府抓住了节日的本质特征——"乐",在集中人气、激发人们的节日热情上面花力气,利用国家公共资源,组织开展一些大型娱乐活动,并给予政策性鼓励,对后宫及部分官员的个人节日消费也赐予额外的钱物。而"乐"中本身又包含着商业买卖的市场因素,加上政府对节日期间各种商业买卖活动的许可,这样,一方面激发了士庶参加节日活动的积极性,有利于节日文化的发展;另一方面,娱乐和市场买卖相结合成为节日消费特征,也使

---

① 林立平:《唐宋之际城市租赁业初探》,《中国史研究》1988年第3期;田中初:《南宋临安房屋租赁述略》,《史林》1994年第3期。

② 吴自牧:《梦粱录》卷1《正月》《元宵》,卷6《十一月冬至》,第1、6、75页。

传统节日的经济功能以崭新的面孔出现在我们面前。

(二) 宋代皇宫的购买性节日消费方式

节日期间，宫中后苑自然会制作各种精美的应节食品、物品，供皇室及其亲贵享用，但他们或者为追求"异味"，或者为显示地位，抑或又难以抵挡市场的诱惑，都或多或少地从市场取得节日消费物品。

如宣和年间元宵节时，徽宗率百官、宫嫔出城观灯赏戏，皇帝的看位前，就摆满了陈列着琳琅满目商品的售货摊，"都下（宣德门）卖鹌鹑骨饳儿、圆子、馉拍、白肠、水晶鲙、科头细粉、旋炒栗子、银杏、盐豉汤、鸡段、金橘、橄榄、龙眼、荔枝诸般市合，团团密摆。准备御前索唤……惟周待诏瓠羹贡余者，一百二十文足一箇，其精细果别如市店十文者"。① 这是为内廷宣买所设，既有元宵节的节食圆子、馉拍，也有来自南方的水果金橘、橄榄、龙眼和荔枝。价格昂贵，就连满足皇宫需要后剩下的瓠羹，也还需 120 文足一份，其他精美果品也比市场上所卖相差 10 文。

临安元宵节时，"至二鼓，上乘小辇，幸宣德门，观鳌山。……内人及小黄门百余，皆巾裹翠蛾，效街坊清乐傀儡，缭绕于灯月之下。既而取旨，宣唤市井舞队及市食盘架。先是，京尹预择华洁及善歌叫者谨伺于外，至是歌呼竞入。既经进御，妃嫔内人而下，亦争买之，皆数倍得直，金珠磊落，有一夕而至富者"②，可见皇帝一行取自市场不在少数。孝宗皇帝元宵时更是堆垛现钱购买市食。宋高宗开春时节外出游幸西湖，也索买湖中小舟上所卖的食物，宋五嫂鱼羹就是因得到过皇帝的品尝而声名大振，"人所共趋，遂成富媪"。这种事还较多，朱静佳的六言诗云："柳下白头钓叟，知不生长何年。前度君王游幸，买鱼收得金钱。"③ 可见，皇帝也曾从钓鱼翁处买过鱼。

皇宫里一些节物也有购自市场的，如端午节用的鼓扇，"富贵之家多乘车萃买，以相馈遗"④。七夕的摩睺罗，虽然有后苑采办，但皇宫中仍

---

① 孟元老：《东京梦华录笺注》卷 6《十六日》，第 597 页。
② 周密：《武林旧事》卷 2《元夕》，第 36—37 页。
③ 周密：《武林旧事》卷 3《西湖游幸》，第 45 页。
④ 陈元靓：《岁时广记》卷 21《端五上》，《丛书集成初编》，商务印书馆 1939 年版，第 235 页。

有买卖摩睺罗的，"内庭与贵宅皆塑卖磨喝乐，又名摩喉罗孩儿，悉以土木雕塑，更以造彩装襕座，用碧纱罩笼之，下以桌面架之，用青绿销金桌衣围护，或以金玉珠翠装饰尤佳"①，制作精美。

皇宫出游西湖时的划水荡舟，观潮的看位等也都通过租赁而来。

节日期间，皇宫成员的文艺欣赏也有来自市场的，如临安元宵节的舞队以民间自行组织为主，皇宫及官府欣赏，多是通过"点视"的方式招来舞队，被点到的舞队为其表演后，由官府支给钱酒油烛。因此，在皇宫附近总是云集很多伎艺之人，企盼能够沾上皇恩，"脆管清吭，新声交奏，戏具粉婴，鬻歌售艺者，纷然而集"②。皇帝出行时，各种走街串巷的文化货郎——路歧人也闻声而至，尾随其后。

总之，皇宫节日消费往往具有品种多、数量大、价格贵的特点，给出售这些物品的人带来了可观的收益；更为重要的是皇宫的购买具有"名人示范效应"，有利于名牌产品的产生，对节日商品市场乃至整个城市市场的繁荣都起了良好的促进作用。

以上通过宋代政府对节日消费的政策性鼓励及皇宫购买性节日消费的考察，我们看到宋代政府对节日消费的重视和身体力行，既聚集了人气，丰富了节日习俗活动，活跃了节日气氛，又促成了节日消费市场的繁荣，同时，更加深了宋政府对节日市场的了解。由于商品经济的发展，全民商业意识的提高，加之宋代以军费、官费为主的财政压力一直很突出，宋政府不会对这一能带给它财源的存在视若无睹，它不会只满足于做裁判员、消费者，它还要做运动员、经营者，因为它手里掌握着节日市场中消费量最大、风险性最小、最容易获利的经营项目，这就是：酒。

二　宋代政府对节日酒消费市场的干预

酒在节日里扮演着十分重要的角色，"今祭祀、宴飨、馈遗，非酒不行"③，既是饮品，又是礼品、祭品，特别是那些有着特殊含义的酒，如年节时的屠苏酒、椒柏酒，春、秋二社的社酒，端午节时的菖蒲酒或艾酒

---

① 吴自牧：《梦粱录》卷4《七夕》，第41页。
② 周密：《武林旧事》卷2《元夕》，第39页。
③ （宋）周煇撰，刘永翔校注：《青波杂志校注》卷6《榷酤》，中华书局1994年版，第235页。

以及重阳节的菊花酒等，已经远远超出了酒的本来意义，凝聚着中华民族悠久的文化传统，因此家家不可或缺。宋代酒由官府榷卖，榷酒收入在财政中仅次于两税、榷盐而居第三位。如此高额的酒课却并非官府通过正常的市场买卖渠道实现，而是采取种种办法，最大限度地剥削生产者和消费者获得的。①节日是酒的消费高峰期，消费量巨大，是实现酒课的大好时机，官府及其所属的酒楼酒店主要通过控制酒的生产和销售来控制节日酒消费市场。

对广大乡镇居民节日酒的消费，主要采取按人户分摊一定数量的酒，令其出钱到官府购买，如荆门军酒库及公使库在宋代三大主要节日元旦、寒食、冬至时，都印关子即便籴钞引或便钱券给居民，关子上面印有一百文到一贯等不同数字。居民持此关子到官库交纳关子上规定的钱数，买取相应数量的酒。②这是不顾百姓的意愿，价格由官府确定的强制性消费。

对城市节日酒的消费则通过煮卖新酒并极力促销的方式。汴京正店一年主要在两个节日时煮卖新酒：四月八日浴佛节和八月十五日中秋节。其中，中秋节时采取装修酒楼、悬挂彩色花样画竿和醉仙锦旗等方式促销新酒，且效果不错，至中秋节中午时，汴京城各酒店新煮的酒就被销售一空了。

南宋临安府所管辖的诸库，每年也是两次开煮新酒，只是具体时间各书记载不一，有清明前和中秋前的（《梦粱录》），有四月初开煮、九月初开沽的（《武林旧事》），有寒食节前开沽煮酒、中秋节前后开沽新酒的（《都城纪胜》）。其迎煮仪式及促销方式远比北宋隆重。此外，临安酒库还利用元宵节张灯时进行促销，"诸酒库亦点灯球，喧天鼓吹，设法大赏，妓女群坐喧哗，勾引风流子弟买笑追欢"③。这一方面说明酒课在南宋财政中的地位更为重要，另一方面也说明南宋官府的节日市场意识比北宋增强。

宋代政府对节日酒市场的干预，其主观目的是促进酒的销售，实现酒课，增加财政收入，这当中自然包括有对广大生产者和消费者的沉重剥削。但同时也应该看到，官府将促销酒与节日娱乐活动紧密结合起来，由

---

① 李华瑞：《宋代酒的生产和征榷》，河北大学出版社1995年版，第329—358页。
② 洪适《盘洲文集》卷49《荆门应诏奏宽恤四事状》，文渊阁《四库全书》本，台湾商务印书馆1986年版，第1158册，第572页。
③ 吴自牧：《梦粱录》卷1《元宵》，第7页。

打扮亮丽的妓女、社队鼓乐、杂技艺人以及三五个抬样酒、"布牌"人等组成的宣传促销队伍，走在大街上，本身就颇具观赏性，它吸引了成千上万市民的眼球，既活跃了节日市场，也丰富了市民的节日娱乐活动。

三　宋代政府对节日消费的影响

（一）统治者对节日消费风气的提倡和引导

消费风气是人们在长期的社会生产和生活实践中所形成的一种消费习惯，它的形成与沿袭既有政治、经济、文化、历史的原因，也有消费心理的影响；既有民族性、阶层性、地区性的区别，也有个体性的差异。但统治者的提倡和引导则是使其趋于"大同"及产生变化的重要因素甚至是决定性的因素。

北宋中后期，由于商品经济的活跃，社会上各阶层竞相追逐商业利润，富有者纷纷向都城聚集，结果大大提高了都城的消费水平。而消费水平的提高又刺激了富人享受欲望的不断膨胀，随之兴办起来的各种行业和娱乐场所，又吸引了大批农业人口流向城市谋生，这又造成消费人口的高度集中，进而使得人们的消费习惯和消费方式互相影响而发生改变，都城消费风气由初期的俭朴向中后期的奢华转变，始作俑者就是那些有消费能力的上层贵族、官僚、富家大户。司马光说："宗戚贵臣之家，第宅园囿，服食器用，往往穷天下之珍怪，极一时之鲜明。惟意所致，无复分限。以豪华相尚，以简陋相訾。愈厌而好新，月异而岁殊。"[①] 他们豪奢的生活方式，形成了都城中"风尚奢靡"的世风。

造成这一现象的原因如上所述是多方面的，但仅就统治者在节日活动的影响来看，前面述及宋代凡是士民广泛参与的、娱乐活动丰富多彩的节日几乎都有皇帝、妃嫔、宗室、臣僚的参与，如元旦、元宵节、开金明池、游赏西湖、中秋观潮等。此时往往是"富者炫耀，贫者效尤"，如汴京元旦时，"小民虽贫者，亦须新洁衣服，把酒相酬"。元夕，"深坊小巷，绣额珠帘，巧制新装，竞夸华丽"。临安，元旦时，"细民男女亦皆鲜衣，往来拜节"，"不论贫富，游玩琳宫梵宇，竟日不绝。家家饮宴，

---

① 司马光：《司马温公集编年笺注》卷23《论财利疏》，巴蜀书社2009年版，第186页。

笑语喧哗。此杭城风俗，畴昔侈靡之习，至今不改也"①。春游西湖时，"赏心乐事之时，讵宜虚度？至如贫者，亦解质借兑，带妻挟子，竟日嬉游，不醉不归"②。中秋节时，"虽陋巷贫窭之人，解衣市酒，勉强迎欢，不肯虚度"。

宋代成都的游乐之风闻名全国，很多文人学者都有过描述。庄绰更具体地记述说："成都自上元至四月十八日，游赏几无虚辰。"③ 仔细分析有关材料，不难发现，这里的节日游玩活动大多最初由郡守及其僚属等官员开创，后被人们沿袭下来而成为习俗，这种风气发轫于唐末五代，兴盛于宋代。如蜀地风俗，以二月二日为踏青节，都人士女，络绎游赏，散在四郊。"历政郡守，虑有强暴之虞，乃分遣戍兵于冈阜坡冢之上，立马张旗望之。"这虽然也是郡守对节日活动的一种干预，但他是以节日活动的统治者和保护者身份出现的。在张咏知成都府时，始撤去戍兵，改为"聚之为乐"的方式，"乃于是日，自万里桥，以锦绣器皿，结彩舫十数只，与郡僚属官分乘之，妓乐数船，歌吹前导，命曰游江。于是郡人士女，骈集八九里间，纵观如堵"④。由此，太守及其僚属不仅是节日活动的组织者，也是参与者。张咏顺应蜀俗，"以从民乐"的做法，既安抚了民心，也使传统的娱乐活动走上了规范的轨道。据统计，宋代益州每年旧例，"知州以下五次出游江并山寺，排当从民邀乐"⑤。太守游江，朝廷还公费报销宴饮的开支。此后宋廷派往成都做太守的人，无不在任内竞相标榜倡导支持游乐。赵抃时，游江彩舫较之张咏时，"至增数倍"。可见，宋代成都的游乐风俗之盛，除了经济发展、城市繁盛的原因之外，官方的提倡、地方官的积极支持和参与是不容忽视的重要原因。

（二）官方对节日消费市场的影响

主要表现在：一是顺应时有市场。从前所述可见，宋代无论是皇室还是官府，节日期间的物品及歌舞娱乐消费，都有取自市场的部分，而且比例在不断扩大。这是政府在社会经济发展、节日市场发达情况下，

---

① 吴自牧：《梦粱录》卷1《正月》，第1页。
② 吴自牧：《梦粱录》卷1《八日祠山圣诞》，第15页。
③ 庄绰：《鸡肋编》卷上，中华书局1983年版，第20页。
④ 陈元靓：《岁时广记》卷1《春》"游蜀江"条，第11页。
⑤ 徐松辑：《宋会要辑稿》刑法2之26，中华书局1957年版，第6508页。

以消费者身份，顺应市场的体现。二是控制节日酒消费市场。这是官府利用其对酒的专卖特权，以经营者身份出现在节日市场上，煮卖新酒，并极力促销，一方面刺激节日消费市场，另一方面又控制节日酒消费市场以获取厚利。三是通过组织开展一些节日游玩活动来活跃节日消费市场。这是政府以组织者、决策者身份对节日市场进行引导和推动。如北宋时官府允许的节日关扑活动，既丰富了市民节日娱乐活动，也开辟了节日消费市场。

南宋官府则明确表示："凡游玩买卖，皆无所禁。"由此，节日期间的西湖内外，江潮翻滚的岸旁上下，到处是一派繁忙的买卖情景。岸上游人如织、店舍顾客盈满。一些临时性的店舍纷纷趁节开张，甚至在"路边搭棚卖酒食也，无坐处，又于赏茶处借坐饮酒"①，皆因此时"饮食百物皆倍穹常时"，可见，饮食市场之红火。商品市场也不示弱，果蔬、戏具、闹竿、花篮、画扇等"湖中土宜"以及珠翠冠梳，销金彩缎，犀钿、髹漆、织藤、窑器、玩具等物，无不罗列。船只与看位的租赁自然是此时的赚钱行业，"二月八及寒食清明，须先指挥船户，雇定船只。若此日分舫船，非二三百券不可雇赁。至日，虽小脚船亦无空闲者。船中动用器具，不必带往，但指挥船主一一周备。盖早出登舟，不劳为力，惟支犒钱耳"②。船价虽贵，但船上服务倒很周到。中秋节观潮时，"十八日盖因帅座出郊，教习节制水军，自庙子头直至六和塔，家家楼屋，尽为贵戚内侍等雇赁作看位观潮"，"而僦赁看幕，虽席地不容闲也"。还有身怀特技，等待召唤的艺人队伍……

这一繁荣的节日消费市场的出现，虽然在很大程度上是官方政策的产物，如金明池里，"博易场户，艺人勾肆质库，不以几日解下，只至闭池，便典没出卖"③。不管你才租赁几天，到了闭池那天，都只好典卖出去。这种短暂性特点免不了会给商家或投资者带来经济损失，但这也是节日本身所具有的消费集中、讲究物品的时效性等特点决定的。官方的组织、参与等干预措施对于节日消费市场的有序、繁荣起了重要的促进作用。

---

① 西湖老人：《西湖老人繁胜录》，第8页。
② 吴自牧：《梦粱录》卷12《湖船》，第169—170页。
③ 孟元老：《东京梦华录笺注》卷7《三月一日开金明池琼林苑》，第644页。

四　余论

　　以上我们主要考察了宋代政府在士庶节日期间的游玩、放免房屋租金、给后宫及部分官员节料钱等方面的政策性措施；对节日酒消费市场的干预以及对节日消费风气和节日消费市场的影响等。从中可看出，宋代政府对节日活动、节日消费风气起着主导、推动的作用，既体现统治者"爱臣民"、关心百姓节日生活、制造繁盛景象、标榜与民同乐的用意，也有控制市场、增加国家财政收入的目的；对节日消费市场既有顺应、利用的一面，也有控制、发展的一面。它在节日市场里分别扮演了消费者、经营者、组织者和决策者等不同角色，尽管角色扮演得有好有坏，但它丰富了宋代节日生活内容、推动了节日文化的发展、促进了节日消费市场的繁荣，使节日经济功能较前代更加明显，这一切既顺应了当时社会经济的发展，同时又反过来推动了城市商业乃至整个社会商品经济的发展。

杨辉算书与南宋社会经济诸关系初探

吕变庭

宋本《杨辉算法》(1274—1275) 早已不存，元代所流传下来的《杨辉算法》，今见多为残本。现流行本实为李迪先生在1985年得到由日本川原秀城所赠影印足本明洪武戊午本《杨辉算法》，亦即关孝和抄录本。从内容上看，杨辉算书可分为理论数学与日用算术两个组成部分，其中它在"贾宪—杨辉三角""纵横图"及高阶级数的研究等理论数学方面，所取得的成就代表着当时世界数学的巅峰。然而，自《九章算术》以来，中国古代数学著作的编纂体例基本上都采取问题集解的方式，注重在社会政治、经济、军事、文化等方面的实际应用，故其实用性特点尤其突出。如《九章算术》所收入的246个问题，几乎全部源于中国古代社会生产与生活实践活动，同样，杨辉强调"命题须责实有"，所以他的《乘除通变本末》《田亩比类乘除捷法》《续古摘奇算法》及《日用算法》等算术著作，其算题亦大多贴近实际。可惜，对于这样具有较高实用价值的算书，研究南宋社会经济史的学者却极少采信杨辉算书中的相关史料与数据，相反，秦九韶《数书九章》中有关南宋社会经济方面的史料却不断被学者征引。例如，李迪的《〈数书九章〉与南宋社会经济》[1] 及吕兴焕的《〈数书九章〉中某些问题的经济角度浅析》[2] 等论文，都一致认为秦九韶《数书九章》具有比较重要的经济史意义。相较之下，学界对杨辉算

---

[1] 李迪：《〈数书九章〉与南宋社会经济》，载吴文俊主编《秦九韶与〈数书九章〉》，北京师范大学出版社1987年版，第454—466页。

[2] 吕兴焕：《〈数书九章〉中某些问题的经济角度浅析》，《中国科技史料》2002年第3期。

书中的经济史价值还重视不够,故本文拟对杨辉算书的社会经济史意义略作阐释,不足之处,请方家批评指正。

一 山间坡地与田亩计量

南宋经济比较发达的地区,其人口增长与土地不足的矛盾不断升级,结果导致土地兼并恶性膨胀和苛捐杂税超过北宋的严重后果。在这种生活背景之下,大量农民被迫逃亡山区,垦山造田,以求活命。如南宋陈造在《垦山叟》一诗中称:"家家垦田日嫌窄,荒林翳荟惜虚掷。剧荒作熟不挂籍,输官之余给衣食。"① 非常真实和形象地描述了南宋广大农民,一方面为了规避繁重的赋役而开垦山地的情形,另一方面又担心官府随时将新垦山地列入田籍的复杂心理。实际上,农民的担心不是没有道理,因为即使能规避一时,然也总有被吏胥查根的那一天。况且由于大块的山地俱已开垦,随着山区开发的逐渐深入,留下可以围山垦田的区域越来越少,于是人们便有了"家家垦田日嫌窄"的感叹。从几何学的角度看,窄田即小块田的形式多种多样,除了传统的"直田""圆田""圭田""邪(斜)田""箕田""宛田""弧田"及"环田"之外,《田亩比类乘除捷法》还出现了"牛角田""梭田""墙田""圭垛""梯桵""腰鼓田""鼓田""三广田""曲尺田""方箭""圆箭""箭翎田"等新的地块形状,而这些不规整的山间地块,为几何土地丈量提出了新的课题。因此,杨辉算书的显著特点之一就是为丈量上述几何田亩提供了既简便快捷又准确可靠的算法。

例一,"《台州量田图》有曲尺田,内曲十二步,外曲二十六步,两头各广七步,问田几何?答曰:一百三十三步。"解法:"内曲即梯田上阔,外曲即梯田下阔,头广即梯田之长,步术用并内外曲,得三十八步,以一头广七步乘之,折半,合问。"②

实际上,这是一道梯田面积应用题,所得积为"一百三十三步"。如众所知,宋代一亩等于 240 步,又一步等于 5 尺。按宋代官尺 31.68 厘米

---

① 潘同生编著:《中国经济诗今释》,中国财政经济出版社 2000 年版,第 105 页。
② 杨辉:《田亩比类乘除捷法》卷上,见《中国科学技术典籍通汇》数学卷(一),河南教育出版社 1995 年版,第 1082 页。

计算，宋代一亩约为 0.9 市亩。据此算得上面的曲尺田约合 0.55 宋亩，经换算后约等于 0.5 市亩。

例二，"《台州量田图》有箭笴田（见下图），两畔各长八步，中长四步，阔十二步。问田几何？答曰：七十二步。"解法："倍中长，并两长，折半，以半阔乘之。"①

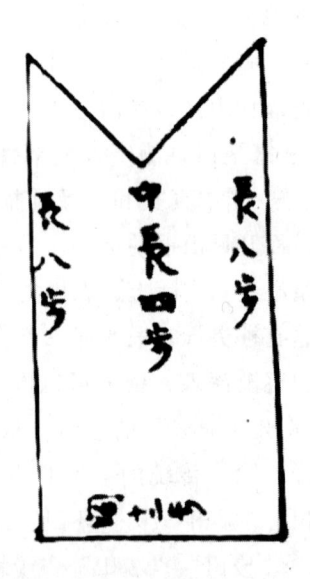

箭笴田实为两个"半梯田"，此田面积计 72 步，合 0.3 宋亩，相当于 0.27 市亩。

例三，"今有梭田，中阔八步，正长十二步，问田几何？答曰：四十八步。"杨辉释："《台州黄岩县围量田图》有梭田棣即二圭田相并。"②

此题有三种解法："半长乘阔"；"半阔乘长"；"长阔相乘折半"。面积"四十八步"合 0.2 宋亩，相当于 0.18 市亩。

考索有关宋代台州史志书，如《嘉定赤诚志》、清人黄瑞所辑《台州金石录》《黄岩县志》等，虽然它们都载有台州各县的田租或亩产量，但却乏于对山区农田开发的记载，尤其缺乏对山坡地形状和田块大小的描述，而杨辉算书弥补了这个缺憾。另从上述例题中不难看出，宋代台州各地的土地利用率

---

① 杨辉：《田亩比类乘除捷法》卷上，见《中国科学技术典籍通汇》数学卷（一），第 1083 页。
② 同上书，第 1080 页。

比较高，它甚至可与宋代福建地区"虽硗确之地，耕耨殆尽"①的情形相提并论。限于史料，以往宋代经济史的研究多注重对东南山地农业生产进行质的分析和阐述，相比较而言，则对其山地小块农田的管理研究显得较为薄弱。如果我们不抱偏见，那么，杨辉算书将为我们进一步研究宋代东南地区山地农业的开发和山田管理，提供非常有价值的史料。

二 土地买卖与田亩比类算题

宋代农业经济快速发展的重要标志之一就是"不立田制"，即国家不再运用权力对土地进行再分配，而是在尊重主佃双方意志的前提下，允许土地自由买卖。因此，杨辉算书从算学的角度讨论了"田亩买卖"问题，难能可贵。

下面是杨辉给出的两道田亩买卖算题。

第一道："钱二千七百四十六贯，买田每亩二十贯。问共买几亩？答曰：一百三十七亩七十二步。"②

第二道："陆地一百七亩，每亩一十贯六百文，问值几何？答曰：一千一百三十四贯二百文。"③

这两道算题所讲的土地价格与南宋江浙一带的实际田亩价格是否一致？对于这个问题，人们或许心存疑虑。故此，我们不妨再枚举几个参照实例如下：（1）袁说友《东塘集》载，宋孝宗淳熙十三年（1186），湖州上田的每亩价格为 10 贯；④（2）王楙《野客丛书》载，宋宁宗庆元元年（1195）每亩上田的价格为 10 贯；⑤（3）《江苏金石志》记，宋宁宗嘉泰四年（1204），长洲的上田每亩价格为 13 贯 900 文；⑥（4）《江苏金石志》又记，宋宁宗开禧二年（1206），吴县的上田每亩价格为 11 贯 100 文；⑦（5）赵与时《宾退录》载，宋理宗绍定

---

① 《宋史》卷 89《地理五》，中华书局 1985 年标点本，第 2210 页。
② 杨辉：《乘除通变算宝》卷上，《中国科学技术典籍通汇》数学卷（一），第 1052 页。
③ 杨辉：《乘除通变算宝》卷中，第 1055—1056 页。
④ 袁说友：《东塘集》卷 18《陈氏舍田道场山记》，文渊阁《四库全书》本，台湾商务印书馆 1986 年版，第 1154 册，第 369 页。
⑤ 王楙：《野客丛书》卷 10《汉田亩价》，文渊阁《四库全书》本，第 852 册，第 632 页。
⑥ 《江苏金石志》卷 14《吴学续置田记》，《宋代石刻全编》第 2 册。
⑦ 同上。

年间，江浙地区上田每亩价格为20—30贯等。① 所以漆侠先生说：南宋各地地价的差别是很大的，"有一二贯的，有三四贯的，也有十几贯、二三十贯的，绍定年间行在临安附近的菜圃竟达80缗"②。另据南宋人赵与时《宾退录》记载，嘉定年间江浙地区的农田价格"不减二三千缗"③。可见，杨辉算题给出的上田每亩价格是以南宋江浙某地某年的实际田亩价格为基础的，是真实可靠的，它并不是杨辉随意设定的土地价格数值。

诚如前述，《九章算术》方田章共有38道例题，其所求解的平面几何图形面积（即土地面积）主要有：方田（或直田）、圭田、邪田、箕田、圆田、宛田、弧田及环田。在此基础之上，杨辉《田亩比类乘除捷法》根据南宋田亩开发的客观实际，尤其是在复杂地形条件下修筑的山地，奇形怪状，所以出现了《九章算术》所不曾有的田亩平面几何图形，例如梯田、箫田、墙田、圭垛、梯垛、腰鼓田、鼓田等。在这里，我们权且抛开上述山田的计算方法不说，仅就这些奇形怪状的田亩平面几何图形而言，它确实反映了一种田不择地的土地开发和利用状况。因而杨辉在《田亩比类乘除捷法》里特别注重对那些不规整地块的几何运算，并提出了许多新的几何解法，遂成为杨辉算书区别于南北朝及隋唐算书的一个重要特点。以丘田为例，杨辉之前《五曹算经》载有此类田块的算题，惜没有给出"精确"解法，杨辉则根据"取象比类"的思维方法，提出了下面的解题方法和思路："丘田比附畹田，用周径相乘，四而一之法，田围凸外者可用。或围步凹里者未免围多积少，不合法理，常分段求之可也。"④ 从杨辉草绘的示意图来看，"畹田"（《九章算术》作"宛田"）与"丘田"可以"比附"，但由于两者在几何形状与具体算法方面差异较大，所以可"比附"却不能等同，图示见下。⑤

---

① 赵与时：《宾退录》卷3，文渊阁《四库全书》本，第853册，第682页。
② 漆侠：《宋代经济史》上，《漆侠全集》第3卷，河北大学出版社2008年版，第375页。
③ 赵与时：《宾退录》卷3，见《中华野史》编委会编《中华野史》卷5《宋朝卷》下，三秦出版社2000年版，第3947页。
④ 杨辉：《田亩比类乘除捷法》卷上，《中国科学技术典籍通汇》数学卷（一），第1078页。
⑤ 同上。

畹田　　　丘田

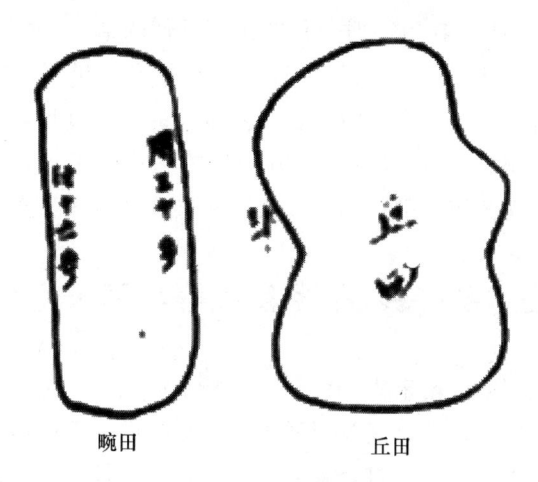

  由于《九章算术》没有给出"宛田"的图形，故学界提出了"宛田"即球冠形、优扇形、凸月形、馒头形及抛物线旋转面等多种观点，争议颇大。实际上，刘徽在《九章算术》"宛田"注中，曾观察到宛田与圆锥面之间的类似性，指出："今宛田上径圆穹，而与圆锥同术，则幂失之于少矣。然其术难用，故略举大较，施之大广田也。求圆锥之幂，犹求圆田之幂也。今用两全相乘，故以四为法，除之，亦如圆田矣。"① 从刘徽的注文里，我们能深刻感受到中国古代科学追求"正确"而非精确的思维特征，尽管人们从中国古代天文学、机械制造等领域举出很多"精确"的实例，但从整体上看，正像有学者分析的那样，"中国古代科学有两个倾向，整体论是主流，得到了充分发展，还原论是非主流，未得到充分发展"，而"整体论体系考察对象的整体可把握特征，并用整体综合方法加以处置，其结果是宏观准确、微观不精确；还原论体系考察对象的局部可把握特征，并用局部分析方法对待之，其结果微观精确、宏观不准确"②。刘徽在处理"方"与"圆"、"直"与"曲"的相互关系时，提出了包含着极限思想的"割圆术"，可惜他在注解"宛田"算题时，并没有给出"精确"的计算公式。杨辉亦复如此，从前面的"丘田"图中，《九章算术》和《五曹算经》所给出的答案均不能令杨辉满意，这是因为用

---

  ① 刘徽注，李淳风注释：《九章算术》卷1《方田》，上海古籍出版社1990年版，第10页。
  ② 马晓丹：《中国古代有科学吗？——兼论广义和狭义两种科学观》，《科学学研究》2006年第6期。

"圆田术"来求解"丘田"时,只能得到近似的结果。所以他提出了"常分段求之"的思想,至于怎样"分段",杨辉没有说明。然而,从认识到这个问题到解决这个问题,中间还需要漫长的探索过程。我们知道,唯有解析几何和微积分诞生之后,"丘田"问题才找到了"正确"且"精确"的计算方法,而微积分则是建立在极限和连续"分段"的基础之上。

三 头子钱、不系省钱等与南宋的杂税

根据史书记载,南宋头子钱有两种基本形式:一是在官府出纳时抽取的税钱如经制头子钱、总制头子钱等;二是按照一定比例在法定租税外加征的税钱如曲引头子钱、堪合朱墨头子钱等。而杨辉给出的例题,以官府出纳时抽取的税钱为主。如"官收税钱三百四十二贯,每贯克纳头子钱五十六文。问:收钱如何?答曰:一十九贯一百五十二文"。又"官支钱二万六千四百一十贯,每贯除头子钱五十六文。问:共得若干?答曰:一百四十七贯八百九十六文"[1]。此"纳头子钱五十六文"是乾道元年(1165)的头子钱税率,它是在南宋绍兴五年(1135)所规定出纳官物的头子钱每贯30文的基础上,逐渐增加税额的结果。据《建炎以来系年要录》记载:绍兴十年(1140)头子钱已增至43文,其中"户部请州县出纳官物,每千增收头子钱十文,赴左藏为激赏之用"。故文后小注云:头子钱"通旧为四十三文,乾道元年十月戊子,又添十三文,至今为例"[2]。杨辉的《乘除通变算宝》成书于咸淳十年(1274),当时的头子钱按例为"五十六文",与历史事实符合,显示了杨辉在算题中所采用的数据是客观真实和完全可信的。

不系省钱即不属尚书省户部所领的中央财务系统而是地方政府所有的预算外收入的钱,系一项橐名钱,既可供杂费,如支酬吏人、宴饷军兵吏卒、充修造文帐费用、补助救济下属僚员等,数额相对较少,也可用于奖赏、灾害、贫困群体救助等。杨辉举例说:"官收税钱二百四十七贯,每贯克纳不系省钱一文九分五厘。问:收几何?答曰:四百八十一文六分

---

[1] 杨辉:《乘除通变算宝》卷中,第1054—1055页。
[2] 李心传:《建炎以来系年要录》卷137,绍兴十年七月乙丑,中华书局1988年版,第2203页。

半。"① 根据文献记载，诸如"上供经制，无额添酒钱并净利钱，赡军酒息钱，常平钱，及诸司封桩不封桩、系省不系省钱，皆是朝廷窠名也"②。但不系省钱的定额究竟是多少，宋代的史书阙载，而杨辉则提供了南宋晚期出纳官物的不系省钱税率为"每贯克纳不系省钱一文九分五厘"的一个实例，其史料价值显得十分珍贵。

南宋的杂税极其繁多，以至于当时的官吏自己都不能列举清楚。如两浙运使耿秉在嘉定十六年（1223）坦言："盖今县邑所苦者，不过版帐钱额太重耳。额重而收趁不及，计无所出，则非法妄取。以纳斛斗则增收耗剩，交钱帛则多收靡费；幸富人之犯法而重其罚，恣胥吏之受赃而课其入；索到盗贼，不还失主；检校财产，不及其卑幼。亡僧、绝户，不候□实而拘籍入官；逃产、废田，不与销豁而逼勒填纳。远债之难索者，豪民献于官，则追催甚于正税；私纳之为罚者，仇家讼于县，则监纳过于赃钱。赊酒不至于公吏，而抑配及保正、户长。检税不止于商旅，而苛细及于盘合、奁具。今年之税赋已足，而预借于明年；田产之交易未成，而探契以寄纳其他。如罚酒、科醋、卖纸、税酱、下拳钱之类，殆不可以遍举，亦不能遍知，无非违法。"③ 从杨辉所列举的杂税算题看，除了前面的头子钱和不系省钱外，像盘合、奁具、酱、醋、纸或针头线尾等琐碎之细物，也都需要纳税。杨辉在下面的算题里说："细物一十二斤半税一，今有二千七百四十六斤。问：税几何？答曰：二百一十九斤一十两钱八分。"④ 如果仅仅从算题的角度看，杨辉所举这些杂税方面的例题，似乎只是一般的乘除捷法应用，并无特别引人注目之处，但是考虑到杨辉长期生活在社会的底层，他比较关注与民生联系密切的各种社会现象，其中杂税即是杨辉所关注的重大民生问题之一，因此，只要把杨辉的算题取材与当时南宋民生的实际状况结合起来，那么，杨辉关于杂税方面的几道算题就具有了特别重要的意义，因为它不单是提供了难得的历史资料，更要紧的是杨辉以自己独有的方式揭露了南宋统治者腐朽没落的社会本质，体现了他本身具有一种比较强烈的社会责任意识。

---

① 杨辉：《乘除通变算宝》卷中，第1055页。
② 《宋史》卷179《食货志下一》，中华书局1985年版，第4369页。
③ 马端临：《文献通考》卷19《征榷考六》，中华书局1999年版，第189页。
④ 杨辉：《乘除通变算宝》卷上，第1052页。

四 足钱与省钱、足秤与省秤及足斛与省斛间的换算

唐宋时期钱制比较混乱，故有足钱与省钱之区别。所谓足钱是指一陌钱满百文者，然而，"自唐天祐中，兵乱窘乏，以八十五钱为百，后唐天成中，减五钱，汉乾祐初，复减三钱。宋初，凡输官者亦用八十或八十五为百，然诸州私用则各随其俗，至有以四十八钱为百者。至是，诏所在用七十七钱为百"[①]。南宋后期，公私出纳在原则上仍以此为"省钱"。故杨辉算题云："足钱九十六贯二百五十，问：展七十七陌几何？答曰：一百二十五贯文。"[②] 又云："七十七陌，省钱七十四贯，问：为足钱几何？答曰：五十六贯九百八十文。"[③] 题中"七十七陌"即"用七十七钱为百"，与宋代的"省钱"制相合。当然，正如洪迈所说："但数十年来，有所谓'头子钱'，每贯五十六，除中都及军兵俸料外，自余州县官民所当得，其出者每百才得七十一钱四分，其入者每百为八十二钱四分，元无所谓七十七矣。民间所用，多寡又益不均云。"看来，南宋"省钱"的情形比较混乱和复杂，既有"用七十七钱为百"者，又有"每百才得七十一钱四分"及"每百为八十二钱四分"者，等等。因此，对南宋"省钱"的考察，尚须根据具体史实，因地而异，因时而别。

南宋的斤制有足秤与省秤两种形式，杨辉在《乘除通变本末》卷上里，记载了两道有关足秤与省秤换算的例题。其一："足秤二百三十二斤，问：展省秤多少？答曰：二百九十斤。足秤八斤，即是十斤省秤。"[④] 其二："足秤一百二十六斤，问：为省秤多少？答曰：一百五十七斤半。"[⑤] 对于南宋足秤与省秤之间的关系问题，元人方回有一段解释，可以与杨辉的算题相互参照。方回说：宋元时期"有定秤二百文铜钱重，有二百二十钱秤。民间买卖行用，鱼肉二百钱秤，薪炭粗物二百二十钱秤。官司省秤十六两，计一百六十钱重。民间金、银、珠宝、香药细色，

---

① 《宋史》卷 180《食货志下二》，中华书局 1985 年版，第 4377 页。
② 杨辉：《乘除通变算宝》卷中，第 1055 页。
③ 杨辉：《法算取用本末》卷下，第 1063 页。
④ 同上书，第 1067 页。
⑤ 同上书，第 1064 页。

并用省秤"①。经郭正忠考证,② 上述文中所言"二百文铜钱重"即以20两为一斤制,而"二百二十钱秤"则为以22两为1斤制。至于省秤,南宋官定以16两为1斤制。可见,杨辉所讲的"省秤"对应于方回以16两为1斤之秤,"足秤"则对应于方回以20两为一斤之秤。两者的比例为20:16,或10:8,或5:4。按照此比例计算,"足秤二百三十二斤" × 10/8 = 290斤(省秤);"足秤一百二十六斤" × 10/8 = 157.5斤(省秤)。对杨辉这两道算题的意义,郭正忠认为:"杨辉指明的宋代'足秤'与'省秤'的比例关系,还可以启发我们进一步分析'加秤'与足、省秤的关系。"③

南宋的省斛有两义:一是该量器的容积不够足量标准;二是指该量器隶属于官府。杨辉在《乘除通变本末》卷上里所讲"省斛"是指第二层含义。例一:"足斛二百二十九石八升,问:为八斗三升,法斛几何?答曰:二百七十六石。"④ 例二:"米八百九十石,每石省斛八斗三升,问:为足斛几何?答曰:七百三十八石七斗。"⑤ 这里的"省斛八斗三升"为"文思院官斛"的一种,它在实际生活中应用最为普遍。因此,南宋的另一位数学家秦九韶直称:"官私共知者,官斛八斗三升。"⑥ 此外,尚有七斗五升省斛、六斗五升省斛、文思院五斗斛等。这是官方的标准,至于民间的斛量标准就更多了,而杨辉在算题中采用了比较普遍流行的"省斛八斗三升",舍去了其他易于造成斛量局面混乱的各种省斛,一方面体现了他学术研究的严谨态度,另一方面亦是为了更好地推广"省斛八斗三升"的衡制。

五 南宋的粟产量与粟谷出米率

如前所述,从土地开发的历史演变看,两宋的土地利用率最高,有些

---

① 方回:《续古今考》卷19《附论唐度量衡·近代尺斗秤》,文渊阁《四库全书》本,第853册,第388页。
② 郭正忠:《三至十四世纪中国的权衡度量》,中国社会科学出版社1993年版,第139页。
③ 同上书,第141页。
④ 杨辉:《乘除通变算宝》卷中,第1059页。
⑤ 杨辉:《法算取用本末》卷下,第1064页。
⑥ 秦九韶:《数书九章》卷2《分粜推原》,中华书局1985年版,第31页。

地区如闽浙、两川等甚至出现了"无尺寸旷土"①的现象。应当承认，在人地矛盾严重失衡的状态下，个别地区尽管为了调节人地矛盾，出现了以杀婴和溺婴等极端方式来缓解土地压力的恶劣习俗，但是，从总的发展趋势来看，人们更多的是想方设法发展高效农业，增加田亩单位面积的产量。所以宋人周纲有"讯之老农，以谓湖（即明州广德湖）未废时，七乡民田，每亩收谷六七石，今所收不及前日之半，以失湖水灌溉之利故也"②的议论。这种高产田的出现，尽管还不是普遍现象，但在南宋人口压力大的特定历史背景下，为了生存起见，不排除个别田亩由于土质、灌溉、中耕、施肥、田间管理等环节均达到了一个历史时期的最佳水平，其高产效果的实现是完全有可能的。以粟为例，杨辉给出了两道有关粟的亩产量算题：第一题，"每亩收粟二石七斗，今共收粟六百四十二石六斗，问原田若干？答曰：二百三十八亩"③。第二题，"二百三十八亩，每亩收粟二石七斗，问共几何？答曰：六百四十二石六斗"④。

此处所言"每亩收粟二石七斗"是否客观和具有普遍性，这个问题需要分析。李翱《平赋书》云：唐代"一亩之田，以强并弱，水旱之不时，虽不能尽地利者，岁不下粟一石"⑤。至于宋代粟的亩产量，按照北、南宋农业生产发展的实际，可分为两个阶段来考察：先看北宋的实例，沈括在《万春圩图记》中说："岁出租二十而三，为粟三万六千斛。"⑥依此计算，则 $36000 \text{ 斛} \times \frac{20}{3} = 240000$ 斛，因万春圩田亩的总面积为"千二百七十顷"⑦，所以此圩粟的亩产量为，240000 斛 $\div 127000$ 亩 $\approx 1.889 \approx 1.9$ 斛。另据方健推断，以太湖流域为主地区的亩产量平均 2.39 石。⑧ 马兴东亦认为："一般说来北宋的粮食亩产量比唐代增加 25% 以上，比汉代增加近一倍。南宋时，江南盛行定额租制的一些地区的粮食亩产已高达二至

---

① 张方平：《乐全集》卷 36《傅公神道碑铭》，文渊阁《四库全书》本，第 1104 册，第 413 页。
② 徐松辑：《宋会要辑稿》食货 7 之 45，中华书局 1957 年，第 4928 页。
③ 杨辉：《乘除通变算宝》卷中，第 1059 页。
④ 同上书，第 1058 页。
⑤ 李翱：《李文公集》卷 3《平赋书》，文渊阁《四库全书》本。
⑥ 沈括：《长兴集》卷 9《万春圩图记》，文渊阁《四库全书》本，第 1117 册，第 297 页。
⑦ 同上。
⑧ 方健：《南宋农业史》，人民出版社 2010 年版，第 326 页。

三石，其增长幅度之迅猛甚为后代所不及。"① 如众所知，万春圩在安徽省芜湖境内，而杨辉算题的资料来源主要是江浙地区，故杨辉的例题并不是虚构，而是反映了南宋时期该地区粟产量的历史实际。事实上，这也是中国古代实用算学的重要特色之一。

粟谷出米率是指成品粟米数量与耗用粟谷数量的比率。在封建时代，因等级制的缘故，粮食加工的粗精程度是不相同的。如《睡虎地秦墓竹简·仓律》规定："粟一石六斗大半斗，舂之为粝米一石；粝米一石为䊪米九斗；（䊪米）九（斗）为毁（毇）米八斗。"②《算数书·程禾》亦载："禾黍一石为粟十六斗泰半斗，舂之为粝米一石，粝米一石为䊪米九斗，䊪米九斗为毇米八斗。"③ 这两则史料证明，中国古代算书所采用的数据内容，是有客观依据的，它们是比较严肃的科学著作而不是主观臆造的神话小说。此外，我们从《仓律》中知道秦汉粟加工有严格的等级规定，精粗差异较大。在此，"禾黍一石为粟十六斗泰半斗"表明在秦汉时期一石体积的粟等于"十六斗泰半斗"的粟重量。于是，《算数书·舂粟》题云："稟粟一石，舂之为粝米八斗八升，今有粝米二斗廿五分升廿二，当益稟粟几何？曰：二斗三升十一分升八。"④ 对"稟粟一石"的理解，学界有两种认识：一种认为它是一个体积单位，即一石等于十斗；另一种则主张它是一个重量单位，即一石重的粟体积标准为"一石六斗大半斗"（16斗）⑤。实际上，如上所引，体积"一石"与重量"一石六斗大半斗"只是两种不同的度量衡单位，在内容上并无本质差别。所以我们不难得出秦汉粟谷与其粝米之间的比例关系约为 5 : 3。⑥ 依此，如果把"稟粟一石，舂之为粝米八斗八升"中的"一石"理解为重量单位，那么，"稟粟"与"粝米"之间的比例关系约为 2.1 : 1.1。因此，邹大海认

---

① 马兴东：《宋代"不立田制"问题试析》，《史学月刊》1990 年第 6 期。
② 蔡万进：《秦国粮食经济研究》附录二《睡虎地秦墓竹简〈仓律〉释文》，大象出版社 2009 年版，第 186 页。
③ 郭书春：《〈筭数书〉与〈算经十书〉的比较研究》，载李兆华主编《汉字文化圈数学传统与数学教育——第五届汉字文化圈及近邻地区数学史与数学教育国际学术研讨会论文集》，科学出版社 2004 年版，第 15 页。
④ 郭书春：《〈筭数书〉校勘》，《中国科技史料》2001 年第 3 期。
⑤ 邹大海：《关于〈算数书〉、秦律和上古粮米计量单位的几个问题》，《内蒙古师范大学学报》（自然科学版）2009 年第 5 期。
⑥ 朱桂昌：《赵广汉的"钩距法"和汉代的物价》，《中国社会经济史研究》1982 年第 3 期。

为"一石重的粟体积标准为16斗,由此舂出8斗8升粝米,这实际上是一个比由粟舂出粝米的标准率(3/5)还要低的比率"①。当然,导致这种比较低的粟出米率,其原因主要有二:一是舂出来的米等级较高,二是采用杵臼这种原始的粟米加工工具,由于杵臼对粟谷的脱壳过程是一种间歇性的上下运动,不仅费时,而且出米率也低。所以为了改进粮食的加工方法,以提高出米率,我国古代发明了利用畜力和水力带动的石碾。科学实践证明,当利用畜力和水力带动的石碾出现之后,由于它变间歇性的上下运动为连续性的圆周运动,故而极大地提高了粟谷的出米率。目前,关于石碾的起源,尚没有定论。不过,从已发现的唐宋石碾实物看,唐宋石碾比较普及。与舂米相比,碾米效率明显要高。所以杨辉在《法算取用本末》里举了一道有关谷出米率的算题:"谷一石取米九斗,今米二百七石。问:原谷多少?答曰:二百三十石。"② 百分之九十的谷出米率是否太高了,高与不高取决于两个因素:一是精粗或脱壳完全还是不完全的要求;二是谷本身的质量。我们知道,宋代是一个非常重视养生的时代,同时又是一个人多粮少的时期,经科学研究,粟谷的营养成分主要集中在它们的皮层和谷胚内。因此,加工愈精细,其营养价值就愈低。③ 这样,上述百分之九十的出米率既较好地满足了人们多出口粮的要求又最大限度地保存了谷物本身的营养,一举两得。所以"谷一石取米九斗"真实地反映了宋代粟谷出米率的实际,而这种出米率至少是南宋碾米技术与人们养生观念相结合的一个特殊产物。

六 月息与南宋江浙地区的借贷关系

从法律的角度讲,北宋公私钱债取息,一般以6分为限,如《宋刑统》云:"诸公私以财物出举者……每月取利不得过六分,积日虽多,不得过一倍。"④ 而南宋利息率大多集中于月息二分到月息四分左右,总体

---

① 邹大海:《关于〈算数书〉、秦律和上古粮米计量单位的几个问题》,《内蒙古师范大学学报》(自然科学版) 2009 年第 5 期。
② 杨辉:《法算取用本末》卷下,第 1067 页。
③ 顾奎琴主编:《粮油干果营养保健与食疗》,农村读物出版社 2002 年版,第 14 页。
④ 窦仪:《宋刑统》卷 26《公私债负》,载萧榕主编《世界著名法典选篇·中国古代法卷》,中国民主法制出版社 1998 年版,第 546 页。

而言，利息率呈现出缓慢下降的趋势。① 例如，绍兴五年（1135）诏令"诸路依旧质当金银匹帛等，每贯收息三分"②，即月利为3%。袁采亦说："今若以中制论之，质库月息自二分至四分，贷钱月息自三分至五分。"③ 又《庆元条法事类》载："诸以财务出举者，每月取利不得过四厘；积日虽多，不得过一倍。即元借米谷者，止还本色，每岁取利不得过五分，谓每斗不得过五升之类，仍不得准折价钱。"④ 在这里，"厘"与"分"义同，⑤ 即月利为4%。按照历史演变的进程，月利从6分降至3分或2分，确实反映了宋代利息率有逐渐走低的发展趋势。故《杨辉算法》有两道涉及月息的算题：其一："解钱九贯文，月利一分八厘，在库十一个月零十七日，问息钱若干？答曰：一贯八百七十三文八分。"⑥ 由题设知，月利"一分八厘"，即1贯钱月息为1.8%。其二："每贯收息三十，今本利共二万七千八百一十贯。问元本钱？答曰：二万七千贯文。"⑦ 其中"每贯收息三十"误，应为"每贯收息三分"。与之相类，《数书九章》也有一道涉及月息的算题："问典库今年二月二十九日，有人取解一号主家，听当事共计算本息一百六十贯八百三十二文，称系前岁腊月半解去，月息利二分二厘，欲知原本几何？答曰：本一百二十贯文。"⑧ 此处"月息利二分二厘"，即月息利2.2%。

无论是月利"一分八厘"，还是"月息利二分二厘"，虽多低于南宋的律法规定，但它并不表明就没有超过宋代法律规定的月利上限现象发生。如《数书九章》有一道"累收库本"算题云："有库本钱五十万贯，月息六厘半，令今掌事每月带本纳息，共还一十万。欲知几何月而纳足，并末后畸钱多少？答曰：本息纳足，共七个月。"⑨ 根据题意，算得月利为6分5厘。⑩ 显然，这已经属于比较典型的高利贷了。

---

① 王文书：《宋代借贷业研究》，博士学位论文，河北大学，2011年。
② 李心传：《建炎以来系年要录》卷86，绍兴五年闰二月壬申，中华书局1988年版，第1432页。
③ 袁采：《袁氏世范》卷下，文渊阁《四库全书》本。
④ 谢深甫编：《庆元条法事类》卷80《杂门·关市令》，黑龙江人民出版社2000年版。
⑤ 刘秋根：《试论两宋高利贷资本利息问题》，《中国经济史研究》1987年第3期。
⑥ 杨辉：《算法通变本末》卷上，第1050页。
⑦ 杨辉：《乘除通变算宝》卷下，第1069页。
⑧ 秦九韶：《数书九章》卷18《推求典本》，第459页。
⑨ 秦九韶：《数书九章》卷12《累收库本》，第321页。
⑩ 刘秋根：《试论两宋高利贷资本利息问题》，《中国经济史研究》1987年第3期。

综上所述，我们可以初步得出这样的结论，在多数情况下，南宋各地的月利基本上波动于《庆元条法事类》和《宋刑统》所规定的月利上限之间。因此，难以形成一个统一的利息率，这个事实表明公私钱债取息本身具有复杂性和多变性的特点。当然，除了个别情形之外，南宋的一般性高利贷，即所谓"豪民放债，乘民之急，或取息数倍"[1] 中的"取息数倍"，大概是指高于《庆元条法事类》所规定之月利上限的息利。

七　物价与南宋经济的发展

关于南宋物价问题，王仲荦、漆侠、汪圣铎、程民生以及日本学者宫泽知之等都曾有专文论之，尤其是程民生的《宋代物价研究》，无论在史料的收集方面，还是在论题的完整、系统与深入方面，该著迄今为止代表着本研究领域的最高学术水平。然而，或许是摄于某种顾虑之故，人们担心杨辉算题本身多有主观性，所以很少有人[2]将杨辉算题中所出现的物价问题，放在整个南宋物价发展的历史大背景中加以分析和研究。其实，《杨辉算法》不是一般的数学著作，而是宋代实用算术的杰作。我们前面讲过，"实用算术"的显著特点就是它的真实性。为了证明这一点，我们不妨略举几例如下：

1. "菽每石七百八十五文，麦每石一贯一百六十文。今用钱二百九十七贯，籴到菽、麦共三百石，问本各几何？答曰：菽一百三十六石，麦一百六十四石。"[3]

2. "香三千二百四十六两，每三两价钱四贯一百文。问钱几何？答曰：四千四百三十六贯二百文。"[4]

3. "六百七十五贯七百买绢，疋价二贯三百三十。问合买几匹？答

---

[1]　卫泾：《后乐集》卷19《潭州劝农文》，文渊阁《四库全书》本，第1169册，第750页。

[2]　尽管王仲荦在《南宋绢价》中把《杨辉算法》算题里出现的绢价，作为研究南宋物价变化的重要史料之一，但响应者寥寥。

[3]　杨辉：《日用算法》，载郭熙汉《杨辉算法导读》，湖北教育出版社1996年版，第455页。

[4]　杨辉：《详解算法（辑佚）》，载郭熙汉《杨辉算法导读》，湖北教育出版社1996年版，第448页。

曰：二百九十。"①

4．"开渠积六千八百三十七尺，共用一百五十九工。问一工取土多少？答曰：四十三尺。"②

5．"绢七匹一十二尺，每匹价钱九贯二百文。问：几何？答曰：六十六贯七百文。"③

6．"麦一百七十一石，每石二贯七百三十。问钱若干？答曰：四百六十六贯八百三十文。"④

7．"绫一百四十八匹，匹价一十四贯二百。问钱几何？答曰：二千一百一贯六百文。"⑤

8．"锦五十七匹，每匹五文一尺。问积几尺？答曰：二千九百七尺。"⑥

9．"葛布二百三十七匹，每匹三贯七百五十文。问钱几何？答曰：八百八十八贯七百五十。"⑦

10．"银九斤六两六铢，每两三贯四百文。问：共几何？答曰：五百一十贯八百五十文。"⑧

由于上述算题不能准确体现物价的具体时间，所以它的真实性须结合其他宋人的史料记载进行综合考察。例如，杨辉算题所出现的绢价在"疋价二贯三百三十"至"每匹价钱九贯二百文"之间高低波动，而《宋会要辑稿》对南宋绢价记载亦复如此，它反映了绢价在市场经济的作用下，价格变动的现实运动形态。如《宋会要辑稿》载，绍兴三年（1133）宋高宗在诏令中说：北宋初"绢值不满千钱，以一贯三百计疋……其后尝因论例，遂增至二贯足目。今绢价不下四五贯，岂可尚守旧制耶？可每疋更增一贯，通作三贯足矣"。⑨ 此绢"3贯"价的上限，事实上不断被

---

① 杨辉：《乘除通变本末》卷下，《中国科学技术典籍通汇》数学卷（一），第1071页。
② 同上书，第1070页。
③ 杨辉：《田亩比类乘除捷法》卷上，《中国科学技术典籍通汇》数学卷（一），第1075页。
④ 同上，第1065页。
⑤ 同上。
⑥ 同上书，第1063页。
⑦ 杨辉：《乘除通变算宝》卷中，第1060页。
⑧ 杨辉：《田亩比类乘除捷法》卷上，第1076页。
⑨ 徐松辑：《宋会要辑稿》刑法3之5、之6，第6580页。

突破。如绍兴三年四月诏"令户部于椿管高丽绢内支一万五千匹,每匹作六贯"①。又淳熙四年(1177)十一月十七日,有臣僚说:"临安府,钱塘、仁和两县岁敷和买折帛,下户常受其弊。盖本色所直不过四五千,折价所输其费七贯五百。"②《建炎以来朝野杂记》更云:建炎三年(1129)"西川每匹至为钱十一千,东川每匹十千。绍兴二十五年每匹减一千,其后犹输七千或七千有半,绍熙末,又权减一千"。③故《宋会要辑稿》称:绍兴十七年(1147)有些"州县折纳税绢,每匹有至十千者"④。由此可见,上述杨辉算题云绢"每匹价钱九贯二百文",绝非是不符合实际的虚设。另外,南宋宁宗庆元四年(1198)江东建康府因"绵帛颇多",故"绢一匹只直二贯二百文足",亦与杨辉算题所给出的绢价"二贯三百三十"⑤比较接近。可见,杨辉算题所给出的绢价反映了南宋绢价变化的实际,它对于研究南宋绢价的前后变化具有一定的参考价值。

南宋对香的消费,数量很大,以化妆香料为例,南宋佚名氏《枫窗小椟》卷上载:临安闺饰"如瘦金莲方,莹面丸,遍体香,皆自北传南者"⑥。又《宋史·张运传》载,绍兴年间,"户部所储三佛齐国所贡乳香九万一千五百斤,直可百二十余万缗"⑦。从当时香的贸易情况看,其香药不少于100种,⑧主要品种有胡椒、乳香、龙涎香、苏合油、沉香、檀香、安息香、龙脑等。由于香药为奢侈性消费,有一"焚"千金之说,其价格通常比一般生活消费品都高。⑨当然,因香药的等级不同,价格差别极大,如"诸香中龙涎最贵重,广州市每两不下百千(即10万缗,引者注),次等五、六十千"⑩。在诸香之中,乳香既可入药,也可用作香料,特别是普遍用于道场科醮,"乳香一色,客算尤广"⑪,故其价格相对

---

① 徐松辑:《宋会要辑稿》食货40之17,第5517页。
② 徐松辑:《宋会要辑稿》食货70之69,第6405页。
③ 王仲荦:《金泥玉屑丛考》卷10《宋物价考》,中华书局1998年版,第299页。
④ 徐松辑:《宋会要辑稿》食货9之4,第4963页。
⑤ 徐松辑:《宋会要辑稿》食货70之87,第6414页。
⑥ 佚名:《枫窗小椟》卷上,载金沛霖主编《四库全书子部精要》下,天津古籍出版社、中国世界语出版社1998年版,第754页。
⑦ 《宋史》卷404《张运传》,第12220页。
⑧ 漆侠:《中国经济通史》(宋代经济卷),经济日报出版社2007年版,第797页。
⑨ 关履权:《宋代广州香药贸易史述》,《两宋史论》,中州书画社1983年版,第238页。
⑩ 张世南:《游宦纪闻》卷7,中华书局1981年版,第61页。
⑪ 徐松辑:《宋会要辑稿》职官44之17,第3372页。

比较低廉。在此，因杨辉所举香"每3两价4贯100文"，不明具体品种，故笔者只能从南宋香价的实际情况分析，估计应为士民消费的像黑塌香、乳香等一类普通香药。即使这样，与《中书备对》所记载的北宋部分香价相比，价格也增加了约20—40多倍。如北宋时黑塌香每斤1.6贯，宋代一斤等于十六两，则每两0.1贯；四色瓶香平均每斤价格3.5贯，每两约0.2贯；乳香每斤平均价格1.8贯，每两约为0.11贯。[①] 而北宋末年龙涎香价则高得惊人，据《张氏可书》记载，二钱真龙涎香（由真甲鲸肠中分泌物干燥而成的一种香料）在北宋末已卖到30万缗即300贯的价格。[②]

至于银价，到南宋隆兴以后其每两价值多维持在3贯3百文左右。如《宋会要辑稿》载，乾道五年（1169）的杭州官价，每两银价值三千二百（即3贯200文）至三千三百（即3贯300文）；[③] 乾道八年（1172），每两银价值三千六百。[④] 端平元年（1236）泉州价，每两银价值三千四百六十文，[⑤] 等等。与上述杨辉算题所言银"每两三贯四百文"，较为接近。从这个角度看，杨辉算题确实是以南宋中后期社会现实生活的真实状况为其算题的基本素材。

以麦的价格变化为例，杨辉算题揭示了南宋粮价变化出现巨差的经济现象，如前举第1例"麦每石一贯一百六十文"，而第6例则变为"麦一百七十一石，每石二贯七百三十"，它说明南宋的粮食价格，在不同的时间段里波动和起伏较大。不过，由于宋金、宋蒙（元）交战及政治腐败等原因，南宋各地虽然在不同时间段里，麦的价格有高有低，走势很不稳定，但从总的发展趋势和目前所见宋人的相关记载看，终南宋一代，麦价逐渐走高却是事实。比如，《鸡肋篇》卷上载，绍兴初年，江浙胡闽等地因北方人口的大量迁入，导致麦价飞涨，每石麦价值12000文；[⑥] 绍兴四年（1134），杭州御前军器所士卒工匠月麦"四斗八升，斗折钱二百"[⑦]，

---

① 杨万秀、钟卓安主编：《广州简史》，广东人民出版社1996年版，第133页。
② 张知甫：《张氏可书》，载金沛霖主编《四库全书子部精要》下，第801页。
③ 徐松辑：《宋会要辑稿》食货96之11。
④ 徐松辑：《宋会要辑稿》食货51之48，第5698页。
⑤ 秦子卿、任兆凤等主编：《江苏历代货币史》续表引，南京大学出版社1992年版，第670页。
⑥ 庄绰：《鸡肋篇》卷上，中华书局1997年版，第36页。
⑦ 《宋史》卷194《兵志八》，第4846页。

即每石麦价值2000文；乾道六年（1170），江浙地区的麦价为每石3000文；①嘉定元年（1208），浙西镇江的小麦价格为每石4000文；②淳祐八年（1248）江东建康府的小麦价格为每石25000文，③等等。从上述引证材料看，南宋麦价呈不断上涨的趋势，这与杨辉算题的麦价变动大体一致，引证材料见前。总之，杨辉算题所给出的物价数值不是虚拟的数字，而是某个时段和某个特定经济区域曾经出现过的实际数字。因此，杨辉算题与南宋社会经济的发展状况联系比较密切，其所列举的数学题亦具有一定的客观性和真实性。

八　简短结论

杨辉从实用数学的角度，选取了南宋社会经济生活中许多现实素材，作为其算书的题例，就这些题材的来源而言，大多是真实可靠的，并非杨辉仅仅是为了算题的需要而一任主观虚拟。如杨辉对南宋山田形状的几何描述，既有图形，又有计算方法，它为我们研究南宋的山地开发提供了宝贵的第一手史料，因为杨辉在一些算题前，特别标明其素材的来源是《台州黄岩县围量田图》及《台州量田图》等，惜后者原籍已失，所以通过杨辉算题，我们将会在《宋史》《宋会要辑稿》等史籍的基础上，对南宋经界法的成果有一个更加直观和更加细致的认识与了解。

另外，南宋的经济活动空前丰富和广泛，与之相连，其呈现出来的各种现象也复杂多变，因此，从不同角度来诠释南宋经济发展的特点和面貌是很有必要的，像杨辉算书所反映出来的借贷关系、物价问题、粟谷的出米率等，仅从其比较关注下层社会现实生活特别是日用民生的层面观察，无疑都具有一定的典型性和代表性，从这个意义上说，杨辉算书不但具有数学史和经济史的意义，而且对南宋社会史的研究也有一定价值。当然，杨辉算书与社会经济诸关系还有很多问题有待继续深入研究，可惜因学识所限，本文只是初步探讨了其诸关系中的一部分，可谓仅发其端，而更多成果唯有以待来者了。

---

① 徐松辑：《宋会要辑稿》食货63之217，第6095页。

② 《嘉定镇江志》卷5《宽赋》，《宋元方志丛刊》，中华书局1990年版，第3册，第2349页。

③ 《景定建康志》卷28《立义庄》，大化书局1981年影印本。

宋代的科举责任追究

肖建新

近一二十年来，宋代科举制度研究日益全面深入，涉及举子资格、考官资格、考试内容、考试时间、考试场所、解额分配、及第授官等方面，对科举防范措施和科场处罚也有相关或专门的研究，① 但对于科举责任追究虽有所论及，但尚未深入系统，是一个新的课题，需要进行探索性研究。宋代的科举官吏，主要有权知贡举、同权知贡举、编排试卷官、封弥官、点检试卷官、详定官、巡铺官等考官。② 此外，科举期间的保官——知州、通判、升朝官等，他们有担保举子的权力，并负有担保的责任，是科举官吏的组成部分。他们分工明确，责任清晰；相互制约，临期差遣。科举官吏是科举的组织者，又是责任的承担者。本文在以往宋代科举制度基本事实和相关研究的基础上，一定程度上借鉴行政管理学、行政法学等理论方法，侧重科举的过程并兼顾准备、保障等多方面来初步探讨宋代的科举行政责任追究。

---

① 冯陶：《北宋初期科举制度研究综述》，《晋阳学刊》2003 年第 1 期；郭渊：《百尺竿头更进一步——全国第三届"科举制与科举学"学术研讨会会议综述》，《教育与考试》2007 年第 1 期；高桂娟等：《国内科举制研究的脉络及其进展》，《中国地质大学学报》（社会科学版）2008 年第 3 期；陈高华等：《中国考试通史》第 2 卷，首都师范大学出版社 2004 年版；王曾瑜：《宋史研究的回顾与展望》，《历史研究》1997 年第 4 期；朱瑞熙等：《宋史研究》，福建人民出版社 2006 年版。

② 这些考试官员及其活动在李焘《续资治通鉴长编》中的记载较为分散，如卷 60 景德二年六月辛亥条就有官吏奏请"令监门巡铺官潜加觉察"进士考试的记录。而陈高华等主编的《中国考试通史》第 2 卷第 144 页有集中的叙述。

一　准备保障性的责任追究

宋代制定了一系列科举的防范措施和原则,[①] 无论考生还是考官,违反了这些规定就要受到相应的责任追究,这实际上为科举责任追究奠定了制度性的前提。同时,宋代又在科举的准备及其过程中的保障等方面对考官规定一些职责,并追究其失职行为,保证科举顺利进行。

考题是考生回答问题的依据,拟题则是考官的职责,也是一项严肃细致的工作。宋代科举有解试、省试、殿试以及常科、特科等各级各类考试,考试内容、门类、场次都有所不同,[②] 也时有变化,情况较复杂,如元祐时三省奏请进士、新明法科考试分别有四场、五场:"考试进士分为四场,第一场试本经义二道、《论语》或《孟子》义一道,第二场试律赋一首、律诗一首,第三场试论一首,第四场问子、史、时务策三道。以四场通定去留高下。新科明法依旧试断案三道、《刑统》义五道,添《论语》义二道、《孝经》义一道,分为五场。"[③] 尽管科举考试如此复杂,宋代对具体考试的拟题范围、形式等还是作了一些正面或限制性的规定。北宋时,仁宗要求"自今试举人,非国子监见行经书,毋得出题"[④],哲宗时要求"考试官于经义、论、策通定去留,毋于《老》《列》《庄子》出题"[⑤]、"秘阁试制科论题,于九经兼正史、《孟子》《扬子》《荀子》《国语》并注内出,其正义内毋得出题"[⑥]。绍圣时礼部、国子监亦说:"其所试《春秋》,许于三传解经处出题。虽缘经生文,而不系解经旨处,不许出题。"[⑦] 南宋时,也有一些相似的规定,孝宗下诏曰:"自今岁试闱,六经义并不许出关题,亦不得摘取上下经文不相贯者为题。"[⑧] 其实,

---

[①] 参见陈高华等《中国考试通史》第2卷。
[②] 参见杨渭生等《两宋文化史研究》第十章第一节《宋代的科举制度》(杭州大学出版社1998年12月)以及陈高华等主编《中国考试通史》第2卷相关科举考试科目的论述。
[③] 李焘:《续资治通鉴长编》卷407,元祐二年十一月庚申,中华书局2004年版,第9899页。
[④] 李焘:《续资治通鉴长编》卷122,宝元元年四月乙未,第2872页。
[⑤] 李焘:《续资治通鉴长编》卷394,元祐二年正月戊辰,第9593页。
[⑥] 李焘:《续资治通鉴长编》卷473,元祐七年五月癸巳,第11284页。
[⑦] 徐松辑:《宋会要辑稿》选举3之55,中华书局2006年版,第4289页。
[⑧] 徐松辑:《宋会要辑稿》选举1之21,第4255页。

这些要求或规定，往往是在臣僚批评科举出题不当之后提出的，有时针对解试，有时针对省试，如孝宗的要求就是在国子祭酒沈揆批评"关题"之后下了上面的那一道诏书，他说："六经自有大旨，坦明平正（道），不容穿凿。关题既摘经语，必须大旨相近。今秋诸郡解试，有《书》义题用'在璇玑玉衡，以齐七政'，关'舞干羽于两阶，七旬有苗格'者。据此题目，判然二事，略不附近，岂可相关！谬妄如斯，传者嗤笑。此则关题之弊。有《易》义题云：'时乘六龙，以御天也；云行雨施，天下平也。'至此当止矣，而试官复摘下文'君子以成德为行'相连为题。据此一句，其义自连下文，若止已上四句为题，有何不可？此则命题好异之弊。"① 后来，宁宗嘉泰元年（1201）仍有臣僚批评命题，"治经以经旨为主，文辞为辅。近者经学惟务遣文，不顾经旨，此非学者过也，有司启之。盖命题之际，或于上下磔裂，号为断章；他处牵合，号为关题。断章固无意义，而关题之显然浑成者，多已经用，往往搜索新奇，或意不相属，文不相类，渐成乖僻。士子虽欲据经为文，势有不可，是有司驱之穿凿。乞今后经义命题，必本经旨。如所谓断章、关题，一切禁约。庶几学者得以推原经文，不致曲说"②。直至嘉定时，国子博士钟震还在指出地方命题中的问题，"后缘外州场屋命题，多是牵合字面求对，更不考究经旨。如以'在璇玑玉衡，以齐七政'合'七旬有苗格'之类，但合七字，更无义理，岂不有碍经旨？所以关题自嘉泰元年后不曾再出。今来奏请以全题有限，自后场屋若间题关题，理亦可行"③。为此，关题未见尽废，但对此种命题的不当和失误，则应予纠正，并追究考官的责任。

宋代对拟题失误的处罚是比较严厉的，即使在一般考试命题，如"引试上舍""公试上舍"中，如有不当也是重罚。徽宗政和五年（1115），"河间府考试官引试上舍，出《书》义题'无轻民事惟艰'作'为难'字，陛下赦其过失，止从薄罚"，尽管"今看详于经意别无违戾"，但"系公罪事理稍重"，后来还是"诏元出题官特冲替"。又如政和八年（1118），"泸州公试上舍题目，内有差漏并错引事迹，及试经义题目，失先后之序"，显然情况要严重些，于是，"所有考试官，资州龙水

---

① 徐松辑：《宋会要辑稿》选举1之21，第4255页。
② 徐松辑：《宋会要辑稿》选举5之24，第4324页。
③ 徐松辑：《宋会要辑稿》选举6之42，第4350页。

县尉王行、合州司录钱挺显不子细出题,致有差错违误。诏行、挺并放罢"①。他们所受到的放罢处罚,自然也比冲替重一些。至于科举命题更为重要,如有失误更应追究责任,严惩不贷。如南宋乾道七年(1171)十一月,"诏四川类省试院进题目,考试官何耆仲所撰第三场第三道策题,用事差错,特降一官放罢,今后不差充试官"②。可见,不仅罢免此官,而且还取消了他日后担任考试官的资格。当然,也有针对特殊情况的出题责罚,建炎四年(1130)九月,"诏利州试官宋愈、陈协各特罚铜十斤。臣僚言:'驻跸会稽,是为首善之地。愈出策题谀宰相,为得王佐,夏旱秋霖,而协以为雨旸时若。导谀如此,何以求切直言?'故有是罚"③。因而,宋代对考试的拟题比较重视,设置了点检官进行校阅试卷(当然也从事其他监察性的工作),同时,针对考试、点检上存在的问题,又加强对考试官和点检官的管理,正如南宋庆元时臣僚所奏:

> 诸郡与漕闱考官,必差一员为点检主文,凡命题与所取程文皆经点检,以防谬误。比年以来,徒为具文,一时考官各骋己意,异论纷然,甲可乙否,以致题目多有乖谬。去岁秋举,诸州所申义题,或失之牵强,文理间断而不相续,或失之卤莽,文理龃龉而不相类;赋题、论题,或失之破碎,文理捍格而不相贯,以至策问专肆臆说,援引失当,皆由点检官不择才望之士,考官中有矜能挟气者,不同心商确,故有题目出于一人之见,其他官旁睨,不欲指其疵类。及有摘发其失,出题之官独被谴责,而无点检之名。乞今后漕臣若非由科第,即别委本路提刑、提举、总领有出身者,每举从朝廷专委一司选差试官,须择其素有文声名望、士论所推者充点检官,专以文柄责之。诸考官先供上题目,点检官斟酌审订,择其当理而不悖古训,兼通时务者,然后用之。及考官所取合格试卷,点检官仍加详校,公定去留。礼部俟其申到题目及程文,再行点检。如有乖谬,将点检官重行黜责。④

---

① 徐松辑:《宋会要辑稿》选举19之23—24,第4574页。
② 徐松辑:《宋会要辑稿》选举20之21,第4585页。
③ 徐松辑:《宋会要辑稿》选举20之3,第4576页。
④ 徐松辑:《宋会要辑稿》选举22之14,第4602页。

宋宁宗听从了这个建议，强化了出题和试卷的管理以及程序，明确了考试、点检官的责任，如有失误，将被重行黜责。

命题固然是科举考试的关键环节，但在考试之前及其过程中还有一些准备和保障工作要做，并且也有相应的责任。政和五年（1115）二月，翰林学士兼侍读王甫等，"乞每岁锁院前十日，令诸司官及管勾贡院什物库官，具排办足备文状，申尚书礼部，差郎官一员专行点检，保明申尚书省。内贡院见管什物与举人就试书案，岁久数多应办不足，所存亦弊皆坏，乞特命有（司）措置添修"①。徽宗听从了这建议，并且还制定了专门的法规，做好考试的物质准备。后又针对场屋怀挟、传义之弊和伪冒滋长的现实，加强监门官和点检官的职责，嘉定十六年（1223）正月臣僚言，"臣绅绎诸弊为日久，如门钥当责胥吏收买牢固者，监门官点检，不容灭裂。其引试日引放既毕，每日辰酉请门官监开，传送饮食"②。保障的工作和责任很具体，甚至包括考场周围的防火，如元丰八年（1085）五月，"正议大夫、户部侍郎李定，承议郎、给事中、兼侍讲蔡卞，奉议郎、起居舍人朱服，各降一官。坐知贡举日，开宝贡院遗火。权知开封府蔡京、判官胡及、推官李士良，各罚铜八斤。坐救火延烧寺，延及人口，虽会赦，特责之也"③。这类保障性的工作属于事务性的，十分烦碎，必须仔细认真才可避免差错，否则，招致相应的责任追究。如试卷封弥差误就会遭到严惩，宣和五年（1123）殿中侍御史惠柔民等言："准敕应充府监发解别试所考官，九月二日具武士合格字号奏闻。数内字号系内舍试上舍试卷，其当行人为是同场引试，却误同外舍试内舍印子，致有差误。除已改正，将当行人施行，并元封对号官已举觉外，所有臣等罪犯，伏望重

---

① 徐松辑：《宋会要辑稿》选举4之9，第4295页。
② 徐松辑：《宋会要辑稿》选举6之48，第4353页。这是针对当时场屋之弊及其预防而提出来的："比年场屋多弊，前举增巡铺（捕）官，以防怀挟、传义，旋有败露，奸蠹非一。春官设棘，近在逾月，倘不申严警饬，则伪冒滋长。撮取其尤凡十二事陈之，曰门关、曰纳卷、曰内外通传、曰全身代名、曰换卷首纳白卷、曰吊卷、曰吏人陪《韵略》钱、曰帘内胥吏乞觅帘外胥吏、曰试宏博人怀挟传义、曰诸色人之弊、曰廉外诸司官避亲、曰印卷子。"
③ 李焘：《续资治通鉴长编》卷356，元丰八年五月丙辰，第8519页。《续资治通鉴长编》所载责罚较详，而蔡絛《铁围山丛谈》卷2（见影印文渊阁《四库全书》本，冯惠民等点校的中华书局本无此记录）所言火灾较具体，"元丰末，叔父文正知贡举。时以开宝寺为试场。方考，一夕寺火大发。鲁公以待制为天府尹，夜率有司趋拯焉。寺屋既雄壮，而人力有不能施。穴寺庑大墙，而后文正公始得出，试官与执事者多焚而死。于是都人上下唱言：'烧得状元焦。'及再命试，其殿魁果焦踣也。"

行黜责。"于是，"诏惠柔民可罢殿中侍御史，柳约罢著作佐郎"①。再如，政和三年（1113）八月，臣僚言："窃见以谓凡试院之事，虽尽在主司，至于关防周悉，全籍封弥官谨密详察。号既已定，岂容复有差互……显见封弥所并不子细点检，对二人卷子重叠用号，所失甚大。伏望重行黜责。""诏管号官朝请郎周劲特降两官，依冲替人例施行，系公罪，事理稍重。"② 在科举考试过程中，需要做的防范性工作很多，若不能尽职，即会招来责罚，嘉定九年（1216），"诏知荣州杨叔兰放罢，朝奉郎刘光特降一官。以潼川提刑、权运判魏了翁言'荣州解试拆号后，士人赵甲等诉试院欺弊事。叔兰系举送官，关防不谨，以致官吏作弊。朝奉郎刘光不能训其子，使抵冒法禁'故也"③。至于未能履行保障职责，甚至纵容作弊，更严加惩罚，绍兴二十六年（1156）闰十月，"诏鄂州通判任贤臣监试不职，容纵举人假手传义，特降一官"④。可见，在科举中出题失误，保障不足，监试不力，都会受到行政责任追究。

　　这类考务性责任是在考试的具体过程中直接产生的，追究往往是在事中或事后进行。而有些追究则是针对违反限制性规定或预防性规章的，以起到防微杜渐的作用，保障考试的顺利进行。如违反锁宿限制，大中祥符七年（1014）八月就有诏云："今后所差考试、发解并知举官等，宜令阁门候敕出。召到，昼时令阁门祗候引伴指定去处锁宿，更不得与臣僚相见言话。如违，仰引伴使或阁门弹奏，并当重行朝典。如候鞍马未至，即阁门立便于左骐骥院权时供借。"这个诏书是有其原因的，"先是，王曾等授敕知贡举，与李维偶语于长春殿阁子，至审刑院伺候鞍马，迟留久之。押伴阁门祗候曹仪虑其请嘱，因以上言，即令曾、惟演分析，与李维词同，特放曾等。乃有是诏"⑤。又如绍兴八年（1138）五月诏，"楼玮为贡院对读官，规避妻党，牒试托故出院，特降一官"⑥。所以，在科举过程中，锁院时与大臣相见言语、主持考试时不回避亲戚等会受弹劾、降官等追究。其中科举回避应当是宋代行政回避制度中的亲属、职事回避规定的

---

① 徐松辑：《宋会要辑稿》选举17之24，第4542页。
② 徐松辑：《宋会要辑稿》选举19之23，第4574页。
③ 徐松辑：《宋会要辑稿》选举16之32，第4527页。
④ 徐松辑：《宋会要辑稿》选举20之12，第4580页。
⑤ 徐松辑：《宋会要辑稿》选举19之6，第4565页。
⑥ 徐松辑：《宋会要辑稿》选举20之5，第4577页。

组成部分，与执政和御史"不应交通"，以及"禁同省往来"等限制十分相似。① 这种追究，显然是为了克服人际关系、职事关联中的障碍，保障科举顺利进行。

二 判卷录取时的责任追究

解试的通过及发解与否，直接取决于评卷和考第，这也决定举子的命运和仕途，为朝野广为关注。

在科举判卷时，考官一般根据举子回答的内容和程度，给予通、粗、否的等第，然后决定发解和及第与否。真宗咸平元年（998）五月礼部贡院言：

> 窃见诸州府及贡院考试诸科举人，于义卷上多书粗字。盖试官庇容举人，免作十否殿举。今后并须实书通、否，不得依前以粗字庇容，如有固违，乞行朝典……自今后不问新旧人，并须文章典雅，经学精通。当考试之时，有纰缪不合格者，并逐场去留。如有容庇，发解、监试官并乞准前条勒停。②

礼部贡院针对考试官为了逃避责任、庇护举人而在判卷时多书"粗"等的现象，要求实书"通"或"否"，明确态度，否则，如有包庇，徇私不公，发解官、监试官都将被依法勒停。因为不恰当或不公正的判卷，必然直接损害考生的切身利益，造成考生的不满或怨恨，以至上奏诉说，考试官也会咎由自取。早在大中祥符五年（1012）九月，《毛诗》学究王元庆就诉贡举官判卷不当，结果，"贡院考试官、前宁州司法参军、国子监说书王世昌勒停，知贡举官晁迥、刘综、李维、孙奭并赎铜三十斤"③。天禧三年（1019）二月，"礼部下第举人陈损诣登闻鼓院诉贡举不公，诏龙图阁学士陈尧咨、左谏议大夫朱巽、起居舍人吕夷简等于尚书都省召损

---

① 李焘：《续资治通鉴长编》卷310，元丰三年十二月辛巳，第7527页；苏轼：《东坡志林》卷2，中华书局1981年版；参见朱瑞熙《宋代官员回避制度》（《中华文史论丛》总48期）等。
② 徐松辑：《宋会要辑稿》选举14之17，第4491页。
③ 李焘：《续资治通鉴长编》卷78，大中祥符五年九月庚午，第1784页。

等，令具析所陈事理及索视文卷看详考校，定夺以闻。继而进士黄异等复诉武成王庙考试官陈从易不公，诏尧咨等如前诏详定。尧咨等言：'礼部所送进士内五人文理稍次，武成王庙进士内二人文理荒谬，损等所讼亦有虚妄。'诏损、异等决杖配隶，连状人并殿两举，惟演（钱惟演）等递降一官"①。天圣元年（1023）十一月，又有举人上诉开封解试不公。结果，"降侍御史高弁为太常博士，职方员外郎吴济为都官员外郎，太常丞、直集贤院胥偃为著作佐郎，监察御史王轸为太常博士，监兖州、涟水光化军、鄂州酒税，左正言刘随罚铜五斤"②。可见，宋代对此类因判卷不公而导致的责任，予责任人以罚铜和降官、降差遣的处罚，是比较严厉的，而对举子上诉不当，处以配隶，更是重罚。

在判卷录取中，考试官的职位不同，职责不同，处罚也有所区别，庆历四年（1044）六月，"诏进士诸科点检考试……经科举人如有过落不当，具考试、覆考官，于知举官下减等定罪"③。而责罚的轻重往往取决于判卷失当或违法判卷的程度，宋代对此似有具体的规定：

> 五年，诏士曾预南省试者，犯公罪听赎罚。令礼部取前后诏令经久可行者，编为条制。诸科三场内有十"不"、进士词理纰缪者各一人以上，监试、考试官从违制失论，幕职、州县官得代日殿一选，京朝官降监场务，尝监当则与远地；有三人，则监试、考试官亦从违制失论，幕职、州县官冲替，京朝官远地监当；有五人，则监试以下皆停见任。举送守倅，诸科五十人以上有一人十"不"，即罚铜与免殿选监当，进士词理纰缪亦如之。④

这道诏书指出了考试判卷过程中不当的行政行为，并且根据责任的大小，规定了处罚的相应方式和程度。不同阶段不同类型的考试责任又有所不同，如前述天圣时刘随等解试不公被罚铜五斤，而熙宁、元丰时省试不公的责罚要重得多，熙宁九年（1076）三月诏，"殿试进士，初考官：翰

---

① 徐松辑：《宋会要辑稿》选举19之7，第4566页。
② 李焘：《续资治通鉴长编》卷101，天圣元年十一月己未，第2343页。
③ 徐松辑：《宋会要辑稿》选举3之30，第4276页。
④ 《宋史》卷155《选举一》，中华书局本校记指出，"五年"疑为大中祥符五年，第3610页。

林学士陈绎、集贤校理孙洙、王存，崇文院校书练亨甫、范镗，审官东院主簿陆佃，各罚铜二十斤；覆考官：翰林学士杨绘、龙图阁直学士宋敏求、同修起居汪钱藻、秘阁校理陈睦、崇政殿说书沈季长、检正中书刑房公事王震，各罚铜十斤。并坐考校第一甲进士不精也"①。元丰五年（1082）三月，"诏御试所考官苏颂等六人，覆考官安焘等六人，详定官蒲宗孟等三人，各罚铜三十斤。颂等考黄裳等（第）下等，上亲擢为第一，故罚之"。其中有"不称旨命"，也有"高下失实"的问题，主要在于考核不精，定等不当。② 至北宋后期有些变化，贡举时只责罚点检官而不坐考官，故绍圣元年（1094）正月，右通直郎蔡安持建言："欲于贡举敕内改'点检'为'考试官'字，庶几条约均一，士无遗滥。"于是将点检和考官涵盖在考试官之中，使之都承担相应的责任。③ 政和时，责任追究的实施可能差一些，出现"唐开祖程试纰缪，主司校考不精，宜有薄罚，未见施行"的情况，但在大臣的奏请之下，最后还是有所改正。可见，在北宋后期政治秩序较为混乱的情况下，科举责任追究并没有停止。

南宋科举判卷录取上的问题，从《宋会要辑稿》的记载来看，较北宋要多一些，问题也严重一些，如考校不精、对读脱漏，"经义但看冒头，诗赋仅阅一二韵，论策全不过目"④，尤其四川的漕试、解试以及类省试"私取之弊"为多。⑤ 为此，对考试官的责罚也屡见于史载，如绍兴十五年（1145）四月，"诏太学博士杨邦弼御试进士，对读试卷，有所脱漏，罚铜十斤"⑥。而大臣们对此类责任也密切关注，并且有的还及时上奏，提出自己的看法，如嘉泰元年（1201）二月，右谏议大夫程松言："若有司所取不当，他时上彻听闻，则考官降黜，所取驳放。"⑦ 嘉定六年（1213）八月，臣僚言："乞今（令）礼部速牒诸州，严责考官精择，正解之外待补卷子亦加精考，并要分明批抹，与选者批文理何处优长，黜落

---

① 徐松辑：《宋会要辑稿》选举8之35，第4391页；《续资治通鉴长编》卷273，熙宁九年三月辛巳，第6697页。
② 徐松辑：《宋会要辑稿》选举8之35，第4391页；《续资治通鉴长编》卷324，元丰五年三月戊申，第7809页。
③ 徐松辑：《宋会要辑稿》选举19之20，第4572页。
④ 徐松辑：《宋会要辑稿》选举6之17，第4338页。
⑤ 徐松辑：《宋会要辑稿》选举6之24，第4341页。
⑥ 徐松辑：《宋会要辑稿》选举8之43，第4395页。
⑦ 徐松辑：《宋会要辑稿》选举5之23，第4324页。

者批文理何处纰缪,卷首具考官职位。开院后,将所取草卷解发运司点检,如有卤莽,定加责罚。"① 后来绍定时,针对"举人程文雷同"的情况,"命礼部戒饬,前申号三日,监试会聚考官,将合取卷参验互考,稍涉雷同,即与黜落。或仍前弊,以致觉察,则考官、监试一例黜退"②。也就是一旦发现判为合格的答卷雷同,不只黜落考生,而且要黜退考官、监试官。

三 发解举解中的责任追究

发解或举解是科举过程中联结解试与省试,即地方与中央考试的关键环节。宋代对发解条件的规定是比较全面的,考生即贡生既要通过解试,解试成绩真实有效,又要符合其他解送条件(包括考生的主体资格等),才能发解,参加省试。如果不应解而解,或解后又发现其他问题,则解送及考试官吏都必须承担解送的行政责任。正如宋初太祖时,权知贡举卢多逊所言:

> 伏以礼部设科,贡闱校艺,杜其滥进,是曰宏规。所以发解之时,必积程试,取其合格,方可送名。岂有经试本州,列其贯籍,考其艺能,动非及格,殊乖激劝之道,渐成虚薄之风……仍解状内开说当州府元若干人请解,若干人不及格落下讫,若干人合格见解。其合申送所试文字,并须逐件朱书通、否,下试官、监官仍亲书名。若合解不解、不合解而解者,监试官为首罪,并停见任,举送长官,闻奏取裁。③

卢氏所云涉及州府发解的目的、人数、名额和考试结果、考官署名等一系列发解要求,以及监试官、举送官的职责和责任。这是对一般发解的规定,至于发解锁厅应举者也有相似的要求,如太宗雍熙二年(985)六月,"中书门下言:近日诸道州府解到官吏去官赴举者,礼部贡院考试,

---

① 徐松辑:《宋会要辑稿》选举6之17,第4338页。
② 《宋史》卷156《选举二》,第3637页。
③ 徐松辑:《宋会要辑稿》选举14之13,第4489页。

多是所业未精。欲望今后锁厅应举者，须是文学优赡，才器出群，历官无负犯之尤，检身有可观之誉，即委本处先考程试。如文艺合格，以闻待报，解送礼部考试。如所业纰缪，发解官、与（举）送长官必置重罪，本人免所居官"①。至十二月又下了相关诏书，"诸科举人，省试第一场十不者殿五举，第二、第三场十不者殿三举，其三场内有九不者并殿一举。其所殿举数，并于试卷上朱书，封送中书。请行指挥及罪发解试官、监官。义卷头子上，如有虚书举数场第及诈称曾到御前者，并驳发殿举……监官、试官如受请财物，并准枉法赃论"②。可见，举人参加省试，如有"十不"之类，固然要受到殿举之罚，而发解试官等因虚书受请也会受到法律制裁。所以，端拱元年（988）三月，翰林学士、知贡举宋白说："考试贡举人内，有墨义十不者，请责罚举送官，以诫滥进。"太宗听从了这个建议。③ 真宗天禧二年（1018）也有类似的诏书，"自今锁厅应举人所在长吏，先考试艺业，合格者始听取解。如至礼部不及格，当停见任。其前后考试官、举送长官，皆重真罪。至天圣时除其法"④。到仁宗庆历四年（1044）八月，礼部贡院仍云："今请解送举人，有保明行实不如式者，知州以下坐罪，仍以州县长吏为首。解试日，有试院诸般情弊，止坐监试官考校不精、妄有充荐。至省试日，拖白纰缪十否，止坐考试官。若所差试官非其人，考校不公，坐所差官司。若试官因缘受贿，有发觉者，其所差官司，于不按察罪名之上更加严谴。其考试官坐罪，即不分首从。"⑤ 这进一步把发解官与主持考试官员的责任区分开来，以便准确地追究责任，至于考试官"因缘受贿"，已属较为严重的犯罪，也就不分首从，都将严惩不贷。当然，其中最为重要的是，发解责任的落脚点在于解试结果以及举子的解试成绩能否经得起省试的检验。这些相关的发解要求，不断重申，无非表明解试后的发解问题常常存在，而朝廷也非常重视，并归责考官。至于考生在举解时也是有责任的，"至省试程文纰缪者，勒停；不合格者，亦赎铜放，永不得应举"⑥。又如，"先朝时，锁厅

---

① 徐松辑：《宋会要辑稿》选举14之8，第4486页。
② 徐松辑：《宋会要辑稿》选举3之5，第4264页。
③ 徐松辑：《宋会要辑稿》选举3之6，第4264页。
④ 马端临：《文献通考》卷30《选举考三》，中华书局1999年版。
⑤ 徐松辑：《宋会要辑稿》选举15之12，第4318页。
⑥ 陆游：《老学庵笔记》卷5，中华书局1979年版，第68页。

举进士者，时有一人，以为奇异。试不中者，皆有责罚，为私罪。其后，诏文官听应两举，武官一举，不中者不获罚"①。举子考试责任，以今天观念来看也属行政责任追究，但这里主要探讨考官的行政责任，故考生举子的责任略及而已。

在史书中，确有不少宋代官吏因发解受到追究的记载，除前面提及的外，又如：真宗咸平元年（998）六月，"密州发解官鞠傅坐荐送非其人，当赎金，特诏停任，仍令告谕诸道，以警官吏"②。天禧二年（1018）九月，任布"等后以解送不当，递降诸州监当，复罚铜三十斤"③。至崇宁时，一度停罢科举，地方的解额拨作贡额，但贡举中也有责任追究的规定，"贡士至辟雍不如令者，凡三十有八人，皆罢归，而提学官皆罚金"④。这些发解官、解试官等多因"送非其人""解送不当""不如令"而受到罚金、停任、罢黜等责罚，也就是由于解试不当、解送不实而导致的行政责任追究。

发解不当的科举责任，实际上主要基于解试本身要求而形成的，如上述解试的判卷考第失误，就有可能成为发解责任的根源。而解试时的问题又难以及时发现，举子得以蒙混过关，相关官吏也侥幸免责，至省试时，举子的考试成绩以及其他问题被发现，如前面提及的天禧二年诏书所云"其前后考试官、举送长官，皆重置罪"，也就是说，"锁厅举人试不合格者并坐私罪"⑤。尽管这一规定后在天圣、景祐时曾被废除过，但宋代发解责任追究基本存在。当然，这种发解责任有其特点，往往解试时的问题至省试时发现，从而回溯追究原来考试官、发解官的责任。因而，咸平元年（998）礼部就提出，加强解试考第的评定和举子身份的核实，以免差误，否则，或"如有固违，乞行朝典"，或"发解、监试官，追一任"，而南省考试官"不得庇容，如失举行，并当连坐"⑥。至五年（1002），翰林学士李宗谔言："准诏分定监试、发解官荐送纰缪十否九否举人刑名。"

---

① 司马光：《涑水记闻》卷3，中华书局1989年版，第50页。
② 李焘：《续资治通鉴长编》卷43，咸平元年六月庚寅，第912页；另见徐松辑《宋会要辑稿》选举19之3，《文献通考》卷30《选举考三》。
③ 徐松辑：《宋会要辑稿》选举19之6，第4565页；参见洪迈《容斋四笔》卷10《责降考试官》。
④ 《宋史》卷157《选举三》，第3666页。
⑤ 李焘：《续资治通鉴长编》卷114，景祐元年四月壬辰，第2672页。
⑥ 徐松辑：《宋会要辑稿》选举14之17，第4491页。

制定了具体的解试失误的处罚标准，处以勒停、殿选、与远小处监当停现任、罚铜等。① 考试官解试时的责任有相当一部分是到省试发现后才予追究的。如嘉祐时针对川、广解试之弊，要求贡院严加考核，诏曰："应明经、诸科省试三场以前九否十否者，今（令）贡院再考校本处解送试卷。若其间以否为粗，以粗为通，出义不依条制，致有妄荐者，以旧条坐之，不在末减。若考校通粗及出义，依条别无差谬，省试三场以前有九否十否，即考试官与于元条下减一等定罪，旧条合殿选者与免选，选人该冲替者十殿一选，京朝官勒停者与冲替，冲替者与监当，监当者与远处差遣。"② 这与发解要求和处罚原则是一致的。

在发解中，发解官除了要保证应举者考试等第的真实有效外，还要核实和保证他们学识、品德、负犯、籍贯以及解额等方面内容符合解送的条规，否则，也要承担相应的发解责任。这可称之为发解担保责任。如前所揭雍熙二年（985）六月中书门下所提出的"锁厅应举者"的文学、才器、负犯等方面要求。③ 不久后，淳化三年（992）诏书对应举者的身份规定更为具体：

> 应举人今后并须取本贯文解，不得伪书乡贯，发解州府子细辨认。如不是本贯，及工商杂类，身有风疾，患眼目，曾遭刑责之人，并不在解送之限。如违，发解官当行朝典，本犯人连保人并当驳放。如工商杂类人内有奇才异行、卓然不群者，亦许解送。④

在核实考生文解时，发解官对籍贯（乡贯、户贯）尤为重视。考生的寄籍或冒贯是长期困扰宋代科举的问题。这直接挤占寄籍地区的解额，加剧该区域的科举竞争，从而引起本地举子不满甚至骚动，故宋代要求发解官仔细核辨籍贯，不能妄保，否则课以重责。天圣四年（1026）八月诏，"解发举人，窃虑妄有保委寄贯户名，宜令开封府下司录司及诸县，并依前后条贯施行，更不得妄保寄户名。如有违犯，重行断遣"⑤。在两

---

① 徐松辑：《宋会要辑稿》选举14之23，第4494页。
② 徐松辑：《宋会要辑稿》选举15之16，第4503页。
③ 徐松辑：《宋会要辑稿》选举14之10，第4487页。
④ 徐松辑：《宋会要辑稿》选举14之15，第4490页。
⑤ 徐松辑：《宋会要辑稿》选举15之6，第4498页。

宋之际，尤其南宋初期，由于时局动荡，人口迁徙，户籍散佚，核实难度加大，举子籍贯问题陡增，引起统治者的高度重视，如建炎四年（1130）六月，礼部言："欲下转运司令遍下所部州军，候发解开院毕，具合格人数、姓名并试卷，及缴连本部元立定解额指挥、真符赴部。如曾经兵火州军，令当职官及考试官结除名罪，人吏结编配罪保明。若稍涉虚冒，不依元立解额致大放举人，虽已出官，令行改正，仍乞不以去官赦降原减。"[①] 籍贯等方面失实的处罚，当职官为除名，人吏为编配，并"不以去官赦降原减"，这是严厉的行政或刑事责任形式。绍兴二十六年（1154）二月诏，"若已后发解就试人多，不得过绍兴二十六年所取之数。仍立为定制。若已用流寓户贯得解之人，许自陈，并入东南户贯。其已得举数，即合通理。如有违犯，并依贡举条法。若州军辄行大解，当职官吏并发解官依法徒二年科罪，举人即从下驳放"[②]。可见，当职官吏、发解官必须根据户籍依额发解，否则，处以"徒二年科罪"的刑罚。当然，这类编配、徒刑等发解责任形式为刑罚，但又是由发解的行政不当或不作为所致，应属行政性的刑罚，而非因刑事罪名而承担的刑事责任。

在此还必须指出，上述发解担保责任是宋代科举行政责任的一种重要形式和组成部分，并且处在宋代科举行政责任的基础性地位。而担保责任几乎贯串科举整个过程，涉及解试、省试以及制举、特奏名、经明行修科等类科考，它在维护科举法制，净化科举环境，实现公平竞争，促进社会安定和谐等方面发挥了重要的作用。

四　受贿贪赃导致的责任追究

在上述科举准备、判卷和发解等过程中，考试官吏的失误失职，有的是客观的，也有的是主观的；有的是过失，有的是故意。而考试官吏在科举中的受贿贪赃则是主观、故意的违法，乃至犯罪行为，往往予以行政直至刑事处罚，或者直接处以刑罚。这类处罚在科举法律责任追究中是最为严厉的，与一般的刑事责任没有很大区别。这可能与我国古代特别注重"赃罪"有一定的关系，"我国封建刑法是抓住'赃'这一具体鲜明、可

---

① 徐松辑：《宋会要辑稿》选举16之2，第4512页。
② 徐松辑：《宋会要辑稿》选举16之9，第4516页。

以计量的特征，将一切与'赃'有关的犯罪一概计赃定罪量刑"，它的侵犯客体是公私财物或正常行政。① 不过，在科举中受贿贪赃与直接侵占、盗窃公私财物又有所区别，它是在特定的科举行政过程中形成的法律责任，即利用或因为手中的权力而谋利或获得钱财，从而徇私枉法（或徇私不枉法），破坏科举法制和秩序，损害考生利益，乃至危害政权。考试官在此所承担的责任形式基本上是刑事的，但是在古代仍然属于广义的行政责任，处罚形式和方法也如前提及的行政性刑罚。

早在太宗雍熙二年（985）十二月，诏"监官、试官如受请求财物，并准枉法赃论"②。在法律上，"枉法赃"与"不枉法赃"都是罪名，并且前者较后者的法律责任显然要严重得多，当然，具体处罚的程度则要视其受赃数量和情节而定，科举责任的追究就是如此。咸平元年（998）九月，"淄州邹平县令正可象坐考试举人受钱三万，法当绞，诏贷死，决杖配少府监役，知州、通判各停官"③。该县令因主考时受贿三万依法当判绞刑，只因皇上开恩贷死决杖配役，知州、通判则承担相应的连带行政责任而停官。这类科举违法犯罪为举子深恶痛绝，也极为朝野重视，如在景德元年（1004）九月，"令御史台谕馆阁、台省官，有以简札贡举人姓名嘱请者，即密以闻，当加严断。其隐匿不言，因事彰露，亦当重行朝典"④。庆历四年（1044）六月，朝臣亦言："科举所以收天下之英俊，且为孤寒之地。比年百计徇私，内而省闱廷试，则有暗记牢笼之弊，如黄度、罗点辈私取陈亮以魁多士是也；外而诸路，如福建考官黄广被差之后，受金入院，寻即事发，为言者论列也。属当大比，来岁春闱，万一考官私相结约，阴取党类，接受贿赂，欲与计偕者，并令监试留意举觉，不得容令复蹈前辙。春闱委在院台谏官觉察，否则事发，并坐其罪。"仁宗听从了这个建议。⑤ 同时，又有不少大臣竭力主张严惩科场贪赃徇私，如包拯上奏说："乞特降约束，其逐处试官、监试官如稍涉徇私及请托不公，并于常法外重行处置；不然，令别定刑名，庶使官吏等各知警惧。"⑥

---

① 叶孝信等主编：《中国法律史研究》，学林出版社2003年版，第4页。
② 徐松辑：《宋会要辑稿》选举3之5，第4264页。
③ 徐松辑：《宋会要辑稿》选举19之3，第4564页。
④ 徐松辑：《宋会要辑稿》选举3之7，第4265页。
⑤ 徐松辑：《宋会要辑稿》选举5之20，第4322页。
⑥ 包拯：《包拯集校注》卷1《请依旧封弥誊录考校举人》，黄山书社1999年版，第16页。

这些都表明了宋朝对这类科举嘱请和受贿的态度,一方面加强台谏的监督,另一方面"重行朝典","并坐其罪"。科举官吏的受贿贪赃,影响恶劣,社会危害大,以一般的行政责任追究难以奏效,只有严刑重罚才能起到震慑作用。所以,宋代科场又以重罚著称,如上面的邹平县令考试时受贿三万,法当绞死。

但是,严刑重罚还是禁止不了科举中受贿贪赃案的发生,尤其在政治较为动荡的时期,如南宋中后期的情况就比较严重,但朝廷并没有放弃严惩的态度。宁宗嘉定初,就有臣僚指出:"仰惟国家数路取士,得人最盛,莫如进士设科。近年奸弊滋甚,据权势者以请嘱而必得,拥高赀者以贿赂而经营,实学寒士,每怀愤郁。"并有针对性地提出建议,"考校差官,要当精择。盖考官精明,去取允当。否则,是非易位,遗才必多。乞诏大臣精加选择,无取昏谬,充数其间"①。这个建议实际是强调科举时的用人,在他们看来,任人比任法还要重要一些,但关键仍在于依法科举,严惩违法犯罪。对何周才发解受贿一案的处理就反映科场情况和朝野态度。这一案件的处理和过程是这样的:

(嘉定)十一年十一月十一日诏,"荣州发解监试官、承直郎、签判何周才特贷命,追毁出身以来文字,除名勒停,免真决,不刺面,配忠州牢城,免籍没家财。考试官石伯酉、扈自中、冯寅仲各特降一资,并放罢。刘颐并徒二年,私罪赎铜二十斤,仍照举人犯私罪不得应举。杨元老徒二年,私罪荫减外,杖一百,赎铜十斤。刘济特送五百里外州军。刘颐、杨元老特分送三百里外州军,并编管。"以周才充发解监试,受刘光赇赂,用杨元老之谋,约以策卷中三'有'字为暗号,取放光之子颐(改名宜孙)及其孙济二名。既为赵甲经漕司告试院孔窍之弊,下遂宁府,鞠得其寔,具按来上,从大理拟断。于是臣僚言:"周才、光等罪犯皆得允当,伯酉、自中、寅仲不合擅令周才干预考校,又听从取放,乞并镌罢。"故有是命。②

在这一案件中,发解监试官何周才受刘光贿赂,通过试卷标记暗号,

---

① 徐松辑:《宋会要辑稿》选举6之1,第4330页。
② 徐松辑:《宋会要辑稿》选举16之32,第4527页。

而取放刘颐等,终被举发,何周才受到除名、勒停、配役等行政、刑事处罚,同时相关考试官也受到相应的行政、刑事处罚。这反映了科场问题的严重性,也表明了朝廷惩治的态度。就其相关责任人承担的责任形式而言,有编管、勒停、降资、放罢、赎铜,以及不应举等行政责任形式,还有配役、徒、杖等刑事责任形式,并且二者结合起来追究责任,行政处罚的特色很浓。当然,宋代追究行政责任时,各类责任形式往往相互配合。

为了防止科举官吏受贿贪赃,宋代十分重视对这些官吏的选拔和监督,如南宋绍兴二十六年(1156)对发解官就有专门的诏书:"诸路转运司所差发解试官,务在尽公,精加选择。如所差徇私及庸缪不当,令提刑司按劾,御史台、礼部觉察闻奏。"① 这种专门的监督,主要针对考试官的选任及其品行作实时监控,追究相应责任,保证科举的正常进行和科举责任落到实处。又如嘉定十三年(1220),殿中侍御史胡卫针对知贡举的选任和监督就说:"照得知贡举一员,同知贡举二员,皆择禁从近臣,儒学时望,又以台谏参之。嘉泰间,谓司谏司考校,不无迎合,乞专纠察,而于议题去取高下勿预焉,即增置同知贡举一员……乞将台谏同知贡举一员改作监试,其校文之官有勤惰不一者察之,执事之吏有内外容奸者纠之。"② 可见,宋代让台谏以及礼部监察科举,旨在保证考试、判卷、发解等的公平公正,防止各种弊端的产生。宋代科举中的受贿贪赃即使无法杜绝,但朝廷的严惩、朝野的态度仍是鲜明的,至于特殊时期的科场状况以及皇上法外开恩则又另当别论了。

结 语

宋代是一个重视科举的时代,所谓"天下之治乱,由于人材之盛衰;人材之盛衰,由乎科举之当否"③;"国家取士,惟进士得人为盛。故于三岁大比,每加详而致意焉。"④ 这种对科举的称赞,是有所根据的,与宋代科举法制的发展是密不可分的。所以,宋人既肯定科举的成果,也称颂科举制度,如嘉定十五年(1222)右正言龚盖卿说:"本朝科举之法最为

---

① 徐松辑:《宋会要辑稿》选举20之11,第4580页。
② 徐松辑:《宋会要辑稿》选举6之36,第4347页。
③ 徐松辑:《宋会要辑稿》选举5之16,第4320页。
④ 徐松辑:《宋会要辑稿》选举8之24,第4367页。

严密,将试而委官,已试而锁院。虑考官之容私也,胡(故)立糊名、誊录之法;虑士子之饰欺也,故立代笔、传义之法。三百年间,名卿才士皆此涂出。"① 同时,宋代科举问题又比较多,上述许多科举责任追究的制度或措施,正是针对科举中的问题而设置或制定的。

  毋庸置疑,宋代的这些制度、措施的形成和发展促进了科举制度的发展。据前所论,宋代的科举行政责任追究制度,主要包括科举准备和后勤保障不力、判卷和录取不当、发解失误、举解落第、担保不实、受贿贪赃等方面的责任追究。若进一步深入考察,则会发现,这一科举责任追究制度,涉及解试、省试、武举、制科、特奏名等类型及其过程,最为关键的是在解试和发解阶段,这一阶段相关的科举责任追究诏令制条也特别多;针对科举官吏的准备、保障、考判、发解、担保方面存在的问题,规定了相应的科举法律责任;采用的追究责任方式虽无具体定罪量罚的标准,但大致来说,对于一般违法犯规的行为,处以罚俸、罚金、降官、罢官,而对于情节严重、手段恶劣的犯法行为,则往往处以杖刑、徒刑、配役等。总之,宋代在科举的过程、方法、类型、主体、对象等各方面都有相关的责任追究的规定,比较详细、系统,基本上得到落实施行。所以,即使宋代科举在某些时期问题较多,责任追究也形同虚设,但总体来说还是比较成功的。

---

① 徐松辑:《宋会要辑稿》选举16之34,第4528页。

政事与人事：略论蔡京与讲议司

杨小敏

王安石变法期间，于熙宁二年（1068）二月，设立了制置三司条例司，罢于熙宁三年（1069）五月。崇宁元年（1102）七月，宋徽宗下诏如熙宁置条例司体例，于都省设置讲议司，由宰臣蔡京提举，崇宁三年（1104）四月罢。宣和六年（1124）十一月又再次设置讲议司。那么，前后两个讲议司有什么不同，讲议司与制置三司条例司有何不同，对北宋晚期政治有何影响？这些问题还有探究的空间，也很有探究的必要。

一 前后两个讲议司之不同

宋徽宗于崇宁元年（1102）下诏设置讲议司，二十二年后，又于宣和六年（1124）下诏再次设置讲议司。前后两个讲议司名虽相同，而设置背景，讲议内容有很大的不同。

（一）设置背景之不同

元符三年（1100）正月，哲宗崩。向太后垂帘听政，其政治倾向元祐，北宋政坛发生短暂的波动。建中靖国元年（1101），是北宋政治的调整时期，宋徽宗以调停的姿态对待新旧两党。崇宁元年（1102）设置讲议司的诏书，则是徽宗真正明确自己政治取向的宣言，即绍述父志，崇尚熙宁。七月甲午，诏曰："朕闻治天下者，以立政训迪为先；笃孝思者，以继志述事为急。"[1] 徽

---

[1] 杨仲良编：《续资治通鉴长编纪事本末》卷132《讲议司》，北京图书馆出版社2003年版，第4137页。

宗十九岁即位，崇宁元年二十一岁，正是血气方刚的年龄，加之个性使然，（章惇说他"轻佻"）必然想大有作为，以示刷新政治，振兴朝纲。而当时也存在许多现实问题。正如诏书所言："况宗室蕃衍，而无官者尚众；吏员冗滥，而注拟者甚艰。蓄积不厚于里闾，商旅未通于道路。廉耻盖寡，奔竞实繁。风俗浇漓，荐举私弊。盐泽未复，赋调未平。浮费犹多，贤鄙难辨。岁稍饥馑，民辄流离。"所以他下诏"宜如熙宁置条例司体例，于都省置讲议司，差宰臣蔡京提举，遴简乃僚，共议因革，庶臻至治，以广诒谋"①。就蔡京而言，设置一个如制置三司条例司那样的机构，也是他多年来的一个设想。绍圣元年（1094）七月壬戌，蔡京时任户部尚书，上言："神宗皇帝熙宁之初，将欲有为于天下，得王安石而任之。于是置条例司，选天下英材，设官分职，参备其事，兴利补弊，功烈较著。元祐以来，天下用度，复以匮竭，美意良法，尽遭诋诬。在于今日，正当参酌旧例，考合得宜，以称陛下追述先志之意，以成足国裕民之效。……"② 绍圣四年（1097）八月癸未，时任翰林学士承旨的蔡京，再次上言谈到宗室、任官、通商三事。"夫以恩制义则九族可睦，以官任士则百姓可章，以利行商则万邦可和。"并很迫切地恳请哲宗能给予机会，让他详细叙述自己的见解。后蔡京对垂拱殿，哲宗似乎全盘接纳了他的观点，曰："俟谕章惇，令悉施行。"京再拜谢曰："惇与臣异，必不能行。"③ 结合当时章惇、蔡京之间的关系，似乎蔡京的这些建议的确没有得到很好地贯彻执行。崇宁元年（1102），蔡京当政以后，才真正有了实践自己政治构想的机会，所以，可以说，讲议司的设置蕴含了徽宗振举朝纲，一新政治的理想，也包含了蔡京实现多年政治抱负的愿望。而宣和六年（1124）设置的讲议司则与此不同。当时国内情势如尚书右丞宇文粹中所言："山东河北，寇盗窃发。赋敛岁入有限，枝梧繁伙。"而贪官污吏肆意盘剥、敲骨吸髓，民不聊生。"一切取足于民。陕西上户多弃产而居京师，河东富人多弃产而入川蜀。河北衣被天下而蚕织皆废，山东频遭大水而耕稼失时。他路取办目前，不务存恤。谷麦未登，已先俵籴。岁赋已纳，复理欠负。托应奉而买珍异奇宝，欠民债者，一路至数十万计。假上供而织文绣锦绮，役工女者一

---

① 杨仲良编：《续资治通鉴长编纪事本末》卷132《讲议司》，第4138页。
② 杨仲良编：《续资治通鉴长编纪事本末》卷100《绍述》，第3192—3193页。
③ 李焘：《续资治通鉴长编》卷490，绍圣四年八月癸未，中华书局1993年版，第11621页。

郡至百余人。……民不聊生。"① 就财政状况而言，"若非痛行裁损，虑智者无以善其后"②。就是在这种危机情形之下，宋徽宗还是不能痛下决心，迁延久之，"乃诏蔡攸等就尚书省置讲议财利司。除茶法已有定制，余并讲究上"。可见这只是情急之下的无奈之举。虽然仍然打着继志述事的旗号，但这一次徽宗君臣却绝没有崇宁年间那样从容和自信。十一月丙戌，徽宗手诏："神考厘正六官，修举百度……用垂裕於万世。继志述事，正在今日。比年以来，官不修方……而流品猥众，廪食无名，遂至于用度冗滥。……而侥倖路启，请谒相先，故人才失任使之实。……而贪利诞谩，掊克无艺，故民力有匮乏之忧。以类推之，不可胜言。可令尚书省置局详议，以讲议司为名，究本推原，务协於大公至正之道，以广绍述先烈之休。……"③ 讲了这么多，核心只有一条，就是尽快解决财政危机。可以说，这个讲议司只是在北宋政权官滥、财竭、民贫的危机情形下的应急机构。

（二）讲议内容和内部机构设置之不同

前面提到，崇宁元年设置讲议司，是在徽宗即位初期，这个时候的徽宗还是很想有所作为的。而蔡京，虽然善于钻营投机，但元祐年间仍然是被排挤的对象，绍圣年间虽然多次上言对具体政事的各种看法，但却没有得到系统的实施。崇宁元年七月，蔡京被徽宗超擢为右仆射，同月十一日讲议司设立。八月丁巳，蔡京提举讲议司，同时就提出了讲议司的内部机构和人选，以及"如宗室、冗官、国用、商旅、盐泽、赋调及尹牧事，皆政之大者"，实际上讲议司所涉及的内容绝不止上述七个方面。林天蔚根据《续资治通鉴长编纪事本末》卷132所记，以时间之先后，将其列举为十四项，即议盐、议学校、议市舶、议茶、议学田、议坊场入纳、议私自讲学、议学校制度、议礼乐、置医学、议税务、议锡、议麦钞及博易、议军事。④ 可见其议事之广。宣和六年十一月设置的讲议司，所议之事，主要有定免行钱，定各州县供官科配法，定钞旁贴法，定吏职入仕或

---

① 宇文粹中：《请裁损耗妄疏》，黄淮、杨士奇编：《历代名臣奏议》卷192，上海古籍出版社1989年版，第2515页。
② 同上书，第2516页。
③ 杨仲良编：《续资治通鉴长编纪事本末》卷132《讲议司》，第4148—4149页。
④ 林天蔚：《蔡京与讲议司》，《宋史研究集》（第10辑），台湾"国立"编译馆，中华丛书编审委员会出版社1978年版，第429—443页。

进纳之法，定官户免役钱之法，定内侍官廪禄等，主要是要解决官冗禄厚及枉费百出的问题，以此减少财政支出，解决财政危机。这种在政治败坏、穷途末路境况下的临时举措，是不可能取得任何效果的，陈公辅曾言："……其后白时中、李邦彦亦置讲议司，辟亲戚故旧，坐縻禄廪，迁延岁月，未尝了一事。"① 要说有效果，也只能是加重对人民的剥削。朱胜非言："名为减损，其实增添。……熙宁以前，文臣朝议大夫至中奉大夫共二十九员，止有中散二员，余皆朝议。今一百九十余员。武臣观察使至节度使止二十七员，今一百七十员。余官五之二合文、武官旧有九千余员，今三万五千余员。……"② 所谓的"不急之务，无名之费，悉议裁省"只是一句空话。而且，这时候人到中年的徽宗经过多年"丰亨豫大"之说的熏陶，已完全不可能有任何振举朝纲的能力和勇气了。而年近八旬的蔡京老翁也已经是老眼昏花，除了贪恋权势的欲望没有改变以外，也不可能有任何大的作为了。实际上，虽然蔡京仍然提举，但讲议司的权力却掌握在其子蔡攸和白时中、李邦彦手中。

关于前后两个讲议司的组织机构和人员构成，戴裔煊先生《宋代钞盐制度研究》③一书有关章节和林天蔚先生《蔡京与讲议司》一文都有叙述。下文将会述及。可以清楚地感受到，崇宁元年所设讲议司，是一个比较系统地规划包括政治、经济、教育、文化在内的国家大政的总机构，其讲议内容，在此之前，蔡京是有过较长时间思考和零星实践的，可以称作一个比较"成熟"的施政方案。而宣和六年的讲议司，只能称作是一个解决财政问题的应急机构，参与人员也没有一个系统具体的实施方案。

二　讲议司与制置三司条例司之异同

（一）制置三司条例司的置废及其职能向司农寺的演变

关于制置三司条例司的研究，葛金芳、金强《北宋制置三司条例司考述》④一文，提出条例司堪称"经济计划委员会"。王曾瑜先生在《北

---

① 徐松辑：《宋会要辑稿》职官5之19，中华书局1957年版，第2472页。
② 杨仲良编：《续资治通鉴长编纪事本末》卷132《讲议司》，第4150—4151页。
③ 戴裔煊：《宋代钞盐制度研究》，中华书局1981年版，第312—318页。
④ 葛金芳、金强：《北宋制置三司条例司考述》，《江西广播电视大学学报》2000年第3期。

宋的司农寺》①一文中，对制置三司条例司职能演变为司农寺职能的过程及意义进行了分析。王晓斌硕士的《制置三司条例司与熙丰变法时期的司农寺研究》一文，上篇《制置三司条例司研究》，指出，王安石另设条例司以理财，是其审时度势、深思熟虑的结果：1. 可以避开中书、三司机构，在王安石的直接领导下重新组织起全新的变法班子，避免朝中元老重臣对变法的直接干扰和阻挠，有利于变法的进行；2. 可以将变法与中书、三司事务分开，有利于提高变法效率；3. 可以起用新人、试用新人，有利于选拔培养变法人才。条例司的设立，对于开创熙丰变法的宏大局面、对于变法的顺利推行起到了关键性的作用。下篇《熙丰变法时期的司农寺研究》指出，司农寺主持变法期间，除了继续制定颁布新的变法法令、将变法推向深入和调整补充已颁布的法令外，同时也负责对诸路提举常平司的监督、考核和领导。由司农寺到诸路提举常平司再到州县的新法推行系统，成为新法在熙宁三年以后在诸路继续实施的组织保证。②

王安石变法的重点在于理财，为了减少阻力，早见事功，设置了制置三司条例司。正如反对者所言，条例司侵夺了中书的部分行政权和三司的部分财权。北宋前期，中书主政，枢密主兵，三司主财。三司即盐铁、户部、度支。三司理财体制的优点在于它的高度统一性、一体性。它不但能统一管理赋税征收，而且在一定限度内也能统一管理财政支出，甚至能通过财政监督权有效地贯彻统一调度财计的意图。这大致适应了宋朝高度中央集权，地方收入管理权收归中央，供养军队、官吏等各方面的负担也相应地归于中央这一情形。但是，三司财政管理一体化也带来了相应的缺点。它不但负责财务出纳，还要负责土木建筑、军器制造、水利工程以及一些民政事务。这样，就使得它的责任过于繁重，需要处理的事务过多。③有些事务反而处理不好。宋神宗即位初，苏辙上疏批评三司财政上的过分集权，"主大计者必执简以御繁，以简自处。……今则不然，举四海之大而一毫之用必会于三司，故三司者案牍之委也。……夫天下之财，下自郡县而至于转运，转相较钩足以为不失矣。然世常以为转运使为不可

---

① 王曾瑜：《北宋的司农寺》，《锱铢编》，河北大学出版社2006年版，第41—70页。
② 王晓斌：《制置三司条例司与熙丰变法时期的司农寺研究》，硕士学位论文，陕西师范大学，2001年。
③ 汪圣铎：《两宋财政史》，中华书局1995年版，第606页。

独信，故必至于三司而后已。"① 这也就是制置三司条例司出现的背景。王安石曾对神宗说："今天下财用困急，尤当先理财。……此陛下之所理财而制置一司，使升之与臣领之之意也。"又说"今分为一司，则事易商议，早见事功。若归中书，则待四人无异议，然后草具文字。文字成，须遍历四人看详，然后出于白事之人，亦须待四人皆许，则事积而难集"②。七月十七日，依条例司奏，颁均输法；九月四日发布青苗（常平）法。为了有效地推行青苗法，各路设常平官专司其事，全国共四十一员。各州置常平案，由通判一类的官员负责转移出纳事宜；而在各县，则由县令、佐直接督率耆、户长，管理借贷。又因条例司言"银铜坑冶、市舶之物，皆上供而费出诸路，故转运司莫肯为，课入滋失"，神宗乃下诏发运使薛向、副使罗拯兼都大提举江淮、两浙、荆湖、福建、广南等路银铜铅锡坑冶、市舶等。又按照薛向的请求，"于是置勾当公事官九员，分领九路，凡移用财赋、兴置坑冶、茶矾酒税、钱监、造船、雇籴、辇运等事"③。十一月十三日，颁布农田水利法；闰十一月，条例司又请在河东路行交子法，仍令转运司举官置务。十二月，条例司奏议免役法。但免役法真正颁布是在熙宁四年十月一日，由司农寺奏颁全国。在基本理顺新法各项措施头绪后，熙宁三年五月甲辰，神宗以"近设制置三司条例司，本以均通天下财利。今大端已举，惟在悉力应接，以取成效"为由而罢之。可以看出，条例司在皇权的支持下，绕过三司，利用提举常平使和发运使直接措置各项理财事业，侵夺了三司的部分财权，同时削夺了地方财权。宋初中书省"掌进拟庶务，宣奉命令，行台谏章疏，群臣奏请兴创改革"诸事；④ 条例司设立之后，直接颁布新法，总管新法事宜，这样就分割了部分中书之权。熙宁三年正月，开封府界青苗法实行中因官吏硬性摊派，出现"民不能堪"的状况。神宗初欲令中书戒谕提举官。王安石却说："若召提举官至中书，诸路闻此必顾望，不敢推行新法，只令条例司指挥可也"⑤。判大名府韩琦言："条例司虽大臣所领，然止是定夺之所。今不关

---

① 苏辙：《栾城集》卷21《上皇帝书》，文渊阁《四库全书》本，上海古籍出版社1987年版，第1112册，第229页。
② 杨仲良编：《续资治通鉴长编纪事本末》卷66《三司条例司》，第2138—2139页。
③ 同上书，第2136页。
④ 《宋史》卷161《职官一》，中华书局1977年版，第3782页。
⑤ 黄以周等辑注：《续资治通鉴长编拾补》卷7，熙宁三年正月庚申，中华书局2004年版，第300页。

中书而径自行下，则是中书之外又有一中书也。"① 由于韩琦、文彦博等元老重臣的强烈反对，加之神宗态度的转变，制置三司条例司最终被撤销。熙宁二年十一月，当神宗提出将条例司并归中书时，王安石回答道："陛下既使升之与臣执政，必不疑升之与臣专事而为奸。况制置司所奏请，皆关中书审覆，然后施行，自不须并入。"② 我们从这句话中，隐约感觉到神宗之所以倾向于撤销条例司之隐衷，是怕王安石专权。但是在撤销制置三司条例司的时候，王安石为了防止变法流产，还是作出了周密部署，这就是由司农寺接管了制置三司条例司的大部分事务。而且，制置三司条例司罢归中书以后，宰相理财的格局却保留了下来。这和宋初相比，是一个很大的变化。所以此后有宰相所掌的朝廷财赋一说。"神宗用王荆公计，凡摘山、煮海、坑冶、榷货、户绝、没纳之财，（此旧三司窠名，属左藏库）与常平、免役、坊场、河渡、禁军阙额、地利之资，悉归朝廷。"③ 所谓征榷之利归属三司者，主要是商税、榷酒的收入，所谓摘山煮海之利隶朝廷封桩者，主要有末盐钞钱、解盐钞钱、茶租钱等收入。朝廷封桩财赋可分三类：一是旧三司窠名，用于调充边费者，主要是钞引；二是各项新法所得；三是以节支的名义封存的地方财赋。钞引由榷货务（市易西务）代管，新法所得由司农寺代管，节支者由地方代管。三者由中书（宰相官署）差堂后官置簿总辖。④

北宋前期至中期，司农寺是一个闲散机构，职事很少。宋真宗以后到宋神宗以前，司农寺主要掌管常平广惠仓事务，形成了自司农寺至各路提点刑狱司，再至各州县的常平仓管理系统。而制置三司条例司设置以后，作为主持变法的中央机构，从中央的制置三司条例司至各路提举常平司系统之设置，正好是接管了从中央的司农寺至各路提点刑狱司系统的事权，以"常平仓钱斛出俵青苗"⑤，而使司农寺回复到北宋初的闲散地位。熙宁三年五月，宋神宗下诏罢制置三司条例司，并按条例司建议，"常平新法宜付司农寺，选官主判，兼领田、役、水利事"⑥。于是，司农寺在相

---

① 《宋史》卷161《职官一》，第3792页。
② 杨仲良编：《续资治通鉴长编纪事本末》卷66《条例司》，第2139页。
③ 李心传：《建炎以来朝野杂记甲集》卷17《内藏库》，中华书局2000年版，第384页。
④ 汪圣铎：《两宋财政史》，第624页。
⑤ 徐松辑：《宋会要辑稿》职官5之4，第2464页。
⑥ 徐松辑：《宋会要辑稿》职官5之7，第2466页。

当程度上接管制置三司条例司的事权，这显然是王安石等人比较巧妙的安排。① 它的巧妙性就在于机构的延续性和人事的延续性。就机构的延续性而言，就是利用司农寺这个壳子，将曾从它那里抽出去的而且是生发壮大了的内容添回去，这样其内容比以往是丰富得多了。这就是保留了改革的成果。关于人事的延续，我们从判司农寺、同判司农寺官员名单可以看出，像吕惠卿、曾布、蔡确、邓绾、熊本、李承之、张谔、张琥、李定、王居卿、曾孝宽、舒亶等支持变法或变法的中坚分子都在，这就保证了新法的继续推行。可谓用心良苦。制置三司条例司罢后，由于司农寺财权的扩大，很快形成了两套平行的财政系统，一是由旧有的三司、各路转运司和州县官组成的系统，二是司农寺、各路提举常平司、各州常平管勾官和各县常平给纳官系统。"祖宗外置转运司，以漕一路之赋，内置三司使，以总天下之财。神宗始分天下之财以为二司，转运司独用民常赋与州县酒税之课，其余财利悉收于常平司，掌其发敛，储之以待非常之用。罢三司而为户部，转运之财则左曹隶焉，常平之财则右曹隶焉。"②

（二）讲议司与制置三司条例司之异同

就二者的相同之处而言，都是在政府原有机构之外，另设一临时机构，处置所谓政之急者或政之大者，即"新政"。

不同点主要是：就机构设置而言，制置三司条例司以理财为重点，所以它的内部结构要简单一些，大体上有领条例司、编修三司条例官、检详文字官、相度利害官、看详衙前条例官等。人员数目也比较少。熙宁四年二月，苏轼在《上神宗皇帝书》中说道："……祖宗以来，治财用者不过三司使副判官，经今百年，未尝阙事。今者无故又创一司，号曰制置三司条例。使六七少年日夜讲求于内，使者四十余辈，分行营干于外，造端宏大，民实惊疑，创法新奇，吏皆惶惑。"③ 条例司成员主要是吕惠卿、苏辙（熙宁二年八月罢）、李常（后辞检详文字官）、王汝翼（熙宁三年三

---

① 王曾瑜：《北宋的司农寺》，《锱铢编》，第 43 页。
② 王应麟：《玉海》卷 186，文渊阁《四库全书》本，上海古籍出版社 1987 年版，第 947 册，第 743 页。
③ 苏轼：《苏轼文集》卷 25，中华书局 1986 年版，第 730 页。

月辞检详文字官)、张复礼、李承之、章惇①、曾布②、张端等人③。派往地方负责具体事务的官员，如熙宁二年夏四月丁巳，从三司条例司之请，遣刘彝、谢卿材、王广廉、侯叔献、程颢、卢秉、王汝翼、曾伉八人行诸路，察农田、水利、赋役。④ 熙宁三年二月辛巳，司马光言："臣尝因经筵侍坐，言散青苗钱不便。自后朝廷更遣使者四十余人，专使之散青苗钱云云。……"⑤ 崇宁元年八月丁巳，蔡京言："熙宁条例司，检详文字编修及编定，并在司、分遣出外相度共十九人。"⑥ 王晓斌考出条例司内部属员十六人。就人事安排上，主要以支持变法者为主，如吕惠卿、曾布、章惇等。这也是在大批元老重臣激烈反对新法的情况下，王安石所只能采取的措施，他甚至更看重这些"新进少年"的才干而忽略他们的品德。按王安石自己的话说，就是等变法一切就绪以后，再以老成持重之人代替这些躁进的"新进少年"。而苏辙曾为检详文字官，因议论不合，遂罢。李常因反对青苗法，受到王安石指责。李定因言青苗法民以为便，"安石喜甚，奏以定编三司岁计及南郊式，且密荐于上，乞召对"⑦。

讲议司虽说依制置三司条例司例设，但其机构可谓详备。我们综合文献及戴裔煊和林天蔚先生的考证，可见讲议司结构如下：提举官蔡京；详定官有户部尚书吴居厚，学士张商英，刑部侍郎刘赓、张康国，学士蹇序辰、范致虚（参详官升）；参详官有起居舍人范致虚，太常少卿王汉之，仓部郎中黎洵，吏部员外郎叶棣，主客员外郎强浚明，驾部员外郎陈旸，中书舍人崔彪，朝散郎郑仅；检讨官有（宗室）朝奉郎少府监丞强浚明、太常寺主簿李诗，宣教郎鲍贻庆；（冗官）朝散郎李琰、陶节夫，承议郎吴储；（国用）承议郎家安国，朝散郎王觉，奉议郎崔彪；（财赋）承议郎安亢、虞防，通直郎林攄；（商旅）朝散郎韩敦立，朝奉大夫曾诜，朝散郎余授；（盐泽）朝奉大夫冯谌，朝奉郎李瞪，承务郎吕惊；（尹牧）承奉郎乔方，鄂州司户参军沈锡。戴裔煊先生据《宋会要辑稿》职官五

---

① 《宋史》卷471《章惇传》，第13710页。
② 黄以周：《续资治通鉴长编拾补》卷6，熙宁二年闰十一月己酉，第268页。
③ 苏辙撰，俞宗宪点校：《龙川略志》卷3《论榷河朔盐利害》，中华书局1982年版，第15页。
④ 黄以周：《续资治通鉴长编拾补》卷4，熙宁二年四月丁巳案语，第175页。
⑤ 杨仲良编：《续资治通鉴长编纪事本末》卷63《王安石毁去正臣》，第2061页。
⑥ 陈均编：《皇朝编年纲目备要》卷26，中华书局2006年，第663页。
⑦ 杨仲良编：《续资治通鉴长编纪事本末》卷64《王安石专用小人》，第2085—2086页。

考录出当时参与讲议司之官员数为45人。其中42人在讲议司罢后，依条例司例推恩升赏。宋人曾敏行《独醒杂志》卷九所记人数更多："蔡元长为相日，置讲议司，官吏数百人，俸给优异，费用不赀。一日，集僚属会议，因留饮，命作蟹黄馒头。饮罢，吏略计其费，馒头一味，为钱一千三百余缗。"①

就人事安排来看，我们仅以《宋史》中有传或者有零星记载的讲议司成员来看，有以下几类：1. 蔡京党羽，如骞序辰、林摅、王汉之、强浚明。2. 与蔡京议论不合者。如范致虚"与京议不合，改兵部侍郎"②。3. 后入元祐奸党者，如张商英③；入籍者如虞防。4. 为政持平，能赈恤百姓，曾为提举京东常平，陕西都转运使者，如郑仅。5. 有专长，而任讲议司官者。如参详礼乐官陈旸，"著《乐书》二十卷进上"④。6. 因得到蔡京支持而后唯京意是从的，如陶节夫，"曾为讲议司检讨官，进虞部员外郎，迁陕西转运副使，徙知延安府，加集贤殿修撰，进枢密直学士，节夫在延安日久，蔡京、张康国从中助之，故唯京意是狥"⑤。7. 确有理财能力，又党附蔡京者，如吴居厚"熙宁初为武安节度推官，奉行新法，尽力核闲田，以均给梅山猺，计劳，得大理丞，转补司农属。元丰间，提举河北常平，增损役法五十一条，赐银绯，为京东转运判官，升副使。天子方兴盐铁，居厚精心计，笼络钩稽，收羡息钱数百万。即莱芜、利国二冶官自铸钱，岁得十万缗。诏褒揭其能，擢天章阁待制，都转运使。前使者皆以不任职蒙谴，居厚与河北謇周辅、李南公会境上，议盐法，搜剔无遗。居厚起州县凡流，无阀阅勋庸，徒以言利得幸，不数岁，至侍从，嗜进之士从风羡美。又请以盐息买绢，资河东马直；发大铁钱二十万贯，佐陕西军兴；且募民养保马。当时商功利之臣，所在成聚，居厚最为掊克……"⑥。8. 蔡京举荐而确有才干者，如张康国"绍圣中，户部尚书蔡京整治役法，荐以参详利害，使提举两浙常平推行之，豪猾望风敛服。发仓救荒，江南就食者活数万口。徙福建转运判官。崇宁元年，入为吏部、

---

① 曾敏行：《独醒杂志》卷9，上海古籍出版社1986年版，第81页。
② 《宋史》卷362《范致虚传》，第11327页。
③ 《宋史》卷351《张商英传》，第11096页。
④ 《宋史》卷432《陈旸传》，第12848页。
⑤ 《宋史》卷348《陶节夫传》，第11039页。
⑥ 《宋史》卷343《吴居厚传》，第10921页。

左司员外郎,起居郎。二年为中书舍人。徽宗知其能词章,不试而命。迁翰林学士。三年,进承旨,拜尚书左丞,而以其兄康伯代为学士。寻知枢密院事。康国自外官为郎,不三岁至此。始因蔡京进,京定元祐党籍,看详讲议司,编汇章牍,皆预密议,故汲汲引援之,帝亦器重焉"①。从上所列举的几个方面,可以看出,讲议司的人事安排还是很复杂的。既有可称为蔡京心腹的人,也有在某些方面确有才干者。还有和蔡京意见不合者。就意见不合者而言,在讲议司存在前后,往往会受到排挤打击甚至陷害。如范致虚"与京议不合,改兵部侍郎"。张商英"崇宁初,为吏部、刑部侍郎,翰林学士。蔡京拜相,商英雅与之善,适当制,过为褒美。寻拜尚书右丞,转左丞。复与京议政不合,数诋京'身为辅相,志在逢君'。御史以为非所宜言,且取商英所作《元祐嘉禾颂》及《司马光祭文》,斥其反复。罢知亳州,入元祐党籍。"②张康国因"帝(徽宗)恶京专愎,阴令沮其奸……京使御史中丞吴执中击康国,康国先知之。且奏事,留白帝曰:'执中今日入对,必为京论臣,臣愿避位。'既而执中对,果陈其事,帝叱去之。他日,康国因朝退,趋殿庐,暴得疾,仰天吐舌,舁至待漏院卒,或疑中毒云。年五十四"③。由此,也可见蔡京专狠毒辣之一面。

三 讲议司对北宋晚期政治的影响

崇宁三年四月乙丑,宰臣蔡京言:"伏奉手诏置讲议司,度今文字不多,理当归之省部,欲乞限一月结绝罢司;如有未了事件,乞送尚书省分隶施行。"从之。④ 这样,讲议司就罢废了,但它真正结束工作,应该是在八月戊申徽宗下诏讲议司官属,依制置三司条例司条例推恩。翰林学士承旨张康国、刑部侍郎刘赓、提举洞霄宫蹇序辰、显谟阁待制范致虚、王汉之等三十五人各迁一官,余四人及尚书省都事任充等,支赐银绢、迁官转资减磨勘年有差等以后。蔡京为什么要设置讲议司,又为什么主动提出废罢讲议司?讲议司近三年的工作对北宋晚期政治有何影响?

---

① 《宋史》卷351《张康国传》,第11107页。
② 《宋史》卷351《张商英传》,第11096页。
③ 《宋史》卷351《张康国传》,第11107页。
④ 杨仲良编:《续资治通鉴长编纪事本末》卷132《讲议司》,第4147页。

前面我们提到,在讲议司刚刚设置的时候,不管是宋徽宗,还是蔡京,的确有着实现他们各自政治抱负的愿望在里面,这一点是不可否认的。但是,对于历经熙丰,又在从元祐元年直至建中靖国元年的十五六年的政治风浪中,浮沉其间的政坛老手蔡京来说,对集权的重要性,他是有深刻认识的。只有大权在握,才可以干自己想要干的事,所以他就是要利用讲议司这个机构,将忠实于自己、能按照其旨意行事的人员都集中起来,组成一个庞大的集团,以便从容有序地推行其政策。经过近三年的工作,蔡京想要推行的各项措施基本实行,尤其是经济方面的改革,"成效显著",茶盐等的收入改变了元祐以来财政拮据的状况,这令徽宗相当满意。蔡京本人已独相,而且通过安置心腹到各个重要部门,达到了集权的目的,为了钳制反对者之口,于是提议废罢了讲议司。可以这样认为,蔡京贪权固宠、好大喜功的心理,葬送了他早期宏伟的理想,葬送了他的改革事业,也最后葬送了北宋政权。正如戴裔煊先生所言,"蔡京置讲议司研讨大政,其结果虽未必良,而其用意则甚善也"。

林天蔚先生将蔡京领导下的讲议司的误国之政,概括为三大项:1. 当十钱;2. 破坏般输法;3. 置四辅而控兵权。

我们认为,讲议司对北宋晚期政治发展走向的影响,主要在两个方面:一是在文化教育、礼乐制度上大做文章,铺陈太平盛世气象。限于篇幅,不再展开论述。二是在财政上,进一步加强了中央集权,削弱了地方财力。前面已经讲到,蔡京利用讲议司讲议和推行的政策,包括很多方面,但影响最大、"成效最著"的还是他的经济改革,他的茶盐货币政策让徽宗着实看到了滚滚财源向国库尤其是徽宗控制的内库的集中。这也是除了艺术上的知音以外,徽宗所以倚重蔡京的重要原因。王安石变法时,通过提举常平司、发运使等,将新法所得如青苗钱、免役钱、坊场河渡钱等及其他原属地方的财政收入,纷纷从地方输送到朝廷封桩,削弱地方财力,加强了中央实力。蔡京比王安石更进一步,他通过严密而多变的茶盐货币法,搜刮了巨额的利润。但蔡京与王安石不同的是,他将几乎是百分百的利润都集中运输到了都城,除了一部分供给官俸军需外,其他部分都供他们君臣挥霍了。正如《古今源流至论》续集卷二《国用》引《蔡官制》所说:"自熙宁遣使出于相臣之门,皆务聚敛,以悦庙堂。……安石乃置旁通簿于御前,尽籍国帑之数。在神宗恭俭君,国帑藏率皆富溢。崇宁后,蔡京蠹国,奢广百端,皆不先关户部,非若三司有专案以关防也。……"① 由于神宗节俭,所以王安石"聚敛"的财赋储积起来,以至国库充溢。而蔡京等将财富聚集到京师以后,肆意挥霍掉了。由于地方财政匮乏,官吏只好加紧盘剥,加重了百姓负担,导致阶级矛盾激化。而徽宗君臣的肆意挥霍,最终导致了国库的空虚。中央财政和地方财政体系一起崩溃。

---

① 林駉、黄履翁:《古今源流至论》,文渊阁《四库全书》本,上海古籍出版社1987年版,第942册,第374页。

南宋马纲水运考述

尚 平

南宋国土促狭、战马短缺，其所需的马匹主要是通过向川秦沿边的蕃部收市获得。当时收市马匹的地点集中在黎州、叙州及宕昌寨等地，这些地方每年收市的近万马匹分别经成都和汉中两处集中团纲，编成马队，再沿汉江谷地运送到长江中下游地区。由于陆路遥远，而且山路险阻，马匹的损耗非常严重。孝宗时期，曾出现了川秦马纲经由嘉陵江和长江，以水路东运的尝试，这成为南宋马政和长江交通史上的一个重要事件，也是"孝宗朝的重要史事之一"[1]。此问题已引起一些研究者的关注，如金宝祥[2]、梁中效[3]等，但以往的研究主要以《建炎以来朝野杂记》（后文简称为《朝野杂记》）中的记载作为主要依据，[4] 故对其介绍较为简略。另外，马纲水运有关的有些论述略也有偏颇之处。[5] 本文认为除了《朝野杂记》中的记录以外，《宋会要辑稿》及南宋人文集中仍有不少史料，借助于此，可以对这一事件重新进行考述，以明其始末。

---

[1] 王智勇：《南宋吴氏家族的兴亡：宋代武将家族个案研究》，巴蜀书社1995年版，第164页。

[2] 金宝祥：《南宋马政考》，《文史杂志》1941年第1卷第9期。

[3] 梁中效：《南宋东西交通大动脉："马纲"驿路初探》，《成都大学学报》1996年第1期，第50页。

[4] 关于南宋川秦马的水路纲运，李心传《建炎以来朝野杂记》甲集卷18"纲马水陆路"一节对其大致情形做了介绍，中华书局2000年版，第429—432页。

[5] 如蓝勇编著《中国历史地理学》中认为长江在马纲运送中作用突出，"宋代，特别是南宋以来，中国政治经济文化中心东移南迁，四川与政治经济核心区的联系则多取长江水路，川江水运地位上升，成为转运蜀布、马纲、粮草、海货的重要漕运通道，地位远远超过北面的金牛道"（高等教育出版社2002年版，第278页）。但本文认为马纲水运在南宋仅是试行，运送的次数和数量都是极为有限的。

· 212 ·

一 马纲水运的肇始与筹备

南宋孝宗乾道元年（1165）五月，四川宣抚使吴璘建议试行川秦马纲水运，原因是均、房一带山路难行，马多伤毙。"始议以马纲劳费，又均、房一带，类历峻岭乱石之间，马伤其蹄，道毙者多，请以舟载马而东。"① 当年七月被任命为夔州知州的王十朋在奏状中也称"其端起于吴璘，众人从而迎合之，以行水为便"②。吴璘的建议一经提出，立即得到了即位不久急于备战的孝宗的大力支持。"上命夔路造舟与之"，下令夔州路开始兴造马船准备实施。③

当年九月，夔州路帅臣张震在向朝廷的一份汇报中仔细列举了马纲水运所需财费，认为"自利至峡十一州，岁费约二百万缗，又且出产不敷，决难桩办"④。张震的汇报中除了说明经费上的不足，还论及水路在季节航运上的限制及沿途草料的缺乏等不利因素。⑤ 可是孝宗的答复是，"第令造舟与璘，他日有损坏者军自修，其他皆吴璘自办"。于是在孝宗的执意推行下，"其事遂行"。当时的四川安抚制置使、成都知府汪应辰，"亦言其不便"。而高宗"不听"⑥。到了十一月，吴璘"条上马纲画一，复以刍秣等事委茶司及沿流诸郡"⑦。可见一开始在马纲水运耗费的承担问题上，川陕驻军和四川地方政府就出现了分歧。虽然孝宗初步的设想是让吴璘来自筹马纲水运的经费，并非想把负担加在沿途州县，但从乾道元年（1165）十一月吴璘所上的规划来看，显然他是不太情愿，或者是很难办到的，仍要求把耗费的大头推给茶马司及沿流地方州县。这一分歧在《宋会要辑稿》说明得很清楚，乾道元年十月二十五日，"执政进呈吴璘奏马纲经由水路画一，汪彻等奏曰：先降指挥除造船外，并委吴璘管办，今吴璘条具却复委茶马等司及沿流诸州。若从其请，事决不可办。上曰：

---

① 李心传：《建炎以来朝野杂记》甲集卷18《纲马水陆路》，第429页。
② 王十朋：《梅溪王先生文集》卷4《除知湖州上殿札子三首》，《四部丛刊初编》，上海商务印书馆1922年版，第1116册，第177页。
③ 李心传：《建炎以来朝野杂记》甲集卷18《纲马水陆路》，第429页。
④ 同上书，第429—430页。
⑤ 徐松辑：《宋会要辑稿》兵23之29、30，中华书局1957年版，第7174页。
⑥ 李心传：《建炎以来朝野杂记》甲集卷18《纲马水陆路》，第430页。
⑦ 同上。

只可依元降指挥,别条具上来"①。可见,吴璘的推诿,使朝廷感到如果水运经费负担落在沿流州县,事情将无法措置,仍然明令吴璘"管办"。同时,因筹备的经费尚未落实,所以至此时马纲仍继续由陆路转运。"二十六日,枢密院言,纲马由水路,切虑舟船未办,排发留滞。诏令三衙且依旧陆路取挥,候舟船办日,依已降指挥施行。"②

第二年,即乾道二年(1166)二月,吴璘"已俾三卫取马军士贴舟而东"。孝宗听说后仍担心必要准备还没有到位,他对大臣说:"如此,即空舟如何得回?"并"遂更命璘措置"。随后吴璘对这五十纲马匹水运所需宣抚司拨划的费用做了汇报,其中合州造船费,七万五千缗;草料钱,一万二千二百缗;除军兵外,梢、火雇钱为二万缗;合计十万七千二百缗。但在报告的后面,吴璘对水运也表现出了犹豫的心态,"如今所发来五十纲西马比陆路无死损阻滞,即川马亦依此拨发"。吴璘的报告更使南宋朝廷的很多大臣担心起来,"于是大臣因为上言,恐璘亦疑水路有未尽善"。但是孝宗仍然固执地坚持施行马纲水运,"上未以为然"③。

至乾道二年(1166)五月时,虽然马纲水运依旧在筹备中,但吴璘试行发运十纲马匹的请求已获得朝廷准许。其时"宰执进呈吴璘奏马纲经由水路札子,并录到知归州周升亨书,称已办集舟船草料什物。上曰:归州亦不易,皆办。适(即洪适)等奏曰,先来乞归、夔二州未办,今办只归州,夔州未见申到。吴璘称先将宕昌西马由水路排发,如将来水路通行,比较出陆别无死损,即将所买川马亦于水路排发。臣等观吴璘之意、次第亦疑水路有未尽善。上曰,吴璘所奏正依得元降指挥,先于水路起发十纲"④。

乾道三年(1167)春,夔路转运司主管文字潼川任续在临安向朝廷汇报了对马纲水运的看法,认为水运可继续推行。这让孝宗十分高兴,"上大善之"。随后将主张水运的任续和归州知州周允升安排在恭州和夔州任职,以便推行水运。而此前极力反对水运的张震却从夔州离任,尽管接任的王十朋与漕臣查籥也"皆力论其扰人",可是孝宗"不听也"⑤。

---

① 徐松辑:《宋会要辑稿》兵23之31,第7175页。
② 同上。
③ 李心传:《建炎以来朝野杂记》甲集卷18《纲马水陆路》,第430—431页。
④ 徐松辑:《宋会要辑稿》兵23之31、32,第7175页。
⑤ 李心传:《建炎以来朝野杂记》甲集卷18《纲马水陆路》,第431页。

二 水路东运的实施

至于马纲沿水路东运的批次和实际情况，史料中所记较略。据王十朋《再论马纲状》透漏，"臣所论者一州，乃马纲已经过而目亲睹者尔"。可见确实有马纲从水路经过。又据王十朋《除知湖州上殿札子三首》所言"今茶司之马自五十纲后，虽不经由，然朝廷未有明文罢之。有一二提举之臣犹以奉行为名，沿江州县治厩造船之役犹未已"可推断，马纲水运并不多，这里所说的"五十纲"很可能就是乾道二年（1166）吴璘的那五十纲西马。另外《朝野杂记》中有一段记载可能是马纲沿水路运行的实际情况的汇报。"峡江湍险，军士素不谙习，一遇滩碛，人马覆溺。于是驱沿流之民为之操舟，所赍衣粮为之劫夺，所过鸡犬为之一空。"①

水路纲运的转折出现在吴璘去世之时。乾道三年（1167），吴璘去世，代替吴璘的是虞允文。这位新的四川地区最高的军政长官也并不热心于纲马的水运。十月末，虞允文呈报了自己对马纲转运的看法。

"利州水路至荆南府凡十二郡，计三千余里，分置船驿数目浩大，挽而溯洄，用人力至多。若一旦阻风行船，不得或至三五日，马失喂饲。今别踏逐行马路有二，一者，旧系房金州上京，驿路皆平坦，多系沙地，于马行相宜，但一段去房界稍近（二百七十里），恐生边隙，未敢便施行。一者，自金州上船至净口，水行五驿出船，至外口陆行四驿，合旧行房州马路，马止历均房两州，不过五百余里（尽避得金、房州数十重大山），比利州水路减十之九，见一面措置到图子进呈。"

虞允文主张放弃长江马纲水运，而在原来汉江谷地开辟一段水路与陆路结合，以避免经过太多大山而减少对纲马的损伤。一方面是虞允文的建议具有折中的意味，另外对于新上任的重臣理应信任，同时水运一直在遭受批评，所以孝宗只好"诏令允文择其利便，一面改易施行"②。

乾道三年（1167）十一月，由于臣僚的再次上书言明水运马纲影响嘉陵江上粮食籴买的弊端，最后沿长江纲运川秦马的做法被罢废。虽然《朝野杂记中》云"水运前后三岁"，实际上是指整个马纲水运事件从酝

---

① 李心传：《建炎以来朝野杂记》甲集卷18《纲马水陆路》，第431页。
② 徐松辑：《宋会要辑稿》兵23之36，第7177页。

酿到最后明确的罢废,其间经过了三年,据王十朋奏状反映,且仔细推断乾道二年(1166)吴璘的五十纲马,其实真正经过长江输运的纲马批次并不多,不能简单根据《朝野杂记》中的简略记录便认为马纲水运实行了三年。

由上述可知,马纲水运的推行主要是在孝宗的极力坚持下进行的,但四川的主要地方官员并不支持,"执政、大将皆主其说(即吴璘所主张的水运),(汪)应辰与夔帅王十朋力言其不便,遂得中止"[1]。而负责组织的四川宣抚司态度也并不坚定,当吴璘去世后,虞允文对水运的态度最后导致马纲水运的废止。所以,在马纲水运的推行中,君臣间本身存在着较大的分歧,这是水运尝试失败的一个重要原因(但值得注意的是孝宗皇帝身边的宰执大臣汪彻、洪适在最初没有明确提出反对水运。此在《朝野杂记》同篇内有体现),但最根本的原因是长江马纲水运的确存在着许多弊端和困难。

三 马纲水运的困难和弊端

马纲水运存在着很多困难和弊端,包括耗费巨大,沿途州县难以负担、运纲兵士不足,征调民夫劳扰太重及江运危险和妨碍运粮这些方面。

第一,水运耗费巨大,沿途州县财政薄弱,难以负担。马纲水运经提出并要求沿流州县筹备后,四川的部分官员就提出了反对意见,其中认为水运最难推行的是经费的措置。如上文所提到的乾道元年(1165)九月夔州路帅臣张震的一份汇报,其中仔细列举了马纲水运所需财费。张震认为"自利至峡十一州,岁费约二百万缗,又且出产不敷,决难桩办"[2]。而后来接任的王十朋在上奏中也详细说明了这一点。"利害之大者,莫过于财与力二者皆出于民。臣自入境以来,窃见夔峡之间,土狭民贫,面皆菜色,衣不蔽体,非江浙荆湖诸路之比。为监司守令者,傥能皆劳心抚字,无一毫之扰,犹恐不能活之。况今马纲之害极重财力,必当大困";"本州每年财赋之入不满二十万,合起上供折估经总制及官兵请给皆在其

---

[1] 《宋史》卷387《汪应辰传》,中华书局1977年标点本,第11879—11880页。
[2] 李心传:《建炎以来朝野杂记》甲集卷18《纲马水陆路》,第429—430页。

内。今马纲之费侔于所入之赋"①。而乾道元年十月，汪彻也认为如果按照吴璘的请求，将多数水运耗费落实在沿流州县，则"事决不可办"②。

虽然孝宗对耗费有所认识，曾命吴璘措置，但却对这一设想的可行性估计不足，即吴璘不可能全部如数负担水运费用的，从前面乾道二年（1166）吴璘起运的五十纲西马水运经费事件已经可以看出宣抚司与四川沿江州县在马纲费用的划分上存在着分歧。而王十朋则一针见血地指出，"虽曰令吴璘管办，岂能偿所费十之一二？"③

第二，纲运军兵不足，扰民可能造成沿途州县社会矛盾的激化。除了水运费用高昂，地方难以负担外，沿流各州能够投入的人力实际上也难以满足需要。对此王十朋结合马纲初次水运的实际进行了汇报。

"除自五月至八月，江流泛溢，瞿唐不可上下，舟航当戒，谓之住夏。一岁之间可发岁额之马者凡八月，每月计三十纲，每纲用三船，每船用十五人，十纲为一番，则用四百五十人，上下二番则倍之；为三番更替则又倍之。臣所论者一州，乃马纲已经过而目亲睹者尔。马纲过夔府一路者，凡六州，通而计之则每番计二千七百人，上下番计五千四百人，三番更替计八千一百人。若更欲多作番次，非惟兵不足用而舟舰亦无。臣所治者夔州也，夔为帅府系屯兵之地，而数犹不足，其他如涪、忠、万等州厢禁军多者不过四五百人，少者二三百人，归州所管止百余人。其间又有剩员半分，癃老疾病者居其半，若尽驱（駈）而为梢工水手，为一番且犹不足，况欲多作番次耶？"④

既然诸州禁厢军人力不足，征用民力便难免，对此王十朋在奏状中亦有预计：

"又三峡束江断崖绝壁，挽舟者无所填（寘）足攀援，而过如猿揉，然兵卒岂能为之？况宣司正兵皆西人，尤不善操舟，虽贴无益。马纲之来，急若星火，州县既无可以牵驾之卒，官吏以获罪为惧，其篙工水手必

---

① 王十朋：《梅溪王先生文集》卷4《夔州论马纲状》，《四部丛刊初编》，第1116册，第169页。

② 徐松辑：《宋会要辑稿》兵23之30、31，第7174—7175页。

③ 王十朋：《梅溪王先生文集》卷4《夔州论马纲状》，《四部丛刊初编》，第1116册，第169页。

④ 王十朋：《梅溪王先生文集》卷4《再论马纲状》，《四部丛刊初编》，第1116册，第173页。

不免役民以充之，虽圣旨不欲科扰于民，其势不得不至于科扰。"①

虽然，实际上真正进行水路运输的纲马不多，但所造成的科扰已经非常严重，"于是驱沿流之民为之操舟，所赍衣粮为之劫夺，所过鸡犬为之一空"②。马纲对沿途造成的科扰，不仅仅是加重当地民众的负担，更让当地官员忧虑的是，因此引起本地区的不安定。

"又夔峡为四川门户长江上游，正赖此曹守御控扼，以壮天险之势。然土狭人希，厢禁军类多缺额，诸州每以招填不足为忧，重以出戍于夷陵，防秋于诸处者非一，兼所存无几，若又役以牵驾，疲于往来，以无几之卒伍，应无穷之马纲，非惟耗费钱粮，妨废教阅，正恐州郡空虚，因致意外之患，非细事也。"③

王十朋后来面奏孝宗在论到马纲劳扰及其可能带来的更深远的不利影响时仍有发挥：

"臣又谓朝廷于蜀非特以远而不可忘，今日之所以立国者正赖蜀以为重。昔三国之时吴蜀为二家，故不能进取中原尺寸地，今天以吴蜀全付陛下，正是经营天下恢复境土之资。今传闻敌人积粮宿兵于境上，有窥蜀意。蜀天险也，非敌可得而窥，正恐民心或离衅由内起为可忧尔，抚绥固结在今日为尤急。"④

另外，四川籍官员员兴宗在上奏中也表达过忧虑和对水运的反对。"又夔路深山最为穷薄，钱粮藁草未易常足，驿厩皂栈未易创置，兵人牧卒遇小州县未免骚渎。恐约束未定，虑在岁月之后也。小臣无知，窃以为荆襄之路未有大害，未易更易。"⑤

第三，江运危险重重，损耗亦大。最初决定马纲以水路输运的初衷是希望借用江运顺流，可能比陆路快捷。据《宋会要辑稿》所记，当时的建议者认为，"川蜀纲马驿程迂路经由州县山险，有损无补。如宕昌寨所

---

① 王十朋：《梅溪王先生文集》卷4《再论马纲状》，《四部丛刊初编》，第1116册，第173页。
② 李心传：《建炎以来朝野杂记》甲集卷18《纲马水陆路》，第431页。
③ 王十朋：《梅溪王先生文集》卷4《再论马纲状》，《四部丛刊初编》，第1116册，第173页。
④ 王十朋：《梅溪王先生文集》卷4《除知湖州上殿札子三首》，《四部丛刊初编》，第1116册，第177页。
⑤ 员兴宗：《九华集》卷7《议国马疏》，《宋集珍本丛刊》，线装书局2004年版，第56册，第224—225页。

买西马，欲自本处排纲陆路至利州上舡顺流而下，不过一月可到。荆南出陆，赴行在。成都府路所买川马欲自合州上舡，顺流而下，不过二十日，亦可到荆南出陆"①。后来汪彻与孝宗的对话中也表露了这一想法，"川马既委吴璘用船，自峡江发出至鄂渚，若令诸军以马船去取，自大江顺流而下，似亦为便。上曰：大江风涛或作，即数日不可行，但依旧令出陆"。②

而且可能还设想到既然马匹在船上，不必跋涉山险，死损可能较少。这一点在吴璘的乾道二年（1166）二月的奏报中有所体现。"今乞将川马由陆路发行外，乞将三衙所取宕昌西马发五十纲经由水路前去赴行在。如将来水路通快，比较得所发马比陆路别无死损阻滞，即乞将西马经由水路排发施行。"③

但是四川地方官员的上奏中在列举反对纲马水运的理由时，都极力说明川峡交通的艰险。王十朋在两份奏状中都言及此：

"况水路正行瞿唐滟滪之险，又有恶滩二十余节，水势湍急濆漩颇多，马性善惊，闻滩声汹涌必致跳跃不可控驭，撼动舟船必有覆溺之患。臣昨在饶州，亲见马纲经过涉咫尺之渡，中流遇风十死八九。况千里之至险耶？若舍舟用陆则自夔至峡皆重岗复岭，上倚绝壁下临断崖，行人攀缘股栗汗下，遇雨泥滑尤不可行。非特有害于人，兼亦非马之利。"④

"蜀江号天下之至险，与其他水路大不相侔。瞿唐、滟滪及诸恶滩，密如竹节，巴峡之民生长于水者，以舟楫为家，捎濆撇旋欹柂，侧舵（柂）于波涛汹涌之间，习知水道之曲折，操舟楫神，犹不免时有覆溺之患。彼卒伍辈自少长黦涅，坐食军门，与水性素不相谙，一旦强以牵挽，必至触石破碎，人马俱毙无疑矣。"⑤

此外，曾任市马官员的员兴宗当时在上奏中也表达过类似看法。

"臣又闻议者且欲更张，从夔路水运，小臣未知信否也。其大利害小臣固所难窥，然天行莫如龙，地行莫如马。今欲水行似违其性也，昔欧阳修尝言蜀中珍货、贡物多不出三峡。盖峡水春夏湍悍，有仆溺之忧，惟粗

---

① 徐松辑：《宋会要辑稿》兵23之29，第7174页。
② 徐松辑：《宋会要辑稿》兵23之30，第7175页。
③ 徐松辑：《宋会要辑稿》兵23之33至35，第7175—7176页。
④ 王十朋：《梅溪王先生文集》卷4《论夔州马纲状》，《四部丛刊初编》，第1116册，第169页。
⑤ 王十朋：《梅溪王先生文集》卷4《再论马纲状》，《四部丛刊初编》，第1116册，第173页。

恶之物则径从三峡，人亦多视为弃物也。马政国家之本，官吏其敢视为弃物乎？或者谓国家近时轻赍纲运，尚从此路。不知纲运，或担或囊，盘滩避险，临时般出，措置非一，经从鸟道亦似无害。群马之来，其积如山，固不可由莘确之径，滩险又终可保乎？"①

后来实际的情形也是如此。"峡江湍险军士素不谙习，一遇滩碛人马覆溺"②。而且据称"水路马数较之陆路存亡相若"③，可见江运死损也是很多。

第四，挤占航道，影响籴买。大致在乾道二年（1166）五月至乾道三年（1167）十一月间，从江路转运过五十纲川秦马，此后"虽不经由，但朝廷未有明文罢之。有一二提举之臣犹以奉行为名，沿江州县治厩、造船之役犹未已"④。由此可知，即使水路纲运并非原来预想的那么便捷，但朝廷对此仍抱有剩余的希望。但此后因马纲水路输运对嘉陵江流域州县的籴粮造成不便，孝宗不得不最后下诏罢废水运纲马。

"（乾道三年）十一月二十九日，臣僚言四川粮饷取给于利、阆之籴买。访闻籴买之害者曰：马纲商贩之舟遡嘉陵而上，马纲顺流而下，则又却行而避之，押马官兵恃众强横，骚扰江村，商贩之舟尤被其毒，此马船之害于籴买也。使江道有益于马纲，犹于籴场大有妨碍，而况水路马数较之陆路，存亡相若，以此妨彼，尤为非便。诏川路马船日下废罢，使商贩米斛之舟往来通快。"⑤

所以，南宋马纲水运事实上其因实效不多，骚扰严重，且遭到地方官吏的反对甚至抵制，在经历短暂尝试后被罢废。《朝野杂记》对水路纲运的总结犹有深意，"吴璘建请之后，利夔两路，沿江十余郡之被其害者，三岁而后得免"⑥。

因此，马纲水运虽然为一重要事件，但实际效果是非常有限的，不能据《朝野杂记》中较简单的文字记述来过高估计长江江运在南宋马纲运输上的地位。

---

① 员兴宗：《九华集》卷7《议国马疏》，《宋集珍本丛刊》第56册，第224—225页。
② 李心传：《建炎以来朝野杂记》甲集卷18《纲马水陆路》，第431页。
③ 徐松辑：《宋会要辑稿》兵23之36、37，第7177—7178页。
④ 王十朋：《梅溪先生文集》卷4《除知湖州上殿札子三首》，《四部丛刊初编》，第1116册，第177页。
⑤ 徐松辑：《宋会要辑稿》兵23之36、37，第7177—7178页。
⑥ 李心传：《建炎以来朝野杂记》甲集卷18《纲马水陆路》，第431—432页。

试论宋代义仓的设置与运营

杨 芳

义仓创设于隋,开皇五年(585),工部尚书长孙平上奏:"令诸州百姓及军人,劝课当社,共立义仓。收获之日,随其所得,劝课出粟及麦,于当社造仓窖贮之。即委社司,执帐检校,每年收积,勿使损败。若时或不熟,当社有饥馑者,即以此谷赈给。"[1] 可知义仓最初是当社置仓(后世也因此而称之为社仓),义仓谷来源于劝课百姓及军人捐献的粟麦,遇歉收或饥馑时用以赈给,并委社司进行管理,其形态与后世朱熹所创社仓相近。但隋代义仓自创立经营不到十年,即因地主豪绅侵蚀,仓谷便被消耗殆尽。开皇十五年(585)以后,朝廷下诏移置义仓于州县,义仓的形态开始发生重大改变,义仓不仅由乡社移置于州县,而且仓谷来源也由"劝课"变为三等税赋。[2] 可以说,形态改变后的义仓,才是后世义仓的起源。[3] 义仓之制创设于隋代,经过唐的发展,成为除常平仓之外又一重要备荒仓种。宋代是义仓发展的重要阶段,也是我国古代备荒仓廪发展的重要阶段,关于宋代义仓,有不少学者从不同方面进行了研究,[4] 对宋代义仓制度形成了一些有价值的认识,但是有些问题仍需进一步拓展,譬如义仓的设置及废置原因、义仓谷的来源、义仓的管理与运营等。再者,宋代仓廪史料丰富而芜杂,很多史料还没有被充分地利用,如宋、元、明、

---

[1] 《隋书》卷24《食货志》,中华书局1973年标点本,第684页。
[2] 参见张弓《唐朝仓廪制度初探》,中华书局1986年版,第126—127页。
[3] 参见冯柳堂《中国历代民食政策史》,商务印书馆1998年版,第65—67页。
[4] 主要有蔡华《北宋义仓制度述论》,《甘肃理论学刊》1993年第5期;许秀文、阎荣素:《论宋代义仓》,《河北学刊》2006年第5期;郭九灵:《宋代义仓论略》,《华北水利水电学院学报》2008年第3期;周方高:《唐宋义仓制度比较研究》,《历史教学》2008年第10期;孔祥东:《两宋义仓研究》,《南京农业大学学报》2010年第4期等。

清时期的地方志中保存了大量宋代仓廪资料，有很大的挖掘价值，却没有引起研究者足够的关注。本文拟在掌握大量史料的基础上，对宋代义仓的设置与运营问题等进行深入研究，以期对宋代义仓制度有较为全面的认识。

一　宋代义仓的设置

为恢复农业生产，保障农民生活，维护政权稳定，北宋立国不久即设立了义仓。建隆四年（963）三月，宋太祖诏曰："多事之后，义仓废寝，岁或小歉，失于备豫。宜令诸州于所属县，各置义仓，自今官中所收二税，每硕别输一斗贮之，以备凶歉，给与民人。"① 义仓建立后，几度兴废。乾德四年（966）三月，宋廷因州县所设义仓"重叠供输，复成劳扰"②，没有起到赈恤百姓、预备灾荒的作用，于是废除了各地义仓。

明道二年（1033），宋仁宗下诏"议复义仓"③，但终无结果而作罢。景祐中（1034—1037）三司判官王琪请复置义仓，康定中再次奏请。④ 庆历元年（1041）九月，宋廷诏令"天下立义仓"，"各州于邑择其便地别置仓以储之，领于本路转运司"⑤，"惟广南以纳身丁米，故独不输"⑥。庆历二年（1042）正月，诏："天下新置义仓，止令上三等户输之。"⑦ 但此次设立时间也不长，庆历五年（1045），又废除了义仓。⑧ 其后，贾黯又奏请仿隋制于乡社立义仓，朝廷下诸路讨论是否可行，但"以为可行才四路"，"赋税之外两重供输，或谓恐招盗贼，或谓已有常平足以振给，或谓置仓烦扰"⑨，"牵于众论，终不果行"⑩。

熙宁初，齐、唐、同三州守臣王广渊、赵尚宽、高赋皆奏请复置义

---

① 徐松辑：《宋会要辑稿》食货 53 之 19，中华书局 1957 年版，第 5729 页。
② 同上。
③ 李焘：《续资治通鉴长编》卷 133，庆历元年九月乙亥，中华书局 1980 年版，第 3183 页。
④ 徐松辑：《宋会要辑稿》食货 62 之 19，第 5958 页。
⑤ 同上。
⑥ 庄绰：《鸡肋编》卷下《王琪乞立义仓》，中华书局 1983 年版，第 91 页。
⑦ 徐松辑：《宋会要辑稿》食货 53 之 20，第 5729 页。
⑧ 同上。
⑨ 《宋史》卷 176《食货上四》，中华书局 1985 年标点本，第 4278 页。
⑩ 同上书，第 4279 页。

仓，宋神宗乃诏"齐唐等郡讲求修复社仓，且图经久之法"。陈留知县苏涓亦奏言："臣所领邑最为近畿，以为天下郡县倡率，劝谕百姓，置义仓，以备水旱。"① 宋神宗意欲重建义仓，但王安石表示反对："人有余粟，藏之于家何所害？而固欲使之戍官，非良法也。"② 在王安石看来，青苗法可以兼顾义仓的作用，不需要另外设置义仓。当然，义仓在北宋后期最终建立起来，也与王安石变法实行青苗法摧抑兼并有很大的关系，后文再论。

熙宁十年（1077）九月十六日，宋廷下诏："开封府界提刑司先自丰稔畿县立义仓之法。"③ 即开始从开封府界率先推行义仓法。因府界行义仓法取得了好的成效，于是朝廷诏令"京东、京西、淮南、河东、陕西路依开封府界诸县行义仓法，仍以今年秋料为始"④。同年十月十八日，权发遣兴州罗观"乞颁义仓法于川陕四路"，朝廷从其请。⑤ 元丰二年（1079）二月五日，因"威、茂、黎三州夷夏杂居，税赋不多，旧不推行新法，岁计、军储皆转运司支移蜀州税米就输及募人入中"⑥，下诏停止此三州设置义仓。同年十二月二十八日，宋廷又下诏雅州荥经县依茂、威、黎三州免输义仓米，原因也是"所领户杂蕃夷也"⑦。此次设置义仓的范围有限，两浙，江南东、西，福建，广南东、西路等南方诸路都未涉及。因此朱熹有"熙丰行义仓法，独不及南方"之语。⑧ 但是，元丰八年（1085）十月十六日，宋廷又废除义仓，所纳义仓谷"遇歉岁以充赈贷"⑨。

哲宗元祐八年（1093）五月一日，监察御史黄庆基建议复义仓法，对此，朝廷亦非常重视，诏令"户部详度"⑩。绍圣元年（1094）闰四月

---

① 彭百川：《太平治迹统类》卷12《神宗圣政》，文渊阁《四库全书》本，第408册，第349页。
② 熊克：《中兴小纪》卷34，绍兴二十年九月，福建人民出版社1985年版，第415页。
③ 徐松辑：《宋会要辑稿》食货53之20，第5729页。
④ 同上。
⑤ 同上。
⑥ 同上。
⑦ 同上。
⑧ 朱熹：《晦庵先生朱文公文集》卷93《左司张公墓志铭》，《朱子全书》（25），上海古籍出版社2002年版，第4296页。
⑨ 徐松辑：《宋会要辑稿》食货62之22，第5959页。
⑩ 同上。

十六日，侍御史虞策又奏请复置义仓，宋廷采纳了其建议，下诏除广南东、西路外，复置义仓，"自来岁始，放税二分以上免输，所贮专充赈济，辄移用者论如法"①。

义仓之制自绍圣重建后，经过宋徽宗朝的发展最终得以确立，一直持续到南宋末年。北宋末战乱，义仓遭到了不同程度的破坏。南宋建立后即对其进行了重建与整顿。绍兴五年（1135）十月九日，三省上奏湖南、江西遭受旱灾情况，宋高宗因言："祖宗专用义仓赈济，最为良法，此年多有失陷，可降指挥申饬有司稽考之。"②南宋政府对义仓的治理一直不遗余力，如嘉熙三年（1239），"诏核州县义仓，以备赈济"③。淳祐元年（1241）四月，"申明常平义仓"④。景定五年（1264）二月，"豁除义仓陈腐"⑤。南宋时期，义仓的建置范围也发生了一些变化。淳熙六年（1179）三月，置广西义仓，⑥将义仓扩至广南西路。绍熙二年（1191）正月，"命两淮行义仓法"⑦。北宋灭亡后，两淮成为边界地区，义仓或毁于战乱，此时重建。南宋以来，除少数地区外，义仓几乎遍布全国各地。因此，南宋人有语："我宋义仓，遍于天下。"⑧

因义仓往往附于州县仓或常平仓，现存方志中对其具体方位的记载较少。《琴川志》载："按康定二年（1041），王琪奏置义仓，后罢，复增损无常。……今本县则以常平义仓合而为一云。"⑨《乾道临安志》载："常平义仓，在余杭门里。"⑩《宝庆四明志》载明州义仓，"康定二年置……绍兴七年，户部侍郎王俣奏常平六事，其二曰封桩义仓斛米，故义仓米率附常平仓"⑪。《淳熙三山志》载福州常平仓时云："康定元年，复义仓

---

① 《宋史》卷176《食货上四》，第4289页。
② 徐松辑：《宋会要辑稿》食货62之26—27，第5961—5962页。
③ 佚名：《宋季三朝政要笺证》卷2《理宗》，中华书局2010年版，第113页。
④ 同上书，第129页。
⑤ 佚名：《宋季三朝政要笺证》卷3《理宗》，309页。
⑥ 《宋史》卷35《孝宗三》，第670页。
⑦ 《宋史》卷36《光宗》，第699页。
⑧ 马光祖修，周应合纂：《景定建康志》卷23《诸仓·王积翁赋稷思堂颂》，《宋元方志丛刊》，中华书局1990年版，第2册，第1691页。
⑨ 孙应时纂修，鲍廉增补，卢合纂：《琴川志》卷6《叙赋·常平义仓》，《宋元方志丛刊》，第2册，第1208页。
⑩ 周淙纂修：《乾道临安志》卷2《仓场库务》，《宋元方志丛刊》，第4册，第3221页。
⑪ 胡榘修，方万里、罗濬纂：《宝庆四明志》卷6《叙赋下》，《宋元方志丛刊》，第5册，第5062页。

法。元祐中，许于常平仓别项桩管。"①又《宝庆四明志》载慈溪县县仓，"县西南三十步，旧屋十间，今存其二，一贮官兵俸料米；一贮义仓米"②。可见，义仓独立建仓的情况较少，要么附于州县仓，要么附于常平仓。这也容易导致文献记载的混乱，《至顺镇江志》"校勘记下"言："常平仓、义仓本府及各县俱有之，乃仓中之别一类，钞本合而为一，遂致混淆不清。"③

二 宋代义仓的职能

义仓是专门用于灾荒救助的仓储。在唐代，义仓救荒的基本形式是无偿赈济，并辅以无息赈贷，虽有赈粜的形式，但不常见。④ 宋代以后，义仓在发挥赈济这一主体功能的基础上，赈贷、赈粜的辅助功能也得到了很大的发展。

（一）赈济

赈济，也即赈给，是义仓救助灾荒的主要方式。义仓的赈济与灾伤、放税分数及户等相关。宋廷规定义仓"惟许赈给，不许它用，县遇灾伤，当职官体量，自第四等到以下缺粮户给散，若放税及七分以上，通常第三等给"⑤。也就是说，义仓谷以户等为基准发放，灾荒年份，先发放给第四等以下的缺粮户；官府检察灾情，确定放税分数，免税率在百分之七十以上，对第三等户也实行赈济。

但是，各处受灾情况不同，其规定也往往有所变通。如元祐元年（1086）三月二十六日，诏："府并诸路提点刑狱司体访州县灾伤，即不限放税分数及有无披诉，以义仓及常平米斛速行赈济，无致流移。"同日，夔州路提举常平官傅传正言："州军去年灾伤放税分数不多，亦有全

---

① 梁克家撰：《淳熙三山志》卷9《公廨类三·诸县仓库》，《宋元方志丛刊》，第8册，第7873页。
② 《宝庆四明志》卷16《慈溪县志·仓库务场等》，《宋元方志丛刊》，第5册，第5204页。
③ 脱因修，俞希鲁纂：《至顺镇江志》"校勘记下"，《宋元方志丛刊》，第3册，第2923页。
④ 参见张弓《唐朝仓廪制度初探》，第130页。
⑤ 《宝庆四明志》卷6《叙赋下》，《宋元方志丛刊》，第5册，第5062页。

不申诉者,臣见民间困急,不敢坐视,已依灾伤及七分以上赈济,所有专辄之罪谨自劾以闻。"朝廷下诏:"特放罪,仍候到阙日优与差遣。"① 可见,有时灾荒严重,也可以不限放税分数、是否申诉,即进行赈济。

灾伤七分的赈济标准在南宋绍兴末年有所调整。绍兴二十八年(1158)九月二十九日,宋高宗认为各处"土田高下不等","必俟通及七分,则当赈济处绝少矣",下诏书曰:"自今后灾伤州县,检放及五分处,即令申常平司,取拨义仓米量行赈济。"② 即灾伤之处,放税五分便行赈给,降低了实施赈济的标准。

义仓谷除赈济灾伤民户外,平时还对"贫乏不能自存者""贫乏人户生子不能举者"等进行救助。不过,义仓养济贫民的方式到南宋绍兴以后多见。如绍兴十一年(1141)三月,知邵武军王洋的奏言中说:"……宣和二年,布衣吕堂乞生子之家,量给义仓米,朝廷不曾施行。……乞乡村之人无问贫富,凡孕妇五月,即经保申县,专委县丞注籍,其夫免杂色差役一年,候生子日,无问男女,第三等以下给义仓米一斛,县丞月给食钱十千……又义仓之米,若有不继,逐年随苗量添升斗,积以活民,民自乐从,再三审度,实可经久。"宋高宗于是下诏"户部措置"③。绍兴十五年(1145)五月十三日,宋廷诏:"州县遇有下等贫乏人户生产男女,即时于见管常平、义仓米内每人改支米一硕,内乡村去县稍远处,委本县措置,将义仓米准备支散,务要实惠贫弱,无令合干人作弊阻节,减克入己,若稍有灭裂违戾去处,按治依法施行。"④ 淳熙八年(1180)正月庚午,知台州唐仲友奏言:"鳏寡孤独老幼疾病之人,乞依乾道九年例,取拨常平、义仓赈给。"⑤《嘉泰吴兴志》载湖州义仓:"令人户纳苗带纳义仓米,储在西仓,以□乞丐人之有籍者。"⑥ 可见,南宋以后,义仓亦如常平仓,也被用于平时的济贫。

---

① 徐松辑:《宋会要辑稿》食货57之9,第5815页。
② 徐松辑:《宋会要辑稿》食货59之34,第5855页。
③ 李心传:《建炎以来系年要录》卷139,绍兴十一年三月乙巳,中华书局1956年版,第2239页。
④ 徐松辑:《宋会要辑稿》食货53之24,第5731页。
⑤ 《宋史全文》卷27上《宋孝宗七》,文渊阁《四库全书》本,第331册,第449页。
⑥ 谈钥纂修:《嘉泰吴兴志》卷8《公廨》,《宋元方志丛刊》,第5册,第4724页。

（二）赈贷、赈粜

赈贷是义仓的辅助功能，在宋初即已存在。乾德三年（965）三月癸酉，宋太祖下诏："比置义仓，以备凶岁，若上言待报，则恐乖赈恤。自今人户欲借义仓充粮食者，委本县具灾伤人户申州，州即处分，计户赈贷，然后以闻。仍令及时，只依元数送纳。至时如别有灾诊，亦当更与宽限。"① 开宝四年（971）二月，诏："诸道赈贷，借人户义仓斛斗。"② 灾荒时节或青黄不接之时，百姓可以从义仓借贷粮种，在秋收之后归还，并且不收利息，"只纳元数"③，如果遇还纳时发生灾荒或歉收，也可延长还纳期限。

义仓的赈贷也与灾伤分数及户等相关。如元祐元年（1086）四月四日，诏："开封府诸路灾伤逐县令、佐专切体量人户，委有阙食，速具事实申州及监司，仍许一面将本县义仓、常平谷斛赈贷，据等第逐户计口给历，大者日二升，小者日一升，各从民便。……先从下户给，有余则并及上户，候夏秋成熟日，据所贷过数随税纳。"④ 绍兴十五年（1145）七月三日，知泉州吴序宾言："汀、虔盗贼鳞集，泉南七县罹其荼毒，且致饥饿，虽军储不足，而义仓积粟见存七万硕，欲开仓赈贷内残破四县，乞比附灾伤七分之法各借种子三千硕，自第四等以下户委县官随便借贷。"朝廷下诏："每县于义仓米内支拨二千硕应副借贷。"⑤ 由此可见，义仓谷的赈贷比附其赈济的标准，一般也是灾伤及七分，其对象是第四等以下的民户，收成后原数归还，不收利息。

义仓大量用于赈粜大致与义仓隶提举常平司相关。常平仓、义仓同隶提举常平司，事权的归一，使二者在职能上逐渐出现了合流的趋势，⑥ 义仓用于赈粜的形式开始出现。如大观二年（1108），因"成都府每岁粜米六万硕，近来转运司以无米应副三分之一，不足以赈惠贫民"，知府席旦奏请："乞下四川每年如米价稍贵，委逐州长吏体量，将义仓米依常平法

---

① 徐松辑：《宋会要辑稿》食货53之19，第5729页。
② 徐松辑：《宋会要辑稿》食货57之1，第5811页。
③ 同上。
④ 徐松辑：《宋会要辑稿》食货57之9，第5815页。
⑤ 徐松辑：《宋会要辑稿》食货57之19—20，第5820页。
⑥ 参见李华瑞《宋代救荒史稿》，天津古籍出版社2011年版。

减价出粜。"宣和五年（1123），宋廷又诏："成都府今后如遇米价踊贵，依席旦已得指挥，将义仓米减价出粜，收桩价钱，岁稔却行收籴。"① 这仅是四川地区的例子，此时义仓米的赈粜还是局部的。南宋重整义仓以后，义仓谷用于出粜渐多，范围更加广泛。绍兴十二年（1142）三月二日，因绍兴府"旱伤秋苗"，宋廷"令于义仓米内支拨一万石置场出粜"②。同年五月二十三日，衢州米价上涨，百姓艰食，"将义仓米置场出粜一万硕，其实价供申朝廷，并户部不得容令合干人作过低估亏本、计会占籴不及细民，仍令浙东常平司检察施行"③。绍兴十三年（1143）五月二十五日，户部言："西州军米贵，逐处义仓米见在数多，欲令各取拨一万五千硕量减市价，委官出粜，务要惠及细民。仍委转运常平司劝论兼并之家，无待邀价闭粜。"④ 针对义仓积久陈腐、以新易陈又多所移用的弊端，绍兴二十八年（1158）九月二十五日，权户部侍郎赵令詪奏请州县义仓米"即行出粜"，及水旱灾伤，"检放及七分便许赈济"。宋高宗诏令诸路常平司"据州县所管义仓米，以十分为率，量行出粜，岁不得过三分，拘收价钱次年籴还，仍岁具粜过数目申尚书省"⑤。至此，各地义仓出粜合法化。义仓的出粜亦比附常平仓。

在实际的救灾过程中，义仓往往是赈济、赈贷和赈粜相互配合发挥作用。南宋汪应辰（1118—1176）言："臣契勘绵州申到本府及外县共管义仓米三万七百余石，前此以守臣未到，制置司选差隆州签判李蘩权州事。李蘩自去年十月即行赈济，抄札到缺食人四万五千九百余口，既减价粜米，其老疾贫乏不能自存者支与食米，无衣者给以纸袄，至十二月初十日。"⑥ 可见，灾荒旱歉发生时，一般都是对有钱无米的民户进行赈粜，而对那些无钱无米、老弱病残不能自存者进行赈济。但赈济仍是义仓的主要职能，赈贷、赈粜只是辅助功能而已。

---

① 徐松辑：《宋会要辑稿》食货68之67，第6287页。
② 徐松辑：《宋会要辑稿》食货68之60，第6283页。
③ 徐松辑：《宋会要辑稿》食货53之24，第5731页。
④ 同上。
⑤ 徐松辑：《宋会要辑稿》食货53之27，第5733页。
⑥ 汪应辰：《汪文定公集》卷4《奏议·御札再问蜀中旱歉》，文渊阁《四库全书》本，第1138册，第617页。

三 宋代义仓谷的来源与义仓的管理

（一）义仓谷的来源

义仓谷来源于民户随二税按比例交纳的谷物，征收额通常以二税数额为基准，有时也以户等为标准。建隆四年（963），义仓初建时，"官中所收二税，每硕别输一斗"[1]，是按二税百分之十的比例征收的。庆历二年（1042）正月，朝廷下诏"天下新置义仓，止令上三等户输之"[2]，将户等标准纳入征收制度。此次的征纳额是每正税二斗输纳一升，[3] 是百分之五的比例，较之建隆年间的定额为轻。熙宁十年（1077）复立义仓，仍以百分之五的比例输纳。[4] 同年十二月十五日，又诏："民纳税不及斗者免纳义仓。"[5] 即民户纳二税额不到一斗的，不交纳义仓谷。

绍圣元年（1094）重建义仓，也沿用百分之五的比例。绍圣元年（1094）闰四月十六日，三省言："旧行义仓法，上户苗税率一硕出米五升。"朝廷下诏："除广南东、西路外并复置义仓，自来岁始，放税二分以上免输。"[6] 即上户按二税百分之五输纳，税收减免百分之二十以上的，不交纳义仓谷。政和元年（1111）正月二十二日，臣僚奏言："元丰义仓令计所输之税斗纳五合，大观敕应丰熟计一县九分以上增为一升，乞罢所增之数。"朝廷下诏"依元丰、绍圣法"[7]。就是说大观初年，义仓谷的输纳又有所调整，丰熟九分以上的县改一斗米纳义仓米一升，政和元年又调为百分之五的比例。同年七月六日又规定"正税不及一斗，并本户放税二分以上，及孤贫不济者免纳"[8]。

南宋时，或按百分之十，或按百分之五输纳。《宝庆四明志》载："绍兴六年，总制司申明大观指挥，每石纳一斗，至今民户纳正苗米一石

---

[1] 徐松辑：《宋会要辑稿》食货53之19，第5729页。
[2] 徐松辑：《宋会要辑稿》食货53之20，第5729页。
[3] 李焘：《续资治通鉴长编》卷133，庆历元年九月乙亥，第3183页。
[4] 徐松辑：《宋会要辑稿》食货53之20，第5729页。
[5] 同上。
[6] 徐松辑：《宋会要辑稿》食货62之23，第5960页。
[7] 徐松辑：《宋会要辑稿》食货53之21，第5730页。
[8] 同上。

即纳义仓米一斗，一斗即纳一升。"① 即为百分之十。乾道八年（1172）四月十七日，权户部尚书杨倓言："义仓在法，计夏秋税每一斗别纳五合，即正税不及一斗免纳，应丰熟计一县九分以上即纳一升，唯充赈给，不许他用。"② 是为百分之五。董煟言："大观初，乃令增斗收一升，以备赈荒，至今行之。"③ 即征百分之十。至南宋末，义仓谷征收额大致也保持百分之十的征收标准。《宝庆四明志》载奉化县税赋："正四百六十九硕六斗四升六合五勺，义仓四十六硕九斗六升四合六勺五秒。"④ 同书慈溪县税赋："正五百八十三硕六斗六升六合七勺，义仓五十八硕三斗六升六合七勺。"⑤ 义仓与正税的比例是百分之十。

总的来看，宋代义仓谷多则收取二税的百分之十，少则百分之五，定额较低，如果除去那些非法加征的因素，民户负担应该不重。需要注意的是，实际中，对义仓谷的征收也并非整齐划一。如婺源县，"宋建隆中诏置义仓，岁额粮米一千九百九十余石，系将上二等人户每税钱一贯科米八升，承厅薄吏拘催桩管"。⑥ 即以税钱标准，由上二等人户交纳。不过，这种情况比较少见。

除按二税征纳之外，义仓粮的来源中，亦有籴买的成分。义仓谷的籴买与义仓赈粜的出现及常平仓职能的合流密切联系。仓谷赈粜以后，原则上便要求用粜到的本钱在来年谷物丰收的时候籴买足数，补还仓廪。如绍兴二十八年（1158）九月二十五日，权户部侍郎赵令詪奏请州县义仓米"即行出粜"，宋高宗下诏诸路常平司"据州县所管义仓米，以十分为率，量行出粜，岁不得过三分，拘收价钱次年籴还，仍岁具粜过数目申尚书省"⑦。景定元年（1260）九月，赦曰："诸路已粜义米价钱，州郡以低价抑令上户补籴，正税逃阁，义米用亏，常平司责县道陪纳，县道遂敷吏贴、保正长、揽户等人均纳。自今视时收籴，见系吏贴等人陪纳之钱并与

---

① 《宝庆四明志》卷6《叙赋下》，《宋元方志丛刊》，第5册，第5062页。
② 徐松辑：《宋会要辑稿》食货62之47，5972页。
③ 董煟：《救荒活民书》卷2《义仓》，第28页，《丛书集成初编》。
④ 《宝庆四明志》卷15《奉化县志·叙赋》，《宋元方志丛刊》，第5册，第5188页。
⑤ 《宝庆四明志》卷17《慈溪县志·叙赋》，《宋元方志丛刊》，第5册，第5214页。
⑥ 《弘治徽州府志》卷5《公署·仓局》，第53页，《天一阁藏明代方志选刊》（21），上海书店1981年版。
⑦ 徐松辑：《宋会要辑稿》食货53之27，5733页。

除放。"① 可见，南宋以后，义仓谷通过籴买也是普遍存在的。

（二）义仓的管理

北宋前、中期，义仓随设随废，没有形成完整的管理体系。元丰改制前，义仓在中央或领于司农寺。如皇祐五年（1053）七月九日，宋廷诏曰："荆湖南北路灾伤州军折将义米救济民，访闻司农寺却令理纳，甚非朝廷振乏之意，宜特与除破。"② 在地方，诸路由转运司或提点刑狱司负责，在州县由通判及令、丞等负责。如庆历元年（1041）九月，宋廷诏置义仓，"领于本路转运司"③。又熙宁十年（1077）九月十六日，诏令"开封府界提刑司先自丰稔畿县立义仓之法"④。

元丰元年（1078）二月五日，宋廷诏令义仓隶提举常平司。⑤ 元丰五年（1082），改革官制，罢三司之职归户部左右曹，而司农寺亦不再主管青苗、免役等法，其事务及义仓赈济之事全部归户部右曹掌管。⑥ 各路、各州县的常平机构仍然维持原状，在诸路，义仓属提举常平司；在州仍由通判负责。⑦

绍圣元年（1094）重建义仓至南宋绍兴间，诸路提举、提点交相存废，义仓亦归属不一，直到绍兴十五年（1145）八月，提举常平官最终得以确定。此后，由户部右曹——提举常平的义仓管理体系至南宋末没有改变。

随着义仓制度确立，其管理制度也逐渐完善。义仓粮收纳时，"诸义仓计夏秋正税谷数每一斗纳五合，同正税为一抄，不收头子脚剩钱，及民限当日交入本仓"⑧。义仓谷收纳完毕，州县"申本路提举司，须管躬亲巡历检点，在远则分头选差清强官，照数核实桩管"⑨。每年岁末"令、

---

① 《宋史》卷 176《食货上四》，第 4291 页。
② 徐松辑：《宋会要辑稿》食货 53 之 20，第 5729 页。
③ 董煟：《救荒活民书》卷 2《义仓》，第 27 页。
④ 徐松辑：《宋会要辑稿》食货 62 之 21，第 5959 页。
⑤ 徐松辑：《宋会要辑稿》食货 53 之 20，第 5729 页。
⑥ 《宋史》卷 163《职官三》，第 3847 页；马端临：《文献通考》卷 52《职官六·户部尚书》，第 478 页。
⑦ 章如愚：《群书考索》（续集）卷 37《官制门·常平茶盐司》，书目文献出版社 1992 年版，第 1131 页。
⑧ 徐松辑：《宋会要辑稿》食货 53 之 21，第 5730 页。
⑨ 徐松辑：《宋会要辑稿》食货 68 之 18，第 6262 页。

丞合诸乡所入之数上之守贰，守贰合诸县所入之数上之提举常平，提举常平合一道所入之数上之朝廷"①。自乡及县，县及州，州及路，路再至中央，层层申报。

遇有水旱饥馑，须各县检查灾患情况，核定放税分数，确定抄札缺食人口数量，逐级上报。但义仓专用于灾荒赈济，灾情紧急时也可由路、州核定是否开仓赈济，如早在乾德三年（965）北宋初建义仓，宋太祖即下诏："比置义仓，以备凶岁，若上言待报，则恐乖轸恤。自今人户欲借义仓粟充种食，委本县具灾伤人户申州，州即处分，计户赈贷，然后以闻。"② 比起常平仓动辄申奏朝廷然后等待朝旨，要有效率、灵活一些，地方官对义仓较有支配权。③

义仓发放完毕后由监司复检，有作弊者由提举刑狱司问责，义仓的各项支出，必须向中央上报，是为专款专用，防止侵用。如乾道元年（1165）四月六日，诏："去岁两浙被水州郡民庶艰食，累降指挥以常平、义仓米减价赈粜，所有粜到价钱，州委通判，县委县丞拘收封桩，不得移易借兑，候秋成日尽数收籴补额，仍先具见桩钱数申尚书省，余路依此。"④

主管官吏更替时，需要详细考察义仓盈亏，将之作为评价官员政绩的一项标准，"令、丞替移，必批印纸，考其盈亏，以议其殿最"⑤。

可见，义仓的征收、存储、发放等环节都形成了一整套比较完善的制度，为义仓救荒职能的发挥提供了有力保障。

四　宋代义仓的弊端

经过北宋时期的屡次废置，北宋后期义仓制度最终得以确立，在救荒中发挥了积极的作用。但制度规定和实际执行效果总是存有一定差距，义仓在运营过程中也出现了种种弊端。

---

① 徐松辑：《宋会要辑稿》食货 62 之 51，第 5974 页。
② 徐松辑：《宋会要辑稿》食货 53 之 19，第 5729 页。
③ 参见杨宇勋《取民与养民：南宋的财政收支与官民互动》，台湾师大历史研究所 2003 年版，第 411 页。
④ 徐松辑：《宋会要辑稿》食货 62 之 40，第 5968 页。
⑤ 徐松辑：《宋会要辑稿》食货 62 之 51，第 5974 页。

（一）义仓谷被侵借挪用

义仓米系民户随正税纳于州县用于灾荒赈济的米谷，按道理地方政府只有代为保管的责任，遇有灾荒饥馑发放于民，但实际的情况却是义仓往往被侵占移用、百姓得不到应有赈济。

北宋后期，义仓米被侵占移用的现象日益普遍。政和元年七月六日，臣僚奏言："省仓遇纳到正税米不即分拨义仓，转运司多以阙乏，随时支遣。"① 宣和二年（1120）三月十六日，朝廷以诸路截拨上供米救灾，导致京师岁计阙乏，下诏将京畿东路、江南东西、两浙、荆湖南北路见在义仓谷数，"三分以待本路支用外，余并令逐路提举常平、转运辇运拨发司官同共计置，起发上京"②。直到宣和六年（1124）五月才下诏取消诸路义仓起发上京。③

南宋初，由于兵乱，国用不足，义仓取以供军及州县杂费，仓储由此亏空，名存实亡。此后，南宋朝廷一直致力于严整义仓管理秩序，但是随着军费日增，地方财政入不敷出，义仓米被侵占挪用亦在所难免。如绍兴九年（1139）七月二十三日，臣僚奏言："国朝盛时，府界诸路所积常平、义仓米几千五百万斛，天灾代有，民无流离饿殍，由有备也。艰难以来，用度不足，或取以给军须，至于州县他费，因以侵用，比年往往销费殆尽，甚乖祖宗悯人恤灾之意。"④ 对此，朝廷也颁布了许多诏令进行严整。但是，主管官员并不一定恪守奉行，义仓谷被挪用后，主管官员介于法禁，往往弄虚作假，互相隐瞒，终使朝廷禁令变为一纸空文。

义仓与州县仓、常平仓混杂也为挪用提供了便利。熊克在追述义仓建置过程时言："然义米不留诸乡而入县仓，悉为官吏移用始也。县仓于民犹近，厥后上三等户皆令输郡，即义米带入郡仓，转充军食，或资烦费，岂复还民？"⑤ 说明义仓粮输州、县仓，使得两仓混为一仓，义仓谷多为官司所挪用。

因义仓属提举常平司主管，义仓米混杂于常平仓的情形也相当普遍。

---

① 徐松辑：《宋会要辑稿》食货53之21，第5730页。
② 同上。
③ 徐松辑：《宋会要辑稿》食货53之22，第5731页。
④ 徐松辑：《宋会要辑稿》食货53之23，第5731页。
⑤ 熊克：《中兴小纪》卷34，绍兴二十年九月，第416页。

如绍熙元年（1190）七月八日，臣僚奏言："今州郡于入纳之际，与省苗混一，虽拨隶常平，然义仓之设，本以赈济，今乃杂置其中。"① 庆元二年（1196）六月，权兵部侍郎兼知临安府谢源明"乞诏诸路提举常平官不得将义仓米与常平混杂"②。宋廷虽屡诏规范贮藏，但收效甚微。有的地方还将义仓钱谷用于补助提举常平官的经费。如南宋宁宗时人傅伯成为湖北提举常平官，闻当地"旧以义仓钱佐公用"③。

尽管义仓与常平仓、州县仓等相互挪用的现象很普遍，但在救荒中又相互配合，相互通融，而且在常平仓、义仓不足时，即发州县仓、上供粮等进行救助，大致不误救荒大事。

（二）义仓谷的输纳加重了民户的负担

义仓谷是民间寄纳于官，专用于灾荒赈济之物，其来源系民户随正税输纳的谷物，额度是正税的百分之五或百分之十，对民户来说负担不是太重。但随着时间的推移，义仓谷逐渐向赋税化、非制度化的方向发展，变成了民户的沉重负担。北宋曾巩曾说："今之义仓，则有仓之号而无仓之制，有义仓之名而无义仓之实，约租之多寡而增其数，计入之丰约而定其籍，年丰则有以取之，民饥则无与赈之，固曰义为名而务为诛求者也。"④ 南宋时期，情况更甚。绍兴二十九年（1159）八月二十六日，中书门下省言："州县义仓米系合随苗送纳，往往抑令别钞，又行收耗。"⑤ 景定五年（1264），监察御史程元岳奏言："随粳带义，法也。今粳糯带义之外，又有所谓外义焉者……州县一意椎剥，一切理苗而加一分之义，甚者赦恩已蠲二税，义米依旧追索。贫民下户所欠不过升合，星火追呼，费用不知几百倍。破家荡产，鬻妻子，怨嗟之声，有不忍闻。"⑥ 法外加义，耗上加耗，追呼抑配，义仓谷的输纳成为民户的沉重负担。林駉曾言："今日常平、义仓之储虽有美名，本无实惠，不惟州县有侵借之患，而支拨至有

---

① 徐松辑：《宋会要辑稿》食货62之48，第5972页。
② 同上。
③ 刘克庄：《后村先生大全集》卷167《行状·龙学行隐傅公》，第3页，载舒大刚主编、四川大学古籍整理研究所编《宋集珍本丛刊》第82册，线装书局2004年版，第677页。
④ 曾巩：《曾巩集》，《辑轶·杂议十篇·议仓》，中华书局1984年版，第752页。
⑤ 徐松辑：《宋会要辑稿》食货62之37—38，第5967页。
⑥ 《宋史》卷176《食货上四》，第4291页。

淹延之忧……文移星火,指为常赋,笋头斛面,重敛取赢。"① 方大琮(1183—1247)言:"若在官之可准者有二仓焉,曰米则义仓,乃人户随苗一石外,例纳一斗寄之官仓,以备凶荒,济邻里者也。今人户但知输纳,不知其为自己桩寄之物,官司但知受纳,亦不知其为人户桩寄之物。"② 这些都说明宋义仓米实际上已成为一项附加税,民户被逼交纳,却得不到赈济;官府只知聚敛,却吝于发还于民,义仓某种程度上也成了一项剥削农民的苛政,失去了恤民的本意。

(三)义仓设于州县,不能惠及乡村

隋朝初创义仓时于乡社置仓,这便于及时对灾民进行赈济,乡村之民也不必奔走于城市接受救济。元祐五年(1090),殿中侍御史上官均所说:"义仓贮积在近民居,则饥岁赈济,无道路奔驰之劳费,而人受实惠。"③ 孝宗时,李椿年说义仓米"本聚米于乡村里正之家,遇凶岁则给散,不致农民流徙"④。宋代义仓,设于州治、县治,每当饥荒时节,无论是常平仓,还是义仓赈粜、赈济,城镇居民尽得地利之便,而偏远乡村居民反倒无法得到实惠。朱熹说:"义仓岁赈矜寡孤独甚厚,然其惠偏于市井而不逮山谷。"⑤ 刘一止亦言:"且所谓义仓者,取粟于民,还以赈之,固不可以不均。今也,置仓入粟止在州郡,岁饥散给,而山泽僻远之民往往不沾其利,其力能赴州就食者盖亦鲜少,而况所得不足偿劳,流离颠沛,有不可胜言者,此岂社仓之本意哉!"⑥ 义仓谷多为乡村人户输纳,且乡村人户负担往往较多、较重,但遭遇灾荒时,受益者多是州县城镇及附近居民,而那些偏远乡村之民往往不能及时得到赈济。

---

① 林駉:《古今源流至论》(后集)卷10《常平义仓》,文渊阁《四库全书》本,第942册,第323—324页。
② 方大琮:《铁庵集》卷20《书·何判官(士颐)》,文渊阁《四库全书》本,第1178册,第243页。
③ 赵汝愚:《宋朝诸臣奏议》卷107《常平义仓·上哲宗乞复义仓》,上海古籍出版社1999年版,第1160页。
④ 黄淮、杨士奇:《历代名臣奏议》卷274《荒政》,上海古籍出版社1989年版,第107页。
⑤ 朱熹:《晦庵先生朱文公文集》卷92《岳州史君郭公墓志铭》,《朱子全书》(25),第4239页。
⑥ 刘一止:《苕溪集》卷14《转对奏状(绍兴乙未)》,第8页,《宋集珍本丛刊》,第34册,第196页。

此外，义仓受纳、赈济过程中的弊端也是层出不穷。义仓谷因附于二税输纳，其舞弊情形与州县仓并无二致。董熜言义仓："赈济之弊如麻，抄札之时，里正乞觅，强梁者得之，善弱者不得也，附近者得之，远僻者不得也，胥吏、里正之所厚者得之，鳏寡孤独疾病无告者未必得也，赈或已是深冬，官司疑之，又令覆实，使饥民自备糇粮，数赴点集，空手而归，困踣于风霜凛冽之时，甚非古人视民如伤之意。"可见，义仓胥吏舞弊，使受灾民户该蠲免的得不到蠲免，该赈济的得不到赈济。

总之，随着时间的推移，义仓也逐渐暴露出了诸多弊端，影响了其职能的发挥，但在宋廷的不断调整、治理下，义仓制度作为一项重要的备荒救灾措施与惠民之政却得以保持发展。

余 论

宋代义仓作为一项重要的备荒救灾制度，其建立经历了反复的过程，但最终于北宋后期成为定制，至南宋而相沿不改。北宋时期，义仓废置不定，难以确立，究其原因，从义仓米谷的来源看，一般由上三等户随二税按比例交纳。义仓谷征集对象是上户，而赈济对象则是下户，体现了"损有余补不足"的思想。庆历元年（1041），王琪在请求恢复义仓的奏札中即言："自第一至第二等兼并之家，占田常广，于义仓则所入常多；自第三至第四等中下之家，占田常狭，于义仓则所入常少。及其遇水旱，行赈济，则兼并之家未必待此而济，中下之室实先受其赐矣。损有余补不足，实天下之利也。"① 义仓制度对社会财富的再分配，属于强制性地重新调节社会成员之间财富的分配行为。义仓谷征于上户，随两税输纳，宋代土地兼并十分严重，兼并之家占田广，义仓谷输纳额自然很大，必然触犯他们的利益，因此，朝廷每议设置义仓，总遭到大地主、大官僚等兼并之家的强烈反对。正因如此，北宋义仓几度废置，难以为继。

宋代义仓之设置，从宋初至宋神宗元丰时期几起几落，与豪强兼并势力强大密切相关。但是，义仓制度在经过几次反复后，最终于哲宗、徽宗时期得以确立，可以说是王安石变法以来推行"摧抑兼并"政策的直接

---

① 徐松辑：《宋会要辑稿》食货 53 之 19，第 5729 页。

后果。① 义仓从北宋后期确立到南宋末始终贯彻实行，也说明建立义仓是宋朝社会的客观需要，是备荒救灾中不可或缺的重要力量。经过宋朝的发展，义仓制度成为仅次于常平仓的重要备荒仓种，也对后世产生了深远的影响。

---

① 参见李华瑞《北宋荒政的发展与变化》，《文史哲》2010年第6期。

熙宁末年宋交战争考述

陈朝阳

宋神宗熙宁八年（1075）十一月，北宋边邻交趾，举号八万大军入侵宋界。十一月二十日陷钦州，二十三日陷廉州，破邕州之太平、永平、迁隆、古万四寨，后于熙宁九年（1076）正月二十三日，陷邕州。宋政府亦全力集中财力、物力，招募兵丁，反击交趾入侵，并与熙宁九年（1076）十二月，取得征伐胜利。

对于这次战争，学界已有研究，但对这次战争爆发的原因及其结果各有说法。郭振铎认为战争的爆发是由于"李朝统治者屡次寇宋边境，强占土地，宋朝在无可忍耐之下予以反击。'宋李之战'，以李朝失败，目的未果而告结束。但此战影响深远"[1]。黄纯艳先生认为这次战争是"宋朝主动策划的意欲统一交趾的战争。这场战争的引发，既来自王安石和宋神宗统一交趾的计划，也受到宋初以来两国关系发展的影响。它以宋朝的失败而结束，原因在于宋朝的战术失误，将帅不和及粮草不继等，也暴露了宋朝军事制度的痼疾"[2]。面对同样的认识客体，却出现了如此迥然不同的认识结果，似乎有必要对这次战争作进一步的研究，本文拟对交趾侵宋与王安石变法的关系以及北宋对此次战争的准备等方面进行探讨，希望能够多角度地认识这个问题。

---

[1] 郭振铎、张笑梅：《论宋代侬智高事件和安南李朝与北宋之战》，《河南大学学报》1999年第5期。

[2] 黄纯艳、王小宁：《熙宁战争与宋越关系》，《厦门大学学报》2006年第6期。

一 交趾侵宋与王安石变法

关于交趾侵宋的原因，北宋朝廷的诏书反映了官方的说法："闻侬美善归明，因沈起令薛举遣人招诱，及刘彝后来处置亦自乖方，遂致交趾入寇。"① 把安南侵宋的原因归结到沈起和刘彝对边事措置不当，才引起交趾被迫发动战争。大多数反对新法的士大夫则把罪责归结到王安石的对外政策上来，"王安石秉政，首用王韶取熙河以断西夏右臂。又欲取灵武以断大辽右臂。又用章惇为察访使，以取湖北、夔峡之蛮。于是献言者谓交趾可取，始议取交趾"②。因为有了王安石开拓边功的举动，所以才最终导致交趾进犯的观点，是相当一部分士人特别是反对新法的士人所固守的观点。

笔者认为这些因素是导致交趾侵宋的非决定性因素，而真正的决定因素是由于交趾李朝随着国势的强盛，需要不断对外进行侵略和扩张，以此来稳固政权并发展实力。

安南侵宋的原因是由于王安石变法引起的吗？我们先从北宋边臣欲收安南的献议说起。宋太宗时，首发献议征安南的是知邕州侯仁宝，太平兴国五年（980）六月，侯上疏太宗："交州主帅被害，其国乱，可以偏师取之，愿乘传诣阙，面奏其状，庶得详悉。"卢多逊上奏说："交趾内扰，此天亡之秋也，朝廷出其不意，用兵袭击，所谓疾雷不及掩耳，今若先召仁宝，必泄其谋，蛮寇知之，阻山海预为备，则未易取也。不如授仁宝以飞挽之任，因令经度其事，选将发荆湖士卒一、二万人，长驱而往，势必万全，易于摧枯拉朽也。"③ 宋太宗听信了这些献议，从水陆两路发兵安南，战争的结果以宋军惨败而告终，侯仁宝战殁。仁宗朝知邕州萧注在邕州奏言："交趾外奉朝贡，中包祸心，常以蚕食王土为事。天圣中郑天益为转运使，尝责交州不当擅赋云河洞，今云河洞乃入蛮徼数百里，盖积岁月侵削，以致于此。臣今尽得其腹心，周知要害之地，此时不取，他日为

---

① 李焘：《续资治通鉴长编》卷271，熙宁八年十二月辛亥，中华书局2004年版，第6649页。以下简称《长编》。
② 徐自明：《宋宰辅编年录校补》之八，熙宁十年二月，中华书局1986年版，第473页。
③ 李焘：《长编》卷21，太平兴国五年六月己亥，第476页。

患不细，愿得驰之阙下，面陈方略。"① 但是他的献议是与仁宗朝采取安抚的政策相违背的，并没有被采纳。

神宗朝边臣取交趾的献议不绝于耳。熙宁三年（1070）十月，神宗任命潘夙为桂州长官，明确向他表述了朝廷对待南方边境的外交策略，他说："智高之难方二十年，中人之情，燕安忽事，直谓山僻蛮獠，无可虑之理。殊不思祸生于所忽，唐六诏为中国患，此前事之师也。卿本将家子，寄要蕃，宜体朕意，悉心经度。"② 宋神宗在此告诫潘夙，要加强警惕，不可让"祸生于所忽"，需要对边境地区"悉心经度"。知桂州潘夙自然秉承皇帝的旨意，审慎对待边事，对于建言要攻取交趾的人则让其离任，言："主管邕州溪峒文字蒋圣俞，近到任，即建白欲取交趾，恐致生事。乞改授圣俞广南东路差遣。"从之。③

同年十一月，广西转运使杜杞"言自盗据以来，世次与夫山川、道路、兵民之类为最详，其末又言存取之计，颇可采"④。熙宁四年（1071）正月，"有言交趾为占城所败，众不满万，可计日取也。因命注知桂州"⑤。萧注在仁宗朝时是积极主张伐取交趾的，萧注喜言兵，且对安南国情非常熟悉，但当宋神宗问萧注攻取之策，注辞曰："臣昔者意尝在此。方是时，溪峒之兵一可当十，器甲犀利，其亲信之人皆可指手役使。今兵甲无当时之备，腹心之人死亡大半，而交人生聚教训之又十五年矣。谓其众不满万，恐传者之妄也。"⑥ 宋神宗也曾就这些献议咨询西京左藏库使、新泾原路钤辖和斌，宋神宗问道："议者谓交州可取，何如？"斌谓取之无益，愿戒边臣勿妄动。⑦ 萧注、和斌对待安南的审慎判断使宋政府对交趾的外交政策仍然以防范为主，边臣一旦有不利于双边关系的举动，就立即予以调任。

总的来说，熙宁初期，宋政府以丰财为要务，对交趾方面则"戒敕边臣，抚慰交趾"⑧。王安石认为宋政府这种被动防守、姑息纵容的态度

---

① 李焘：《长编》卷190，嘉祐四年九月戊申，第4593页。
② 《宋史》卷333《潘夙传》，中华书局1977年标点本，第10718页。
③ 李焘：《长编》卷216，熙宁三年十月甲戌，第5257页。
④ 李焘：《长编》卷216，熙宁三年十一月乙卯，第5285页。
⑤ 李焘：《长编》卷219，熙宁四年正月癸卯，第5324页。
⑥ 同上。
⑦ 李焘：《长编》卷240，熙宁五年十一月己巳，第5865页。
⑧ 李焘：《长编》卷216，熙宁三年十一月乙卯，第5285页。

反而会"致交趾之疑,盖朝廷未尝有此,而今有此,则彼安能不思其所以然乎?昔者秦有故,厚遗义渠戎王,更为义渠所觉,反见侵伐。臣恐用呆之策,即万一交趾更觉而自备,且或为难于边,则是秦与义渠之事也。其余所建明数事。并易潘夙、陶弼,候开假取旨。臣闻先王智足以审是非于前,勇足以断利害于后,仁足以宥善,义足以诛奸,阙廷之内,莫敢违上犯令,以肆其邪心,则蛮夷可以不诛而自服;即有所诛,则何忧而不克哉"①! 显然王安石反对厚结交趾,希望朝廷能够有正确的态度对待交趾,但是并没有明确提出要攻取交趾。

熙宁六年(1073),神宗以沈起代萧注知桂州,后又以刘彝代沈起。沈起和刘彝两人各自采取了一系列加强边防的举措,新知桂州沈起"以邕州五十一溪洞洞丁排成保甲,遣官教阅"②,刘彝"点集土丁为保伍,授以阵图,使岁时肄习;继命指使因都盐运之海滨集舟师,寓教水战"③。作为一个有主权的国家来讲,加强边防,开展军事演练,本无可厚非,但是后来反对王安石的人都认为这二人妄生边事,"(沈)起迎合王安石,遂一意事攻讨"④,"(刘)彝乃更妄意朝廷有攻取谋,欲以钩奇立异为功"⑤。反变法派人士认为正是因为这两人备边的举措导致交趾的入侵,"二人不密,造战舰于富良江上,交趾侦知,先浮海载兵陷廉州,又破邕州,杀守臣苏缄,屠其城,掠生口而去"⑥。当然这两个人积极备战的阵势,也确实给了交趾入宋的口实,但直接的导火索应该是沈起接受了侬善美的内附并且断绝了和交人的州县贸易。刘彝也"大治戈船,交人来互市,率皆遏绝,表疏上诉亦不得通"⑦。

由于王安石变法遭到了众多人反对,因此,后来书写此事的作者总是想要把交趾侵宋的罪责最终追溯到王安石头上来,出现史料内容互相抵牾的地方,如前所述,《长编》记载说潘夙为了免于生事,把蒋圣谕调离他路,而《宋史·潘夙传》中说潘夙到任后"遂上书陈交趾可取状,且将发兵"。李焘《长编》中神宗一朝的史料来源于《神宗实录》和《四朝

---

① 李焘:《长编》卷216,熙宁三年十一月乙卯,第5286页。
② 李焘:《长编》卷244,熙宁六年四月壬辰,第5939页。
③ 《宋史》卷334《沈起传》,第10727页。
④ 同上。
⑤ 李焘:《长编》卷271,熙宁八年十二月丁酉,第6639页。
⑥ 邵伯温:《邵氏闻见录》卷5,中华书局1983年版,第42页。
⑦ 马端临:《文献通考》卷330《四裔考七》,中华书局1986年版,第2592页。

国史》，由于政治上的原因，这些史料在变法派与反变法派手里几经改动，深深地印着政治派别的印迹。李焘对史料的取舍态度有其严谨的一面，也有囿于政治偏见的一面，① 因此对王安石变法持否定态度的李焘记载潘夙的史实还是可信的。而《宋史》是在批判和歪曲王安石及其变法活动的大环境形成之下修撰的，书中把潘夙塑造成惹事之人，潘之所以上书取交趾，是因为王安石当政期间有屡开边事的为政特色，这样书写就可把罪责引至王安石身上。

再说萧注，《长编》记载他告诫宋神宗不可小觑交趾，而魏泰却说："神宗即位，王荆公执政，注度朝廷方以开边为意，又以黜官未复，思有以动君相之意，乃言向日久在邕州，知交趾可取，朝廷遽召，复阁门使，俾知桂州兼广西经略安抚。"② 李焘和魏泰两人的政治倾向有相似的地方。对萧注活动的记载，《长编》作为信史更为可靠，《东轩笔录》则有风闻记事的特点，透过史书背后的作者来看待这些史料，可以看出部分作者的政治立场在左右着他本人对史实的取舍和观点。

再者来讲，如果说沈起等人是在宋神宗和王安石的授意之下有意挑衅交趾，那么宋政府至少应该有足够的武装力量保家卫国，而不至于在短短的几十天时间内连失陷三州，造成极其被动的军事局面。同时也不会对沈起等人严惩不贷，"沈起可贷死，削夺在身官爵，送恶州军编管。命未行，而中书、枢密院言，刘彝亦相继生事，罪不独起，乃并命安南招讨司更访其实"③。所有客观事实表明，宋政府并非是挑起战争的主动方。

再来看交趾方面，居然为自己的入侵行为提出了三条冠冕堂皇的理由：第一，所部之民亡叛入中国者，官吏容受庇匿，我遣使诉于桂管，不报，又遣使泛海诉于广州，亦不报，故我帅兵追捕亡叛者；第二，桂管点阅峒丁，明言欲见讨伐；第三，中国作青苗、助役之法，穷困生民。我今出兵欲相拯济。④

显然这些都是"欲加之罪，何患无辞"的借口。率兵追捕亡叛，却是攻人城池，杀人臣民。宋方点阅峒丁，作青苗、助役之法，是北宋本国

---

① 参见李华瑞《王安石变法研究史》第五章《李焘笔下的王安石变法》，人民出版社 2004 年版。
② 魏泰：《东轩笔录》卷 8，中华书局点 1983 年版，第 92 页。
③ 彭百川：《太平治绩统类》卷 17《神宗平交趾》，《适园丛书》刻本。
④ 黎崱：《安南志略》卷 12《李氏世家》，中华书局 2000 年版，第 301 页。

内政，交趾没有权力到宋朝境内"拯济生民"，名为拯济，实为屠戮，交趾军队在战争中"杀吏卒民丁五万余人，并钦、廉死者十万人，并毁其城"①。财产损失更是无法统计，为宋朝臣民带来了巨大的灾难！

那么为何交趾在熙宁末年会对宋政府采取军事侵略行动呢？毫无疑问，经济实力与政治地位决定了交趾的军事外交策略。交趾在北宋建立后的百余年内与宋中央政府的关系几经嬗变，逐渐摆脱羁縻郡国的身份，走上了脱离宋政府控制的轨道。

交趾本为汉南越之地，汉武帝时置交趾郡，后汉置交州，晋、宋、齐、梁、陈因革，改州为郡，隋文帝改郡为州，隋炀帝改州为郡，唐武德时名称改为交州总管府，德中时改称为安南都护府。五代宋初时，中原的藩镇割据逐渐从属中央政权，而交趾由于位置偏远，交趾与中央政权的关系愈加松散。乾德年间，交趾境内大乱，经过角逐，丁公著、丁部领、丁琏祖孙三代控制了交趾的统治权。宋太祖开宝元年，丁部领自称"大胜明皇帝"，"于华闾洞起宫殿、制朝仪、置百官、立社稷"②。但是在宋军灭了南汉之后，丁氏政权重新考虑军事局面，宋太祖乾德七年，丁琏上表内附，宋政府封权交州节度使丁琏以检校太师充静海军节度使安南都护。

丁氏政权很快解体，宋太宗太平兴国五年（980），权臣黎桓取代丁氏成为交趾实际的统治者，至道三年，宋真宗即位，四月乙卯静海军节度使、交趾郡王黎桓加兼侍中，进封南平王。③

大中祥符三年三月，大将李公蕴乘黎氏高层争位之时，篡夺实权，开始了李氏统治交趾的时代。可以看出，从名义上来讲，交趾还是宋王朝的一个郡国，但实际上，其内部完全是独立的政权。

交趾李朝在李德政和李日尊掌权的时候，国运日隆，具有强烈的国家意识和国家经营策略，④ 表面仍然对北宋中央政府以臣属的身份出现，实际上已经开始有扩张和侵略的野心。李德政在北宋和侬智高之间充当两面派的角色，来谋取自己国家利益的最大化，侬智高父子屡叛李德政，李德政先杀侬存福，后又生擒侬智高，但是出于政治的原因，又释放侬智高，

---

① 黎崱：《安南志略》卷12《李氏世家》，第302页。
② 《越史略》卷上《先王》。
③ 《宋史》卷6《真宗本纪一》，第104页。
④ 耿慧玲：《越南史论——金石资料之历史文化比较》叁《七至十四世纪越南国家意识的形成》，第275页。

他的企图应该是明显的，不仅用侬智高家族的影响来控制当地民众，而且可以用侬智高的割据势力来牵制北宋中央政府的精力，使其有更多的时间和空间来发展自己的势力。

侬智高皇祐四年（1052）的乱宋事件则改变了这种三角关系的走势。李德政一方面对北宋朝廷主动请缨，"请出兵助讨"①，另一方面当侬智高向交趾请求支援时"又允其请"②，他仍然想在这场战争中根据形势的发展来掌握外交上的主动权。宋将狄青识破了李德政的阴谋，上书宋仁宗："李德政声言将步兵五万，骑一千赴援，非其情实。且假兵于外以除内寇，非我利也。以一智高而横蹂二广，力不能讨，乃假兵蛮夷，蛮夷贪得忘义，因而启乱，何以御之？请罢交趾兵"③。可以说狄青在处理这件事上是极其有谋略的。宋政府平定侬智高一事，也让李德政见识到北宋的国势和军威，北宋政府还是有能力有信心平服远境上的动乱。

如果说李德政对北宋政府是表面臣服，内怀叛乱之心的话，那么他对待周边弱小政权则恣意攻击。特别是发兵攻征占城，对占城百姓大肆屠戮，"追斩三万级……生擒五千余人……血涂兵刃，尸塞原野"④，掳人妻女，夺人财宝，充分暴露出李氏政权对外扩张之本质。交趾对占城侵略取得的军事胜利也让其尝到了战争甜头，李日尊在位时，于熙宁二年（1069）入侵占城，"获其主制矩，及其众五万人"⑤。熙宁末年发动对宋战争，不能忽视交趾统治者对外侵略的本质。

当然北宋政府对其亦是严加防范的，当交趾侵略占城的时候，北宋朝廷"访自唐以来所通道路凡十六处，令转运使杜杞度其要害而戍守之"⑥。仁宗时北宋对交趾李朝的戒备政策，使得李德政不敢轻举妄动。

神宗即位后，李日尊自上帝号，表明交趾已经完全具有独立主权国家的意识和能力，侵略的本质和野心的膨胀使得交趾开始主动攻击宋政府。宋边臣积极经营边境，充实军事力量，在给交趾造成威慑的同时，也给予其口实，加快了交趾的侵略步伐。历史没有假设，如果宋政府一味地疏于

---

① 黎崱：《安南志略》卷12《李氏世家》，第298页。
② 吴士连等著，陈荆和整理：《大越史记全书》卷2，第238页，日本东京大学东洋文献丛刊，昭和59年3月30日发行，1984年。
③ 《宋史》卷290《狄青传》，第9721页。
④ 《大越史记全书》卷2，第235页。
⑤ 《大越史记全书·本纪》卷3，天贶宝象二年，第245页。
⑥ 马端临：《文献通考》卷330《四裔考七》，中华书局1986年版，第2592页。

防备，难免不会让一个有政治野心的国家以另外的借口觊觎的。

这次战争的爆发有其必然性。北宋与安南之间的关系是随着各自实力的消长而趋于缓和或紧张。北宋立国之初，宋太祖无力对抗安南，表面上维持着宗主与藩属的君臣关系，实际上却不得不承认安南独立政权的存在；宋太宗即位后，南方统一大局基本完成，收复交趾为中国郡县定作他外交目标之一，可是宋太宗此次征伐最终以失败而告终；宋真宗对交趾基本采取安抚政策；宋仁宗至神宗前期，北宋同交趾的关系趋于紧张，双方在局部边界经常发生摩擦，北宋方面则以安抚、不生边事为其主导思想，故双方之间的冲突并没有酿成严重的战争危机。但是安南国势日隆，常采取攻掠状态，加上摄位的女主倚兰元妃亦是一位具有强硬政治手腕和政治能力的人。李圣宗末年，交趾侵略占城，久攻不下。依兰元妃代夫在国内主持朝政，在她的治理下，交趾境内"民心化洽，境内按堵，尊崇佛教，俗号'观音女'"①。李圣宗看到依兰元妃的政绩后，得到鼓舞，攻破占城。交趾李仁宗于神武四年（1072年，宋神宗熙宁五年）即位时年仅七岁，"尊生母倚兰元妃为皇太妃、嫡母上阳太后杨氏为皇太后，垂帘同听政，太师李道成夹辅之"②。第二年，依兰元妃就除掉了杨太后和李道成，成为交趾真正的统治者。

对于国势处于上升状态，且又有扩张意识的交趾来讲，在和宋的双边关系中，一旦宋方边政稍有变动时，其扩张意图便暴露无遗。因此反对变法的士人将交趾侵宋归结于王安石变法是不符合事实本质的。

二　宋方对战争的准备

熙宁八年（1075）十一月，交趾侵宋，主动挑起战争之后，为应对这一突发战争形势，北宋政府首先组建行营的指挥机构，"命置安南路经略使司以预经制其事"③，该司设马步军都总管，为大帅统军之职；④副都总管，副帅之职，为都总管副贰，"宋朝马步军都总管，以节度使充；副

---

① 《大越史记全书·本纪》卷3，天贶宝象二年，第245页。
② 《大越史记全书·本纪》卷3，神武四年，第246页。
③ 徐松辑：《宋会要辑稿》蕃夷4之36，中华书局1957年版，第7731页。
④ 龚延明：《宋代官制辞典》第八编《军事统帅机构与地方治安机构类》，中华书局1997年版，第442页。

总管以观察以下充……自今路分总管、钤辖以上，许与都总管司同议军事，路分都监以下，并听都总管等节制，违者以军法论"①；另设属官管勾机宜文字一名。根据史料现把行营职官列表于下：

安南道行营马步军都总管、经略招讨使、兼广南西路安抚使②	正月：赵禼（时任知延州、天章阁待制、吏部员外郎） 二月：郭逵（宣徽南院使、雄武军留后、判太原府）。
副都总管	李宪（时任昭宣使、嘉州防御使、入内押班），二月罢。赵禼继任。
	燕达（时任龙冲卫四厢都指挥使、忠州刺史）
管勾机宜文字	光禄寺丞温杲管
安南行营将副③	姚兕（皇城使、泾原路钤辖）
	李浩（引进副使、熙河路钤辖）
	张之谏（右骐骥副使、秦凤路都监、兼知甘谷城、兼第三将）
	杨万（内藏库副使、权发遣通远军）
	雷嗣文（左藏库副使、权环庆路都监、兼第三将）
	吕真（鄜延路都监、兼副将）
	李孝孙（供备库副使、环庆路都监、兼第四将）
	曲珍（内殿承制、鄜延路都监、兼副将）
	张世矩（阁门祗候、权发遣丰州）
	狄详（内殿承制、河北第二十将）
	管伟（西头供奉官、阁门祗候、京西第四副将）
	王愍（河东第七副将）
战棹都监④	杨从先（西京左藏库副使）

士兵是行营的主体，军、将是北宋军队的编制单位，安南行营由三军九将组成。战争爆发后，宋神宗着手调集军队，至熙宁九年正月"九将

---

① 马端临：《文献通考》卷59《职官考十三》，第540页。
② 李焘：《长编》卷271，熙宁八年十二月辛亥，第6649页。熙宁八年十二月命知延州、天章阁待制、吏部员外郎赵禼为安南道行营马步军都总管、经略招讨使、兼广南西路安抚使，昭宣使、嘉州防御使、入内押班李宪副之，龙冲卫四厢都指挥使、忠州刺史燕达为副都总管，光禄寺丞温杲管勾机宜文字。《长编》卷273，熙宁九年二月戊子，第6674页。
③ 李焘：《长编》卷272，熙宁九年正月庚午，第6659页。
④ 李焘：《长编》卷273，熙宁九年三月癸未，第6697页。

军马除三将已行,三将令随招讨司往,三将令招讨司至潭州度远近追呼"①。那么这九将军马是如何选配的呢?

第一,调拨正规军,发河北第三十五将赴桂州,第十九将驻潭州。②陕西、河东见选募赴安南马军。③除了这些外,还有"在京留住军马、南京后军、京西就食马军"④,这些军队在七月下旬到达潭州,集结完毕。

第二,从广东、福建、江西、施州、黔州、陕西、河东募兵。由广西经略司遣使臣从各州军选募"选配军少壮有胆勇勘披带者赴桂州,每约五百人团成一指挥教阅,以新澄海为名,不及,即据数收管,日支口食,候及半年教成,即依教阅澄海给请受"⑤;广东、福建、江西募兵,令更简黥徒壮勇者别为一军,合所募共万人,以备招讨司济师。⑥夔州路转运副使董钺"以施、黔二州募义军千人赴安南"⑦。

第三,调拨河北等路及开封府界在京开修沟河,及筑堤柱占人兵处所役厢军"应副安南征讨"⑧。

第四,选募峒丁和土丁,熙宁九年四月,(陶弼入左江峒诏谕)"因点集旧所籍丁壮得二万七千余人,分三等,以二万隶诸将"⑨。熙宁九年七月,郭逵等言:"今相度止可令巡防使臣等部领土丁弩手,于要害处驻扎,往来照管,候其人情驯熟,渐次经营措置,斯为顺便"⑩。

综合以上兵源,兵额约十万人,马一万匹。"军兴,粮草最为大计"⑪,"师旅之兴,无若刍粮为急"⑫,出征军队如何供给及供给程度等诸多问题,是安南行营必须要面临的。按照北宋军政制度,一般由政府供

---

① 李焘:《长编》卷272,熙宁九年正月乙亥,第6661页。
② 李焘:《长编》卷271,熙宁八年十二月戊戌,第6648页。司马光《涑水记闻》里记载:"今王师前军三将已达桂林,一将暂戍长沙,置局。后军三将分屯荆、鼎、澧三州,一将辰州。"文中不记时日,可能为此时事。
③ 李焘:《长编》卷273,熙宁九年二月己亥,第6682页。
④ 李焘:《长编》卷276,熙宁九年六月壬子,第6764页。
⑤ 李焘:《长编》卷271,熙宁八年十二月己酉,第6647页。
⑥ 李焘:《长编》卷273,熙宁九年二月癸巳,第6680页。
⑦ 李焘:《长编》卷274,熙宁九年四月丁酉,第6706页。
⑧ 李焘:《长编》卷271,熙宁八年十二月甲寅,第6653页。
⑨ 李焘:《长编》卷275,熙宁九年五月戊寅,第6733页。
⑩ 李焘:《长编》卷277,熙宁九年七月己巳,第6771页。
⑪ 李焘:《长编》卷273,熙宁九年三月庚申,第6689页。
⑫ 李复:《潏水集》卷2《谢赏功表》,文渊阁《四库全书》本,台湾商务印书馆1986年版,第1121册,第14页。

给行营的物资需求，因此安南行营"经由州县镇用物并官给，毋得假借科率于民"[①]。首先我们来考察一下安南行营军用粮草的筹措。熙宁八年十二月，中书欲差官诸路转运司计置筹措粮草，安排"著作佐郎任迪计置广南东路米五七万石、豆十万石，大理寺丞许选计置广南西路米五七万石，泗州推官蹇序辰计置荆湖南路米三万石，秘书丞范峋计置福建路米三万石，并许裁留上供及借诸色钱物支用，仍计会广南西路运至于合支用州军输纳，其广东、福建、湖南常平斛斗权止支散，以备移用，兼令及时收籴"[②]。

熙宁九年（1076）正月癸未，安南招讨司言"发兵八万，当备十月干粮八千万斤"[③]。这八千万斤军粮就由广南西路转运司相度，"如所造作可存留，即依数办集于桂、全州"[④]。据以上的资料分析可以说行营粮食问题主要取给尽可能接近战事发生地，广南东路、广南西路、荆湖南路、福建路作为供粮的主要区域，通过挪用常平仓民用粮及市籴两种方式来筹措军粮。筹措军粮就需要大量资金，熙宁八年十二月，宋政府诏"诏支广南东路铸钱监钱十万缗，及进纳斋郎、助教等补牒，为钱五万缗，应副西路转运司"[⑤]。熙宁九年（1076）正月，拨付广南西路转运司"三司银十五万两，江南两路常平钱十万缗"[⑥]。二月，又特借常平钱十万缗以便"广南西路转运司市籴买刍粟"[⑦]。四月，都提举市易司"支金六千两应副安南"[⑧]。除了转运司协助筹措军粮外，行营本身有时也要自行解决粮食供给，熙宁九年（1076）二月专门任命行营副都总管赵禼为都大提举计置粮草，[⑨]"多赍金帛随军，遇有降附州峒，即优价博籴粮草"[⑩]。截止到熙宁九年（1076）七月，朝廷下拨给广南西路转运司钱四十六万余缗，转运司利用这笔钱已购得"粮三十六万石，粟豆四万四千八百余石，草

[①] 李焘：《长编》卷272，熙宁九年正月乙亥，第6670页。
[②] 李焘：《长编》卷271，熙宁八年十二月己酉，第6646—6647页。
[③] 李焘：《长编》卷272，熙宁九年正月癸未，第6666页。
[④] 同上。
[⑤] 李焘：《长编》卷271，熙宁八年十二月己酉，第6647页。
[⑥] 李焘：《长编》卷272，熙宁九年正月戊寅，第6662页。
[⑦] 李焘：《长编》卷273，熙宁九年二月癸巳，第6680页。
[⑧] 李焘：《长编》卷274，熙宁九年四月庚寅，第6704页。
[⑨] 李焘：《长编》卷273，熙宁九年二月丙午，第6687页。
[⑩] 李焘：《长编》卷274，熙宁九年四月癸巳，第6706页。

三十六万余束,并牛、羊、猪、酒,应副宣抚司须索"①。

安南行营战时武器和粮草的给养补充,有以下三种方式:士兵量力自负、军中辎重队运输和组织民夫随军运送。士兵自负的数量应该不占主要比例。宋朝军队中都配置了一定数量的辎重兵,这些辎重兵的职责就是负责押送和运输军队需用的军械、粮草、被服、营帐等军用物资。就安南行营来说"凡踏白开道及辇辎重,皆峒丁也"②。

在这次大规模的军事行动中,仅仅靠军中辎重兵运输物资是不能够满足行营行军需要的,必须调发数量庞大的民夫来往前线运送粮草。由于行营粮草的筹措与调拨是由转运司负责,时任广西转运使的李平一奏道:"将来大军进讨,合用搬粮人夫四十余万,乞自湖以南,一例差科前去。"③ 朝廷认为李平一的计划过于张皇,惊动人情,命郭逵仔细经画,郭逵从士兵内部寻求解决粮食运输方案:"计度将来入界随军粮草,除人马量力自负,及于出产处买水牛驮米,其牛便充军食,如军食不阙,即充屯田耕稼使用。可减省米及脚乘,并将九军轻重不急之物权留。量差禁军相兼充火头等,亦不妨战斗,可那厢兵或用小车、骡子往来驮载,及将不得力马更不带行。如此擘画,可于平一所奏合用般粮人夫内减一半外,只以二十万人节次般运,供军食用。"④ 虽经百般裁减,但还是需要二十万人来保证军需物资的供应。

综上所述,可以看出由于交趾侵略战争的爆发,使宋方不得不动用大量的人力物力来"以暴制暴",求得边境的安宁和平。

三 战争的过程及结局

神宗熙宁八年(1075)十一月,交趾以水陆两军进犯北宋西南边境,李仁宗命检校太尉阮常杰"领水军出永安,攻钦、廉",宗亶"领陆军出永平攻邕州"⑤。

阮常杰率领交趾军于十一月二十日陷钦州,二十三日陷廉州,然后与

---

① 李焘:《长编》卷277,熙宁九年七月癸亥,第6769页。
② 李焘:《长编》卷275,熙宁九年五月戊寅,第6733页。
③ 李焘:《长编》卷274,熙宁九年四月丙戌,第6700页。
④ 同上。
⑤ 《越史略》卷中《仁宗》。

宗亶合围邕州。邕州知州苏缄誓与城池共存亡,一方面组织军事力量抗击侵略,"兵得二千八百,召僚吏与郡人之材者授以方略,勒部队使分地自守"①。另一方面向刘彝请求援兵,刘彝派广西都监张守节率兵救之,但是张守节逗留不进,苏缄又以蜡书向提点刑狱宋球告急,宋球得知消息后,"惊泣督守节",张守节才"皇恐遽移屯大夹岭",在昆仑关处与阮常杰遭遇,"不及阵,举军皆覆"②。之后邕州在没有任何援军的情况下,知州苏缄以城固守,多次击退交趾军队的进攻,并且沉重打击了交趾军队的嚣张气焰,"前后杀伤万五千余,城中心益固"③。越史籍载:"我(交趾)为飞梯以临城,彼施以火炬,飞梯不能近。又以毒矢射之,城上人马死者相枕,彼以神臂弓发我(交趾)之象军,多有殪者,城高而坚,攻之四十余日不能下"④。阮常杰面临如此忠勇的苏缄颇无奈,"后获宋人教以土囊傅城而登,常杰从之,城遂陷"⑤。城陷当日,苏缄仍然率领士兵奋力抗敌,乃曰:"吾义不死贼手!"⑥ 终因寡不敌众,邕州城沦陷并遭交趾军的蹂躏,"乃尽杀吏民五万余人,是役也所杀获邕、钦、廉三州人无虑十万"⑦。苏缄则奔还州治,杀其家属三十六人,后乃纵火自焚,以身殉国。

邕州之战中,苏缄以几千人的兵力抗击交趾数万大军,使交趾进一步攻掠北宋的计划受到重挫。阮常杰在取邕州后,欲谋取桂州,"前锋行数舍,或见大兵自北来呼曰:'苏皇城领兵来报交趾之怨。'师惧遂引归"⑧,之后交趾军队从宋境撤出。

经过将近一年的准备,宋方开始对交趾进行军事反击。安南行营"次桂州,郭逵遣钤辖和斌等督水军涉海自广东入,诸军自广南入"⑨,水陆大军汇集屯驻思明州,燕达将兵由太平寨破广源州。

熙宁九年(1076)十二月十一日,郭逵带领大军举兵进入交趾界内,

---

① 《宋史》卷446《苏缄传》,第13156页。
② 同上。
③ 彭百川:《太平治绩统类》卷17。
④ 《越史略》卷中《仁宗》。
⑤ 同上。
⑥ 《宋史》卷446《苏缄传》,第13156页。
⑦ 《越史略》卷中《仁宗》。
⑧ 彭百川:《太平治绩统类》卷17。
⑨ 《宋史》卷15《神宗纪二》,第291页。

在决里隘与交趾开战,并取得胜利,史书载"贼以象拒战,遂使强弩射之,以巨刀斩象鼻,象却走,自践其军,大兵乘之,贼溃去"①。后攻占了机榔县,别将曲珍攻拔门州。二十一日郭逵兵次富良江(今红河),双方在富良江相持四十日,交趾的军队死伤众多,"蹙入江水者不可胜数,水为之三日不流,洪真太子被杀,俘虏佐郎将阮根"②,李乾德上表乞降,纳苏、茂、思琅、门谅、广源五州之地。

富良江战役给予交趾军事主力以沉重的打击。宋交双方史书对于此次战争的结果记载却互有抵牾,局外人马司帛洛也认为:"至此役究竟胜属何方,颇难明矣,安南史书谓乾德胜,中国史书谓郭逵胜,即诃梨跋摩(时为占城国国王)亦不知之。"③黄纯艳先生在其文章中还专门列举了双方史书对此次战争结果的记述,认为"宋军确在江北大破交趾军,但最终归于失败,未能突破富良江"④。单就富良江战役来说,宋方取得胜利应该是毫无疑问的。因为由于富良江战役,李乾德上表乞降是事实;宋方收复被交趾蚕食的苏、茂、思琅、门谅、广源五州也是事实。

那么评判战争胜利的标准是什么呢?这个标准应该不是单一的,军事上的胜利、战略目标的实现、战争中的伤亡和消耗、战争中获取的利益和财富以及长远战略意义都应该囊括在标准之中。战争是军事的一部分,富良江战争的胜利标志着北宋反击交趾入侵的军事行动取得胜利。军事上的胜利又为取得政治战略目标奠定基础。北宋这次反击交趾的战略目标应该分为两个层面:第一,学界之所以有认为宋方在宋交战争中以失败而告终,是因为宋朝廷的第一个层面的战略目标"直捣交趾巢穴交州"没有实现,这个战略目标是早在熙宁九年二月的时候就已制定,朝廷下诏"郭逵等交州平日,依内地列置州县"⑤。由于战略战术、粮草供给、自然环境等因素,宋方军事上的胜利并没有能够顺利实现这一战略目标,从某种程度上可以反映出目标本身的制定是不太切合宋交双方用兵实际的,宋军士兵南北方人皆有,战事又在西南区域,宋方供给出现困难,粮道不

---

① 李焘:《长编》卷279,熙宁九年十二月癸巳,第6832页。
② 马端临:《文献通考》卷330"交趾"。
③ 马司帛洛:《占婆史》,冯承钧译,中华书局1956年版,第68页。
④ 黄纯艳、王小宁:《熙宁战争与宋越关系》,《厦门大学学报》2006年第6期。
⑤ 李焘:《长编》卷273,熙宁九年二月甲寅,第6689页。

继，且瘴毒日甚，宋兵"十万之众死亡十九"①。郭逵与众将商议率大兵济江，众将领出现厌战情绪，诸将曰："九军食尽矣。凡兵之在行者十万，夫二十余万，冒暑涉瘴，死亡过半，存者皆病瘁。"郭逵面对粮乏兵困的现实局面，及时调整战略目标，接受李乾德投降，命安南行营班师回国，不失为智者之举。郭逵也不得不悲壮地说："吾不能覆贼巢，俘乾德以报朝廷，天也。愿以一身活十余万人命。"② 宋神宗对出师安南的最终结果也是不满意的，御史知杂蔡确抨击郭逵"移疾先还"、赵禼"措置粮草乖方"③。以郭逵为首的将领也因没有实现起初制定的目标而受到朝廷的责罚。熙宁十年七月，贬宣徽南院使、雄武军留后郭逵为左卫将军，西京安置；吏部员外郎、天章阁待制赵禼为左正言，直龙图阁，依旧知桂州。④ 熙宁十年八月，降权广南西路转运使、司封郎中李平一为屯田郎中、监庐州盐矾务；前太常丞、直集贤院蔡晔落职为太子中允，服阙与监当；权发遣福建路转运判官、太子中允周沃为光禄寺丞，送审官东院。并坐师出安南，措置乖方，及漕运不职也。⑤ 面对复杂的作战形势，前线将帅根据客观情况及时调整战略计划，不可轻易断定此次军事行动就是失败的。第二，从另外一个层面来讲，北宋朝廷则完全实现了战略目标，面对外来入侵者，组织军事力量予以坚决地打击，捍卫国家主权和人民的利益。李朝军队攻入邕州城后，"尽屠五万八千余人，并钦、廉州死亡者几十余万人"⑥。残暴的交趾军队把没有杀掉的普通民众掳入本朝，"男子年十五以上皆刺额曰'天子兵'，二十以上曰'投南朝'，妇人刺左手曰'官客'"⑦。交趾军队给北宋臣民带来了沉重的灾难，为维护国家和人民的尊严，宋政府投入大量的人力物力来反击入侵者，也让交趾看到宋朝的国势并不是交趾可以随意蹂躏的，使交趾李朝再也不敢轻易挑衅宋政府。

富良江战役以北宋军队的胜利而告终，但是，这次战争中宋朝士兵和民众付出了沉重的代价。"凡兵之在行者十万，夫二十余万，冒暑涉瘴，

---

① 魏泰：《东轩笔录》卷8，第91页。
② 李焘：《长编》卷279，熙宁九年十二月癸卯，第6844页。
③ 李焘：《长编》卷283，熙宁十年七月乙亥，第6940页。
④ 同上。
⑤ 李焘：《长编》卷284，熙宁十年八月戊寅，第6945页。
⑥ 《大越史记全书·本纪》卷3。
⑦ 《宋史》卷488《交趾传》，第14057页。

死亡过半，存者皆病瘁。"① 战争结束后，神宗命中书、枢密院点检此次征安南行营的兵马数，所存不及一半。兵四万九千五百六人，马四千六百九十四，除病死及事故，见存二万三千四百人，马三千一百七十四匹。在领土和疆域上来讲，宋方"仅得广源又不可守，竟弃之。生口十不得一，而朝廷财费亿万"②。

安南侵宋给宋方带来了巨大的灾难，宋方的军事打击，使得交趾统治者在北宋西南边境的扩张野心有所收敛，让交趾不敢再轻举妄动，自此之后至李朝灭亡，双方边界人民能够在相对和平稳定的环境中生产生活，从这方面来讲，还是有一些积极意义的。自此之后宋交双方再无大的战事，维持了相当长时间的和平局面，双方战后之所以有这样的政治发展方向和政策导向正是这次战争结局的直接影响。从这个纵深战略意义上来说，宋方反击战取得了战略性胜利。

---

① 李焘：《长编》卷279，熙宁九年十二月癸卯，第6844页。
② 魏泰：《东轩笔录》卷8，第92页。

宋代农书的时空分布及其传播方式

邱志诚

引 言

宋代农书相较前代急剧增加，仅《中国农学书录》即著录116种[①]（其中10种可能属于宋代）。笔者在此基础上，搜检历代史志、目录学著作及其他著述，统计到宋代农书141部——唐代农书不足30部，前此历代农书（含唐）亦仅77种（包括可能属于唐及唐以前者），称宋为我国传统农学迅猛发展的时代良不为过。学界宋代农书研究主要成果，一在文献整理方面，从20世纪20年代毛雝《中国农书目录汇编》到"四大名著"（《中国农学书录》《中国古农书考》《稀见古农书录》《中国古代农书评介》），再到近期张芳、王思明《中国农业古籍目录》等著作中关于宋代农书的部分皆是，其中《中国农业古籍目录》最称详尽，计收农书3705种，比原北京图书馆编《中国古农书联合目录》多3062种，对我们了解古农书"家底"，即类求书、因书究学作用至大。二是通史性、综合性著作中关于宋代农书的论述，如《中国农学史》（中国农业遗产研究室编著）、《中国农业科学技术史稿》《中国科学技术史（农学卷）》《南宋

[①] 王毓瑚：《中国农学书录》，农业出版社1964年版，此为笔者的统计。可能因统计口径略有差异，方健《南宋农业史》谓其"著录的宋代农书凡114种"（人民出版社2010年版，第350页），赖作莲在《试论宋元农学发展的社会因素》中的统计为"收入宋代以前的农书仅有六十多种，宋代农书有105种"（《农业考古》2001年第3期）。实际上，宋代农书数目不止于此，如日本人天野元之助《中国古农书考》（农业出版社1992年版）中即收王书未著录者4种，久保辉幸认为钱惟演写在一个小屏上的90多种牡丹名也是"牡丹谱的一种"（《宋代牡丹谱考释》，《自然科学史研究》2010年第1期）。据笔者搜罗统计，已知宋代农书共134部，详见后。

农业史》等,而以近年出版的曾雄生《中国农学史》一书中的研究最为系统、深入。三是对具体某部农书所作的研究,如对陈旉《农书》[①]、曾安止《禾谱》[②]、秦观《蚕书》[③] 等的研究。然整个有宋一代农书时间、空间分布情况如何,与宋代不同时期、不同区域农业经济发展有无关联?宋代农书是如何传播的,对于宋代农业生产的实际影响如何?这些问题似尚无人涉及;而对于宋代农书发达的原因等相关问题,虽曾雄生《中国农学史》等已有信实之解释,笔者又有一些新的思考,故草成此文以就教方家。

一 宋代农书的时空分布

所谓古农书,当然指传统农学著述。明以前只有"农家"而无"农学"一词,曾雄生据其对历代史志、目录著作的考察指出,农学一词在不同时代义域大小是不一样的,[④] 因而各代农书收书范围自亦不同。以宋代而论,最早的目录学著作《崇文总目》谓"农家者流,衣食之本原也",故辟"岁时类"以处月令书,划谱录(花谱、茶书等)入"小说类",归《周穆王相马经》《医驼方》等兽医、相畜书于"艺术类",只将《齐民要术》《孙氏蚕书》等"树艺之说"[⑤] 视作农书。稍晚《新唐书·艺文志》则突破汉魏以来祖庭,将上述后两类书(以至《钱谱》之类)皆归入农书(谱录中茶书仍留置"小说家类"),可见欧、宋对"农书"概念的料简重定。成书于南宋初的《郡斋读书志》,初刊本(四卷蜀刻本)率沿《新唐书》,但首次将茶书收入农家类;后晁公武对这个本子作了大量修订补充,重刊本(二十卷蜀刻本)农家类所收较前略有更革,

---

[①] 陈旉《农书》是宋代最重要的农学著作,故而一直是热点,自早期万国鼎《陈旉农书校注》以降,仅专论即达十数篇,主要有王永厚《陈旉及其〈农书〉》(《图书馆学刊》1982年第3期)、(日)寺地尊《陈旉〈农书〉与南宋初期的诸状况》(姜丽蓉译,《农业考古》1984年第1期)、盖建民《全真子陈旉农学思想考述》(《宗教学研究》2000年第4期)、李根蟠《〈陈旉农书〉与"三才"理论——与〈齐民要术〉比较》(《华南农业大学学报》2003年第2期)等。

[②] 曹树基:《〈禾谱〉及其作者研究》,《中国农史》1984年第3期。

[③] 魏东:《论秦观〈蚕书〉》,《中国农史》1987年第1期。

[④] 曾雄生:《中国农学史》,福建人民出版社2008年版,第16—23页。

[⑤] 王尧臣等:《崇文总目》,商务印书馆1939年版,第147、148页。

如以《钱谱》"不类，移附类书"①。大致与晁志同时的《通志·艺文略》基本同于《崇文总目》，显然郑樵对何者为农书的看法与王尧臣等一样持传统观点。成书于南宋中期的《遂初堂书目》则采取了一种折中态度：既不将宋代蔚为大观的谱录著作归入"农家类"，也不归入"小说类"，而是"别立谱录一门"专收花谱、茶书等，虽被四库馆臣盛誉"为例最善"②，但谱录只是一种体裁，对以著作内容为分类标准而言等于没有分类。宋代四大书目中最晚出的《直斋书目解题》则将月令书排除而重新引入谱录。需要注意的是，陈氏不是全部引入谱录而是有选择的，用他的话说是"钱谱、相贝、鹰鹘之属，于农何与焉？"故不收；"而花果栽植之事，犹以农圃一体"，故"附见"③（惟又将茶书列入"杂艺类"）——其在"农学""农书"概念认识上的进步是显而易见的。元初《文献通考》上绍晁志，拓大农书范围，复纳茶书于"农家"。可见，从总的趋势上说，宋代农学义域、农书范围在不断扩大。这也是其时农学发展的一个表现。至元修《宋史》，更将农书的范围扩及于土地测量和农业政策，收书达107部之多，"著录的规模是前所未有的"④，实乃宋代农学义域、农书范围扩大之余绪。垂至明清，对农学、农书的认识反而退步了，《农圃四书》《千顷堂书目》《四库全书总目》等均重返宋以前传统观点。

现代农学包括一般性理论，农业科技现状与发展，农业科学研究、试验，农业经济，农业基础科学，农业工程，农学（农艺学），植保，农作物，园艺，林业，畜牧、动物医学、狩猎、蚕、蜂、水产、渔业等10余类。按照这一分类法，传统农书只能归于农学（农艺学），农作物，园艺，畜牧、动物医学、狩猎、蚕、蜂等少数类别，在这些类别之下又多集中于少数二级类目中。削足适履于研究无益，故本文所谓农书一依王毓瑚氏"以讲述农业生产技术以及与农业生产技术直接有关的知识的著作为

---

① 晁公武：《郡斋读书志》，上海古籍出版社1990年版，第527页。又，两种蜀刻本早佚，今所传前者系理宗淳祐九年（1249）黎安朝在袁州（今江西宜春）重刊本，称袁本；后者系同年洪钧在衢州（今浙江衢州）重刊本，称衢本。曾雄生《中国农学史》谓晁志中"钱谱之类的书又回到了它家之中"（第19页），当系据袁本为说。一般而言，应以晁公武最后改定的衢本为据。这前后两个本子的差别正可见晁公武对"农学"概念的长时间思考。
② 永瑢：《四库全书总目》（上册）卷85《目录类一》，中华书局1965年版，第730页。
③ 陈振孙：《直斋书目解题》，上海古籍出版社1987年版，第294—295页。
④ 曾雄生：《中国农学史》，第18页。

限"①，不符此定义则不视为农书，② 如《治平通商茶法》之类农业法规即不予计入。③

（一）宋代农书的地域分布

可确定研究对象属地的宋代农书只有 72 本，④ 详见表 1。尽管如此，仍应能大致反映当时全国各地农学发展情况。

表 1　　　　　　　　　宋代农书的地域分布

地区[1]	书名	数量	占全部农书比例
开封府	《冀王宫花品》	1	0.71%
京东路			
京西路	《洛阳牡丹记》（欧阳修）、《洛阳牡丹记》（周师厚）、《洛阳花谱》《洛阳花木记》《花品》（稿）、《洛阳贵尚录》[2)]、《牡丹荣辱志》《陈州牡丹记》《菊谱》（刘蒙）	9	6.38%
河北路			
河东路	《农历》《蚕书》（秦观）	2	1.42%
陕西路	《秦农要事》	1	0.71%
两浙路	《越中牡丹花品》《牡丹记》[3)]、《吴中花品》《百菊集谱》[4)]、《菊谱》（史正志）、《菊谱》（沈莊可）[5)]、《范村菊谱》《图形菊谱》《海棠谱》《范村梅谱》《唐昌玉蕊辨证》[6)]、《全芳备祖》《永嘉橘录》《菌谱》《茶山节对》[7)]、《茶谱遗事》《茹芝续茶谱》[8)]、《梦溪忘怀录》《耕织图》《救荒活民书》《禾谱》（陆游）[9)]、《本心斋蔬食谱》[10)]、《四明它山水利备览》	23	16.31%

---

① 王毓瑚：《中国农学书录》，农业出版社 1964 年版，第 1 页。

② 但计入了王氏《中国农学书录》排除的部分著作，如谓蔡襄《茶录》"内容以品茶为主，不谈生产技术"（第 70 页），而其卷下记茶焙、茶笼、砧椎、茶铃、茶碾、茶罗等制之器，故天野元之助《中国古农书考》（农业出版社 1992 年版）收之，今从天野氏；又如其排除的《救荒活民书》，书中有虫害防治内容，亦可视为农书。

③ 方健《宋代茶书考》（《农业考古》1998 年第 2 期）提到所谓《中国农学书录》未收之茶书 22 种，除了范逵《龙焙美成茶录》、王庠《蒙顶茶记》、佚名《北苑修贡录》三书（今均佚）外，余 19 种皆为政府榷茶法规，不应归入作为农书的茶书之列。管成学《南宋科技史》所列《宋代园艺著作一览表》（人民出版社 2009 年版，第 267—268 页）中谢翱《楚辞芳草谱》记《楚辞》草木之名、沈括《本朝茶法》（为人自《梦溪笔谈》卷 12《官政二》析出）述茶政、唐庚《斗茶计》、叶清臣《述煮茶小品》皆无涉种茶采制之法，均不应视为园艺类农书；其又以《兰谱奥法》与《金漳兰谱》同为赵时庚著，亦误，《兰谱奥法》乃明人以高濂《遵生八笺》中的《花竹五谱·兰谱》抽出命以《兰谱奥法》之名伪托于赵时庚者。

④ 政府机构颁发的指导全国性生产的农书及通论性农书、月令书、通书、汇编，对了解地区农业差异无意义故不予统计。

续表

地区[1]	书名	数量	占全部农书比例
淮南路	《芍药谱》（刘颁）、《芍药谱》（王观）、《芍药谱》（孔武仲）[11]	3	2.13%
江南东路	《桐谱》（陈翥）[12]	1	0.71%
江南西路	《禾谱》（曾安止）[13]、《农书》（陈克己之父）[14]、《绍陶录》[15]	3	2.13%
荆湖南路			
荆湖北路			
福建路	《大观茶论》《北苑茶录》《北苑拾遗》《补茶经》《茶录》《东溪试茶录》《品茶要录》《建安茶记》《宣和北苑贡茶录》《北苑修贡录》《北苑别录》《北苑总录》《龙焙美成茶录》[16]、《壑源茶录》《荔枝谱》（蔡襄）、《莆田荔枝谱》《兰谱》[17]、《金漳兰谱》《山家清事》[18]	19	13.48%
益州路	《海棠记》（沈立）、《天彭牡丹谱》《牡丹谱》（胡元质）、《彭门花谱》《益州方物略记》《糖霜谱》（王灼）、《蒙顶茶记》[19]	7	4.96%
利州路			
梓州路			
夔州路			
广南东路	《广中荔枝谱》《增城荔枝谱》	2	1.42%
广南西路	《桂海虞衡志》	1	0.71%

1）这里采用宋代实行最久的真宗天禧四年分江南为东、西路后的行政区划。

2）已佚，《直斋书目解题》谓是书"迂怪不经"（第298页），久保辉幸据南宋史元之《施注苏诗》中的一条佚文认为"不能说内容全是荒唐无稽不可信"（《宋代牡丹谱考释》,《自然科学史研究》2010年第1期）而将之视为一种牡丹谱。作者丘濬另一书《牡丹荣辱志》，王毓瑚以为和《洛阳贵尚录》一样"都是文人游戏笔墨，内容无关园艺之学"（王毓瑚:《中国农学书录》,第67页），久保辉幸以为是书"记载牡丹共有39个品种……以姚黄比作王，以魏红比作妃等，以社会阶级审评牡丹品种及他花的等级"由来有自，也"可将其视为一部谱录"（《宋代牡丹谱考释》,《自然科学史研究》2010年第1期）。因宋代一些花谱亦仅计花名，从这一角度考虑可从其说。

3）是书历来公私书目所不载，赖东坡《牡丹记叙》可知。苏轼熙宁三年任杭州通判看到沈立所著《牡丹记》时，沈立在此任知州已年余，此前他在越州任知州，两地牡丹皆一时之盛，其所记必为此两地之种，故归入两浙路。参见杨宝霖《关于〈读《中国农学书录》札记〉中一些问题与潘法连先生商榷》,《中国农史》1992年第6期。

4）该书虽为汇编，但亦收入史氏自撰的新谱，所以这里相当于是在统计史氏所撰之谱。

5）《百菊集谱》卷3《种艺》收有沈谱，谓其"记吴门（今苏州）菊"，又《江西通志》卷72《人物》记其尝"知钱塘县。嗜菊，庭植尝数百本。晚年退居益放情于菊"，逝后朱熹有吊诗。可从推知。

6）周必大所观察之玉蕊引种自镇江府，故归入本路。

7）邱志诚考是书及同作者《茶谱遗事》记衢州之茶，故归之本路。参见《〈中国农学书录〉

新札》，《中国农史》2010年第1期。

8）书记天台茶，方健考约撰于南宋初（《宋代茶书考》，《农业考古》1998年第2期）。

9）陆游《剑南诗稿》卷68《秋怀》其六曾谓"身尝著《禾谱》，儿解读农书"，方健以其感曾之谨《农器谱》而作，为"关于绍兴、浙东水稻品种之书"（方健：《南宋农业史》，第354—355页）。书不传。

10）是书收入咸淳九年左氏《百川学海》丛书，书中自称本心翁，题笺则署"门人清漳友善书堂陈达叟编"，故《四库总目》以"达叟乃编其师之书，非所自撰也"。虽本心翁、陈达叟皆无考，但何梦桂《潜斋集》卷5有《本心先生疏食谱序》，按：何梦桂（1229—1303），字岩叟，严州淳安（今浙江淳安县）人。幼从夏讷斋学，长就读石峡书院（《嘉靖淳安县志·人物》），咸淳元年（1265）方逢辰榜探花。何于序中亦自称门人，且曰"从师门久"——何举进士年已37岁——则本心翁当为书院中业师。详见笔者《〈本心斋疏食谱〉作者考略》一文（《中国农史》2011年第1期）。

11）吴曾《能改斋漫录》卷15《方物·芍药谱》云"孔常甫初官维扬，以维扬芍药甲天下，因尽取其名以叙"，然孔武仲实未到扬州作过官，当为吴曾误记。但他曾先后知洪州、宣州，特别是宣州离扬州是很近的。

12）作者号铜陵逸民，铜陵辖属江南东路池州。

13）《直斋书录解题》《文献通考·经籍考四十五》皆载作者曾安止为温陵人，《江西通志》卷49载曾安止为江西泰和人，二者应以《江西通志》为是，曹树基考之甚详（《〈禾谱〉及其作者研究》，《中国农史》1984年第3期）。又据曹文所言新发现的《禾谱》残本内容分析而将之归入本路。

14）已佚，方健考此书与陈旉《农书》不同，乃别为一书，约作于南宋初，居处庐山。参见方健《南宋农业史》，第352—253页。

15）书成淳熙年间，时王质已山居家乡新国军（今湖北阳新县），宋谢谔、清宋荦尝摘录下卷山友诸辞分为5卷改题为《林泉结契》。

16）方健考书记北苑贡焙沿革，作于北宋晚期（《宋代茶书考》，《农业考古》1998年第2期，第274页）。

17）《中国农学书录》谓作者王"贵学字进叔，临江人，平生始末不可考"（第100页），邱志诚考王贵学为福建龙溪人。参见《〈中国农学书录〉新札》，《中国农史》2010年第1期，第140页。

18）邱志诚据韦居安《梅磵诗话》记载将是书归之福建路而系时于理宗朝。参见《〈中国农学书录〉新札》，《中国农史》2010年第1期，第138页。

19）方健考书记作者王庠家乡附近雅州之茶，成书当哲、徽、钦之世（《宋代茶书考》，《农业考古》1998年第2期，第274页）。

淮南路，江南东、西路，两浙路，福建路是宋代经济最发达的"东南六路"①，两浙路更"是两宋300年农业生产最发达的地区"②。此外成都府路"人口密度与两浙不相上下"③，农业生产水平也很高。而农书数量最多的正是两浙路，为23本，占宋代农书总数的16.31%；其次是福

---

① 淮南路后析为东、西路，是为六路。
② 漆侠：《中国经济通史》（宋代经济卷），经济日报出版社1999年版，第147页。
③ 漆侠：《中国经济通史》（宋代经济卷），第146页。

建路，19本，占13.48%。两浙路23本农书中有12本都是关于花卉的，福建路19本农书中有14本都是关于建茶的，可见花卉种植业、茶叶生产分别在两路的地位与影响。再次是京西路和益州路，分别为9本、7本，各占6.38%、4.96%。宋代区域经济"如果以淮水为界，淮水以北的北方地区的生产不如淮水以南的南方地区，即北不如南……如果以峡州（湖北宜昌）为中心，北至商雒山秦岭，南至海南岛，划一南北直线，在这条线的左侧——宋代西部地区，除成都府路、汉中盆地以及梓州路遂宁等河谷地（即所谓的'坝子'）的生产都相当发展、堪与两浙等路比美外……远远落后于该线的右侧，宋代广大东方地区"，即"西不如东"[①]。京西路正处于北部、西部，经济发展水平是比较低的，就在北方五路中比较，以神宗元丰年间户口数和垦田数来看，它都居倒数第二的位置，何以其农书数量竟能占到第三位呢？略加审视就会发现，它的9本农书中有8本都是关于牡丹的（其中1本不限于牡丹），其中又有7本是关于洛阳牡丹的。宋人非常喜欢牡丹，至以本为通名的"花"作为牡丹专名，也就是说宋人所说的"花"很多时候指的就是牡丹，洛阳牡丹又"为天下第一"[②]。京西路农书数量第三的地位正是其发达的牡丹种植业的反映。需要指出的是，由于不是每一个农业生产部门都一定撰有农书或者说有农书保存下来，再加上保存下来的农书近一半无法确定其研究对象属地，所以宋代农书的地域分布只能在一定程度上反映宋代农业的地区差异。只有在全面掌握史实的基础上才能得出较正确的看法，比如，不能因为两浙路农书中花谱是大宗就认为花卉种植业是该地区最主要的农业生产部门——事实上该区的稻米生产才是主体产业；更不能因为京西路9部农书全为花谱就得出花卉种植业是该地区唯一农业生产部门这样荒谬的结论。

（二）宋代农书的时间分布

宋代农书写作时间分布情况[③]见表2：

[①] 漆侠：《中国经济通史》（宋代经济卷），第48页。
[②] 欧阳修：《洛阳牡丹记·花品序第一》，《欧阳修全集》，中国书店1986年版，第526页。
[③] 不能确定具体写作时间的，则归入一个更大的时间单位。如《笋谱》，虽知作者释赞宁卒于至道二年，但却无法确知书到底作于太祖朝还是太宗朝，于是归入更大的时间单位"北宋前期"；如《马经》，作者常知非无可考，最先著录该书的又是编纂于元代的《宋史·艺文志》，连作于北宋还是南宋都无法判断，于是归入更大的时间单位"宋代"。

宋代农书的时空分布及其传播方式

表2　　　　　　　　　宋代农书写作时间分布

写作时间			书名	数量	占全部农书比例	
北宋	前期	太祖	《大农孝经》《广中荔枝谱》	2	1.42%	9.22%
		太宗	《越中牡丹花品》《本书》	2	1.42%	
		真宗	《疗马集验方》《牧马法》、书名未知（内容系医牛古方选编，群牧司编定）、《真宗授时要录》《耒耜岁占》《北苑茶录》	6	4.26%	
	前中期		《淮南王养蚕经》《竹谱》（王子敬）、《笋谱》	3	2.13%	23.8%
	中期	仁宗	《洛阳牡丹记》[1]（欧阳修）、《冀王宫花品》《花品》（稿）[2]、《洛阳贵尚录》《牡丹荣辱志》《吴中花品》《洛阳花谱》《海棠记》[3]、《桐谱》（陈翥）、《荔枝谱》《莆田荔枝谱》[4]、《茶录》《东溪试茶录》《北苑拾遗》《补茶经》[5]、《益州方物略记》《景祐医马方》	16	11.35%	
		英宗				
		神宗	《洛阳牡丹记》（周师厚）、《洛阳花木记》《牡丹记》《芍药谱》（刘颁）、《芍药谱》（王观）、《增城荔枝谱》《品茶要录》《北苑总录》《禾谱》（曾安止）	9	6.38%	
		哲宗	《洛阳花谱》[6]、《梦溪忘怀录》《茶论》[7]、《建安茶记》《蕃牧纂验方》	5	3.55%	
			《竹谱》（释惠崇）、《芍药谱》（孔武仲）、《蚕书》（秦观）、《菊谱》（文保雍）	4	2.84%	
			《马口齿诀》《辨马图》《医马经》《马经》（佚名）、《周穆王相马经》《相马经》（佚名）、《论驼经》《医驼方》《十二月纂要》《花木录》《范尚书牡丹谱》《农家切要》《农子》[8]	13	9.22%	
	末期	徽宗	《圣宋茶论》《菊谱》（刘蒙）、《陈州牡丹记》《龙焙美成茶录》《宣和北苑贡茶录》[9]	5	3.55%	4.96%
		钦宗				
			《农历》《马经》（李诚）	2	1.42%	
南宋	前期	高宗	《蒙顶茶记》《茶山节对》[10]、《茶谱拾遗》《司牧安骥集》《四时栽种记》《骐骥须知》《牛马书》《疗驼经》《秦农要事》	9	6.38%	14.89%
			《农书》（陈旉）、《耕桑治生要备》《琐碎录》《耕织图》《田夫书》《农书》（陈克己之父）、《糖霜谱》《茹芝续茶谱》	8	5.67%	
	中期	孝宗	《北苑别录》《北苑修贡录》[11]、《桂海虞衡志》《菊谱》（史正志）、《永嘉橘录》《天彭牡丹谱》《范村菊谱》《范村梅谱》《唐昌玉蕊辨证》《菊谱》（沈兢可）、《绍陶录》《禾谱》（陆游）、《农书》（刘清之）、《时令书》[12]	14	9.93%	
		光宗	《图形菊谱》	1	0.71%	
		宁宗	《菊名篇》	1	0.71%	
			《农书》（陈峣）、《农器谱》《桐谱》（丁黼）[13]、《琐碎录后录》《梅品》[14]	5	3.55%	

· 261 ·

续表

写作时间		书名	数量	占全部农书比例	
末期	理宗	《兰谱》《金漳兰谱》《百菊集谱》《菊谱》（马楫）、《海棠谱》《全芳备祖》《山家清事》《牧养志》《菌谱》《蔬品谱》《果食谱》《相马经》（陈元靓）、《博闻录》[15]、《四明它山水利备览》	14	9.93%	12.06%
	度宗	《救荒活民书》《茶具图赞》[16]	2	1.42%	
	恭帝				
	端宗				
	末帝				
		《本心斋蔬食谱》[17]	1	0.71%	
		《牡丹谱》（胡元质）[18]	1	0.71%	
		《竹谱》（吴辅）、《郊居草木记》《四时栽接花果图》《牡丹芍药花品》《彭门花谱》《壑源茶录》《茶苑杂录》《鄌记》《育骏方》《相马经》（萧绎）、《马经》（常知非）、《集马相书》《相马病经》《明堂灸马经》《辨五音牛栏法》《牛书》《牛黄经》《山居备要》[19]	18	12.77%	

1）潘法连在《中国农学书录》基础上考定是书大约撰成于景祐元年（《读〈中国农学书录〉札记之三》，《中国农史》1989 年第 4 期）。

2）久保辉幸认为钱惟演写在一个小屏上的 90 多种牡丹名录也是"牡丹谱的一种"（《宋代牡丹谱考释》，《自然科学史研究》2010 年第 1 期）。有些花谱确仅记花名，从这一角度考虑可从其说而视为稿本。

3）潘法连在《中国农学书录》基础上考定是书作于庆历年间。参见《读〈中国农学书录〉札记五则》，《中国农史》1984 年第 1 期。

4）《中国农学书录》谓《莆田荔枝谱》"撰人为徐师闵，没有注明朝代，大约是北宋时人"（第 73 页），邱志诚考徐师闵嘉祐间曾知兴化军军事，莆田正是其早年任职的兴化军治所，则《莆田荔枝谱》当作于是时。参见《〈中国农学书录〉新札》，《中国农史》2010 年第 1 期。

5）潘法连考是书当作于景德间而非《中国农学书录》据《文献通考·经籍考四十五》所言作于大中祥符初。参见《读〈中国农学书录〉札记之五》，《中国农史》1992 年第 1 期。

6）《中国农学书录》谓作者"弟弟张峋（据《宋元学案》卷 33《王张诸儒学案》全祖望案语应为兄）是邵康节的学生，因此他一定是北宋中期的人，可能他这部书是在庆历年间（1041—1048 年）写成的，所以书名又别题《庆历花谱》"（第 69 页）。实际上张峋也是邵雍学生（《闻见录》卷 20），治平二年与张峋同中进士，后知鄞县，曾浚广德湖（曾巩《广德湖记》详载其事），历提举两浙路常平等事（李焘：《续资治通鉴长编》卷 222，熙宁四年夏四月癸酉条下注）、京西运判（《东坡全集》卷 106《鲍耆年京东运判张峋京西运判》敕）、户部员外郎、户部郎中（《栾城集》卷 30《张峋户部员外郎钱长卿刑部员外郎》敕、《张峋户部员外郎改户部郎中》敕）、驾部郎中（《名臣碑传琬琰之集·中》卷 41《程坦墓志铭》）。所以《洛阳花谱》当作于其在洛阳任京西运判期间，绝不可能是王氏推断的庆历年间，书名也不可能别题作《庆历花谱》

(《庆历花谱》乃《吴中花品》,又别题《庆历花品》)。潘法连考是书之作"肯定在绍圣四年以前"(《读〈中国农学书录〉札记之三》,《中国农史》1989 年第 4 期);杨宝霖进一步考定"《洛阳花谱》写作时间必定在元祐元年"(《关于〈读《中国农学书录》札记〉中一些问题与潘法连先生商榷》,《中国农史》1992 年第 6 期)。

7)《梦溪笔谈》卷 24《杂志》谓"予山居有《茶论》"并引书中《尝茶诗》一首,可知其亦作于沈括元祐年间隐居镇江时,但因其佚无从考知所记为何地之茶。

8)《农子》作者虽不可考,但其最早载于《崇文总目》,则必著于宋代庆历元年《总目》成书以前。

9) 潘法连考定是书之作不当早于宣和七年(1225)而非《中国农学书录》所谓在 1121—1125 年间。参见《读〈中国农学书录〉之五》,《中国农史》2010 年第 1 期。

10) 潘法连考是书"必是成书于北宋政和(1111—1118)以前"。参见《读〈中国农学书录〉札记之五》,《中国农史》2010 年第 1 期。

11)《清波杂志校注》卷 8"密云龙"条云"淳熙间,亲党许仲启官麻沙,得《北苑修贡录》,序以刊行"(周辉撰,中华书局 1994 年版,第 154 页)。

12)《宋史·儒林七·刘清之传》记其著有《时令书》(中华书局 1977 年版,第 12957 页)。

13) 作者淳熙间中进士,嘉熙三年抗元战殁,故系之于南宋中期。

14) 作者张镃(1153—1211)官至司农少卿,因谋诛史弥远贬死象州。上海古籍出版社编《生活与博物丛书》(1993 年版,上册第 371 页)辑有一则"张约斋种花法",方健以为即《梅品》佚文(《南宋农业史》,第 381—382 页)。

15) 已佚,方健考其内容多袭自《琐碎录》。参见《南宋农业史》,第 393—394 页。

16) 书撰于咸淳五年,方健疑作者审安老人可能是董真卿(《宋代茶书考》,《农业考古》1998 年第 2 期)。

17) 参见表 1 注 10)。

18) 王毓瑚以为"作者或者也是南宋时人"(《中国农学书录》,第 94 页)。

19) 作者无考,方健以为是书在温革《分门琐碎录》之前,则必作于北宋末或两宋之交(《南宋农业史》,第 387—388 页)。

　　分别有 3 本、4 本、2 本、13 本农书只能确定作于北宋前期、中期、末期、前中期,有 9 本农书只能确定作于北宋时期;分别有 5 本、1 本农书只能确定作于南宋中期、末期,有 1 本农书只能确定作于南宋时期;有 18 本农书更只能确定作于宋代,无法进一步推断。北宋中期农书最多,34 本,占全部宋代农书的 24.11%;其次南宋中期,21 本,占 14.89%;再次是北宋前期,13 本,占 9.22%。北宋前、中期两者相加,再加上只能大致归于前中期的 13 本农书,总计 60 本,几占宋代全部农书一半,达 42.55%。宋代诸帝,仁宗时期最多,为 16 本,占宋代农书的 11.35%;其次是孝宗、理宗,均为 14 本,占 9.93%;第三是神宗,9 本,占

6.38%；第四是高宗，8本，占5.67%；第五是真宗，6本，占4.26%。孝宗"卓然为南宋诸帝之称首"①，在位期间，"比年以来，五谷屡登，蚕丝盈箱"②，国家财政岁入达8000万缗，③是南宋的最高纪录。神宗矢志变法以图富国强兵，元丰年间，岁入达6000余万，④"中外府库无不充盈，小邑所积钱米亦不减二十万"⑤，"诸路……之钱粟积于州县者，无虑十百巨万，如一扫地官，以为经费，可以支二十年之用"⑥，是北宋国家财政状况最好的时期。是故孝宗、神宗两朝农书数量位列前茅其理甚明，无须赘言。仁宗朝虽然在南宋时被推许为"四十余年，号称极治"⑦，高宗至言"以复庆历、嘉祐之治，是国家之福也"⑧，但"嘉祐之治"实为南宋统治者为否定王安石变法而"在法祖宗的旗帜下"制造出来的反映当时政治主张与意图的一个幻象，"想象的成分大于历史的真实"⑨——其上承真宗东封西祀、大建宫观所造成的"海内虚竭"⑩之局面，中继章献执政积贫状况日益加剧，仁宗亲政后"因循不革，敝坏日盛"⑪，以至人谓"观今之政，是可恸哭"⑫。所以起义、兵变、叛乱迭起，而改革呼声亦缘以起，实已臻积贫积弱之极。理宗前期"渊默十年无为"⑬，史弥远"内擅国柄，外变风俗，纲常沦斁，法度堕驰，贪浊在位，举事弊蠹，不可涤濯"⑭，后期亲政后亦内宠妃嫔，外用奸邪，"至宝祐、景定，则几

---

① 《宋史》卷35《孝宗本纪》，中华书局1985年标点本，第692页。
② 《宋史》卷174《食货志上·二》，第4219页。
③ 叶适：《水心先生文集》卷1《上孝宗皇帝劄子》，《四部丛刊初编》，上海书店1989年版，第8页。
④ 马端临：《文献通考》卷24《国用考二》，第235页。
⑤ 《宋史》卷328《安焘传》，第10568页。
⑥ 毕仲游：《西台集》卷7《上门下侍郎司马温公书》，中州古籍出版社2005年版，第93页。
⑦ 黄淮、杨士奇：《历代名臣奏议》卷182，建炎三年赵元镇上奏条，上海古籍出版社1989年版，第2392页。
⑧ 李心传：《建炎以来系年要录》卷152，绍兴四年九月庚申，上海古籍出版社1992年版，第2449条。
⑨ 李华瑞：《论南宋政治上的"法祖宗"倾向》，《宋夏史研究》，天津古籍出版社2006年版，第216页。
⑩ 李焘：《长编》卷108，天圣七年六月丁未，中华书局1995年版，第2516页。
⑪ 李焘：《长编》卷137，庆历二年闰九月壬午，第3297页。
⑫ 李焘：《长编》卷139，庆历三年正月丙申，第3345页。
⑬ 黄震：《古今纪要逸编·理宗》，广陵古籍刻印社1995年版，第1页。
⑭ 《宋史》卷437《魏了翁传》，第12968页。

于政、宣矣"①，甚至有人在朝门上书写"国势将亡"②。政事如此，经济发展自然大受影响，但仁宗、理宗均是两宋皇帝在位时间最久的，前者41年，后者40年，差不多是神宗（18年）、孝宗（27年）的两倍，由于其时间跨度比较长，且两帝皆非宋代极衰之世，仁宗、理宗均多次下诏劝农，两帝在位期间农书数量高居冠、亚席位自可想见。

另外，除去不能确定者，北宋168年有农书76部，南宋152年有农书47部，南、北宋统治期差不多长，而北宋农书几近南宋的两倍，这主要与南宋和金、蒙（元）之间长期在腹地进行战争有关。南、北宋农书最根本的差异是内容的不同，这有两个明显的表现：北宋农书既有讲北方农业的，也有讲南方农业的，而南宋农书都是讲南方农业的；北宋有18部畜牧、兽医书而南宋只有2部（这也是前一差异的一项具体反映）。显然，南、北宋农书内容差异是南宋北方领土沦陷造成的结果。

综上所述，可得出这样一个结论：宋代农书的空间分布既是宋代区域农业经济发展的产物，也是其表现，哪一个地区经济发达，该地区的农书就占有较大比例；宋代农书的时间分布则是宋代历朝皇帝统治期间农业经济发展的产物和表现，哪一位帝王政治清明，关注经济发展，该帝王统治期间的农书就占有较大比例，但这也与帝王在位时间长短有关。

二 宋代农书的传播方式

宋以前书籍主要以写本形式流传，到了宋代，雕版印刷非常发达，农书的传播自以刊本为主，但也还有着其他方式，有些方式对引导缺乏文化的农民发展生产来说甚至是更重要的。就古代的社会条件而言，宋代农书的传播方式可谓多种多样。

（一）官刻

由官方刊刻传世的主要是政府机构编纂的农书。真宗大中祥符七年（1014）诸州牛疫，"诏民买卖耕牛勿算。继令群牧司选医牛古方，颁之

---

① 周密：《武林旧事·序》，学苑出版社2001年版，第1页。
② 佚名：《宋季三朝政要》卷2《理宗·宝祐三年》，中华书局1985年版，第31页。

天下"①,《景祐医马方》"大约也是当时官方颁行的一种兽医书"②,《真宗授时要录》"应该也是真宗时的一部官书"③。这些书虽未明记"镂板",但既欲"颁之天下",则数量必大,恐惟刊刻才能满足所需。一些官员因职责所在撰写的农书也常由官方刊行,如"大中祥符元年正月,群牧制置使言,兽医副指挥使朱峭定《疗马集验方》及《牧马法》,望颁下内外坊监,仍录附诸班军。帝虑传写差错,令本司镂板模本以给之"④。这是关于刊刻农书的最早明确记载。哲宗时提举京西路给地马牧事王愈编集的《蕃牧纂验方》当同此例。宋政府不仅刊刻颁行本朝农书,对前代优秀农书也下诏刊刻,如天禧四年(1020)即"诏并刻(《齐民要术》及《四时纂要》)二书以赐劝农使者"⑤。现存《齐民要术》最早刊本是天圣年间(1023—1031)崇文院刻本,天圣上距天禧四年不过数年,该本"大约就是那次决定的实现"⑥。

有的农书则由地方政府刊刻印行,如著名的陈旉《农书》。绍兴十九年(1149)陈旉完成其《农书》后,曾到真州(今江苏仪征)拜访朋友知真州洪兴祖。其时真州为宋、金交兵冲要之地,疮痍满目,洪兴祖正招抚难民垦辟荒地,以期恢复农业。故洪氏"取其书读之三复,曰:'如居士者,可谓士矣。'因以仪真劝农文附其后,俾属邑刻而传之"⑦。这个初刊本就是一个地方官府刻本。但这个刊本因事成仓促,"传者失真,首尾颠错,意义不贯者甚多。又为或人不晓旨趣,妄自删改,徒事缋章绘句,而理致乖越",所以陈旉复"取家藏副本,缮写成帙",希望"当世之君子采取以献于上,然后锲版流布"⑧。其后陈旉"献于上"的这个愿望虽然没有实现,但嘉定七年(1214)知余姚县汪纲以"农者天下之大本也,守令以劝农为职",再次予以刊行,等于多了一个地方政府官刻本。⑨ 汪纲转知高邮军后还刊刻了秦观《蚕书》。

---

① 《宋史》卷173《食货志上一》,第4162页。
② 王毓瑚:《中国农学书录》,第68页。
③ 王毓瑚:《中国农学书录》,第62页。
④ 徐松辑:《宋会要辑稿》兵24之7,中华书局1975年版,第7182页。
⑤ 马端临:《文献通考》卷218《经籍考四十五》,第1773页。
⑥ 王毓瑚:《中国农学书录》,第30页。
⑦ 洪兴祖:《陈旉农书校注·后序》,农业出版社1965年版,第63页。
⑧ 陈旉:《陈旉农书校注·跋》,第65页。
⑨ 天野元之助:《中国古农书考》,第83页。

（二）私刻

私刻包括家刻和坊刻。著名文人士大夫所写的农书大都在逝世后由其子嗣或弟子收入家刻文集传世，如陆游《天彭牡丹谱》在其逝世不久的嘉定十三年（1220）即被收入家刻《渭南文集》传世，周必大《唐昌玉蕊辨证》开禧间（1205—1207）由其子周纶等收入《周益国文忠公集》付梓印行。[①] 也有由倾慕前贤者刻印的，如欧阳修"一代文宗，其集遍行海内，而无善本"，周必大解相印后乃纂成《欧阳文忠公文集》"刊之于家塾"[②]。就是一般文人的著作也多有私刻本。我国最早的刻印丛书咸淳左氏《百川学海》也辑刊过欧阳修《洛阳牡丹记》，王观《扬州芍药谱》，刘蒙、史正志二氏两种《菊谱》，范成大梅、菊二谱，陈思《海棠谱》，丘濬《牡丹荣辱志》，蔡襄《荔枝谱》《茶录》，宋子安《东溪试茶录》，韩彦直《橘录》，释赞宁《笋谱》，陈仁玉《菌谱》，陈达叟《本心斋疏食谱》等农书。此类农书多有坊刻本，这是因为谱录类农书在宋代具有较广阔的市场需求空间。我们知道，宋代花卉种植业非常引人注目，一些城市还在历史基础上形成了"专业化"种植。开封"四时花木繁盛可观……大抵都城左近，皆是园圃，百里之内，并无闲地"[③]；洛阳牡丹"为天下第一"[④]，"凡园皆植牡丹"[⑤]；扬州以"芍药名于天下……与洛阳牡丹俱贵于时……种花之家园舍相望……不可胜纪，畦分亩列，多者至数万根"[⑥]；广州则"花多外国名"[⑦]。一些中、小城市花卉种植业的发展也已达到相当规模，如陈州的牡丹种植向称比洛阳还"盛且多也……园户植花如种黍粟，动以顷计"[⑧]；益州路的彭州亦盛产牡丹，"连

---

① 周莲弟：《彭元瑞藏知圣道斋本〈周益公集〉编校考述》，《古籍整理研究学刊》2000年第1期。
② 陈振孙：《直斋书录解题》卷17《别集类中》，第496页。
③ 孟元老：《东京梦华录注》卷6《收灯都人出城采（探）春条》，中华书局1982年版，第175页。
④ 欧阳修：《洛阳牡丹记·花品序第一》，《欧阳修全集》上册，第526页。
⑤ 邵博：《邵氏闻见后录》卷25，中华书局1983年版，第196页。
⑥ 孔武仲：《清江三孔集》卷18《芍药谱·序》，齐鲁书社2002年版，第287页。
⑦ 余靖：《武溪集》卷1《寄题田侍（待）制广州西园》，吉林人民出版社1997年版，第138页。
⑧ 张邦基：《墨庄漫录》卷9《陈州牛氏缕金黄牡丹》，中华书局2002年版，第251页。

畛相望"①，"号小西京"②。不同品种的花当然贵贱不同，如"姚黄、魏紫一枝千钱"③，"双头红初出时一本花取直至三十千，祥云初出时亦直七八千"④，好的海棠也是"每一本不下数十金"⑤。出于收益或审美上的需求，养花者不仅要扩大种植规模，也必然或引种、或嫁接以培植名贵品种，"四方之人赍携金币来市（扬州芍药花）种以归者多矣"⑥，"姚黄一接头直钱五千……魏花初出时接头亦直五千，今尚直一千"⑦等记载可证。欧阳修《洛阳牡丹谱》、周师厚《洛阳花木记》等以谈论品种、种护法、嫁接法为内容的谱录自然受到欢迎，拥有较大的市场需求量。而这类农书在书肆的畅销反过来又吸引书坊大量刻印这类"畅销书"售卖邀利——甚至也引得文人士大夫竞写这类"畅销书"，宋人曾安止"近时士大夫之好事者，尝集牡丹、荔枝与茶之品为经及谱，以夸于市肆"⑧语可证。这样更多谱录类农书以坊刻形式得到传播，于兹可见书籍商品化对宋代农书传播方式的影响。

前朝农书宋代也多有私刻本，甚至官刻之后又有私刻。如前言真宗本已诏刊《齐民要术》，而复有"市人辄抄《要术》之浅近者摹印"——刊者既系"市人"，则为坊刻无疑；南宋时又有"孙公"（名佚）"以稽古余力，悉发其隐，合并刻焉"⑨，则似为家刻。

（三）抄本

宋代虽是雕版印刷黄金时代，但刊刻书版花费不小，如果一部农书没有官府、书坊刻印，对下层文人而言家刻是其承受不了的——他们的农学著作就多以抄本形式传世。如《农历》一书，作者邓御夫生当北宋晚期，读书不求仕进，隐居乡间，藉种地维持生活。元祐年间知济州王子韶将其

---

① 陆游：《渭南文集》卷42《天彭牡丹谱·花品叙第一》，《陆放翁全集》，中国书店1986年版，第259页。
② 陆游：《渭南文集》卷42《天彭牡丹谱·风俗记第三》，《陆放翁全集》，第261页。
③ 李格非：《洛阳名园记·天王院花园子》，第96页。
④ 陆游：《渭南文集》卷42《天彭牡丹谱·风俗记第三》，《陆放翁全集》，第262页。
⑤ 沈立：《海棠记》，陈思：《海棠谱》卷上《叙事》，中华书局1985年版，第1页。
⑥ 孔武仲：《清江三孔集》卷18《芍药谱·序》，第287页。
⑦ 欧阳修：《洛阳牡丹记·风俗记第三》，《欧阳修全集》，上册第529页。
⑧ 曹树基：《〈禾谱〉校释》，《中国农史》1985年第3期。
⑨ 马端临：《文献通考》卷218《经籍考四十五》引李焘《齐民要术音义解释序》，第1773页。

书献给朝廷,请求颁行全国,无果。《墨庄漫录》说"今未见传于世,尝访于藏书之家或有见者"——显然邓本人无力付梓,该书是以抄本形式流传的,并且"传抄的本子不会是很多"①,所以才知者甚少。

不仅没有刻本的农书是以抄本形式传世的,有的农书本有刻本,却也有一个传世抄本系统。这些抄本除了抄自传世刻本不论外,有的抄自原稿本,有的抄自初刻本,比传世刻本更近于原书;甚至于有的原刊本早已不传,惟赖抄本后世方得以复刻,因此抄本就不仅有版本校勘方面的价值,有时还关系到一部农书的存亡绝续。如陈旉《农书》,宋代本有两个地方政府官刻本,但都亡佚了,今存《农书》最早刊本是乾隆四十一年(1776)长塘鲍氏根据"仁和赵氏小山堂钞本"刊印的。陈旉《农书》还有一个抄本(今藏日本内阁文库),其中有一段文字又是他本所无者。②没有这些抄本,今天就看不到陈旉《农书》了。又如曾安止《禾谱》明代即已亡佚,却因抄在曾氏族谱中,20世纪80年代中期而得以重新发现③,虽不能窥其完帙,也可鼎尝一脔了。

(四)揭榜

揭榜一作揭牓,即在大街闹市、城门关津、交通要道张贴文告。宋代也用这种方法来传播农业生产知识。真宗大中祥符五年,"上以江、淮、两浙路稍旱即水田不登,乃遣使就福建取占城稻三万斛,分给三路,令择民田之高仰者莳之,盖旱稻也。仍出种法付转运使揭牓谕民"④。地方官员也常采用这种方法——因为这是传统社会发布政令的主要渠道之一。如淳熙七年(1180),朱熹知南康军时就颁印《申谕耕桑榜》"发下三县贴挂",向农民推广其下属"星子知县王文林种桑等法"及"种田方法","晓示乡村人户……依此方法及时耕种"⑤。最著名的例子可能当数楼璹在於潜县治所大门东西壁编绘的《耕织图》,《耕图》"自浸种以至入仓,凡

---

① 王毓瑚:《中国农学书录》,第78页。
② 天野元之助:《中国古农书考》,第85—86页。
③ 参见曹树基《〈禾谱〉及其作者研究》(《中国农史》1984年第3期)、《〈禾谱〉校释》(《中国农史》1985年第3期)二文。
④ 李焘:《续资治通鉴长编》卷77,大中祥符五年五月戊辰,第1764页。
⑤ 朱熹:《晦庵先生朱文公文别集》卷9《公移》,《朱子全书》,上海古籍出版社2002年版,第5000页。

二十一事",《织图》"自浴蚕以至剪帛,凡二十四事"①,每图配诗一首,"图绘以尽其状,诗歌以尽其情,一时朝野传诵几遍"②。元虞集说"前代(指宋代)郡县所治,大门东西壁皆画耕织图,使民得而观之"③,可见楼璹这种做法在宋代较普遍。事实上,宋代皇宫里也画有《耕织图》。高宗曾说:"祖宗时,于延春阁两壁画农家养蚕织绢甚详。"④只是这种画在皇宫里的《耕织图》不是给老百姓看的而是警醒帝王知稼穑艰难用的。此风流变之下,宋代画家乃以入画——以画《中兴四将图》闻名的刘松年就画有《耕织图》。

(五)口头宣讲

农学是一门实践性科学,传统社会农业知识的传承最主要的渠道应该说还是口头宣讲,农民们在生产生活中父子相授相袭即是。即便是农业生产新技术,其落实在生产过程中也应是通过先掌握者的言传身教实现普及的,如花匠之师徒授受。所以口头宣讲这种传播方式自非起自宋代,其由来久矣。如《糖霜谱》就明确记载遂宁地区冠擅天下的制糖霜之法系由口授:"唐大历间有僧号邹和尚,不知所从来。跨白驴,登伞山,结茅以居。须盐、米、薪、菜之属,即书付纸,系钱遣驴负至市区。人知为邹也,取平直挂物于鞍,纵驴归。一日驴犯山下黄氏者蔗苗,黄请偿于邹。邹曰:'汝未知窨蔗糖为霜,利当十倍。吾语汝塞责可乎?'试之果信。自是就传其法。"⑤

古代州县官员本负"劝令种莳"之责,太平兴国七年(982)又有诏"诸州置农师"之举,专司导令农功,后虽罢置,其职责必不能废,复归于地方官员以至基层行政人员而已:真宗景德三年(1006)欲复置,因"虑益烦扰"而以"少卿监刺史阁门使已上知州者,并兼管内劝农使,余

---

① 楼钥:《跋扬州伯父耕织图》,《攻媿集》卷76《题跋》,第1041页。
② 虞集:《道园学古录》卷30《题楼攻媿织图》诗前小序,《四部丛刊初编》,上海书店1989年版,第268页。
③ 虞集:《道园学古录》卷30《题楼攻媿织图》诗前小序,第268页。
④ 佚名:《宋史全文》卷19中《宋高宗八》,绍兴五年三月甲午,黑龙江人民出版社2004年版,第1162页。
⑤ 后文接叙"邹末年弃而北走通泉县灵鹫山龛中,其徒追蹑及之,但见一文殊石像。众始知大士化身"(王灼:《糖霜谱·原委第一》,中华书局1985年版,第1页),虽涉灵异,要当在"糖霜户犹画邹像事之"的过程中衍生之说——因追怀感念而神其人兼神其技也。

及通判并兼劝农事,诸路转运使、副并兼本路劝农使"①;天禧四年(1020)又诏改天下诸路提点刑狱为劝农使、副使,兼提点刑狱公事,"劝恤农民以时耕垦……凡农田一事已上悉领之"②,知县亦"以劝农系衔"③。这些地方行政人员在教民种莳时,必会依据已有之农书——特别是朝廷作为官方文件颁行的农书,如前述天禧四年(1020)诏刻"赐劝农使者"的《齐民要术》和《四时纂要》等——向农民口头宣授农业技术。又如大中祥符五年诏于江、淮、两浙推广占城稻,对这些地区的农民而言此为新品种新技术(其实对官员而言也是如此),则自转运使以下特别是基层行政人员必以诏付之"种法"向农民宣讲无疑。

此外,宋代产生了大量的劝农文,虽然不乏道德说教为主的官样文章,但也有很多(特别是南宋的)劝农文以具体农业技术为主旨,如朱熹、陈傅良、韩元吉、程珌、真德秀、宋莘、吴泳、高斯得、方大琮等人的劝农文,实应视作另一种形式的农书。这些劝农文是要向农民口头宣讲的,刘爚诗"是州皆有劝农文,父老听来似不闻"④可证——只是这次宣讲的劝农文内容似乎不太受欢迎,所以"父老听来似不闻"。宣讲之后还要张贴即上文所谓"揭榜",刘埙《花雨劝农日》诗"劝农文在墙壁头"⑤句可证。不过,虽然大部分劝农文都能做到语言简明,但难免也有分不清对象"古语杂奇字"者,以至"田夫莫能读,况乃识其意"⑥,不识字者更只觉"行行蛇蚓字相续"⑦。

由此可见农书的传播方式与其类型有一定关系,如采取口头宣讲、揭榜等传播方式者,多为朝廷及地方政府颁布的劝农诏、劝农文或其他篇幅短小的涉及农业生产技术的官方文告,并且通常是口头宣讲之后还要揭榜公布。

---

① 李焘:《续资治通鉴长编》卷62,景德三年二月丙子,第1386页。
② 李焘:《续资治通鉴长编》卷95,天禧四年正月丙子,第2179页。
③ 胡太初:《昼帘绪论·临民篇第二》,文渊阁《四库全书》本,上海古籍出版社2003年版,第602册,第708页。
④ 刘爚:《云庄集》卷1《长沙劝耕》,文渊阁《四库全书》本,上海古籍出版社2003年版,第1157册,第338页。
⑤ 刘埙:《隐居通议》卷8《花雨劝农日》,中华书局1985年版,第88页。
⑥ 真德秀:《真西山先生集》卷40《泉州劝农文》,商务印书馆1937年版,第717页。
⑦ 利登:《野农谣》,载陈起《江湖小集》卷82《利登骳稿》,文渊阁《四库全书》本,上海古籍出版社2003年版,第1357册,第630页。

这里顺便一提，宋代笔记中也有很多农学方面的内容，如《梦梁录》卷十八记有杭州花卉60多种，《齐东野语》卷十六记有人工催化花卉提前开放之法，《老学庵笔记》记有种菊之法，《鸡肋编》《后山谈丛》记有多条宋代农谚；宋代诗词中也有很多农事诗、农事词，这些都是农书研究中应加以注意的。

（六）辑入它书

有的农书在宋代就被收入它书，这等于多了一条传播途径，如韩彦直《橘录》、蔡襄《荔枝谱》等被陈景沂收入其《全芳备祖》。对有的宋代农书而言，这更是一种额外的幸运，因为其惟赖被收入它书才得以传世，等于随它书传播成了其唯一的传播途径，如《菊名篇》《图形菊谱》被史铸收入其《百菊集谱》即其例；如果不幸只是部分被采入它书，今天也就只能看到被采入的这一部分了，如陈思《海棠谱》收沈立《海棠记》部分内容即其例。当然，有的农书是被后代书收入，如相当一部分宋代农书均被收入元陶宗仪《说郛》，并借其强可读性而广为流传；有的后来本书反亡佚了，如曾之谨《农器谱》被元代《王祯农书》收入即其例，又如久佚的《吴中花品》被人发现收在《能改斋漫录》中。[①]

宋代农书还在其时或其后传入高丽、日本等国，如高丽农书《四时纂要抄》就收有沈括《梦溪忘怀录》、温革《分门琐碎录》、范成大《范村梅谱》等，《农家集成》中则收有朱熹劝农文3篇。宋代农书传入高丽后对高丽古代农学产生了很大的影响，被誉为"朝鲜古典农学之杰撰"的《农事直说》"即为一部接受中国农业技术总结诸名著所传优良经验，检讨本国农业情况实际，或因或革，综贯成法者"[②]。《农家集成》《衿阳杂录》等书中也可见接受宋代农书影响的明显痕迹。

日本早在唐代就通过遣唐使引入了《齐民要术》等古农书，宋代农书也多有传播到日本者，如陈旉《农书》、秦观《蚕书》、范成大梅、菊二谱、《桂海虞衡志》等。至于明清近代以来包括宋代农书在内的中国古

---

① 杨宝霖：《灯窗琐语（读农书札记四则）》，《农业考古》1986年第4期。
② 胡道静：《朝鲜汉文农学撰述的结集——述所见三个不同版刻的〈农学集成〉》，《农书、农史论集》，农业出版社1985年版，第102页。

代农书被译介到西方，此为西方所谓"汉学"研究之一部分，非期用于指导农业实践，与前述传入高丽、日本不同，故置不论。①

三 余论

随着宋代农书的广泛传播，其对宋代农业生产实际影响如何？由于史料限制，这里仅通过如下几个方面略作探讨。第一，新物种及技术、虫害防治新法的传播与宋代农业的稳产丰产。宋代疆域只有汉唐的一半，人口却是汉唐的两倍（峰值达到1亿以上），农业稳产丰产问题就尤显重要。种子对农业稳产增产的关键性不言而喻。宋代引进了很多新物种，最著名的当然是占城稻。这种稻"比中国者穗长而无芒，粒差小，不择地而生"②，真宗前期已在广南、福建路普遍种植，如前述大中祥符五年（1012）真宗决定推广占城稻，并"出种法付转运使揭牓谕民"。该"种法"计133字，于浸种、育秧、成熟的时间及技术细节无不曲尽，今尚保存在《宋会要辑稿·食货一》中。数路农民经地方行政人员的晓谕宣示，很快掌握了这一"种法"，当年便引种成功，从此不再稍旱便"不登"。如果不是占城稻"种法"传播的有效，至少不会这么快就引种成功。③ 蝗虫之害在中国由来已久，宋代治蝗技术上的一个重要进步就是知道了掘蝗虫卵的办法。熙宁（1068—1077）、淳熙（1174—1189）年间发生蝗灾害时，政府便将这个方法以诏书的形式颁下。《救荒活民书》还记载说如有百姓因迷信不敢这样做，宜急刊开晓愚俗之言"作手榜散示，烦士夫父老转相告谕"④。这种灭蝗法的传播对防治蝗灾、确保收成的作用自勿待烦言。第二，劝农文的传播与江南先进农作技术的推广。宋代农业经济发展水平很高，总的来讲，以江南地区尤其是两浙路农业生产技术

---

① 我国古代农书传播到高丽、朝鲜等国对其古代农学产生影响并推动该国当时农业生产以及被西方译介的情况详参曾雄生《中国农学史》，第720—726页。
② 《宋史》卷173《食货上一》，第4162页。
③ 后占城稻虽然在江西、荆湖被普遍推广，但因其米质不佳，故在"精品农业区"两浙路等处未得到普及，不过"也无法否认其在宋代江南确实是一个不可或缺的品种，在遭受水旱等灾荒的特殊年份尤其如此"（方健：《关于宋代江南农业生产力发展水平的若干问题研究》，载高荣盛主编《江南社会经济研究》（宋元卷），中国农业出版社2006年版，第550页）。
④ 董煟：《救荒活民书·拾遗》，中华书局1985年版，第84—85页。

最先进，发展水平最高，至有"江南农业革命"之说。① 南宋很多劝农文所着力传播的就是两浙路的先进耕作技术，如高斯得《宁国府劝农文》即说"浙人治田，比蜀中尤精"②。陈造《房陵劝农文》也坦承其"取法江浙之人"，"农器之制，必访诸浙耕者，蚕者亦取法于浙"③。黄震《咸淳八年春劝农文》所讲亦江南耕作技术："今太守是浙间贫士人，生长田里，亲曾种田，备知艰苦……浙间无寸土不耕，田垄之上又种桑种菜……浙间才无雨便车水，全家大小日夜不歇……浙间三遍耘田，次第转折，不曾停歇……浙间终年备办粪土，春间夏间，常常浇壅……浙间秋收后便耕田，春二月又再耕，名曰耕田。"④ 可以想见，随着劝农文的行政强力传播，江南地区先进耕作技术必将被更广大地区的农民所接受，这些地区精耕细作水平、单位面积产量必然会得到提高。第三，农器类农书的传播与宋代先进农业生产工具的推广。新农具的推广可以提高劳动生产率，减轻

---

① 李伯重在《"选精"、"集粹"与"宋代江南农业革命"——对传统经济史研究方法的检讨》一文中认为"宋代江南农业革命"是一个"虚像"（《中国社会科学》2000年第1期），他认为如果说江南有"经济革命"的话，"应当是发生在明代后期的大约一个世纪内"（《历史上的经济革命与经济史的研究方法》，《中国社会科学》2001年第6期）。对此，梁庚尧（《宋代太湖平原农业生产问题的再检讨》，《宋史研究集》第31辑，兰台出版社2002年版）、李根蟠（《长江中下游稻麦复种制的形成和发展——以唐宋时代为中心的讨论》，《历史研究》2002年第5期）等学者在不同程度上提出了批评意见，而以方健《关于宋代江南农业生产力发展水平的若干问题研究》一文尤为全面深入。方健认为李伯重"《选精》一文对宋代农业生产力水平评估过低的原因主要有四：一是轻信'倍计地租即为产量'的定论；二是误据明量相当于南宋的1.6倍为计量换算标；三是认为反映宋代农业精耕细作制的仅陈旉《农书》等；四是正如梁庚尧教授已指出的那样，未对宋代史料作一缜密的考证，而轻信转手资料；尤其是完全信从及采择大泽正昭等个别学者未必正确的一家之言"（《江南社会经济研究》（宋元卷），第586页）。他通过对史料的深入考辨得出了如下结论：宋代江南亩产史料从分布时间、地域来讲，"决非什么'选精'和'集粹'"，完全具有统计学意义（《江南社会经济研究》（宋元卷），第533页）；"宋代江南每亩产米两石……略超过明清的亩产量"（《江南社会经济研究》（宋元卷），第536—537页）。"因此，就迄今的研究而言，'宋代经济革命'或'宋代农业革命'之类的主流观点，仍不足以动摇，更无法轻易否定"，"决非什么幻景或'虚像'"（《江南社会经济研究》（宋元卷），第548页）。其后李伯重虽仍不赞同"农业革命"这一提法，但也承认"宋代江南农业确实达到了相当高的水准。在农业技术、亩产量、商业化、劳动生产率等主要方面，江南无疑都走在当时世界大多数地区的前面"（《从新视角看中国经济史——重新认识历史上的江南农业经济及其变化》，载《理论、方法、发展趋势：中国经济史研究新探》，清华大学出版社2002年版，第231页）。
② 高斯得：《耻堂存稿》卷5《宁国府劝农文》，中华书局1985年版，第99页。
③ 陈造：《江湖长翁集》卷30《房陵劝农文》，文渊阁《四库全书》本，上海古籍出版社2003年版，第1166册，第377页。
④ 黄震：《黄氏日抄》卷78，文渊阁《四库全书》本，上海古籍出版社2003年版，第708册，第810页。

劳动者体力消耗。大约神宗时京湖北路农民发明了一种辅助插秧农具——秧马。苏轼在贬往惠州途经江西时，因见曾安止《禾谱》不记农具，就向他介绍了自己在武昌时见过的秧马，还写了一首《秧马歌并引》叙述秧马形制及使用方法。苏轼到惠州后，又把《秧马歌》抄给林抃、翟东玉等地方官员，向他们推介秧马。林抃"躬率田者制作阅试……惠州民皆已施用，甚便之"。后衢州进士梁琯返乡，苏轼又让其"传之吴人"[①]。所以陆游说东坡"一篇《秧马》传海内"[②]。楼璹《耕织图·插秧》一诗写道"晨雨麦秋润，午风槐下凉，溪南与溪北，啸歌插新秧。抛掷不停手，左右无乱行，我将教秧马，代劳民莫忘"[③]，说明官方也进入了秧马推广工作。随着《秧马歌》和《耕织图》的不断传播，秧马得到了较普遍的使用——很多诗人都写到了宋代农村使用秧马的情形就是明证,[④] 有利于提高宋代农业生产率也是显然的。

关于宋代农书激增的原因，曾雄生《中国农学史》、方健《南宋农业史》等论著均有令人信服之解释，可以概括为以下几点：首先，随着人口增加、经济重心南移在宋代完成，南方人多地少的矛盾更加突出，除了增加总耕地面积外，充分挖掘土地潜力提高单产也是一个重要方面，因此，建立和完善南方水田耕作技术体系就成为宋代农学新的生长点，陈旉《农书》、曾安止《禾谱》等著作就是因应这一社会需求的产物，并成为这一技术体系成熟的标志。其次，宋代农业结构变动促进了农学全方位、多角度发展，一个突出表现就是产生了大量谱录类农书。再次，宋朝立国地狭人稠，又须支撑庞大军费和频繁的战争费用，因而额外重视农业，设官专、兼劝农使职，并频颁农书于郡邑。王安石变法要求"凡有能知土地所宜、种植之法"者"编为图籍，上之有司"[⑤]，南宋又有中和节百官

---

① 苏轼：《苏轼文集》卷68《题秧马歌后四首》，中华书局1986年版，第2152页。
② 陆游：《剑南诗稿校注》卷67《耒阳令曾君寄禾谱农器谱二书求诗》，上海古籍出版社1986年版，第3771页。
③ 楼璹：《耕织图诗》，中华书局1985年版，第2页。
④ 如曹勋《台城杂诗》，陆游《题亩壁》《春日小园杂赋》《出游》《故里》《夏日》《山园杂咏》《孟夏方渴雨忽暴热雨遂大作》，张孝祥《将至池阳，呈鲁使君》，郑清之《田家》，黎廷瑞《次韵张龙使君十首》，赵蕃《秋陂道中》，林希逸《寄呈恕斋》，释居简《如意院干涂田疏》等。
⑤ 《宋史》卷95《河渠志五》，第2367页。

进农书惯例；地方政府官员特别是南宋官员多务于劝农，[①] 这些都造成农书大批涌现。复次，宋代官员很多出身贫寒，所谓"太守特识字一农夫耳"[②]，他们对于农业、农书撰著的态度自有别于前代，再加上理学格物致知思想影响及雕版印刷发达的刺激，农书数量也会增加。[③] 笔者在写作本文的过程中，作了一些新的思考，除了前揭农书商品化吸引更多作者加入写作队伍从而使农书数量得到增加外，[④] 还有三点意见补苴于此：一是文化相对普及，知识分子增多。宋代实行文官政治，教育发达，书院鼎盛，"虽荒服郡县必有学"[⑤]，家庭也重视教育，以为人生"至要无如教子"[⑥]，因之"人人遵孔孟，家家读诗书"[⑦]，"吴、越、闽、蜀，家能著书，人知挟书"[⑧]。张邦炜对此进行专题研究之后指出："宋代文化的相对普及在年龄上不分长幼、在性别上不分男女、在行业上不分文武"，更"主要的表现还在于文化从先进地区推广到落后地区、从通都大邑推广到穷乡僻壤，特别是从士阶层推广到农工商各阶层……整个社会的文化水平提高。"[⑨] 宋代虽有"冗官"之说，大多数读书人还是无法深入官僚队伍的，如陈旉、邓御夫、陈敷、胡融、陈景沂等都在乡间务农，很多隐士从社会身份上划分也属农民。他们"躬耕自食，写农书以总结生产经验……把私人农学传统推到了一个新的阶段"[⑩]。换言之，这些"有文化的农民"人数的增加，也是宋代农书激增的原因之一。二是亲缘、学缘、地缘影响。这表现在撰著农书之行为通过其亲缘、学缘、地缘等社会关系

[①] 徐光启谓"唐宋以来，国不设农官，官不庀农政，士不言农学"（《徐光启集》卷1《拟上安边御侮疏》，上海古籍出版社1984年版，第8页），揆诸宋代，则大谬矣。

[②] 吴泳：《鹤林集》卷39《宁国府劝农文》，文渊阁《四库全书》本，上海古籍出版社2003年版，第1176册，第2页。

[③] 曾雄生：《中国农学史》，第329—340页；方健：《南宋农业史》，第396页。

[④] 这也说明不能简单地从写作者的个人偏好去解释宋代谱录类农书的大量涌现——还有社会需求这个深刻的内在原因，或者说正是社会需求建构了写作者共同的个人偏好。

[⑤] 苏轼：《苏轼文集》卷11《南安军学记》，第374页。

[⑥] 家颐：《教子语》，刘清之《戒子通录》卷6，文渊阁《四库全书》本，上海古籍出版社2003年版，第703册，第74页。

[⑦] 陈傅良：《止斋先生文集》卷3《送王南强赴绍兴签幕四首》，文渊阁《四库全书》本，上海古籍出版社2003年版，第1150册，第517页。

[⑧] 叶适：《叶适集》卷9《汉阳军新修学记》，中华书局1961年版，第140页。

[⑨] 张邦炜：《宋代文化的相对普及》，《宋代政治文化史论》，人民出版社2005年版，第368、374页。

[⑩] 曾雄生：《中国农学史》，第352页。

得到辐射放大。如曾安止撰《禾谱》，后其侄孙曾之谨也撰有《农器谱》《农器谱续》；熊蕃撰有《宣和北苑贡茶录》，后其门生赵汝砺也撰有《北苑别录》；宋子安因看到"蔡公（襄）近作《茶录》"而撰《东溪试茶录》等。三是宋人在学术上的创新精神。宋人于学极富创见，在经学上，率以己意解经，"讲说多异先儒"①，新学、洛学、关学、蜀学、理学、心学诸新儒家学派纷起林立，遂变汉学为宋学；② 在文学上，宋词一代高标不论，以诗歌而言，也是力避陈熟，为在形式上创新而"以文为诗"，为开拓新的题材而"以俗为雅"，甚至以丑为美，"专意寻找前人未曾注意过的题材，以琐碎的日常事物入诗，以丑陋怪诞的事物入诗，表现出明确的审丑倾向"③。这一创新精神表现在农学上，就是有意识地研究别人没有注意的事物并写成农书。如陈翥就因"茶有《经》，竹有《谱》"而桐无书故作《桐谱》以"补于农家说"④，《桐谱》遂成世界第一部研究泡桐的专著；刘蒙也因牡丹、荔枝、香笋、茶竹等皆有谱而菊花无谱而萌发著《菊谱》之念，⑤ 其《菊谱》亦成第一部菊花专著。这些作者有意识填补空白的撰著行为当然也使宋代农书数量得以增加。

最后再谈谈宋代农学在中国农学史上的地位。宋以前农书所记主要是北方旱地农业技术，以《齐民要术》为代表；宋代南方水田农业技术成为宋代农书最重要的内容，以陈旉《农书》为代表，这时中国传统农学始可称全面总结反映了中国农业生产技术，据此可以说宋代农学是北魏以来传统农学发展的一个新高峰。通常将一门学科开始关注学科范围等自身问题时视为该学科成熟的标志，而宋代正是开始对传统农学学科范围加以认识并予以拓展的时期。如前述宋初《崇文总目》仍仅将耕作"树艺之说"视为农书，其后目录书大都将畜牧、茶书、花谱等谱录类著作纳入农书范畴，虽间仍有秉承"花木之流，可以悦目，徒有春华而无秋实，匹诸浮伪，盖不足存"⑥ 传统观点而持保留看法者，如曾安止称"集牡

---

① 《宋史》卷432《儒林传二》，第12833页。
② 邱志诚：《〈尚书〉辨伪与清今文经学——〈尚书〉辨伪与清今文经学及近代疑古思潮研究（上）》，《中南大学学报》2008年第2期。
③ 邱志诚、冯鼎：《梅尧臣诗中的审丑意识——兼论宋诗以俗为雅风格的形成》，《中南大学学报》2008年第6期。
④ 陈翥：《桐谱·序》，中华书局1985年版，第1页。
⑤ 刘蒙：《菊谱·谱叙》，中华书局1985年版，第1—2页。
⑥ 贾思勰：《齐民要术·序》，中华书局1956年版，第4页。

丹、荔枝与茶之品为经及谱"者为"好事者",陆游感喟"欧阳公谱西都花,蔡公亦记北苑茶。农功最大置不录,如弃六艺崇百家"[①]——这些正是一门学科进入新发展阶段的表现,但将园艺纳入农学谱系已成"共识",《分门琐碎录》之类通书径将畜牧、花果列入《农艺门》可证。陈振孙虽也视谱录为"浮末之病本者也",但仍将其附入《农家类》亦为明证。也就是说宋人极大拓展了对农学学科范围的认识,已和今天大体相同,据此可以说宋代农学是传统农学的成熟期,甚至可以说是鼎盛期——元初《农桑辑要》多袭前代,《王祯农书》虽第一次兼论南北农业技术,明《农政全书》虽集大成之作,但都只是在宋(及前)代农学基础上的综合,与宋确立新的技术体系、开辟新的研究领域不同,且《农政全书》之用西学试验方法研究农学,[②] 已经昭示传统农学走向式微了。更重要的是,明、清对于农书、农学的认识较之宋代,反而退步了:明黄省曾《农圃四书》不收《艺菊书》,清初《千顷堂书目》也将茶书、花果谱录等排于农书之外,清修《明史》作为官方支持的主流观点"农家类"亦只收树艺、救荒之书,[③]《四库全书》复蹈此"逐类汰除,惟存本业"[④]。

综上,我们可以得出如下结论:宋代农书之所以取得如此巨大的成就,是和宋代农业发展分不开的,宋代农书时空分布特征就是宋代不同时期、不同地域农业发展的产物和表现;反过来,宋代农学进步又促进了宋代农业经济进一步发展,而宋代农书多样且有效的传播方式则是其对宋代农业实践产生影响的关键因素。质言之,经济发展为科学研究提供条件和契机,科学进步反作用于经济发展,而科学进步在多大程度上推动经济发展则取决于其传播是否广泛有效。

---

① 陆游:《剑南诗稿校注》卷67《耒阳令曾君寄禾谱农器谱二书求诗》,第3771页。
② 徐光启身处西学东渐之世,治学及思想深受影响,甚至"能以近代科学方法应用到处事接物方面"而"能在若干方面料事如神"(竺可桢:《徐光启纪念论文集·序》,中华书局1963年版,第3页)。
③ 其中《群芳谱》不完全是关于粮食作物的。
④ 永瑢等:《四库全书总目》卷102《农家类》上册,第852页。

西夏地方行政区划若干问题初探

刘双怡

一　西夏地方行政区划分级标准

据《宋史》卷486《夏国下》记载："夏之国境，方二万余里。……河之内外，州郡凡二十有二。河南之州九：曰灵、曰洪、曰宥、曰银、曰夏、曰石、曰盐、曰南威、曰会。河西之州九：曰兴、曰定、曰怀、曰永、曰凉、曰甘、曰肃、曰瓜、曰沙。熙、秦河外之州四：曰西宁、曰乐、曰廓、曰积石。"① 西夏显道元年（北宋明道二年，1033）五月，"升兴州为兴庆府"②。"赵元昊既悉有夏、银、绥、静、宥、灵、盐、会、胜、甘、凉、瓜、沙、肃，而洪、定、威、怀、龙皆即旧堡镇伪号州，仍居兴州，阻河，依贺兰山为固。……置十八监军司，委酋豪分统其众。……创十六司于兴州，以总众务。"③

按《天盛律令》的记载，西夏的地方行政组织大致有经略司、监军司、州、府、军、郡、县几个层级，按照上、次、中、下、末划分为五个等级。而"经略司者，比中书、枢密低一品，然大于诸司"④。

宋代地方行政建制为州（府、军、监）—县两级，在州级以上设置路一级派出机构。北宋太宗至道三年（997）将全国改成十五路，仁宗天

---

① 《宋史》卷486《夏国下》，中华书局1977年标点本，第14028页。
② 吴广成：《西夏书事》卷11，清道光五年小岘山房刻本。
③ 李焘：《续资治通鉴长编》卷120，景祐四年岁末记事，中华书局2004年版，第2845页。
④ 史金波、聂鸿音、白滨译注：《天盛改旧新定律令》卷10《司序行文门》，法律出版社2000年版，第364页。

圣时析为十八路,神宗元丰八年(1085)增至二十三路。宋朝统治者鉴于唐代集一道之权于节度使一身所造成的严重后果,太祖、太宗在位时,

> 剪削藩镇,齐以法度,择文吏为之佐,以夺其杀生之柄,揽其金谷之富,选其麾下精锐之士,聚诸京师,以备宿卫,制其腹心,落其爪牙,使不得陆梁,然后天子诸侯之分明,而悖乱之原塞矣。于是节度使之权归于州,镇将之权归于县。又分天下为十余路,各置转运使,以察州县百吏之臧否,复汉部刺史之职,使朝廷之令必行于转运使,转运使之令必行于州,州之令必行于县,县之令必行于吏民。①

宋太祖乾德元年(963)正月,即以沈义伦为京西、韩彦卿为淮南转运使,以分割事权为指导思想,还在路级设转运司、提点刑狱司、提举常平司与安抚司四大常设机构,其中以"婚田、税赋属之转运,狱讼、经总属之提刑,常平、茶盐属之提举,兵将、盗贼属之安抚"②。

宋代,州的等级有两套标准,一是将州分为辅、雄、望、紧、上、中、中下、下数等;另一套则将州分为六等,"凡州之别有六,曰都督、曰节度、曰观察、曰防御、曰团练、曰军事"③。州下统县,分为赤、畿、望、紧、上、中、下七等,宋建国伊始,"有司请据诸道所具版籍之数,升降天下县望,以四千户以上为望,三千户以上为紧,二千户以上为上,千户以上为中,不满千户为中下"④。

西夏地名虽沿用府、州、军、郡、县等称呼,但并没有建立起中原王朝实行的州—县两级地方行政体系,从《天盛律令》条文中所反映的内容来看,根据所在地域不同,西夏中央对地方大致呈以下四种统辖方式:

(一)中央←经略司←监军司←边境地区

(二)中央←经略司←边中地区

(三)中央←殿前司←京师及周边地区

(四)中央←不隶属于经略之监军司(这种方式主要针对啰庞岭监军

---

① 李焘:《续资治通鉴长编》卷196,嘉祐七年五月丁未,第4748页。
② 谢深甫编:《庆元条法事类》卷4《职掌》,《中国珍稀法律典籍续编》第1册,黑龙江人民出版社2002年版,第31—32页。
③ 徐松辑:《宋会要辑稿》职官47之1,中华书局1957年版,第3418页。
④ 李焘:《续资治通鉴长编》卷1,乾德元年十月壬申,第26页。

司)。并且同样将地方政区也划分为五等,根据现存可考史料,西夏政区的划分大致遵循以下几个原则:

1. 以首都兴庆府为中心的同心圆分布规律。

《天盛律令》卷17《物离库门》中规定了按路程远近各地往京师进行官畜、谷、钱、物磨勘的到达日期,

  不隶属于经略使之种种官畜、谷、钱、物,库局分人边中家所住处之府、军、郡、县、监军司等未磨勘,因是直接派者,自迁转日起十五日以内,当令分析完毕而派遣。依地程远近次第,沿途几日道宿,以及京师所辖处一司司几日磨勘当明之。

  二种监军司自派日起至来到京师所辖处四十日,京师所辖司内磨勘六十日,都磨勘司五十日:

  沙州、瓜州。

  二司一律自派日至来到京师之日三十日,所辖司内磨勘六十日,都磨勘司六十日:

  肃州、黑水。

  八司一律自派日至来到京师之日二十日,京师所辖司磨勘七十日,都磨勘司六十日:

  西院、啰庞岭、官黑山、北院、卓啰、南院、年斜、石州。

  七司一律自派日至来到京而之日十五日,所辖司内磨勘八十日,都磨勘司五十五日:

  北地中、东院、西寿、韦洲、南地中、鸣沙、五原郡。

  六司一律自派日至来到京师之日十日,所辖处司内磨勘八十日,都磨勘司六十日:

  大都督府、灵武郡、保静县、临河县、怀远县、定远县。

  经略使所辖之种种官畜、谷、物,边中监军司、府、军、郡、县等各库局分人自迁转起十五日以内令分析完毕,监军司、府、军、郡、县等本处已磨勘,则派送经略处。其已磨勘,已明高下,尔后经略本处种种管库局分等,一并由经略一司一番磨勘,其如何派遣,一等等遣于京师管事处,依次几日限期磨勘,期限长短等如下所示。

  二种一律监军司三十日,自派出来到经略处二十日,经略处磨勘二十日,派京师途中二十日,所辖处司内磨勘三十五日,都磨勘司二

十五日：

  沙州、瓜州。

  二种一律监军司三十日，自派出至来到经略司之日十五日，经略处磨勘二十日，派京师途中十五日，京师所辖司磨勘四十日，都磨勘司三十日：

  肃州、黑水。

  三种一律监军司四十日，派出至来到经略处十日，经略处磨勘三十日，派京师至到来沿途十日，京师所辖司磨勘三十日，都磨勘司三十日：

  西院、官黑山、北院。

  四种一律监军司四十日，派出至来到经略处十日，经略处磨勘三十日，派京师沿途十日，京师所辖处四十日，都磨勘司二十日：

  卓啰、南院、年斜、石州。

  三种一律监军司四十日，派出至来到经略处十日，经略处磨勘二十五日，派出来到京师十日，京师所辖司磨勘四十日，都磨勘司二十五日：

  北地中、东院、西寿。

  二种监军司三十日，派出至来到经略处十日，经略处磨勘三十日，派来京师沿途十日，京师所辖司磨勘三十五日，都磨勘司三十五日：

  韦州、南地中。

  二种一律本司三十五日，派出至来到经略处十日，经略处磨勘三十日，派来京师十日，京师所辖本司磨勘三十五日，都磨勘司三十日：

  鸣沙、大都督府。

  五种一律京师郡县人四十日，派出至来到所辖处十日，所辖司磨勘六十日，都磨勘司四十日：

  灵武郡、保静县、临河县、怀远县、定远县。①

  根据以上律文可画出下面所示的六层同心圆。

---

① 《天盛律令》卷17《物离库门》，第544—547页。

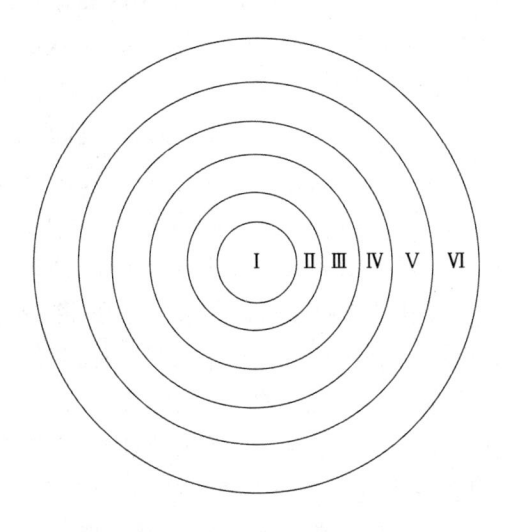

第Ⅰ层代表兴庆府所在的京师界；第Ⅱ层包括大都督府、灵武郡、保静县、临河县、怀远县、定远县；第Ⅲ层包括北地中、东院、西寿、韦州、南地中、鸣沙、五原郡；第Ⅳ层包括西院、啰庞岭、官黑山、北院、卓啰、南院、年斜、石州；第Ⅴ层包括肃州、黑水；第Ⅵ层包括瓜州、沙州。按费孝通先生的"差序格局"理论，社会关系"不像团体中的分子一般大家立在一个平面上的，而是像水的波纹一般，一圈圈推出去，愈推愈远，也愈推愈薄"①。依据这个理论，就不难理解为什么属于西夏五州故地的夏州和绥州居然位列末等司的现象了。

2. 根据其地对于国家的重要性决定其等级高低。主要有以下三个地方呈现这个特征：一是西凉府。按距离兴庆府的远近来看，西凉府应位于同心圆的第Ⅳ层，但其却高列于次等司，这主要是由于西凉府对于首都兴庆府的重要屏卫作用。咸平六年（1003）十二月，李继迁攻陷西凉府，②吴广成评价李继迁取西凉府之后，"西夏势成而灵州永固矣。盖平夏以绥、宥为首，灵州为腹，西凉为尾，有灵州则绥、宥之势涨，得西凉则灵州之根固。况其府库积聚，足以给军事，调民食，真天府之国也"③。二是如鸣沙郡，虽离都城较远，但由于有御仓"天丰仓"在此，故其为中

---

① 费孝通：《乡土中国》，人民出版社2011年版，第30页。
② 李焘：《续资治通鉴长编》卷55，咸平六年十二月甲子，第1219页。
③ 《西夏书事》卷7。

等司。元丰四年（1081）十月，宋五路大军征西夏，刘昌祚于鸣沙得窖藏米百万。"（十月）辛巳，泾原兵既破磨脐隘，行次尝移口，有二道，一北出黛黛岭，一西北出鸣沙川。鸣沙少迁，诸将欲之黛黛，刘昌祚曰：'离汉时运司备粮一月，今已十八日，未到灵州，倘有不继，势将若何？吾闻鸣沙有积粟，夏人谓之御仓，可取而食之，灵州虽久，不足忧也。'既至，得窖藏米百万，为留信宿，重载而趋灵州。"① 三是五原县（郡），因境内有盐池，位列中等司行列。《太平寰宇记》卷37载："盐州五原郡，今理五原县……元领县二：五原、白池……地居沙卤，无果木，不植桑麻，唯有盐池，百姓采漉以为业。"② 宋人就曾指出："乌、白盐池，夏贼洎诸戎视之犹司命也。"③ 不光是乌、白池，据《新唐书》卷37记载，盐州五原还有瓦池、细项池等盐池。④《天盛律令》上还记载的盐池有"盐池、□池、文池、萨罗池、红池、贺兰池、特克池、杂金池、大井集苇灰岬池、丑堡池、中由角、西家池、鹿□池、啰皆池、坎奴池、乙姑池"⑤ 等大小16个盐池。

3. 监军司地位较高，如边中监军司就位列中等司。

二　西夏的经略司与监军司

"经略使"之名始见于《北齐书》，⑥ 武定八年（550），"侯景叛，除（辛术）东南道行台尚书，封江夏县男，与高岳等破侯景，擒萧明，迁东徐州刺史，为淮南经略使"⑦。宋朝前期，为了实现对外防御西夏等少数民族政权的侵扰，在西北沿边设置经略使临时处理以军事为主的事务，后在广南地区也设置经略使。

---

① 李焘：《续资治通鉴长编》卷318，元丰四年十月辛巳，第7697页。
② 乐史：《太平寰宇记》卷37《盐州》，中华书局2007年版，第782页。
③ 李焘：《续资治通鉴长编》卷44，咸平二年六月戊午，第951页。
④ 《新唐书》卷37《地理一》，中华书局1975年标点本，第973页。
⑤ 《天盛律令》卷17《库局分转派门》，第535页。
⑥ 马端临：《文献通考》卷62《职官十六·经略使》记为："唐贞观二年，边州别置经略使，此盖始名之起。"中华书局2011年版，第1862页。
⑦ 《北齐书》卷38《辛术传》，中华书局1972年点校本，第501页。按《魏书》卷12《孝静纪第十二》，《北史》卷5《魏本纪第五》均记为武定五年，此处武定八年当误。

宋朝不常置，咸平五年（1002）①始以右仆射张齐贤为鄜宁环庆泾原路经略使……又以邓州观察使钱若水为并代经略使……此后不除人。宝元中，夏人入寇，始命陕西沿边大将皆兼经略使……所以重帅权而服羌夷也。……掌一路兵民之事，皆帅其属而听其狱讼，颁其禁令，定其赏罚，稽其钱谷、甲械出纳之名籍而行以法，若事难专决，则具可否禀奏，即干机速边防及士卒抵罪则听以便宜裁断。帅臣任河东、陕西、岭南路，职任绥御戎夷，则为经略安抚使。②

庆历年间（1041—1048）宋夏和议后，鉴于夏人的反叛无常，"诏陕西、河东经略司，夏国虽复称臣，其令边臣益练军。毋得辄弛边备。其城垒器甲逐季令转运、提点刑狱司按察之"③。基于此，此后经略安抚使成为沿边的常设机构，"以西鄙用兵，权置经略安抚使，一路之兵，得以便宜从事。及西事已平，因而不废"④。

经略司的西夏文写为"𘜘𘍞𘄀"，其中"𘜘𘍞"为"经略"的音译。由于宋代的经略司在宋夏关系中有着极其重要的地位，对西夏军事情报的刺探，两国疆界的划定，夏人与宋通和等事宜都需要先经过宋代的沿边经略司，所以经略司这一机构当是西夏借鉴宋朝的制度设立。西夏的经略司按《天盛律令》和出土文物的记载应分为东、西、南、北四大经略司。"监军司大小一年中往接续提举状，及城主司人说聚集状等，监军司当变，每年正月五日以内，当告经略使处，经略使当一并总计而变。正月五日始东南经略使人二十日以内，西北经略使一个月以内，当向枢密送状。"⑤甘肃武威市西郊林场西夏2号墓出土的西夏八面木缘塔的八角形塔顶木板里面有汉文墨书："故考□西经略司都案刘纯仁，寿六旬有八，于天庆五年（1198）岁次戊午四月十六日亡殁，至天庆七年（1200）岁次庚辰□□□五日兴工建缘塔，中秋十三日入课讫"⑥。

---

① 《宋史》卷265《张齐贤传》记为："（咸平）四年，李继迁陷清远军，命（张齐贤）为泾、原等州安抚经略使，以右司谏梁颢为副。"第9155页。
② 马端临：《文献通考》卷62《职官考十六·经略使》，第1862页。
③ 李焘：《续资治通鉴长编》卷154，庆历五年二月己亥，第3747页。
④ 李焘：《续资治通鉴长编》卷196，嘉祐七年五月丁未，第4749页。
⑤ 《天盛律令》卷4《修城应用门》，第220页。
⑥ 史金波、陈育宁主编：《中国藏西夏文献》第18册，甘肃人民出版社2005年版，第263页。

虽然经略司没有因为宋夏和议而废置，但综观宋代史料，宋代经略司的职能还是仅限于与边境军事相关的内容，包括与转运司合作负责军粮的筹措，边境军事人员的选拔，侦查军事情报，与邻国的军事外交往来，守备修护边境堡寨等职。没有成为与宋代各路所设四大监司平级的机构，在一些事务上还要受转运司的管辖，"诸经略安抚、总管、钤辖司召所部议事，及差移军马，报转运司知"①。而经略司在西夏则具有十分重要的地位，其"比中书、枢密低一品，然大于诸司"②，充当着地方与中央联络线的作用，对于不直接隶属于中央的地方机构，上报中央任何事情都需要经由经略司完成，经略的较高地位通过其饰物也可以表现出来："诸大小官员、僧人、道士诸人等敕禁：不允有金刀、金剑、金枪，以金骑鞍全盖全□，并以真玉为骑鞍。其中节亲、宰相及经略、内宫骑马、驸马，及往边地为军将等人允许镶金"③。不隶属经略的有啰庞岭监军司。④ 不隶属于经略诸司则依文武直接报于中书与枢密，"一国境中诸司判断习事中，有无获死及劳役，革职、军，黜官，罚马等，司体中人当查检，明其有无失误。刺史人当察，有疑误则弃之，无则续一状单，依季节由边境刺史、监军司等报于其处经略，经略人亦再查其有无失误，核校无误则与报状单接。本处有无判断及尔后不隶属于经略之各边境、京师司等，皆依文武次第分别当报中书、枢密"⑤。

据《宋史》卷486《夏国下》记载，西夏监军司"有左右厢十二监军司，曰左厢神勇，曰石州祥祐，曰宥州嘉宁，曰韦州静塞，曰西寿保泰，曰卓啰和南，曰右厢朝顺，曰甘州甘肃，曰瓜州西平，曰黑水镇燕，

---

① 《庆元条法事类》卷8《评议公事》，第141页。
② 《天盛律令》卷10《司序行文门》，第364页。
③ 《天盛律令》卷7《敕禁门》，第282页。
④ 《天盛律令》卷9《事过问典迟门》，第317页。对于啰庞岭监军司不隶属于经略司而直接归中央管辖的原因推测为此地以前曾是任得敬企图分国的自立之地，据《西夏书事》卷37记载："（西夏仁宗乾祐元年五月），（任）得敬邪谋日甚，凌轹宗亲，诛锄异己。仁孝不能制，分国之西南路及灵州罗庞岭与得敬自为国。……八月，任得敬伏诛。"若此推测成立，则《天盛律令》的成书年代就不在天盛年间，而在诛任得敬后的乾祐初年。以上论断仅为推测，由于没有更多的史料印证，故出注存疑。
⑤ 《天盛律令》卷9《诸司判罪门》，第323页。

曰白马强镇,曰黑山威福"①。而《续资治通鉴长编》则记西夏为十八监军司。西夏奲都六年（北宋嘉祐七年,1062）,"夏国改西市监军司为保泰军,威州监军司为静塞军,绥州监军司为祥祐军,左厢监军司为神勇军"②。《天盛律令》卷10《司序行文门》中记西夏在仁孝时共十七监军司,分别是：石州、东院、西寿、韦州、卓啰、南院、西院、沙州、啰庞岭、官黑山、北院、年斜、肃州、瓜州、黑水、北地中、南地中。③这十七处监军司符合同卷记载的边中监军司之等级。④监军司的职能主要有以下几类。

在行政方面主管以下三项：一是上报地方出现的谋反迹象；二是接受求官事宜,经过经略司后上报中书；三是接待入境的他国使者。

在军事方面主管以下五项：一是防止接壤国人员通过防线。此事本应归正、副军统所管,但"若正、副统归京师,边事、军马头项交付监军司,则监军、习判按副行统,监军按正统法判断"⑤。这项工作需要监军司人员严密注意沿边敌军动态,如有人员入境投诚,监军司人员也要及时上报以便安置。已出土的黑水城西夏文书中有一篇命名为《乾定酉年黑

---

① 《宋史》卷486《夏国下》,第14029页。本书所载监军司的顺序大致是循一个顺时方向,从最东边的左厢神勇监军司起往西顺时针排列。若按这个顺序,右厢朝顺监军司的位置应在卓啰和南监军司东部与甘州甘肃监军司西部之间一带的地区。《西夏纪事本末》卷首所附《西夏地形图》将其标注在凉州以北附近也应是遵循这个原则的。而《中国历史地图集》则将其标注于兴庆府以北的克夷门,这大概取自《元史》与《西夏书事》中的记载。《元史》卷1《太祖纪一》中记道："（元太祖）四年春,进至克夷门",吴广成的《西夏书事》第40卷中,在此事下附言："克夷为中兴府外卫,两山对峙,中通一径,悬绝不可登。襄霄时,尝设右厢朝顺监军司兵七万守之。"

② 李焘：《续资治通鉴长编》卷196,嘉祐七年六月癸未,第4762页。《宋史》卷485《夏国上》记为："改西寿监军司为保泰军,石州监军司为静塞军,韦州监军司为祥祐军,左厢监军司为神勇军。"《西夏书事》卷20记为："谅祚已韦州监军司为静塞军,绥州监军司为祥祐军,左厢监军司为神猛军,更于西平府设监军司为翔庆军总领之。"汤开建经过考证认为嘉祐七年时有石州监军司之名不可信,应为威州（或韦州）监军司。元丰四年才出现"石州"监军司,应是西夏失绥州后将祥祐军名置于石州,但旋又重归西夏,故"石州祥祐"监军司名存至西夏后期。《天盛律令》卷10《司序行文门》中亦有"石州"监军司之名（见《西夏监军司驻地辨析》,载氏著《党项西夏史探微》,台北允晨文化实业股份有限公司2005年版,第366—368页）。

③ 《天盛律令》卷10《司序行文门》,第369—370页。

④ 唯一不符合同卷所记即大都督府,在各种机构等级划分中,大都督府属于次等司,而在机构人员设置中,大都督府同时出现在次等司与中等司中,在设刺史的二十个中等司中,十七个边中监军司、五原郡、鸣沙郡均无误,大都督府似是也设有监军司,如大都督府也设有监军司,那与《续资治通鉴长编》中所记十八个监军司吻合,存疑。

⑤ 《天盛律令》卷4《边地巡检门》,第211页。

水城副统告牒》的上报文书，内容就是关于接待安置投诚人员的。因已有前辈学者将此文书译出，为便于论述，现将译文转引于此。

> 黑水副将都尚苏浮屠铁禀：
> 兹本月十一日，接肃州执金牌边事勾管大人谕文，谓接伊朱房安县状，传西院监军司语：执金牌出使敌国大人启程，随从执银牌及下属使人计议，引一千人畜经伊朱来黑水入籍，令准备粮草。接谕文时，浮屠铁亲自火速先行启程前来，领取官职及附属耕地，守城勾管大人许之。其人距边界附近一日路程，当夕发而朝至。投诚者来谓，盖不迟于耕种时节出行边界入籍。恐内郊职事生住滞有碍，故准备接纳之法：一面以小城边检校城守鬼奴山行文，往沿途一驿驿准备接待，不为住滞，一面先差通判耶和双山及晓事者执状文启程，至执金牌大人附近，其时浮屠铁亦火速前往。可否，一并告乞执金牌大人计议并赐谕文。
> 乾定酉年二月，浮屠铁。①

从上面的文书可以看出，黑水副将接到有投诚人员信息从下到上的传递顺序为：伊朱房安县—西院监军司—肃州执金牌边事勾管大人，最后由执金牌大人向黑水副将发布谕文。在接待这些投诚人员之前，浮屠铁已经领取了要授予这些人的官职及安排他们所需的耕地。《天盛律令》规定："边境上敌人投诚者已出，消息已说是实，到守城溜、更口者，现在军马力总计□□□为者，依法实行以外，增力新军□□□□说者本人、刺史、监军司当□□□□□□应计量，共当议语□□□□□□□□□显合当……"② "他国人来投诚者，□□□□□已出处多少，总数名□□□□□□以内，当告监军司安置，令□□□□，三个月以内当告奏，接置处当□□给注册安置。"③ "敌人投诚者已来执给官赏、粮食等，当视来人状高下，在敌中任何官职，送何消息，计议按应给给予。"④ "敌人真

---

① 汉文译文取自聂鸿音《关于黑水城的两件西夏文书》，《中华文史论丛》第 63 辑，上海古籍出版社 2000 年版，第 137 页。
② 《天盛律令》卷 4《敌动门》，第 222 页。
③ 《天盛律令》卷 7《为投诚者安置门》，第 269 页。
④ 《天盛律令》卷 7《为投诚者安置门》，第 273 页。

来投诚者，地边、边中军内及他人辅主等，愿投奔处当办理。其中若于敌界任高位，及一部部迁家统摄引导来投诚，并有实言消息送来者，视其人状、功阶，应得何官赏、职位，以及应按原自本部顺序安置，当依时节奏告实行。"① 对于来投奔僧人的规定是："他国僧人及俗人等投奔来，百日期间当纳监军司，本司人当明晓其实姓名、年龄及其中僧人所晓佛法、法名、师主为谁，依次来状于管事处，应注册当注册，应予牒当予牒。"②

二是管理沿边城堡事宜；三是管理军事装备以及军籍，西夏的纳军籍法为："每年畿内三月一日，中地四月一日，边境六月一日等三种日期当年年交簿。按所属次第由监军司人自己地方交纳籍者，年年依时日相互缚系自□□□。当派主监者使集中出检，与告状当□□交纳"③；四是遴选军事人员以供上级机构派遣任职；五是管理符牌，负责发兵事宜。

在司法方面主管以下三项：一是抓捕违法贩卖敕禁品之人以及外逃人员；二是办理争讼案件；三是上报地方审判事宜，西夏审判上报程序以图标之。

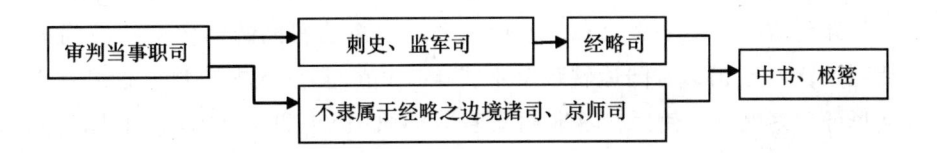

```
审判当事职司 ──→ 刺史、监军司 ──→ 经略司 ──→ 中书、枢密
           └──→ 不隶属于经略之边境诸司、京师司 ──┘
```

在经济事务方面则有管理遗失畜物的认领，管理官粮的收纳、分发工作以及管理仓库等职责。另外，黑水地区由于地程遥远，这里的病畜检视则归监军司④，而按《天盛律令》的记载，检视病畜的工作一般由经略司或群牧司完成。

陈炳应先生认为监军司为西夏军队统兵体制中的第三级，是西夏军队的主力，"监军司以部落兵制为主，所以其统兵体制也基本上是氏族部落首领的统属关系"⑤，并且按照西夏文字义翻译，西夏文"监军"二字，

---

① 《天盛律令》卷7《为投诚者安置门》，第268—269页。
② 《天盛律令》卷11《为僧道修寺庙门》，第408页。
③ 《天盛律令》卷6《纳军籍磨勘门》，第255—256页。
④ 《天盛律令》卷19《校畜磨勘门》："黑水所在畜中有患病时，当告监军司验视，其法依另定实行。"
⑤ 陈炳应：《贞观玉镜将研究》，宁夏人民出版社1995年版，第14页。

· 289 ·

"是'军主'或'领军'、'主军'等。'军主'是西夏部族兵早就有的军职……西夏的'监军'……是部落、部族首领,也是统兵官。所以,完全可以用'监军'来作军区的名称——'监军司'"①。以上说法似乎有些片面,从前述西夏监军司的一系列职能中可以看出,西夏的监军司不仅具有军事功能,民事、经济、行政、司法无所不统,这让我们不禁想到了宋代的转运司。

转运司在宋代简称"漕司"。宋初临时设置转运使,其职责只是因军兴专主粮饷,至班师即停罢。②太宗太平兴国年间(976—983),曾下诏要求各道转运司"察访部下官吏,凡罢软不胜任,及黩于货贿者,俾条上其事状,其清白自守,干局不苟者,亦许其明扬"③。只是要求转运司监察本道的官吏。至道二年(996),因发现各路转运使、副因循旷职,又下诏要求自今都须尽心察访所部和"提举钱帛粮食,无令积压损恶,及信纵欺隐官物,并淹延刑禁"。除对本路官员实施监察外,还担负了计度钱物和审理刑狱两项职责。淳化三年(997),再次在两份诏书中界定转运使、副在财计、民政、司法、监察等方面的职掌为:1. 规划本处场务的课利增盈;2. 更改公私的不便之事;3. 除去民间的弊病;4. 按问雪活冤狱;5. 在沿边水陆运转粮草不扰于民;6. 觉察部内知州、通判、监当场务、京朝官、使臣、幕职州县官等的政绩④。四年(998)十月,罢提点刑狱司,将其职能并入转运司。咸平二年(999),真宗在诏书中规定:"朝廷以州郡之事,委漕运之臣提其纪纲、按以条法。"明确把州郡置于转运使、副的管辖之下。从这时起,到仁宗明道二年(1033)各路复置提点刑狱司前,转运使、副"于一路之事无所不总"⑤,实际掌握一路的大权。哲宗元祐元年(1086),命各路转运司兼管赈济灾民和捕捉贼盗。⑥转运司在宋代只是作为路级机构下的一级行政机构,监军司可以说是西夏在经略司下的唯一一级行政机构。

---

① 陈炳应:《贞观玉镜将研究》,第26页。
② 马端临:《文献通考》卷61《职官考十五·转运使》,第1846页。
③ 真德秀:《西山先生真文忠公文集》卷4《直前奏札二》,四部丛刊本。
④ 徐松辑:《宋会要辑稿》食货46之6,第5606页。
⑤ 马端临:《文献通考》卷61《职官十五·转运使》,第1848页。
⑥ 徐松辑:《宋会要辑稿》食货49之17、23,第5642、5645页。

三 西夏地方行政制度的补充
论述及考释

（一）西夏地方行政机构的补充论述
1. 东、西、南、北院

从前文所列表中，知这四地设有监军司，西院和南院还设有转运司。《天盛律令》中还出现了几条与这四地相关的律文：

> 诸人不允将南院黑铁钱运来京师，及京师铜钱运往南院等。①
>
> 年年供应给他国所用骆驼、马，牧者预先予北院所辖牧人中分出八十户，再于东院所辖牧人中分出二十户，以此为供应所用骆驼、马予他国之牧者。彼所派牧人持官畜，则以后当令远离场中。②

综合这些记载来看，这四地应不是具体的地名，而应是一个区域范围，由于记载所限，无法得知所辖具体区域。③

2. 大都督府

受唐代在灵州设立大都督府的影响，西夏沿用大都督府的建制，其下设刺史和转运司。④

（二）西夏政区地名的补充考释

对于《天盛律令》中所出现的地名，许多学者进行了大致地望的考释，笔者现在前人研究的基础上，对还未涉及或前人论述中不太恰当之处进行一些补充。

---

① 《天盛律令》卷7《敕禁门》，第287页。
② 《天盛律令》卷19《畜利限门》，第580页。
③ 杨蕤认为东院监军司应该就是汉文史料中记载的左厢神勇监军司；南院疑在天都山地区。参见氏著《西夏地理研究》，人民出版社2008年版，第136—138页。
④ 《天盛律令》卷15《渠水门》："大都督府转运司当管催促地水渠干之租，司职事勿管之，一律当依京师都转运司受理事务次第管事。大都督府转运司地水渠干头项涨水、降雨、渠破已出大小事者，其处转运司当计量多少，速当修治，同时当告闻管事处。大都督府转运司所属冬草、条椽等，京师租户家主依法当交纳入库。"

1. 华阳县与治源县

杨蕤在其《西夏地理研究》一书中认为二县应是《天盛律令》卷14《误殴打争斗门》中所指京师界南北二县中的二县，①笔者认为是恰当的，但其认为北县的大致方位应该是位于今宁夏石嘴山市庙台乡境内省嵬城的观点欠妥。从此县位列中等司来看，其地位高于定远、怀远、临河、保静、灵武，应距离首都中兴府较近，大致应在篇中所示同心圆的Ⅱ层及以内，而省嵬城则大致处于Ⅲ、Ⅳ层，不大符合。

2. 大通军

汉译本《天盛律令》将"𗼃𗼃"这三个西夏文译为"大通军"，而陈炳应的《西夏文物研究》和克恰诺夫的俄译本均将其译为"鞑鞑（靼）军"②。在西夏陵出土的汉文残碑中也出现了"鞑靼"③的记载，若译为"大通军"，实难理解其意也无从考察其地望，但译为"鞑鞑（靼）军"的话，就比较容易考其大致地望了。

天圣六年（1028），赵德明使子元昊攻回鹘，取甘州。④而正是由于"甘州东据黄河，西阻弱水，南跨青海，北控居延，绵亘数千里。通西域，扼羌氐，水草丰美，畜牧孳息"的地理优势，河西鞑靼在元丰七年（1084）攻打甘州，宋朝西北边境的诸路谍报证实了这一消息，"近日……夏人苦被（鞑靼）侵扰"⑤。元祐六年（1091），鞑靼国再次入侵西夏。据元祐七年（1092）环庆路经略使章楶的上奏，"听得西界人说，首领庆鼎察香道：'有塔坦（鞑靼）国人马于（元祐六年）八月出来，打劫了西界贺兰山后面娄博贝监军司⑥住坐人口孳畜'。已具状奏讫。续据西界投来蕃部苏泥通说称：'塔坦国人马入西界右厢，打劫了人口孳畜，不知数目'。本司未敢全信。今又据捉到西界首领伊特香通说：'去年闰月内，梁乙逋统领人马赴麟府路作过去来，至当月尽间到达尔结罗，有带银牌天使报梁乙逋来称，塔坦国人马入西界娄博贝，打劫了人户一千余

---

① 《西夏地理研究》，第135页。
② 克恰诺夫的俄译本译为"Дада"，汉语拼音对译为"Dada"。
③ 编号M2E：105，编号M2E：438的两块残碑，分别见《中国藏西夏文献》第19册，第233、257页。
④ 《西夏书事》卷11。《续资治通鉴长编》卷111载于明道元年（1032）赵德明卒后，不知其实际年月。
⑤ 李焘：《续资治通鉴长编》卷346，元丰七年六月己巳，第8301页。
⑥ 戴锡章撰：《西夏纪》作"罗博监军司"。

户,其带牌天使当时却回去'"①。由于频受鞑靼国的侵扰,西夏设置鞑靼军以免受侵袭是很有可能的事情。②关于鞑靼军的大致地望,据《续资治通鉴长编》载其在西夏东北,《大金国志》记载,"绍兴六年(西夏大德二年,1136)冬十月,(乾顺)遣兵由河清渡河,自云中府路天德军界追取所亡马,于塔坦国得之而回"③,按照乾顺遣兵的路线,是自西夏一直朝东北方向行军。《建炎以来朝野杂记》中记载:"鞑靼之境,东临潢府,西与夏国为邻,南距静州,北抵大人国。"④

综合以上记载可以看出,鞑靼国应在西夏东北方向,为了防止鞑靼国入侵西夏,故鞑靼军的驻地也应在西夏的东北,介于鞑靼国与西夏京师之间。

结 语

西夏的地方行政区划体系主要体现出以下几方面的特点:第一,没有采用历代中原王朝所沿用的州—县两级统属体制,其地方行政机构虽有州、县、郡之分,但其并不存在统属关系,而是采取的经略司—监军司两级管理模式,经略司仿宋代而建,而监军司的设置则有西夏自己的特色,监军的西夏文"𗣼𗧓"二字,直译为"军主",由于西夏的民族特色,监军司首先是一个主管军事的机构,在发展演变中逐渐成为管理地方事务最重要的一级机构,其位列中等司的等级划分也证明了在地方行政事务中的重要性。第二,地方行政区划分级遵循两个原则,一是以首都兴庆府为中心的同心圆分布规律,距离兴庆府越近的地区级别越高,越远则越低;二是根据其地所产对国家的重要性来决定其等级高低,鸣沙郡和五原郡作为西夏储粮地和盐池产地均体现出了这个特点。

---

① 李焘:《续资治通鉴长编》卷471,元祐七年三月丙戌,第11238页。
② 陈炳应认为此军的设置应是防御鞑靼人入侵,但未考其地望。见氏著《西夏文物研究》,宁夏人民出版社1985年版,第242页。
③ 宇文懋昭:《大金国志校证》卷9《熙宗孝成皇帝一》,中华书局1986年版,第139页。
④ 李心传:《建炎以来朝野杂记》乙集卷19《鞑靼款塞》,中华书局2000年版,第849页。

北宋废止皇帝"田猎"之礼考述

孙方圆

古代的帝王"田猎",被赋予了"昭孝德""训戎事"[①]的意义,而"禽兽以时杀"[②]的理念,更成为约束君主行猎的道德规范。有学者相信,狩猎在周代就已具备"祭祀、经济、政治、军事和娱乐"等方面的功能,[③]而唐代上层社会的狩猎活动,更是引发了学界从多个角度的积极讨论。[④]

然而在北宋前期,这种历史悠久而又意义重大的活动,却饱受争议、几经波折,最后在宋仁宗统治时期遭到废除,并且"终靖康不复讲"[⑤],其中的原因究竟何在?以往的研究虽多能注意到历代的皇帝"田猎"具有军事、政治意义,但对于表里之间的互动关系却少有深入探究;对于"罢猎"的举措,也往往笼统地将其视为一种帝王昭示勤俭的姿态。在这种思路之下,很难真正揭示帝王"田猎"与国防形势之间的内在联系,以及这一行为在传统政治文化中蕴含的深义,而这就应当是解释北宋皇帝"田猎"之制最终遭到废止的关键所在。本文拟就此展开讨论,讹误不当之处,敬请方家指正。

[①] 《宋史》卷121《礼志二十四·军礼·田猎》,中华书局1985年标点本,第2841页。
[②] 王聘珍撰:《大戴礼记解诂·曾子大孝第五十二》,中华书局1983年版,第85页。
[③] 黄琳斌:《周代狩猎文化述略》,《文史杂志》2000年第2期。
[④] 如乜小红曾撰文论述唐代皇帝的狩猎在"显示实力、宣扬君威"的同时,还可以猎取"牺牲",并"为打击兽害做些示范,因此"应该一分为二地评价其功过得失"。详见乜小红《略论唐代统治者的畋猎》,《武汉大学学报》(人文科学版)2009年第3期。此外还有学者从文化艺术的角度进行了讨论,包括张广达《唐代的豹猎——文化传播的一个实例》,《文本、图像与文化流传》,广西师范大学出版社2008年版,第23—50页;葛承雍:《唐代狩猎俑中的胡人猎师形象研究》,《故宫博物院院刊》2010年第6期;刘贵华:《唐代狩猎诗论》,《唐都学刊》2005年第3期。
[⑤] 《宋史》卷121《礼志二十四·军礼·田猎》,第2841页。

一　北宋皇帝"田猎"的基本情况

在探讨北宋皇帝罢废"田猎"的原因之前,应当先对这一活动的基本情况有所了解。建隆二年(961)十一月宋太祖首次行猎的记录,就值得我们认真分析:"(宋太祖)始猎于近郊,赐宰相、枢密使、节度观察防御团练使、统军、侍卫诸军都校锦袍。其日,先出禁军为围场,五坊以鹰犬从。上亲御弧矢,射中走兔,从官贡马称贺。中路顿,召近臣赐饮,至夕还宫。其后,凡出田皆然,从臣或赐窄袍、暖靴,亲王以下射中者,赐马。"[1] 这段记载涉及如下问题:

狩猎的时间。《周礼》记载,"田猎有礼,故戎事闲"[2],"季秋之月……天子乃教于田猎,以习五戎"[3]。检《宋史》《续资治通鉴长编》(以下简称《长编》)《宋会要辑稿》等文献可知,宋太祖及其继任者的狩猎,多安排在每年的九月至十二月间,这应当是为了符合礼法的规范。不过比之于其后几位皇帝,宋太祖行猎的频率还是比较高的,有时甚至会在一年之中发动数次,这恐怕还是其出身行伍的军人性情使然。除此之外,宋代皇帝因"腊"狩猎的意义更加凸显,和岘曾奏:"用戌腊……畋猎禽兽以享百神,报终成之功也。王者因之,上享宗庙,旁及五祀,展其孝心,尽物示恭也。"[4] 宋太宗亦称:"腊日出狩,以顺时令,缓辔从禽,是非荒也。"[5] 赵宋帝王在腊祭之日出猎并将所获猎物奉献宗庙、五祀,既合于礼制要求,又可以在"报终成之功"的名义下进一步树立自身"王者因之"的正统形象。

狩猎的场地。所谓"近郊",虽未指明具体地点,但应在都城周边;且车驾人马能够"至夕还宫",说明路程当在一日之内。此后宋太祖"多田于四郊",宋太宗曾"猎西郊",宋仁宗"猎于城南东韩村"[6],地点基

---

[1] 李焘:《续资治通鉴长编》(以下简称《长编》)卷2,建隆二年十一月己卯,中华书局2004年版,第55页。

[2] 郑玄注,孔颖达疏:《礼记正义》卷50《仲尼燕居第二十八》,阮元校刻《十三经注疏》,中华书局1980年版,第1613页。

[3] 郑玄注,孔颖达疏:《礼记正义》卷17《月令》,阮元校刻《十三经注疏》,第1379页。

[4] 《宋史》卷103《礼志六·吉礼·蜡》,第2520页。

[5] 《宋史》卷121《礼志二十四·军礼·田猎》,第2840页。

[6] 同上书,第2840、2841页。

本都在开封附近。史载冯道曾劝谏后唐明宗："陛下宫中无事，游幸近郊则可矣，若涉历山险，万一马足蹉跌，则贻臣下之忧。……贵为天子，岂可自轻哉！"① 其实，"马足蹉跌"无非是一托词，"太康失国"的典故才是人所共知。在统治力量强大的都城周边行猎，自然最利于维护朝廷稳定、保证皇帝安全。

狩猎的对象。从史料上看，宋代皇帝所获猎物多属小型动物，且主要是由围场周边民户"畜狐兔凫雉，驱入场中"②。相关研究显示："按北宋中期的地方行政一级区划18路1京计，除了京师开封府以外，其余各路都分布有老虎。"③ 虎作为生物圈中的顶级掠食动物，需要足够数量和种类的草食动物方能生存；开封地区一马平川，人类活动密集频繁，虎不见于开封，足见当地难以保证其生存所需的环境条件，而这也就解释了为何北宋诸帝鲜有猎获大、中型野兽的记录。

狩猎的随员。从"赐锦袍"的记载可以推测受赏官员应当都参加了这次狩猎，如果的确如此，那么"二府"大员同时出席宋太祖称帝后的首次"田猎"，足见朝廷对这一活动的重视；而同行臣僚中又以武职官员居多，更显示了相当的军事色彩。皇室成员有时亦能参加，如此次"亲王以下射中者，赐马"，宋太宗于淳化五年（994）"命诸王畋近郊"④，宋真宗于大中祥符二年（1009）下诏："五坊鹰鹘，量留十数，以备诸王从时展礼。"⑤ 此外，卫戍部队亦不可少。从"先出禁军为围场，五坊以鹰犬从"的安排来看，禁军当是负责外围防护，警戒他人进入围场或野兽逸出伤人；五坊人马则以所训鹰犬扈从随行。⑥ 只是唐代帝王狩猎时"蕃夷君长咸从"⑦的场面已不多见，太平兴国二年（977）十二月和次年十月的两次狩猎中，分别有"刘𬮂、李煜、渤泥国使"和"淮海国王及契丹、高丽使"随行的记载，⑧ 这可能也是北宋王朝对周边民族政权控

---

① 《旧五代史》卷41《唐书·明宗本纪七》，中华书局1976年标点本，第570页。
② 李焘：《长编》卷159，庆历六年十一月辛丑，第3854页。
③ 程民生：《宋代老虎的地理分布》，《社会科学战线》2010年第3期。
④ 《宋史》卷5《太宗本纪二》，第96页。
⑤ 李焘：《长编》卷71，大中祥符二年六月辛丑，第1616页。
⑥ "五坊"之源流与执掌，学界已有专文考证，参见赵晶《论唐代五坊的渊源与设立》，《首都师范大学学报》（社会科学版）2011年增刊。
⑦ 《旧唐书》卷3《太宗本纪下》，中华书局1975年标点本，第41页。
⑧ 徐松辑：《宋会要辑稿》礼9之1，中华书局1957年版，第529页。

制力减弱的一种间接表现。

狩猎中的贡赐。宋太祖射中猎物，官员须"贡马称贺"；休息时皇帝要"召近臣赐饮"，"其后，凡出田皆然，从臣或赐窄袍、暖靴，亲王以下射中者，赐马"。太平兴国二年九月，宋太宗在首次"田猎"后兴致昂扬，"御制猎诗一章，群臣属和"①。类似的贡贺、赏赐礼节想必会成为一种朝堂之外促进君臣关系、巩固皇帝权威的手段。扈从军士偶尔也会得到赏赐，如太平兴国五年（980）宋太宗"畋近郊……赐禁军校及卫士襦袴"②，庆历五年（1045）宋仁宗"赐五坊军士银绢有差"③。对于围场内外的百姓，宋真宗、宋仁宗也都有亲自赏赐、慰问之举，借以彰显其仁爱恤民之心。④

由上述分析可以发现，宋太祖建隆二年的"田猎"，力求在各个方面合乎传统礼法规范，这与赵宋王朝立国后宣扬自身合法性与神圣性的诸多努力一脉相承。而此次"田猎"中采取的种种措施，又有不少为宋太宗、宋真宗和宋仁宗所继承实施，在某种意义上也不啻为"祖宗家法"的构成部分。正因为此，深入探究北宋王朝最终废止皇帝"田猎"制度的原因，就显得更加重要。

二 国防形势的变化对皇帝"田猎"制度的影响

（一）"田猎"是宋廷应对外部军事威胁的策略之一

想要解答北宋为何废除皇帝"田猎"之制，首先还要明确其发动此举的基本原因。北宋前期，辽和西夏给北宋造成了巨大的国防压力，具有浓厚军事色彩的皇帝"田猎"活动，自然会在北宋的国家政治生活中占有一席之地。

太平兴国二年九月，称帝不足一年的宋太宗宣布"狩近郊"，此后三年多次外出狩猎，其中以太平兴国五年十二月的记录最具代表性："（宋太宗）畋近郊，因以阅武……时禁盗猎，有卫士获獐，违令当死。上曰：

---

① 徐松辑：《宋会要辑稿》礼9之1，中华书局1957年版，第529页。
② 李焘：《长编》卷21，太平兴国五年十二月甲戌，第482页。
③ 李焘：《长编》卷157，庆历五年十月庚午，第3804页。
④ 徐松辑：《宋会要辑稿》礼9之3，第530页。

'我若杀之，后世必谓我重兽而轻人。'释其罪。"①《宋史》点明此次狩猎是"将北征，因阅武猎近郊"②，皇帝"田猎"与"阅武"之间的联系一目了然。至于卫士盗猎而宋太宗开释其罪的事件，如果仅仅据此得出其"标榜仁慈"的结论，恐怕依旧有所不足：为北伐而秣马厉兵，是此次行猎的主要原因，倘若因士兵"违令获獐"而予以处罚，岂非舍本逐末？赦免其罪反倒可以令宋太宗获得军中将士的感念，这于笼络军心岂不更加有益？时至雍熙二年（985）十一月，宋太宗再次下诏："爰遵时令，暂狩近郊，既躬获禽，用以荐俎。其今月十一日畋猎，亲射所获田禽，并付所司，以备太庙四时荐享，著为令。"③此时的宋太宗自信兵威已壮，不惜抛开反对仓促用兵的中书，"独与枢密院计议，一日至六召，中书不预闻"④。强调"田猎"中的敬祖之礼，更表现了其希冀祖宗保佑、旗开得胜的心情。

宋真宗的首次"田猎"是在咸平二年（999）十一月。当时辽对北宋形成战略优势，不断南下袭扰，宋真宗则回以一系列措施应对，如在十二月辛亥日"赐近臣戎服厩马"，壬戌日"赐近臣甲胄弓剑"，甚至于"驾发京师""驻跸澶州"。⑤实际上，宋廷选择此时"畋近郊"大有深意：史载"自五代来，契丹岁压境，及中国征发即引去，遣问之，曰：'自校猎尔。'以是困中国"⑥。宋真宗此举不过是以其人之道还治其人之身。景德元年（1004）辽朝空国南侵，宋真宗再次以"校猎近郊"后"车驾北巡"⑦为回应，御驾亲征。尽管学界一般认为宋真宗缺乏彻底抗战的决心和信念，但其在这一阶段的"田猎"活动，显示了此举在军事上的备战功能与威慑意义，还是表达了与辽针锋相对的强硬立场。

宋仁宗在位期间，分别于庆历五年十月和庆历六年（1046）十一月两度举行"田猎"。庆历五年八月，"兵部员外郎、直集贤院李柬之上言：'祖宗校猎之制，所以顺时令而训戎事也。陛下临御以来，未尝讲修此

---

① 李焘：《长编》卷21，太平兴国五年十二月甲戌，第482页。
② 《宋史》卷121《礼志二十四·军礼·田猎》，第2840页。
③ 《宋史》卷108《礼志十一·吉礼·荐薪》，第2602页。
④ 李焘：《长编》卷27，雍熙三年六月戊戌，第618页。
⑤ 《宋史》卷6《真宗本纪一》，第110页。
⑥ 陈师道：《后山谈丛》卷4，中华书局2007年版，第59页。
⑦ 李焘：《长编》卷58，景德元年十一月甲子，第1281页；同卷景德元年十一月庚午，第1283页。

礼。愿诏有司草仪选日，命殿前、马步军司互出兵马以从猎于近郊。'"宋仁宗继而"诏枢密院讨详先朝校猎制度以闻"①。不论是李柬之兵部员外郎的身份，还是枢密院负责"讨详制度"，或是奏疏中"训戎事"的表述，都有相当的军事色彩。更有记载直书："庆历中，陕西用兵后，有建请出田猎以耀武功。"②由此可见，宋仁宗恢复此制，在一定程度上有对西夏得胜阅兵的意味。特别是在第二次行猎时，宋仁宗明确表示"畋猎所以训武事"，且在途中"遣卫士更奏技驾前，两两相当，掉鞦挟槊以决胜负，又谓辅臣曰：'此亦可观士之才勇也。'"③借"田猎"宣扬武威、整顿军备之意十分明显。

从上述几次事例中，我们不难发现：在国防形势紧张的情况下，宋廷经常会通过皇帝狩猎来表明强硬立场。宋太宗、宋真宗的"田猎"，皆缘于制造备战舆论的需要；宋仁宗虽是在"庆历和议"签订之后出猎，但西夏的骚扰并未根除，辽、夏之间的矛盾也还在继续发酵，庆历七年（1047）五月宋仁宗即因"西北二边有大事"而"令中书、枢密院召两制以上同议之"④，可见其仍然认为存在战争威胁，故而借"田猎"之机阅武练兵。

（二）"田猎"的废止并非单纯导因于国防压力的缓和

如果笔者的上述认识成立，那么是否可以推论国防形势的缓和同样会导致皇帝罢废"田猎"之制呢？

端拱元年（988）十月，宋太宗下诏，宣称"朕惟怀永图，思革前弊，庶协好生之德，用孚解网之仁"，并将"五坊鹰犬并放之。仍令诸州更不得以鹰犬来献"⑤。而仅仅三年之前，宋太宗才将亲获猎物"备太庙四时荐享"。表面看来，似乎是其决意发扬"好生之德"，其实这一举措的背后大有隐情：雍熙三年（986）的北伐再度大败，朝野哗然，厌兵畏战的宋太宗一方面以"念彼燕民陷于边夷，将救焚而拯溺，匪黩武以佳

---

① 李焘：《长编》卷157，庆历五年八月丙辰，第3796页。
② 范镇：《东斋记事》卷1，中华书局1980年版，第10页。
③ 李焘：《长编》卷159，庆历六年十一月辛丑，第3854页。
④ 李焘：《长编》卷160，庆历七年五月辛丑，第3876页。
⑤ 司义祖整理：《宋大诏令集》卷145《典礼三十·弋猎·罢畋游放五坊鹰犬禁诸州不得献鹰犬诏》，中华书局1962年版，第532页。

兵"① 为自己开脱；另一方面口不言兵、提倡"无为"，这种转向可以说是宋太宗"对自己自继位以来欲有所为而不能为的一种反动"②。因此，自诩有"好生之德"并停止狩猎活动，不过是宋太宗在北伐失败以后，掩饰自己政策转向的手段而已。

再看宋真宗时期的微妙变化："澶渊之盟"缔结后，宋、辽关系日渐缓和，景德二年（1005）正月，宋廷出台一系列措施，包括"大赦天下""放河北诸州强壮归农，令有司市耕牛给之""罢诸路行营""遣监察御史朱搏赴德清军收瘗战没遗骸"等，③恢复生产、营建和平的用意非常清晰。次年十二月，宋真宗"狩近郊，以亲获兔付有司荐庙"④，这次狩猎的重点似乎是要体现皇帝的"孝德"。此后自景德四年（1007）起，宋真宗便"不复出猎"⑤；大中祥符二年又"诏量留五坊鹰鹘，备诸王从时展礼，余悉纵之"⑥；天禧元年（1017）再次将"所养鹰鹘猎犬五十三头……赍放名山高僻之所"⑦，八月"诏京城四郊禁围草地，悉纵民耕垦畜牧"⑧。至此，宋真宗从机构、场地以及配套制度上，首次结束了北宋皇帝的"田猎"活动。

"澶渊之盟"订立后，宋、辽双方总体上都致力于维护和平，"田猎"不仅于时局不再必要，更有可能成为辽诘责宋寻衅生事的借口。故而宋真宗不再出猎，很可能确实有顾忌辽朝、维持和平的用意。不过除此之外，开始于大中祥符元年（1008）、尔后席卷全国的神秘主义活动，也是一个需要考虑的因素：利用神秘主义活动重塑皇权的神圣性，转移人们对"城下之盟"的不齿，"粉饰太平，借以掩盖其丧权辱国的行径"⑨，是宋真宗发动"天书降临"和"泰山封禅"的主要目的，着力塑造自己"好生爱物"的形象便是这一庞大工程中的组成部分。自大中祥符元年起，

---

① 李焘：《长编》卷27，雍熙三年五月丙子，第617页。
② 李华瑞：《论宋初的统治思想》，《宋史论集》，河北大学出版社2001年版，第3页。
③ 《宋史》卷7《真宗本纪二》，第127页。
④ 同上书，第132页。
⑤ 李焘：《长编》卷71，大中祥符二年六月辛丑，第1616页。
⑥ 《宋史》卷7《真宗本纪二》，第141页。
⑦ 司义祖整理：《宋大诏令集》卷145《典礼三十·弋猎·放鹰犬诏》，第532页。
⑧ 李焘：《长编》卷90，天禧元年八月丙子，第2076页。
⑨ 漆侠：《辽国的战略进攻与澶渊之盟的订立——宋辽战争研究之三》，《探知集》，河北大学出版社1999年版，第218页。

宋廷多次下达禁止捕猎动物的法令，其中常有"宜施育物之恩，冀洽好生，式崇昭报"①之类的表述，皇帝狩猎所用的鹰犬也受到眷顾，被放归山林。其实只要与"澶渊之盟"相联系，个中逻辑便一目了然：宋真宗"德泽禽兽"，更不忍陷黎民于战乱，因此才会"屈己议和"；而上天对此降"天书"褒奖，皇帝自然要答谢"天恩"，举行封禅大典也就顺理成章了。

宋仁宗统治时期，尽管消极防御与赎买和平逐步成为对外政策的主导，但宋廷的"崇文抑武"之策，旨在限制武将权力、压制武将地位，而非轻视武备、懈怠国防；②更何况宋、夏之间一直战和不定，宋廷对边境地区的动向仍相当警惕。从这一角度而言，皇帝"田猎"应当还有继续的必要。可就是在这样的时代背景之下，宋仁宗却于当年三月宣布废除此制，而且此后即便是在宋神宗拓边熙河、宋徽宗收复燕云等战事期间，皇帝"田猎"也再未举行。问题由此出现：从宋太宗和宋真宗的情况来看，"罢猎"之举更多的是被作为其实现政治目标的补充手段，与国防形势的变化并未构成直接的因果关系；而宋仁宗以后皇帝狩猎活动的废止，更无法单纯从军事层面做出解释。因此，想要进一步对此问题加以分析，恐怕还要从更深层次入手，即在宋人的文化观念和价值判断中，皇帝"田猎"之制继续存在的必要性，到底是如何丧失的？

三 政治文化的内在要求与皇帝"田猎"制度的废除

（一）"疑经"与"经世"在理论上提供了废除"田猎"的可能性

帝王"田猎"自古以来就被视为"军礼"的一部分加以讨论和践行，北宋士大夫对上古礼制文化的认识，无疑会对"田猎"的存废造成直接影响。

自中唐以降，在韩愈、啖助、赵匡、陆淳等学者的不懈努力下，怀疑汉代以来经学注疏的思想便不断蔓延；北宋建立以后，诸派学者正是在"疑经变古"的基础上，从宏观着眼、以己意解经，创立了"宋学"这一

---

① 司义祖整理：《宋大诏令集》卷117《典礼二·封禅下·封禅禁屠宰诏》，第396页。
② 相关研究，参见陈峰《试论宋朝"崇文抑武"治国思想与方略的形成》，《宋代军政研究》，中国社会科学出版社2010年版，第1—17页。

新的价值体系。① 有学者将宋代的"疑经变古"思潮划分为四个阶段,其中宋太祖至宋真宗为第一期,"是汉唐经学的余波与疑古学风的滥觞阶段","从北宋仁宗朝到北宋末为第二期,是'学统四起'与疑古思潮的全面展开阶段"②;还有学者认为"宋仁宗统治期间(庆历前后)为宋学的形成阶段",其晚年(嘉祐)到宋神宗初是"宋学的大发展阶段"③。综合学界前贤的研究成果,基本可以认为:北宋立国以后的百余年间,是宋学在"疑经"基础上迅速发展的一个时期,特别是在宋仁宗统治期间,"自庆历后,诸儒发明经旨,非前人所及,然排《系辞》,毁《周礼》,疑《孟子》,讥《书》之《胤征》《顾命》,黜《诗》之《序》。不难于议经,况传注乎!"④ 在这样的学术氛围中,任何一项经典中的"明文规定"都有可能因为士人理解的不同而产生争议。而士大夫们对记载着"田猎"之礼的《周礼》等典籍的质疑,与北宋皇帝"田猎"活动废弛的过程几乎同步,这恐怕不能说是单纯的巧合。

对《周礼》所载古礼多有怀疑的欧阳修就曾提出:"《周礼》之制……而为其民者,亦有畋猎、学校、射乡、饮酒,凡大聚会,一岁之间有几?""其斋戒供给,期召奔走,废日几何?"皇帝行猎的规模必然大于民间同类活动,影响更甚,"官不得安其府,民不得安其居,亦何暇修政事、治生业乎?""岂朝廷礼乐文物,万民富庶岂弟,必如是之勤且详,然后可以致之欤?后世苟简,不能备举,故其未能及于三代之盛欤?然为治者果若是之劳乎?用之于今,果安焉而不倦乎?"⑤《周礼》中对天子

---

① 相关研究,参见刘复生《北宋中期儒学复兴运动的兴起及其特点》,《四川大学学报》(哲学社会科学版)1991年第3期;朱汉民:《论宋学兴起的文化背景》,《湖南大学学报》(社会科学版)1999年第1期。

② 杨世文:《宋代经学变古的几个问题》,《四川大学学报》(哲学社会科学版)2006年第6期。

③ 漆侠:《宋学的发展和演变》,河北人民出版社2004年版,第7页。

④ 王应麟:《困学纪闻》卷8《经说》,上海古籍出版社2008年版,第1095页。

⑤ 《欧阳修全集》卷48《居士集·策问十二道·南省试进士策问三首》,中华书局2001年版,第677、678页。当然,欧阳修也曾肯定古代圣贤订定"蒐狩之礼"的价值,认为"尧、舜、三代之际,王政修明,礼义之教充于天下……于其不耕休力之时,而教之以礼。故因其田猎而为蒐狩之礼……"(《欧阳修全集》卷17《居士集·论七首·本论中》,第288、289页)这是因为如同大多数士人一样,欧阳修在"疑经"的同时,坚持儒家传统中最基本、最核心的价值取向,是谓"仁义礼乐,治世之本也"(《孙明复小集·儒辱》,文渊阁《四库全书》本,上海古籍出版社1987年版,第1090册,第176页);"君臣父子,仁义礼乐,历世不可变者,其体也"(《朱子全书·八朝名臣言行录》卷10之2《安定胡先生》,上海古籍出版社、安徽教育出版社2002年版,第316页)。但是当后人背离了圣人本意,繁冗的礼数与实际需要发生矛盾时,欧阳修的立场则明显倒向了现实需求。

"田猎"的规定是否具有可行性？欧阳修对此抱持着强烈的怀疑态度。

而宋学的另一个特点，恰恰是务求"经世致用"，"重实际、讲实用、务实效"，是北宋诸派人物的普遍追求。① 王安石曾提出："法先王"是要在"法其意"的基础上"合乎先王之政"②；苏辙也认为"古之圣人，因事立法以便人者有矣，未有立法以强人者也"③；杨杰亦强调"惟不执不泥，然后能尽变通以致用"④。对宋儒而言，领悟、阐释先圣经典的内在精神，为自己的政治主张寻求理论支持，进而匡扶时政，才是真正的价值实现。而前引欧阳修对上古"田猎"之礼的质疑，恰恰就在于其缺乏实际操作性。当庆历七年三月宋仁宗准备再次外出狩猎时，御史何郯的谏言也表达了类似观点：

> 古者天子具四时之田，所以讲威武而勤远略，不图事游戏而玩细娱，载之策书，具有典法。……良以去岁车驾已尝出畋，群臣抗言，随即停罢，忽兹再举，未谕圣心。……窃闻去岁乘舆之出，往返甚劳，一日之间，殆驰百里，而又兵卫不肃，警跸不严，从官不及侍行，有司不暇供亿，逮于暮夜，始入都门，此岂非士不习其事，官不详其仪而致然欤！而况以骑乘而有疾驰之劳，在原野而弛严卫之备，或御者蹉跌，变生衔橛，愚民迷误，犯及车尘，臣子之罪，将何赎焉！……且西北二隅，变故难测，岂无奸伪，杂于稠人广众之中。由是而言，益可深虑。⑤

与欧阳修一样，何郯认同"田猎"作为"礼"的地位与价值，但强调此制已荒废多年，"士不习其事，官不详其仪"，以致"逮于暮夜，始入都门"。而辽、夏"奸伪"混迹人群的可能，更引发了何郯对宋仁宗安全的担心。保证皇帝的人身安全，无疑是传统政治生活里的重中之重。因此，尽管天子"田猎"在礼法中有明文规定，但皇帝人身安全方面的考

---

① 漆侠：《宋学的发展和演变》，第11页。
② 王安石：《王文公文集·上皇帝万言书》，上海人民出版社1974年版，第2页。
③ 苏辙：《栾城集·后集·历代论一·周公》，上海古籍出版社1987年版，第1216、1217页。
④ 杨杰：《无为集》卷9《讲周礼序》，文渊阁《四库全书》本，上海古籍出版社1987年版，第1099册，第728页。
⑤ 李焘：《长编》卷160，庆历七年三月乙未，第3866、3867页。

量以及此制劳民伤财所引发的争议，势必导致士大夫群体支持这一活动的热情大大减弱。

（二）"格君心之非"的追求最终导致了"田猎"的废除

在重建儒学理论体系的同时，士大夫该如何真正实现"经邦济世"？以道德力量规范帝王言行、压抑其非分欲望，进而塑造出信奉儒学理念的"圣君"，是宋代士大夫追求价值实现的基本方式。孔子曾言："政者正也。君为正，则百姓从政矣。"① 孟子提出"君心正"的关键在于"大人"："惟大人为能格君心之非。君仁莫不仁，君义莫不义，君正莫不正，一正君而国定矣。"② 董仲舒则认为："为人君者，正心以正朝廷，正朝廷以正百官，正百官以正万民，正万民以正四方。四方正，远近莫敢不壹于正，而亡有邪气奸其间者。"③ 不难看出，孔子的基本理论得到了后世儒者的认同，即"君心正"对臣僚和民众具有示范作用。除此之外，孟子提出了要重视辅国大臣在规范君主德行方面的积极作用；而董仲舒对君主自身主动性的强调，又延伸出了"君心正"对"四方远近"的归化意义重大，这些主张都在不同层面上契合了北宋的政策需要。诚如有学者所总结的："儒家对于社会治理的思考……最核心的问题还是'正君心'的社会政治实践。"④ 对亟须重建"道统"以应对内外困局的宋代士大夫而言，"正君心"正是题中之意。

至于要如何"正君心"？程颐认为："治道亦有从本而言，亦有从事而言。从本而言，惟从格君心之非、正心以正朝廷，正朝廷以正百官。若从事而言，不救则已，若须救之，必须变。大变则大益，小变则小益。"⑤ 这段记载中的体、用两层意思非常明确："正君心"是根本原则，但是在方法上要注意通达权变、因事制宜。胡宏的观点也与之相类："夫所谓本者何也？正天子之心也。……倘不能察小以知大，观微以知著，原天下之本，必归诸天子之心而正之。"⑥ 强调在具体问题上"见微知著"的作用。

---

① 王聘珍：《大戴礼记解诂·哀公问于孔子第四十一》，第13页。
② 焦循：《孟子正义》卷15《离娄章句上》，中华书局1987年版，第525、526页。
③ 《汉书》卷56《董仲舒传》，中华书局1962年标点本，第2502、2503页。
④ 向世陵：《刍议汉儒到宋儒的"正君心"说》，《社会科学战线》2011年第3期。
⑤ 程颢、程颐：《二程集·河南程氏遗书》卷15《伊川先生语一·入关语录》，中华书局1981年版，第165页。
⑥ 胡宏：《胡宏集·书·与明应仲书》，中华书局1987年版，第111页。

由此可见，"正君心"并非是空洞的说教，它意味着在现实中对涉及皇帝言行的任何细节，都应予以高度关注。

所谓"大臣格君之事，必以远声色为第一义"①。实际上，人们对于皇帝亲自狩猎之必要性与正当性问题的争论从来没有断绝过，而反对者正是从戒奢恤民、"远声色"这样的角度来提出告诫，司马相如的《上林赋》便是最著名的代表作。对于北宋士人而言，后唐庄宗就是耽于畋游而国破身死的鲜活前鉴。开宝八年（975），宋太祖在一次狩猎中"马蹶坠地，因引佩刀刺马杀之。既而悔之，曰：'吾为天下主，轻事畋猎，又何罪马哉！'自是遂不复猎"②。暂且不论这一"引咎自责"是否存在故作姿态的成分，"轻事"二字就足以表明即便是戎马一生的赵匡胤，也对"田猎"的双重性有所顾忌。李沆曾对宋真宗"血气方刚"而"留意声色犬马"或兴作"土木、甲兵、祷祠之事"深表担忧，③可惜后来不幸被其言中。前引何郯奏章中提到庆历六年宋仁宗出猎时遭遇"群臣抗言"，可能也与朝廷"方下令校猎，而人争以田猎鹰犬来奉"④有关，而当宋仁宗于次年打算再度出猎时，已经是舆情汹汹、"谏者甚众"⑤了。

另一方面，宋初诸帝出于收拢人心、重建统治秩序的需要，大力提倡儒学，"太宗、真宗其在藩邸，已有好学之名，洎其即位，弥文日增。自时厥后，子孙相承，上之为人君者，无不典学。"⑥而首位接受正式意义上"经筵"培训的皇帝，就是宋仁宗。士大夫通过经筵讲学等途径，在潜移默化间扩大着自身的影响力，特别是在解释传统政治文化、礼仪制度等方面，更具有话语权。⑦素来"以尧舜为师法，待儒臣以宾友"⑧而著称的宋仁宗，面对士大夫如此激烈的反对，应当会受到相当大的触动，采取让步、停止"田猎"，恐怕只能成为其最后的选择。自此以后，宋仁宗

---

① 罗大经：《鹤林玉露》卷4《乙编·荆公议论》，中华书局1983年版，第186页。
② 《宋史》卷3《太祖本纪三》，第45页。
③ 《宋史》卷282《李沆传》，第9539页。
④ 范镇：《东斋记事》卷1，第10页。
⑤ 李焘：《长编》卷160，庆历七年三月乙未，第3866页。
⑥ 《宋史》卷439《文苑传一》，第12997页。
⑦ 相关研究，参见姜鹏《北宋经筵中的师道实践》，《学术研究》2009年第7期。
⑧ 范祖禹：《帝学》卷6，文渊阁《四库全书》本，上海古籍出版社1987年版，第696册，第765页。

"好生恤刑，泽及禽兽"①"恩施动植"②的形象，也在士大夫的交口称赞中树立起来——而一同树立的，还有他们"格君行道"的价值标准和成功典范。

四　余论

宋仁宗去世以后，尽管在其后几代皇帝统治时期都有战事发生，但"田猎"之制却再未恢复。宋神宗虽有心扩张，却遭遇了巨大阻力：且不说富弼"愿二十年口不言兵"③的表态，即便是王安石，也希望宋神宗对辽"务厚加恩礼，谨守誓约"④。各派文官在"崇文抑武"与"致君尧舜"的理论原则上相对一致，富于军事色彩、易滋奢侈之心而又劳民伤财的"田猎"活动，自然很难得到其支持。故而宋神宗后期对西夏用兵，只好依靠武将和宦官；而战败之后，宋神宗又"深自悔咎，遂不复用兵，无意于西伐"⑤，恢复"田猎"更是无从谈起。

宋哲宗前期保守派重掌大权，为了避免其"重蹈覆辙"，宋仁宗恤民勤政的圣君形象受到特别强调，⑥"不事田猎"成为朝臣们教导年轻皇帝的生动范例。史载宋哲宗某次"御迩英阁，召宰执暨讲读官讲《礼记》、读《宝训》。顾临读至：'汉武帝籍提封为上林苑。'仁宗曰：'山泽之利当与众共之，何用此也！'……读毕，宰臣吕大防等进曰：'祖宗家法甚多，自三代以后，唯本朝百三十年中外无事，盖由祖宗所立家法最善……至于虚己纳谏，不好畋猎，不尚玩好，不用玉器，饮食不贵异味，御厨止用羊肉，此皆祖宗家法所以致太平者。陛下不须远法前代，但尽行家法，足以为天下。'上甚然之。"⑦

这里所追述的宋仁宗对汉武帝上林苑的评价，应该是在其庆历七年宣

---

① 赵汝愚编：《宋朝诸臣奏议》卷148《总议门·总议四·上英宗国论要目十二事·明礼》，上海古籍出版社1999年版，第1692页。
② 《宋史》卷302《吴及传》，第10024页。
③ 《宋史》卷313《富弼传》，第10255页。
④ 李焘：《长编》卷236，熙宁五年闰七月己巳，第5752页。
⑤ 《宋史》卷334《徐禧传》，第10724页。
⑥ 相关研究，参见佘慧婷《宋仁宗的历史形象》，载朱瑞熙等主编《宋史研究论文集》，上海人民出版社2008年版，第657—672页。
⑦ 周辉：《清波杂志校注》卷1《祖宗家法》，中华书局1994年版，第15、16页。

布终止行猎之后才有的，否则难免言行不一之嫌。而吕大防所言，表明元祐朝臣已直接将"祖宗所立家法最善"目为"本朝百三十年中外无事"的原因所在："致太平"的根本在于"行家法"，甚至到了"不须远法前代，但尽行家法，足以为天下"的程度。对"祖宗之法"做出符合各自利益与观点的阐释，是北宋士大夫惯用的手段，① "不好畋猎"在此已经完成了对于传统的"田猎有礼"的超越，这既是元祐朝臣出于现实需要的构建，也是长久以来"疑经变古""己意解经"思想发展的必然。至于宋哲宗亲政以后的军事行动，总体而言并未超出"蚕食"的水平，② 因此重新发动狩猎的条件依旧不足。

宋徽宗统治期间新修《政和五礼新仪》，对皇帝"田猎"之礼的各方面都做了细致规定，③ 表面上是重申了皇帝"田猎"活动的军事价值，但这不过是宋徽宗君臣文饰太平的又一官样文章。比之于前代诸帝，自幼生长于宫廷、素以书画见长的赵佶，已全无狩猎的能力或兴趣，"居端邸时，艺文之暇，颇好驯养禽兽以供玩"④，政和年间又在禁苑罗致"珍禽、野兽、麋鹿、鹙鹅、禽鸟数百"⑤ 以供游赏。只是这位"好生爱物"的皇帝，最终竟以"玩物丧志"国破身死，只能令人感叹历史的残酷。

综上所述，本文在概要梳理北宋诸帝"田猎"制度的同时，从国防形势和政治文化两方面加以分析，认为：皇帝狩猎，几乎都与国防形势趋紧有关，此举是表达强硬立场的手段之一；但这一活动的废止，并不能完全归因于外部军事压力的缓和，在不同的历史时期，"罢猎"有着不同的背景和目的。笔者愿意特别强调的是：北宋士大夫在重构儒学价值体系的同时，积极利用自身的文化权威引导皇帝端正身心，从理论的质疑到历史的镜鉴，对具有军事色彩、易于滋长骄奢之心而又劳民伤财的皇帝狩猎活动，提出了全面的反思与抨击。正是在这一舆论导向的作

---

① 相关研究，参见邓小南《试论宋朝的"祖宗之法"：以北宋时期为中心》，《朗润学史丛稿》，中华书局2010年版，第1—36页。
② 相关研究，参见陈峰《宋代主流意识支配下的战争观》，《历史研究》2009年第2期。
③ 相关规定，详见郑居中等编撰《政和五礼新仪》卷160《军礼·皇帝田猎仪上》，同书卷161《军礼·皇帝田猎仪下》，文渊阁《四库全书》本，上海古籍出版社1987年版，第647册，第710—714页。
④ 岳珂：《桯史》卷10《殿中鹌》，中华书局1981年版，第111页。
⑤ 《宋史》卷64《五行志·火》，第1410页。

用之下，皇帝"田猎"之制最终走向了完结。

除了上述因素之外，还有一个社会生活领域的细微变化，可能也对皇帝"田猎"活动的消亡发挥了作用：轿子之类的代步工具，在北宋愈发普及，特别是宋哲宗以后，"京城士人与豪右大姓，出入率以轿自载"①。在承平日久的北宋中后期，即便皇帝有心出猎，想必也少有大臣能够策马相随了。至于废除"田猎"在生态恢复和农业生产方面的价值，恐怕也不能高估，比之于人口增长、自然灾害、赋税徭役之类的因素，此举的影响还是非常有限的。

最后，笔者还想对南宋皇帝"田猎"的情况略做一勾勒："靖康之难"以后，刚刚重建的南宋朝廷艰难求生，客观上并不具备行猎的条件；而主观上宋高宗又一力求和，不敢抗战，于建炎元年（1127）十二月下诏："朕罔好游畋。有以鹰犬辄称御前者，流海岛。"② 此后，宋高宗又多次借题发挥："人之常情，必有所好，或喜田猎，或嗜酒色，以至其他玩好，皆足以蛊惑性情、废乱时政。"③ "自古帝王，多事土木台观、游渔田猎。朕皆不好，正恐有害吾民。"④ 凡此种种，不过是其畏敌避战的虚饰之词。害怕发动"田猎"授金人以南下的口实，甚至是担心此举激励抗战派的热情，才是宋高宗反对的根本原因。此后继承其位的宋孝宗倒是一度致力于恢复故国，甚至不顾群臣"以宗庙之重，不宜乘危"的劝谏而在宫殿中亲自演练骑乘，但宋孝宗毕竟不谙军旅，虽胸怀大志而无笃实之功，最终骑术不精以致遇险。⑤ 在宫中骑马尚且如此，到郊野狩猎恐怕就更不现实了。之后的南宋诸帝多身体羸弱，难当"颠簸之苦"；而理学的一家独大，使"致君尧舜"与"格君之非"的论调更趋高涨，恢复皇帝"田猎"之制也就更加无从谈起了。

---

① 《宋史》卷153《舆服志五·士庶人服》，第3576页。
② 李心传：《建炎以来系年要录》卷11，建炎元年十二月丁巳，中华书局1956年版，第247页。
③ 李心传：《建炎以来系年要录》卷115，绍兴七年十月丁酉，第1857页。
④ 李心传：《建炎以来系年要录》卷170，绍兴二十五年十一月戊午，第2777页。
⑤ 岳珂：《桯史》卷2《隆兴按鞠》，第15、16页。

北宋元丰改制前宰相名衔新探

郭洋辰

宋代官制之纷繁，已为学界的共识，自不必赘言。即便是作为中央最高权力机关的"中书门下"，其制度亦极为复杂。宰相，作为中书门下的长官，受到的关注最多，各家也有着不同的观点，其学术史已有田志光先生做过梳理。[①] 近年贾玉英先生出版了专著《唐宋时期中央政治制度变迁史》，[②] 是这一领域较新的成果。

1985年，陈振先生发表了论文《关于北宋前期的宰相制度》，提出宋代前期除以平章事为宰相外，另有五人以侍中为宰相，姜锡东先生亦持此论。贾玉英又进一步认为中书令也是宰相的名衔，只是因"地位太高"而"不授予人"。相反，田志光并不赞同这一观点，他认为北宋前期的宰相必带"同平章事"，侍中不过是宰相的兼官。[③]

笔者在观察北宋前期的宰相制度时发现，前人的相关研究在论述上都略显单薄，并忽略了某些细节问题。笔者意欲顺着前人的思路，梳理宋代前期宰相名衔中的一些问题，因此不揣冒昧，撰写此文，颛此就正于方家。

[①] 田志光：《北宋宰辅政务决策与运行研究》，人民出版社2013年版，第4—9、18—19页。
[②] 贾玉英：《唐宋时期中央政治制度变迁史》，人民出版社2012年版。
[③] 陈振：《关于北宋前期的宰相制度》，《中州学刊》1985年第6期；姜锡东：《关于北宋前期宰相制度的几个问题》，《中州学刊》1990年第2期；贾玉英：《唐宋时期中央政治制度变迁史》，第139页；田志光：《北宋前期宰相官衔再探》，《史林》2010年第1期，后收入氏著《北宋宰辅政务决策与运行研究》第一章第二节。

一　宰相的名衔

关于北宋元丰改制前的宰相名衔，宋人便有着两种不同的观点。第一种观点即是后来为马端临所总结的"宋承唐制，以同平章事为宰相之职"①，这一观点为《宋史》所承袭，是后人对于宋代宰相的普遍认识。相比之下，第二种观点有时会被人们所忽略，即"中书令、侍中，及丞郎以上至三师同中书门下平章事，并为正宰相"②。

第二种说法并非毫无佐证。首先，《两朝国史志》"中书门下"条便将"中书令、侍中、同平章事、参知政事"③并列，可知拜此四官者理论上都应在中书门下供职。其次，在宋初的合班之制中，中书令、侍中与同平章事一直作为宰相而存在，兹列史料于下：

建隆以后合班之制：中书令、侍中、同中书门下平章事，已上为宰相。

（景祐五年）八月，阁门详定合班杂座仪：中书令、侍中、同中书门下平（章）事。以上为宰相，或谓之宰臣。

（康定二年）准《阁门仪制》，以中书令、侍中、同中书门下平章事为宰臣。④

再次，元丰年间宋神宗主持了官制改革，在以阶易官的改革中"以开府仪同三司易中书令、侍中、同平章事"⑤，这一改革造成的一个结果是"昔之虽存空名，而流品甄别，官秩难进，则人人有安分之念；今之易为阶官，而流品混淆，官职易高，则易有所希觊而不自重矣"⑥，时人毕仲游举例道，"旧平章事迁中书令，国朝以来，未有迁至中书令者。而

---

① 马端临：《文献通考》卷49《职官考三》，中华书局2011年版，第1410页。
② 徐松辑：《宋会要辑稿》职官1之68，中华书局1957年版，第2363页。
③ 徐松辑：《宋会要辑稿》职官1之16，第2337页。
④ 《宋史》卷168《职官八》，中华书局1985年标点本，第3987页；徐松辑：《宋会要辑稿》仪制3之16至17，第1879—1880页；《宋会要辑稿》舆服4之11，第1799页。
⑤ 《宋史》卷16《神宗三》，第303页。
⑥ 林駉：《古今源流至论》前集卷6《阶官始末》，文渊阁《四库全书》本，上海古籍出版社1987年版，第942册，第86页。

今仪同三司一阶,兼昔日宰相累迁之官"①,林駉也认为"旧平章迁侍中、侍中迁中书令、中书迁尚书令,国朝未有至中书令者,今以一仪同三司该之,是宰相累迁之官,一迁即为之矣"②。

以上三点俱可说明,在北宋前期,中书令、侍中与同平章事都是宰相之职。

田志光在《北宋前期宰相官衔再探》中引用《神宗正史》的材料,并进一步认为"尚书(令)、中书令、侍中不任职"③。此条材料具有一定的误导性,故整体征引于下:

> 《神宗正史·职官志》:中书门下在朝堂西,榜曰"中书",为宰相治事之所,印文行敕曰"中书门下"。尚书、中书令,侍中,丞郎以上带同平章事,并为宰相,而参知政事为之贰,与枢密院通谓之执政。又有中书省、门下省者,存其名,列皇城外,两庑官舍各数楹。中书省但掌册文,覆奏考帐;门下省主乘舆八宝,朝会位版,流外较考,诸司附奏挟名而已;中书令、侍中不任职。官制行,悉厘正之,遂以寔正名。④

结合上下文可以清楚看到,此条材料所谓"中书令、侍中不任职",是指其名义上作为中书省与门下省的长官,却并不在本省任职。而其中"尚书、中书令,侍中,丞郎以上带同平章事,并为宰相"一句,恰能印证笔者上述观点。⑤

在实际的政务操作中,中书令、侍中与同平章事是同样作为宰相之职而存在的。由于学界对于同平章事的研究已经很多,以下只探讨中书令与侍中。

二 中书令与侍中

中书令虽仍在宋朝官方所列的宰相任职行列,却因其名位太高而罕见

---

① 毕仲游:《上哲宗论官制之失荫补之滥》,载赵汝愚编、北京大学中国中古史研究中心校点整理《宋朝诸臣奏议》卷69,上海古籍出版社1999年版,第757页。
② 林駉:《古今源流至论》前集卷6《阶官始末》,第86页。
③ 田志光:《北宋前期宰相官衔再探》,第66页。
④ 徐松辑:《宋会要辑稿》职官1之17,第2338页。
⑤ 尚书令并不在宋代的宰相序列中,详见本文第四节。

除授，即前引毕仲游所谓"国朝以来未有迁至中书令者"。但这并不妨碍我们从有限的史料中管窥其一斑，关于曹佾的一个故事很能说明问题：

> 且（上）欲以（曹）佾为正中书令。吕公著言："正中书令，自宋兴以来未尝除人。况不带节度使，即宰相也，非所以宠外戚。"上曰："此诚阔典，第不如是，不足以称厚恩尔。"公著固争，乃以节度使兼中书令。①

从吕公著的话中可知，曹佾如为中书令，"即宰相也"，理论上应当到中书视事。所以吕公著才会"固争"，最终让曹佾带上节度使衔而为使相。

有关侍中的材料较中书令为多。征诸史料并参考前人研究成果，北宋前期以侍中为宰相者前后有范质、赵普、丁谓、冯拯、韩琦五人，下面逐一分析。

"宋初，三省长官皆为空名，不与朝政，其命官必曰同中书门下平章事，惟其真拜侍中则不带平章，然前后所除亦不过五人，此盖宋初之政也。"②

范质于建隆元年二月由"守司徒、兼门下侍郎、同中书门下平章事"进为"守司徒、兼侍中"，名衔中便不再有"同中书门下平章事"。理由如下：其一，这份范质、王溥、魏仁浦同制的制书尚存，其结尾为"（范）质可依前守司徒、兼侍中，（王）溥可守司空、兼门下侍郎、同中书门下平章事，（魏）仁浦可尚书右仆射、兼中书侍郎、同中书门下平章事"③，可以清楚地看到，王溥与魏仁浦的名衔中都有标识其宰相身份的"同中书门下平章事"，而标识范质宰相身份的则是"兼侍中"；其二，在乾德元年的一份册文中，保留了宰相的名衔"摄太尉、守司徒、兼侍中、萧国公臣范质，守司空、平章事臣王溥，尚书右仆射、平章事臣魏仁

---

① 李焘：《续资治通鉴长编》卷330，元丰三年三月己丑，中华书局2004年版，第7371—7372页。

② 章如愚：《群书考索》续集卷30，影印北京图书馆藏明正德本，书目文献出版社1992年版，第1096页。

③ 司义祖整理：《宋大诏令集》卷59《范质等进官制》（建隆元年二月乙亥），中华书局1962年版，第297页。

浦"①，皇帝的尊号册文例由宰相所上，其中的名衔也必然着重标识其宰相身份；其三，范质等三人的罢相制书中也保留有其名衔"司徒、兼侍中、昭文馆大学士范质……司空、兼门下侍郎、平章事、监修国史王溥……枢密使、右仆射、兼中书侍郎、平章事、集贤殿大学士魏仁浦"②。以上三份材料中所记，皆非完整的范质名衔，但如前文所述，这些名衔无一例外地都在着重强调标识宰相身份的职衔。所以王称才会认为，宋太祖"以周宰相范质兼侍中，王溥、魏仁浦仍同中书门下平章事"③。因而可以确信，建隆元年到乾德二年间，范质是以"兼侍中"而为宰相的。

赵普于乾德二年初拜相时的名衔尚为"门下侍郎、同中书门下平章事、集贤殿大学士"，到太平兴国六年再相时已是"守司徒、兼侍中、昭文馆大学士"④，其后来的名衔中亦不再出现"平章事"：

（太平兴国六年）十一月十七日，郊祀礼毕，帝御乾元殿受册。册文曰："摄太尉、守司徒、兼侍中臣赵普等再拜稽首上言……"

开府仪同三司、司徒、兼侍中、昭文馆大学士、梁国公赵普……可特授太尉、兼侍中、行邓州刺史、武胜军节度使。

山南东道节度、襄州管内观察处置等使，检校太师，兼侍中，许国公赵普……可守太保、兼侍中、昭文馆大学士。

端拱元年七月，诏太保、兼侍中赵普，三伏极热，逐日绝早归私第。故事，宰相以未时归第，是岁大热，特有是命，以示尊奖也。

开府仪同三司、守太保、兼侍中、昭文馆大学士、上柱国、许国公赵普……可依前守太保、兼中书令、行河南尹、兼功德使、兼西京留守。⑤

---

① 司义祖整理：《宋大诏令集》卷5《应天广运仁圣文武至德皇帝册文》（乾德元年十一月甲子），第20页。
② 司义祖整理：《宋大诏令集》卷65《范质等罢相制》（乾德二年），第317页。
③ 王称：《东都事略》卷2《太祖本纪》，文渊阁《四库全书》本，第382册，第28页。
④ 《宋大诏令集》卷51《赵普拜相制》（乾德二年正月庚寅），第259页；《赵普拜昭文相制》（太平兴国六年九月辛亥），第260页。
⑤ 徐松辑：《宋会要辑稿》礼49之6，第1486页；司义祖整理：《宋大诏令集》卷65《赵普罢相授太尉兼侍中武胜军节度使制》（太平兴国八年十月己酉）；《宋大诏令集》卷51《赵普昭文相制》（端拱元年二月庚子），第260页；《宋会要辑稿》职官1之69，第2364页；《宋大诏令集》卷65《赵普罢相除兼中书令河南尹制》（淳化元年正月戊子），第318—319页。

据上引五条史料可知，不论是作为宰相还是使相，赵普的名衔中都不再有"平章事"。

乾兴元年，时任宰相的丁谓与冯拯共同进官"兼侍中"：

> 推忠协谋佐理功臣，金紫光禄大夫，守司空，兼门下侍郎，太子少师，同中书门下平章事，充玉清昭应宫使，昭文馆大学士，监修国史，上柱国，晋国公，食邑七千七百户、食实封二千八百户丁谓……可特授开府仪同三司，守司徒，兼侍中，依前充玉清昭应宫使，昭文馆大学士，监修国史，晋国公，加食邑一千户、食实封四百户，功臣、勋封如故。
>
> 推忠协谋同德佐理功臣，开府仪同三司，行尚书左仆射，兼中书侍郎，太子少傅，同中书门下平章事，充景灵宫使，集贤殿大学士，上柱国，魏国公，食邑七千七百户、食实封二千八百户冯拯……可特授守司空、兼侍中，依前充景灵宫使、集贤殿大学士、魏国公，加食邑一千户、食实封四百户，仍赐推忠协谋同德守正佐理功臣，散官、勋如故。①

上引两则制书中的名衔极为完整，也没有像普通制书中"依前同中书门下平章事"这样的话。在其后的材料里，二人便总是以"兼侍中"出现了，如：

> （乾兴元年）六月，守司徒、兼侍中丁谓降授太子少保，分司西京。
>
> 乾兴元年六月二十二日［仁宗即位，未改元］，司徒、兼侍中、充玉清宫（昭）应宫使、昭文馆大学士丁谓降太子少保，分司西京。
>
> 乾兴元年仁宗即位，未改元四月，司徒、兼侍中丁谓言："有姊未有邑号。"司空、兼侍中冯拯言："妻早亡，本家宜氏久主家事，乞赐封邑。"参知政事王曾言："乳母朱氏年七十三，乞近下封邑名目。"并从之。

---

① 司义祖整理：《宋大诏令集》卷60《丁谓进司徒兼侍中制》《冯拯司空兼侍中制》，第300—301页。

仁宗乾兴元年［未改元］十二月，命司徒、兼侍中、监修国史冯拯专切提举监修《真宗实录》。①

又，《真宗谥册》里还保留有冯拯于乾兴元年十月进位首相后的完整名衔：

> 谨遣摄太尉、推忠协谋同德守正佐理功臣、开府仪同三司、守司徒、兼侍中、充玉清昭应宫使、昭文馆大学士、监修国史、上柱国、魏国公、食邑九千七百户、食实封三千六百户臣冯拯。②

据前引史料可证，丁谓与冯拯确曾以"兼侍中"衔而为宰相，其名衔中并不带"平章事"。

韩琦于治平四年初的名衔为"尚书左（右）仆射、兼门下侍郎、同平章事、昭文馆大学士"③，神宗即位后，充英宗山陵使毕而特加恩为"开府仪同三司、守司空、兼侍中、昭文馆大学士、监修国史、兼译经润文使、魏国公"④。在其后的几个完整名衔中也都再未出现"平章事"字样：

> 推忠协谋同德守正亮节佐理翊戴功臣、开府仪同三司、守司空、兼侍中、昭文馆大学士、监修国史、兼译经润文使、上柱国、魏国公、食邑一万二千七百户、食实封四千六百户韩琦……可特授守司徒、检校太师、兼侍中、持节陈州邓州诸军事、行陈州邓州刺史、镇安武胜等军节度、陈州邓州管内观察处置营田等使、判相州军州事、同群牧兼管内劝农使。
>
> 推忠宣德崇仁保顺守正协恭赞治纯诚亮节佐运翊戴功臣，永兴军节度、管内观察处置等使，开府仪同三司，守司徒，检校太师，兼侍中，行京兆尹，判相州军州事□□□□□□使，上柱国，魏国公，食

---

① 徐松辑：《宋会要辑稿》职官 46 之 3，第 3415 页；职官 78 之 12，第 4181 页；仪制 10 之 24，第 2016 页；职官 18 之 75，第 2792 页。
② 司义祖整理：《宋大诏令集》卷 9《真宗谥册》，第 39 页。
③ 徐松辑：《宋会要辑稿》礼 49 之 18，第 1492 页。
④ 徐松辑：《宋会要辑稿》职官 1 之 1，第 2330 页。

邑一万六千八百户、食实封六千五百户。①

自以上材料可知，"兼侍中"宰相的名衔中不再有"同中书门下平章事"。田志光引用《群书考索》的材料并认为宰相在"兼侍中"后仍是平章事，只是在名衔中"不复言平章事"，因此他推测"制文中可能省略了'同平章事'"②。按制词中的名衔必须齐全，而不可能省略。征诸史料，笔者认为章如愚"不复言平章"即是不再带平章事之义。田文征引的史料为四库全书本《群书考索》，其原文为"即真拜侍中者，不复言平章事"，而较早的明正德本则为"惟其真拜侍中，则不带平章"③。相似的情况也出现在《古今源流至论》中，在该书的后集与续集中分别说道"即真拜侍中者，不复言平章事"；"惟其真加侍中，则不除平章"④。笔者因此认定，所谓"不复言平章""不带平章""不除平章"，在宋人眼里应是同一个意思。

三　宰相的本官及迁转

除去后周遗留的三位宰相不算，宋太祖朝共赵普、薛居正、沈义伦三人曾居相位。赵普于乾德二年初相时，本官为门下侍郎。开宝六年薛居正与沈义伦并相，薛居正以门下侍郎、同平章事为首相，沈义伦以中书侍郎、同平章事为次相。

自宋太宗朝始，宰相已不像宋太祖朝那样必带两省侍郎衔，出现了单独以六部尚书同平章事的情况。太平兴国八年，宋琪以刑部尚书、李昉以工部尚书拜相时，俱是"守本官同中书门下平章事"⑤，直到第二年南郊

---

① 司义祖整理：《宋大诏令集》卷68《韩琦罢相除陈郑两镇节度出判相州制》（治平四年九月辛丑），第332页；北京图书馆金石组编：《北京图书馆藏中国历代石刻拓本汇编》第39册，章1237，中州古籍出版社1989年版，第85页。
② 田志光：《北宋宰辅政务决策与运行研究》，第25页。
③ 章如愚：《群书考索》后集卷5，文渊阁《四库全书》本，第937册，第71页；《群书考索》续集卷30，北京图书馆藏明正德影印本，书目文献出版社1992年版，第1096页。
④ 林駉：《古今源流至论》后集卷2《三省》、续集卷5《宰相下》，第942册，第176、421页。
⑤ 司义祖整理：《宋大诏令集》卷51《宋琪李昉并相制》，第260页。

礼毕，才各加兼门下侍郎与中书侍郎。① 同时也出现了以两省侍郎兼六部尚书为宰相的情况，如吕蒙正于端拱元年初相时，本官即为"中书侍郎、兼户部尚书"②。到宋太宗朝中晚期，出现了以六部侍郎为本官拜相的情况。淳化二年的张齐贤、至道元年的吕端，分别以本官吏部侍郎、户部侍郎拜相。

六部侍郎已经是北宋前期宰相所带本官的理论下限，至于宋人所说"丞郎以上"中的"丞"，应该是源于真宗时期宰相李迪的一次特殊除授。③

虽然自宋太祖朝后，宰相的本官中已不再必带两省侍郎衔，但两省侍郎仍是宰相的专用本官，北宋前期未尝除授给不在相位者。征诸史料可见，凡宰相本官兼两省侍郎者，首相例兼门下侍郎、次相例兼中书侍郎。④

分析上节所述五位宰相的本官，有助于厘清宰相迁转方面的某些问题。范质等五人于拜侍中前的本官分别为：守司徒、兼门下侍郎；太保；守司空、兼门下侍郎；尚书左仆射、兼中书侍郎；尚书右仆射、兼门下侍郎。其中除赵普系使相入朝拜相外，其余四人都是由迁转而得侍中。从这四人的本官来看，其名衔中的"兼侍中"很可能是由"兼门下侍郎（中书侍郎）"迁转而来。如韩琦于治平四年由"右仆射、兼门下侍郎"进为"守司空、兼侍中"，由右仆射到司空是"超拜"，由门下侍郎到侍中则是一次转官，所以韩琦才说"臣独进三官"⑤。

从以上分析来看，北宋前期宰相的本官多由两部分组成，各自沿着固定的序列迁转：一条序列是由六部侍郎→六部尚书→左右仆射→三公三师；另一条则是中书侍郎、平章事→门下侍郎、平章事→侍中→中书令。

---

① 《宋史》卷264《宋琪传》、卷265《李昉传》，第9122、9136页。
② 司义祖整理：《宋大诏令集》卷51《吕蒙正拜相制》，第261页。
③ 据曾巩记载"时（天禧四年十一月丙寅）诏二府并进秩，兼东宫官。乃迁（李）迪中书侍郎兼尚书左丞。故事，宰相无作左丞者，（丁）谓欲以抑迪也"，见杜大珪编《名臣碑传琬琰之集》下卷3《李文定公迪》，文渊阁《四库全书》本，第450册，第688页。
④ 宋太祖朝的薛居正、沈义伦，宋太宗朝的宋琪、李昉，宋真宗朝的丁谓、冯拯，都是如此。
⑤ 参见韩琦《安阳集》卷34《丁未春辞免司空兼侍中第二札子》，《宋集珍本丛刊》影印明刻安氏校正本，线装书局2004年版，第6册，第533—534页。

前引毕仲游与林駉的观点都认为，宰相是由同平章事迁侍中、再迁中书令，他们实际省略了宰相本官中独有的两省侍郎。①

要解释上述迁转途径的产生与流变，还需要从唐制中寻找线索。

四　唐代故事

"宋承唐制，抑又甚焉。"② 关于北宋前期宰相名衔的诸多制度，都能在唐代寻得其滥觞。

唐初中央行三省制，贞观后尚书令设而不除，以尚书左右仆射、中书令、侍中并为宰相，后又以他官加衔而为宰相，至高宗朝尚书左、右仆射被排除出宰相序列，此盖初唐之情况。玄宗时修《唐六典》，正式以中书令、侍中为宰相。然自肃宗乾元后，中书令、侍中不常除拜，多以门下、中书侍郎同平章事代替其职能，终唐之世不易。到唐末，以六部侍郎平章事为宰相者陡然增多。③

唐末的宰相虽多以同平章事结衔，却"惟侍中、中书令则否"④。因此总结唐代后期的宰相名衔时，可以仿照宋人的说法，即中书令、侍中，及侍郎以上同中书门下平章事，并为宰相。"其后，唯侍中、中书令及平章事是正宰相之任，五代相承，未之或改。"⑤ 所以章如愚才认为北宋"惟以侍中、中书令、同中书门下平章事为宰相，此尚循唐制也"⑥。

从前人的研究成果来看，虽然两省侍郎、同平章事与六部侍郎、同平章事的源起不同、权责也稍异，但到晚唐时已形成了一个清晰的迁转序列。严耕望先生总结道："唐末宰相序官例由六部侍郎，而中书门下侍郎兼六部尚书，而仆射，而司空，而司徒，而太尉。"⑦ 这一序列的产生或

---

① 去掉两省侍郎，则恰好是使相的迁转途径。据洪迈《容斋三笔》卷 12 记载，使相之迁转是"由平章事迁兼侍中，继兼中书令，又迁守中书令"（《容斋随笔》，中华书局 2005 年版，第 570 页）。检北宋前期使相，至守中书令者只石守信、郭从义、武行德三人，至兼中书令者只赵普、曹佾二人。
② 《宋史》卷 161《职官一》，第 3768 页。
③ 杨际平：《隋唐宰相制度的几个问题》，《浙江学刊》1988 年第 3 期；俞钢：《唐后期宰相结构研究——专论六部侍郎平章事职权的变化》，《上海师范大学学报》1993 年第 3 期。
④ 林駉：《古今源流至论》后集卷 2《三省》，第 176 页。
⑤ 王钦若等编：《册府元龟》卷 308《宰辅部·总序》，中华书局 1960 年版，第 3627 页。
⑥ 章如愚：《群书考索》后集卷 21，影印北京图书馆藏明正德本，第 587 页。
⑦ 严耕望：《唐仆尚丞郎表》卷 6，中华书局 1986 年版，第 388 页。

许是因为不同职位间权责的相互融合。

从两省侍郎到侍中再到中书令这一迁转途径的产生与上述相似，大概是三省体系逐渐融入中书门下体系的结果，宋人林駉便认为侍中"虽以门下省长官而总百揆"，是因为"三省之职实合为一"①。当然，这一序列中的每一次迁转都是困难的，终北宋一朝也只五人迁至侍中。韩琦便认为侍中是"极高之品"，"不同门下、中书侍郎，可以并除"②。

值得一提的还有尚书令。尚书令自贞观后便极少除授，纵是偶有除拜，亦不在宰相序列中。这从后唐时期的一则材料可以看出，后唐天成四年的一则敕书说道："湖南节度使马殷先兼中书令之时，理宜齿于相位，今守太师、尚书令，是南省官资，不合列署敕尾。"③至于前引《神宗正史·职官志》所述的宰相职衔中为何会出现尚书令，笔者猜测大概是因为元丰官制改革时"以侍中、中书令、尚书令为三省长官"④，因而后代的修史者下意识地认为改制前的宰相序列中也有尚书令。

五 结论

北宋前期，初拜宰相者例以同中书门下平章事结衔，其本官迁转至六部尚书后，往往会加带两省侍郎衔。按照制度的设计，两省侍郎、同平章事会沿着侍中→中书令的序列迁转，但相对于另一条迁转序列而言，这一序列并不是常规的迁转途径，只有少数的几位宰相能窥其门径。当宰相"真拜侍中"后，即是"以门下省长官而总百揆"，因此不再需要加带同平章事衔。笔者认为，将宋人对于宰相名衔的表述点断成"中书令、侍中及丞郎以上同中书门下平章事，并为宰相"⑤是具有误导性的。不论是制度上的设计，还是在实际的政治运作中，宰相都不可能以中书令或侍中再加同中书门下平章事，中书令和侍中更不可能成为同平章事的兼官。

关于北宋元丰改制前的宰相名衔，宋人的两种说法皆有可取之处。

---

① 林駉：《古今源流至论》后集卷2《三省》，第176页。
② 韩琦：《安阳集》卷34《丁未春辞免司空兼侍中札子》，第533页。
③ 王溥等：《五代会要》卷13，上海古籍出版社1978年版，第215页。
④ 徐度撰，朱凯、姜汉椿整理：《却扫编》卷上，《全宋笔记》第3编，大象出版社2008年版，第121页。
⑤ 田志光：《北宋前期宰相官衔再探》，第62页。

"中书令、侍中,及丞郎以上至三师同中书门下平章事,并为正宰相"是制度的设计;"宋初,三省长官皆为空名,不与朝政,其命官必曰同中书门下平章事,惟其真拜侍中则不带平章"则是对于时事的总结。陈振先生敏锐地发现了北宋前期侍中为宰相的情况,并撰文说明这一问题,可谓慧眼独具。

综上所述,北宋前期以中书令、侍中与同中书门下平章事为宰相之职,而实际情况是宰相多以平章事结衔,少数人能得到侍中之职,中书令则未尝除授。

宋代坐仓析论

范建文

宋代籴法繁芜复杂。"自熙宁以来，和籴、入中之外，又有坐仓、博籴、结籴、俵籴、兑籴、寄籴、括籴、劝籴、均籴等名。其曰坐仓：熙宁二年，令诸军馀粮愿籴入官者，计价支钱，复储其米于仓。"① "宋时市籴之名有三：和籴，以见钱给之；博籴，以他物给之；便籴，则商贾以钞引给之。"② 据学者研究，宋代籴法有29种之多。③ 目前，学界关于宋代籴法的研究成果主要是围绕和籴、入中开展的，而对众多其他籴法关注并不多。④ 虽然宋代籴法或置或废，改头换面者有之，执行不广者有之，但并非都隶属于和籴、入中。事实上，宋代籴法除和籴、入中之外，还存在不少影响较大较为特殊者，如坐仓就是其中之一。60多年前，日本学者佐伯富曾以《宋代的坐仓》为题，从运送费的增大、军人的余粮、坐仓法的起源与目的及坐仓法的规定等层面，初步考察了宋代的坐仓。⑤ 这是迄今为止对宋代坐仓最早、最为系统研究的专文，他的开拓之功不可没。不过，囿于佐伯富先生的史观、研究手段等，该成果尚有诸多可增益空间。国内学者除朱家源、王曾瑜二位先生对坐仓

---

① 《宋史》卷175《食货志上三》，中华书局1985年标点本，第4243页。
② 徐松辑：《宋会要辑稿》食货41之1，中华书局1957年版，第5537页。
③ 朱家源、王曾瑜：《宋朝的和籴粮草》，《文史》第24辑。
④ 宋代籴法研究状况，请参阅李晓、孙尧奎《中日两国学者关于宋朝和籴、和买制度研究综述》，《中国史研究动态》2007年第3期。
⑤ 佐伯富：《宋代の坐倉》，原载《人文科学》第2、4卷，1948年7月，收录氏著《中国史研究》第1卷，同朋社1969年版，第580—599页。李晓、孙尧奎《中日两国学者关于宋朝和籴、和买制度研究综述》对此也有提及。

有450余字的专段论述及袁一堂先生对此略有着墨外,①不见其他研究成果。结合坐仓的文献记载及其在宋代粮草籴买中的地位,笔者认为,现有成果尚不能很好揭示宋代坐仓的历史镜像。鉴于此,本文拟考察宋代坐仓的发展、演变,政府对其管理及其历史地位与影响等层面,以丰富学界对宋代粮食籴买制度的认识。

一 坐仓及其出现的时间

坐仓,或许有更悠久的历史,但笔者只发现在宋代,看似极其简单的"坐仓"一词,开始拥有复杂的背景及其内涵。

在宋代,坐仓的含义至少有三。其一,"坐于仓",如"坐仓耗折""坐仓展息"及"坐仓节级"等,②指粮草置入仓之后发生的折耗、展息,职守乡级仓廪的低级军职等。③其二,置场收籴粮草。宋仁宗明道中(1032—1033),岁旱虫孽,百姓艰食,宫中"出缣帛五十万,科卖民间,取赀以市粟",而时任开封府界提点王雍则"封帛中帑,易缗钱,坐仓以籴,众以为便"④。另外,据《湘山野录》载:

> 范文正公镇青社,会河朔艰食,青之舆赋移博州置纳,青民大患輂置之苦,而河朔斛价不甚翔踊。公止戒民本州纳,价每斗三镪,给抄(钞)与之,俾签幕者辇金往干,曰:"博守席君夷亮余尝荐论,又足下之妇翁也,携书就彼,坐仓以倍价招之,事必可集……"签橐教行焉,至则皆如公料……青民因立像祠焉。⑤

---

① 参阅朱家源、王曾瑜《宋朝的和籴粮草》;袁一堂《宋代市籴制度研究》,《中国经济史研究》1994年第3期。
② 黄震:《黄氏日钞》卷74《更改社仓事申省状》《更革社仓公移》及卷87《抚州金溪县李氏社仓记》,文津阁《四库全书》本,商务印书馆2005年版,第235册,第532—533、593页。
③ "节级"释义,见《中国历史大辞典·宋史卷》编纂委员会编《中国历史大辞典·宋史卷》,上海辞书出版社1984年版,第79页。
④ 苏舜钦:《苏舜钦集》卷15《两浙路转运使司封郎中王公墓表》,上海古籍出版社2011年版,第194页。
⑤ 文莹:《湘山野录》卷中《范文正公镇青社》,中华书局1984年版,第33页。

这是宋仁宗皇祐三年（1051）范仲淹在青州赈灾济民的写照。① 王、范二公做法很相似，面对百姓"艰食"，不落窠臼，利用市场的供销关系与区域价格差异，"坐仓以籴"，其结果都颇便民。此类"坐仓"，是指在当地置场，现钱收购农民及商人的粮食，这与宋代最初的和籴并无二致。固然，前述两类坐仓，在宋代社会中各有一定的影响，但它们并非本文论述的重点，本文的重点是第三类坐仓。

宋仁宗至和二年（1055），虞部郎中薛向认为革除河北籴法之弊，就要"边谷贵，则籴澶、魏粟，漕黄、御河以给边；新陈未交，则散粟减价以救民乏；军食有馀，则坐仓收籴以待不足。使见钱行而三利举，则河北之谷不可胜食矣"②。可知作为当时籴法改革措施之一，此类坐仓是因"军食有馀"，旨在"收籴以待不足"。相对于此，《文献通考》对"坐仓"的释义，则更明确：

熙宁二年，帝阅群臣奏，以仪鸾司官孙思道言坐仓事，善之。坐仓者，以诸军馀粮愿粜入官者计价支钱，复储其米于仓也。诏条例司条例以闻，条例司请如嘉祐附令敕坐仓故事行之。③

可见此类坐仓特点有三：籴买粮草于军人，而不是农民、商人等；方式是自愿出粜，计价支钱；过程是"复储其米（余粮）于仓"，表明征收的是军人的余粮。这些表明此类坐仓是把已支纳于军人的余粮（消费结余的），通过自愿出粜、计价支钱等途径重新收籴入仓的制度。由之知，坐仓隶属宋代籴法，且是其中非常特殊的一类。虽然坐仓在宋代的历史环境中，也如其他籴法一样发生着变化，但其征粮于军人余粮的特色，并未完全泯灭。这将在后文述及。

前论"自熙宁以来，和籴、入中之外，又有坐仓"，言外之意，似乎坐仓是在宋神宗熙宁年间（1068—1077）才出现。其实不然。坐仓在宋代出现较早，迟至宋仁宗天圣元年（1023），就已在社会生活中发挥了重

---

① 楼钥：《范文正公年谱》，载范能濬编集《范仲淹全集》，凤凰出版社2004年版，第753—754页。

② 李焘：《续资治通鉴长编》（以下简称《长编》）卷181，至和二年十一月丁巳，中华书局2004年版，第4382页。

③ 马端临：《文献通考》卷21《市籴考二》，中华书局2011年版，第620页。

要作用。该年七月,诏:

> 自今汴河粮纲到京纳外少欠,除依例给限填内,不足,许将纲梢等合请粮食,令排岸司勾索随纲券历点检,具合请人数则例送粮料院,据见管人合请粮食数目明白批勘,声说坐仓不请充填欠数。仍当日内依历具逐人名下粮斛、色额、硕斗、印书、公文,送排岸司照会。销欠外有剩数,即令向下勘请,不得在京批勘。若填外尚有少欠,即依条施行。①

宋初,漕运制度发生的一个很大的变化,就是主要由厢军承担了之前役夫的任务,所以上文"汴河粮纲"中的纲梢等主要是厢军。从"据见管人合请粮食数目明白批勘,声说坐仓不请充填欠数"知,军粮坐仓在当时粮食流通中具有优先权,即使依例给限填充粮纲到京纳外少欠也不例外。这一事件已发生在汴河粮纲的厢军之中,更不必说京城开封驻扎的大量禁军了。此后坐仓获得了较快发展。至和二年(1055),因前述薛向之言,宋廷进行河北籴法改革,"诏置河北都大提举便籴粮草及催遣黄、御河纲运公事",并"以(薛)向为之"②。嘉祐年间(1056—1063),宋廷开始立法规范坐仓的发展,即所谓"嘉祐附令敕坐仓故事"。总之,坐仓出现较早,迟至天圣元年(1023)已具影响,在宋仁宗中后期,则获得了较快发展。

坐仓在宋仁宗时的发展有着复杂的历史背景。大致说来,其原因主要有三。

其一,时局陡艰,原有籴法难以应付庞大的开支,尤其是粮草措运。当时,民族矛盾加重,宋夏战争频仍,辽也趁机施压,河东、河北,尤其是西北边疆屯驻了大量军队;民生趋艰,社会矛盾重重,"今盗贼一年多如一年,一火强如一火,天下祸患,岂可不忧"③;募兵膨

---

① 徐松辑:《宋会要辑稿》食货42之9,第5566页。
② 李焘:《长编》卷181,至和二年十一月丁巳,第4382—4383页。而《宋史》卷328《薛向传》,第10586页却为"朝廷是向计,始置便籴司于大名,以向为提点刑狱兼其事"。二者记载当为一事:"便籴司"是当时始设于河北主管籴法的中央派出机构。
③ 欧阳修:《欧阳修全集》卷100《再论置兵御贼札子》,中华书局2001年版,第1539页。

胀，常备军人数达一百十余万至一百二、三十万人。① 养军、军备及战争等的巨大开支，使之前早已捉襟见肘的粮草购籴、支移系统，更加不堪应付了。

其二，现有籴法弊端突出，亟须改革。至和二年（1055），薛向认为河北籴法："被边十四州，悉仰食度支，岁费钱五百万缗，得米粟百六十万斛，其实才直二百万缗尔，而岁常虚费三百万缗，入于商贾蓄贩之家。"② 嘉祐二年（1057），张方平又披露了京师军储之弊：

> 盖自庆历七年拣发京东、西、江、湖、淮、浙宣毅兵士，充填在京诸军，至于诸色冗食，顷来益众。复自有事西边，内外支费不赡，屡减东南之籴，使输缯王府。或州郡灾伤，朝旨辄辍粮运，以救赒艰急。亦缘诸路转运积成废慢，年额亏减，上下因循，阙于督举，官失其守，事忘其旧，致令储备益乏。如此日侵月削，更五七年，京师仓廪无一年之蓄矣。
>
> 夫金帛轻货，缓急易聚，至于粮馈，非素为备，若因之以饥馑，倘别有不可预防之事，一旦阙误，岂可仓卒而致者。③

其三，军人粮草消费不完，有大量结余。宋英宗初，蔡襄已指出军队粮草开支在全国同类支出中的比重，见下表。

表1　　　英宗初军队粮草开支在全国同类支出中的比重

项目	总收入	总支出	军队支出	军队支出占总收入之百分比	军队支出占总支出之比
粮食（单位为石）	26,943,575	30,472,708	23,170,223	85.99%	76.03%
草（单位为束）	29,396,113	29,520,469	24,980,464	84.97%	84.62%

资料来源：蔡襄《宋端明殿学士蔡忠惠公文集》卷18《论兵十事》。

---

① 朱家源、王曾瑜：《宋朝的和籴粮草》。
② 李焘：《长编》卷181，至和二年十一月丁巳，第4382页。
③ 张方平：《乐全先生文集》卷23《论京师军储事》，《宋集珍本丛刊》，线装书局2004年影印本，第6册，第19页。

从表 1 可知蔡襄"一岁所用养兵之费,常居六七,国用无几矣"的提法,已是非常保守了。① 宋代养兵优厚,粮草开支外,还有名目繁多的赏赐添支等。② 所以,以国之收入之至少六七赡养百余万军队,再加之优厚的额外收入,军人必定有数量可观的结余粮草,可以出籴。

总之,坐仓在宋代的出现及其发展,是当时历史发展的产物。它响应了时代的召唤,其发展也给宋代政治、经济、社会等诸层面带来了深远影响。

二 坐仓的发展

前已初步述及坐仓在宋仁宗时的发展,综观有宋一代,坐仓的发展主要表现在以下几个方面。

(一)坐仓由东京开封逐渐推向全国。正如前述"汴河粮纲"坐仓现象所展示的,坐仓当发轫于当时的京城开封。嘉祐二年(1057),张方平曾论述京师坐仓的重要性:"今以军储大计,欲仓廪充实,诸河所般年额上供斛斗,据见今纲船兵稍(梢)常患不足,难更添数般运。惟是在京坐仓收籴,可免漕辇之费。"③ 其实在这之前,随着在京师实践的成功,坐仓就早已推行到了河北沿边地区。④ 如至和二年(1055)十一月,宋廷在河北置河北都大提举使籴粮草及催遣黄、御河纲运公事,并令薛向董之,专门措置河北坐仓等仓法籴储、纲运等事宜。宋神宗熙宁三年(1070)正月二十二日,制置三司条例司言:"检会编敕:军人食不尽月粮口食,并许坐仓籴入官。自来河北、河东、陕西州军少阙省钱,多不施行。欲乞三路如阙见钱,许提举常平仓司坐仓收籴,以备俵散。如合留充

---

① 制表等均见蔡襄《宋端明殿学士蔡忠惠公文集》卷 18《论兵十事》,《宋集珍本丛刊》,第 8 册,第 91—92 页。此外,"密院进呈镇江军兵三年加减之数,上曰:'养兵费财,国用十分几八分养兵。'周必大奏:'尚不啻八分'",见佚名《皇宋中兴两朝圣政》卷 60,淳熙十年正月壬辰,北京图书馆出版社 2007 年影印本,第 4 册,第 420 页;"今天下财用,费于养兵者十之八九","财用不足,皆起于养兵,十分,八分是养兵,其他用度,止在二分之中",见章如愚《群书考索·别集》卷 21《兵门》,书目文献出版社 1992 年版,第 1413 页。

② 参见马光祖修,周应合纂《景定建康志》卷 38《武卫志·优待将士》,《宋元方志丛书》,中华书局 1990 年影印本,第 2 册,第 1966—1967 页。

③ 《乐全先生文集》卷 23《论京师军储事》,第 21 页。

④ 朱家源、王曾瑜先生认为,熙宁二年(1069),坐仓实施范围尚限于开封,见《宋朝的和籴粮草》。

军粮支遣，即却令拨充和籴，或入中仓。"① 熙宁八年（1075）十一月，宋廷诏："闻通远、秦、陇、凤翔、永兴等州军屯驻并过往及马递铺兵所请粮，官坐仓籴数过多，反致日食不足，复增价买于民间，令提点刑狱司下本路究实以闻。"② 这些都充分说明当时坐仓已推广至河北、河东、陕西。不过，因其发展过快，以至出现"官坐仓籴数过多，反致日食不足，复增价买于民间"的现象。元丰三年（1080），连远在"琼州之南十有六程"的朱崖军也已推行坐仓："朱崖军颇有生熟黎峒米，并海北客舟载米，及军人等坐仓，皆可收籴。如岁计得足，乞尽令纳见钱，实为久利。"③ 可知迟至元丰三年（1080），坐仓已推广到全国各地了。但发展过快，其弊端也随之而生，宋廷不得不限制军人坐仓余粮的数额。④

（二）籴买对象的扩大。从前揭知坐仓最初籴买的对象只是军人。但随着历史发展，坐仓的对象也不断扩大，由有余粮的军人逐步发展为普通民户、商人甚至官吏等人群。元丰元年（1078）九月二十九日，宋神宗令"籴民所自籴米粟及坐仓入官，仍依诸军所请用见钱，坐仓收籴"⑤。"籴民"一词，表明此时坐仓对象已不单单是军人了。宋哲宗元祐元年（1086）八月，诏坐仓征收沿边官员等斛斗："德顺军静边寨置市籴场，广行收籴，及令本路五州、军和籴场坐仓收籴官员并诸军斛斗。其和籴场仍并用见钱籴买。内坐仓收籴官员诸军斛斗，并召情愿，不得抑勒。"⑥元符元年（1098）二月，户部言："保平军状，准条应官员请俸粮草，除食用外，有馀数亦依诸军价例坐仓。乞特不许知州、通判入中及坐仓坐场，其槩俸馀，即不得过坐仓钱数。如允所乞，其本路诸州、军，并河北、河东路亦望依此施行。"⑦ 宋廷则据之施行。南宋孝宗时，则一再诏令粮草坐仓收籴，不得强配于民。⑧ 上述足以证明，坐仓由北宋发展至南

---

① 徐松辑：《宋会要辑稿》食货39之21—22，第5499页。
② 李焘：《长编》卷270，熙宁八年正月丙子，第6623页。
③ 李焘：《长编》卷310，元丰三年十一月庚申，第7521页。
④ 徐松辑：《宋会要辑稿》食货39之39，第5508页。
⑤ 徐松辑：《宋会要辑稿》职官44之36，第3381页；李焘：《长编》卷292，元丰元年九月庚子，第7142页记载与此略有不同。
⑥ 李焘：《长编》卷385，元祐元年八月丁酉，第9381页。
⑦ 李焘：《长编》卷494，元符元年二月甲申，第11746页。
⑧ 参见马端临《文献通考》卷21《市籴考二》，第635页；徐松辑《宋会要辑稿》食货41之4，第5538页等。

宋，其籴买对象发生了很大变化，其中不仅有军人、商人、普通民众，甚至还有官吏等。籴买对象的扩大，既表明坐仓在宋代籴法、财政征收系统中更加重要，同时也说明政府对基层民众的盘剥加重了。一再诏令"不得强配于民"的事实，已足以说明对一般民众而言，坐仓不啻为一种新型的强加于身的盘剥手段。

（三）坐仓方式的变化。随着坐仓的发展，坐仓方式也发生了变化，渐由现钱当场支付到折估交易；由自愿征收为主到抑勒收缴为主。从前述知，自愿出粜入官，官方当场"计价支钱"，是坐仓最初的关键特征，后来这些特征不断改变。迟至熙宁八年（1075），就已出现强制征收军人粮草现象："提举官杜常惟体量到宁州常预借振武等指挥一月军粮，坐仓全籴入官，永兴并陕府阌乡县亦尝坐仓收籴。"① 此后，尽管朝廷一再禁令不得抑勒坐仓，但抑勒坐仓现象愈来愈严重。抑勒征收的对象不仅仅是军人、普通民众等，有时还是政府官员："内坐仓收籴官员诸军斛斗，并召情愿，不得抑勒。"元丰六年（1083）五月，宋廷"诏坐仓收籴请军粮斛不取军人情愿，以违制论，不以赦降去官原减"②。宋哲宗元祐元年（1086）八月，"内坐仓收籴官员诸军斛斗，并召情愿，不得抑勒"。不过，朝廷的禁令并没有发挥多大作用，以致后来"强配于民"了。

既然坐仓余粮自愿出粜逐渐发展为抑勒征收，那么现场"计价支钱"也难以为继了。变化之一，出现低价籴买现象。为鼓励军人出粜余粮，坐仓计价时一般都会高于市价，有时还增钱收籴。③ 不过，伴随抑勒征收的发展，籴买支付时"支价钱低小""低价籴买"等现象不断出现，④ 甚至"坐仓虚称官买"："诏诸路漕司据住营、驻泊厢、禁军未支军粮，疾速应数按月支给，不得循习旧弊，及坐仓虚称官买，量给价钱。违者重行窜责。"⑤

变化之二，"折估"现象出现。"折估"，是不以现钱或不全部以现钱，而用盐、茶、钞引、绢帛甚至度牒、官告等折算现钱，往往不当场支

---

① 李焘：《长编》卷270，熙宁八年丙子，第6623页。
② 李焘：《长编》卷458，元祐六年五月庚午，第10961页。元祐六年（1091）五月庚午，经刑部建议，前引"合删去"，政策又发生了变化。
③ 徐松辑：《宋会要辑稿》食货62之11，第5974页。
④ 参见徐松辑《宋会要辑稿》食货54之5，第5740页；《宋会要辑稿》食货54之9，第5742页。
⑤ 徐松辑：《宋会要辑稿》食货62之60，第5978页。

付,是宋代籴法中非常普遍的支付方式。"折估"虽曾发挥过积极作用,但后来可以说是变相剥削的代名词。① 相对于抑勒坐仓,坐仓"折估"支付在现存宋代文献中出现较晚,但这并不能说明其在宋代出现就晚。崇宁四年(1104)十月二十二日,尚书省札子:"奉御笔:'备边兵马消耗甚多,盖自衣粮不时赒给。切当留意措置招填,检察官司预桩请受,无令减克、兑折坐仓。'今勘会诸军及减克请受、兑折坐仓,不止陕西熙河,应三路沿边皆当立法。"② 两宋之际,士兵认为"昔日禁军难作而易活,今日禁军易作而难活"的原因之一,就是"坐仓折估":"昔日法行,而上下之分严,故难作;然请给衣粮及时,而得无冻馁之患,故易活。今日法不行,而上下之分苟简,故易作;然请给衣粮,多不及时,又有坐仓折估之法,妻子不免于冻馁,故难活。"③ "兑折"也是"折估"的一种方式。前述足见当时坐仓折估的普遍性及其危害性。

正如朱家源、王曾瑜所论"从籴本构成的演变,从置场和籴为主到抑配征购为主的演变,是把握和籴性质及其发展变化的两条主要线索",④ 坐仓也由最初针对军人余粮自愿出籴,现场计价支付为主演变为强勒于民,低价、折估甚至不支价为主。坐仓支付方式的演变,见证了宋代一项原本比较合理的籴法逐步异化的过程。宋代坐仓的演变,不是个案、特例,而是当时普遍现象的映射。这种演变既是宋代特定的社会环境下之必然,也是中国传统社会发展中无法回避、不可摆脱的内在逻辑所使然。

(四)坐仓地位的变化。前述"坐仓由东京开封逐渐推向全国"及"籴买对象不断扩大",也从一定层面论述了坐仓在宋代籴法中地位变化的轨迹。不过,就坐仓在北宋执行情况来看,虽然其在宋仁宗时曾是支持籴法改革的三大政策之一,在当时,尤其是宋神宗时获得较快发展,但它仍不过是当时众多粮草籴买制度中的一个;虽然官府发展籴法的政策时有偏颇,但在当时坐仓很大程度上发挥了一种补充作用,至少还不是主要的籴法。但这种情况到南宋时发生了变化。乾道九年(1163)正月十一日,臣僚言:"省仓、丰储仓等处收籴米斛有二,曰坐仓和籴,曰收籴客

---

① 关于宋代"折估"情况,可参阅研究成果很多,兹不赘。
② 徐松辑:《宋会要辑稿》刑法2之45,第6518页。
③ 李纲:《李纲全集》卷62《乞修军政札子》,岳麓书社2004年版,第662页。
④ 参见朱家源、王曾瑜《宋朝的和籴粮草》。

米。"① 这表明坐仓已是当时的主要籴法之一。当时朝廷曾应副襄阳府吴拱官兵合用粮五万石,其中二万一百石为鄂州坐仓和籴到米内取拨。② 当时朝廷过于依赖坐仓积粮,一些有识之士不无担忧:"积粮若止望坐仓,恐未易办,其他如度牒、召人入中之类,亦可行否? 更度彼间要切者,具奏为佳。"③ 所以,坐仓在南宋时的财政征集中,尤其是军粮筹措中处于关键性地位,渐成为当时主要籴种之一。

概而论之,前文从以上几个方面梳理了宋代坐仓发展的主要轨迹。随着坐仓的发展,宋廷也逐步对其加强管理。其实宋廷对坐仓管理方式、政策的变化,也是坐仓发展的表现之一。

三 坐仓的管理

宋代对坐仓的管理方式,通常包括三个方面,一是坐仓管理机构的设置及其运行;二是以立法等形式引导坐仓规范发展;三是推赏。

早在至和二年(1055)十一月,作为坐仓等籴法的专门管理机构——籴便司已设置于河北大名,任命薛向为河北都大提举,负责籴粮草及催遣黄、御河纲运公事。④ 元丰元年(1078)九月,薛向以同知枢密院再次提举籴便所。作为专门管理籴法的机构籴便司,或籴便所的设置及运作,无疑促进了坐仓等诸多籴种的发展。宋哲宗时进一步改进仓部机构的设置。如元祐元年(1086)十月四日,"诏户部以减罢仓部郎中一员,许复置,专勾覆案并印发诸色钞引(郎官一人。分案有六:曰仓场,掌粮草收支及出纳欠折;曰上供,掌年额上供斛斗及封桩粮草;曰粜籴,掌粜籴、坐仓、折纳等;曰给纳,掌给禄廪、赈济、杂给事;曰知杂;曰开折。吏额:主事一人、令史二人、书令史八人、守当官八人、贴司九人)"⑤。

在宋廷不断完善坐仓管理机构的同时,还不断用诏令、行政命令、立

---

① 徐松辑:《宋会要辑稿》食货40之55,第5536页。
② 王之望:《汉滨集》卷8《乞令湖广应副吴拱襄阳官兵钱粮朝札》,文津阁《四库全书》本,第380册,第881页。
③ 周必大:《周益公文集》卷197《札子九·高汝一》,《宋集珍本丛刊》,第50册,第786页。
④ 关于河北籴便司,请参阅袁一堂《宋代河北路便籴地域考略》,《河北学刊》1998年第1期;李晓《北宋的河北籴便司》,《中国史研究》2004年第2期。
⑤ 徐松辑:《宋会要辑稿》食货53之1—2,第5720页。

法等规范坐仓的发展。熙宁二年（1069），宋神宗支持仪鸾司官孙思道所言坐仓事，"诏条例司条例以闻，条例司请如嘉祐附令敕坐仓故事行之"。同年九月十八日，条例司言：

> 近日在京米价斗贱，诸军班及诸司库务公人出粜食不尽月粮，全不直钱。欲乞指挥三司晓示，今后愿依下项所定价出粜入官者，依嘉祐附令敕坐仓条贯施行："诸班直一千，捧日天武、龙神卫八百，拱圣、神勇以下七百，上、下杂诸司坊监六百。"①

此即《皇宋十朝纲要校正》所称"立坐仓法"②。目前虽难睹"嘉祐附令敕坐仓条贯"的具体内容，不过从三司条例司对其的重视，及熙宁"坐仓法"严格据其执行等现象，是可以蠡测到嘉祐坐仓法在规范坐仓发展中的地位及影响的。

宋廷亦不断采取措施制止，或抑制坐仓弊端的发生、发展。其一，限制军人等过分出粜。如"今后屯泊戍兵食不尽粮愿坐仓收籴者，毋过三之一"③；"其粜俸馀，即不得过坐仓钱数"。其二，坐仓自愿，严禁抑勒、减克、兑折坐仓等现象发生。元丰六年（1083）五月，宋廷诏坐仓收籴诸军粮斛不取军人情愿，以违制论，不以赦降去官原减。政和元年（1111）五月三十日，"诏诸军月粮、口食，虽食用有馀，不取情愿而抑令坐仓收籴者，徒二年"④。宋钦宗时为赡军，甚至一度不坐仓。⑤ 其实这也不过是制止或减少抑勒籴收的一种手段而已。

推赏也是坐仓管理的一种手段。推赏的对象是在坐仓征籴中表现突出者，其主要标准是征粮多者。乾道九年（1163）正月十一日，臣僚言：

> 省仓、丰储仓等处收籴米斛有二：曰坐仓和籴，曰收籴客米。其收籴客米系户部专一置场招接，收籴客人贩到米斛，每籴及十万硕，

---

① 徐松辑：《宋会要辑稿》职官5之5，第2465页。
② 李埴：《皇宋十朝纲要校正》卷9，熙宁二年九月乙卯，中华书局2013年版，第279页。
③ 徐松辑：《宋会要辑稿》食货39之39，第5508页。
④ 徐松辑：《宋会要辑稿》食货62之58，第5977页。
⑤ 汪藻：《靖康要录笺注》卷1，靖康元年正月一日，四川大学出版社2008年版，第72页。

监官二员各减磨勘一年，犹谓赏太优厚。而所谓坐仓和籴者，乃收籴军人食不尽米，每遇支散军粮之日，户部轮委所辖厘务官诸仓受筹收籴。其米不曾出仓，而乃依收籴客米之例，至有一任之内减磨勘一二十年者，岂不侥滥？欲乞坐仓收籴军人情愿籴米者，更不推赏。[①]

磨勘是宋代考核官员政绩、循资以定升降迁黜的制度。推赏的方式是减磨勘，即是减少循资年限，加快官职迁转的进程。"坐仓和籴"者"至有一任之内减磨勘一二十年者"，虽有"岂不侥滥"之嫌，但同时也说明"推赏"在提高坐仓粮食征收数量中的作用。从另一个角度来说，"推赏"与其说是坐仓管理方式之一，更不如说是加重对军人、民众盘剥的一个黑手。从"欲乞坐仓收籴军人情愿籴米者，更不推赏"看，有识之士并不赞成坐仓中实行"推赏"。所以，淳熙元年（1174）春，曾"罢坐仓籴米赏"[②]。

如上，宋廷曾采取多种方式管理坐仓，推动了坐仓的发展，这说明坐仓对他们而言很重要。不过，与之同时，统治集团难填的贪欲、败坏混乱的政治环境，以及历史大环境，致使坐仓越来越远离初置目标，逐渐沦落为扩大盘剥，加重军人、中下级官员、广大民众痛苦的无形刽子手，给整个社会带来沉重的危害。坐仓复杂的发展历程，多样的管理手段以及在宋代籴法中扮演的多重角色，也增添了我们认识其地位、辨析其性质的难度。

四 坐仓在宋代籴法中的地位、作用

基于以上的探讨，这里浅析坐仓在宋代籴法中的地位及作用。

首先，坐仓是宋代一项重要的粮食筹措制度，在宋代籴法中地位重要而特殊。正如前述，宋代粮食籴买制度很多，但相对于其他籴法籴买对象主要是一般民众、商人，购买物主要是初次进入流通领域的粮草等而言，坐仓的重点对象是军人、购买物是已被分配于军人的余粮，而且是现场计价支付。虽然，坐仓的对象、籴买方式等发生了变化，但最初的制度设计

---

① 徐松辑：《宋会要辑稿》食货40之55，第5536页。
② 《宋史》卷34《孝宗纪二》，第657页。

也一直延续并起作用。宋廷非常重视坐仓的发展。宋仁宗时，在薛向、张方平等大臣的支持下，出现了籴便司和嘉祐坐仓法。熙宁二年（1069），宋神宗曾召集王安石、曾公亮、王珪、司马光、吕惠卿等廷议坐仓利弊，最终支持吕惠卿的建议，推行坐仓。[①] 兼及前述嘉祐坐仓法的推行、官职机构的完善及有关诏令、管理法规的出台，都充分证明北宋中后期诸朝都非常重视发展坐仓，坐仓在当时已是重要的粮食籴买制度了。北宋自仁宗起一直保持百余万的常备军，国家财政收入的至少六七成用于军费，加之名目繁多的赏赐、贴补等，军人的粮草消费势必有大量结余，结果一方面现有籴政趋弊，财政收支更加困难，一方面军人大量余粮囤积、腐坏。[②] 通过坐仓籴买军人余粮，可以部分实现籴有余、弥不足、增加粮食流通、省费用、缓解财政危机等作用。而这也许正是北宋诸帝重视并大力发展坐仓的主要原因。宋祚南迁，偏安江南一隅，政局动荡，战争频仍，阶级、民族及社会矛盾突出，民生趋艰，财政危机更加突出，军粮筹措尤为迫切、艰巨。恰如前述，这是坐仓已发展为当时为数不多的主要籴种之一，担负了相当大部分粮草的筹措任务。[③] 一言以蔽之，坐仓是宋代诸多粮食籴买制度中非常重要的一支，在宋代军粮流通中发挥了重要作用。制度本身也许并无好坏之分，关键要考察它出台的目的、服务的对象、执行力及其效果。坐仓在发展过程中虽伴随着诸多弊端、缺陷，带来了严重社会危害，但这似乎并不妨碍其为宋代重要的籴买制度。

其次，坐仓的弊端也很突出，带来了严重的社会危害。其实，前述"抑勒"籴买，"减克请受、兑折坐仓"，"支价钱低小"等，都是坐仓弊端的表现。坐仓弊端的发展，首先危及军人利益。元符三年（1100）四月二十日（宋徽宗即位未改元），宋廷诏："访闻诸路灾伤州军，缘仓库

[①] 《宋史》卷175《食货志上三》，第4243—4244页。另马端临《文献通考》卷21《市籴考二》，第620—621页；《宋史》卷336《司马光传》，第10765页；罗从彦《豫章罗先生文集》卷8《遵尧录七司马光》，《宋集珍本丛刊》，第32册，第435页等都有相关记载，只有《宋史》卷175《食货志上三》记述较为完整。

[②] 黄淮、杨士奇等：《历代名臣奏议》卷219《兵制·程琳上疏论兵在精不在多》，上海古籍出版社1989年版，第2877页。

[③] 参见李心传《建炎以来系年要录》卷199，绍兴三十二年四月乙卯，上海古籍出版社1992年影印本，第859—860页；许景衡《横塘集》卷11《乞备两京粮草第二札子》，《宋集珍本丛刊》，第32册，第278页；李心传《建炎以来朝野杂记·乙集》卷16《四川宣抚司科对籴米》，中华书局2000年版，第804—805页。

蓄积不广，致支散诸军月粮、口食等，多以情愿坐仓为名，又支价钱低小，致食用不足，因兹逃窜饿殍，恐寖久聚为盗贼。"① 两宋之际，不仅士卒有"昔日禁军难作而易活，今日禁军易作而难活"之见，李纲亦认为"国以兵为本，兵以食为天……欲强兵以制夷狄，未有不以谷粟为先者……又行坐仓之法，士有饥色，其何以战？"② 军人的利益受到严重侵害，忍无可忍时，他们会铤而走险以维护自己的权益。③ 宋代坐仓的弊端，远不止这些。宋徽宗重和年间（1118—1119），延康殿学士徐处仁就已指出坐仓害民。④ 任何制度、政策的出台，都受其自身及其所处环境的影响，而制度、政策的制定者（或设计者）、管理者、执行者的腐败行为、渎职作风，势必会激化该事物弊端的发展，坐仓也是一样。"府库仓廪俱空，而有坐仓之籴"⑤，"兴州银一两博米仅得一斗，缘军粮不足，有司不免贵支坐仓价钱。计司失职，莫此为甚"⑥。更甚者，"官员自有俸禄，差充坐仓董纳，亦职分中事，乃公然取受，略无愧怍，习以成风，所在皆然，而钱数未有如江西之多也。故于未开仓之前，争营求为受纳官，上官或委之私人，明言照顾之。盖有一年在仓，而获数千缗者。此钱何从来哉？皆民之膏血也"⑦。

剔除制度本身及其所处的历史环境，对于一项没有选择能力的制度而言，执行过程中的腐败，或者执行者（阶层）的腐败，无疑是其弊端生发的主要原因。以上诸多弊端，都会在坐仓推广过程中，被分配到军人、一般民众、下层官员及部分商人头上。所以，坐仓的发展过程，不过是宋代盘剥扩大化、人民日益陷入水深火热的痛苦泥沼而不可拔的过程。虽然，坐仓在军粮筹措、国家财政收缴过程中发挥着重要作用，但也应认清其同时也带有严重的社会剥削行为。

---

① 徐松辑：《宋会要辑稿》食货54之5，第5740页。
② 《李纲全集》卷144《御戎论》，第1369—1370页。
③ 参见佚名编《续编两朝纲目备要》卷11，嘉定元年闰四月，中华书局1995年版，第195页；杨时《龟山先生全集》卷36《周宪之墓志铭》，《宋集珍本丛刊》，第29册，第565页。
④ 陈均编：《皇朝编年纲目备要》卷28，重和元年十二月，中华书局2006年版，第724页。
⑤ 晁说之：《景迂生集》卷2《朔问下》，文津阁《四库全书》本，第373册，第641页。
⑥ 李心传：《建炎以来系年要录》卷74，绍兴四年三月丙寅，第49页。
⑦ 李昂英：《文溪集》卷11《蠲除受纳官事例钱判》，文渊阁《四库全书》本，台湾商务印书馆1986年版，第1181册，第182页。

五　小结

综合以上论述，笔者形成以下浅见：

（一）宋代的坐仓兼具置场和籴与抑勒征购两者的关键特征，是宋代置场和籴、抑勒征购之外的另一类粮食籴买制度，[①] 结果由最初正常的粮食交易逐步发展为一项不定额的似税非税的经济负担。[②] 它在宋代军粮筹措等方面发挥着重要作用，借此可以管窥宋代粮食流通、军事经济及财政收支等方面问题。

（二）宋代籴法繁复，粮食流通相对活跃，这既是经济发展、商品经济活跃的反映，也是宋代粮政发达的见证，可以说宋代粮食籴买制度在中国传统社会籴政中占有突出地位。这既是对前代籴法的总结，也为后代籴法的发展积累了经验。这是问题的一个方面。另一方面，籴法的增多，此伏彼起，不也证明当时政府处心积虑，不惜杀鸡取卵、涸泽而渔以济其私欲？其结果既加重了社会剥削，增添了民众的苦痛，也给整个社会的发展带来了深远的负面影响。我们在研究宋代财政收支手段发达、财政增加时，对这一点是不能抹杀的，更不能忽视。

（三）南宋曹彦约曾言："食廪之弊，未易尽革，所以坐仓收籴，近

[①] 朱家源、王曾瑜《宋朝的和籴粮草》把宋代粮食籴买制度统称为和籴，认为和籴大致有两种：官府置场和籴与实行抑配征购，而"和籴、博籴、坐仓、结籴、兑籴和招籴是置场籴买与抑配征购兼行"，但并没把后者单独归为一类。包伟民《宋代的粮食贸易》认为宋代的和籴有两种不同的形态，一为向民户强制摊派，称配籴、抑籴等，另一种为置场和籴，则基本属于正常的商业行为（《中国社会科学》1991年第2期）。袁一堂《宋代市籴制度研究》认为宋代市籴制度大体可以归结为和籴、便籴及平籴三种基本的形式，而从广义上说，便籴也是和籴；和籴分四类，坐仓属于低价抑配一类，等等。众家表述虽有别，但主要都是把宋代的粮食籴买制度归为和籴，认为和籴有两种，即官府置场和籴与抑配征购。宋代文献中多次出现"坐仓和籴"的字眼，坐仓无疑是官府置场和籴中的一种；前已讨论坐仓减克、折估、抑勒、强制征配等实行抑配征购的现象。所以，笔者认为宋代的籴法在官府置场和籴与抑配征购之外，还有兼有官府置场和籴与抑配征购特征的一类。

[②] 朱家源、王曾瑜《宋朝的和籴粮草》认为"和籴粮草自北宋初迄南宋末，始终是一项似税非税的经济负担，而并未形成定额"；包伟民《宋代地方财政史研究》认为和籴在有宋一代从未正式转变成为赋税，但民户实际负担不轻（中国人民大学出版社2011年版，第179页）；李晓《宋朝政府购买制度研究》认为"两宋时期的市籴粮草虽然始终没有像预买绸绢那样变成赋税，但总体上表现出了从和籴向科籴演变的趋势"（上海人民出版社2007年版，第313页），等等。综合以上，笔者认为宋代的坐仓，就是由最初正常的粮食交易逐步发展成为一项不定额的似税非税的经济负担。

世以为良法。若使实有是物，实有是价，在公在私，可为两便，但作弊者不可不革耳。"① 结合前所论述，我们认为应"食廪之弊"而起的坐仓，在最初不啻为"近世"之良法，后来却逐步成为政府抑勒征购，加大社会聚敛，加深社会危害的手段。出现这种结果的原因固然很多，但严重的社会腐败无疑是其中最主要的原因：

> 国家养兵，衣食丰足。近岁以来，官不守法，侵夺者多；若军司乞取及因事率敛，刻剥分数，反致不足。又官吏冗占猥多，修造役使，违法差借。杂役之兵，食浮于禁旅，假借之卒，役重于厢军。近因整缉军政，深骇听闻。②
>
> 自国初以来，内则三司，外则漕台，率以军储为急务，故钱粮支赐，岁有定数。至于征戍调发之特支，将士功劳之犒赏，与夫诸军阙额而收其奉廪以为上供之封桩者，虽无定数，而未尝无权衡于其间也。封桩累朝皆有之，而熙宁为盛。其后虽有今后再不封桩之诏，然军司告乏，则暂从其请，稍或优足，则封桩如旧。盖宰执得人，则阙额用于朝廷；枢筦势重，则阙额归之密院。此政和军政所以益不逮于崇宁、大观之间者，由两府之势互有轻重，而不能恪守祖宗之法也。③

腐败是一切弊政产生的温床。但是，在权力专断集中、人治至上的中国传统社会，根本没有抑制腐败生发的土壤，结果只能任由像坐仓这样的良策惠政逐步异化为加重剥削的利器了。

---

① 曹彦约：《经幄管见》卷2，《丛书集成续编》本，上海书店1994年版，第27册，第941页。
② 《宋史》卷194《兵志八》，第4845页。
③ 同上书，第4846页。

西夏僧人赋役问题初探

崔红芬

两晋南北朝时，一些僧团得到国家官府的资助，有了庄园田产和依附人口。寺院开始经营土地及其他营利活动，寺院经济有了一定的发展规模。正是在统治者的支持和庇护下，寺院经济至隋唐而益盛。但随着出家僧人数量的增多，编户减少，势必要影响到统治者财政收入和兵赋徭役，国家加强了对僧人和寺院经济的管理与控制，寺院和僧人享有减免税役的特权逐渐减少。有学者认为，自北魏以来僧尼一直是只享有免役特权，没有免租税特权。唐前期寺院僧尼还需负担差科。① 中唐以后国家逐渐取消了寺院经济特权，把寺院经济逐步纳入世俗社会经济的范畴。谢重光先生的《略论唐代寺院僧尼免赋特权的逐步丧失》一文曾指出："两税法前虽然寺院僧尼免纳租庸调的特权还被视为理所当然，但已有对寺院征敛资课、户税、杂徭等现象；两税法实行以后，寺院、僧尼须纳正税，但仍存在避役特权。"② 郝春文先生根据藏经洞出土文书对唐后期五代宋初时期敦煌僧人的赋役负担进行研究，认为敦煌僧人不是一个"不耕而食，不织而衣"的寄生阶层，他们既要向官府纳税服役，还不断受到寺院的役使。③ 姜伯勤和冯培红等先生对敦煌僧人赋役情况也有所论述。④ 宋代寺

---

① [日]诸户立雄：《中国佛教制度史の研究》，东京平河出版社1990年版，第338—473页。
② 谢重光：《略论唐代寺院僧尼免赋特权的逐步丧失》，《中国社会经济史研究》1983年第1期。
③ 郝春文：《唐后期五代宋初敦煌僧尼的社会生活》，中国社会科学出版社1998年版，第102—103页。
④ 姜伯勤：《唐五代敦煌寺户制度》，中华书局1987年版。冯培红：《P.3249背〈军籍残卷〉与归义军初期的僧兵武装》，《敦煌研究》1998年第2期。

院、僧人的赋役负担日益加重，除纳正税外，若不服役，还需要交纳"助役钱"。西夏学者对西夏经济状况和赋役制度也作过较为详细的论述，① 但对寺院、僧人的赋役状况基本没有涉及，其研究较为薄弱。综合各方面的材料分析，笔者认为，西夏寺院、僧人虽享有一定政治、经济等方面的特权，但仍像世俗百姓一样纳税服役，不赞同西夏僧尼是一个不劳而获的阶层的观点。② 那么寺院僧人的赋役情况如何？本文欲利用零散的材料对这一问题作初步论述。

一 寺院僧人的租赋

西夏寺院僧人的赋役情况不同程度上受到唐宋和河西地区吐蕃、归义军政权时期寺院僧尼赋役制度影响。西夏国小民贫，经济发展相对落后，但佛教发展却十分兴盛，塔寺林立、僧尼众多。至于塔寺和僧尼大概数量仅凭现有材料尚无法作出合理的判断。③ 史先生在《西夏佛教新探》一文中指出："西夏有的法会集中三千甚至七千僧人参加，而应天四年的大法会竟有六万七千余僧人参加。"④ 一次法会竟有如此之多僧人参加，足以说明西夏僧尼人数的庞大。如此众多僧尼若依靠官府供养，则会大大减少国家的财政收入，给国家造成沉重的经济负担，招致统治者和百姓的不

---

① 漆侠、乔幼梅：《辽夏金经济史》，河北大学出版社1998年版。吴天墀：《西夏史稿》，四川人民出版社1980年版，第170—200页。杜建录：《西夏经济史》，中国社会科学出版社2002年版。杜建录：《西夏高利贷初探》，《民族研究》1999年第2期；《西夏的赋役制度》，《中国经济史研究》1998年第4期。黄振华：《西夏天盛二十年卖地文契考释》，载白滨主编《西夏史论文集》，宁夏人民出版社1984年版，第313—319页。陈国灿：《西夏天庆间典当残契的复原》，《中国史研究》1980年第1期。史金波：《西夏农业租税考》，《历史研究》2005年第1期；《国家图书馆藏西夏文社会文书残页考》，《文献》2004年第2期；《西夏贷粮契约简论》，载林英津等主编《汉藏语研究——龚煌城先生七秩寿庆论文集》，"中央研究院"语言学研究所2004年版，第563—584页。[俄]克恰诺夫：《对黑水城出土的第8203号西夏文书的译读》，崔红芬译，《宁夏大学学报》2005年第5期。王元林：《〈西夏光定未年借谷物契〉考释》，《敦煌研究》2002年第2期。

② 史金波：《西夏佛教史略》，宁夏人民出版社1988年版，第135—137页。

③ 聂鸿音在《大度民寺考》（《民族研究》2003年第4期）中提到在20世纪末期公布的西夏文献中出现了60所当地寺院的名字。史金波《西夏佛教史略》一书中提到，西夏寺院分为几大中心，即兴庆府—贺兰山、甘州—凉州、敦煌—安西和黑水城。宁夏考古所仅在拜寺口北寺就发现62处西夏塔群遗址，经元一代而废于元末明初，这是与拜寺口双塔寺庙有密切关系的僧侣墓地，等等。

④ 史金波：《西夏佛教新探》，《宁夏社会科学》2001年第5期。

满。况且西夏寺院和僧人通过合法和非法手段占有大量农田、牧场和依附人口。中国历史上曾发生的三武一宗等毁佛禁佛事件，虽然每次原因各异，但都与寺院经济过于膨胀有着密切关系。然而西夏的情况并非如此，庞大的僧团并没有引起统治者的担心和恐慌，反而各朝统治者都大力推崇佛教，制订法规保护寺院和僧人的利益，并常常施舍财物，延请高僧及僧众举办规模宏大的佛事活动，僧团和统治者关系密切。笔者认为，这与西夏统治者对佛教实施了全面而又周密的管理和加大世俗政权参与佛事监管力度有关，并与唐宋以来佛教世俗化进程的加快和僧尼蠲免赋役的经济特权日益丧失有密切关系。

西夏僧团内部等级分化严重，有僧侣贵族、一般僧众、行童、居士、奴婢、官人等不同阶层。沙门贵族与世俗权贵间交往密切，国家赐以师号和衣号，授予较高的世俗官衔。这些高僧出任功德司正、副之职或担任重要寺院的住持，负责全国和寺院佛教事务，拥有很高的地位，享有诸多特权。他们占有大量财富，有侍从和奴婢等服侍，生活优越，是一个特权阶层。而众多的低级僧众、行童、农主、居士等既向官府纳税服役，又承担寺院摊派的各种役使，成为替寺院或高级僧侣贵族纳税服役的主体，西夏僧尼并不是一个完全靠官府和人民供养的寄生阶级。

（一）缴纳租税

吐蕃统治时期，鬻买度牒的伪僧人不仅没有还俗，而且还将他们编入双层籍帐管理，即将他们户籍编入原来家庭的户籍，得到土地与世俗百姓一样缴赋，同时又将他们编入僧尼部落，免除他们基于人身的部分徭役和兵役，允许寺院役使他们，对他们进行管理。唐宋时僧人管理更加制度化，严格了僧人剃度和籍帐制度，僧尼管理民籍化成为这一时期僧籍管理的一大特色。

受历史、民族等因素的影响，西夏僧人有在家僧和出家僧之分。在家僧与出家僧一样得到官府认可，有度牒、寺籍和户籍，由其所属寺院和在家功德司进行管理。西夏在家僧的存在既是吐蕃、归义军时期住家僧的延续，也与佛教世俗化和禅宗宣说有一定关系。西夏也把僧人管理纳入世俗法律体系之中，实行多层籍帐管理。《天盛改旧新定律令》（以下简称《律令》）卷十一"为僧道修寺庙门"载："僧人、道士、居士、行童及常住物、农主等纳册时，佛僧常住物及僧人、道士等册，依前法当纳于中书。居士、童子、农主等册当纳于殿前司，并当磨堪。"① 他国的归义僧人也要百日之内造册上报监军司。这种管理体制既加强了统治者对僧人的有效监控，也为国家向僧人等征税提供了依据，暗示着寺院人员身份等级不同，所承担的社会义务也不尽相同。

西夏实行"计亩输赋"的政策，即以土地多少作为缴纳农业税的标准。西夏的赋税徭役主要是租佣草等，租和草是官府向土地所有者征收的土地税，亦是寺院、僧人所缴纳的主要税赋。西夏土地买卖合法化，寺院和僧人也不例外，可以自由买卖土地，只是买卖双方需告转运司，办理租佣草转户手续。《律令》卷十五"地租门"规定："僧人、道士、诸大小臣僚等，因公索求农田司所属耕地及寺院中地、节亲主所属地等，诸人买时，自买日始一年之内当告转运司，于地册上注册，依法为租佣草事。若隐之，逾一年不告，则所避租佣草数当计量，应比偷盗罪减一等，租佣草数当偿。已告而局分人不过问者，受贿徇情则依枉法贪赃罪判断，未受贿徇情则依延误公文法判断。"②

可见，寺院和僧人拥有土地，和世俗百姓一样纳租草和服徭役等。尤其在家僧人不住寺又有户籍，与家人共同生活，他们占有土地或租种他人土地，同样按照规定向官府缴纳租税。

寺院、僧人纳税具体办法大概也参照世俗百姓缴纳农业租税的相应规定执行，应在地册上注明土地所有者所占土地亩数及缴纳赋税具体数额。《律令》卷十五"地水杂罪门"载："诸租户家主当指挥，使各自所属种种租，于地册上登录顷亩、升斗、草之数。转运司人当予属者凭据，家主当视其上依数纳之。其中有买地亦当告，令与先地册所有相同，予之凭据。家主人不来索凭据及所告转运司人不予凭据等时，有官罚钱五缗，庶人十杖。"③

史先生对黑水城藏品部分草体西夏文租税文书进行译释研究，认为西夏每亩地纳杂粮一升，纳小麦四分之一升，缴纳杂粮和小麦的比例为4∶1，一亩地纳草一捆，秋后统一征收，然后入库管理。西夏农户除了负

---

① 史金波等译注：《天盛改旧新定律令》卷11《为僧道修寺庙门》，法律出版社2000年版，第408页。
② 史金波等译注：《天盛改旧新定律令》卷15《地租门》，第496页。
③ 史金波等译注：《天盛改旧新定律令》卷15《地水杂罪门》，第508页。

担租、佣、草外,还有人口税。① 所纳税粮因地区不同而有一定差异,灵武郡纳麦,保静县纳大麦,华阳县纳麻褐和黄豆,临河县纳秫,治源县纳粟,定远和怀远县纳穈等,主要以麦、大麦、麻褐、黄豆、秫、粟、穈、米、谷物等。不同地区的寺院、僧人也仿照此标准缴纳租粮。

《律令》中常常出现"租户"一词,国家向租户征收租草等,租户普遍存在于西夏社会之中。寺院或高僧的很多土地也由租户承租,租户按照租种土地的亩数向国家或寺院纳税。《律令》卷十五"地水杂罪门"规定:"租户家主有种种地租佣草,催促中不速纳而住滞时,当捕种地者及门下人,依高低断以杖罪,当令其速纳。"② 这里的"租户家主"是土地的拥有者,而土地耕种者应是依附于其的"种地者及门下人",说明国家征收的土地税主要由"种地者及门下人"缴纳。寺院和高僧出租土地,其赋役也应由承租者或低级僧人、行童等负担。纳税者要在规定期限内缴纳,延期者会受法律的制裁。《律令》卷十五"催缴租门"规定:"所属郡县局分大小人缴纳种种地租多少,十一月一日于转运司不告交簿册、凭据,迟缓时罪:自一日至五日十三杖,五日以上至十日徒三个月,十日以上二十日徒六个月,二十日以上一律徒一年。"③ 西夏租税在秋季征收,最迟在当年十一月一日以前要交到转运司,延误者受罚。而转运司也要在规定期限内送磨勘司,逾期不报,转运司的大小官员也要受到相应处罚。统治者用这种方法保障税收如数而及时地征收到位。

(二) 纳草税

农牧业成为维系西夏经济的基础,纳草也是土地税的重要组成部分。《律令》卷十五有"纳冬草条门"和"养草监水门"等内容,惜已佚失。其实纳草并非始自西夏,而是有着悠久的历史。自唐代开始就有纳草的记载,唐初柴草是作为一种附加税征收的。及至晚唐五代宋初,柴草已是敦煌僧尼承担的正式税赋。西夏税赋包括纳草,《律令》对纳草的数量、种类及捆式都有明确规定。卷十五"催缴租门"规定:"租户家主自己所属地上冬草、条椽等以外,一顷五十亩一块地,麦草七捆、粟草三十捆,捆

---

① 史金波:《西夏农业租税考》,《历史研究》2005年第1期。
② 史金波等译注:《天盛改旧新定律令》卷15《地水杂罪门》,第508页。
③ 史金波等译注:《天盛改旧新定律令》卷15《催缴租门》,第490页。

绳四尺五寸、捆袋内以年麦糠三斛入其中。"卷十五"渠水门"也规定："诸租户家主除冬草蓬子、夏蒡等以外，其余种种草一律一亩当纳五尺捆一捆，十五亩四尺背之蒲苇、柳条、梦萝等一律当纳一捆。前述二种绳捆当为五寸捆头，当自整绳中减之。使变换冬草中蓬子、夏蒡及条为纳杂草等时，纳者及敛者一律当计量所纳草及应纳条，未足者计价，以偷盗法判断。"① 官府重视草税征收，土地拥有者纳冬草和条椽时，转运司要派遣官员进行监督检查。寺院、僧人等按照其拥有或租种土地亩数缴纳柴草。

缴纳柴草主要用于牲畜饲养，牲畜牧养是西夏主体民族党项族传统的经济，党项族内迁前过着"织牦牛尾及羖历毛以为屋。服裘褐，披毡以为上饰。俗尚武力，无法令，各为生业，有战阵则相屯聚。无徭赋，不相往来。牧养牦牛、羊、猪以供食，不知稼穑"②的游牧生活。内迁后农业虽得到很大程度的发展，但畜牧业仍然占有一定的地位。元昊认为"衣皮毛，事畜牧，蕃性所便"③。官府机构中设有"群牧司、经略司（监军司）和马院"等部门，负责牲畜的管理和喂养。为了保证牧业发展，国家对牛、马、骆驼等牲畜采取保护措施，不能随便宰杀，否则要视情节与否而判刑。河西地区还是西夏良马生产基地，不仅为本国军队提供所需马匹，还与周邻国家进行茶马或丝马贸易。为了保证牲畜顺利过冬和对外作战时马匹的饲料，每年需要大量柴草。其次，纳草还广泛用于修建水渠闸口、房屋和作为燃料等。《律令》中常见用冬草和条椽修建河渠闸口的记载，卷十五"渠水门"规定："沿唐徕、汉延、新渠、诸大渠等至千步，当明其界，当置土堆，中立一碣，上书监者人之名字而埋之，两边附近租户、官私家主地方所应至处当遣之。无附近家主者，所见地□处家主中当遣之，令其各自记名，自相为续。其上渠水巡检、渠主等当检校，好好审视所属渠干、渠背、土闸、用草等，不许使诸人断抽之。""京师界沿诸渠干上□有处需条，则春开渠事兴，于百伕事人做工中当减一伕，变而当纳细椽三百五十根，一根长七尺，当置干渠上。"④

由此可见，西夏纳税以实物租草为主。但从文献记载看，西夏设有"通济监"，负责铸造钱币，出土钱币从谅祚到遵顼，货币也广泛地用于

---

① 史金波等译注：《天盛改旧新定律令》卷15《催缴租门》《渠水门》，第490、503页。
② 《隋书》卷83《党项传》，中华书局1997年标点本，第1845页。
③ 《宋史》卷485《夏国传上》，中华书局1997年标点本，第13993页。
④ 史金波等译注：《天盛改旧新定律令》卷15《渠水门》，第501、503页。

借贷、商业、罚金、俸禄、榷税、奖赏、购买墓地和纳钱度僧等社会生活的不同方面。那么西夏僧人赋税徭役是否也存在纳钱代替的情况呢？这一问题留待以后再作探讨。

二 寺院僧人的役使

西夏僧人不仅要缴纳租草，还要承担租佣草中的佣即徭役和兵役，这些役使有官府摊派的，也有寺院分派的。

（一）修护水渠役

西夏地处干旱地带，水是干旱地区极为珍贵的资源，河渠水利设施的好坏直接影响着国家经济的兴衰。灌溉是农业的命脉，为了保证灌溉顺利进行，西夏统治者非常重视水利设施的修建和维护，每年春季要组织人力维护修缮水利设施。出役是以土地来计算，黑水城藏品中第 5067 号租税文书记载了地亩与佣工的情况。① 此文书所载与《律令》中的规定是一致的，卷十五"春开渠事门"规定："畿内诸租户上，春开渠事大兴者，自一亩至十亩开五日，自十一亩至四十亩十五日，自四十一亩至七十五亩二十日，七十五亩以上至一百亩三十日，一百亩以上至一顷二十亩三十五日，一顷二十亩以上至一顷五十亩一整幅四十日。当依顷数计日，先完毕当先遣之。"② 寺院和僧人占有土地，使用灌溉设施，也要承担河渠的修建和维护任务，按规定派遣修渠和看渠人员，这类役使有一部分会落到一些低级僧人、行童的头上，《律令》卷十五"渠水门"规定："沿渠干察水应派渠头者，节亲、议判大小臣僚、租户家主、诸寺庙所属及官农主等水□户，当依次每年输番派遣，不许不续派人。若违律时有官罚马一，庶人十三杖。受贿则以枉法贪赃论。"③

---

① 史金波：《西夏农业租税考》(《历史研究》2005 年第 1 期)记载地亩和佣工的共十一户认为：一户三十八亩地，出佣工十五日；一户七十五亩地，出佣工二十日；一户十亩地，出佣工五日；一户十亩地，出佣工五日；一户三十八亩地，出佣工十五日；一户十亩地，出佣工五日；一户三十五亩地，出佣工十五日；一户七十三亩地，出佣工二十日；一户六十三亩地，出佣工二十日；一户十五亩地，出佣工十五日；一户四十亩地，出佣工十五日。
② 史金波等译注：《天盛改旧新定律令》卷 15《春开渠事门》，第 496—497 页。
③ 史金波等译注：《天盛改旧新定律令》卷 15《渠水门》，第 499 页。

（二）兵役

西夏实行全民皆兵的军事体制，成丁在 15—70 岁之间，平时的官员和百姓，战时则为将领和军卒。《宋史·夏国传》载："其民一家号一帐，男年登十五为丁，率二丁取正军一人。每负担一人为一抄，负担者，随军杂役也。四丁为两抄，余号空丁。愿隶正军者，得射他丁为负担，无则许射正军之疲弱者为之。故壮者皆习战斗，而得正军为多。"[①] 为了保证国家兵源，官府对户籍控制是非常严格的。

《律令》卷六"抄分合除籍门"规定，新生男孩在十岁以内就要登记注册，若"年及十至十四不注册隐瞒时，隐者为正军，隐一至三人徒三个月，三至五人徒六个月，六至九人徒一年，十人以上一律徒二年。年十五以上不注册隐瞒时，隐一至二人徒四年，三至五人徒五年，六至九人徒六年，十人以上一律徒八年"。《律令》卷五"军持兵器供给门"对国内应持有战具的人员作了详细规定，其中未提到僧人，这说明僧人一般不进行大规模军事作战。在特殊情况下，僧人可能还要接受国家集体征遣从军作战。僧人服兵役在唐、吐蕃和归义军时都曾有过。如唐武德五年，突厥屡次犯边，唐廷"以马邑沙门雄情果敢……太原地接武乡，兵戎是习。乃敕选二千余僧充兵两府"[②]。敦煌文书 P.3249 背《兵名簿》、S.8681 背+S.8702《法律惠德状》中对僧人服役的情况也有所记载。[③]

清人吴广成载，夏大安八年秋七月（1082），大举寇镇戎军，与三川寨巡检使王贵战，败之。梁氏愤淮安之败，集十二监军司兵及诸州僧道，会于铁牟（《长编》作"铁毛"）、天都二山及没烟峡、葫芦河诸处，各赍五月粮入寇，至镇戎，故逡巡不进。三川寨巡检王贵视为怯，率众过濠索斗，夏兵张两翼击之，贵大败走。[④] 西夏统治者召集诸州僧道随军作战，并且要自备可供五个月口粮。僧人随军征战是国家指派给僧团的一种义务，僧兵自备口粮也反映了寺院或僧人的赋役与世俗百姓大致相同。这

[①] 《宋史》卷486《夏国传下》，中华书局1997年标点本，第14028页。
[②] 道宣：《续高僧传》卷19《智满传》，《高僧传合集》，上海古籍出版社1991年版，第262页。
[③] 郝春文：《唐后期五代宋初敦煌僧尼的社会生活》，中国社会科学出版社1998年版，第104页。
[④] 吴广成：《西夏书事校证》卷26，甘肃文化出版社1995年版，第295—296页。

样大规模地征集僧人以充兵员不是经常性的,只有在国家对外作战且严重缺乏兵员的情况下才会出现,是战事危急时采取的一种救急办法,战事缓和则僧兵罢,这也符合不给僧人配发兵器的规定。

在一些文献中也见僧人从事军事活动的记载,僧人利用便利身份,在军队中主要进行联络、情报等工作,为西夏军队胜利作出一定贡献。乾祐九年(1178),夏将蒲鲁合野侵金麟州,至宕遵源,诱邛都部酋禄东贺与之通,遣蕃僧谛刺约日为应,共击金兵,败之,掳金帛、子女数万,遂毁其城。看来,西夏僧人也存在服兵役的情况,可并不普及,至于在何种情况下僧人才服兵役还不是很清楚。但僧人必定是个特殊阶层,为了保证僧尼修习和从事法事活动,僧人在服兵役方面可能享有某些优惠待遇。所以西夏严禁成丁剃度为伪僧人,对这种行为的处罚也是很严厉的,大概主要是保证国家的兵源。《律令》卷十一"为僧道修寺庙门"规定:"僧人、道士之实才以外诸人,不许私自为僧人、道士。倘若违律为僧人、道士貌,则年十五以下罪勿治,不许举报,自十五以上诸人当报。所报罪状依以下所定判断。诸人及丁以上为伪僧人、道士时,及丁擢伪才者,上谕□□□□奏,行上谕后判断无才,于册上消除,当绞杀。又册上不消除,亦未擢伪才,仅仅为伪僧人、道士貌者,徒六年。已判断后再为不止,则当以新罪判断。"[①] 但西夏是以家族为单位组成抄,服兵役。而在家僧有户籍,是否也与家族成员一起组成"抄",承担兵役?具体情况还不得而知。

(三)田务与园务

晚唐五代宋初时,河西地区禅宗兴盛,受禅门规式主张劳动禅的影响,僧人参加劳动已属常事。再者随着常住百姓劳役制度在河西地区的衰落,以沙弥为代表的下层僧侣承担劳务亦日渐增多,下层僧侣从事着原来由寺户承担的各种劳役。其实僧侣从事田间劳作自南北朝时期就已经存在,道安初出家时因"形貌甚陋,不为师之所重。驱役田舍,至于三年,执勤就劳,曾无怨色,笃性精进,斋戒无缺"[②]。《高僧传》记载了僧人法显在田中刈稻。《续高僧传》还记载了僧释静琳七岁投僧出家,以役田畴

[①] 史金波等译注:《天盛改旧新定律令》卷11《为僧道修寺庙门》,第407页。
[②] 释慧皎:《高僧传》卷5《晋长安五级寺释道安》,中华书局2004年版,第177页。

· 345 ·

的例子。僧人参加田间劳作是僧人执役的一种行为。从佛经题记看，除非在修造塔寺和进行佛事活动时，官府一般不为寺院僧人提供口粮，而由官府赐予寺院常住地和官人，以解决僧人的生活，可以说西夏不少在家僧和出家僧并未脱离田间劳动，从事着播种、管理及收割等劳动。

五代宋初时，河西地区的瓜果种植已十分兴盛。瓜果既是佛殿的供品，又是僧官及僧众的消费品。归义军时期几乎每个寺院都有园圃，作为寺院食用蔬菜瓜果的主要生产地。P.3396《沙州诸渠诸人瓜园名目》则详细记载了敦煌地区五六十家瓜园的名称与分布情况。[①] 西夏寺院情况应该与之基本相似，河西地区原寺庙的果园、菜地可能继续为西夏寺院占有，用于满足寺院和僧人蔬菜、瓜果的消费。在《天盛律令》卷十六中存在"园子门"，可惜全佚，园子具体种植情况不得而知。《律令》卷十一"分用私地宅门"和卷十五"纳领谷派遣计量小监门"等处多次提到西夏种植果树及干果入库等情况。《圣立义海》有"八月末，储干菜，瓜熟冷食"的记载。《武经总要·前集》载："怀远镇，本河外县城，西至贺兰山六十里。咸平中陷，今为伪兴州。旧管盐池三，管蕃部七族，置巡检使七员，以本族酋长为之。有水田果园，本赫连勃勃果园。"[②] 唐韦蟾送卢藩诗云："贺兰山下果园成，塞北江南旧有名。"《圣立义海》载"贺兰山尊，冬夏降雪，有种种林丛，树果、芜荑及药草"，还有"八月，果木熟时，桃、粟、榛、蒲桃等熟。九月，果木尾熟，栗子、胡桃、李子熟也"的记载。可见，西夏瓜果的种植已非常普遍，贺兰山等地又是西夏寺院集中、佛教兴盛地区，寺院占有果园、菜圃，并由低级僧人、行童等人参与看管照料也是自然的事情。

西夏统治者和寺院非常重视林木种植和保护，《律令》卷十五"地水杂罪门"规定，沿唐徕、汉延诸官渠等租户、官私家主地方所至处，当沿所属渠段植柳、柏、杨、榆及其他种种树，对所种树木好好保护，不准随意砍伐，令其成材，违律要受相应处罚。寺院不仅按规定在所占土地、水渠地段种植树木，而且在寺院周边也大量种植林木，使寺院生态环境幽雅，禽鸟众多。西夏法律也规定了对寺院周边环境的保护，卷十一"为

---

① 郑炳林：《晚唐五代敦煌园圃经济研究》，《敦煌归义军专题研究》，兰州大学出版社1997年版。

② 曾公亮：《武经总要·前集》卷18下"西蕃地界"。

僧道修寺庙门"载:"诸人于寺庙内不许□□、杀生、捕捉禽鸟。倘若违律时,徒六个月。"① 寺院树木的种植、修剪和巡护也由部分僧人、行童承担。

(四)加工役

西夏是农牧业兼营的国家,西夏境内民族成分众多,饮食习惯各异,但除了肉食、奶、乳酪等外,米面食品应是汉族和绝大多数百姓的主要食物。文献记载的西夏粮食作物主要有稻、麦(大麦、小麦、荞麦)、豆类、麻褐、秋、粟、糜等,而各类面食和米类有汤面、花饼、油饼、胡饼、蒸饼、烧饼、干饼、荞饼、粳米、糯米、炒米、秋米、白米等。拜寺沟方塔中心柱题记有"自荣部领体工三百人,准备米面杂料"的记载。莫高窟北区第56窟出土的西夏文《碎金》提到"姻友茶酒先,近食米面堪。盐巴椒芜荑,酥油菜乳酪。耕牛遣童喂,碓硙使仆槌"②。西夏僧人虽有吃肉喝酒的习俗,但主食也应以米面为主。寺院经营碾硙业,委派僧人管理,用于加工米面等,满足寺院僧人需要,或者将碾硙出租为寺院获取经济利益。

油也是寺院一大消费,油坊在唐宋时期寺院财产构成中占有重要地位,一些学者对河西地区寺院的梁户进行过研究,③ 在寺院油除了食用外,还广泛用于渲染宗教气氛即寺院平常和节日的燃灯等,燃灯作为积善功德的重要方法。很多材料记载西夏寺院燃灯情况,如榆林窟第15、16窟题于西夏国庆五年的窟记写到榆林寺供佛情形:"白日圣香烟起,夜后明灯出现。"《凉州碑》也记载佛塔修葺后作赞庆的盛况,有"……令准备种种香花、明灯、香、净水一一不缺。……五色瑞云,朝朝盈□嚼金光,三世诸佛,夜夜必绕现圣灯"。西夏寺院众多,礼佛空前繁荣,油的需求量一定很大,寺院僧人、行童等从事碾硙加工和榨油劳作,满足寺院的需求。

低级僧人、行童等还担当寺院扫洒、燃灯、打钟、织布等杂事。扫洒是从事寺院殿堂内部各种最为低贱的活计。黑水城藏品中存有一幅描绘寺

---

① 史金波等译注:《天盛改旧新定律令》卷11《为僧道修寺庙门》,第410页。
② 史金波:《敦煌莫高窟北区出土西夏文文献初探》,《敦煌研究》2000年第3期。
③ [日]那波利贞氏:《梁户考》,《支那佛教史学》1938年第2卷第1、2、4号。姜伯勤:《唐五代敦煌寺户制度》,中华书局1987年版。

院日常生活的插图,画面上绘有一位高僧,端坐在椅子上,僧众侍立周围,庭院中另一些僧人正在忙碌着,僧官正在督促他们加紧工作。[①] 河西洞窟中保存有"扫洒"尼姑的供养像,河西气候干燥,多风沙,受到风沙的侵害,有些洞窟积沙过多,需要清理。榆林第 25 窟外室题记:"雍宁甲午初三月一日,寺院出家众果使善行酩布觉已清榆林寺中沙,以此善根,利诸生故,当回菩提。"[②] 清理洞窟积沙既是河西地区僧人修善功德的行为,也是他们必须从事的一项劳动和要尽的义务。在武威下西沟岘修行洞中发现大量西夏时期的文物,其中有石纺轮、木刮布刀等,说明僧人不仅要进行苦修和宗教活动,可能还亲自纺织,解决生活所需。

为了减轻租户的赋役等负担,租户除了缴纳国家的租草和服役外,一般不许额外摊派杂役,如有官文谕文则另当别论。《律令》卷十五"催缴租门"载:"无官方谕文,不许擅自于租户家主收取钱物、花红、麻皮等种种及摊派杂事。若违律摊派时,已纳官库内,则依纳租法判断,自食之则与枉法贪赃罪比较,从重判断。若国家内临时建造大城、官地墓,为碑志等时,应不应于租户家主摊派杂事,当告中书、枢密,计量奏报实行。"[③] 这表明西夏租户不仅只负担国家税赋,还要忍受和承担一些额外的赋役,像修缮佛塔、寺院这类额外赋役是寺院和僧人在所难免的。

(五) 手工业匠役

西夏佛教兴盛,统治者不仅大规模开窟造像、修建塔寺,正如《重修凉州护国寺感通塔碑》(以下简称《凉州碑》)所载:"至于释教,尤所崇奉,近自畿甸,远及荒要,山林溪谷,村落坊聚,佛宇遗址,只椽片瓦,但仿佛有存者,无不必葺,况名迹显敞,古今不泯者乎?"而且还常常组织人力物力翻译刊印佛经、绘制佛画、塑造佛像,这些工作也少不了僧人及僧人匠人的参加。《凉州碑》西夏文碑文的结尾处则记载了参加修葺任务的僧俗头领:"修塔寺兼作咱庆等都大勾当行宫三司正圣赞感通塔等下提举解经和尚臣药乜永铨,修塔寺小监行宫三司承旨祭官臣木杨讹

---

① Е. И. Лубо-лесниченко, Т. К. Шафрановская. *Мертвый город Хара-Хото*. Издательство наука. Москва. 1968 г. 《黑水死城》(下),崔红芬、文志勇译,《西北第二民族学院学报》2005 年第 2 期。

② 陈炳应:《西夏文物研究》,第 12 页。

③ 史金波等译注:《天盛改旧新定律令》卷 15《催缴租门》,第 491 页。

（？）移，感通塔下羌汉二众提举赐绯僧臣王那征遇，修塔小监崇圣寺下僧正赐绯臣令介成庞，匠人小监感通塔下汉众僧正僧酒智清，修塔寺匠人小监感通塔汉众僧副赐绯白智宣，修塔寺瓦匠头监僧主张梵移，匠人之准备头监白阿山……绯白匠小监僧崔智行，木匠小监僧酒智□，网结头监僧刘墨征，孙□□，惟天祐民安甲戌五年正月甲戌朔十五戊子日赞庆毕，雕石头监韦移移崖，任迁子，左支信，康狗名，邓三锤，孙剋都，左计移，左党□，左阿□，杨真信，浪重□□，垩匠折□□，铁匠……"①

贺兰山拜寺沟方塔塔心柱汉文题记也记载了僧人参加修建寺塔的情况，"顷白高大国大安二［年］寅卯岁五月，□□大□□□，特发心愿，重修砖塔一座，并盖佛殿，缠腰塑画佛像。至四月一日起立塔心柱。……今特奉圣旨，差本寺僧判赐绯法忍，理欠都案录事贺惟信等充都大勾当。□□本衙差贺惟敞充小监勾当，及差本寺上座赐绯佰弁院主法信等充勾当。木植□□垒塔，迎僧孟法光降神，引木匠都□、黎□□、黎□□、黎怀玉、罗小奴。仪鸾司小班袁怀信、赵文信、石伴椽、杨奴［复？］。大毫寨名□，自荣部领体工三百人，准备米面杂料。"② 在这些碑文和题记中得以保存下姓名的应是参加塔寺修建的僧官，而没有留下姓名的参加塔寺修建工作的普通僧众则是更多。

修建塔寺又与绘制佛画密切相连，除了在寺庙绘制佛画和塑造佛像外，在莫高窟、榆林窟、东千佛洞、五个庙石窟、天梯山石窟和旱峡石窟等处保存西夏重新开凿与妆銮前代的洞窟100多个，内存大量西夏时期的壁画。在黑水城"著名的塔"中出土珍贵的西夏文及汉文佛经、佛经卷首版画、各类佛画和塑像等。拜寺沟方塔塔心柱汉文题记有"奉天寺画僧郑开演"。汉文《妙法莲华经卷第四》（TK-4）有刻工"郭苟埋"。《妙法莲华经卷第五》（TK-9）有刻工"贺善海"。《妙法莲华经卷第六》（TK-10）有刻工"王善圆"。《妙法莲华经卷第七》（TK-11）有雕字人"王善惠、王善圆、贺善海、郭苟埋"。《普贤行愿品》（TK-72）有京市周家□□□\僧雕字人"王善惠"等。一些僧人在西夏佛教艺术方面的贡献更是功不可没。在佛经版画上还描绘了僧人从事绘画的情况，仁孝皇帝为纪念其去世父母举行大法会，施印西夏文《观弥勒菩萨上生兜

---

① 陈炳应：《西夏文物研究》，第113页。
② 宁夏文物考古研究所：《拜寺沟西夏方塔》，文物出版社2005年版，第337页。

率天经》，经文卷首有版画，版画最后一页分成六部分，按从上到下，从左到右按顺序是：诵经、礼佛、净塔、祭佛、与僧人交谈、画佛像。在画佛像中则描绘西夏画师绘画的情景，画面中有一画师和为其调色弟子，他们都穿戴中式的服饰，画师坐在铺有斑点兽皮的椅子上，正在用各种颜色绘制一尊大佛像。左边是穿着短上衣的徒弟。[1] 在皇家施舍经文的版画上出现画师像，说明此画师大概是皇室的画师，其地位应是比较高的。修建塔寺、开凿洞窟、绘制壁画、塑造佛像、刊印佛经及版画等自然凝聚着大量僧人、行童的劳动，他们的劳动应属于一种服役。正是由于他们的努力，才创造了西夏辉煌的佛教艺术。

（六）宗教义务

西夏出家和在家僧还必须承担国家或寺院的宗教义务，即参加各类法事和庆贺活动，为施主祈福禳灾。黑水城出土的佛经题记及发愿文大多记载皇室及高官贵族延请僧人作法事的情况，如乾祐二十年（1189）仁孝施印《观弥勒菩萨上生兜率天经》，恭请宗律国师、净戒国师、大乘玄密国师、禅法师、僧众等，就大度民寺，作求生兜率内宫弥勒广作法会，烧结坛，念佛诵咒，读西番、番、汉藏经及大乘经典，说法作大乘忏悔，为崇考皇妣追福。乾祐十五年（1184）仁孝在其本命年之际，特发利生之愿，施舍《佛说圣大乘三归依经》（TK-121），恳命国师、法师、禅师，暨副判、提点、承旨、僧录、座主、僧众等，遂乃烧施结坛，摄瓶诵咒，作广大供养，放千种施食，诵读大藏等尊经，讲演上乘等妙法。亦致打截截，作忏悔，放生命，喂囚徒，饭僧设贫，诸多法事。西夏一亡故中书相的儿子敬请禅师、提点、副判、承旨、座主、山林戒德、出在家僧众等七十余员，为父亲作七七法会，施印《佛说父母恩重经》（TK-120），祈愿其父早生净土。诸如此类例子很多，限于篇幅，故不一一列举。参加法事为施主祈福除灾是僧人应尽的义务。

当然不是所有寺院都承担国家的赋税徭役，有些寺院如得到皇帝的允许，是可以享受全免或部分减免徭役赋税的特权。西夏文《亥年新法》

---

[1] А. Н. Терентьев-катанский. *Материальная культура Си Ся*. Москва：Издательская фирма Восточная литература. 1993г. 崔红芬、文志勇译，《西夏物质文化》，民族出版社2006年版，第54页。

卷十五有类似规定：诸寺所有常住地及南王奉旨所予田畴等，若圣旨初至，或已予圣旨上谕，则徭役赋税得全免或半免。其中佑国、圣永二寺所有徭役赋税逐年已定，供给分明，故彼寺内得不持圣旨上谕，依旧行之。以外诸寺臣民等，当审验分明名下所纳数额，令来持验新旧上谕。其中有遗落、失盗而确无者，亦当仔细分别寻查真伪，实有上谕而其中言词不同，如地税徭役当减半而上谕曰全免，或上谕高低有差，则当依律分别……①接下来列举了几十个应纳税寺院的名称，这再次说明西夏寺院或僧人承担国家租税赋役已是一种普遍现象。只有得到皇帝的特许或遇到特殊情况，才可全部或部分减免赋税徭役。至于寺院减免税役的依据还不是很清楚，除了与寺院失盗等有关外，估计这些寺院与皇室关系比较密切或是寺院中某位僧人得到皇帝的恩宠有关。免于纳税服役的寺院毕竟是少数，绝大部分寺院还是要负担国家赋役。即使寺院得到减免地税徭役，但低级僧人、行童等的劳作并不会因此而减少，他们继续上役纳税，受寺院或僧官的役使。

综上所述，西夏寺院僧人的赋役问题非常复杂。寺院僧尼身份不同，所承担国家的税役也不同。少数与官方关系密切的寺院享有减免赋税的特权，一些受到皇帝恩宠的高僧或是在寺院中担任高级职务的僧侣享有一定优待，可以不劳而获，差使低级僧人、行童或奴仆为其服务或代其纳税服役。西夏时期存在着纳钱度僧和私度现象，这除了说明西夏是极度崇佛的国家、人们普遍对佛教虔诚信仰之外，也从另一角度说明某些寺院和贵族僧侣确实享有特权。而一般僧众、行童等，除了承担国家分派的赋税徭役外，还受寺院和贵族僧侣的役使，参加寺院的田务、园务、修造、开窟、加工、打扫等劳作，成为寺院的廉价劳力。所以，不能笼统地将西夏的寺院僧尼都说成是"一个不劳而获的寄生阶层"，他们既没有成为国家的财政负担，也没有减少国家的财政收入。寺院僧人作为特殊的群体，还担当着为国家和百姓祈福除灾、提供心理安慰、满足各个阶层人们精神需求的责任。因此可以说，西夏寺院僧人承担的赋役、劳务和社会责任还是比较繁重的。

---

① 西夏文《亥年新法》在俄藏黑水城文献中有两个抄本，分别见《俄藏黑水城文献》第9册，第197和317页。目前仍未解读，这段文字是由聂鸿音先生参校两个抄本特为翻译的，在此特向聂先生表示衷心的感谢。

官治、民治规范下村民的"自在生活"
——宋朝村民的生活世界初探[*]

刁培俊

一 村民们的"自在生活"

唐代大诗人白居易《朱陈村》诗描述了徐州朱陈村人的生活境况：

> 徐州古丰县，有村曰朱陈。去县百余里，桑麻青氤氲。机梭声扎扎，牛驴走纷纷。女汲涧中水，男采山上薪。……家家守村业，头白不出门。
>
> 生为陈村民，死为陈村尘。田中老与幼，相见何欣欣。一村唯两姓，世世为婚姻。亲疏居有族，少长游有群。黄鸡与白酒，欢会不隔旬。生者不远别，嫁娶先近邻。死者不远葬，坟墓多绕村。既安生与死，不苦形与神。所以多寿考，往往见玄孙。我生礼义乡，少小孤且贫。徒学辨是非，只自取辛勤。一生苦如此，长羡村中民。……[①]

这一生活场景，村民们的耕作方式、生活状态、社会关系网的构建、

---

[*] 基金项目：国家社科青年项目（批准号：08CZS004）、中国博士后第三批特别资助项目（编号：20080440245）。本文曾荣获首届中国历史学博士后论坛一等奖（2012年10月，中国史学会、全国博士后管委会）。习作修改过程中，包伟民老师启迪尤多，且蒙程民生、张邦炜、戴建国诸师长教导，谨此致谢；高楠、薛政超、耿元骊、张传勇、罗艳春、鲁鑫、熊亚平、杨辉建等学友的切当批评，亦感荷于心。

① 白居易：《白氏长庆集》卷10《朱陈村》，四部丛刊景日本翻宋大字本。

官治、民治规范下村民的"自在生活"

生老病死的情态等，应是唐朝远离城市的村民日常生活的一种真实描述。当然，居住在山野、平原、水乡，尤其邻近城市等不同空间下的村民，其生活方式亦多有差异。一般情况下，中国传统乡村社会的变化相对缓慢：四季晨昏、生老病死、婚丧嫁娶、耕作方式等衣食住行及道德礼仪诸多领域，往往不会随朝代鼎革的巨变而改变。上揭白居易诗歌中的这一历史场景，或不独见于唐朝，宋朝多数时空下村民们的日常生活，似也当如是观。譬如南宋辛弃疾笔下的《清平乐·村居》词句："大儿锄豆溪东，中儿正织鸡笼，最喜小儿无赖，溪头卧剥莲蓬。"这样一种自由自在的欢快生活，真是一派令人神往的田园风光。或许正是基于上述，社会学家认为，中国广大农民生活在"一个熟悉的社会中"，他们"会得到从心所欲而不逾矩的自由"①。这里所谓的"从心所欲而不逾矩的自由"，或近似于不受任何约束、随心所欲的"自在生活"。但是，传统中华帝国时代尤其是赵宋一朝下的村民们，果真能够享有这样一种"自在生活"吗？他们的真实生活状态究竟是怎样的呢？②

对于宋朝广土众民，"天高皇帝远"，皇权的统摄力是远不可及的，其具体日常生活中诸多"私"的领域，就表象而言，皇权似没有必要、也缺乏控制每一个人每一个日常活动的能力，村民们是"自由自在"地生活着的。此或即社会史学家所谓之"国家不在场"。譬如在民众信仰领域，宋朝开始普遍对民间神祇进行封赐，一方面官府以此承认和奖励神祇，另一方面官府试图通过封赐来驾驭民间神祇的力量。官府引导鼓励民众祭祀灵验祥善的神祇，禁止祭祀不灵验或邪淫之神。但事实上，官方的封赐制度并不能阻止世俗民众信奉官府祀典之外的神祇，他们或径自创造新的神祇。据洪迈记载，绍兴有一祠庙"极宽大。虽不预春秋祭典，而

---

① 费孝通：《乡土中国　生育制度》，北京大学出版社1998年版，第10页。
② 有关农村经济、农民生活的概略性、综括性考察，已有成果有梁庚尧《南宋的农地利用政策》（台湾大学文学院1977年版）及其《南宋的农村经济》（联经出版公司1985年增订本），先师漆侠先生《宋代经济史》（上海人民出版社1987—1988年版）和王曾瑜《宋朝阶级结构》（中国人民大学出版社2010年版），后者更具体细致，本文多有参阅。黄宽重《从中央与地方关系看宋代基层社会的转变》（《历史研究》2005年第4期）曾梳理宋朝基层社会的各种社会群体以及北宋、南宋之间的演变，高屋建瓴，启人深思。黄先生指出宋朝基层社会的考察面限制在以"县"为基点，本文则强调构建宋朝"乡村社会"应更多关注县级以下的社会空间和村民生活世界。

民俗甚敬畏"①。温州、福州邻接之地"有小丛祠,揭曰钱王庙。不载祀典,亦不知起于何年及钱氏何王庙也,土[士]俗往来,咸加敬事"②。村民们信奉这一祀典之外的小祠是因为只要祈祷一番,再以竹根在地上拨寻,必能得到少量铜钱。"乡村民众在选择自己的信奉对象时,往往是唯灵是从"③。对于民众而言,只要"灵验",只要能满足一己精神需求,即使官府祀典之外甚至被禁止的"淫祠",他们也依然虔诚地敬奉。譬如博州高唐县富民聂公辅,"酷信巫祝,奉淫祠尤谨敬"④。类似佛道天地山川鬼神等信仰、道德意识、生死观念乃至做梦⑤等民众精神领域的活动,皇权及其触角无论如何延伸,倘要对其严密监控甚或完全改变村民们脑海固存的思维、观念和信仰,往往难以奏效,大多情况下只能听任村民们"自在"地享受其精神生活。

  日出而作日入而息,凿井而饮、耕田而食等历史日常场景,依然属于村民们的"自在生活",来自皇权的控制网络多半难以抵达。文献记载有婺源石田村汪氏仆王十五"正耘于田",农夫具体之耕作活动,官府应少有介入。⑥ 杨万里淳熙六年(1179)春自常州至上饶途中记载:"田夫抛秧田妇接,小儿拔秧大儿插。笠是兜鍪蓑是甲,雨从头上湿到胛。唤渠朝餐歇半霎,低头折腰只不答:'秧根未牢莳未匝,照管鹅儿与雏鸭。'"⑦《清明上

---

  ① 洪迈:《夷坚志·夷坚三志己》卷8《五通祠醉人》,中华书局1981年版,第1364页。
  ② 洪迈:《夷坚三志己》卷8《台岭钱王庙》,第1363页。
  ③ 参见[美]韩森《变迁之神——南宋时期的民间信仰》,包伟民译,浙江人民出版社1999年版。沈宗宪和皮庆生等学者对此也有研究,请参阅沈宗宪《宋代民间的幽冥世界观》,商鼎出版社1993年版;皮庆生:《宋代民众祠神信仰研究》,上海古籍出版社2008年版;朱瑞熙等:《辽宋西夏金社会生活史》,中国社会科学出版社1998年版;徐尚豪:《宋代的精怪世界——从传说表述到信仰生活的探讨》,硕士论文,台北淡江大学历史系,2008年。
  ④ 《夷坚支乙》卷1《聂公辅》,第800页。其他类似例证参阅《夷坚志·丁志》卷6《翁吉师》及该书《三志辛》卷10《曾三失子》,《三志壬》卷第9《傅太常治祟》等,恕不一一赘列。陆游《剑南诗稿》卷29《赛神曲》亦有类似描述。
  ⑤ 《夷坚志》记载了许多村民之梦境,反映出阳世与阴世两界的万千世态,也可凸显宋朝乡村社会的更为多彩的鲜活风貌。
  ⑥ 洪迈:《夷坚志·乙志》卷17《宣州孟郎中》,第327页。
  ⑦ 参阅《杨万里集笺校》卷13《插秧歌》,中华书局2007年版,第673页。类似尚可见《苏辙集》卷1《蚕市》;文同:《丹渊集》卷3《织妇怨》;舒岳:《阆风集》卷3《自归耕篆畦见村妇有摘茶车水卖鱼汲水行馌寄衣春米种麦泣布卖菜者作十妇词》之"卖菜深村妇";陆游:《剑南诗稿》卷3《岳池农家》之"谁言农家不入时,小姑画得城中眉。一双素手无人识,空村相唤看缲丝",以及卷34《丰年行》、卷35《记老农语》、卷64《刘狄后书事》,等等。

河图》中所绘汴京城郊之农家菜园,也反映出当时农民生活的一个场景。①婺源张村村民张时,"所居临溪,育鹜鸭数十头,日放溪中,自棹小舟看守"②。按照宋朝户等制度之规定,乡村主户本应有自己的田产家业,但也有因自家田产较少难以糊口而为别人所雇佣者,如荆门长林县民邹亚刘,薄有赀业,即"常为人佣,贩涉远道,在家之日少"③。宋孝宗朝,台州临海县"长乐乡人户沈三四、王细九、张四八……逐人薄有家产……沈三四等为天旱,雇觅人工车水,虽有些少白酒吃用……"④ 此等民户"雇觅人工车水",本为官府所忽略;但其犒工以朝廷榷卖之白酒,才遭到责难。客户即佃农,再如蕲春县大同乡富室黄元功的佃仆张甲,"受田于七十里外查梨山下"⑤。同样在宋孝宗时,隆兴府进贤县"有妇人,佣身纺绩、舂簸,以养其姑。姑感妇孝,每受食,即以手加额,仰天而祝之。其子为人牧牛,亦干饭以饷祖母"⑥。上述这些村民们的行事是很难由官府控制的,或者公权力根本不会渗入其中。宋朝村民外出经商者也不乏其人。⑦ 如《夷坚志·三志壬》卷第一《冯氏阴祸》中"抚民冯四,家贫不能活,逃于宜黄,携妻及六子往投大姓。得田耕作……"这或是宋朝大多数穷困潦倒的佃农生活实像。民户贫穷不能生存,逃难到他乡,佣种有田人家的土地,这样一种生存生活过程,也往往是皇权难以监控的。再如:

---

① 周宝珠:《清明上河图与清明上河学》,河南大学出版社1996年版,第51—54页。
② 洪迈:《夷坚志·三志辛》卷第6《张时鸭洪胜鸡》,第1429页。
③ 洪迈:《夷坚志·支景》卷第1《员一郎马》,第884页。类似情况再如范公称《过庭录》载:"祖宗时,有陕民值凶荒母妻之别地受佣,民居家耕种自给……"(文渊阁《四库全书》本);沈括:《梦溪笔谈》卷9和《宋史》卷458《杜生传》同时记载了颍昌府阳翟县的杜生从自耕农沦为无田客户,即使后来同乡人赠田三十宋亩,仍需"为人佣耕"。参阅王曾瑜《宋朝阶级结构》,第51页。王铚《默记》卷下记载:"光州有村民毕姓兄弟二人,养母佣力,又雇二人担粪土,得钱以养母,尽孝道。一日,至食时,雇者不至。兄弟惶惑,夜无母饭,不知为何,遂各担箩,遍村求售担物,无有也。"亦是类似例证。
④ 《晦庵先生朱文公文集》卷19《按唐仲友第四状》,《朱子全书》,上海古籍出版社2002年版,第20册,第843页。
⑤ 洪迈:《夷坚志·支庚》卷第1《黄解元田仆》,第1140页。
⑥ 《宋史》卷437《儒林七·程迥传》,第12950页。
⑦ 黄休复《茅亭客话》卷1《程君友》载,北宋遂州小溪县石城镇仙女垭村民"程翁名君友,家数口,垦耕力作,常于乡里佣力,织草履自给"(文渊阁四库全书本)。类似事例参阅洪迈《夷坚志·丁志》卷15《张客奇遇》《夷坚志·志补》卷5《张客浮沤》《夷坚志·三志辛》卷2《宣城客》,《夷坚志·丙志》卷12《饶氏妇》,《夷坚志·丙志》卷14《王八郎》等,恕不赘列。村民经营手工业以求利的行为,两宋史料记载相当多,参阅王曾瑜《宋朝阶级结构》,第75—86页。

临江人王省元,失其名,居于村墅,未第时,家苦贫,入城就馆,月得束脩二千。尝有邻人持其家信至,欲买市中物。时去俸日尚旬浃,王君令学生白父母豫贷焉。①

德兴县上乡新建村居民程氏,累世以弋猎为业,家业颇丰。因输租入郡,适逢墟市有摇小鼓而售戏面具者,买六枚以归,分与诸小孙。诸孙喜,正各戴之,群戏堂下。程畜猛犬十数,皆常日放猎所用者,望见之,吠声猖猖,争驱前搏噬,仗之不退,孙即死者六人。……②

予行信州丰城,欲访灵鹫岩洞,未至十里,小休于道旁民居,会其家饮客方起。须臾,有一耕夫来就主人饭,被襫荷田具。主人悯其劳且饥,谓曰:"饭未及炊也,有客饭所余肉饼,尔姑啖之。"农夫欣然怀之而出,主人问何往,则曰:"我老母年七十,啖粗饭耳。此盛馔,我作苦,虽馁甚,不忍尝也,将以馈吾母,故不待饭而往耳。"③

贫穷书生赴城市教书,但乡下家中短缺钱物,只好预收学生之束脩以供;村民输税入城,给小儿购买玩耍之面具,家畜猛犬因不辨玩具之真假而咬死孙辈;农夫耕作归来,将主人给吃的肉饼带回孝敬母亲,诸如此类的村民们"私"领域的活动,似乎都是皇权难以控制的,类似村民们不过"苟且辛苦过一世耳"④,其艰辛苦楚自是令人鼻酸。

皇权对于村民的约束,还往往通过乡规民约等基层社会自己认定的"规范"而渗入。诸如村民之衣食住行、岁时节令、婚丧嫁娶、生育社交、礼俗礼仪、宗教信仰、鬼神崇拜、文体娱乐、称谓排行、耕作休闲、方言文字、治水过程中的各种组织,以及民间宗教、家法家规、传统的习俗惯例、乡规民约、社会规范,⑤乃至"潜规则"(也即所谓"正式的规

---

① 洪迈:《夷坚志·丙志》卷16《王省元》,第503页。
② 洪迈:《夷坚志·志补》卷4《程氏诸孙》,第1578页。
③ 沈作喆:《寓简》卷8,文渊阁《四库全书》本,台湾商务印书馆1986年版,第864册,第159页。
④ 方回:《续古今考》卷18《附论班固计井田百亩岁入岁出》,文渊阁《四库全书》影印本,第853册,第368页。
⑤ 朱瑞熙《宋代社会研究》(中州书画社1983年版)已对相关问题有初步研究,另请参阅朱瑞熙等《辽宋西夏金社会生活史》,中国社会科学出版社1998年版。

则"之外的"非正式约束",包括行为规范、惯例和自我限定的行事准则)①等,都在一定程度上约束、规范着村民们的日常生活。在处理关系到一村村民整体利益的事情时,在民众心里存在着"少数服从多数"的潜规则,个别民众必须服从集体利益、社会舆论、公共遵从的习俗和规范,甚至为此而欺上瞒下,恐吓、诽谤、侵欺村民。即使这样的"潜规则"令个别村民腹诽,但最终也多是无可奈何地接受。②因为不接受的最终结果是不为周围的村民所容忍,舆论的无形影响,使他们无法在当地正常生活下去。

上述这些"规范""规则""习俗",虽然可算作统治者礼法教化观念中的组成部分,给人的印象却是皇权的网络无所不在。但就宋朝整个政治控制体制的完善程度、制度本身的局限性,以及高额的治理成本而言,上述诸多领域内村民们的生活,皇权的触角也很难完全涉入其中,因其对皇权重要程度之不同,甚至全然不曾、不能涉入,皇权也以漠然的态度根本不会渗入其中。在乡间日常生活中还存在着许多劝诫,诸如孝养父母、修德行善、敬畏天地、莫杀生命、莫损他人、莫贪女色等等。这些来自儒家纲常或佛教教义的规劝、宣扬属于道德层面的内容,很多时候并非官方制度法规的约束所能控制,更何况皇权设定的法制本身伸缩性很大,在许多方面根本不具备严格的监督体制以保证王朝法制的实际推行。由此而言,广大乡村民户在这些领域中或可说是"民治"的,也即"以民治民"的"民治",更可看作民户自己一种生活的"自为"现象,一种"自在"的生活和现实社会中近似"权力真空"下的存在。③

广大村民在乡间日常生活中的某些行为,也多是皇权触角难以控制的,如《名公书判清明集》中诸多豪横乡里的案例,多有官匪一家的情景,就显现出皇权触角在基层社会中的软弱无力,难以真正控制社会秩序的良性发展。结合《清明集》和《夷坚志》中的相关记载,又可反映出

---

① 参见韦森《再评诺思的制度变迁理论》,载[美]道格拉斯·C.诺思:《制度变迁与经济绩效》,上海人民出版社2008年版,第7页。关于所谓潜规则,参阅洪迈《夷坚支庚》卷1《清泉乡民》,第1139页。

② 《名公书判清明集》卷4《户婚门·争业上·罗柄女使来安诉主母夺去所拨田业》案中即有"行路之人,闻而哀之,咸为不平"舆论方面的谴责,中华书局1987年版,第115—116页。

③ 本文"民治"概念则来自于宋朝文献中的"以民治民",详见刁培俊《在官治与民治之间:宋朝乡役性质辨析》,《云南社会科学》2006年第4期。

村民们所执"弱者的武器",诸如偷懒、开小差、假装顺从、偷盗(小偷小摸)、小范围内或是个人之间的打架斗殴、纵火、怠工,甚至是男女之间私情,等等。① 这些也是皇权触角无论如何难以判断并加以具体控制的。有关于此,限于篇幅,仅举二例:

> 绍兴十六年(1146年),淮南转运司刊《太平圣惠方》,分其半于舒州。州募匠数十辈置局于学,日饮喧哗,士人以为苦……盖此五人尤者[嗜]酒懒惰,急于板成,将字书点画多及药味分两随意更改以误人,固受此谴。②

要之,宋朝乡村社会中,确实不曾也难以存在西方学术语境下的"乡民自治"。由上述可见,在宋元以降中央集权不断强化、皇权无限渗透每一空间之下,皇权的社会控制设计,似并未毫发不爽无所不在地控制着广大村民。在村民日常生活的诸多领域,尤其在一些"私"的层面,皇权是无法、也难以介入其中的,只能听任村民们"自在"地生活。皇权社会控制模式与村民之间,更多情形表现为:只要村民们能够按时缴纳赋税,服徭役,不寻滋闹事,维持乡村的秩序和谐稳定,官府是懒于也没有足够能力去管理那些属于村民"私"的生活领域的。因此之故,社会学家认为中国乡土社会的秩序维持,是一种自动的秩序,是无为而治的,是无治而治的"礼治"的社会,更多是靠经验,靠传统的民间惯例习俗的。中国传统农村绝大多数村民聚族而居,基本上是不流动的,是生于斯长于斯死于斯的。一般情况下,他们安土重迁,凝固为一个相对安静、安闲的社会。在乡土社会里,地缘性和血缘性的胶合是很紧密的,也是社会

---

① 譬如《洛阳缙绅旧闻记》卷5《焦生见亡妻》之焦生醉酒后"以鞭乱殴其家客";洪迈《容斋随笔》卷16《多赦长恶》之卢助教被田仆"父子四人所执,投置杵臼内,捣碎其躯为肉泥";《夷坚乙志》卷20《徐三为冥卒》之湖州乌程县浔溪村民徐三,到秀州魏塘"为方氏佣耕,又七年,以负租谷,不能偿,泛舟遁归其乡";《夷坚支甲》卷5《灌园吴六》"临川市民王明居廛间贩易,赀蓄微丰买城西空地为菜圃,雇健仆吴六种植培灌,又以其余者俾鬻之……(吴六)货蔬,隐其直多……受佣累岁,绍兴辛亥,力辞去,留之不可,王殊恨恨",第752页。《清明集》卷12《惩恶门·奸秽》中记载有男女奸情连带偷盗之事,第441—442、447—448页。再有宋朝南方"生子不举"之民俗,也类似于此。参阅刘静贞《不举子——宋人的生育问题》,稻香出版社1998年版。"弱者的武器"之来源,参阅[美]詹姆斯·C.斯科特《弱者的武器》,译林出版社2007年版,第33—56、293—367页。

② 洪迈:《夷坚志·丙志》卷12《舒州刻工》,第464页。

稳定的力量。普通村民们过着"不知有汉,无论魏晋""山中无甲子,寒尽不知年"的"自在生活"。

学人或谓"皇权不下县",给普通读者的印象是,县级行政之下的社会空间中,存在有"权力真空"。但是,历史社会之实况果真如此吗?事实上,一旦村民们的这些"自在生活"影响到皇权及其政府机器的正常运转,来自皇权的官府控制网络又是无所不在的。宋朝乡村控制模式大致呈现为"官治"与"民治"多元胶合的一种样态。①

二 "皇权至上"政体下无所不在的刚性官治网络

赵宋建国后,为惩治中唐五代时期地方政府权力过大,乃至尾大不掉的弊失,在加强中央对州县控制的同时,也延伸到对乡村社会的控制,皇权明确显露出向下渗透的趋势,乃至给人留下皇权无所不在的历史影像。这一自上而下对乡村民众控制的意图,多半经由州县行政及官民衔接的中介——乡役人实际执行的。学界普遍认为,县级官府是皇权的末梢,县官是亲民官。在赵宋一朝,就制度层面而言,凡一县境内的户口、赋役、钱谷、赈济、给纳、劝课农桑、平决狱讼等,皆由知县或县令负责。当然,如果县内存驻禁军,则知县兼兵马监押或兵马都监。作为知县或县令的副手,县丞、主簿、县尉也各有职责。如县丞佐理县事、督查群吏,县主簿则掌管官物的出纳与簿书,县尉则掌管一县之内的治安、训练弓手等。当然,并非每一个县份都配备如此齐全的官员,但皇权的政治设置县司的理念却是相同的:稳定村落社会秩序,足额、按时地完成赋役催征。②

赵宋朝廷对于州县官的考课标准,也足以表明地方官员对基层村落管理的职责所在。③ 如宋神宗时所谓"四善",即德义有闻、清慎明著、公

---

① 本文"官治"概念参照魏光奇《官治与自治——20世纪上半期的中国县制》,商务印书馆2004年版。
② 参阅徐松等辑《宋会要辑稿》职官48之18至91,中华书局1957年版;《宋史》卷176《职官七》,中华书局1985年版,第3977—3978页;谢维新《古今合璧事类备要·后集》卷79—80《县官》,文渊阁《四库全书》本,第940册,第367、368页。
③ 邓小南:《宋代文官选任制度诸层面》,河北教育出版社1993年版,第70—74页。

· 359 ·

平可称、恪勤匪懈。还有所谓"三最",即狱讼无怨、催科不扰为治事之最;农桑垦殖、水利兴修为劝课之最;屏除奸盗、人获安处、赈恤困穷、不致流移为抚养之最。到宋哲宗元祐四年(1089)时又增益为"以狱讼无冤、催科不扰、税赋无陷失、宣敕条贯、案帐簿书齐整、差役均平为治事之最;农桑垦值[殖]、野无旷土,水利兴修、民赖其用为劝课之最;屏除奸盗、人获安处,赈恤贫困、不致流移,虽有流移而能招诱复业为抚养之最"①。殆至南宋,在《庆元条法事类》卷五中则记载为"一、生齿之最:民籍增益,进丁入老,批注收落,不失其时;二、治事之最:狱讼无怨,催科不扰;三、劝课之最:农桑垦殖,水利兴修;四、养葬之最:屏除奸盗,人获安居,赈恤困穷,不致流移,虽有流移而能招诱复业,城野遗骸无不掩葬"。这些考核地方官的标准,透露出朝廷通过县级官府对村落百姓管理和控制的意图。②

就赵宋一朝对于村民的管理而言,皇权的政治制度设计往往被视为近乎完善的。但是,中央的政策经由诸多管理层级——朝廷省部、州县、乡村等的阻隔,很难一丝不变、如初所想地得到贯彻执行。政治设计的完美并不能代表实际执行达到绩效的完美。这些来自皇权的"说法",其具体"做法"又是如何?换言之,赵宋朝廷对州县官府的行政如此要求,各地州县官究竟是怎样执行的呢?宋人文集中不乏儒士担任县官时治理村落的政绩表述,《名公书判清明集》则集中记录了一些州县官员在治理村落基层事务过程中的具体事例,譬如在催科督税、差派徭役、民户争业、遗嘱继承、违法交易、婚嫁人伦、奸秽惩恶、传布妖教、淫祠诳惑等等领域,均可发现地方官府在行政运作过程中的实际参与,其乡村治理绩效也相当明显。譬如其中《比并白脚之高产者差役》《走弄产钱之弊》《产钱比白脚一倍歇役十年理为白脚》等对职役差派的督查;《受人隐寄财产自辄出卖》《田邻侵界》中地方官员对村民争田的处理;再有《争山妄指界至》中是"县尉亲至地头"、《户绝·夫亡而有养子不得谓之户绝》中阿甘接脚夫一事惊动了州县和提举司等各级官府,等等,类似记载,均可表明州

---

① 徐松辑:《宋会要辑稿》职官10之20,第2610页;职官59之11,第3722页。
② 当然,朝廷或中央政府的制度设计如此,实际执行的绩效,则难免出现偏差。譬如赵宋朝廷要求官员们劝农,在某些时空下,就往往形同无有。参考梁庚尧《南宋的农地利用政策》,第3—129页;包伟民、吴铮强:《形式的背后:两宋劝农制度的历史分析》,《浙江大学学报》2004年第1期。

官治、民治规范下村民的"自在生活"

县官府对于村落民户的刚性治理。

虽因时空之不同,各地容有差异,看似反映"地方""区域"的史料,或正好呈现出"全国""整体"的历史镜像;反之,看似显示为"全国""整体"的文献,也难免存在以偏概全的成分。《夷坚志》一书记载了东南一带不少地方官并非都在官衙内行政,也会亲自到乡下视察或办公,显示出州县官府对村民治理的实际运作场景。北宋后期,蔡京登第后,"为钱塘尉,巡捕至汤村"[①]。绍兴初,南剑州将乐县的县尉蔺敫,"因捕盗至山村"[②]。绍兴二十九年(1159)冬,抚州宜黄县有巨盗谢军九"聚众百辈,椎埋剽劫,至戕杀里豪董县尉家"。宜黄知县李元佐"适在郡。尉遣弓兵出讨捕,都头刘超者领数十人前行"[③]。他们的行政作为清晰可见。南宋杨万里在给叶颙所写的行状中云:

> 建之两税,每岁官受赋纳,远民或惮入官府,市人为之代持送官,往往过敛其估,官民交病。公适司纳,为立法革之。先是,市人代送者新幕帘。持白金以供张司纳之官。公悉却之。……知绍兴府上虞县……役民必令民自推货力甲乙,不以付吏,民欣然皆以实应,无欺隐者。赋民必为文书,各其数与之,期使民自持文书与户租至庭,公亲视其入,给之质剂,皆便之。[④]

这是州县官员亲自督催税赋责办职役的事例,由此也可看出某些县份对官民之间中介——胥吏或娴熟于官场收纳手续的"市人"之依赖。《夷坚志》中也有县官亲自督税和劝农的记载,如绍兴二年,李宾王知新淦县,"以宣抚使入境,躬至村墟督赋",以供应大军络绎过县的粮饷。[⑤] 王顺伯为温州平阳尉,也"尝以九月诣村墅视旱田"[⑥]。由上述可见,无论是查贼捉盗,还是督税劝农,都显现出县司官吏在乡间的实际运作。

---

① 洪迈:《夷坚志·甲志》卷 16《车四道人》,第 138 页。
② 洪迈:《夷坚志·乙志》卷 6《石棺中妇人》,第 228 页。
③ 洪迈:《夷坚志·支景》卷 7《王宣二犬》,第 934 页。
④ 《杨万里集笺校》卷 119《宋故尚书左仆射赠少保叶公行状》,中华书局 2007 年版,第 4533—4534 页。
⑤ 洪迈:《夷坚志·丙志》卷 13《洪州通判》,第 476 页。
⑥ 洪迈:《夷坚志·支丁》卷 10《平阳杜鹃花》,第 1046 页。

县官和县吏亲自到乡间办公，往往给村民带来很大的祸害。如赣州宁都县吏李某，"督租近村，以一仆自随。仆乞钱于逋户，不满志，缚诸桑上，灌以粪，得千钱"①，可谓恶劣。贪官污吏，横取巧掠，类似事例，在《名公书判清明集》等史料中相关记载还有很多，以至有不少"名公"发出"纵吏下乡，纵虎出柙"之感叹，民间则有谚云"打杀乡胥手，胜斋一千僧"②，皆反映出普遍性的乡村社会历史影像。

县司官吏有时在乡间行政运行中也会遇到麻烦，有些村落豪横在乡间的关系网络盘根错节，往往干扰地方官府行政运作。譬如：

> 秦棣知宣州，州之何村，有民家酿酒，遣巡检捕之。领兵数十辈，用半夜围其家。民，富族也，见夜有兵甲，意为凶盗，即击鼓集邻里，合仆奴，持械〔梃〕迎击之。③

并非所有官府理应治理的领域，都被严加管控。譬如：

> 明州城外五十里小溪村有富家翁造巨宅，凡门廊厅级皆如大官舍。或谏其为非民居所宜，怒不听。④

宋政府对民居之规制，有比较严格的条目。但明州这位富家翁在建造一如官舍的豪宅时，这里却未见来自官府的劝阻，唯有民众的规劝。成书于北宋政和年间的《作邑自箴》，作者李元弼虽说是"剽闻乡老先生论为政之要"，"著成规矩，述以劝戒"，但就作为县司官吏治理民事的诸多领域，都有紧要而逼真的约束，或可视为宋朝县司管辖村民领域的纲领性

---

① 洪迈：《夷坚志·乙志》卷7《宁都吏仆》，第242页。
② 《名公书判清明集》卷1《官吏门·申儆·咨目呈两通判及职曹官》，第3页；卷11《人品门·公吏·治推吏不照例襄袚》，第426页。
③ 洪迈：《夷坚志·乙志》卷16《何村公案》，第323页。《名公书判清明集》一书集聚了诸多豪横为非乡里的案例，兹不赘。参阅陈智超《南宋二十户豪横的分析》，载邓广铭等主编《宋史研究论文集》，1984年年会编刊，浙江人民出版社1987年版，第248—266页。以及梁庚尧《豪横与长者：南宋官户与士人居乡的两种形象》，《宋代社会经济史论集》，（台北）允晨文化出版公司1997年版，第474—536页。
④ 洪迈：《夷坚丁志》卷14《明州老翁》，第655页。

文件。

归纳上述可知，宋朝州县官府有针对性地加强了对村落民众的控制，在许多领域显露出将皇权"一统到底"的历史趋势。[1] 自唐而宋观之，具体事例增多了，地方官府操控村落的痕迹也更加清晰具体，皇权对于村民的控制似也强化了。[2] 乡役属于皇权刚柔兼容的控制村民的一种管理模式，学者或认定为"半行政化"的一种体制，[3] 呈现出"以民治民"的色彩，本文将于下节考述。

三 "官治"网络下的"民治"模式

有宋一朝，州县官府遍设各地，但有限的官员难以完成对辖区内众多民户的直接管理，尤其是对居住在穷乡僻壤、深河巨沟的那部分村民。宋朝推行的乡役制度和重新兴起的宗族制度，是朝廷"民治"——"以民治民"社会控制理念的表现。这一举措既节省了朝廷行政运作的经济成本，又切实起到了管理民众的良好绩效。[4] 这一治理模式，对比于文献湮没较多的李唐及其之前，宋朝的历史镜像就相当明显。本节首先考察乡役这一属于皇权"神经末梢"的社会控制模式。

两宋中央政府在县级行政之下，设置了乡里、耆管、都保等乡村体制，在形式上借助于行政管理层级的象征性符号，以强化对村落民户的治理。实际上则以王朝运行的实际需要，按照"以民治民"的职役方式，依靠一部分乡村富豪精英民户协助或替代地方官府管理乡村，以此

---

[1] 在宋朝财政问题领域有此类表述，参阅汪圣铎《两宋货币史》，社会科学文献出版社2003年版，第3页。此处乃借用这一说法。黄宽重以两宋时期的县役弓手为考察对象，也有类似表述，参阅《唐宋基层武力与基层社会的转变》，《历史研究》2004年第1期。

[2] 有关唐朝村民生活之内容，或自张泽咸《唐五代赋役史草》（中华书局1986年版）、《唐代阶级结构研究》（中州古籍出版社1996年版）中体悟到粗略的印象，兹不一一。

[3] Kung chuan Hsiao（萧公权），*Rural China: Imperial Control in the Nineteenth Century*, Washington: University of Washington Press, 1960, pp. 72 – 73.

[4] ［美］道格拉斯·诺斯：《制度、制度变迁与经济绩效》，上海人民出版社2008年版，第3—12页。就宋朝而言，州县官治乃是宋朝的正式规则，而本节及此后所论，属于非正式约束。至于礼法风俗达致的社会控制绩效，则可以视为实施机制有效性。刁培俊《乡村中国家制度的运作、互动与绩效——试论两宋户等制的紊乱及其对乡役制的影响》（《中国社会经济史研究》2006年第3期），对相关理路有所申论。

达致既实际操控了村民，又节省行政治理成本的目的。^① 在其推广过程中，帝国的政权力量也起了重大作用，属于帝国皇权延伸到州县以下的"神经末梢"。在官贵吏贱的宋朝，乡役人并非由中央政府直接任命。据文献记载，乡役人乃由县司胥吏和乡司等直接差派。^② 赵宋王朝给乡役人所设定的社会角色，是"民"，是"庶人在官者"，是帝国用来"役出于民"、以民治民的吏民，他们要"以职役于官"，其身份却并非"官"。其他诸如职役人是"农民在官"者，"差役之法，使民躬役于官"，"既为之民，而服役于公家"，"保正、长以编民执役"等说法，均表明乡役人只是协助官府处理乡村事务而已，其实际身份并不是官，不属于正式的帝国官僚系统。乡役人的地位低下，没有州县那样固定的办公衙门和办事人员，多半情况下也没有俸禄，更没有象征国家权力的官府印信。所以，严格说来，并不能构成一级完整的国家政权机构。^③ 但乡役及其后来的变形——保甲法，^④ 依然起到了很强的控制绩效——北宋熙丰年间，保甲法混通于乡役法的过程中，乡村民户的控制单位更进一步被压缩。熙宁八年（1075）前后，朝廷规定，保甲编制按照5—25—250户设定小保、大保和都保。这较之熙宁三年（1073）朝廷推出的《畿县保甲条例》，以10—50—500户设定小保、大保和都保，基层控制范围又缩小了一半。这样，隋唐以来的百户一里、五里一乡的乡村编组形式被打破了，其基层单位被大大压缩了。显而易见，皇权的触角不断向下渗透，下移到更基层的乡村角落，皇权加强乡村控制的意图和努力暴露无遗。结合上节，综括而言，宋朝的村民治理，官治色彩较之

---

① 这类乡村富豪精英民户对于村落秩序的控制，当承担乡役有利可图时，则亲身充当；当无利可图时，则往往以诡名挟户等方式，规避或转嫁职役给其他中下等民户，隐于役后，幕后操控乡村秩序；或雇人应役，多有贫寒下户甚至流氓无赖等应役，给村民带来各类侵扰。参阅王曾瑜《宋朝阶级结构》，第173—179、277—291页；及其《宋朝的差役与形势户》《宋朝诡名挟户》两文，俱见《涓埃编》，河北大学出版社2008年版。

② 谢深甫：《庆元条法事类》，黑龙江人民出版社2003年版，第750页；徐松辑：《宋会要辑稿》食货66之2，第6208页。

③ 参阅刁培俊《宋朝的乡役与乡村"行政区划"》，《南开学报》2008年第2期。

④ 宋朝最初基于保伍连坐制的保甲法，对于村民的控制力是相当显著的，也是皇朝"以民治民"统治理念的体现。参阅吴泰《宋代"保甲法"探微》，载《宋辽金史论丛》第2辑，中华书局1991年版；刁培俊：《南宋"乡村社会"管窥》，《国学研究》第24卷，北京大学出版社2009年版，第173—176页。

此前更加浓厚。①

　　作为乡役人，他们一方面是官方设置的国家权力的"神经末梢"，带有"半行政"和"准行政"的色彩，另一方面，无俸禄来源的他们更为自己的利益切切实实地考虑，穿梭、周旋于官府、村民之间，俟有机会，便侵欺弱势之村民，中饱私囊。再者，他们生活在乡间，在地缘性和血缘性两个方面和广大村民们有着千丝万缕的联系——四方八邻、亲族友好，有着更多的"熟人"。这正如费孝通所说"这是一个'熟悉'的社会，没有陌生人的社会"②。乡役人的社会地位、威望、荣耀更多的是来源于这些人的认同，而并非中央官府所赋予的"权力"。出于提高社会地位、威望、荣耀和自己利益最优化的考虑，当官方侵夺村民们不可容忍的利益时，乡役人自发地甚至不得不更多为村民们考虑。换言之，多半会因应"公事"为其"熟人社会圈"考虑，从而站在民众的立场上，与官方或明或暗地唱对台戏；在执行官府政策时，采用一些欺上瞒下的手段，融通于其间，故而我们认定乡役为皇权之下刚柔交织的一种管理模式。有关于此，洪迈《夷坚志》有一则记载：

　　　　乾道辛卯（1171）岁，江浙大旱，豫章（今江西南昌）尤甚。龚实之作牧，命诸县籍富民藏谷者责任巢数，令自津般随远近赴于某所，每乡择一解事者为隅官，主其给纳。靖安县羡门乡范生者在此选，其邻张氏当巢二千斛，以情与范曰："以官价较市值，不及三之二。计吾所失，盖不胜多矣。吾与君相从久，宜蒙庇护，盍为我具虚数以告官司。他日自有以相报。"范喜其言甘，且冀后谢，诺其请，为之委曲，张遂不复捐斗升。③

　　范生显然并未按照官府的规定如实上报藏谷者。他隐瞒的原因在于，

---

① 参见前揭刁培俊《宋朝乡村精英与社会控制》、刁培俊等《宋朝国家权力渗透乡村的努力》。唐朝之前"官治"色彩浓厚，宋朝之后尤其是王安石变法后保甲法与乡役法的混融为一，显现出皇权渗透村落的努力，但也更显现出"以民治民"的"民治"色彩日益浓厚，而质言之，"民治"亦是"官治"的补充和延伸。据罗彤华《唐代的保伍》一文（今据《台湾学者中国史研究论丛·城市与乡村》，中国大百科全书出版社 2005 年版），唐朝与宋朝类似的村落治理模式，历史痕迹相对模糊。
② 费孝通：《乡土中国生育制度》，第 9 页。
③ 洪迈：《夷坚支景》卷 7《范隅官》，第 937 页。

他与张氏"相从久",且张氏允诺"自有以相报"。乡村社会中实际存在有各种"潜规则",在更多领域中,规范着村民们具体的日常生活,皇权的监控很难洞幽其微。

作为皇权延伸到县乡政治空间的"神经末梢",存世文献记载了乡役人以刚性行政运作治理村民的历史场景。譬如村落间出现杀人案件,乡役耆长、保正副等须上报县司处理。《夷坚志》中事例很多,因乡役名称改易频仍和各地土俗不同,官方表述和民间称呼,多有错乱,里正、里胥、保正、保长、都保、里伍等,均是指乡役人。譬如秦州农家子马简,有一妇人窃取其田间遗粟之穗,被发现后,在打斗中折足而死,马简被"里胥执赴府"①。武陵民郑二其子被人在婚宴上杀死,"大呼投里正,言张二杀我儿。里正捕系张,仍飞报县,主簿李大东摄令事,檄巡检验实"②。县司和乡役一同参与案件的处理。崇仁县农家子妇走失,县司也要里正等"揭赏搜捕"③。钱塘当地有人死亡,县官"即命里正取其骸,付漏泽园"④。关于追逮凶杀偷盗,如浦城永丰境上村中旅店出现死尸,店主"走报里伍,捕凶人赴县"⑤。尤溪民濮六,亡赖狂荡,数盗父母器皿衣物典质,被父母赶出家门,途遇一女赠布帛,出售时被人指认乃其女陪葬品,于是,"呼集都保,诣彼(按指坟墓)实验"⑥。武陵县因村民诉堰水不平,县尉被"请往定验",道中小憩于一祠宇,见神像悚然,是往昔所见者,"乃以其事审于里胥"⑦,等等,均可显现出乡役人在村落中的实际运作。

在征派赋役方面,乡役人的具体运作更多出现在村落间诸多"历史现场"。譬如,尝有徽州婺源县怀金乡里胥督租于村民程彬家,因其"以语侵彬",险些被拥有毒人之术的程彬毒死。⑧ 也有不少穷困村民因拖欠赋税,被逼窘迫无奈甚至于无以为生的境地。譬如筠州新昌县民邹氏

---

① 洪迈:《夷坚志·甲志》卷13《马简冤报》,第116页。
② 洪迈:《夷坚志·支景》卷10《郑二杀子》,第960页。
③ 洪迈:《夷坚志·丁志》卷20《巴山蛇》,第705页。
④ 洪迈:《夷坚志·支甲》卷4《九里松鳅鱼》,第743页。有关于此,《庆元条法事类》《作邑自箴》《州县提纲》等文献也有来自官方的一些表述,兹不赘列。
⑤ 洪迈:《夷坚志·乙志》卷3《浦城道店蝇》,第205页。
⑥ 洪迈:《夷坚志·三志己》卷2《许家女郎》,第1317页。
⑦ 洪迈:《夷坚志·三志辛》卷4《管先生祠》,第1416页。类似事例还可见《夷坚志·支甲》卷1《楼烦道中妇人》,《夷坚志·支丁》卷9《淮阴张生妻》,《夷坚志·支癸》卷1《薛湘潭》等等,恕不一一。
⑧ 洪迈:《夷坚志·甲志》卷3《万岁丹》,第20页。

"尝负租系狱，逾旬得释"①。均可表明保正等乡役人在催税派役等村落管理中的实际运作。

北宋中期以降逐渐重新兴起的宗族组织，在地方社会中具有较多的社会控制职能。② 明清时期本属民间性的乡族政治化，或说"国家内在于社会"这一模式，或近似社会学家所说的"长老统治"③。其实，这也是一种来自皇权的柔性的、"以民治民"的、间接的社会控制模式。赵宋统治稳定之后，科举与选官制度的变革，导致社会流动加剧，为保持家族的持久富贵，士大夫治家之法的严整与否，日渐进入人们的视野。成文的家范、家训、家规频频出现，成为建立并维护基层社会和家族秩序的准则。据王善军的研究，宗族管理之政治职能有：维持族内社会秩序，平息族内民众的反政府行为；裁判族内民事纠纷，维护财产继承关系；督促赋税征纳；与州县政权相结合，部分承担了乡村治理职能。④ 其经济职能包括：生产技术的传授与勤奋风气的倡导；组织赈济灾荒；义庄、社仓等部分公益事业的建设。其教育职能包括，宗族观念的教育，族塾义学的兴建，⑤对士人求学和科举的资助。⑥ 这些士人家族在教育子弟、置产和治生、敬

---

① 洪迈：《夷坚志·丁志》卷 2《邹家犬》，第 545 页。
② 朱瑞熙：《宋代社会研究》，中州书画社 1983 年版，第 98—104 页。并见朱瑞熙等《辽宋西夏金社会生活史》，中国社会科学出版社 1998 年版，第 417—418 页。傅衣凌说："中国有句老话，'天高皇帝远'，即中央专制主义的势力尚不能深入各地民间的反映。因而中国地主阶级便极扶植、利用这乡族势力，用以干涉人民经济生活的各方面。"参其《明清社会经济史论文集》，人民出版社 1982 年版，第 7、78—102 页。郑振满重申了这一观点，参阅《明清福建家族组织与社会变迁》（中国人民大学出版社 2009 年版，第 183—194 页）和《清代闽西客家的乡族自治传统》（《学术月刊》2012 年第 4 期）。
③ 费孝通：《乡土中国 生育制度》，第 64 页。郑振满：《乡族与国家：多元视野中的闽台传统社会》，生活·读书·新知三联书店 2009 年版，第 9—10 页。
④ 宋朝法制规定：乡间富民大户才能承当耆长、户长、保正长等主要色役，不但管理乡间烟火盗贼等治安管理事务，也更多地承担起村落中民户赋税催纳之事。一般的富民家族大都有承担乡役的可能，而且，乡役耆长也规定由官户承担。参见刁培俊《宋朝耆长制度初探》，《传承与创新：九至十三世纪中国史青年学者研讨会论文集》，台北"中研院"史语所主办，2008 年 8 月。虽然，目前还很难搜讨到更多的史料以为佐证，但这种现象是可以推想的。
⑤ 如四明楼氏家族的对乡曲义庄的推动，德兴张氏家族厚经营而热心公益等，都是很好的说明。参阅黄宽重《千丝万缕——楼氏家族的婚姻圈与乡曲义庄的推动》《乡望与仕望——厚经营的张氏家族》，收入氏著《宋代的家族与社会》，国家图书馆出版社 2009 年版，第 103—136、203—226 页。
⑥ 如居住在浮梁界田的李仲永"晚年退闲，于所居之东三里间，自立义学，且建孔子庙"（《三志己》卷 10《界田义学》）。参阅前揭王善军《宋代的宗族和宗族制度研究》，第 259—267 页。另外，宗族的族规家法，也在多方面限制族内民众的行为，努力使其服从于家法族规的规范。

宗收族和坟祭、族人的互助与族产的运营等活动中,[①] 在社会秩序的维持和乡村管理诸领域,同样起着相当重要的作用,也就往往会被村民们视之为精英。[②] 唯宋朝同居共财大家庭相对于普遍存在的小家庭结构而言,只不过是汪洋大海中的零星点缀,似不宜过分夸大,更不能与代表官方力量的乡役人等相提并论:有时乡役人等面对豪横类强宗大族,催征时束手无策;有时豪强大户也勾结乡役人等,借以逃避税役负担。不同情况下,两者的关系会有很大差别。所以,全面考察其社会控制和乡村治理绩效,仍很重要。

宋朝宗族内的尊老族长等,在宗族内乃至县乡之中,也往往拥有相当大的影响力,近年学界已有很好的成果可资说明。[③]《夷坚志》中也有一些记载,如前揭宣州何村有一个酿酒的民户,是本村"富族",当巡检下乡追办凶案时,富族"见夜有兵甲,意为凶盗,即击鼓集邻里,合仆奴,持械迎击之"[④]。最为代表的一例是既为显官、又为族长的满氏族长:

> (淮南望族满少卿)叔性严毅,历显官,且为族长。生素敬畏,不敢违抗,但唯唯而已,心殊窘惧。[⑤]

一个家族普通的族众,敬畏族长,竟至于"心殊窘惧",族长的影响

[①] 宋朝部分家族义田的建置,请参阅王善军《宋代宗族和宗族制度研究》,第64—68页。还可参看陶晋生《北宋士族——家族·婚姻·生活》,台北"中研院"史语所2001年版,第65—99页。

[②] 有关士人家族及其在乡间的精英形象的自我塑造或被塑造,请参阅梁庚尧《豪横与长者:南宋官户与士人居乡的两种形象》,《新史学》第4卷第4期,1993年12月;梁庚尧:《家族合作、社会声望与地方公益:宋元四明乡曲义田的源起与演变》,《中国近世家族与社会学术研讨会论文集》,台北"中研院"史语所1998年版,第213—237页;黄宽重:《宋代的家族与社会》,东大图书公司2006年版,第124—131、155—169、256—261页等。

[③] 综论性成果可参王善军《强宗豪族与宋代基层社会》,《河北大学学报》1998年第3期;《北宋青州麻氏的忽兴与骤衰》,《齐鲁学刊》1999年第6期;《宋代宗族和宗族制度研究》,河北教育出版社2000年版。个案研究相当丰富,参阅郭恩秀《八〇年代以来宋代家族史中文论著研究回顾》,《新史学》第16卷第1期,2005年3月。最近,黄宽重前揭《宋代的家族与社会》尤其是该书最后一章概括性的提升、总结,最具代表意义。不但元末明初的地方社会是一个乡豪权力支配的社会,就文献的考察,早在宋朝既已如此。参阅刘志伟《从乡豪历史到士人记忆》,《历史研究》2006年第6期。

[④] 洪迈:《夷坚志·乙志》卷16《何村公案》,第323页。

[⑤] 洪迈:《夷坚志·志补》卷11《满少卿》,第1650页。

力、权威性由此可见一斑。《名公书判清明集》中也有类似记载。有关村落民户分家析产、收养立继之事，官府更多依靠家族族长、房长及其他尊长等，这在宋朝法律中也有所显现。譬如《清明集》中，"僧归俗承分，案即令监族长并监乡司根刷何氏见在物业"；"凡立继之事，出于尊长本心，房长公议"；"在法：户绝命继，从房族尊长之命"。其中有一位名叫王圣沐的族长"握立继之权，专事教唆卖弄，前后词诉，此人必入名其中"①。但是，一旦涉及立继之事，则"出于祖父母、父母之治命，而昭穆相当，法意无碍，虽官司亦不容加毫末其间"②。这似乎表明，在皇权礼法规范下，只要于"法意无碍"，则"官司亦不容加毫末其间"，在家族既有族规等约束之外，百姓们依然拥有一定程度的"自在生活"。

小农之间的合作组织还有很多。就宋朝而言，义役、义田、义学、义庄、义仓等，也大致属于民间的自治（民治）组织。这类最初的民间组织，在官方介入后，就逐渐被"官方化"了，但在实际运作过程中，民间自我管理的成分依然突出，尤其是组织者往往依据乡间的自我约定实际运行，就更凸显出某种"自治"色彩。③ 宋朝乡间百姓还共同遵循"乡原体例"，大致也是介于官民之间的一种约束力，④ 似更多体现为"民治"色彩而在两宋乡村的诸多领域存在着。

---

① 分别见于《名公书判清明集》卷1《官吏门·申儆·劝谕事件于后（真德秀）》，中华书局2002年版，第13页；卷7《户婚门·立继·吴从周等诉吴平甫索钱》，第204页；卷7《户婚门·立继·官司斡二女已拨之田与立继子奉祀》，第214页，卷8《户婚门·立继·父子俱亡立孙为后·所立又亡再立亲房之子》，第264页。
② 《名公书判清明集》卷8《户婚门·立继·后立者不得前立者自置之田》，第271页。
③ 王德毅：《南宋义役考》，今据氏著《宋史研究论集》，台北商务印书馆修订版1993年版；漆侠：《南宋的差募并用到义役的演变》，王仲荦主编《历史论丛》第5辑，齐鲁书社1985年版；葛金芳：《从南宋义役看江南乡村治理秩序之重建》，《中华文史论丛》2007年第1期；伊藤正彦：《"義役"——南宋期における社会的結合の一形態》，《史林》（京都大学史学研究会）75—5, 1992年；寺地遵：《義役·社倉·鄉約》，《広島東洋史学報》1, 1996年；梁庚尧：《宋代的义学》，《台湾大学历史学报》1999年第24期；王善军：《宋代族塾义学的兴盛及其社会作用》，《中国史研究》1999年第2期；陈荣照：《论范氏义庄》，收入《宋史研究集》第18辑，"国立编译馆"1988年版；邢铁：《宋代的义庄》，《历史教学》1987年第5期；邓小南：《追求治水秩序的努力——从前近代洪洞的水资源管理看"民间"与"官方"》，今据行龙、杨念群主编《区域社会史比较研究》，社会科学文献出版社2006年版，第19—39页。
④ 参阅包伟民、傅俊《宋代"乡原体例"与地方官府运作》，《浙江大学学报》2008年第3期。

四 纲常理念教化——化有形为无形的柔性意识观念控制

自秦汉以还传承多年的儒家纲常理念,也是赵宋朝廷用以控制村民的一大举措。① 实际上,在社会控制研究领域,当下史学界多所忽略的、以纲常礼教约束人们的行为,是传统儒家学说的一大社会控制功能。费孝通指出:中国的乡土社会是"礼治"的社会,儒家传统的效力影响甚深。② 依据《仪礼》《礼记》的有关内容,风俗及基于风俗而形成的习惯法是中国古代"礼"的重要组成部分。这些惯例产生于日常生活,是人们日常言行的准则。如果人们的言行,包括交往之中的进退揖让,符合礼的准则,就会受到舆论的赞扬。而违反或不合乎礼的言行,就会受到舆论的嘲讽,甚至强力制裁。③《礼记·祭统》:"凡治人之道,莫急于礼。"《汉书》卷二二《礼乐志》:"人性有男女之情,妒忌之别,为制婚姻之礼;有交接长幼之序,为制乡饮之礼;有哀死思远之情,为制丧祭之礼;有尊尊敬上之心,为制朝觐之礼;哀有哭踊之节,乐有歌舞之容……故婚姻之礼废,则夫妇之道苦,而淫辟之罪多;乡饮之礼废,则长幼之序乱,而争斗之狱蕃;丧祭之礼废,则骨肉之恩薄,而背死忘先者众……"礼法相融,是传统中华帝制时代社会控制的重大特点之一。以"礼"为准则建立的中国传统伦理观念,深深地烙印在民心深处,形成为独具特色的民族品格和中华文明。特别是宋朝之后,儒家知识的普及,佛教教义的儒化及其宣扬普及,导致"宗法伦理庶民化"④ 的趋势骤增,纲常理念在精神层

---

① 江筱婷:《宋代地方官的教化活动——以两浙路为考察中心》,硕士论文,台湾大学历史研究所,2006年。王亚南指出:"在中国,一般的社会秩序,不是靠法来维持,而是靠宗法、靠纲常、靠下层对上层的绝对服从来维持;于是,'人治'与'礼治'便被宣扬来代替'法治'。"参阅其《中国官僚政治研究》,中国社会科学出版社1981年版,第42—43页。另见该书第73—74页。

② 费孝通:《乡土中国 生育制度》,第49页。他还认为:礼并不是靠一个外在的权力来推行的,而是从教化中养成的个人的敬畏之感,使人服膺;人服礼是主动的(第51页)。在一个熟悉的社会中,我们会得到从心所欲而不逾矩的自由。这种与法律所保障的自由不同。规矩不是法律,规矩是"习"出来的礼俗(第10页)。

③ 参阅马小红《礼与法:法的历史连接》,北京大学出版社2004年版,第78—79页。

④ 郑振满:《明清福建家族组织与社会变迁》,中国人民大学出版社2009年版,第172—182页。

面影响了越来越多的普通民众。甚至有社会学家认为"一个负责地方秩序的父母官,维持礼治秩序的理想手段是教化,而不是折狱";"社会秩序不需要外力的维持,单凭个人的本能和良知即可"①。这里,个人的本能和良知,无疑也就更多地渗入了传统的伦理道德观念。

除了刚性地执行皇朝的政策法令外,一些州县官也声称自己身为地方官,还推行柔性的纲常教化观念,作为辅助,管摄民心。宋朝地方官教化意识增强,再加上日益增多的地方士人群体的积极参与,尊老尚齿、建构和谐乡里秩序和礼义伦理观念,从而导民循礼,劝民行善,化民从俗,致民孝悌,蔚成风尚;当然,地方官的教化实践还包括禁毁淫祠、封赐庙额、劝谕旌奖孝悌等。这些切近百姓日常生活的教化理念,广泛地深入基层民众意识之中并产生了越来越深刻的影响。②家范家训、民间丧葬祭祀和婚姻等礼仪,地方官对于义门、孝行、妇德和隐逸的旌表,以及谕俗文等等的榜谕,均深化了官方教化理念,强化了朝廷对普通民众的精神束缚。③譬如有地方臣僚言其任地方官"惟以厚人伦,美教化为第一义。每遇厅讼,于父子之间,则劝以孝慈,于兄弟之间,则劝以孝友,于亲戚、族党、邻里之间,则劝以睦姻。委曲开警,至再至三,不敢少有一毫忿疾于顽之意。剽闻道路之论,咸谓士民颇知感悟,隐然有迁善远罪之风,虽素来狠傲无知,不孝不友者,亦复为之革心易虑"④;"本司以劝农河渠系衔,水利固当定夺;本职以明刑弼教为先,名分尤所当急"⑤。或宣称"宣明教化,以厚人伦而美习俗也。故自交事以来,凡布之于榜帖,形之于书判,施之于政事,莫不拳拳然以入事其父兄,出事其长上者,为吾民训。今既数月矣,近者见而知之,远者闻而知之,其比闾族党之间,自宜

---

① 费孝通:《乡土中国 生育制度》,第54、49页。
② 王美华发表有数篇论文讨论相关问题,如《官方礼制的庶民化倾向与唐宋礼制下移》,《济南大学学报》2006年第1期;《唐宋时期地方官教化职能的规范与社会风俗的移易》,《社会科学辑刊》2006年第3期;《地方官社会教化实践与唐宋时期的礼制下移》,《辽宁大学学报》2010年第3期;《乡饮酒礼与唐宋地方社会》,《社会科学辑刊》2010年第4期;《唐宋时期乡饮酒礼演变探析》,《中国史研究》2011年第2期。
③ 杨建宏已发表数篇论文讨论相关问题,均收入氏著《宋代礼制与基层社会控制研究》,湖南人民出版社2010年版。张文昌《制礼以教天下——唐宋礼书与国家社会》考察了王朝礼典庶民化与私礼的行用,台湾大学出版中心2012年版。
④ 《名公书判清明集》卷10《人伦门·母子·母讼其子而终有爱子之心不欲遽断其罪》,第363页。
⑤ 《名公书判清明集》卷10《人伦门·宗族·恃富凌族长》,第392页。

详体此意,长者勉其少者,智者诲其愚者,贤者诱其不肖者,相率而为礼义之归,而旧俗为之一变矣",进而认为欲移风易俗推行乡饮酒礼是一个很切当可行之法,"观其致尊逊以教不争,致洁敬以教不慢,父坐子立以教孝,老坐少立以教悌,序宾以贤以贵德,序坐以齿以贵长,序僎以爵以贵贵,饮食比祭以示不忘本,工歌比献以示不忘功,燕及沃洗以示不忘贱,凡登降辞受献酬之义,笾豆鼎俎之器,升降合乐之节,无非教也。当时是也,父与子言慈,子与子言孝,兄与兄言友,弟与弟言顺,少而习焉,长而安焉,其父兄之教,不肃而成,其子弟之学,不劳而能"①。在现实社会实践中,也确实有一些地方官推行了乡饮酒礼,且对当时的基层社会化礼为俗有所推进。

移风易俗以利教化,是统治者的一大柔性治理策略。早在雍熙二年(985),宋太宗曾针对邕、容、桂、广等地不合于礼的特殊风俗,命地方官柔性开导:

> 应邕、容、桂、广诸州,婚嫁、丧葬、衣服制度,并杀人以祭鬼,疾病不求医药,及僧置妻孥等事,并委本属长吏,多方化导,渐以治之,无宜峻法,以致烦扰。②

两宋期间还有许多类似柔性治理的举措。对于民间的一些非法组织或伤风败俗之举,州县官府也要严加戒饬,如官府宣告"访闻本路所在乡村,多有杀人祭鬼之家,平时分遣徒党,贩卖生口,诱略平民,或无所得,则用奴仆,或不得已,则用亲生男女充代,脔割烹煨,备极惨酷,湘阴尤甚。今仰诸县巡尉,常切跟辑,知县尤当加意。应有淫祠去处,并行拆毁,奉事邪鬼之家,并行籍记,四路采生之人,并行收捉,邻甲照已排立保伍,互相举觉……镂榜晓示"③。再如村夫羊六、杨应龙"因醉争道",羊六诬陷杨白昼抢劫一案中,州县官府也揭穿了羊六的无赖行径。④

---

① 《名公书判清明集》卷10《人伦门·乡里·勉寓公举行乡饮酒礼为乡间倡》,第395—396页。
② 钱若水等:《宋太宗实录》卷34,甘肃人民出版社2005年版,第86—87页。徐松辑:《宋会要辑稿·刑法》2之3,第6497页。
③ 《名公书判清明集》卷14《惩恶门·淫祀·行下本路禁约杀人祭鬼》,第545—546页。
④ 《名公书判清明集》卷13《惩恶门·妄诉·以劫夺财物诬执平人不应末减》,第497页。

官府判案之后,也往往将判决书(断由)"帖本县备榜本保本里,使邻里通知",以起到警示的作用。①

由上述可知,宋朝村落基层也大致遵循了社会学家所指出的:礼治就是对传统规则的服膺,生活各方面、人和人的关系,都有着一定的规则。行为者对于这些规则从小就熟习,不问理由而认为是当然的。长期的熏陶教育已把外在的规则化成了内在的习惯。维持礼俗的力量不在身外的权力,而是在身内的良知,所以这种秩序注重修身,注重克己,从民众意识深处的劝导,达致社会教化的目标,从而达致期待中的乡村社会和谐稳定的秩序。②

五 结语

当"中国传统乡村"渐行渐远地沉睡于历史记忆和历史文献之中,努力挖掘与再现那些过往的图像,尽力保存、呈显依稀沉寂的历史旧影,意义深远。近年来,随着史学研究视角的逐步下移,中国传统乡村社会的研究备受关注,而生活在村落中的广土众民究竟是怎样一种生存状态?村民们究竟是否被皇权的"枝干"(州县)及其"神经末梢"(乡耆、都保等乡役"半行政化"体制)"官治"体系完全牢牢掌控了呢?如果是,那具体究竟是怎样的一种情况?如果不是,村民们是否存在"自在生活"的历史景象?其日常生活世界尤其精神世界又是怎样的?村落秩序是如何构建的?实际上,这一研究视角是由村落民户自下而上反观王朝管理和控制的互动过程。就两宋而言,已有成果静态描述居多,动态考察和互动研究较为鲜见,还不曾全面呈现多元、立体而丰富多彩的历史影像。本文试图在已有研究的基础上,通过对宋王朝皇权一元化时代州县行政"官治"及乡役等体制下"民治"的考察,指出宋朝乡村社会不是皇权的"真空"地带,王朝权威以一种刚性形式向乡村渗透的趋势相当明显。同时,村民们在传统"礼治""习俗惯例"等儒家伦理纲常理念的约束下生活——同样来自王朝的柔性的教化理念深入民心,起到了很强的维持社会秩序的治

---

① 《名公书判清明集》卷13《惩恶门·诬赖·以累经结断明白六事诬罔脱判昏赖田业》,第511页。
② 费孝通:《乡土中国 生育制度》,第55页。

理绩效。广大村民们生活在这一网络之下。在传统帝制时代,皇朝对于村民的治理,要么是刚性的、显在的、直接的社会控制,如官僚行政层层推展的法制;要么是柔性的、潜存的、间接的意识领域的教化理念管摄民心。刚与柔、显与隐、直接与间接的交糅、融合,则其统摄力更具隐蔽性,治理绩效也更加显著。在赵宋皇朝不断强化中央集权的治理模式下,官本位是无所不在的,换言之,"官治"的影响力几乎无所不在;"民治"是"官治"的延伸和变异,是"官治"的附庸。

较之前朝,两宋时期"民治"模式的凸显,以及上述几种治理模式的糅合,充分显示出天水一朝村民治理模式的多元化,为避免官民之间、贫富之间的矛盾和阶级分化,其治理举措日益隐蔽,更趋深入。但本文特别阐发的是,在日常生活的很多领域中,尤其在一些村民"私"的领域中,天水一朝的皇权似持漠视、无视的姿态,或无法完全介入其中,只能听任村民们"自在"地生活,颇类似于《乡土中国》所描述的中国传统乡村:中国"乡土社会里的权力结构,虽则名义上可以说是'专制'独裁,但是除了自己不想持续的末代皇帝之外,在人民实际生活上看,是松弛和微弱的,是挂名的,是无为的"。中国传统时代的乡村治理是"无为政治",是"长老统治"①。但是,历史文献显露出宋朝村民的这种"自在生活",并非"皇权不下县"模式下的"无为而治",也并非西方语境下的"乡村自治"②。宋朝村落间官治的控制体系及其各种变异的官治网络是无处不在的,所有村民都被笼罩在这一网络之下。在中国"秦制"以后"天下事无大小皆决于上"的皇权一元化体制中,凡土地、赋税、产权、工商业等基本经济形态,都是政治权力的延伸。王毓铨认为:"秦制"经典性的描述是"九州之田,皆系于官";百姓的"身体发肤,尽归于圣育;衣服饮食,悉自于皇恩"。中国"秦制"后的权力形态不仅是简

---

① 费孝通:《乡土中国 生育制度》,第63、59、64页。徐勇近来认为:东方中国的自由主义是农民自由主义,核心要素是自由农民的自主性和积极性。这种在自由小农经济基础上产生的农民自由主义作为一种日常生活状态,潜藏于经济社会生活之中国,创造了世界无与伦比的农业文明。东方自由主义传统,是中国特色的自由体系。参阅其《东方自由主义传统的发掘》,《学术月刊》2012年第4期。

② 刁培俊曾撰文描述宋朝村民生活状态,参见《宋朝乡村精英与社会控制》,《社会科学辑刊》2004年第2期;刁培俊等:《宋朝国家权力渗透乡村的努力》,《江苏社会科学》2005年第4期。此后谭景玉《宋代乡村社会"自治"论质疑》(《山东大学学报》2008年第6期)强调宋朝乡村社会之中,根本就不存在西方话语下的"自治"。

单的统治理念,更是一整套高度缜密的制度结构,其中起关键作用的是支撑权力机器运行的那套犬牙交错的制度保障系统,中国一切重要经济现象的第一属性都由此决定。他还有如下描述:

> 农民的身份不可以说是"自由的"、"独立的"。他们的人身和其他编户的人身一样是属于皇帝的。……皇帝可以役其人身,税其人身,迁移其人身,固着其人身。只要他身隶名籍,他就得为皇帝而生活而生产而供应劳役;而不著籍又是违背帝王大法的。……在古代中国的编户齐民中,自由和独立的事实是不存在的,可能连这两个概念也没有。①

就赵宋一朝而言,由于州县官员设置太少,所辖地方村落民户太多,所以显示出官治力量的不足,宋朝政府采取了"以民治民"的"民治"策略,作为"官治"治理模式的延伸和补充,希望使之起到类如"官治"的同样绩效——乡役体系和家族、宗族组织等填补了这一缺漏。传统中华帝制政府人身控制的目的,无非是从根本上解决税役征发和稳固其统治秩序,从隋唐大索貌阅到宋朝的租佃制下的官治、民治交织的控制模式之转变,可见官府控制民户模式的变化,在"以民治民"和教化理念大力推行的貌似松弛的治理模式外表下,更多显现出皇权控制的隐蔽、深入和无所不在。譬如宋朝财赋的征收,虽一再显现出征收和财政运转的困窘,但支撑皇朝三百余年持续发展的动力,无疑依然来自于赵宋王朝日益强化的赋役征发体制;而从农民暴动未能推翻政权的角度看,赵宋皇朝民众控制举措也达致相当可观的绩效。进而言之,自唐至宋,无论社会如何演进,皇权控制村民的"官治"模式多元化了,也更加隐蔽,渗透力更强了。②

在以往学者们的一般印象里,村民们只要不曾导致社会秩序的紊乱,能够及时足额地完成官府交给的赋役征发,似乎就可以在"私"的社会

---

① 王毓铨:《〈中国历史上的农民身份〉提纲》,《莱芜集》,中华书局1983年版,第377页。
② 有关赋役征派和财政运作,请参阅汪圣铎《两宋财政史》,中华书局1996年版;包伟民《宋代地方财政史研究》,中国人民大学出版社2010年版。关于后者,20世纪中,宋农民战争史的研究尤多,最近研究请参阅王世宗《南宋高宗朝变乱之研究》,刘馨珺《南宋荆湖路的变乱之研究》,均为台湾大学文史丛刊,出版时间分别为1987年、1994年。

空间下享受更多的"自在生活"。换言之,即便皇权控制的网络几乎无处不在,但在官治和民治控制网络之下,在村民日常生活的诸多领域,皇权根本就没有力量管理,也懒于管理的空间——允许民户"自在生活"。其前提是民户安分守己,维持好村落基层社会秩序的稳定,按时足额缴纳赋税、应差服役。这样的一种生活方式,自己治理、管理自己的日常生活,与西方话语中的所谓"自治"并非同一意涵。但是,一旦在上述各方面村民行事稍有不顺合于皇权或官府,就会动辄得咎。就这一意涵而论,村民们的"自在生活"是有局限的,是皇权网络之下的一种社会生活。另外,正如前文所已揭示,纲常伦理礼教等教化理念的统摄力,经由长期之传布,尤其是宋朝读书识字群体之激增,已渗入民心,其管摄民心的绩效自不可小觑。概言之,宋朝村民们是在遵循皇权"礼法而治"和儒家纲常理念教化等控制网络之下所谓"无为而治"的"自在生活"。显而易见,这种所谓的"自在"的生活是有局限的,并未完全脱逸出"官治"之庞大坚实的网络。[①] 皇权对于村民们的控制绝非"挂名的,是无为的",远非"无为而治";"国家不在场"的历史场景是该王朝—村民视域对于"国家"不会带来丝毫有害行为才呈现而出的历史假象。由此引申而来,近年来再度热论的"皇权不下县"的观点,似也有着修正的空间。

[①] 换一视角观察,或可认为:"官治"和"民治"这些直接或间接来自官方社会控制领域的秩序,或可视为"人为制造"的秩序(artificial order),也称为被指导的秩序或外力产生的秩序。实际生活中,村落民户之间自然形成的秩序(exogenous order),或许可视为自我成长的秩序、自我组织的秩序。借此村民们才可以相安无事地生活在邻里之间。而日常生活世界中的诸多细节,村民们其实更多地生活在既非人为又非自然的"自发的秩序"之中。参阅弗里德里希·冯·哈耶克《法律、立法与自由》第1卷《规则与秩序》,邓正来译,中国大百科全书出版社2000年版,第54—60页。

范浚的理学思想及其时代意义

张 剑

范浚（1102—1151），字茂明，世称香溪先生，婺州兰溪（今浙江兰溪）人，著有《香溪集》22卷。[①] 朱熹取其《心箴》入《孟子集注》；清全祖望视其学"别为一家"（《宋元学案》卷45《范许诸儒学案》）；乾隆十九年（1754）浙江学使雷鋐将范浚誉为"婺学开宗"，其门生姜炳璋更将此四字具体解释为"以明婺之道学由于先生，婺学之开宗，浙学之托始也"（《光绪兰溪县志》卷5《流寓·姜炳璋》）；光绪十五年（1889）刊《金华理学粹编》卷1也将范浚列为"理学先声"。但关于范浚，长期以来尚乏深入细致的研究，[②] 本文试图探讨范浚在理学史上的独特价值及时代意义，以就教于方家。

一 性命心仁无二与"止而觉"谓仁

心性论是宋代理学思想的核心观念之一。范浚的心性论思想集中体现在《心箴》《性论》（上下）等文章中，《性论》甚至被焦循誉为"见地超然，殆宋儒所仅见者"[③]。先看范浚的《心箴》：

[①] 范浚《香溪集》版本，有宋绍兴本系统和清乾隆本系统两种，详见笔者《宋范浚〈香溪集〉版本源流考》，《文献》2013年第1期。本文所引《香溪集》，皆据《全宋文》和《全宋诗》（两书皆以乾隆本为底本，又参校他本）。

[②] 笔者仅见何百川《婺学之开宗，浙学之托始》（《兰溪方志》2005年第3期）一文中有简单归纳罗列；另徐儒宗《婺学通论：具有金华地方特色的儒学》（杭州出版社2010年版）第二章"香溪范氏开婺学之宗"亦对范浚泛泛而论，参考价值皆有限。

[③] 焦竑：《焦氏笔乘续集》卷4《性论》，《焦氏笔乘》，上海古籍出版社1986年版，第285页。

> 茫茫堪舆，俯仰无垠。人于其间，眇然有身。是身之微，太仓稊米。参为三才，曰惟心耳。往古来今，孰无此心。心为形役，乃兽乃禽。惟口耳目，手足动静。投间抵隙，为厥心病。一心之微，众欲攻之。其与存者，呜呼几希。君子存诚，克念克敬。天君泰然，百体从令。

箴文意思可分三层：从"茫茫堪舆"至"孰无此心"，讲的是心与形相比具有超越性，因而可与天地同观；今古同心，因而心具有本体意味。从"心为形役"到"呜呼几希"，讲的是人心微弱，易被各种欲望侵染控制，欲存此心，异常艰难。从"君子存诚"到"百体从令"，讲的是只有以诚敬为立身大体，始能心安理得，视、听、言、动无不合于中节。朱熹在注《孟子·告子上》时完整引入了《心箴》，但显然，他注意的是讲物欲之危、道心之微和养心之法的第二、三层意思，而对于谈心为本体的第一层意思则有意无意地忽略。

我们知道，"心"是朱熹思想体系中的重要基点之一，他对"心"有非常丰富和复杂的表述，研究者对朱熹的"心说"在认识上也多有分歧，① 但朱熹绝不能承认"心"为形而上本体，此点是绝大多数研究者的共识。在朱熹看来，仁是性，属形而上，心不是性、亦非仁，是气之灵，属形而下。范浚所说的"心"正是在此点上与朱熹有根本差异，不妨再举范浚其他文章为证：

> 昔孟轲论养心为大体，而贱养口腹。盖是心之大，覆穹窿而载旁薄，包八荒而函万殊，兼举有无，一物莫之能外，其与天地流通，阴阳冥合者，曾莫见其形垺，是大体也。（《衢州龙游县学田记》）

> 今人殊于古者，习相悬也；不古不今者，心之所同然也。（《进学斋铭》）

---

① 吴震《"心是做工夫处"——关于朱子"心论"的几个问题》一文概括为三类：即"一、朱熹之言'心'是认知心，是气的一种功能，故可说'心属气'或'心即气'，持这类意见者为数众多，如钱穆、牟宗三、刘述先等；二、朱熹之'心'主要是知觉范畴，但心不就是气，而是意识活动的'功能总体'，如陈来；三、朱熹之'心'与心学意义上的'本心'概念有相通之处，其'心体'概念尤其如此，如蒙培元、金春峰"。参见吴震主编《宋代新儒学的精神世界——以朱子学为中心》，华东师范大学出版社2009年版，第112页。

"覆穹窿而载旁薄，包八荒而函万殊，兼举有无，一物莫之能外""与天地流通，阴阳冥合"，这简直是陆象山的口气，将心的形而上意味高高揭出。《香溪集》中还有一篇《过庄赋》值得留意，在这篇赋里，范浚以"真我"代指"心"："顾真我之为我，匪形生而气孕。曾无象以独立，緊常存而靡竟。历千变与万化，每自如而安定。"明确表达"真我"不是形生气孕而成，而是具有恒性的本体。

不仅如此，范浚还进一步提出了"性命心仁无二"的观点。其《性论》上篇开宗明义曰：

> 天降衷曰命，人受之曰性，性所存曰心。惟心无外，有外非心；惟性无伪，有伪非性。伪而有外者，曰意。意，人之私也，性，天之公也。心，主之也；意，迷之也。迷而不复者为愚，知而不迷者为知（智），不迷而止焉者为仁。仁即心，心即性，性即命，岂有二哉？

这段话包含这样几个层次：（1）命是天所降之"衷"；（2）性是人所受之"命"，诚实无欺，公而无私，否则非性；（3）心是性所存之处，能体现天下万物，有一外物未体即非心；①（4）意是人欺伪不实、物有未体的状态，它使心有迷失无法完整体认性，迷失到不能回返的状态便是愚；（4）智是人能分辨何为本心的能力；仁是既能觉悟本心，又能发挥本心功能，使事物各止于本分的能力；"止"，即《艮》卦所言"艮其止，止其所也"，能使万物各得其所，则天下归仁。此亦《二程遗书》中所云："艮卦只明使万物各有止，止分，便定。"（5）从共同体现天（道）的角度而言，仁、心、性、命是一非二。

值得注意的是，"意，人之私也"的"意"在程朱一脉理学中往往用"情"来表示，以"意"为私是象山高弟杨简的惯常用法，如其云："起意为人心。又曰：不起意非谓都不理事，凡作事，只要合理。若起私意，则不可。"（《慈湖遗书》卷13）"心何尝不正，但要改过不必正心，一欲正心，便是起意"（《慈湖遗书》卷15）。然慈湖"不起意"之说又传自象山，黄梨洲云："象山说颜子克己之学，非如常人克去一切忿欲利害之

---

① 这里的心即指《心箴》中的"天君"、《孟子》中的"大体"，也即张载《大心篇》所言的"大心"。

私，盖欲于意念所起处，将来克去。故慈湖以不起意为宗，是师门之的传也。"(《宋元学案》卷74《慈湖学案》) 这说明，范浚与陆象山心学确有异曲同工之处。

另外，《性论》中言"不迷而止"就是"仁"，其确切含义须参看《香溪集》其他文章中对"仁"的界说：

> 天公仁百物，暴殄天所怒。(《冬夜有感》)
> 《大学》曰："为人君，止于仁。"君能止于仁，则心为仁心，心为仁心，则言皆仁言，术皆仁术，政皆仁政，无所往而不为仁矣。然仁，天理也，必敬以直内，然后天理存。故欲止于仁，不可以不敬。不敬且不可以求仁，其况能止于仁乎？(《太甲三篇论》)
> 《易·系辞》曰"一阴一阳之谓道"，推本而言之也。又曰"立天之道，曰阴与阳；立地之道，曰柔与刚；立人之道，曰仁与义"，三者一道也。在天则谓之天道，在地则谓之地道，在人则谓之人道。扬雄曰："善言天地者以人事，善言人事者以天地。"故合天地人而言之，其致一也。古之王者必承天意以从事，是天理即人事也；王者欲有所为，必求端于天，是人事即天理也。(《尧典论》)

"天公仁百物"的"仁"是生之意，这也是宋儒共识，此"生"亦是"天理"，因为天道阴阳变化、生生不息，人道亦仁生义护，以合天道，因此天理、人事，生(仁)意相通。文中"止于仁"之"止"仍为各守其分、止于所当之意，若能"止于仁"，即能保持"天道""天理"。反过来，若能"不迷而止"于天道之性或人道之心，亦即能保持"仁"。

在《读老子》中，范浚又用"止而觉""发生之性"来形容仁：

> 万类莫不共由，谓之道；在我得之，谓之德。仁也、义也、礼也、智也，皆得之在我者也。故四者异名，总而名之曰道，若所谓"立人之道，曰仁与义"之类是也；亦总而名之曰德，若所谓"君子行此四德"之类是也。然则在我得此道矣，以止而觉焉者言之，则谓之仁；以履行而言之，则谓之礼；以行得其宜而言之，则谓之义；以知仁、义、礼之用而察焉者言之，则谓之智。是特其名异耳，岂道与德有二哉？岂仁、义、礼、智与道、德为六哉？仁之觉，智之知，

亦非二也。智之知，知之用也。仁之觉，兼知之体而为言也。礼也、义也、智也，虽不可谓之仁，而仁之觉无不在焉。犹元气之发生谓之春，至夏也、秋也、冬也，虽不可谓之春，而元气未尝不行乎其中。物虽雕落于秋，终藏于冬，而发生之性未尝不存焉。此《易》所以谓仁为元也。然则道、德、仁、义、礼、智，初非有二也。

"止而觉"与"不迷而止"虽然顺序不同，但意思相似，都是讲万物既要知（觉、不迷）仁，又要守（止）仁。因为"智之知（不迷），仁之觉，亦非二也"；"不迷"是"知之用"，而"觉"则兼"知之体而为言也"。从词性上来看，"觉"① 不是消极性的否定词，它贯通于仁、义、礼、智，一如元气存于春、夏、秋、冬四季。但是，觉而不能止于仁，或有止于仁的能力却不知何谓仁，都不能成就仁的圆满境界。这对谢良佐等人仅"以觉训仁"有所补充和发展，谢氏只讲觉，虽能意识到仁的生意（发生之性），但如果不能"止"，即守此境界使万物各得其所、各安本分的话，仁就成为无根易变的东西。就道体而言，"觉"相当于"寂然不动"的未发状态，这也是《老子论》中为什么说觉是"兼知之体"而言，"止"则相当于"感而遂通"的已发状态。《老子论》还对"仁"的特性从另外两个方面做了强调：（1）道、德、仁、义、礼、智是就道体的不同方面而分别言之，道是总名，德是就人道而言，仁义礼智是人道的不同方面来说，合而言之，既可称德，又可称人道；（2）仁义礼智虽皆就人道而言，但仁由于具有"发生之性"，而贯串于义、礼、智之中，虽不完全等同人道，但具有与人道接近的体的作用。

心与性、与仁是一非二是朱熹不能接受的，"以觉训仁"也是朱熹极力反对的，以"止而觉"训仁当然亦不能为朱熹所同意。朱熹《仁说》云："或曰：程氏之徒言仁多矣，盖有谓爱非仁而以万物与我为一为仁之体者矣，亦有谓爱非仁而以心有知觉释仁之名者矣，今子之言若是，然则彼皆非与。曰：彼谓物我为一者，可以见仁之无不爱矣，而非仁之所以为体之真也；彼谓心有知觉者，可以见仁之包乎智矣，而非仁之所以得名之实也。……与程子（指程颐）所谓'觉不可以训仁'者则可见矣。子尚

---

① 《香溪集·存心斋记》中的"觉"还有"学"的意思，此是就"学"的目的而言，与言仁时之"觉"不同。

安得复以此而论仁哉。抑泛言同体者，使人含糊昏缓，而无警切之功，其弊或至于认物为己者有之矣；专言知觉者，使人张皇迫躁，而无沉潜之味，其弊或至于认欲为理者有之矣。一忘一助，二者盖胥失之，而知觉之云者，于圣门所示乐山能守之气象尤不相似。子尚安得复以此而论仁哉。"既批评了杨时的"万物一体"论，又批评了谢良佐的"以觉训仁"论。牟宗三先生认为朱熹误以认知的知觉运用之觉，混抹道德真情、寂感一如之觉，故以觉为智之事，而谢良佐"以觉训仁"之"觉"，即道德真情、寂感一如之觉，不是智之事。[1] 这个观点同样可以用来比较范浚之"觉"与朱熹之"觉"的差别。范浚的精彩之处，是他早在八百多年前，就明确指出了"觉"是就"体"而言的。

二　天下一性与性之本

《性论》（上）言"天降衷曰命，人受之曰性"，但《性论》（下）又言："天下一性也。愚与明，气之别也；善与恶，习之别也；贤与圣，至之别也。气、习与至虽异，而性则同也。故曰：'能尽其性，则能尽人之性；能尽人之性，则能尽物之性'，非天下一性耶？"如此性非人所专有，人有人之性，物有物之性，天下万物在性的本源上是共通的。那么性本身又该如何描述呢？

> 孟子曰："尽其心者，知其性也。知其性则知天。"能尽其心，则意亡矣；意亡，则寂然不动者见焉，是之谓性。记曰："人生而静，天之性也。"静所以强名夫寂然不动者也。然而又曰"感而遂通天下之故"，故必于寂然之中，有不可以动静名者焉，然后为性。孟子所谓"必有事焉而勿正，心勿忘，勿助长"者，盖求知性之道也。……《易·系辞》所云"一阴一阳之谓道"，《易·系辞》曰："一阴一阳之谓道。继之者善也，成之者性也。"善继乎道，则非道也；性成乎道，则与道一矣。（《性论》上）

《周易·系辞上》云："易无思也，无为也，寂然不动，感而遂通天

---

[1] 参见蔡仁厚《宋明理学·南宋篇》，吉林出版集团有限责任公司2009年版，第71页。

下之故。"可见，范浚所谓的"性"即易之道，"生生之谓易"（《周易·系辞上》），它"立天之道曰阴与阳，立地之道曰柔与刚，立人之道曰仁与义"（《周易·说卦》），是"即活动即存有"者，不同于朱子对性体"只存有而不活动"的认识。①《性论》上所云"一阴一阳之谓道"是专就天道而言。那么一切对易的赞美之辞同样可以用来赞美性，但言不尽义，性又不是这些赞美之辞（包括善）可以穷尽的：

> 夫性不可言，而可言者曰静。子姑从其静者而观之，将以为善乎？将以为恶乎？必曰善可也。然则善虽不足以尽性，而性固可以善名之也。……彼扬雄者求性之所谓而不得，则强为之说，曰："人之性也，善恶混。"雄不明言性之果善果不善，而以为善恶混，是意之云耳。意之而为不明之论，庶几后世以我为知性之深也。雄岂真知性哉？且水之源无不清，性之本无不善，谓水之源清浊混，是未尝穷源者也；谓性之本善恶混，是未尝知本者也，故曰雄意之云耳。……且孟子亦岂以善为足以尽性哉？其言曰："可欲之谓善，有诸己之谓信，充实之谓美，充实而有辉光之谓大，大而化之之谓圣，圣而不可知之之谓神。"使孟子以善为足以尽性，则一言而足矣，岂复以信与美与大与圣与神为言乎？

既然"性之本无不善"，那么所谓的愚明、善恶、圣贤之分又是从哪里来的呢？范浚认为，这是由于气、习、至的作用：

> 天下一性也。愚与明，气之别也；善与恶，习之别也；贤与圣，至之别也。气、习与至虽异，而性则同也。

范浚没有采取宋儒习说的"天地之性"和"气质之性"②的划分，而是认为性之道既为一，就不能再予切分，只能言气质，而不能言"气质之性"。人的智愚程度是先天所禀之气决定的，人的善恶表现是后天之

---

① "即活动即存有"、"只存有而不动"借鉴自牟宗三先生《心体与性体》，参见蔡仁厚《宋明理学·北宋篇》，吉林出版集团有限责任公司2009年版，第54、55、127页。
② 张载认为天地之性纯善而气质之性分善恶，此后经朱熹详阐，遂成为程朱理学的基本概念。

习持决定的，人成贤成圣是达到善的程度决定的，这些都不是性，以愚明为例，其《性论》（下）释云：

> 愚非性也，气也。夫人之禀生，气浊则愚，气清则明。气清之纯，则为上智；气浊之纯，则为下愚；清浊之气两受而均，则为中人。气清不纯，则智而非上智也；气浊不纯，则愚而非下愚也。

《论语·阳货》："子曰：性相近也，习相远，唯上知与下愚不移。"性相近，意味着性非一，如何解决这个经典上出现的疑问？《性论》（下）云：

> 孔子曰："性相近也，习相远也。"说者谓凡人之生，性初相近，已而或为善，或为恶，则相远矣。呜呼，是果圣人之意乎？人之性果初相近而后相远乎？是大不然也。予之说曰：天下一性也，其初岂徒相近而已哉，直同焉耳。孔子以谓人之或为善，或为恶，其性未尝不相近，其所以相远者，特善恶之习而已。如是则恶人舍其习而之善，不害为善人；善人忘其习而之恶，未免为恶人也。譬之犹水，其出同源，及派而别流，或清焉，或浊焉，虽未清浊之异，然浊者澄之则为清，清者汩之则为浊，岂不以为水者实相近耶？性譬则水，习譬则清浊之流，是性常相近，而习则相远也。又曰"惟上智与下愚不移"，何也？曰：上智下愚，性之相近，固自若也。所谓不移，非不可移也。上智知恶之为恶，介然不移而之恶；下愚不知善之为善，冥然不移而之善。故曰"惟上智与下愚不移"。或曰："尧之圣不能化丹朱，子以为下愚可移，何耶？"曰：可移者，丹朱之性；不移者，丹朱之愚也。……愚而非下愚者，或能移之，故曰虽愚必明。下愚则冥然不移矣，故曰惟下愚不移。丹朱，气浊之纯者也，虽尧其能使之移哉？故曰可移者丹朱之性，不移者丹朱之愚也。

因为性为一，为至善至美，因此言"性相近"中的"性"不能指本源（性其初）为一之性，只能指善恶人等分别秉受之性，此分别之性虽然异流而同源，因此在性质上又相近，且可以如水的支流转清为浊或转浊为清那样互相转化；但因后天的习善习恶，而逐渐"相远"，再加上人所秉之气的不同，遂有上智、下愚之分；上智之善纯然专一，无懈可击，不会转化为恶；下愚之恶昏迷无知，无药可医，不会转化为善。但下愚之人所秉受之性，仍与上智之人同源相近，从理论上讲仍可去恶移善，只是下愚冥顽不化，不愿移善而已。因此言"不移，非不可移也"。为了避开引入"气质之性"，范浚不得不对"性相近、习相远"做了如此曲折的解释。比较而言，用程朱"天地之性""气质之性"的理论，则可使这个问题容易获得明晰的解释：

> 性相近也，习相远也，性一也，何以言相近。曰：此只是言气质之性，如俗言性急性缓之类，性安有缓急，此言性者，生之谓性也。又问：上智下愚不移是性否。曰：此是才须理会得，性与才所以分处。……凡言性处须看他立意如何，且如言人性善，性之本也，生之谓性，论其所禀也。孔子言性相近，若论其本，岂可言相近，只论其所禀也。（《二程遗书》卷18）

不唯如此，亦可轻易解决孟子"犬之性犹牛之性，牛之性犹人之性与"的诘问：

> 性者，人之所得于天之理也。生者，人之所得于天之气也。性，形而上者也；气，形而下者也。人物之生莫不有是性，亦莫不有是气。然以气言之，则知觉运动，人与物若不异也；以理言之，则仁义礼智之禀，岂物之所得而全哉。此人之性所以无不善，而为万物之灵也。（朱熹《孟子集注》）

而这个诘问，如果不引入"心"的概念，范浚是很难回答的。因为"性"既非人所独有，而人必有区别于物之处，在范浚的思想体系中，这个独特之处在于人有"心"；按照他的逻辑，"犬性、牛性、人性"在其初之性上是统一的，但人有心可以存性，进而可以通过尽心知性，其他万物虽有性，但既无心就无法自我认知，更不能自我呈现，唯有人尽此心，进而知人之性，进而知万物之性，以下我们便来讨论他"尽心知性"的工夫论。

三 始于存心,中于尽心,终于尽性

与宋代一般理学家喜谈"气"不同,范浚文章中很少出现"气",在他的思想体系中,"气"不过是道体用以化生万物的东西,它仅构成万物之形体和智愚,无法成为万物体会道体(性)的途径,能够保全道体、认知道体的唯有"心",因此心才是最要紧之事。如何存心、养心、求放心以至尽心等,就成为范浚关注的重点,这也是范浚理学中工夫论的具体展现。《存心斋记》中对此说得最为详细:

> 夫君子之学本诸心,心不在焉,则视简不见,听讽不闻,此其于口耳之学,犹莫之入也,况穷理致知乎?是以学者必先存心,心存则本立,本立而后可以言学。盖学者,觉也。觉由乎心,心且不存,何觉之有?孟子曰:"人之所以异于禽兽者几希,庶民去之,君子存之。"是心不存,殆将晦昧僻违,触情从欲,不能自别于物,尚安所觉哉?此君子所以汲汲于存心也。

此节言"存心"之重要,心存始能立"大体",否则役于口耳等"小体",非但不能使自己和万物各正性命,而且沉溺情欲,使人与禽兽同。

> 然而人之念虑横生,扰扰万绪,羡慕耽嗜,厌恶憎嫉,得丧欣戚,觖望狠忿,怵迫忧惧,与凡私意妄识,交午丛集,纷纭于中,汩乱变迁,无或宁止,虽魂交梦境,亦且颠冥迷愦,悠扬流遁。彼其方寸荡摇,如疾风振海,涛浪汹涌,求一息之安且不可得,则存其心者,不亦难乎?然心虽未尝不动也,而有所谓至静,彼纷纭于中者,浮念耳,邪思耳,物交而引之耳,虽百虑烦扰,而所谓至静者,固自若也。君子论心,必曰存亡云者,心非诚亡也,以操舍言之耳。人能知所以操之,则心存矣,心存则不物于物,不物于物,所以异乎物也。孟子曰:"养心莫善于寡欲,其为人也寡欲,虽有不存焉者寡矣。"养以寡欲,使不诱于外,此存心之权舆也。至若藏心于渊,则必有事焉而勿正,用能于勿忘、勿助长之间,默识乎所谓至静者,此存心之奥也。

由于"私意妄识,交午丛集","一心之微,众欲攻之",因此存心虽然重要,却非常不易。存心的关键在于养心,养心的关键在于寡欲,不可顷刻放松,对任何事物不要有先入为主的预期,不要忘记心的职能,但也不要不可为而强为,如此始能渐窥心体至静之境,为尽心知性打下基础。

> 然则存心可以已乎?曰未也。凡学始于存心,中于尽心,终于尽性。惟心之尽,是无心也。非无心也,无私心也,是道心也。道心惟微,于是而精一之,斯可以尽性矣。方其存心也,犹有存之者焉,非所谓尽心,心未尽焉,非所谓无心。未能尽心,乌能尽性;心未尽焉,乌知所谓性?孟子曰:"尽其心者知其性,知其性,则知天矣。存其心,养其性,所以事天也。"盖心既尽,而空洞清明,然后知性之为性,皆天理也。然则存心者,所以存天理,求尽其心而已。颜子拳拳服膺存心之学也。其心三月不违仁,颜子之心之存也。至于屡空,则尝尽其心矣,然特屡至于空,① 而未能常空,为其不违仁之心犹存焉耳。心不违仁善矣,乃为空之累,此"毛犹有伦"之谓也。扬雄曰:"人心其神矣乎,操则存,舍则亡,能常操而存者,其惟圣人乎!"雄徒知存心,不知心存而未尽,不足以尽性,故以常操而存为圣人事。圣人者,寂然不动,纵心而不逾矩,尚何有于操存哉?予故曰,凡学始于存心,中于尽心,终于尽性。此非予之说也,孟轲之旨也。今吾子有志于存心,是学之始,而方求所以存之道,是存心之始,子其慎所存乎。

仅是存心,还有人为的痕迹在,不足以尽性,只有使心体不必刻意追求,自然保持精粹纯一、空洞清明、涤尽私意的状态,才是真正达到"精一""尽心"的境界,也才能尽性和体悟天理。即使像颜回,因为时刻有不违仁的念头在,还只是存心,而未达到尽心尽性的自如化境。

存心、尽心、尽性三个阶段中,尽心和尽性更多是存心追求的目标和效果呈现,做工夫的着力点仍在如何存心。除了上文提到的"养心"和"寡欲"等,范浚还提出了若干种具体的存心方法,其要者有:

---

① 范浚对"屡空"的理解取何晏"虚中受道"之意。

（1）诚与不欺。诚亦道体之别名，《中庸》言"诚者，天之道"，诚即不欺。范浚在文章中多次强调"诚""不我欺""无自欺"，认为这是存心的核心内容之一。范浚《心箴》云："君子存诚。"《温州永嘉县不欺堂记》云："非求人不我欺，惟吾心不欺而已。"《慎独斋记》云："一日之间，百念纷起，所自欺者实多，而欺人者曾不十一。又其欺人者，心诡谲不情，不情则未能欺人，而实先自欺也。彼好欺者，终以弗思而安之，得为常人幸矣，几何其不陷于大恶耶！《礼记》曰：'所谓诚其意者，无自欺也。'"

（2）思与敬。范浚对思想和念头的控制十分重视，其《心箴》云："克念克敬。"胡炳文释云："念即思之谓，而敬即存诚之方。"《温州永嘉县不欺堂记》："视一克念，如谐群言；患一失念，如耳道谤。不欺也如是，则可以对越鬼神，洞开金石。"《太甲三篇论》："伊尹又曰'祗尔厥辟'，又曰'钦厥止，率乃祖攸行'。欲其敬所以为君之道，而率循汤之所行也。……《大学》曰：'为人君，止于仁。'君能止于仁，则心为仁心，心为仁心，则言皆仁言，术皆仁术，政皆仁政，无所往而不为仁矣。然仁天理也，必敬以直内，然后天理存。故欲止于仁，不可以不敬。不敬且不可以求仁，其况能止于仁乎？……成汤又能勉敬厥德，终至于不勉而诚。诚则天，故克配上帝，今王亦宜监汤而勉于敬。"《舜跖图》云："夫善利之念，间不容发，一发之差，遂分舜、跖。……善利之念，起于心者，其始甚微，而其得失之相去也，若九地之下与重天之颠。又以谓虽舜也，一罔念而狂，虽跖也，一克念而圣。舜去狂远矣，在一罔念间，与狂同失；跖去圣亦远矣，在一克念间，与圣同体。人能于危微之际而得之，则亦几矣。"说的都是只有念念诚敬，省察克治，始能逐渐化与心成，达到存心和存诚的恒性；否则，稍有松弛懈怠，即可能走火入魔，由圣转狂。可见，做到思与敬，是存心的基本要领。

（3）慎独与自牧。诚敬不欺须发自内心，并非缘于外在监督，始能真正存心。范浚《慎独斋记》云："人藏其心，至难测也。饰冠袵，巧进趋，骋辞辩，谁不欲使人谓己士君子也？然而卒多不免为常人，至或陷于大恶者，患在心违其貌，而安于自欺。……彼好欺者，终以弗思而安之，得为常人幸矣，几何其不陷于大恶耶！……诚于中，形于外，故君子必慎其独也。……《中庸》曰：'君子戒慎乎其所不睹，恐惧乎其所不闻，莫见乎隐，莫显乎微，故君子慎其独也。'夫不睹不闻，所谓独也。不睹则目无与焉,不闻则耳无与焉,吾所谓隐微者,虽吾耳目,犹不得与,是独也,是不可须臾离者也。故夫不睹之睹,不闻之闻,有莫大之闻见存乎隐微,而不可以言言,则慎独之学勉而精之,岂惟不自欺也哉?"《自牧斋记》:"盖古人之学不极乎至足不止,宜其见己之卑,而未见其高也。子欲无为庸人乎,则宜法古人用心而思企之,然后可以言自牧之道。夫人之生,固有物焉,混然天成,在善养无害而已。自牧之道,以礼制之,惧其放也;戒物之感,惧其诱也;居之虚静之地,欲其安也。饮天和,如甘泉;味道腴,如荐草;惩忿窒欲,如去败群;致一不二,如恶多歧。勉之慎之,曰自牧之。自牧綦久,体正而肥,益力不已,充实光辉,且将无入而不自得,又岂复有牧之者乎?能知此,则自牧之学,必以圣贤为师,仰大道之高邈,方积跬而履卑,眇己事之甚陋,敢虚张而自欺?"只有自我克制达到"无入而不自得",即随心所欲而不逾矩的地步,才能"诚于中,形于外",慎独与自牧才算落到实处。

(4)学与养。范浚不仅强调思念保持诚敬、不欺、慎独的重要,还认为学养对于存心也具有不可替代的作用。其《答胡英彦书》云:"大抵古人之学,不越乎穷理,理之所存,师之所存也。取诸物理,皆可为吾法,能会万物之理为己事之用,非得师而何?……推类言之,有是物必有是理,目见耳闻,无非吾师,况在人乎?见舌而知守柔,顾影而知持后,于己身犹得师焉,况在人乎?"《进学斋铭》:"吾求诸天地,天地有不言之教。吾求诸万物,万物有不言之益。吾求诸人,有善不善,无非吾师。吾求诸身,目视耳听,手执足行,动息言为,无非物则。吾求诸心,万理咸备,默焉而可得。吾求诸性,性吾天也,天可学乎?性不自性,能无学乎?"《养正斋记》:"夫人受命于天,正性本具,君子保是正性,毙而后已,谓天全而命之,人当全而有之,生乎由是,死乎由是,则可以无愧于天。……古之人欲见正事,闻正言,习正人,邪室不坐,邪蒿不食,行容必直,立容不跛,不倾听,不睇视,皆所以养正,而其要则曰先正其心。夫童蒙未发,心一而静,自是养之,虽幼而壮,壮而老,将不失其赤子之心,是可以为圣之功也。"这就是说,虽然心备万理,然须博学诸理同时修养正心,始能穷理存心,因为博学而不正自然无法存心,养正而无学亦将不知何者为正,正就无从养起,因此学与养亦是存心的重要条件。

(5)知耻有悔。《论语》有云:"人非圣人,孰能无过,过而能改,善莫大焉。"范浚的《耻说》和《悔说》更加生动地阐明了这层意思。其

《耻说》："夫耻，入道之端也。人之知非而耻焉者，必惕然动乎中，赧然见乎色，瞿然形乎四体。是孰使之然哉？其必有觉知之者矣。然则无耻则无觉，与木石等矣。耻之为义，顾不大哉？"《悔说》："夫人非尧舜，不能每事尽善，谁无过者？惟过而悔，悔而改，则所以为过者亡矣。且古之圣贤，未有不由悔而成者……予所谓悔者，非必失诸言行而后悔之之为悔也。过生于心，则心悔之，勿复失诸言行而已矣。过不知悔，命之曰愚。悔不能改，命之曰愎。改而惮焉，命之曰吝。愎与吝，悔之贼也，过益过者也。日月之食，或既或不既。食之所止，明即复焉。悔而改，改而不吝，天之道也。"改过须知过，知过须有耻悔之心，始能"觉知之"和"改而不吝"，始能存心以合"天之道"。

存心之不易，由此可见一斑。值得注意的是，朱熹接受张载"心统性情"的说法，以"心便是包得住那性情，性是体，情是用，心字只一个字母"；又以性是理，情是气，心是"气之精爽"（《朱子语类》卷5），因此心兼摄形而上的"体"和形而下的"用"。但范浚《过庄赋》明言心"匪形生而气孕"，是"历千变与万化"而不变的"常存"，因此不论他在心的"工夫论"上如何与朱熹相接近，但两者的差别却是本质性的。

四 太一和大中

在宇宙生成论问题上，范浚借鉴了"太一"的概念。其《咸有一德论》云：

至哉，一乎！大哉，一乎！粤自元气未判，混然纯全，命之曰太一。及其分而为天地，转而为阴阳，变而为四时，列而为鬼神，散而为万物。则是一也，无乎不在，故天地以是一而独化，阴阳以是一而不测，四时以是一而变通，鬼神以是一而体物不遗，万物以是一而各正性命。其在人也，喜怒哀乐未发之先，意我必固举绝之际，混然纯全，亦人之太一也。及夫目得之而视，耳得之而听，口得之而言，四体得之而动作。则是一也，无乎不在，故视以是一而明，听以是一而聪，言以是一而从，动作以是一而顺。由是一而不知者为愚，知是一者为智，守是一者为贤，性是一者为圣。至于圣，则无往而不一矣。是故会万物以为一身，一体之也；合万殊为一物，一同之也；洞万理为一致,一贯之也;冥万世为一息,一通之也;摄万善于一德,一该之也;应万变于一心,一统之也。至于一天人,一有无,一死生,一情性,一内外,无往而不一。用能与天地配其体,与鬼神即其灵,与阴阳拟其化,与四时合其诚。天地、鬼神、阴阳、四时,吾之一与之为一矣,则于治天下何有哉?论一至此,盖性是一者也,则于圣人何有哉?荀卿载舜之言曰:"执一如天地,行微如日月,忠诚盛于内,贲于外,刑于四海,天下其在一隅耶?夫何足致也。"荀卿又曰:"一与一是为圣人。"又曰:"一而不二为圣人。"今伊尹所以告戒其君恳恳,以一为言,是以治天下之本启迪之也,岂不要哉?是以圣人之事望之也,岂不重哉?

这个太一,"元气未判、混然纯全",是宇宙生成的本然状态,类于《易》之"太极",《庄子》之"混沌";当其"分""转""变""列""散""独化"时,则为天地、阴阳、四时、鬼神、万物。很明显,范浚"太一"造万物思想来自《吕氏春秋·大乐》:"太一出两仪,两仪出阴阳。……万物所出,造于太一,化于阴阳。"但范浚所论无疑更为系统和具体。

在宇宙本体论问题上,范浚认为"皇极(大中)"是天地、人神、事物等"万殊"存在的依据和"大法",其《洪范论》云:

> 天地、人神、事物万殊,无不综贯,极其同归,则一于皇极而已矣。盖皇极者,大中也。天下之道,至中而极,无余理矣。宜乎九畴之叙,皇极居中,总包上下,为其至极而无余,可以尽天下之理故也。今夫《易》有太极,是生两仪,是天地之道本乎皇极也。人受天地之中以生,是人亦本乎皇极也。中庸之道,与鬼神之道相似,是神亦本乎皇极也。凡所立事,无得过与不及,当用大中之道,是事亦本乎皇极也。春为阳中,万物以生;秋为阴中,万物以成,是物亦本乎皇极也。天地、人神、事物万殊,一皆本乎皇极,则九畴之义,非皇极则于其间可乎?……大法之类虽曰有九,而九类所以能综贯天地、人神、事物万殊之理者,实一本乎皇极也。盖五行、五纪、庶征之类,言天地万物之中也;五事、八政、三德、五福、六极之类,言人与事之中也;八政之祀、五纪之历数与夫稽疑命卜筮之类,言人与

神之中也。天地、人神、事物，莫不有中，而九畴该之，皇极一以贯之，可不谓大法耶？

"皇极"源出《尚书·洪范》："皇极。皇建其有极。"汉孔安国传云："皇，大；极，中也。凡立事当用大中之道。"从此"大中之道"成为对"皇极"的主流解释，① 范浚亦不例外。他还认为"天下之道，至中而极，无余理矣"，将"大中"与"道""理"等同起来，它们都可看作是宇宙的本体。不过，不论是言"大中"，还是言"道"或"理"，范浚都认为它们既"存有"又"活动"，如其《尧典论》云："《易·系辞》曰'一阴一阳之谓道'，推本而言之也。又曰'立天之道，曰阴与阳；立地之道，曰柔与刚；立人之道，曰仁与义'，三者一道也。在天则谓之天道，在地则谓之地道，在人则谓之人道。扬雄曰：'善言天地者以人事，善言人事者以天地。'故合天地人而言，其致一也。古之王者必承天意以从事，是天理即人事也；王者欲有所为，必求端于天，是人事即天理也。""天理即人事""人事即天理"，这个合天地人"三者一道"的"道"，有其具体存在的状态，并非纯粹抽象的存在，这与朱熹对"理"形而上的单向度认识有所区别。

五　范浚理学思想的时代意义

牟宗三先生在《心体与性体》一书中，将宋明儒学分为三系，蔡仁厚先生简明撮述："北宋前三家：周濂溪、张横渠、程明道，同为一组，不分系。至程伊川而有义理之转向，南渡以后，分为三系：（1）胡五峰绍承明道（亦兼契周、张二人）而开湖湘之学，主先识仁之体，并彰显'尽心成性、以心著性'之义；至明末刘蕺山，时隔五百年而呼应五峰，亦盛发以心著性之义，是为五峰蕺山系。（2）朱子广泛地讲习北宋诸儒的文献，但他实只继承伊川一人，其义理纲维是性即理（只是理）、理气二分、心性情三分、静养动察、即物穷理，是为伊川朱子系。（3）陆象山直承孟子，言心即理，明代王阳明承之，倡致良知，陆王之学，只是一

---

① 南宋时对"皇极"有了新的理解，如朱熹就认为"皇极"是人君正身之学（参见《朱子语类》卷79，中华书局1994年版）。

心之申展、一心之朗现、一心之遍润,是为象山阳明系。"①

如果将范浚的理学思想放入到牟先生所构划的宋明儒学思想体系中,范浚的独特性就显现出来了。虽然有证据显示他可能对北宋欧阳修、司马光、王安石、苏轼、二程等人的学说并不陌生,②但范浚对他们的文献却几乎没有正式讨论。在与潘良贵的书信中,范浚云:

> 因念不肖且贱,肤受末学,本无传承,所自喜者,徒以师心谋道,尚见古人自得之意,不劫劫为世俗趋慕耳。(《与潘左司书》)

"师心谋道""不劫劫为世俗趋慕",这种观念使范浚思考问题时能够直面问题本身,沉潜玩味,独立思索,不轻信盲从诸家解说,从而使自己对道学的理解不乏精微和独到之处。从这个方面来说,他的确是两宋之交一位独特的儒者和思想家。如"北宋诸儒论性,是直接从《中庸》《易传》入,以'于穆不已'之天命流行之体为首出,论及孟子之性善义亦是由此一路去理解"③,而至范浚,则直接上溯孟子,这方面可说是象山的先驱。同时,他对《中庸》《易经》也不乏关注,他以"止而觉"训仁,与程明道、谢良佐直至胡五峰的湖湘学派就有互通之处。他对如何存心的种种"做工夫处",如存诚、敬、穷理等,又类于朱熹的思想。特别是他既能发明本心,又重视心的"做工夫处",虽生于朱陆之前,而能弥合朱陆之失,尤为难能可贵。

当然,不能说朱陆等学派都受到了他的影响,因为范浚自承"本无传承"(《与潘左司书》),他的学生中,也无人彰扬师说,如果不是《心箴》受到朱熹青睐并取之入《孟子集注》,范浚在思想史或哲学史上可能留不下雪泥鸿爪。但正如《诸儒鸣道集》的被发现使我们加深了对宋代道学早期发展面貌的认识一样,我们今天讨论范浚,其重要性不在于评价"婺学开宗"之类的说法是否合适,而在于范浚以及与之类似的基层思想

---

① 蔡仁厚:《宋明理学·北宋篇》,第13页。
② 范浚《寄上李丞相书》中他曾言及韩琦、富弼、欧阳修、司马光、苏轼、苏辙;《答徐提干书》中他对欧阳修的观点做了批评;《尧典论》批评王安石"尧行天道以治人,舜行人道以事天"之语与二程同拍合辙;《大诰康诰酒诰梓材召诰洛诰多士多方论》批评苏轼《书传》观点;范浚素所敬仰的潘良贵即是二程学派中杨时的弟子,范、潘交往甚密,范浚对二程观点不可能一无所知。
③ 蔡仁厚:《宋明理学·北宋篇》,第293页。

者昭示了两宋之交思想界一幅为人忽略的文化生态：即在朱、陆两大思想界巨头崛起之前，主流学派之外儒者的思想和他们达到的高度，以及这些儒者所代表的更加广大的知识阶层所酝酿的文化潜流。也许正是这些基层文化生态和文化潜流，才催生出南宋儒学思想高峰的到来。从这个意义上说，范浚不仅是金华理学的先声，也可以说是南宋理学的先声，范浚应该被思想史和哲学史重新认知；他的精神财富，应该吸纳到现代文明的知识宝库中，使中华文化显得更加丰富多彩。

明代科举中的"同等学力"

方 兴

《明史·选举志》里有两段话容易使人们对明代科举全貌产生一些误解。

第一段话是："科举必由学校，而学校起家可不由科举。"[1] 这段话的后面一句是对的，因为明朝任官有多种途径，通常说是进士为一途，举人、贡生、儒士等又是一途，吏员也为一途，这叫"三途并用"。但这段话的前面一句却有问题，那就是科举未必"必由"学校。有资格参加明代科举第一层级"科试"的有两种人，一是在府、州、县各级官学读书的"生员"，所谓"科举必由学校"，指的是他们；二是儒士，他们"未必"由学校，大略相当于"同等学力"者。

第二段话是："当大比之年，间收一二异敏、三场并通者，俾与诸生一体入场，谓之充场儒士。"[2] 这句话反映了"三场并通"的儒士可以和生员一并参加乡试的事实，问题出在"间收一二异敏"。

由于这两段话，加上学校的生员是明代科举考试的"主流"，所以造成了后来人们对于以"同等学力"参加科举的"儒士"的不重视，甚至忽略不计，这就不免以偏概全。首先如上所说，由于"充场儒士"的事实存在，使得明代的科举"必由学校"之说并不全面。其次，明朝的"充场儒士"并非像《明史》所说的那样在人数和影响上微不足道。

郭培贵教授根据《福建通志》对明代福建举人身份的记载，统计出

---

[1] 张廷玉：《明史》卷69《选举一》，中华书局1974年标点本，第1675页。
[2] 同上书，第1687页。

福建的举人有 265 位是"儒士"的身份。① 如果按照方志远教授关于乡试举人大约 30 取 1 的推测，② 仅福建一省，取得"同等学力"参加乡试的"充场儒士"应该有七八千人次。

明朝江西泰和籍大学士陈循在给景泰皇帝的奏疏中说：江西每当"大比之年"，除学校出身的"生员"之外，"同等学力"的儒士参加乡试者，"往往一县至有二三百人"③，而不是《明史》所说的仅"一二异敏"。当时的江西有七十多个县，泰和为科举大县，其他县以十分之一计算，全省每次参加乡试的儒士可达七八百人，这是通过了三场"科考"取得"同等学力"的"充场儒士"，未通过科考的儒士数量更加巨大。

那么，"充场儒士"的"同等学力"是怎么取得的？这里须有两个条件，第一，要被当地知识界特别是官府认定是"儒士"，即有学问。这个条件是"软指标"，人情的因素比较多。第二，要通过科举的第一层级"科考"，这个条件是"硬指标"。明朝"科考"是随着经济文化的发展、要求参加科举的人数不断增加而设置并完备的。开始由各官学所在的府、州、县主官负责，听命于各省的巡按御史；到了正统元年，在各省增设按察副使或佥事，称"提学宪臣"，简称"提学"；到弘治十八年，规定立"三等簿"考核学生，标志着"科考"的正式定型。"科考"的具体做法是：各省提学在三年的任期内，要在全省的官学生员中进行两次"统考"，第一次叫"岁考"，第二次就叫"科考"。只有在"岁考"中取得一二等（共六等）的生员，才可以参加"科考"。只有在"科考"中获得第一二等（总共也是六等）的生员，才能获得乡试的资格。

"儒士"们要获得乡试的资格即"同等学力"，不需要参加"岁考"，但必须参加"科考"。考什么？《明史·选举志》说是"三场并通"。哪"三场"？没有说。但根据乡试、会试的情况可以推测科考的情况。

明代的乡试、会试都分三场进行考试。第一场考的是：第一，"四书义"，有三道题，每题答二百字以上。第二，"经义"，有四道题，每题答三百字以上；如果来不及全答，可省去一题。这场考试是考核考生对四书五经及各家注疏，特别是朱熹注释的熟悉程度，有标准答案，有点像我们

---

① 郭培贵：《明代科举的发展特征与启示》，《清华大学学报》2006 年第 6 期。
② 方志远：《明代市民与市民文学》，中华书局 2004 年版，第 47、48 页。
③ 《明英宗实录》卷 268，景泰七年秋七月丙申，台湾"中研院"历史语言研究所 1962 年版，第 5690—5691 页。

现在的"客观题"或"基础知识"的考试。第二场考的是：第一，论一题，答案要三百字以上。第二，判语，也就是批示，共五条。第三，代拟诏、诰、表、内科，任选一道。这场考试是考核考生的从政能力。第三场考的是：经、史、时务策，共五道题，可选三题作答。这场考的是考生对于时务和国家政策的见解。

"科考"所考的，应该也是这方面的内容。这三场考试都合格的儒士，就取得了参加"乡试"的资格，可以以"充场儒士"，也就是和通过科考的生员们的"同等学力"，参加三年一次的"乡试"。

在当时，由于重视"在校"的资格，对于"同等学力"是有歧视的。陈循在说到江西"大比之年"每县的"儒士"往往有一二百人时指出：一些学校出身的官员对"儒士"有成见，甚至"恶之如粪土"。陈循自己也出身于学校，而且是以状元的身份进入仕途的，但他引用《尚书》的话，"万邦黎献，共惟帝臣"，又引用《孟子》的话，"仕者皆欲立于王之朝"，认为无论来自学校还是以"儒士"的身份充场，皆"盛世之事"，不得以学校出身而歧视"同等学力"的儒士。陈循特别指出，以自己的原籍江西泰和县论，永乐、洪熙、宣德、正统四朝大学士杨士奇就是儒士出身，始任庐陵县学训导，由吏部试用，后为一代名臣。而永乐十九年廷试第一的状元曾鹤龄，则是以儒士的身份参加科举考试的。

陈循举的这两个例子，杨士奇是以"儒士"选官（关于这类"儒士"，笔者当另文讨论），而不是"科举"儒士。曾鹤龄则是典型的"科举"儒士，先在永乐三年江西乡试中中举，后在永乐十九年的会试中名列第二，经廷试而为状元。[①]

而在明朝，以"儒士"身份通过科举高中会元、状元，为非学校出身的"同等学力"者增光的并非只是一个曾鹤龄。

成化十七年，浙江余姚儒士王华参加科考并高中状元，后来官居南京吏部尚书，[②] 而且有一位大名鼎鼎的儿子王守仁，号阳明，被称为明代气节、学术、事功第一人。正德六年，江西安福儒士邹守益会试第一、廷试第三，后来师从王阳明，被黄宗羲称为"江右王门"第一人，后担任南

---

① 杨士奇：《东里续集》卷27《故翰林侍讲学士奉训大夫曾君墓碑铭》，文渊阁《四库全书》本，上海古籍出版社1987年版，第1239册，第23页。
② 徐咸：《西园杂记》。

京国子监祭酒，这位出身"同等学力"的儒士掌管了明朝最高学府。

广东南海县一直以本县在明代出了四位"会元"而自豪。这四位会元分别是伦文叙、伦以训父子，梁储、霍韬。其中，伦文叙和霍韬二人是以儒士的身份通过科举为会元的。《广东通志》惊呼："伦文叙、霍韬以儒士入科中式，未尝一日为诸生，是尤为异！"① 伦文叙不仅是会试的会元，还是廷试的状元；霍韬则官至礼部尚书，为嘉靖时期的名臣。

当然，以"充场儒士"的身份在科举中崭露头角并且建立卓越功勋的，还得推谭纶。谭纶是江西宜黄人，字子理。沈箕仲《谭司马公行状》言其："生而沉雄，多大略，于书无所不窥。然时喜道家言，而志闲闲而气阗阗。嘉靖癸卯以儒士举于乡，登甲辰进士。"虽然是"儒士"出身的文官，谭纶却以军功和韬略著名，屡建奇功。他先后担任福建巡抚、两广总督，率领刘显、俞大猷、戚继光三大总兵剿灭东南沿海倭寇；继为蓟辽保定总督，与戚继光练兵蓟镇，防御北方蒙古诸部，时称"谭戚"。

不过，到了晚明，一方面是社会发展日益多元化，另一方面官场的科举考试却更加讲究"学校"出身而歧视"同等学力"，致使人才培养、人才选拔的路子变得更加狭窄，在某种程度上也加速了明朝走向封闭、式微和败亡的命运。

---

① 郭裴：《广东通志》，文渊阁《四库全书》本，台湾商务印书馆1986年版，第564册，第931页。

北宋熙宁青苗借贷及其经义论辩
——以王安石《周礼》学为线索

俞菁慧 雷 博

北宋熙宁青苗法是宋史学界的经典课题,现有研究对其内容、实施、作用和影响等方面的探讨非常全面,而政策背后的经学内涵与相关的法理阐释方面还有继续发掘的空间。[①] 从现存史料中可以看到,王安石将均输、青苗、市易等法度明确定位为《周礼》泉府之法的继承与延展:当时很多重要的经济议题如"开阖敛散""泉府赊贷""国服之息""国用取具"等都植根于对《周礼》的诠释解析,因此对熙宁新法中具体政策的讨论就必然和经学层面的辨析争议相结合。其中青苗经义论辩既是当时新旧两派意见的直接交锋,也是王安石通过诠释《周礼》,对自身经济思想的一次系统论述,其中的核心问题即"国家借贷"的合理性讨论。这次争论对后世《周礼》学史影响重大,宋代以后经学中的相关概念基本围绕着这次争论及后续问题展开。[②] 因此,这场辩论可以说是一次政治史

[①] 史学界对青苗法研究已有相当多成果,参见漆侠、王曾瑜、刘秋根、李华瑞、周藤吉之、东一夫、宫泽知之等学者相关论著。大体而言,以往研究主要集中于制度改革、政策内容、机构建置、操作细节等方面,鲜有对法度背后的学术体系以及其政治经济学内涵作全面考察。

[②] 关于王安石的《周礼》学及其泉府理论,在宋代政治与学术史上本有两派意见,一是以当时新法派(吕惠卿、曾布、蔡卞、常秩等)、王安石后学(王昭禹、陈祥道等)和哲宗、徽宗时期及南渡后部分支持新法的儒者(如葛胜仲《富强》,《丹阳集》卷6,文渊阁《四库全书》本,台湾商务印书馆1986年版,第1127册,第465—466页;程俱:《京西北路提举常平司新移公宇记》,《北山集》卷19,文渊阁《四库全书》本,台湾商务印书馆1986年版,第1130册,第197—198页。按:北宋末及宋室南渡后支持新法的儒者存世文献很少且影响力较小,故特别注明其出处)为代表的支持方;二是熙宁反新法大臣(韩琦、司马光、苏轼兄弟、欧阳修、范镇、范纯仁、李常、陈襄、孙觉等)及后世反王学儒者(杨时、陈瓘、胡宏、陈傅良、叶适、魏了翁、马端临等)为代表的反对方。然而,随着新法挫折、新学式微及南渡后朝野上下的批判,后者在历史评议中渐渐成为主导意见。

与学术史相互渗透、影响的典型案例。目前尚未有学者结合这两个角度对其进行全面解析。

本文尝试回到这次争论的原初语境中,通过其所围绕的"泉府借贷""国服之息"等中心概念,分析王安石经济理论的特色,考辨反对意见的得失,通过梳理双方从经学诠解到理念立场层面的差异,对熙宁青苗法的思路与诉求,乃至对中国历史上的"国家借贷"问题有更加全面深刻的理解。

一 王安石《周礼》泉府之学的基本特点与青苗辩论的内容

青苗论辩重点围绕《周礼》泉府理论展开,故有必要简单介绍相关的经学背景以及王安石泉府理论的基本特点。王安石强调:帝王须"以择术为始"[1],"学问以尽利害"[2]。因此对熙宁新法的研究不能脱离其学理背景,而《周礼》成为新法的经学范本并非偶然,与这部经典本身的结构特色和当时历史情境中所需要面对的矛盾问题都有密切关系。[3]

熙宁初,王安石与神宗讨论陕西钱谷问题首次引用泉府法。其后,从均输、青苗、市易、保甲、免役等新法,到学校、人才、帝王、相权、礼制等重要议题,都能看到他对《周礼》的引用阐述。[4] 完成于熙宁后期的《周官新义》虽散佚颇多,然尤可与《长编》《宋会要》等史书参照,概知其《周礼》学框架、特点及在新法中的阐释与投射。[5]

---

[1] 杨仲良:《皇宋通鉴长编纪事本末》(以下简称《长编纪事本末》)卷59《王安石事迹上》,《续修四库全书》,上海古籍出版社2013年版,第386册,第492页。

[2] 李焘:《续资治通鉴长编》(以下简称《长编》)卷223,熙宁四年五月癸巳,中华书局2004年版,第5419页。

[3] 参见王安石《临川先生文集》卷41《上五事札子》,中华书局1959年版,第440—441页。其中王安石以市易、免役、保甲为例,明言立法师古之意。

[4] 参见俞菁慧《王安石之"经术政治"与熙宁变法——以〈周礼〉经世为中心》,博士学位论文,北京大学哲学系,2013年;雷博:《北宋熙丰"经术政教"体系研究》,博士学位论文,北京大学历史系,2013年。

[5] 参见程元敏《三经新义辑考汇评》(三)《周礼新义》,华东师范大学出版社2011年版。另国内外学者对王安石《周礼新义》亦有专文专著研究,如谷妻重二《王安石〈周官新义〉的考察》,《中国古代礼制研究》,京都大学人文科学研究所1995年版,第515—518页;方笑一:《王安石〈周官新义〉探微》,载邓小南主编《宋史研究论文集》,云南大学出版社2009年版,第541—559页。

(一)《周礼》泉府的基本内容与王安石泉府理论的特点

王安石云,"一部《周礼》,理财居其半"①,明确强调财富管理这一职能的重要地位,这在《周礼》学史上还是第一次。相关职能主要体现在天官冢宰"制国用"的体系和地官"司市"以下的市官系统。熙宁财政政策多取法市官,尤以"泉府"为最重要典范,时人以为"先王所以变通天下之财者在此"②。泉府职大致可以分为三部分,也正是新法所借鉴的几个不同层面。

第一层:

> 泉府,掌以市之征布,敛市之不售货之滞于民用者,以其贾买之,物楬而书之,以待不时而买者。买者各从其抵,都鄙从其主,国人、郊人从其有司,然后予之。③

以上为泉府征商与同货敛赊。这一条经义在熙宁新法中有很重要的地位,市易法即以此为蓝本,笔者已别具文论述,④ 这里不详细展开。

第二层:

> 凡赊者,祭祀无过旬日,丧纪无过三月。

郑司农云:"赊,贳也。以祭祀、丧纪,故从官贳买物。"⑤《周礼》泉府赊、贷二法界限分明。清人孙诒让注云:"凡赊,从官买物,而约期以付贾,不得过旬日、三月,而不取息。贷则从官借物,而约期以偿物,得过旬日三月而有息。此其事异,而所以利民则一也。"⑥ 所谓赊,即先

---

① 王安石:《答曾公立书》,《临川先生文集》卷73,第773页。
② 王与之:《周礼订义》卷24引杨时语,文渊阁《四库全书》本,台湾商务印书馆1986年版,第93册,第405页。
③ 郑玄注、贾公彦疏:《周礼注疏》卷15"泉府",北京大学出版社1999年版,第381页。按:以下所引《周礼·泉府》不出注者皆引自该文献。
④ 参见俞菁慧《〈周礼·泉府〉与熙宁市易法——〈泉府〉职细读与王安石的经世理路》,《首都师范大学学报》2014年第4期。
⑤ 郑玄注、贾公彦疏:《周礼注疏》卷15"泉府",第381页。
⑥ 孙诒让:《周礼正义》卷28《地官·泉府》,中华书局2000年版,第1097页。

从官买物以应急用，滞后付款，限在旬日、三月之内而不追加利息；而所谓贷，指的是从官借物，后期以偿，不受旬日、三月之期限而有利息。后者成为青苗、市易二法中国家借贷的经典依据。

泉府赊法有具体的限制：限事（仅限祭祀、丧葬等民间大事）、限时（旬日、三月）、有抵（取信之意）、不取息。王莽、刘歆改制，曾照用此法，《汉书·食货志》载："民欲祭祀丧纪而无用者，钱府以所入工商之贡但赊之，祭祀无过旬日，丧纪毋过三月。"钱府即泉府。颜师古注云："言空赊与之，不取息利也。"① 显然，这种政府主导的赊法实际上是惠民救困的赈济政策，可以在财政盈余的条件下作为福利，但本身无法成为理财体系的经济基础。

与之相比，贷法和取息则是熙宁理财经制的核心，其所涉及的便是泉府第三层：

凡民之贷者，与其有司辨而授之，以国服为之息。
凡国事之财用取具焉，岁终，则会其出入而纳其余。

这一层涉及"国服之息"和"国用取具"两个重要问题。前者是对借贷及其利息的规定，后者则是对借贷利息累积而成的财富进行管理和支配。本文所关注的核心是"国服之息"的相关争论及其意义，而"国用取具"问题则将另撰文讨论。

《周礼》泉府既是新法的经学依据，也是整个熙宁理财政策的宏观方向与法理支点，② 其学理诠释与政治施设之间密切关联、互为导向，即所谓"经术者，所以经世务也"③。新法中均输、青苗、市易三法皆承《周礼》泉府义理而来，但三者的侧重有所不同。均输法采其"经用通财之法"④，重在通融移用、贸迁有无；而市易、青苗二法则取其敛散赊贷理论，即泉府"同货敛赊"之法。其中青苗法更多偏重"赊贷"，而市易法则主要体现"同货"。

所谓"同货"，《周礼·地官·司市》曰："以泉府同货而敛赊。"郑

---

① 《汉书》卷24下《食货志下》，中华书局1962年版，第1182页。
② 参见王安石《乞制置三司条例》，《临川先生文集》卷70，第745页。
③ 杨仲良：《长编纪事本末》卷59《王安石事迹上》，第494页。
④ 王安石：《乞制置三司条例》，《临川先生文集》卷70，第745页。

玄注云："同，共也。同者，谓民货不售，则为敛而买之；民无货，则赊贳而予之。"① 据熙宁五年（1072）三月颁布的市易法条例，市易务据行户需求从客商收购物货，然后赊贷给行户分销。② 之后又在此基础上发展出零售、折博官物、科买等业务，而零售端由市易务亲自掌控。当时外界对市易务买卖果实、梳扑等杂物提出质疑，对此王安石申明："泉府之法，物货之不售，货之滞于民用者，以其价买之，以待买者，亦不言几钱以上乃买。"③ 显然，收拢物货并不只是为了平准市场和自我消化，而是建设一个完整的从收购到投卖、分销、零售的链条，其法理依据便是泉府"同货"的原理，"以百万缗之钱，权物价之轻重，以通商而贯之，令民以岁入数万缗息"④，通过政府介入，调节市场之有无盈虚，以保障物货畅通并营运收息。⑤

敛散的另一种形式则是借贷，其中市易法主要覆盖工商业借贷，如结保贷、抵押贷等，而青苗法则是以"常平仓钱斛出俵青苗"⑥，即用常平积储为本金向农民发放贷款，农民随税纳斛斗或现钱，并支付利息。两者所依据的都是泉府职"凡民之贷者"条，也是本文所讨论的政府借贷的理论根源。

需要说明的是，在《周礼》中，泉府属市官，主要负责市法与商业借贷，似与常平青苗借贷（面向农民与农业的借贷）并无直接关系。然而泉府从"积聚"到"借贷"的机制，和从常平广积到青苗借贷的机制在形式上具有一致性：无论借贷本金是以"市物"还是以"常平钱斛"的形式发放，以借贷为基础的敛散模式并无不同。此外，在熙宁国家借贷体系中，主体形式是钱币，同时伴随一定比例的物货。⑦ 由于经文并无明文规定借贷针对何人、何事，只是笼统概之以"民之贷者"，故法度实施中实际将贷款对象由"贾民"（商人）拓展为普通农民、市民，与之相应，国家借贷的形式也从狭义的商业贷款延伸至小农贷款，甚至更广泛意

---

① 郑玄注、贾公彦疏：《周礼注疏》卷14"司市"，第369页。
② 参见徐松辑《宋会要辑稿》食货37之15，上海古籍出版社2014年版，第6813页。
③ 《长编》卷240，熙宁五年十一月丁巳，第5827页。
④ 王安石：《上五事札子》，《临川先生文集》卷41，第441页。
⑤ 参见梁庚尧《市易法述》，《宋代社会经济史论集》（上），台北允晨文化1997年版，第104—239页。
⑥ 徐松辑：《宋会要辑稿》食货4之17，第6042页。
⑦ 如青苗斛斗实物借贷、市易行户赊请商物、物业抵押等。

义上的民间贷款（如坊郭户青苗钱以及后期面向大众的抵押贷）。

总的来说，王安石对《周礼》泉府的阐释包括宏观政策和微观论述两个层面。在宏观层面，同货与借贷都可以概括为散而后敛、敛而又散的循环过程，故通谓之"开阖敛散"，进一步延伸为政府主导下各种市场营运与调节机制，如以泉府、廛人征商论市易征商，① 以泉府同货论市易零售，② 或以泉府之平准属性论青苗、市易之变通理财、摧制兼并等，即以之解析诸项新法的运作原理，所谓"法其意"③。而在微观层面，一是对泉府经文的详细解析，主要体现于《周官新义》中，此书地官部分已大量散佚，但通过后人辑佚，尤其是将王安石所论泉府内容精心裒辑，仍可大致窥其原貌；④ 二是在政策论述及针对新法的论辩中，将新法中的种种措置提升至经义层面进行学术辨析，如以"画一申明"的方式，对"国服之息"这一概念所做的辨析。

（二）青苗论辩的背景与双方对借贷问题的持论立场

在理解《周礼》泉府内容和王安石泉府理论特点之后，我们可以更进一步分析熙宁青苗论辩及其实质，这里需要对其背景略作交代。新旧两派的争论，早在王安石执政前就已开始，如王安石与司马光辩论国家理财的主旨与义理，司马光与吕惠卿激辩先王及后世变法更张的经义和法理依据等。而宋神宗也有意包容两派自由辩论，"相共讲是非"⑤，以期事理越辩越明。但效果似乎并不理想，由于立场与理念迥异，双方各执一词，很难有实质性沟通。

然而新法的推进节奏却并未受争论的阻碍：熙宁二年二月，设制置三司条例司，讲理财之术、编订出台相关立法；同年七月，行均输法；九月，青苗法始颁，相关政策的内容主要如下。第一，立法原则与目的：条例司谓通有无、发敛散、广蓄积、平物价、趋农事、抑兼并种种；第二，操作程序与重点：两仓钱物（常平仓与广惠仓）之转移出纳、青苗预支

---

① 《长编》卷251，熙宁七年二月己未，第6129页。
② 《长编》卷240，熙宁五年十一月丁巳，第5827页。
③ 王安石：《上仁宗皇帝言事书》，《临川先生文集》卷39，第410页。
④ 参见程元敏《三经新义辑考汇评》（三）《周礼新义》，第211—218页。
⑤ 杨仲良：《长编纪事本末》卷53"经筵"，第442—443页；卷57"宰相辞郊赏"，第480—481页。徐松辑：《宋会要辑稿》食货4之18，第6043页。

和给纳法以及在此过程中的估值、钱斛钮算法、请领料次、保任机制等；第三，主管机构及人事安排、提举官派遣与基层官员等躬亲执行方案；第四，借贷对象：乡村主客户兼及城市坊郭户；第五，试行区域以及反复重申的禁止抑配方案。①

之后不久，时任河北转运司勾当公事王广廉尝试在河北路进行推广，并制订河北青苗的具体实施细则。第一，立保法：十户一保，设甲头，形成基层借贷担保系统；第二，按户等立贷款额度：自第一至第五等户，给钱十五千至千五百不等；第三，借贷范围：乡村户有余则兼及坊郭户借贷；第四，自愿原则：关于民户愿请与否两种情形的处理方式；第五，还贷方式：按市价纳钱规定及息钱设定。②

于是韩琦等大臣就青苗法及置提举官事上疏。韩琦时任河北路安抚使、判大名府，其疏以"（河北）转运及提举常平广惠仓司牒"为据，所述内容基本涵盖了当时重要的反对意见及质疑点：如青苗法官放息钱有违抑兼并、振贫乏本意；坊郭户及上户存在抑配的可能性；甲头代赔；提举官因势关升黜而抑勒；愚民请易纳难；官方青苗钱失陷、陪费风险；青苗法影响正常籴粜法；青苗息钱"取利三分"；派遣兴利之臣行兴利之法等。③ 以上种种虽未必在基层执行过程中被坐实，却也深入到推行过程中各种难点和可能出现的弊端。当时群臣反对章疏多达十余篇，④"上悉以付安石"。王安石阅后言："章疏惟韩琦有可辨，余人绝不近理，不可辨也。"⑤ 相比而言，其他反对意见都比较片面，并未突破韩琦的立论框架与议论深度。

从当时情状来看，这场辩论势在必行：朝廷初定更张的基调，新法频频出台，内外异论四起，人事更替频繁，决策层内部亦出现妥协和意见分

---

① 参见杨仲良《长编纪事本末》卷66"三司条例司废置"，第548—549页；卷68"青苗法上"，第566页。
② 徐松辑：《宋会要辑稿》食货4之19，第6044—6045页。
③ 韩琦：《上神宗乞罢青苗及诸路提举官》，《宋朝诸臣奏议》卷111，上海古籍出版社1999年版，第1208—1210页。
④ 参见韩琦《上神宗乞罢青苗及诸路提举官》，《宋朝诸臣奏议》卷111，第1208页。此外还有苏轼《上神宗论新法》，李常《上神宗论青苗》《上神宗论王广廉青苗取息》，陈襄《上神宗论青苗》，范镇《上神宗论新法》，吕公著《上神宗乞罢提举官吏及住散青苗钱》，司马光《上神宗乞罢条例司及常平使者》等，详见《宋朝诸臣奏议》卷110—112，第1194—1211页。
⑤ 杨仲良：《长编纪事本末》卷68"青苗法上"，第571页。

裂，① 原支持新法者发生动摇甚至加入反对阵营。② 对王安石而言，这是公开阐明新法之事理、法理与义理的最佳时机，势在必行且刻不容缓，故王安石以条例司名义亲撰《画一申明青苗事》（以下简称《申明》），目的就在于"群臣数言常平新法不便，令画一申明，使知法意"③。这篇文章既是此次辩论的核心内容，也是官方首次公开对新法做出的主旨申明。

在《申明》中，王安石以泉府为依据论证青苗借贷之合法性，其据经可辨者主要有以下几点：第一，辨"青苗息钱"。《申明》以为泉府借贷以国服为息，证明青苗收息完全正常，合乎古法。第二，辨"三分之息"。《周官》民之贷者，有至二十而五，京西、陕西等地为二分之息，唯河北以三分之息封顶，相比泉府之息不为高。第三，辨"国用取具"。《申明》以为泉府国事财用"取具"于泉府借贷之息，而宋室常平钱斛及息钱只为振乏绝，不充国计。第四，辨"坊郭户青苗"。泉府贷民，无都鄙国野之限，故坊郭户也当享有借贷权利。总之，王安石称常平青苗法为"振救之惠"：既不如泉府息法之高，所得息钱也不充国用，只是维持制度运转，且恩泽遍及国野、不分贫贱。"约《周礼》太平已试之法，非专用陕西预散青苗条贯"也，"亦先王散惠兴利以为耕敛补助，哀多补寡而抑民豪夺之意也"④。

在此之后，韩琦针对《申明》亦做驳议，⑤ 其观点与上述十余篇反对章疏中的意见基本一致，即取息取利、破坏民间借贷及其与政府、农民的依附关系；请易纳难、督迫摊派、农民负担加重；国家赔费、财物失陷等。明确双方主要观点是理解此次论辩的前提，泉府经义层面的讨论即主要在此框架下进行。

（三）韩琦等对泉府借贷取息的批评及其基本赈贷观

泉府贷法云："凡民之贷者，与其有司辨而授之，以国服为之息。"

---

① 如王安石与曾公亮、陈升之等关于坊郭户青苗及抑配问题均出现意见分歧，参见徐松辑《宋会要辑稿》食货4之20，第6046页。

② 如吕公著、程颢、孙觉等在熙宁二年末设置常平提举官前后，立场与意见出现了很大的变化。

③ 杨仲良：《长编纪事本末》卷68"青苗法上"，第571页。

④ 徐松辑：《宋会要辑稿》食货4之25，第6051页；食货4之16，第6041页。

⑤ 韩琦：《上神宗论条例司画一申明青苗事》，《宋朝诸臣奏议》卷112，第1219—1223页。

王安石认为泉府借贷以"国服"为息,礼存古法、经有明文,故青苗收息合乎古制。这里有两层意义:一是青苗法所实行的政府借贷行为合理合法,二是青苗收利息合理合法。韩琦首先质疑的便是这种政府放贷取息行为,从经学角度看,他的解释与王安石的取向完全不同。

首先,泉府同货层面,韩琦云:

> 臣谓周制,民有货财在市而无人买,或有积滞而妨民用者,则官以时价买之,书其物价以示民。若有急求者,则以官元买价与之。此所谓王道也。①

"以官元买价与之"依据的是泉府经文"买者各从其抵",郑众注"抵,故价也"②,即官方收购市场滞物,再次销售与民"则以官元买价与之",其表述重点在于原价出售,官方在收购与转卖过程中不得盈利。

其次,泉府赊法层面,韩琦援引郑众、贾公彦对"凡赊者祭祀无过旬日,丧纪无过三月"的注释,强调"赊与民不取利",即遇缓急之事以赊借的方式赈济百姓,官不取息。

再次,泉府贷法,即经文"凡民之贷,与其有司辨之,以国服为之息"。经文明言"国服之息",则借贷出息似是必然,历代解释只是出息形式、息率不同罢了。而韩琦则以为泉府三层内涵,前两层并无取息之意,故云:

> 若谓泉府一职今可施行,则上所言以官钱买在市不售及民间积滞之货,俟民急求,则依元买价与之,民有祭祀、丧纪,就官中借物,限旬日、三月还官而不取其利。制置司何不将此周公太平已试之法,尽申明而行之,岂可独举注疏贷钱取息之一事,以诋天下之公言哉?③

意思是:既然官方要讲泉府制度,何不采用前面"无息"之同货法与赊法,而只究心于泉府贷法以图收息之利?故虽默认经文泉府有此贷

---

① 韩琦:《上神宗论条例司画一申明青苗事》,《宋朝诸臣奏议》卷112,第1220—1221页。
② 郑玄注、贾公彦疏:《周礼注疏》卷15"泉府",第380页。
③ 韩琦:《上神宗论条例司画一申明青苗事》,《宋朝诸臣奏议》卷112,第1221页。

法，却对官方独取泉府"贷钱取息"一事而行用不以为然。

韩琦的批评不能说没有根据，但其中也存在比较明显的缺陷。

首先，赊、贷二法在《周礼》的文义和历代的经学解释体系中有非常清晰的界限，王安石对此辨析极为分明：青苗借贷遵循的是泉府贷法，与泉府赊法无关。故神宗阅韩琦奏引《周礼》"丧纪无过三月"等语，安石驳曰："此乃赊买官物，非称贷也。"① 可以说，韩琦的批评并没有针对问题的实质，即政府借贷是否合乎先王之法，而是试图用无利息的泉府赊法和"无所盈利"的同货法来质疑王安石所主张的泉府借贷法。

其次，韩琦所论泉府同货法中"以官元买价与之"出自于郑众"故价"说。然而，释"买者各从其抵"的"抵"为故价，只能备为一说，未必允当，郑玄的解释即与其不同，认为"抵实柢字，柢，本也。本谓所属吏主有司是。"② 即以"抵"为所在乡遂之有司。王安石等则解之为"抵当""抵押"意。市易条文"以抵当物力多少，许令均分赊请"③ 便是从泉府中的"买者各从其抵"引申而来。韩琦认为同货过程应当"原价取与"，从现实角度看是一种过于理想化的经营方式，在经学上也只是异议的一种，不足以是此非彼。

第三，政府借贷取息或同货过程中的政府买卖价格差是否就意味着"规利""兴利"？因为王安石所指出的制度成本与损耗也是不可忽视的因素。④ 显然，在制度设计时，除了学理的正当性之外，也须兼及政策的可能性和可持续性，而在韩琦的批评中，这一点被有意无意地忽略了，或者说根本没有成为问题。

总的来说，韩琦的疏奏内容是真正深入到经学学理与核心价值层面的批评，因此值得重视并回应。然而在泉府借贷与青苗借贷的问题上，最值得辨析讨论的关键处，是政府借贷从经义、理念和现实层面上是否合理合法，这一点王安石提出了自己的依据和立场，但反对者并未予以正面回应。

---

① 杨仲良：《长编纪事本末》卷68《青苗法上》，第571页。
② 郑玄注、贾公彦疏：《周礼注疏》卷15《泉府》，第380页。
③ 杨仲良：《长编纪事本末》卷72"市易务免行附"，第600页。
④ 参见王安石《答曾公立书》，《临川先生文集》卷73，第774页。

二 "国服之息"与"旅师散利":泉府借贷中的经学争议与理念对峙

以上我们对泉府与青苗借贷的相关争议进行梳理辨析,接下来就可以面对争论中最核心的概念。无论是《周礼》经学诠释,还是在王安石与韩琦的辩论中,对"国服之息"的理解都是最为关键的分歧点,从中体现出根本性的理念对立,需要详细疏解。此外,在关于敛散模式和借贷对象方面,《周礼》泉府与旅师职能之间的差别和联系也是非常重要的经学议题,必须分析讨论。

(一)"国服之息"概念的两种诠释及其差异

韩琦在其疏奏中解"国服之息"云:

> 经又云:"凡民之贷,与其有司辨之,以国服为之息。"郑众释云:"贷者,谓从官借本贾也。故有息使民弗利,以其所贾之国所出为息也。假令其国出丝絮,则以丝絮偿;其国出缔葛,则以缔葛偿。"臣所谓周制有从官借本贾者,亦不以求民之利,但令变所贷钱使输国服,即以为息也。此所谓王道也。①

韩琦的议论中包含两个要点:第一,承认古代有政府贷款,但"不以求民之利";第二,其取息方式为"令变所贷钱使输国服,即以为息也"。这里的"国服"应当如何理解呢?

郑玄注"泉府借贷"与"国服之息"时,举郑众原注而提出自己的不同意见:

> 郑司农云:"贷者,谓从官借本贾也,故有息,使民弗利,以其所贾之国所出为息也。假令其国出丝絮,则以丝絮偿;其国出缔葛,则以缔葛偿。"玄谓以国服为之息,以其于国服事之税为息也。于国事受园廛之田而贷万泉者,则期出息五百。王莽时民贷以治产业者,

---

① 韩琦:《上神宗论条例司画一申明青苗事》,《宋朝诸臣奏议》卷112,第1221页。

但计赢所得受息，无过岁什一。①

郑司农（郑众）以为，国服之息即以其"所贾之国所出为息"，"假令其国出丝絮，则以丝絮偿；其国出绨葛，则以绨葛偿。"孙诒让云："先郑（郑众）盖释国服与《书·酒诰》'肇牵车牛远服贾'义同。必以所出为息者，取其易得，且官不失利也。"②所谓"肇牵车牛远服贾"，伪孔《传》曰："农功既毕，始牵车牛，载其所有，求易所无，远行贾卖，用其所得珍异，孝养其父母。"孔颖达疏云："所得珍异而本不损，故可孝养其父母，亦爱土物之义也。"③

郑众以不同封国所出"丝絮""绨葛"为例，说明其所理解的"国服"是"物产"，而"国服"中的"国"即"民"所在的方国。或亦有将此"服"解释为"侯服""甸服"之服，④指明邦国贡赋之意。因此"国服"之"息"也呈现出两种特点：一是自然滋生之意，二是地方物产属性。这种还息方式体现自然生产的顺遂之理，遵循差异性与易得性。韩琦取郑众解释，认为民从官借钱，以所在国之出土物产还纳并作为息钱，不对农民构成负担，"此所谓王道也"。

而郑玄则提出了完全不同的解释思路，"以其于国服事之税为息"也。孙诒让云："《尔雅·释诂》云'服，事也。'于国服事，即九职农圃等事。"⑤汉以后儒者多从郑玄"国服"解。贾疏云："凡言服者，服事为名，此经以民之服事，唯出税是也。"⑥金榜云："后郑（郑玄）说是也。……农民受田，计所收者纳税。贾人贷泉，计所得者出息。其息或以泉布，或以货物，轻重皆视田税为差，是谓以国服为之息。"⑦显然，郑玄强调的并非不同地域中物产的差别，而是民从官借贷钱物后，通过纳税

---

① 郑玄注、贾公彦疏：《周礼注疏》卷15"泉府"，第381页。
② 孙诒让：《周礼正义》卷28《地官·泉府》，第1099页。
③ 孔颖达：《尚书正义》卷13《周书·酒诰》，上海古籍出版社2007年版，第552—554页。
④ 王与之：《周礼订义》卷24引徐元德语，文渊阁《四库全书》本，台湾商务印书馆1986年版，第93册，第404页。
⑤ 孙诒让：《周礼正义》卷28《地官·泉府》，第1099页。
⑥ 郑玄注、贾公彦疏：《周礼注疏》卷15"泉府"，第381页。
⑦ 金榜：《礼笺》卷1"以国服为之息"条，《续修四库全书》，上海古籍出版社2013年版，第109册，第14页。

形式来偿还利息的基本义务。"国服"并非邦国土物意,而是体现个体劳动生产、经营的"服事"意。

郑玄的解释中有两个方面需要注意:第一,郑玄理解的"国",与"民"相对,指的是国家、政府,即作为借贷方与还贷对象的中央之国,而非郑众所理解的代表民之地方性特征的封国之国。第二,"服"不是"物产",而是"服事",即还贷方通过差异性的个体劳动"服事于国",以劳动所致的财富偿还借贷之息。需要特别说明的是,同样解释为"服事于国",郑玄注的落脚点与南宋陈傅良等的"服役"说有着本质的差别,泉府借贷还息体现为差异化劳动的赋税形式,而非统一的力役形式。此外,郑玄谓之"税",说明这个借贷行为是存在"国—民"之间双向的借贷关系和还贷义务。

《周官新义》的《地官·泉府》部分今已亡佚,故王安石对"国服"的诠释只能通过后人辑佚概见其旨。在王昭禹《周礼详解》中有一段阐释值得注意,程元敏认为当是祖述王安石之说,其释"国服之息"云:"各以其所服国事贾物为息也。若农以粟米,工以器械,皆以其所有也"。[①] 其意与郑玄注同,为服事、劳动而非物产意,后面加以"贾物"二字,又举"农以粟米,工以器械",显然是指由不同劳动方式转化而来的商品。如此则一方面强化了贷民的劳动分工与职业属性,另一方面,将不同的劳动成果予以商品化的理解,以此为息。这里所举"贾物"("农以粟米,工以器械")同样表现为物息,却与韩琦所取的"物产之息"("丝絮""缔葛")有着完全不同的意义:后者是地域性的物产,体现出自然经济状态下的物贡属性;而前者的"物息"概念则建立在职任与分工基础上,虽来源于个体劳动所得,但在经济分工体系中用于交换,侧重其商品属性,且随时可以转化为货币形式。

总之,在看似简单的"国服"概念中,不同的诠释包含了两种截然不同的经济理念,这也影响了熙宁变法时期新旧双方在国家借贷问题上的认知。那么以上两种不同的经解理路到底哪种更接近于《周礼》本意呢?

《周礼》王畿征赋之法有二:一为"九赋"地征,"一曰邦中之赋,二曰四郊之赋,三曰邦甸之赋,四曰家削之赋,五曰邦县之赋,六曰邦都

[①] 王昭禹:《周礼详解》卷14《泉府解》引,程元敏以为:"考其说略合郑玄注……意其即述王安石之说。"(《三经新义辑考汇评》(三)《周礼新义》,第212页)

之赋，七曰关市之赋，八曰山泽之赋，九曰弊余之赋"①，此田地之租乃国用所仰给者，为正税，又称"九正"。二为"九职"力征，"以九职任万民：一曰三农，生九谷；二曰园圃，毓草木；三曰虞衡，作山泽之材；四曰薮牧，养蕃鸟兽；五曰百工，饬化八材；六曰商贾，阜通货贿；七曰嫔妇，化治丝枲；八曰臣妾，聚敛疏材；九曰闲民，无常职，转移执事"②，所得只以充府库，以备非常之需，与九赋相对。上述两者共同构成《周礼》"经常之征"，即"力""赋"两税。其中"九赋"强调的是畿内土地类别与生产属性，主要以田赋形式呈现；"九职"力征强调的是个体劳动与分工属性，以劳动所得物形式呈现。

郑玄、王安石对"国服之息"的诠释正是基于《周礼》九职力征及其分工系统，即孙诒让所云"于国服事，即九职农圃等事"，"民各以其力所能，受职而贡其功，以为赋税"③。"国服之息"作为一种非常规的、以个体为单位的贷款纳息之赋，体现出"民"与"国"之间的经济纽带，而不管是力赋关系还是借贷关系，建立于职业分工基础上的个体劳动所得力赋或补偿机制成为其间最重要的经济关系形态。因此，郑玄注"国服"可以视作大宰"九职"体系的延展，它体现了《周礼》王畿之"民"所具备的国家、社会以及市场属性。

相比而言，郑众、韩琦解"国服"为"邦国"的"物贡""土物"，这类概念在《周礼》的贡赋机制中并非没有，即"以九贡致邦国之用"，因邦国所有而贡之。然而，若以之套用泉府的"国服"概念，则不免有张冠李戴之嫌。原因有两点：第一，此诸侯邦国岁之常贡，是"邦国"而非个体之"民"与王国之间的关系，不能以此"邦国"来解释政府借贷中的"国服"之"国"。第二，泉府是王畿内机构，其借贷体现的是王畿之民与政府之间的经济关系，在王畿内部的经济体系中强行塞入封国概念与物贡之息，这是难以说通的。以上两点应该是郑众注中最大的逻辑漏洞。

显然，郑众、韩琦的解释思路体现的是自然经济特征，而淡化了市场属性。然而对于借贷这样一种经济关系而言，贷民一旦被纳入其中，不论

---

① 郑玄注、贾公彦疏：《周礼注疏》卷2"大宰"，第35页。
② 同上书，第32页。
③ 孙诒让：《周礼正义》卷2《天官·太宰》，第80页。

是政府借贷还是民间借贷，只要进入借贷程序并执行还贷义务，事实上就已经发生了市场行为，其身份就不再是自然经济下自给自足的个体，而成为必须被职能、义务所规约的市场主体或社会主体。因此郑玄、王安石的经解思路更加强调国家借贷中的国民关系、社会分工、市场交换等非自然经济的属性，从经学角度看，也是《周礼》所蕴含的士农工商职业分化、国家统筹经济事务等理念的反映。

（二）泉府借贷与旅师散利：两种敛散模式的异同及借贷范围的争议

除了"国服之息"的争议，双方对泉府借贷对象的认定也有分歧。泉府所谓"民之贷者"都包含哪些社会职业与身份，是否可以覆及农民，这一点涉及青苗借贷作为国家层面农业借贷的合法性问题。虽然在青苗论辩中没有直接展开，却也是后来学者的关注点之一。

这一问题的经学根源仍出在二郑注的差异上。《周礼》泉府属市官，主要负责市法，故郑众以为"贷者，从官借本贾也"[1]，孙诒让解释云："先郑谓民欲行贾而无本，则从官借泉为本以贾也。"[2] 金榜云：

> 泉府，市官之属，以受市之征布为职。其以市之征布贷于贾人以贾，与上经以征布敛市之滞货同义，二者皆恤商阜货，泉府之职也。其言凡民之贷者，对下有司言之谓之民，泉府不得与国人为贷。《周官》旅师职云："掌聚野之锄粟、屋粟、闲粟，凡用粟，春颁而秋敛之。"此贷于国人者，不令出息，为其无所取赢也。贾人贷官财，以权子母之利，则有息。[3]

清儒的解释有两个重点：一是贷民"从官借泉为本"，即实行货币借贷；二是泉府借贷对象与旅师敛散对象有本质差异，前者是贾民（商人），后者是国民（主要包括农民）。也就是说，针对普通乡遂农户的"春颁秋敛"只存在于《周礼》旅师职中，泉府属市官体系，只与市法相关，故称贷收息只是面向贾民。

---

[1] 郑玄注、贾公彦疏：《周礼注疏》卷15 "泉府"，第381页。
[2] 孙诒让：《周礼正义》卷28《地官·泉府》，第1099页。
[3] 金榜：《礼笺》卷1 "以国服为之息"条，上海古籍出版社2013年版，第109册，第14页。

金榜提到的"旅师职"是继泉府外又一个与熙宁常平青苗法相关的重要经学概念。《周礼·旅师》职云：

> 旅师，掌聚野之锄粟、屋粟、间粟而用之，以质剂致民，平颁其兴积，施其惠，散其利，而均其政令。凡用粟，春颁而秋敛之。①

旅师非征赋（正税）之官，而是掌六遂之外"三粟"（锄粟、屋粟、间粟）之征聚敛散。依照《周官》之"以积以散"思路，旅师职有相应的"平颁兴积""散利"之法。《周礼·大司徒》以荒政十有二聚万民，散利列第一位。郑众云："散利，贷种食也。"贾疏云："谓丰时敛之，凶时散之，其民无者，从公贷之。或为种子，或为食用，至秋熟还公。据公家为散，据民往取为贷，故云散利贷种食。"② 其作用是农民青黄不接或即将东作之际，贷以三粟，责秋收而敛之；或灾伤之时，施惠赈济，不责其偿，即所谓"困时施之，饶时收之"③ 是荒政的主体部分。

旅师"平颁""散利"与后世的常平仓、义仓赈贷、赈给非常相近，④ 故儒者特别强调其"不出息"，与泉府"国服之息"有本质区别。如叶时云："盖旅师所聚之粟，民粟也。……然旅师不取其息，而泉府则收其息，以货与粟不同也。"⑤ 曾钊云："《泉府》'以国服为之息'，乃贷于贾者。先郑注彼经云'从官借本贾，故有息'是也。此旅师主惠民，所用粟春颁秋敛，不言息，则不同泉府明矣。"⑥

后儒通过泉府职与旅师职的比对，并结合王安石的青苗、泉府借贷理论，旨在说明"借贷"与"散利"之间的根本差别，经学史上谓之"称责"与"取予"之别："贷而生息谓之称责，贷而不生息谓之取予。"⑦

---

① 郑玄注、贾公彦疏：《周礼注疏》卷16《地官·旅师》，第404—405页。
② 郑玄注、贾公彦疏：《周礼注疏》卷10《地官·大司徒》，第259、260页。
③ 郑玄注、贾公彦疏：《周礼注疏》卷16《地官·旅师》，第405页。
④ 参见朱熹《建宁府建阳县大阐社仓记》，《晦庵先生文集》卷79，《朱子全书》第24册，上海古籍出版社、安徽教育出版社2002年版，第3779—3780页。
⑤ 叶时：《市治》，《礼经会元》卷3上，文渊阁《四库全书》本，台湾商务印书馆1986年版，第92册，第106页。
⑥ 孙诒让：《周礼正义》卷30《地官·旅师》引，第1167页。
⑦ 王与之：《周礼订义》卷4引王十朋《周礼详说》，文渊阁《四库全书》本，台湾商务印书馆1986年版，第93册，第72—73页。

"国中赊贷则用泉货,郊野赊贷则用谷粟。在国则泉府主之,以出于市也,在野则旅师主之,以出于田也。"① "称责"如泉府借贷,"取予"如泉府赊法与旅师散利;"称责"以泉货,"取予"以谷粟;泉府有国服之息,而旅师敛散不出息;泉府借贷面向贾人,而旅师散利给予国人(主要是农民)。以上种种强调的都是泉府借贷与旅师散利之间的本质区别,这与前文提到的韩琦将泉府同货、赊法区别于泉府借贷取息法,并强调泉府制度无利无息的思路是一致的。

与郑众相比,郑玄对泉府借贷对象的范围界定要大得多,不仅包括贾民,也将农民包含在内。其释泉府"国服之息"云:"于国事受园廛之田而贷万泉者,则期出息五百。"② 也就是说,受田之民欲经营田产者,同样也在泉府借贷的范围内,需要按期缴纳利息。而在"旅师散利"一节中,郑玄的解释则更进一步:"是粟县师征之,旅师敛之而用之。以赒衣食曰惠,以作事业曰利。均其政令者,皆以国服为之息。"③ 所谓"赒衣食""作事业",是对生产者和社会财富创造者的笼统概括,并未强调贾人与国人的差别。更关键的是,郑玄明言,旅师散利与泉府借贷一样,皆有"国服之息",这里泉府借贷与旅师敛散在借贷对象与取息法上被统合于一,体现政府借贷的普遍性,并一以"国服之息"为准。

王安石对泉府与旅师职的理解和运用,正是延续了郑玄这一思路。《周官新义》解"旅师"云:"掌聚野之锄粟、屋粟、闲粟而用之者,聚此三粟而用以颁以施以散也。施其惠,若民有艰阨,不责其偿。"④ 所云聚三粟"以颁以施以散","若民有艰阨,不责其偿"主要针对荒政敛散免息,这其实与青苗借贷并不冲突,反而构成互补关系。因为在青苗法中常平仓原有敛散功能不变,在此基础上增加并突出借贷功能,所谓"新法之中兼存旧法"⑤。改革后的常平仓仍发挥着籴粜、赈贷等荒政功能。本于"旅师散利"的常平旧法和本于"泉府借贷"的常平新法在王安石这里并行不悖,共同构成青苗法的两大职能。

---

① 柯尚迁:《周礼全经释原》卷首,文渊阁《四库全书》本,台湾商务印书馆1986年版,第96册,第496页。
② 郑玄注、贾公彦疏:《周礼注疏》卷15《泉府》,第381页。
③ 郑玄注、贾公彦疏:《周礼注疏》卷16《地官·旅师》,第404页。
④ 程元敏:《三经新义辑考汇评》(三)《周礼新义》,第251页。
⑤ 徐松辑:《宋会要辑稿》食货4之25,第6051页。

在郑玄与王安石的诠释框架下，青苗借贷的范围突破了单纯的商业借贷，也不仅限于农业借贷，而进一步扩展到城镇坊郭户。针对相关质疑，王安石回应云，"《周礼》贷民之法，无都邑鄙野之限"，故"坊郭所以俵钱者，以常平本多，农田所须已足而有余，则因以振市人乏绝，又以广常平储蓄也"。"今若给散农民有余，仍不许坊郭之人贷借，是令常平有滞积余藏，而坊郭之人独不被朝廷赈救乏绝之惠也。"① 明言坊郭户亦在朝廷青苗借贷"赈救乏绝"范围内。纵览熙宁期间所有与政府借贷相关立法，从面向乡村及坊郭户青苗借贷，到市易法推行前期面向中小商人的赊贷之法，再到后来面向各阶层的市易抵押贷，"贷者"的身份从一般的农民、坊郭户、商人进而拓展到了所有符合借贷条件的编户齐民。

这种以泉府经学为基础的统摄性与普及性的借贷理论及以青苗、市易二法为形式的国家借贷实践，显然已经超越了后儒所云"泉府不得与国人为贷"②、"周公之制，必不放债取利"等观念。③ 不管官方借贷面向"国人"还是"商人"，不管是市易借贷还是青苗借贷，都被纳入以"国服之息"为理论基础的国家借贷法则中。此即王安石在《画一申明》中所云："《周官》贷民，明言以国服为息，盖圣人立法，推至信于天下，取之以道，非为己私，于理何嫌而不可明示条约！"④

（三）王安石之后《周礼》经解中的泉府赊贷观及其倾向

在王安石提出青苗借贷与泉府赊贷理论体系之后，泉府赊贷成为经学史中的重要话题，并于《周礼》经解中形成了专门针对王安石借贷理论的赊贷观，其义理倾向性十分明显，多与韩琦所论相似：或强调先王以泉府"赊法"赈济救恤之意；⑤ 或强调"同货法"原价取予、不为盈利；⑥ 或以

---

① 徐松辑：《宋会要辑稿》食货4之25，第6051页；食货4之20，第6046页。
② 金榜：《礼笺》卷1"以国服为之息"条，《续修四库全书》，上海古籍出版社2013年版，第109册，第14页。
③ 魏了翁：《鹤山先生大全文集》卷104《周礼折衷》，《四部丛刊初编》本，第23册，第60页。
④ 徐松辑：《宋会要辑稿》食货4之25，第6051页。
⑤ 李常：《上神宗论青苗》，《宋朝诸臣奏议》卷113，第1228页。
⑥ 王与之：《周礼订义》卷24，文渊阁《四库全书》本，台湾商务印书馆1986年版，第93册，第404页。

为泉府"贷法"乃疑文虚说、"残文缺简",不足为据;① 或又提出《周礼》泉府本"有赊无贷"②;更有甚者,则以泉府赊贷法尽为刘歆所杜撰,乃末世悖论之法。③ 另一方面在经解与制度批评中,后世学者多向往一种理想化的借贷模式,即以《周礼》"泉府赊法""旅师散利"或《孟子》"春耕秋敛"为代表的先王耕敛补助、无息无利之法。④ 如苏辙云:

> 《周官》之法,使民之贷者,与其有司辨其贵贱,而以国服为息。今可使郡县尽贷,而任之以其土著之民,以防其遁逃窜伏之奸,而一夫之贷,无过若干。春贷以敛缯帛,夏贷以收秋实,薄收其息而优之,使之偿之无难,而又时免其息之所当入,以收其心。⑤

这种以耕敛补助、不以取息取利为导向的实物敛散模式实际上是秦汉以后常平、义仓赈贷的义理所本。故当王安石开辟新的借贷模式时,反对者自然而然地会转向对传统常平敛散旧法的追溯与回护。

而对"国服"概念的讨论,涉及泉府借贷是否取息、如何取息(实物还是货币),更关系到青苗法与国家货币借贷政策的合法性,因此王安石之后的《周礼》学对"国服"问题的讨论,不仅延续了二郑解释理路中的差异,更因韩、王之间的论辩形成明确分野。可以说,北宋之后的《周礼》泉府经解,是一个受到王安石变法影响而显得有些焦灼甚至扭曲的解释传统。

其中最明显的变化是:出于对王安石泉府借贷取息的抵触,多数经解者坚持周公之法不为利图,努力阐明泉府的无利无息取向。韩琦所主张的郑众"国服"邦国物贡论是一个基本的解释思路,然而物贡虽非为钱利,但仍存"物息"之说,难与"取息"论彻底脱清干系。所以,后来的经解

---

① 孙觉:《上神宗论条例司画一申明青苗事》,《宋朝诸臣奏议》卷112,第1225页。另参见《长编》卷381,元祐元年六月乙卯,第9285页。
② 乾隆敕撰:《钦定周官义疏》卷14,文渊阁《四库全书》本,台湾商务印书馆1986年版,第98册,第396页。
③ 如胡宏云:"泉府掌买卖商贾之滞货,敛散百姓之赊贷……若夫买卖赊贷之事,正市井商贾争锥刀之末,而草莽细民私相交际之所为也。"(《胡宏集·皇王大纪论·极论〈周礼〉》,中华书局1987年版,第258—259页)
④ 《苏辙集·栾城后集》卷15《民赋序》,中华书局1999年版,第1054页。
⑤ 《苏辙集·栾城别集》卷10《进策五道·民政下》,第1331页。

者干脆更进一步,在此基础上派生出两种解释意见——或以"国服"之"服"为"服役"之服,"谓民之贷者,还本之后,更以服役公家几日为息"。其说以陈傅良为代表,在宋代经解中有很大的影响。或将国服之"息"读为"司徒以保息六养万民"之息,"所以保之使生息(按:指休养生息),非责其利"①。无论以"服役"来还贷,还是以为泉府借贷"保息六养万民",其锋皆指向泉府取利取息说,并意在说明"周公之制,必不放债取利"②。由于强解经义、矫说曲解明显,亦遭到批评。如马端临云:"自王介甫以郑注国服为息之说行青苗误天下,而后儒之解此语者,或以'息'为生息之息,或以'息'为休息之息,然于义皆无所当。"③

"国服"的诠释发展到这一步其实已经相当扭曲,政治态度事实上左右了经学解释。王安石之前,郑玄、贾公彦这一派泉府经解已成主流意见,如李觏可以高调表述"泉府借贷""举物生利""理财正辞"之语:

> 贷者,即今之举物生利也。与其有司,别其所授之物,所出之利,各依其服事之税,若其人受园廛之田而贷万泉,则期出息五百,他仿此也。……《系辞》曰:"理财正辞,禁民为非曰义"是也。君不理,则权在商贾;商贾操市井之权,断民物之命。④

这样的论述在熙丰变法后几乎绝迹,学者或谓"周之理财,理其出而已,非理其入也"⑤,或认为周制泉府可以"利民"不可"利国"⑥。故叶适感叹云:"今之君子真以为圣贤不理财,言理财者必小人而后可矣。"⑦

而在青苗法与国家借贷问题上,部分儒者的态度就更加谨慎小心,即使言借贷,也要与王安石所论划清界限。如南宋孝宗时,张栻答书朱子,

---

① 王与之:《周礼订义》卷24引陈傅良、李叔宝"国服"解,文渊阁《四库全书》本,台湾商务印书馆1986年版,第93册,第404页。
② 魏了翁:《周礼折衷》,《鹤山先生大全文集》卷104,《四部丛刊初编》第23册,第60页。
③ 马端临:《文献通考》卷8《钱币考》,中华书局2011年点校本,第191页。
④ 《李觏集》卷8《周礼致太平论》之"国用第十一",中华书局2011年版,第90页。
⑤ 章如愚:《群书考索续集》卷45《财用门·周财用》,文渊阁《四库全书》本,台湾商务印书馆1986年版,第938册,第564页。
⑥ 《叶适集·水心别集》卷2《财计上》,第658页;柯尚迁:《周礼全经释原》卷5,文渊阁《四库全书》本,台湾商务印书馆1986年版,第96册,第628页。
⑦ 《叶适集·水心别集》卷2《财计上》,第658页。

极力纠正、规劝其支持青苗的言论：

> 闻兄在乡里，因岁之歉请于官，得米而储之，春散秋偿，所取之息不过以备耗失而已，一乡之人赖焉，此固未害也。然或者妄有散青苗之讥，兄闻之，作而曰："王介甫所行，独有散青苗一事是耳。"奋然欲作《社仓记》以述此意，某以为此则过矣。夫介甫窃《周官》泉府之说，强贷而规取其利，逆天下之公理。……在高明固所考悉，不待某一二条陈，而其与元晦今日社仓之意，义利相异者固亦晓然。度元晦初亦岂有所取乎彼哉？特因或者之言，有所激作，遂欲增加而力主其事，故并以介甫之为亦从而是之，是乃意之所加，不自知其偏者也。……且元晦谓介甫青苗为可取者，以其实之可取乎？抑以其名之可取乎？以其实，则流毒天下，固有显效。以其名，则不独青苗，凡介甫所行其名，大略皆窃取先王之近似者，非特此一事也。①

此书大抵可见当时士人的基本态度：朱子因行社仓而受青苗之讥，欲作《社仓记》公开论述青苗法意而遭张栻规劝反对，后者极力为之撇清与王安石泉府、青苗法之关系。张栻秘密书信告知固然是出于对朱子的保护，然亦可见王安石青苗泉府理论在当时是非已成定论，朱子若真的倡述此意，恐难逃公议菲薄。

这种谨慎敏感甚至影响到了整个宋代的《周礼》学。学者"欲矫责偿出息之说"②不惜曲解经义，虽重在批判王安石，却已殃及郑玄乃至汉唐注疏，③甚至连同《周礼》经一并抵制："此国服为息，恐是刘歆傅会，（郑）康成误解，以致荆公祸天下"④，"王安石乃确信乱臣贼子伪妄之书

---

① 张栻：《南轩集》卷20《答朱元晦秘书》，文渊阁《四库全书》本，台湾商务印书馆1986年版，第1167册，第590页。
② 王与之：《周礼订义》卷24引李叔宝"国服"解，文渊阁《四库全书》本，台湾商务印书馆1986年版，第93册，第404页。
③ 魏了翁云："此自康成传注穿凿误引，以祸天下，致得荆公坚守以为成周之法……推原其罪自郑康成始。"（《鹤山先生大全文集》卷190《师友雅言》，《四部丛刊初编》，第24册，第157—158页）
④ 魏了翁：《鹤山先生大全文集》卷104《周礼折衷》，《四部丛刊初编》，第23册，第60页。

(《周礼》),而废大圣垂死笔削之经(《春秋》)"①等。可以说,王安石变法及其《周礼》学成为宋代《周礼》学史的一个重要分界点。

三 国家借贷中的货币利息与实物利息之争及两种敛散模式的对峙

以上我们主要从经学诠释角度揭示了与泉府借贷相关的理念差别,接下来可以将注意力更具体地落在熙宁时期国家借贷的法度条文和操作细节中,探讨关于实物利息与货币利息的争议及其中显现出的政策倾向,进一步理解两种敛散模式的差异和背后的理念对峙。

(一)"给钱"或"纳斛"所揭示的常平改革理路和货币化取向

在前述关于"国服之息"的争论中,有一个重要的差别是利息的支付方式。郑玄的解释是借贷之民将个体劳动所得转化为货币形式偿还国家利息,与郑众"物产为息"存在本质区别。陈埴云:"以国服为之息,国服字他无证,二郑以意说之。大郑谓以物为息,随其国之所货,其论甚通恕,而无多寡之准,后人无可依据。小郑谓以钱为息,随其国之服事而定其准,即《载师》'国宅无征,园廛二十而一'以下,等级之数如此,则多寡方有准耳。"② 显然已经注意到了韩琦、王安石所本二郑注之间的本质差别。

韩琦提出还贷时应当"给钱"还是"纳斛"的疑问,与其在"国服之息"的解释中所坚持的"物产"原则是一贯的,同时还涉及政策推行过程中因钱斛转易对农民造成的负担和可能诱发的民间"钱荒"等问题。对此条例司的解释说法是还贷时"纳钱"或"纳斛"皆取自愿,而纳钱则是为了防止"熟时物贵"可能对农民造成的还斛斗负担。然而韩琦仍对其存有质疑:

(制置司云:)"……若物价低平,即有合纳本色,不收其息。"臣亦谓此论之不实也,缘小麦最为不禁停蓄之物,自来常平仓不籴,盖恐积

---

① 《胡宏集·皇王大纪论·极论〈周礼〉》,第260页。
② 陈埴:《木钟集》卷7《周礼》,文渊阁《四库全书》本,台湾商务印书馆1986年版,第703册,第664页。

留损坏。今岁雨雪及时，麦价必贱，提举官必不肯令民纳本色。盖纳下本色则无由变转。若于转运司兑换价钱，则诸处军粮支小麦绝少，必难兑换。既难兑换，则占压本钱，下次无钱散与民户。臣以此知制置司、提举官本无令民纳斛斗之意，故开此许纳见钱一门，将来止令言民愿纳钱息，不容纳本色，则民须至粜麦纳钱，岂不殃害百姓？①

韩琦的质疑包含三个方面：首先，小麦不耐停蓄，仓储成本高，容易积留损坏；其次，今岁丰熟，故麦价必贱，百姓以此还纳，显然不利于官方；第三，小麦不易兑换，流通性能差，占压本钱，影响下一回的青苗钱发放。因此他判断制置司与提举官并没有令民纳斛斗之意，而是诱导驱迫民众粜麦纳钱。

这样的质疑并非无的放矢，如果前期投放青苗钱而后期回收斛斗，不仅会因货币与实物钮算而增加成本，斛斗反复占压也会影响后续的货币投放。熙宁改革常平旧法，其中一项重要目标就是旧常平仓储的积滞问题："常平、广惠之物收藏积滞，必待年歉物贵，然后出粜，而所及者，大抵城市游手之人而已。"② 常平仓储积滞，平时存量未得其用，灾伤时节亦不足以资赈贷，即便赈贷，又不免分配不均。因此从情理上分析，无论采用何种改革措施，官方都不希望还贷时出现"以斛易斛"或"以钱易斛"而导致大量斛斗涌入，形成新一轮的积滞，在放贷初期现钱比重有限的情况下尤其如此。

从这个角度可以重新理解青苗法与旧常平法的关系，以及改革的理路与取向。青苗立法申明，常平仓原有敛散功能不变，在此基础上增加并突出借贷功能，包括：其一，通有无，广蓄积，欠时赈粜，平抑物价，灾伤赈济等，体现常平旧法职能；其二，提供青苗钱借贷，振小农乏绝，抑制兼并，此为新法职能。所谓新法之"新"，并非简单强调其借贷属性，因为常平旧法本身就包含了实物为主导的借贷（赈贷）功能。如果只是一般意义上的实物借贷，则通过修补常平旧法就可以完成，官方何必新开炉灶，另立青苗借贷呢？事实上，常平新法之"新"，除了政府借贷取息的基本形式之外，更重要在于青苗敛散（放贷、还贷）中的货币化取向，

---

① 韩琦：《上神宗论条例司画一申明青苗事》，《宋朝诸臣奏议》卷112，第1221—1222页。
② 徐松辑：《宋会要辑稿》食货4之16，第6041页。

即通过转运司之钱斛兑换,将部分仓储转化为现钱,并通过农业借贷与货币投放来盘活现有存量,这一点才是改革的关键所在,也是新旧双方在常平理念上的根本对峙处。接下来,我们将进一步从政策条文及操作细节中,具体分析这一改革理路与新旧双方的分歧焦点。

(二) 从钱斛换算基准价看官方的"纳钱"诉求及其意义

青苗借贷中的货币化取向,也就是当时反对者所抨击的"纳钱"意图。韩琦的批评基本停留在推测层面,但这些推测未尝不是理解官方政策意图的重要线索。其中钱斛换算基准价的设定是一个明显的信号。

关于青苗给纳法,条例司最初建言:

> 仍以见钱,依陕西青苗钱例,取民情愿预给,令随税纳斛斗。内有愿给本色,或纳时价贵,愿纳钱者,皆许从便。①

条例司建议的"请领—支纳"形式是:以现钱发给农民,其后随税纳斛斗,同时在给、纳两端并设两种选项:百姓请领时,官方既可给钱亦可给本色,相应地,若"纳时价贵",不愿纳本色者,亦可纳钱。这样理论上可以有四种形式:"请钱纳斛"为基本形式,而以"请钱纳钱""请斛纳钱"和"请斛纳斛"为补充。主要依据两个原则——"民情愿"和市场价格波动。

条例司随后又作补充:

> 其给常平、广惠仓钱,依陕西青苗钱法,于夏秋未熟已前,约逐处收成时酌中物价,立定预支每斗价,召民愿请。仍常以半为夏料,半为秋料。②

所谓"酌中物价",即权衡一段时间内粮价波动而确立的中间价格,不过高也不至于过低,以此作为实物和货币钮算时的粮食基准价格。

这里史料记载中出现了一处矛盾。据《宋会要》食货53与《长编纪

---

① 徐松辑:《宋会要辑稿》食货4之16,第6041页。
② 徐松辑:《宋会要辑稿》食货4之17,第6042页。

事本末》卷66，条例司建言两仓钱依陕西青苗例，于夏秋未熟前酌中物价，立定预支，召民请领。神宗皇帝"并从之"[①]。而在《宋会要》食货4"青苗"的记载中，神宗没有直接依从条例司的建议，而是重新给出了一个基准价的规则：

> 诏：常平、广惠仓等见钱，依陕西出俵青苗钱例，取当年以前十年内逐色斛斗一年丰熟时最低实直价例，立定预支，召人户情愿请领。……其愿请斛斗者，即以时价估作钱数支给，即不得亏损官本，却依见钱例纽斛斗送纳。[②]

这道诏文将常平、广惠仓的俵散与给纳方式细分为两种情况：可称之为"见钱例"与"斛斗例"。其中两种价格需要特别引起注意，也是借贷给纳中关键要素：一个是"见钱例"中的"十年内逐色斛斗一年丰熟时最低实直价"，可以简单理解为十年内粮食最低价；另一个则是"斛斗例"支给阶段的"时价"。为方便理解，我们将此年还纳和请领时价设定为 20 文/斗，而十年内最低价为 10 文/斗，官方要向农户俵散 1000 文，以此为例，按照诏书的内容分析具体的请纳情况。

第一种俵散法，是以十年内粮食的最低价为换算基准。这样就规定了两种还纳方式：一种是"请钱纳钱"，还纳时直接支付本息即可，以官方通行的次息二分（20%）为标准，请 1000 文，还 1200 文，无须换算。另一种是"请钱纳斛"，即请领现钱，而还纳时需要钮算为斛斗，以十年最低价作为基准价进行换算。这种情况下，农民请 1000 文，还纳时须将 1200 文按照 10 文/斗的价格换算为 120 斗。但是请注意，按照还纳时价（20 文/斗）计算的话，120 斗在当时市场上实际价值 2400 文，这相当于农民借出 1000 文，却还了 2400 文，显然极不划算。

第二种俵散形式，即对于有意请领斛斗的百姓，官方并非直接发给粮食，而是以请领时价（20 文/斗）估作现钱支给，让农民自己去市场购买等价粮食。如农民愿请 50 斗粮食，则按时价可得 1000 文钱。在这种情况

[①] 徐松辑：《宋会要辑稿》食货53之8，第7200页；杨仲良：《长编纪事本末》卷66"三司条例司废置"，第549页。

[②] 徐松辑：《宋会要辑稿》食货4之17，第6042页。

下，诏文中只规定了一种还贷可能性"却依见钱例纽斛斗送纳"，即名义上"请斛纳斛"，但实质上是"得钱纳斛"，与第一种情况相同，在还纳的时候，按照十年最低价，将1000文钱的本息1200文，再次钮算为120斗还纳。这样一来，相当于农民借出了50斗，却须还纳120斗，同样极不划算。

根据上述两种形式，三种请纳情况，可以列出一张常平青苗俵散及还纳本息示意表。

常平青苗俵散及还纳本息示意表

借贷方式	换算方式	实际支给	还贷数	实际价值
现钱例	1000文/100斗 最低价：10文/斗	1000文	1200文	1200文
			120斗	2400文 时价：20文/斗
斛斗例	50斗/1000文 时价：20文/斗	1000文	1200文=120斗 最低价：10文/斗	2400文 时价：20文/斗

据上表可知，两种俵散方式虽然请领时计量单位有所不同，但实质都是给钱。而不管是哪一种请纳形式，只要是"还斛斗"，给纳时就必须按照十年最低的价格进行换算，这相当于通过价格杠杆设置了一个还实物预亏的结果，以此驱使百姓主动选择以现钱方式还贷。当然，在现实中也不排除还贷的时候粮食时价与十年最低价相比高出不太多的情形，因为市场转易存在损耗与钱贵物轻等情况，农民宁可选择看上去不太划算的实物还贷。但绝大部分情况下，时价可能远远高出十年最低价，从而使农民在青苗借贷还纳时不可避免地趋向唯一一种官方认可的模式——请钱还钱。

神宗这道诏书中规定以"十年内最低价"为青苗还纳基准价格，这一方案是否最终落实执行，在史料中找不到旁证，很难定论。倒是条例司建言的"酌中物价、立定预支"的方案，可以在陈舜俞《都官集》中找到佐证。据陈舜俞在熙宁三年五月所上的《奉行青苗新法自劾奏状》云：

> 近准敕条，将常平广惠仓钱斛，依陕西青苗钱例，每于夏秋以前，约逐处收成时酬价，立定额支，每斗价例晓示，召人情愿请领，随税送纳斛斗。或纳时价贵，愿纳见钱者，并许从便。……今朝廷所置官局，募民以青苗贷取钱斛，以为宽农赈乏之惠，故所设法概以周

密，出举给纳皆从民便。然要之人情，以米粟出纳，不若用钱之简便也。今使有司必约中熟为价，贷民以钱，度吾民非岁大稔，米谷至贱，亦必偿缗钱而出所谓二分之息耳。[1]

陈舜俞时任知山阴县，该奏状是在前引条例司建言与神宗批示的次年所上。由文中可见，其所奉行的，是条例司所建议的"酌中物价"，与《宋会要》食货53及《长编纪事本末》所载相同。

然而《宋会要》食货4"青苗"中所记神宗诏书的内容亦不可忽视。一是因为这部分史料对条例司建言内容与神宗的答复记载最为翔实缜密，与其他材料相比，形态更接近第一手史料。二是即便其行用情况存疑，从中依然可以看出决策者的意图：将"酌中物价，立定预支"改成"取当年以前十年内逐色斛斗一年丰熟时最低实直价例，立定预支"，传达出明确的信号，即通过最低基准价的设定来引导农民选择还贷模式。基准价与时价之间的差价越高，以现钱还贷为趋向的价格驱迫性因素就会越明显。

事实上，即使不用"十年最低价"，而是酌中物价，依然如陈舜俞所言"度吾民非岁大稔，米谷至贱，亦必偿缗钱而出所谓二分之息"。可见青苗借贷政策中以价格驱使农民纳钱的意图是显而易见的。这也从另一个侧面揭示了本次以"货币化"为基本取向的常平改革理路。

（三）"国服之息"争论的背后：实物敛散与货币敛散的对峙

熙宁财政体系改革，通过青苗、市易、免役等新法，使货币逐渐成为主要载体，在"国"与"民"之间搭建直接的流通关系。[2] 货币敛散也成为国家经济行为中的重点，它的意义与功能已经远远超越了以实物敛散为基础的常平旧法。[3] 这样大规模的更张必然遭到警惕质疑，反对者一是

---

[1] 陈舜俞：《都官集》卷5《奉行青苗新法自劾奏状》，文渊阁《四库全书》本，台湾商务印书馆1986年版，第1096册，第447—448页。

[2] 宫泽知之以为这是一种新法强制农民接受的货币经济：免役法、青苗法并不以商人为媒介，直接在农民和国家之间移动，巨额货币在农民与国家之间往返，使得两者关系更为紧密，货币的纳税支付机能更加强大等，参宫泽知之《北宋的财政与货币经济》，刘俊文主编、张北译，载《日本中青年学者论中国史》（宋元明清卷），上海古籍出版社1995年版，第99页。

[3] 新法的常平仓制度除了旧式赈贷、赈济、籴粜法外，新增了面向小农的现钱借贷、水利基建专项支拨、缘边籴储等功能，成为国家财政支拨与投放的一个重要的中间渠道（包括物资与货币）。

警惕政府从常平旧法中派生出全新的借贷模式；二是警惕货币借贷的形式，会侵削传统以平准、赈贷为中心的实物敛散。如苏辙云：

> 常平条敕，纤悉具存，患在不行，非法之弊。必欲修明旧制，不过以时敛之以利农，以时散之以利末。敛散既得，物价自平，贵贱之间，官亦有利。①

又如范纯仁云：

> 但委逐路监司只用常平旧法，凡物之贱者贵价以敛之，物之贵者贱价以发之，无令抑配人户，务求羡息，亦足以均平物价，沮抑兼并，又何必过为更张以伤大德哉？②

当时反对者所论，大抵以青苗法坏常平赈贷、籴粜之法，两者"势不能两立"，甚至以青苗法为"唐衰乱之世所为"③。

客观说，这类批评是有正面意义的。熙宁初期，政府确实将注意力更多地投入到新的借贷功能中，在常平给散之际，未能控制好青苗借贷与常平赈粜之间的比例平衡，往往过量借贷，而到灾害之时方见旧常平仓之用。由于过多资源用于青苗给散，在不少地方造成借贷对于赈粜、赈贷功能的挤压，熙宁七年七月，因诸路旱灾，常平司未能赈济，神宗皇帝谕辅臣曰："天下常平仓若以一半散钱取息，一半减价粜贵，使二者如权衡之相依，不得偏重，民必受赐。"于是下诏令诸路州县对青苗借贷和常平赈粜的比例重新调整，"据已支见在钱谷通数，常留一半外，方得给散"。④

然而我们也应该看到，反对方的批评在更深的层次上，针对的不是国家借贷行为，而是货币化的取向，或者更确切地说，其质疑并不针对

---

① 徐松辑：《宋会要辑稿》食货4之17，第6042页。
② 范纯仁：《上神宗乞罢均输》，《宋朝诸臣奏议》卷109，第1185页。
③ 除韩琦外，另见苏轼《上神宗论新法》、范镇《上神宗论新法》、司马光《上神宗乞罢条例司及常平使者》、程颢《上神宗论新法》等文，《宋朝诸臣奏议》卷110—113，第1194—1231页。
④ 马端临：《文献通考》卷21《市籴考二》，第625页。

贷款发放的货币化，而是针对还纳本息的货币化。正如韩琦强调"令变所贷钱"使输物息，对官方授以农民青苗钱并无微词，但对还贷时"给钱"还是"纳斛"以及"钱""物"的转易问题却十分关注。他们尤其关注其中体现出的两种货币化取向：第一，常平储备的货币化，即常平仓因货币储量的增加而影响到旧式常平赈贷、籴粜之法。如司马光言："今闻条例司尽以常平仓钱为青苗钱，又以其谷换转运司钱。是欲尽坏常平，专行青苗也。"① 第二，常平敛散的货币化以及全面借贷所实行的货币利息形式。这一点在论辩中明确地体现为两种"国服"理论——物息与钱息、实物敛散与货币敛散——之间的对抗。如文彦博云："此法（青苗法）于乡村之民行之，以待夏秋成熟，折还斛斗丝帛，即谓之举放；若只令纳本利见钱，即谓之课钱。"② 可见或"举放"或"课钱"，或"利民"或"征民"，关键即在于这种面向民众的敛散形式。

在赋税制度史中，实物与货币之间的权衡消长向来是士大夫争议的中心话题之一。一般情况下，不管是田赋还是其他税租，对农民而言，最自然方便的当然是纳谷物本色或"任土所宜"，这也是郑众、韩琦"物息"说与"国服"（土物）说的基本理念底色。然而，赋税货币化的过程中，必然伴随着实物与货币两种方式间的考虑与争议。一方面货币与实物赋税间的比重平衡成为调节钱货轻重的重要手段，如陆贽云："播殖非力不成，故先王定赋以布、麻、缯、纩、百谷，勉人功也。又惧物失贵贱之平，交易难准，乃定货泉以节轻重。"③ 或钱轻物重，则以钱为税；或钱重物轻，则就其轻。④ 另一方面则是从经济伦理角度考虑，因钱币本非农民所有，士大夫更倾向于站在农民立场而坚持实物租税，"必率以见钱，折以金银，此非民耕凿可得也，无兴贩以求之，是为教民弃本逐末耳"。"督民见钱与金银，求国富庶，所谓拥彗救火，挠水求清，欲火灭水清可得乎？"⑤ "两税不征粟

---

① 司马光：《上神宗乞罢条例司及常平使者》，《宋朝诸臣奏议》卷111，第1212页。
② 文彦博：《上神宗论青苗》，《宋朝诸臣奏议》卷114，第1241页。另参见上述司马光、程颢等相关论述。
③ 马端临：《文献通考》卷3《田赋考》，第61页。
④ 参见马端临《文献通考》卷3《田赋考》引尹齐疏，第62—63页。
⑤ 洪迈：《容斋续笔》卷16引《吴唐拾遗录》所载宋齐丘语，《容斋随笔》，中华书局2005年版，第418页。

帛而征钱，吏得为奸以病民。"① 自熙宁青苗、免役二法实行以来，反对者对此二法中货币敛散的非议，在很大程度上是这一经济理念的体现。所以，韩琦通过诠释"国服"而秉持"物息""土贡"立场来质疑新法的货币敛散诉求并无足怪。

上述批评意见反过来揭示出熙宁常平青苗新法改革的一个内在方向，即通过法度体系和流通渠道的建设，使货币在整个国家财富生成与分配体系中扮演更重要的作用，也就是很多学者已经明确提出的王安石变法所带来的财政货币化的基本趋势。② 关于如何评价这一政策趋势，其与当时历史条件和社会经济发展水平是否相适应，是一个更为复杂的问题，需要从经济史角度进行全方位解析，也并非本文所关怀的主旨。

从大历史角度来看，新法政策的得失评价只是问题的一个方面。通过对国家借贷中不同层次的争议进行梳理，我们可以在当时情境下对货币的属性进行思考与理解：货币流通对于一个生产能力、社会分工、商品经济以及全国市场都愈加发达的经济体意味着什么？如何才能建构一个完整而良性的区域性或全国性货币流通体系？怎样通过"开阖敛散"的杠杆模式实现货币流通与储备、投放与回流的比重平衡，并实现国家资源的合理调节与分配，对缘边军事和基层农业生产、基础建设方面进行大规模的转移支付？这类问题显然不是单一的实物敛散所能涵盖的，需要在长时段的赋税制度及货币财政发展演进过程中，引入更丰富的思想资源，结合改革实践进行思考和探索。王安石引《周礼》泉府为依据，并对"国服之息"这一概念进行诠释，其目的似正在于此。

四 结语

对《周礼》泉府"国服之息"的解读，是熙宁新法中诸多政策的学理支点，也是宋代乃至后世《周礼》学中争讼的焦点之一。郑玄将其解

---

① 马端临：《文献通考》卷3《田赋考》，第69页。
② 经济史、货币史学界对唐宋以来货币经济的发展以及王安石变法的货币财政体系等相关问题已有较为成熟的研究。如全汉昇《唐宋政府岁入与货币经济的关系》，载《中央研究院历史语言研究所集刊》第20本上册，1948年版，第189—221页；《自宋至明政府岁出入中钱银比例的变动》，载《中国经济史论丛》，中华书局2012年版，第407—421页。日野开三郎：《北宋时代における货币经济の発达と国家财政との关系についての一考察》，《宋代の货币と金融》（上），载《日野開三郎東洋史學論集》第6卷，三一书房1983年版，第465—488页，等等。

释为"于国服事之税为息",在王安石变法之后,受到当时和后世学者士大夫的质疑。在阐释与争议中,"国家借贷"这一主题中包含的深层问题被逐次展开呈现出来:从具体法度中的"青苗借贷",到经学理论上的"泉府借贷",再到核心概念"国服之息",显示出双方在泉府借贷属性、国民关系、国家立场乃至实物、货币两种敛散模式上的根本对峙,体现出两种不同的财用观、经济观的碰撞。

这种激烈的交锋也全面影响了整个宋代尤其是王安石之后的《周礼》学史,使《周礼》经本身及其中凡涉及王安石变法与相关经学言论者都染上了浓厚的政治色彩。如青苗、市易、均输法所本的"泉府""国服",保甲所本的"比闾什伍",免役法所本的"吏禄稍食""府史胥徒"等。以这些概念为中心,形成了特殊的政治化的经学聚讼。反王安石及其新法者在解经过程中夹杂了更多的政治批判立场,最极端者甚至不惜矫经义以达否定、批判目的,这些都是经学受现实政治影响下的异常表现。

可以说,不论是王安石还是当时与后来的反对者,都是在论战的背景下,对《周礼·泉府》理论同一内容作不同的阐释,因此其解说不可避免地带有主观色彩。这类政策背后经学脉络的梳理,并不意味着经义的解释可以凌驾于政治之上。事实上,新法的行废并非取决于双方对《周礼·泉府》义理的论辩结果,而在于政治舞台上的得失。这种经义与法度之间的因果虚实关系值得玩味并深思。

笔者认为,在这个问题上另一个有意义的观察角度,不是着眼于政治斗争的因果或者改革的成败评价,而是经学阐释如何为治理带来更丰富的思想资源与价值依据,又是如何在妥协与平衡中落实到具体的政治实践上。特别是改革的顶层设计中蕴含的矛盾争议和内在的发展理路,对于我们理解经术、思想和政治的关系有很大的帮助。这方面在以往的研究中并没有得到足够的重视,现在看来,或许正是我们重新认知、理解熙宁新法的关键处之一。

宋代三种物资转输地理格局的分解

张 勇

物资转输是古代国家维持财政运转的征运手段,从运输方式来看,可分成陆运和水运,水运中又可分为河运和海运两种,而作为物资转输中最重要的方式之一——漕运,则起源于先秦两汉时期,从先秦到清代,物资转输维持了二千多年。当然,不同历史时期物资转输的规模、主要方式则有所不同,先秦到南北朝时期,物资转输存在于局部区域,至于全国性的物资转输则开始于隋唐时期。到了宋代,再次出现国家层面下的物资转输。隋唐时期,南北开凿了大型河道,沟通了南方的诸多河流,逐步形成了全国性的河运网络,从江淮运输到长安的漕运为整个国家的正常运转提供了重要支持。整个运输路线从江淮经过扬州、汴口、河阴、渭口抵达长安。可见江淮成为唐朝国脉所系,而江淮到长安的漕运路线成为唐王朝漕运的重中之重。到了宋代,东南六路成为提供物资的重要地区,形成了江淮漕运区域。[①] 宋朝政府将东南和京师通过运河联系起来,东南的物资源源不断输送到京师贮存。贮藏京师之物资又可运输至河北和陕西以供军用。到了南宋,运路分散,配送地点不在一地,如荆湖转输鄂州和江陵,江西转输鄂州、池州、镇江和建康。元明清时期,配送地基本都是北京,且都是从提供地发运至京师。只是元代海运发达,河运反而不如海运。明清依靠专门运输队伍漕军来运输。

[①] 陈峰认为北宋的漕运区域分成若干部分,形成了以开封为中心的全国性的漕运网络:江淮、京东、京西南、河东陕西等漕运区域。详见陈峰《试论唐宋时期漕运的沿革与变迁》,《中国经济史研究》1999 年第 3 期。

宋代三种物资转输地理格局的分解

前人研究物资转输,① 抓住的是物资转输的线性特征,目的在于最大限度接近物资转输的原貌,考证的是物资转输的全貌及相关特征和物资转输相关机构、水利设施的运作。物资转输中最重要的是漕运,为了推进物资转输的研究,将物资转输和行政区划学相结合,则未必不是一种新的研究路径。因物资转输的实施是在一定的地理环境中进行的,因此只要是将物资转输和一定的地理环境相结合都是可行的,可认为是物资转输研究的一个新视角,这应是物资转输研究向前迈进过程中的一个步骤,我们可以将具有共有的物资转输路线(以水路为主)或者共同的目的地,抑或同样功能的府州军设置为基本单元,这样就形成不同的物资转输区域,这些物资转输区域如何分类,以及是如何形成其物资转输地理的,应是我们研究的目标。

一 直截了当:无转般枢纽的物资转输地理

宋代无转般枢纽的物资转输地理直接采取从物资提供地送达目的地的办法,这种情形主要集中在南宋时期,南宋时代,转般法遭到了弃用。这一时期的物资转输跟南宋面临的军事状况有直接的关系。为防备北方少数民族的南下,南宋政府在若干地区驻扎了屯驻大军,这些大军基本沿南宋与北方少数民族政权边界一线分布。这样,就形成了南宋三个大战区。三个战区各自联系一部分州军,这些州军负责为各自所属战区的屯驻大军提供物资给养。南宋时期,为这些战区提供物资的州军基本都是将物资直接输送至大军屯驻地或者指定地点下卸。因此,较北宋而言,路程大大缩短。

南宋时期,对于淮上大军纲运,史载:"适缘商总领到任,趣办军储,顿段并发淮上纲运。并蒙朝廷指挥,对拨米斛,一年之间,已及四十

---

① 张家驹:《宋室南渡前夕的中国南方社会》,《食货半月刊》第 4 卷第 1 期,新生命书局 1936 年版。全汉昇:《唐宋帝国与运河》,商务印书馆 1944 年版。青山定雄:《唐宋时代の交通と地志地图の研究》,吉川弘文馆 1963 年版。漆侠:《宋代经济史》,中华书局 2009 年版,第 968 页。陈峰:《试论唐宋时期漕运的沿革与变迁》,《中国经济史研究》1999 年第 3 期。周建明:《论北宋的漕运》,《中国社会经济史研究》2000 年第 2 期。汪圣铎:《两宋财政史》,中华书局 1995 年版。[日]斯波义信:《宋代商业史》,庄景辉译,稻禾出版社 1997 年版。以上著作都曾涉及宋代的物资转输。

一万八千余石。比之去年以前,虽是军兴年分,每岁不过五万石,几及十倍。"① 又如荆湖大军纲运:

> (嘉定)十五年三月二十五日,臣僚言:国以兵为威,以食为命,天下四总,无非钱谷之所聚。而湖广总所,实饷京襄,万灶云屯,嗷嗷待哺。每岁改拨纲运,或襄阳,或鄂州,或均州,或光州四处以交卸,米多自湖南拨运,谷多自江西拨运,其水路之艰险,脚钱之不敷,以至纲运之欠折,虽纲运官有顾藉者,亦有所不能免。盖边烽宁息之时,重兵屯于武昌,纲运改拨于京襄者有限。②

对于荆湖战区的改拨,襄阳、鄂州、均州、光州乃是四个下卸地。武昌发出的改拨物资直达以上四个地方,距离都比较短,比较适合直达。荆湖南路的物资,都由物资提供地直接输纳于鄂州,荆湖北路的物资基本输纳于江陵府。如图1。李心传在《要录》中载:

> 癸卯,户部奏科拨诸路上供米斛:鄂州大军岁用米四十五万余石,系于全、永、郴、邵、道、衡、潭、鄂、鼎科拨;荆南府大军岁用约米九万六千石,系于德安、荆南府、澧、纯、复、潭州、荆门、汉阳军科拨……并令逐路转运司收桩起发。时内外诸军岁费米三百万斛,而四川不与焉。③

对于行在,则是各物资提供地直接将物资输送于目的地,无须转般。如图2。

上述物资转输地理范例都具有一个共性:由物资提供地直达物资下卸地,中间无任何转般枢纽,其路径上没有任何转般地。从行政区划上来看,也就不存在两个州军之间的过渡州军了。

如果这种无转般枢纽的物资转输地理转般路径较短,则稳定性也较强;反之,则稳定性较弱。如南宋四川地区的物资转输地理,南宋的四川

---

① 马光祖修,周应合撰:《景定建康志》卷23《城阙志四》,宋元珍稀地方志丛刊本,四川大学出版社2007年版,第1079页。
② 徐松辑:《宋会要辑稿》食货44之20,中华书局1957年版,第5593页。
③ 李心传:《建炎以来系年要录》卷184,上海古籍出版社,第3册,第615页。

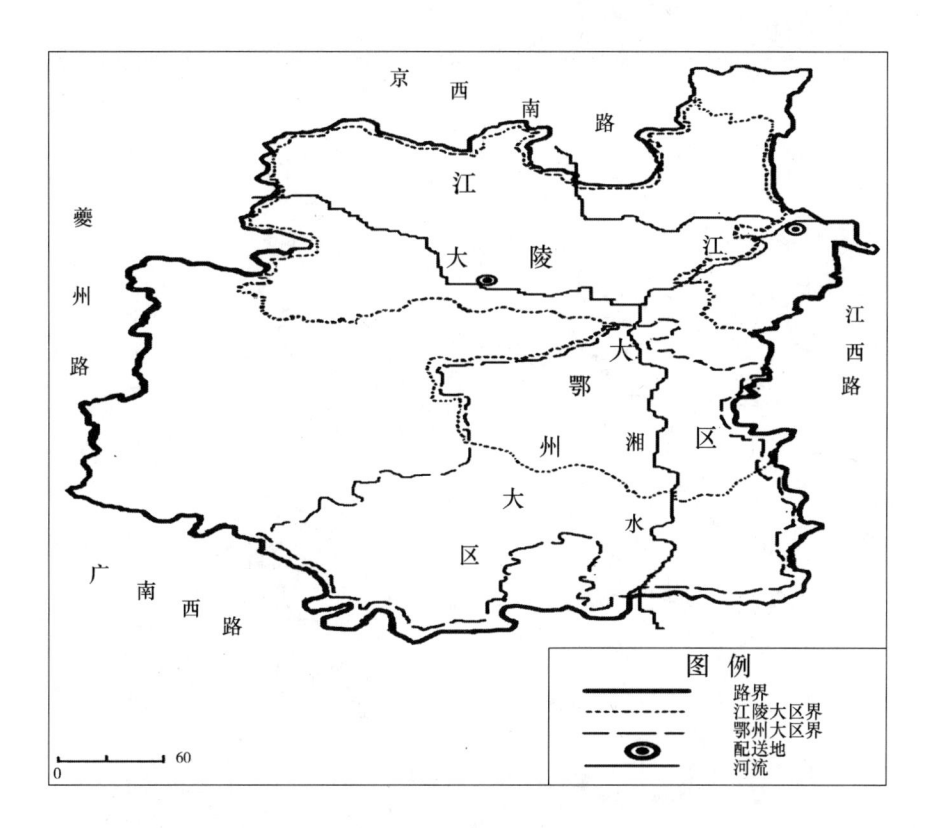

图 1　南宋两湖地区物资转输地理（1160 年）　单位：公里

注：1. 两种并行的不同区界线并非是并行，而是合二为一，为使得读者明白图示，故而在制图时，采取的并行图示。本图以谭其骧的《中国历史地图集·宋辽金时期》为底图。

2. 方便起见，省略了洞庭湖的绘制。

地区是较为特殊的实施直达法的地方，为何"特殊"？因为相比荆湖战区和江淮战区，物资运抵下卸地的距离较长，四川的大多数物资从下卸地送抵兴州大军驻扎地还是有比较长的路途要走，并且还是逆嘉陵江而上，时间也要多于其他实施直达的地方。南宋曾一度想在合州等地设置转般仓，（绍兴十年五月己亥）"命利州管内安抚王陟发本州转般仓米，存留五万外，尽赴鱼关"[1]，（绍兴十九年）"十一月十三日，诏：省合州转般仓。从四川诸州总领钱粮所请也"[2]。

---

[1] 李心传：《建炎以来系年要录》卷 135，第 7 册，第 4259 页。
[2] 徐松辑：《宋会要辑稿》食货 54 之 8，第 5741 页。

| 宋辽西夏金史青蓝集 |

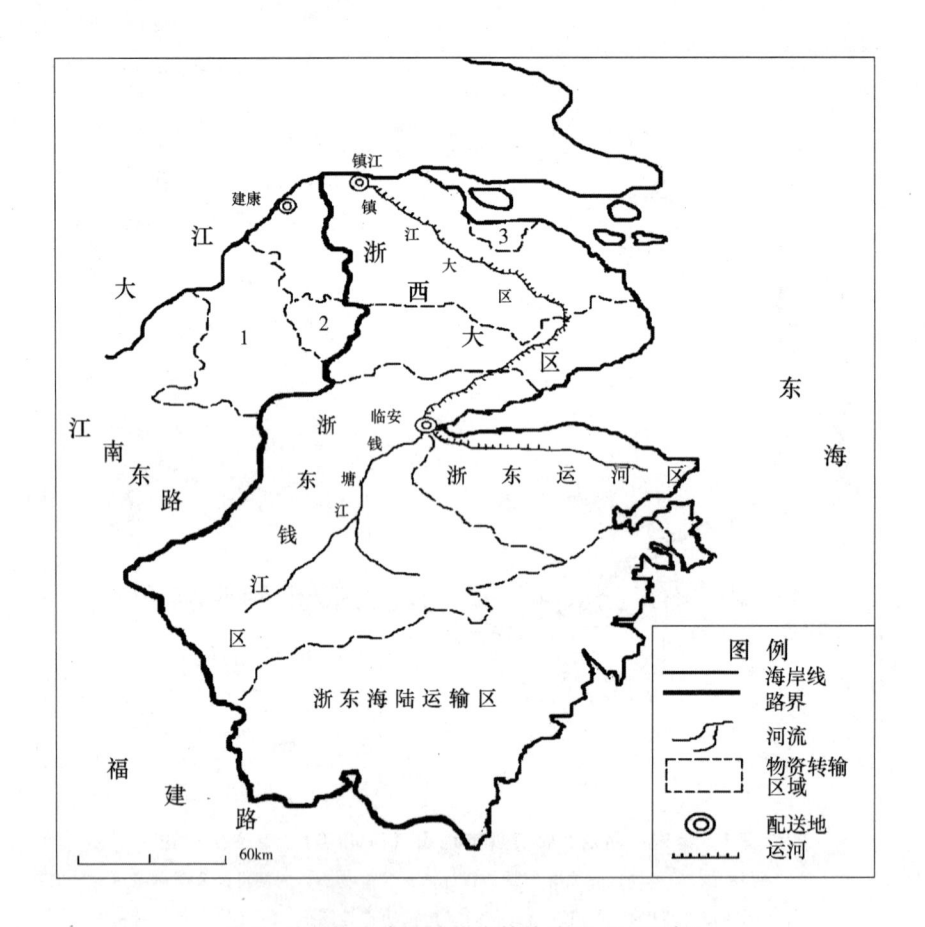

图2 南宋两浙东西路物资转输地理（1160年）

注：标示1为太平州和宣州，2为广德军，3为江阴军，广德军不属于浙西大区，但其物资转输也至镇江。只是因我们研究范围所限，不能归入镇江大区的管辖范围。本图各区还包括部分江南东路州军，浙东钱江区内的临安府、严州都属于浙西路，但是为方便起见，均划入浙东钱江区。江阴军暂时没有发现史料记载它的粮食物资运抵之地，故先不列入镇江大区的研究中。

只是这些转般仓存在的时间较短，无法和荆湖、江淮的转般仓相提并论。所以四川地区的物资转输地理不应视为短距离物资转输地理，但却是在无枢纽的物资转输地理范畴之内。如果转般仓存在时间较长，则四川地区的物资转输地理不属于无枢纽状态。因此从单个州军的物资转输地理来看，就可形成理念图如下：

```
物资提供地  ——→  配送地
```

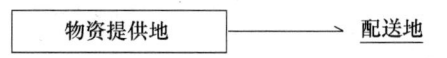

图3　南宋无枢纽物资转输地理格局理念图

二　衔接南北：一重枢纽的物资转输地理

　　北宋时代的淮南地区沿运河分布的州分别是真、扬、楚、泗州，这四州在物资转输上都具有代发、籴买、转般等功能，由于相邻而居，可因相同的物资转输功能组成为一个整体区域，不妨称为真泗运河区。宋朝的真泗运河区四个组成州发挥作用时，各司其职，"转般之法，寓平籴之意。江、湖有米，可籴于真；两浙有米，可籴于扬；宿、亳有麦，可籴于泗"①。至于楚州，接收的乃是淮东的米麦或者是淮东的上供物。② 这种情形主要发生在北宋的南方，主要即是东南六路，当然还有福建路和两广。如果我们按照东南地区的主要河流为运路来划定物资转输区域，那么荆湖南路、江南西路、两浙西路等都可以形成主要的物资转输区域。如荆湖南路，沿湘水及其支流分布的州军有潭州、衡州、永州、全州、道州、郴州、桂阳等州监。"明道二年六月癸未，臣至淮南，道逢羸兵六人，自言三十人自潭州挽新船至无为军，在道逃死，止存六人，去湖南尤四千余里，六人比还本州，尚未知全活。"③ 这证明了潭州的水路物资上供。湘水是潭州等大多数荆湖南路州军上供中央物资的主要水道。这些州军输送物资时均通过湘水输送至真州下卸。这些州军的上供也就基本形成了以湘水为主的物资转输共性，且运达地点都是真州。荆湖北路境内有汉水和大江两条主要路径，沿汉水分布有荆门军、汉阳军、安州、复州等州军，沿大江依次分布有归州、峡州、江陵府、岳州、复州、汉阳军、鄂州等州军。因此可形成两个物资转输区域。④ 如图4：

---

　　①　《宋史》卷175《食货上三》，中华书局1977年标点本，第4259页。

　　②　至于楚州接收的是来自何地的米麦，陈峰认为接收的是淮东的上供物（陈峰：《北宋东南漕运制度的演变及其影响》，《河北学刊》1991年第2期）。日本学者西奥健志认为是淮南路的漕米（《宋代大運河の南北物流》，《東洋学報》第89卷，第1号，2007年）。这样，就淮东的上供物资来看，海州应是就近输送物资于楚州，且其隶属于淮南东路。

　　③　李焘：《续资治通鉴长编》卷112，明道二年七月癸未，中华书局2004年版，第2624页。

　　④　参见张勇《宋代两湖地区物资转输地理格局的演变》，《安徽史学》2013年第4期。

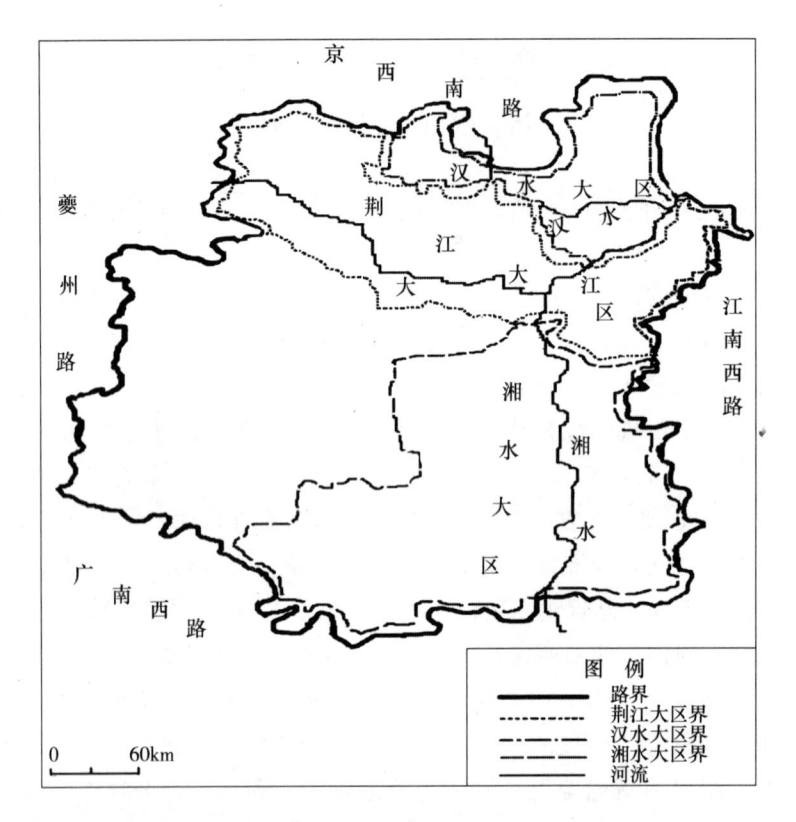

图 4　北宋两湖地区物资转输地理（1063 年）

又如江南西路，基本形成了以赣水为运路的物资转输区域，整个赣水物资转输区域对接的是真泗运河区。① 同理，两浙地区也不例外，北宋的两浙也可以依运路划定物资转输区域。②

这些可划定的物资转输区域，分别连接上真泗运河区。真泗运河区最终联系上京师及其附近。因此就有一重转般枢纽物资转输地理理念图 5：

图 5　北宋一重枢纽物资转输地理格局理念图

---

① 参见张勇《宋代江南东、西路物资转输地理格局的演变》，《武汉大学学报》2014 年第 5 期。
② 参见张勇、李建军《宋代两浙地区物资转输地理格局初探》，《中国农史》2014 年第 5 期。

就某一个地区的物资上供来看，几乎完全取决于是否按时送达真泗运河区，政府也规定了上供运达真泗运河区的时间限制："而诸路转运司上供米者至发运司者，岁分三限。第一限自十二月至二月，第二限自三月至五月，第三限自六月至八月。"① 一旦真泗运河区出现问题，整个体系都不可避免地受到影响。只是说明因为它的承上启下，由此带动整个物资转输体系的运转。它如果出了问题，是会加重政府开支的。如："庆历元年九月乙卯……制置司又言比年河流浅涸，漕运艰阻，靡费益甚……诏俟河流通运复故。"② 对于南方的物资和北方的京师来说，真泗运河区承担起了衔接南北物资交流的重责。每年到了十月，因气候寒冷，政府给押纲士卒休假，而从东南运过来之粮食物资如未到京师，因放冻期不能再前行，如因此而运回则得不偿失，建仓存贮，等来年再前行即可。运河四州因在路途之中，在此设仓能节约时间，并且便利了物资的输送，如淮南的楚州、涟水军可输送物资于楚州，安庆军、无为军、泰通等州军可输送物资于真、扬二州。③ 直达法下的漕船进京，本来就不宽阔的运河航道则更显拥挤。在淮南设置转般仓进行转输，可以有效解决这一问题。

三　前后相继多重枢纽的物资转输地理

为何会出现多重枢纽的物资转输地理？一个重要的原因是转输路线太长，长途的物资转输如果不设置多个转般枢纽，物资转输会受到较大的影响。如短少，丢失，或者因物理原因导致数量发生变化。多重枢纽的物资转输地理最典型的要数北宋时代的四川地区。四川地处西南，距离京师路途遥远，是宋代输往京师物资地理路径最为漫长的地方之一。天府之国出

---

① 苏辙：《苏辙集·栾城集》卷37《论发运司以粜籴米代诸路上供状》，中华书局1990年版，第656页。
② 李焘：《续资治通鉴长编》卷133，庆历元年九月乙卯，第3173页。
③ 周建明教授认为，影响宋人设置转般仓的原因是盐，为节省漕船往返的成本，需要在淮南设置转般仓，这可以认为是一种由盐缘起之地理因素（参见《论北宋漕运转般法》，《史学月刊》1988年第6期）。同时《文献通考》中认为之所以在淮南设置转般仓是出于"以备中都缓急"的需要（参见马端临《文献通考》卷25《国用三》，中华书局986年版，第247页）。这条史料没有提到楚州接收的是来自何地的米麦，陈峰认为接收的是淮东的上供粮（陈峰：《北宋东南漕运制度的演变及其影响》，《河北学刊》1991年第2期）。日本学者西奥健志认为是淮南路的漕米（《宋代大運河の南北物流》，《東洋学報》第89卷，第1号，2007年）。

产的物资装船运抵京师要花费好几个月的时间,遇到冬天,运河结冰,有时还未必能到。天圣三年(1025)"至十月,放牵驾兵卒归营,谓之放冻"[①]。

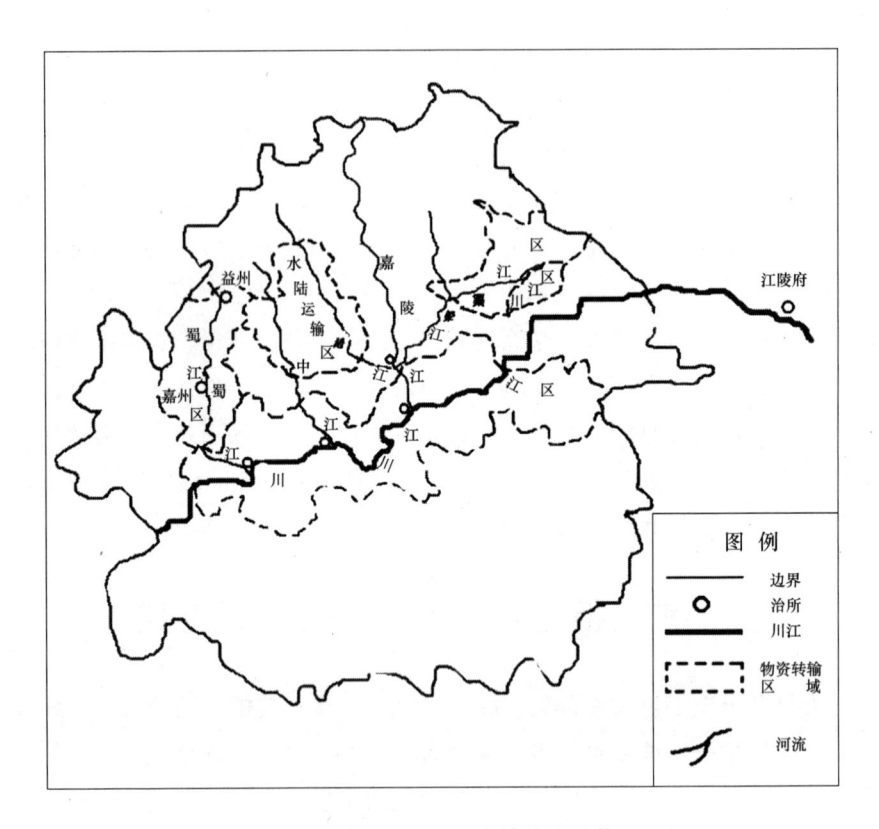

图6 北宋四川地区物资转输地理格局

有史可证:"普、遂等州诸般纲运,州县差借人夫般担,至梓州方有递铺兵士转递。伏缘川中时物常贵,差借人夫山路遥远,不支口食,亦甚不易。窃知资、简等州差借人夫般担纲运至益州,自来官给米日二升。欲望应川中不置递铺权差借人夫般担纲运去处,每日官支口食。"[②]普、遂、资、简、梓这几个州通过陆路奔益州,再通过蜀江直入川江,抵达江陵府。这些州都可形成物资转输区域。仁宗天圣二年(1024),"二年五月,

---

[①] 徐松辑:《宋会要辑稿》食货42之19,第5571页。
[②] 徐松辑:《宋会要辑稿》食货42之17,第5570页。

诏：蜀州四县折纳夏秋税布，从来止令本州打角差夫般往新津县堆贮，候交与押纲人员、使臣入船下往嘉州，合并起发，所差人夫倍多扰费民力。自今止令新津县置库受纳，候及数目，就彼计纲打角，支与水路纲运起发。合销库屋下蜀州修盖，逐年依条差专副，只委新津知县、监押同受纳"①。天圣六年（1028）"八月十五日，三司言：益州路转运司奏，据邛州状：每年起拨上京等处纲运……今知邛州万可蹑奏，乞相度邛、蜀州差兵级般担上京纲运……省司欲依转运司所奏施行。从之"②。又有言："绍兴二年，都转运司于东西两川敷对籴米岁六十余万石，即合州置转般仓，舟船篙挽，悉从官雇，委官部送。凡嘉、眉、泸、叙之米，沿蜀外水至重庆……"③绍兴十五年（1145）"七月四日，四川宣抚使司奏：'准绍兴十三年冬祀大礼赦，内一项：……今据知恭州：权夔州路提点刑狱张茂申取会核实到涪、黔、开、达州、南平军等处共抛失米二千七百五十余硕，钱六百五十余贯，并系实无家业偿纳，依赦合行蠲放。'诏依"④。由以上史料可知，蜀州、邛州、眉州、嘉州四州可形成另一个物资转输区域。但是嘉州以下的戎州（叙州）、泸州、恭州、涪州、达州、开州、南平军虽然用的是南宋的史料，但因时期距北宋不远，所以可认为是第三个物资转输区域形成的证据。

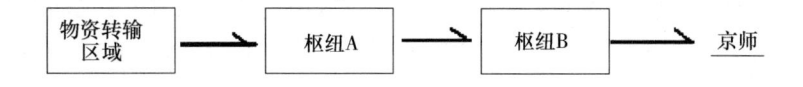

图7　宋代多重枢纽物资转输地理理念图

上述理念图中，就四川地区的物资转输地理来看，枢纽A是江陵府，枢纽B是真泗运河区，通过这种前后接力的方式，把物资都输送到京师，这样从行政区划上来看，就形成了上述地理格局理念图。同一种类型的物资转输州军，均可划入同一个物资转输区域内，这些州军可组成新的物资转输区域。然后通过两个以上的转般枢纽送达京师。要说明的是，这两个

---

① 徐松辑：《宋会要辑稿》食货42之9，第5566页。
② 徐松辑：《宋会要辑稿》食货42之13，第5567页。
③ 解缙等纂：《永乐大典》卷15948，中华书局1986年版，第4册，第3446页。
④ 徐松辑：《宋会要辑稿》食货44之2，第5584页。

枢纽必须保证正常运转，否则就会极大地影响整个体系的运作。同时由于运河区承担一个转输功能，故朝廷对运河的通畅多加关注，并时时加以疏导，保证其畅通无阻。如：庆历"七年九月二十九日，发运使柳灏言：淮南……运河久失开陶，颇成堙塞，往来纲运，常苦浅涩。今岁夏中，真、扬两界旋放陂水，仍作坝子，仅能行运。久积泥淤，底平岸浅，贮水不多，易为满溢。连有雨泽，即泛斗门，堤防不支，或害苦稼……凡所供国赡军者，尽由此河般运，若或仍旧不加濬治，将见多滞纲运……委逐处官吏预计合用工料，开去浅殿，须得深至五尺……仍乞今后每二年一次，准此开陶。从之"①。严格说来，第二种物资转输地理和第三种物资转输地理是属于同一类型的，只是在转般枢纽上数量的不同而区别开来。第二种和第三种相较而言，第三种运作之中出现风险的可能更大，只要有一个枢纽产生问题，整个体系瞬间出现阻碍。

四　物资转输地理选择的讨论

朝廷选择什么样的物资转输方式，其实也就是形成了什么样的物资转输地理。对于南宋，由于丢失了北宋时代的北方大片国土，国土形状变成了"东西宽，南北窄"的格局。北宋四川大多数物资是转输京师的，② 到了南宋，四川直接和北方政权领土接壤，再将物资转输京师之后分配已不现实，这样，四川物资直接供应川陕大军，故运路大为缩短，甚至有些提供物资州军就在嘉陵江这条运路上。这样，四川地区形成无枢纽物资转输地理也就顺理成章了。对于北宋时代的东南六路来说，整个东南六路的州军都可认为是紧系真泗运河区，东南六路相比这一时期的四川，路途不是最远的，但整个运程也要经过一到三个月，亦不可认为非常之近，需要设置转般系统。更何况要运往北方，遇到寒冷期就无法使用直达。③ 北宋的四川，送抵京师其运路是最长的，为保证物资安全，设置两个以上的转般系统显得尤其必要，需要保证漕粮的干燥，不能受潮。如：乾兴三年（1025）十月十二日"应辖下州军每遇装发粮纲，先勒押纲人员入敖看验

---

① 徐松辑：《宋会要辑稿》食货42之18，第5570页。
② 包伟民先生认为自熙、丰后，四川物资大多输送到陕西，因军事而不再送京师，直接留在陕西供军用（参见包伟民《传统国家与社会》，商务印书馆2009年版，第163页）。
③ 蔡京改变原有的转般之法，结果给北宋造成了相当大的波动。

斛斗，如是凉冷，即责纲众结罪文状装发。若斛斗发热，即仓司并役人力般腾出敖，就廊屋滩浪冷定后装发"①。就广南东、西路来说，广南东路的物资分成两部分送京师，一部分走陆路抵达江南西路的虔州，再通过水路运达真泗运河区；一部分通过海运送达明州，再通过浙东运河与江南河送达真泗运河区。可见，就北宋来看，除四川设置两个转般枢纽外，东南六路和广南东路、福建路都只需真泗运河区这一个转般枢纽。因此，设不设转般枢纽，还是设一个或者一个以上的转般枢纽，运路的长短乃是重要因素。

物资转输体制的改变乃是物资转输地理选择的重要依据因素，北宋实施发运司体制，发运司直接对京师供给负责，面向的是整个国家的物资转输区域；南宋总领所体制形成后，一个总领所对应若干个物资转输区域，其他的总领所对应剩下的物资转输区域，属于分片式的联系。相比而言，更加强调对应划区。物资转输地理的分解揭示的是宋代物资转输体制的重大转变。

---

① 徐松辑：《宋会要辑稿》食货42之10，第5566页。

契嵩生平编年及思想述论

纪雪娟

宋代以降，宋学尤其是南宋理学的发展，被认为是中国封建儒学发展的一个新阶段，它在旧有儒学的基础上吸收佛、道二教的思想发展起来，儒士在其中的作用自然功不可没，但是，很多年来，人们都忽略了佛教在宋学的发展过程中所扮演的角色，许多著名僧人对于宋学的发展也起到了至关重要的作用。

契嵩作为一代名僧，自南宋以来对他的研究就不曾中断，宋释晓莹《罗湖野录》、宋释文莹《湘山野录》和元释觉岸的《释氏稽古略》都把契嵩列为云门宗的代表人物；新中国成立以来，契嵩也得到了众多史家的广泛关注。[1] 通观今人的研究，大多数著作仍停留在佛教史的角度，着重研究其佛学思想，对"儒佛一释"的观点研究甚力。学术思想方面，契嵩与理学的关系被人津津乐道，而他对宋学贡献的研究仍显不足。从历史学的角度研究其思想根源、传承的论文还不多见，其事迹编年仍不够翔实

---

[1] 钱穆先生《读契嵩〈镡津集〉》（收入钱穆《中国学术思想史论丛》第 5 卷，安徽教育出版社 2004 年版）是现代学者最早研究契嵩的文章，近年来研究契嵩的期刊论文，主要有牧田谛亮《赵宋佛教史上契嵩的立场》[如真译，收入《中国佛教史论集（3）》，大乘文化出版社 1977 年版]、郭朋《从宋僧契嵩看佛教儒化》（《孔子研究》1986 年第 1 期）、郭尚武《契嵩生平与〈辅教编〉研究》（《山西大学学报》1994 年第 4 期）、魏道儒《从伦理观到心性论——契嵩的儒释融合学说》（《世界宗教研究》1996 年第 2 期）、高聪明《明教大师契嵩与理学》（载漆侠、王天顺主编《宋史研究论文集》，宁夏人民出版社 1999 年版）、韩毅《宋初僧人对儒家中庸思想的认识与回应——以释智圆和释契嵩为中心的考察》（《中华文化论坛》2005 年第 3 期），学位论文有黄启江 "Experiment in Syncretism: Ch'i-sung (1007—1072) and Eleventh Century Chinese Buddhism（融合的尝试：契嵩（1007—1072）与 11 世纪的中国佛教）"（1986），另有张清泉《北宋契嵩的儒释融会思想》（台北文津出版社 1998 年版）、陈雷《契嵩佛学思想研究》（宗教文化出版社 2008 年版）等专著。

具体，并有许多错误。总体来说，目前对于契嵩的研究还停留在一个断面上，仍有许多不足，值得进一步补充发掘。

一　生平事迹编年

契嵩的生平编年，已有学者撰著，[①] 今检视所述契嵩事迹诸家，篇幅多过于简单，还存在不少讹误，鉴于兹，现对契嵩生平事迹和记载疏误的状况，试进行补正纠谬。

景德四年（1007）　契嵩生

契嵩，字仲灵，自号潜子，藤州镡津（今广西藤县）人。姓李，母钟氏。

八月，诸王府侍讲孙奭对请减修寺度僧，真宗曰："（佛）道二门，有助世教，人或偏见，往往毁誉。"（《宋会要辑稿》道释一之三八）

大中祥符六年（1013）　七岁

契嵩出家。

按：契嵩听从其父亲的吩咐出家，"念七龄之时，（吾先子）方启手足，即命之出家"。后有兄弟和族人"将夺其志"，但他的母亲因"此父命，不可易也"，得以继续留在佛门研究佛理。（《孝论》）

天禧三年（1019）　十三岁

"十三得度落发。"（《镡津明教大师行业记》）

天禧四年（1020）　十四岁

"受具戒。"（《镡津明教大师行业记》）

天圣三年（1025）　十九岁

"往吾邑之宁风乡，至于姚道姑之舍。"在山中闻"有声发于陂池之

[①] 郭尚武先生《契嵩生平与〈辅教编〉研究》言简意赅地列出了契嵩的生平年谱，本文多有借鉴。

· 443 ·

间"，姚道姑称赞："异乎，此龙吟也！闻此者大瑞，子后必好道。"(《记龙鸣》)由此，契嵩更加坚定了自己的信念。

是年，契嵩"下江湘，陟衡庐"，谒神鼎諲禅师，諲与语，奇之，然无所契悟(《禅林僧宝传》卷二七)。后游袁、筠，卓锡于袁州城南湖冈台，"得法于筠州洞山之聪公"(《镡津明教大师行业记》)，到达筠州(今江西高安)洞山寺，拜寺中晓聪禅师为师，潜心攻读佛学经典，成为云门系的禅僧。

天圣九年（1031） 二十五岁

宋仁宗敕韶州守臣诣宝林山南华寺，迎六祖衣钵，入京阙供养，并命晏殊作《六祖衣钵记》，在京师创兴禅席。(《佛祖统纪》卷四五)

明道元年（1032） 二十六岁

与释长吉定交。

按：释长吉，号梵才大师，住净名庵。(《嘉定赤城志》卷二七、三五；《文恭集》卷二九《梵才大师真赞》；《元宪集》卷三六《台州嘉祐院记》)

【编年文】

《送梵才吉师还天台歌叙》

明道二年（1033） 二十七岁

"明道间，从豫章西山欧阳氏昉，借其家藏之书，读于奉圣院。"(《罗湖野录》卷一)

景祐元年（1034） 二十八岁

是年，胡瑗开始在苏州一带传授经术。

契嵩北上浔阳(今江西省九江)与庐山真法师定交。

按："余去洵阳五年，而法师真公自庐山来，会于钱唐。"(《送真法师归庐山叙》)说明在五年之前，即明道二年，契嵩就与庐山真法师相识。

景祐二年（1035） 二十九岁

苏州郡守范仲淹奏请创建苏州郡学，请胡瑗担任郡学教授。

是年，契嵩至杭州，与天竺寺僧祖韶交游。

宝元元年（1038） 三十二岁

契嵩居钱塘，与庐山真法师再次相遇。"秋之八月，而真师以所谋事集命，拿舟欲行"，作文纪念。

【编年文】

《送真法师归庐山叙》《接钱塘知县先状》《谢钱塘方少府状》

康定元年（1040） 三十四岁

道士马知章去世，作文纪念。

【编年文】

《旧研铭》《送林野夫秀才归潮阳叙》

庆历元年（1041） 三十五岁

是年，尚书工部侍郎郎简致仕，居钱塘。

初识县尉周感之。

为释盛勤《原宗集》作序。

王仲宁因"父丧在浅土"，延后了进京为官的时间，契嵩作文褒扬。文中记载："辛巳岁隆暑中，果自新定来，将趋京。道出钱唐，潜子因歌议者之意以为别。"（《送王仲宁秘丞歌叙》）

【编年文】

《原宗集叙》《送王仲宁秘丞歌叙》《送周感之秘书南还叙》

【编年诗】

《郎侍郎致仕》

庆历二年（1042） 三十六岁

"晚游吴，得其语于勤、遐二师。"（《武陵集叙》）契嵩仰慕于慧远和尚的盛名，在吴中与其弟子释盛勤、庆遐交往。

庆历中，士大夫多修佛学，往往作偈颂以发明禅理。（《宋稗类钞》卷七）

【编年文】

《武陵集叙》

庆历三年（1043）　三十七岁

周公济知钱塘，访契嵩。

在钱塘，初识秘书省校书郎、监杭州茶库章望之（表民）。与章望之等人论"人文"与"言文"。

按：章望之，初由伯父得象荫为秘书省校书郎，监杭州茶库。欧阳修《居士集》卷四十四《章望之字序》一文载：校书郎章君，尝以其名望之来请字，曰："愿有所教，使得以勉焉而自勖者。予为之字曰表民。……庆历三年六月日序。"

七月，周叔智卒，作哀辞以记之。

按：文中记"去年孟夏，得叔智之子明服书，且闻叔智以癸未孟秋死矣。"（《周叔智哀辞》）

【编年文】

《与章表民秘书书》《送周公济诗叙》《送浔阳姚驾部叙》《纪复古》

庆历四年（1044）　三十八岁

章表民因病辞官，邀周感之同往告别契嵩，故作诗相送。

【编年文】

《谢王密谏知府惠诗启》《与润州王给事启》

【编年诗】

《送章表民秘书》

庆历六年（1046）　四十岁

杨蟠进士及第，为密、和二州推官。（《嘉定赤城志》卷三三）

按：杨蟠，字公济，章安（今浙江临海东南）人，一作钱塘（今浙江杭州）人（《舆地纪胜》卷四三《淮南东路·高邮军》），又作建安（今属福建）人（明嘉靖《建宁府志》卷一八）。杨蟠平生为诗数千篇，有《章安集》，已佚。《台州丛书》辑有《章安集》一卷，疏漏较多。今据《镡津文集》《会稽掇英总集》等书所录，编为一卷。

受僧人智严邀请观庆善精舍，契嵩"方专意于习禅著书"，"其年遂来"。（《山茨堂叙》）

庆历七年（1047） 四十一岁

正月，因思其旧名取义太近，建议将庆善精舍更之为山茨堂。

【编年文】

《山茨堂叙》

皇祐元年（1049） 四十三岁

是时，欧阳修慕韩昌黎排佛，盱江李泰伯（觏）亦其流。师乃携所业，三谒泰伯，以儒释吻合且扛其说。泰伯爱其文之高，服其理之胜，后致书誉师于文忠公。

【编年文】

《原教》

按：文集中并没有明确地指出《原教》作于何年，但是《广原教》载"《原教》传之七年"，《广原教》作于嘉祐元年，即1056年，故原教作于1049年。

皇祐五年（1053） 四十七岁

契嵩"始来石壁，会其（靖法师）弟子简长"，"遂与其同学之弟简微固以大德塔志见托"。（《杭州石壁山保胜寺故绍大德塔表》）

是年，著《孝论》十二章。

按：《孝论》一文中指出"然辛卯其年，自以弘法婴难，而明年乡邑亦婴于大盗……又明年，会事，益有所感，遂著《孝论》一十二章。"辛卯年即皇祐三年，所以《孝论》作于两年后的皇祐五年。

【编年文】

《杭州石壁山保胜寺故绍大德塔表》《孝论》《真谛无圣论》

【编年诗】

《入石壁山》

至和元年（1054） 四十八岁

契嵩"栖居石壁，殆二年矣"（《与石门月禅师书》）。在此期间认识了石门月禅师。

与德化尉郭正祥交。

开始作《六祖大师法宝坛经赞》。

按：《六祖法宝记叙》记"会沙门契嵩作坛经赞"，时间标明至和元年三月十九日。

【编年文】

《与石门月禅师书》《送郭公甫朝奉诗叙》

嘉祐元年（1056） 五十岁

契嵩完成《坛经赞》。

按：《镡津文集》中收录郎简《六祖法宝记叙》，上载："六祖之说，余素敬之。患其为俗所增损，而文字鄙俚繁杂殆不可考。会沙门契嵩作坛经赞，因谓嵩师曰：若能正之，当为出财模印，以广其传。更二载，嵩果得曹溪古本，校之，勒成三卷，粲然皆六祖之言，不复谬妄。乃命工镂板，以集其胜事。至和元年三月十九日序。"（《六祖法宝记叙》）由此可见，契嵩重编《坛经》成《六祖大师法宝坛经》，成书于嘉祐元年。这个编校本，今已不存，但后世流传的所谓曹溪原本，以及元代的德异本、宗宝本，都是以此为底本，在此基础上做了删减和修改而成。

作《非韩》三十篇。

按：文中并没有明确提及时间，但最后写道："然今吾年已五十者，且邻于死矣，是终不能尔也。"（《非韩》）故以此推算，应该为1056年，即嘉祐元年所作。

作《广原教》。

按："是岁丙申也，振笔于灵隐永安山舍。"（《广原教》）

作《劝书》三篇。采纳他人建议，"擢《劝书》于前，而排《广教》于后，使夫观之者先后有序，沿浅而及奥"（《劝书》）。由吴人模印成书。

【编年文】

《坛经赞》《无为军崇寿禅院转轮大藏记》《非韩》《广原教》《劝书》《皇极论》《中庸解》《论原》

嘉祐三年（1058） 五十二岁

第一次布书，托崔黄臣太傅转献上书田况、曾公亮，并献《辅教编》。

按：关于契嵩布书于京城的问题，根据其文集记载，他曾经两次通过朝廷大臣献书于朝廷权贵。《上田枢密书》和《上曾参政书》载"谨因崔太傅以通于下执事者"，说明他先是通过崔黄臣太傅进献于田况、曾公亮、张端明、赵内翰（赵槩），大概时间在嘉祐三年至四年间。《漳州崇福禅院千佛阁记》中载："徐思崔公，名大夫也，尝为我以《辅教编》布之京阙，于我有高义。"该文记于嘉祐四年七月，因此应在此之前。并且《上田枢密书》中称田况为"枢密侍郎阁下"，田况于嘉祐三年至四年间任职枢密侍郎，故应在嘉祐三年左右。

投状开封府尹王素，托其上奏皇帝。

按，《大藏经》载："至是嘉祐三年，斋往京师。经开封府，投状府尹王公素仲仪，以劄子进之曰：臣今有杭州灵隐寺僧契嵩，经臣陈状，称禅门传法祖宗，未甚分明，教门浅学各执传记，古今多有争竞，故讨论大藏经，备得禅门祖宗，所出本末，因删繁撮要，撰成传法正宗记一十二卷，并画祖图一面，以正传记谬误，兼注辅教编四十篇，印本一部三卷，上陛下书一封，并不干求恩泽，乞臣缴进，臣于释教粗曾留心观其笔削注述，故非臆论，颇亦精致，陛下万机之暇，深得法乐，愿赐圣览，如有可采，乞降中书看详，特与编入大藏。"（《大藏经》史传部三《知开封府王侍读所奏劄子》）契嵩于嘉祐三年至京师后投状王素，而王素也上奏了皇帝，只是没有得到足够的重视。

【编年文】

《上田枢密书》《上曾参政书》《上张端明书》《上赵内翰书》《上吕内翰书》《上曾相公书》

嘉祐四年（1059）　五十三岁

正月，"杨从事公济与冲晦晤上人访潜子。明日，乃邀宿灵隐；又明日，如天竺，遂宿于天竺也。三人者游且咏，得诗三十六首"。后"潜子不自知量，既绪其端，公济乃谦让不复为之"。（《山游唱和诗集后叙》）

第二次布书，通过关景仁进献于韩琦、富弼。

按：《与关彦长秘书书》载"彦长谓我存心于大公，其书勤且至矣"，并且也表达了对其帮助的感激之情。另外，在《上韩相公书》中载："既而因人辄尝布之京国，其意亦欲传闻于阁下之听览。今复一岁，而其沉浮不决，而所忧之心如蹈水火。"这说明崔黄臣的布书早于此一年，但是在朝廷并没有引起太大的效果，所以才有此次嘉祐四年的布书。

应崔黄臣之请，为漳州崇福禅院千佛阁作志。

十一月十三日，幼旻示寂，世寿六十一。

"禅师（庆遥）疾病，予自杭州问医药。"不久示寂，世寿六十八。

按：《秀州资圣禅院故遥禅师影堂记》后标明时间为皇祐之己亥，但是，皇祐无己亥，故应是嘉祐之误，所以应该为嘉祐年己亥时作。

【编年文】

《山游唱和诗集叙》《送诗与杨公济书》《山游唱和诗集后叙》《漳州崇福禅院千佛阁记》《故灵隐普慈大师塔铭》《秀州资圣禅院故遥禅师影堂记》《上韩相公书》《上富相公书》《与关彦长秘书书》

【编年诗】

《山游唱和诗》

嘉祐五年（1060）　五十四岁

晓月禅师泐潭双阁落成，其徒因其师遗书求蒙文，作文以记之。

"居无何观察李公谨得其书。且钦其高名。奏赐紫方袍。"（《镡津明

教大师行业记》)

"某六月二一日,伏蒙特附所赐紫衣、牒一道、书一缄。"(《谢李太尉启》)

【编年文】

《泐潭双阁铭》《谢李太尉启》

嘉祐六年(1061) 五十五岁

"抱其书以游京师",上书宰相韩琦、曾公亮,"愿进诸天子",并进献了《辅教编》。作《上仁宗皇帝万言书》,"诚欲幸陛下察其谋道不谋身,为法不为名"。

十二月六日,作《再上皇帝书》,并投状开封府尹王素。"府尹龙图王仲仪果奏上之",将《上仁宗皇帝万言书》《再上皇帝书》《辅教编》《传法正宗记》及《定祖图》上奏仁宗。"上读其书,至臣固为道不为名,为法不为身,叹爱久之,旌以明教大师之号,赐其书入藏。"(《又序》)

上书于欧阳修,献《辅教编》《武林山志》。韩琦将其文推荐给欧阳修,欧阳修读后,大加赞赏。

【编年文】

《再上韩相公书》《上曾相公书》《上仁宗皇帝万言书》《法喜堂诗叙》《再上皇帝书》《上欧阳侍郎书》《答茹秘校书》《传法正宗定祖图叙》

嘉祐七年(1062) 五十六岁

因上书后久等没有结果,"其所来之意,未尽未果"。(《重上韩相公书》)

"三月十七日",仁宗将《正宗记》《辅教编》赐入大藏。

"三月二十二日",上赐契嵩"明教大师"之号,受黄牒一道,以示嘉奖。

"四月五日",契嵩辞让"明教大师"之号,上不许。(《中书劄子不许辞让师号》)

作文感谢韩琦。

盛勤和尚卒,世寿六十八。其弟子省文、儒者闻人安远请契嵩作铭。

作铭记之。

【编年文】

《重上韩相公书》《又上韩相公书》《秀州资圣禅院故和尚勤公塔铭》

嘉祐八年（1063）　五十七岁

九月，游京口龙游东圃。

【编年文】

《杭州武林天竺寺故大法师慈云式公行业曲记》《与通判而下众官状》《与诸山尊宿僧官状》《与诸檀越书》《谢王侍读侍郎启》《与瀛州李给事启》《与王提刑学士启》

治平元年（1064）　五十八岁

四月十一日，作《题记》，载上书仁宗及赐入大藏之事。并有吴郡人，乐闻其盛事，募工于万寿禅院，施财镂板，编订文集。

【编年文】

《题记》

治平二年（1065）　五十九岁

蔡襄以端明殿学士知杭州，邀请契嵩前往净慧禅院为主持。

按："某今者伏蒙知府端明侍郎台造，特差衙前徐新等远赍笺疏并帖四道，就润州请召某往净惠禅院住持。"

是年，"某今者伏蒙知府端明侍郎台命，俾就净惠禅院住持"，任佛日山净惠禅院住持。

王存入为国子监直讲，迁秘书省著作佐郎。（《宋史》卷三四一）至杭州，与王存交。

【编年文】

《受佛日山请先状蔡君谟侍郎》《赴佛日山请起离申状》《答王正仲秘书书》《接杭州知府观文胡侍郎先状》

治平四年（1067） 六十一岁

是年，蔡襄卒，年五十六。孝宗乾道中，赐谥忠惠。

沈绅以尚书屯田员外郎为荆湖南路转运判官，与沈绅交，作《与沈少卿见访启》。（清嘉庆《湖南通志》卷二〇九）

是年，契嵩患病，在龙山静养，罢去净惠禅院主持。夏，"比者以衰恙告免住持，特蒙垂访"，广修前来探病。

大觉怀琏讲法，侨寓龙山，因病未去，修书以示歉意。

【编年文】

《谢杭州宝月僧正》《接大觉禅师先书》《与黄龙南禅师书》《答黄龙南禅师书》《与沈少卿见访启》《还章监簿门状》《答万寿长老书》《与万寿长老书》

【编年诗】

《游龙山访道士李仙师》

熙宁元年（1068） 六十二岁

与循州刺史卢侗交。

熙宁二年（1069） 六十三岁

祖无择谪忠正军节度副使。祖无择被罢官，契嵩此时抱病，不能相送，故作启表示遗憾之情。

按：神宗时，祖无择与王安石同知制诰，无择用为公费，安石闻而恶之。熙宁初，安石得政，乃讽监司求无择罪。知明州苗振以贪闻，御史王子韶使两浙，廉其状，事连无择。子韶，小人也，请遣内侍自京师逮赴秀州狱。熙宁二年，命尚书都官郎中沈衡鞫前知杭州祖无择于秀州，内侍乘驿追逮。……狱成，无择坐贷官钱及借公使酒，谪忠正军节度副使。（《宋史》卷三三一）

【编年文】

《题钱唐西湖诠上人荷香亭壁》《与广西王提刑启》《与东林知事启》

《与祖龙图罢任杭州启》

熙宁三年（1070）　六十四岁

　　陈舜俞于知山阴县任上以不奉行青苗法，降监南康军酒税（《续资治通鉴长编》卷二一二；《宋史》卷三三一）。而契嵩得知此事后，修书安慰。

【编年文】

　　《与陈令举贤良》

熙宁四年（1071）　六十五岁

　　"去年夏首闻移锡崇胜"，闻释怀贤去年任圆通寺住持，去书慰问。是年，怀贤"退法席"，居金牛山，再修书问。

　　熙宁四年，苏轼拜龙图阁学士、知杭州（见《宋史》卷三三八）。在此期间，契嵩与其定交，苏轼谓"契嵩禅师常瞋，人未见其笑。……予在钱塘，亲见其人"。（苏轼：《东坡志林》卷三《异事下》）

【编年文】

　　《与圆通禅师书》《又与圆通禅师书》

熙宁五年（1072）　六十六岁　卒

　　"六月初四，有大沙门明教大师示化于杭州之灵隐寺。"

　　"是月八日。以其法荼毗。"

　　"越月四日。合诸不坏者。葬于故居永安院之左。"（《镡津明教大师行业记》）

　　从契嵩的生平来看，在他的一生中，结交了很多官宦名士和各宗派名僧，不乏宋学形成阶段的核心代表人物，如范仲淹、韩琦、富弼、尹洙、宋初三先生等。他们不仅经常修书往来，并且在仕途、思想传播方面互相帮助。契嵩不再是传统意义上深居于山林著书立说的僧侣，他完成了僧人从"出世"到"入世"的转变。在与他们的往来中，契嵩不断宣扬自己的观点，将儒家伦理置于佛教戒律之上的看法，自然引起了儒士们的肯定和赞赏，因此在更趋于缓和、更深层次的方面推动了"儒佛一释"的发展。在宋学产生和发展阶段，这个影响是不能小觑的。

二 思想

（一）思想传承

契嵩是禅宗五家七宗之一云门宗的著名僧人，云门宗由五代时期韶州云门寺的文偃创立，因为得到十国之一的以广州为都的南汉政权的支持，曾十分兴盛，门下弟子和参禅者达千人之多。进入宋代后，云门宗传播迅速，到云门下四、五、六三世的时候，得到了空前的发展。云门宗中出现了很多著名的禅僧，如白云子祥、双泉师宽、德山缘密、双泉仁郁、守初宗慧、香林澄远等。

云门宗之主要人物略系如下：

```
           ┌ 大沩怀宥
           ├ 云居晓舜
           ┌ 德山缘密 ─ 文殊应真 ─ 洞山晓聪 ── 佛日契嵩
           ├ 双泉师宽 ─ 五祖师戒 ─ 泐潭怀澄 ── 大觉怀琏
云门文偃 ──┼ 双泉仁郁 ─ 德山慧远 ─ 开先善暹 ── 佛印了元
           ├ 香林澄远 ─ 智门光祚 ─ 雪窦重显 ── 天衣义怀
           ├ 洞山守初
           └ 白云子祥
```

云门文偃（864—949），为云门宗之祖。幼怀出尘之志，从嘉兴空王寺志澄出家。后至睦州（今浙江建德）参学于道明门下，又谒雪峰义存，依住三年，受其宗印。后梁乾化元年（911），至曹溪（今广东）礼六祖塔，后投于灵树如敏会下，如敏推为首座。贞明四年（918）如敏示寂，文偃主持灵树寺。后汉隐帝乾祐元年（948），南汉王刘䶮敕赐"匡真禅师"，多次召文偃进宫，垂问佛法，并赐紫方袍。二年四月十日给皇上刘晟留遗表，表中自称为臣，感谢皇恩，祝凤历长春，龙图永固。作《遗诫》，嘱其门徒"吾灭后，置吾于方丈中；上或赐塔额，祇悬于方丈"。

又嘱:"凡系山门庄业杂物等,并尽充本院支用,勿互移他寺。"垂诫徒众,端坐示寂,世寿八十六,僧腊六十六。北宋乾德四年(966),太祖复追谥为"大慈云匡真弘明禅师"。文偃一生,并无创立独立的理论,也没有创造性的禅门家风,但他做到了上为统治者集团服务,下为信徒提供安身立命之处。

德山缘密(约10世纪),俗姓、籍贯均不详,嗣云门文偃禅师,住鼎州(今湖南常德)德山,号圆明大师。于云门宗最大的贡献是曾将文偃禅师的语要概括为著名的云门三句,并作颂说明。

文殊应真(约10世纪),俗姓、籍贯均不详,嗣德山缘密禅师,出住鼎州(今湖南常德)文殊院,历史鲜有记载。

洞山晓聪(?—1030),俗姓杜,韶州曲江(今广东省韶关)人,幼年在离家不远的云门寺出家,博读佛典,后离寺到今湖南、湖北一带地方游历。至洪州(今江西南昌)云居寺居住修行,嗣文殊应真禅师之法,曾以"君子爱财,取之有道"解释泗州大圣现于扬州之事。宋真宗大中祥符三年出住筠州(今江西高安)洞山,以"春寒凝冱,夜来好雪"解成佛一事。惠洪《禅林僧宝传·聪禅师传》提到,晓聪有《语要》一卷,"载云水僧楚圆请益,杨亿大年百问语,皆赴来机,而意在句语之外",记晓聪生前与临济宗僧楚圆、文人杨亿皆有来往。比部郎中许公式出守南昌时闻"聪道者在江西,试寻访之",后作诗"语言浑不滞,高蹑祖师踪。夜坐连云石,春栽带雨松。镜分金殿烛,山答月楼钟。有问西来意,虚堂对元峰"寄之。天圣八年(1030),上堂说法,言讫而示寂。

(二)契嵩的思想

从前面几位禅师的生平介绍来看,他们都善于结交权贵,与朝廷和大臣的交往甚密。至洞山晓聪师乃出现了引用《论语》来解释佛门禅理的方法。契嵩继承了前几世禅师的观点,穷尽毕生精力发挥弘扬"儒佛一释"的思想,由是成为云门宗最著名的僧人之一。

契嵩的思想主要在于他将儒、佛、道三家贯通起来,认为三家本为一家,从他的文章中,几乎没有关于哪一教派应该在思想领域占主导地位的争论,而是认为儒、佛应相辅相成,从《辅教编》"辅教"二字就可以看出,他用佛家的观点来补充和完善儒学,以期达到共同辅助王权统治的目的,因此,契嵩得到了皇帝和朝廷权贵的支持。

契嵩生平编年及思想述论

面对世俗对佛教的外在批判,如"举儒家道统之旗对抗佛老二教","以儒家仁义礼乐治国治民的入世抱负来批判佛老逃避现实的出世思想","佛老二教对社会经济造成的严重危害","申明华夷大防,所谓'贵中华而贱夷狄'","援引史实,证明奉佛无效"①,契嵩针锋相对,逐一击破,证明了佛学对政治统治、社会安定有所裨益。

首先,就儒家传统大旗来讲,契嵩十分重视儒家经典,如《孝经》《中庸》、五经。中国古代讲究"不孝有三,无后为大",契嵩为出家人,那么在讨论"孝"的问题上他首先就处于弱势地位。但是,他却巧妙地将孝延伸为"大孝",即"盖以孝而为戒之端",作《孝论》十二章,重点论述了"圣人大孝之奥理密意"。契嵩认为,出家人应该"养不足以报父母,而圣人以德报之;德不足以达父母,而圣人以道达之"②,从而达到"应生孝顺心,爱护一切众生"③的境界。契嵩继承发展了智圆的中庸思想,专门著《中庸解》五篇,认为中庸是君子处事以及世界的本原,将佛家观点同儒家观点相比拟融合起来。他认为"吾人非中庸,则何以生也!"很明显,契嵩把中庸看成自然界和人类社会的绝对法则,这种把中庸抬至如此之高的地位,即使是在当时儒学家中也是少见的。并且,他十分强调五经的重要作用,高唱礼乐之道,将礼乐比附为治国的根本所在,道德的根本所依。契嵩还作《非韩》三十篇,从不同的角度来论证韩愈言论的谬误,旁征博引,涉猎之广,令当时的许多文人都自叹不如。他十分强调在王权统治中中庸、孝、五经所占的比重,这也就和儒学家们站到了同一标准下。

其次,就佛老逃避现实一说,他在《西山移文》中批评了文中子消极避世的行为,认为有才之士应当为朝廷和国家贡献自己的力量。他以僧人的身份劝人出仕,已然不沾佛门的山林习气。

再次,针对佛、老二教对社会经济造成巨大危害的观点,契嵩没有直接进行反驳,相反,他指出"若今佛法也,上则密资天子之道德,次则与天下助教化,其次则省刑狱,又其次则与天下致福却祸"。他认为,儒学家们之所以认为佛法对社会经济有害,主要因为韩愈所指的统治者大造

---

① 刘复生:《北宋中期儒学复兴运动》,台北文津出版社1991年版,第35页。
② 契嵩:《镡津文集》卷3《孝论·德报章第九》,第431页上。
③ 契嵩:《镡津文集》卷3《孝论·评孝章第四》,第429页上。

佛寺，致使人民"穷且盗"。而他则认为，佛法有助于教人从善，可以使人民省刑狱，知教化，有利于社会安定。

第四，关于"贵中华贱夷狄"的观点，他在《上仁宗皇帝书》中指出："春秋之法尊中国而卑夷狄。其时诸侯虽中国，或失其义亦夷狄之。虽夷狄者，苟得其义亦中国之。是亦孔子用其大中之道也。"他认为，判断一种文化的标准不应看其产生于夷狄之地还是中原正统文化区，而应讲求是否"得义"，即教人从善，是否有助于社会治理。

第五，对于"奉佛无效"一点，他举了许多古代君王的例子，如"昔唐明皇初引释、老之徒，以无为见性，遂自清净，从事于熏修。故开元之间，天下大治三十年，蔚有贞观之风，而天子之寿七十八岁，享国四十五载"。"梁武帝斋戒修洁过于高僧，亦垂享五十八年，而江表小康，其寿特出于长寿，此亦佛法助治之验也。"由此可以看出，契嵩觉得，奉佛法不仅可以使得天下太平，更重要的一点，它可使天子长寿，这对古代帝王来说，非常具有诱惑力。

三 契嵩思想的影响

《辅教编》为契嵩在释门赢得了很高的学术地位。释守端在《吊明教嵩禅师诗凡一百韵》中指出："当时禅讲辈，动类百千亿。独谁敢枝梧，缩手俟徼。唯师奋然作，感愤形诸色。"天台松雨斋沙门原旭谓："夫明教大师，乃是大乘菩萨，知佛法有难，于是乘大愿轮，复生世间，著书辅教者也"，"古今僧中之为文者多，而未尝有出其右者，所谓北斗以南，一人而已。"[①] 而沙门文琇则赞曰："若夫推其道发于文章，肆其学以援斯人，宋明教嵩禅师其人欤！"[②] 灵源叟称其"博极古今儒释教道之本，会通圣贤理事论议之迹"[③]。众多僧人纷纷作文褒扬，如释惠洪《礼嵩禅师塔诗》、南海楞伽山守端《吊嵩禅师诗》、龙舒天柱山修静《赞明教大师》。

朝廷的大臣如张端明曾经评价契嵩为"不惟空宗通，亦乃文格高"[④]。

---

① 契嵩：《镡津文集》卷22《宋明教大师镡津集重刊疏》，第637页上。
② 契嵩：《镡津文集》卷22《重刊镡津文集后序》，第638页上。
③ 契嵩：《镡津文集》卷22《题明教阐释手帖后》，第635页下。
④ 契嵩：《镡津文集》卷10《上张端明书》，第507页上。

李端愿太尉称"读其《辅教编》之书,知其学与存,诚有以服人者矣"①。而当时最主张反佛的欧阳修在读了他的文章后,也称"不意僧中有此郎也,黎明当一识之"。契嵩前去拜见欧阳修,"文忠与语终日,遂大称赞其学赡道明"②,欧阳修"当时排佛之心已廓然熄灭而无余矣"③。

契嵩打通了儒、佛、道三家之间长久以来互相隔膜的界限,推动了当时儒、佛、道三家的合流,对于宋学的发展,也有着重要作用。

漆侠先生在《宋学的发展和演变》中指出,应当把宋学和理学加以区分,宋学和理学的关系是,宋学可以包容理学,而理学仅仅是宋学的一个支派。在研究契嵩这一问题上,也存在着同样的问题。大多数学者只考虑契嵩与理学的关系,而忽略了与宋学的关系。契嵩对理学的影响是深远的、潜移默化的,但是,对于宋学,却是直接的、显而易见的。

元人李之仝在《重刻镡津文集疏并序》中说:"始惊而中喜,后从而阴化者,如王介甫父子、苏子瞻兄弟、黄鲁直、陈无已、张天觉之徒,愿为外护,皆以翰墨为佛事,未必不自此书发之。"这些人物都是早中期宋学的代表,契嵩作为北宋中期发明儒门性命之学者,为宋学繁荣期诸家的出入释、老,尽用其学铺平了道路。④

宋学的产生是受多种因素影响所致,不应该归功于某人或是某学派,但在历史的前进潮流中,自然也不能忽视个人的推动作用。契嵩的"儒佛一释"的说法,产生于儒、佛、道三家交流融合的时代背景下,他勇于护卫佛道,不仅从理论层面上进一步促进了儒、佛、道三家合流,并且为当时的学者不断借鉴释、老的学说开辟了一条道路,从而推动了宋学的发展,因此在这两点上,契嵩都是功不可没的。

四 契嵩的著作及其版本

(一)镡津文集

据释文莹《湘山野录》记载,契嵩圆寂后,其友杨蟠曾辑其全集。

---

① 契嵩:《镡津文集》卷10《谢李太尉启》,第512页下。
② 同上。
③ 契嵩:《镡津文集》卷22《宋明教大师镡津集重刊疏》,第637页上。
④ 详见郭朋《从宋僧契嵩看佛教儒化》,《孔子研究》1986年第1期;高聪明《明教大师契嵩与理学》,载漆侠、汪天顺主编《宋史研究论文集》,宁夏人民出版社1999年版,第262—278页。

后其著作由其甥、僧法澄保管收藏，但著作散存于姑苏一带的诸寺院中，或其他的州县，并且逐渐流失。

后南宋释怀悟长期搜求和校勘整理契嵩的著述，仅得三十万余言，约为原有之半。怀悟于绍兴四年（1134）编为《镡津文集》二十卷，题为《镡津文集》，是编后来为各本之祖。今唯知南宋光宗时有全集刻本，原本为二十二卷，存首二卷。其板元初尚存，初印本则久无著录。台北"故宫博物院"藏该残本二卷。《大藏经》记日本宫内省图书寮藏宋本，具体何版不详。

元本以至元十九年（1282）宋刻重修本为最古，该本唯日本米泽文库、京都大学各藏一部，二十卷。据该本讳字，此本原版当刻于宋光宗年间，至元为重修本。日本内阁文库今犹藏有至大二年（1309）刻本，由释正传、弥满整理，二十卷。今国家图书馆亦藏有元刊一部，翻刻自至大本，现存卷一至卷十七，《宋集珍本丛刊》收录此本。

元版至明初已毁，嘉禾释门重刊之，发端于洪武中，至永乐八年（1410）竣工。永乐本今唯湖南图书馆藏一部，是本与元刊本之明显区别，是由二十卷增至为二十二卷，《中华大藏经》收录此版本。永乐刊板后约九十年，即弘治十三年（1499），旧板已将漫灭，嘉禾释如登又兴役重刊。弘治本今犹藏六部，中国科学院图书馆、中央党校、上海中医学院图书馆、国家图书馆各藏一部，日本静嘉堂文库、大仓文化财团各藏一部。《四库全书》即据浙江鲍士恭家藏弘治本收录，《四部丛刊三编》亦据瞿氏铁琴铜剑楼藏弘治本影印，故弘治本今为通行善本。弘治刻本之后，万历三十五年（1607），嘉兴楞严寺经房刻十九卷本，现藏于中医科学院、武汉大学图书馆。

清光绪二十八年（1902），扬州藏经院又重刻十九卷本，现藏于桂林图书馆、华东师大、天津师大等七处。

日本明历二年（1656），荒本利兵卫亦据万历本翻刻为十九卷，现藏于日本东京大学、京都大学。

日本享保三年（1718）刻《镡津文集》十八卷，罗振玉题识，现藏于辽宁。

另有，《镡津文集》二卷本，收录于《宋人小集四十二种》《宋四十名家小集》中。《潜子》六卷本，为民国五年成都文殊院刊本，实为《镡津文集》之节抄本。

（二）《夹注辅教编》

此外，契嵩晚年对《辅教编》作了详细的注解，撰写了《辅教编要义》（也称《夹注辅教编》）。

现有元延祐七年（1320）刻本，三卷本。此书在北京大学图书馆仅藏有其第一卷，题为《夹注辅教编原教要义第一》。明正统十三年（1448）释大旺刻本，名为《夹注辅教编要义》，日本宽永十九年（1642）刻本，题为《夹注辅教编》，现藏于国家图书馆，署作六卷，当为分卷不同。清光绪七年（1881）张炳翔家影元钞本《夹注辅教编》，三卷本，今南京图书馆残存一卷。

现日本国会图书馆藏有原东福寺所藏五山版本，此外还有1915年东京禅学大系出版局出版的铅印本等。

五　结语

契嵩是北宋思想史上推动儒、佛、道三家合流及宋学发展道路上的重要人物。在当时浓厚的排佛气氛下，他勇敢地担当起援儒卫佛的重任，并打破了儒、佛长久以来争夺主导地位的局面。他主张"儒佛一释"，将儒学置于佛教之上，承认佛、道二教发展的目的在于"辅教"，从而坚持儒、佛、道三家应该互相协作发展，共同为统治阶级服务。因此，他的主张后来得到了皇帝以及朝廷权贵的支持，成为当时最适用于君主社会的原则，几乎被所有正统佛徒所遵循。同时，他对宋学的发展也起了指导推动作用，他的"儒佛一释"思想以及运用佛理来解释儒家经典的做法，被后来宋学家们欣然采纳。

通过对契嵩这一北宋时期佛教的代表人物的研究，可以看出，作为外来文化的佛教自汉代传入中国后，为适应中国统治阶级的需要，而不断汲取中国文化中的养分，把自己改造成为中国封建统治阶级思想的一个组成部分。它使自己逐渐适应于中国社会的经济基础，同时，同中国社会的上层建筑和哲学思想相交融。也就是说，佛教的成熟和发展都离不开中国这片土壤，佛教是在中国的文化背景下不断融合异己，糅杂不同的思想内涵，从而逐渐成为社会的主要思想之一，直接影响到了儒学的发展。

正像契嵩在《上仁宗皇帝万言书》中所说的，不偏倚哪门哪派以求共同发展，有助于当时各种文化相互融合，而他"谋道不谋身，为法不为名"的做法和品德，更值得后人学习。

北宋宰相吕大防研究

朱义群

吕大防是北宋中后期一位重要的政治人物,他在哲宗元祐年间担任宰执达八年之久,亲历西事与回河之争、"朋党之论""调停"等一系列事件,并在其中起了很重要的作用;研究吕大防有助于我们对北宋中后期历史的了解。目前学术界相关研究较少,且不够深入。[①] 笔者根据《续资治通鉴长编》等原始材料对这个政治人物进行较为全面的研究,重点是探讨吕大防在元祐时期的政治表现。

一 吕大防的早年经历及其政治态度

(一)吕大防的早年经历

吕大防字微仲,生于京兆蓝田,"其先汲郡人",元祐元年封"汲郡公",故有称其为"吕汲公"者。曾祖父吕鹄,祖父吕通,"通葬京兆蓝田,遂家焉"。父吕蕡,生六子,包括长子吕大忠(字晋伯),次子吕大防,三子吕大钧(字和叔),季子吕大临(字与叔),余二子不知名。《宋史》本传称吕大防卒于绍圣四年,享年七十一岁,则其生于天圣五年。[②]

据《宋史》本传,吕大防皇祐元年进士及第后,"调冯翊主簿、永寿令……迁著作佐郎、知青城县",嘉祐年间权盐铁判官,宋英宗即位后迁太常博士,治平二年为监察御史里行。时"濮议"兴起,宰执韩琦、欧

[①] 相关研究包括秦草《蓝田"吕氏四贤"——吕大忠、吕大防、吕大钧、吕大临》,《西安教育学院学报》2001年第3期;燕永成:《试论北宋元祐时期的吕大防》,《咸阳师范学院学报》2002年第3期。

[②] 《宋史》卷340《吕大防传》,中华书局1985年标点本,第10844页。

阳修提议追崇英宗生父濮安懿王为皇考，而侍从王珪、司马光则主张追封其为皇伯，双方僵持不下，难以和解。御史吕诲、吕大防、范纯仁等人纷纷进言，支持王珪、司马光皇伯之论，而对韩琦、欧阳修展开猛烈批评。但英宗最终坚定地站在宰执一边，将御史台官员全部罢免，"大防落监察御史里行，以太常博士知休宁县"①。据载吕大防被贬后"即出国门，馆于门南之佛舍。都城士大夫相与就见之，有赍咨蹙颦，以去位为唁者，有赏其风节，抚手叹嘉，以得名为贺者"②。事后司马光对吕大防、吕诲、范纯仁评价亦很高，称："臣观此三人，忠亮刚正，忧公忘家，求诸群臣，罕见其比。"③可见吕大防虽因"濮议"去官，却意外获得舆论好评，其后的声望和官运实有赖于此。

神宗即位后，吕大防先后通判淄州，移守泗州，徙河北转运副使，又召为直舍人院。熙宁三年九月，夏人犯塞，宋廷命参知政事韩绛为陕西宣抚使，吕大防为宣抚判官；十一月，韩绛兼宣抚河东，吕大防则为陕西、河东宣判；同年十二月，韩绛军中拜相，大防迁知制诰。后因发生庆州兵变，④吕大防受到牵连，"落职，夺两官，知临江军"⑤，"数月后，复度支员外郎，知华州。召判流内铨，以父老乞终仕，许之"⑥。熙宁九年，吕大防以龙图阁待制知秦州，⑦元丰二年召判审刑院，改除永兴军路安抚使兼知永兴军，转朝散郎。⑧元丰五年，吕大防迁龙图阁直学士。后徙知成都府，创用军工织锦，"比以前机法精好，兼省工直"⑨。又"与成都府、利州两路转运司官同经制买马……颇见成效"⑩。元丰八年三月哲宗继位，太皇太后高氏垂帘听政，召吕大防为翰林学士，权开封府。同年十

---

① 李焘：《续资治通鉴长编》（简称《长编》）卷207，治平三年正月壬午，中华书局2004年版，第5037页。
② 吕大临：《仲兄赴官休宁序》，《国朝二百家名贤文粹》卷168，北京图书馆出版社2005年影印本。
③ 李焘：《长编》卷207，治平三年正月壬午，第5038页。
④ 参考李华瑞《庆州兵变与王安石变法》，《宋夏史研究》，天津古籍出版社2006年版，第129—135页。
⑤ 李焘：《长编》卷221，熙宁四年三月丙午，第5388页。
⑥ 杜大珪：《名臣碑传琬琰之集·下》卷16《吕汲公大防传》，文渊阁《四库全书》本，台湾商务印书馆1996年版，第450册，第784—785页。
⑦ 李焘：《长编》卷277，熙宁九年七月乙巳，第6778页。
⑧ 杜大珪：《名臣碑传琬琰之集·下》卷16《吕汲公大防传》，第785页。
⑨ 李焘：《长编》卷338，元丰元年八月己亥，第8153页。
⑩ 李焘：《长编》卷376，元祐元年四月己酉，第9115页。

二月为吏部尚书，元祐元年闰二月为尚书右丞，十一月进中书侍郎，元祐三年迁尚书左仆射兼门下侍郎，直至绍圣元年罢相，其担任首相达六年之久。

（二）吕大防的政治态度

1. 对西夏的态度

吕大防对西夏的态度，与其出身、经历分不开。他是关中人，自小亲历了宋夏之间的战争。西夏频年攻宋，宋军在遭遇三川口、好水川、定川砦之败后元气大伤，关中时有沦陷之患。宋夏战争给关中人民造成了极大的灾难，但也增加了他们对边防和战争的了解。程颐曾对张载说："关中之士，语学而及政，论政而及礼兵刑之学，庶几善学者。"① 作为"关中士人宗师"的张载"喜言兵"②，其弟子如吕大忠、种师道、范育、游师雄等人，深谙边事战守，后来都成为抗夏将领。吕大防对边事的关心早在知青城县时就表现出来了，英宗时他又曾上言预防"夷狄连谋"，并提出"择将帅"，"置都护"，"宽禁约"，戍"堡障"的建议。③ 熙宁三年，吕大防成为陕西宣抚使韩绛的判官，这为他展示军事才能提供了舞台。出发前，他和韩绛首陈为朝廷接受的攻守二议：

> 其一，止绝岁赐，以所费金帛及汰去疲兵衣粮分给诸帅，别募奇兵骁将，伺其间择利深入，破荡城寨，招收部落……其二，严为守备，贼至则坚壁清野，退则出奇兵邀击，或乘虚攻略，以为牵制，速报邻路，出兵救援，以解敌围。

这是一种非常灵活的战术，其目的是使宋军转被动为主动，进退自如。各路牵制策应，使敌人防不胜防。韩绛到陕西后，又接受吕大防"选募兵将，尽其智力"的建议，分蕃汉兵为七军，且"唯听宣抚司统制"，使"事归一体"④。宋军起初进展顺利，既攻占了啰兀城，又筑抚

---

① 程颢、程颐：《二程集·河南程氏粹言》，中华书局1981年版，第1196页。
② 《宋史》卷427《道学一》，第12718页。
③ 吕大防：《上英宗应诏论水灾》，《宋朝诸臣奏议》卷41，上海古籍出版社1999年版，第418—429页。
④ 李焘：《长编》卷215，熙宁三年九月甲辰，第5241—5242页。

宁故城，且在河东修荒堆等四寨，以作为占领横山的制高点。然夏人发现了宋军的企图，倾力来攻顺宁寨，又围抚宁城。韩绛惊慌失措，虑荒堆寨久远不可守，令吕大防相度废拆。大防不愿轻易弃寨，"留成兵修堡障，有不从者斩以徇"①。结果，荒堆寨得以保留，但因庆州兵变，宋军主动放弃啰兀城，退守绥德，经制横山的计划受挫。在这场战役中，吕大防提出了符合实际的作战思想，且为朝廷接受，表现了他对边防战守的了解。

元祐元年，宋廷内部就是否弃地予夏展开讨论，久而不决。时尚书右丞李清臣请宣仁太后向久在西塞的吕大防、范纯仁询问"新立城寨可守可弃果决之策"。范纯仁上言表示赞成弃地，吕大防则反对之，他认为，元丰以后西夏孱弱，无大作为，"议者以为可弃，盖思之未熟也……弃之不止弱国威而已，又有取辱于四夷之端焉，不可不审计也"，"今日边计，惟择将帅为先，转运使为次。……只据见得地界守御，亦可以稍安敌情，而为议和之计"②。在元祐初期，弃地之论甚嚣尘上，像吕大防那样明确表态反对弃地的朝廷官员并不多见，因此朱熹评论道："吕微仲自以为不然。盖吕是西人，知其利害。其他诸公所见，恨不得纳诸其怀，其意待诸夏倔强时，只欲卑巽请和耳。"③从吕大防对西夏的分析和所陈的建议来看，他对敌情是了解的，对边防安全是很重视的，对西夏的态度是比较强硬的。后来，他成为主战派，且赞同回河，其思想盖源于此。

2. 对熙丰变法的态度

在熙丰时期，吕大防基本上一直担任边臣，远离朝廷，也远离了新旧两党之间的纷争。他曾受知于新党领袖韩绛；在元丰末新党仍旧执政时，他从地方调任中央。又因另一位新党领袖李清臣的推荐，获得向宣仁太后进呈边策的机会。按理说吕大防对新党是不会有成见的，但他却是旧党保守派，这也是他能立足于元祐政坛的一个条件，我们可以从他在熙丰年间的两篇奏折中观察他的政治立场。

在熙宁三年，也就是吕大防刚召为直舍人院进入中央政府时，正值宋

---

① 《宋史》卷340《吕大防传》，第10841页。
② 吕大防：《上哲宗答诏论西事》，《宋朝诸臣奏议》卷138，第1557—1558页。
③ 《朱子语类》卷130《自熙宁至靖康用人》，《朱子全书》第18册，上海古籍出版社、安徽教育出版社2002年版，第4042页。

神宗不安于内忧外患的现状，立志变法图强的开始阶段。其时均输青苗诸法已经推行，而大批元老重臣却不愿意合作，反对变法，并纷纷调离中央政府。宋神宗和王安石不得不提拔一些资历尚浅的"新进少年"以推行新法。吕大防在一篇题为《上神宗论御臣之要》的奏折中对这些"新进少年"进行了批评。他说：

> 近年被召见用之臣，其善事故不少矣，而以浮辩巧说而进者或有之。臣窃原其理，盖有二途。或一切逢迎，徼倖速进，及考其成败，则不足经远。或援引古义，以证己见，不度宜适，而谓今世可行者。虽所以言者异，而败事蠹理，其害则同，此陛下不可不熟察也。

他认为"御臣之要，必须先退纤柔而进朴直，略言词而责行实"。因此，他建议神宗"专进崇实忠良之士，以奉承圣化"①。可以看出，他对那些"新进少年"是不满的，认为他们只会"浮辩巧说"而已，而不是真的能做大事。这是他对熙丰"新人"的一般看法。

元丰三年，神宗以彗星求言，吕大防在一篇题为《上神宗答诏论彗星上三说九宜》的奏章中，系统地表述了他对熙丰新法的看法。他首先对新法有一个总体的看法：

> 伏自陛下布行新政以来，参酌古今，著为良法，便民者为不少矣。而民情戚戚，不以为安；推原其端，盖缘朝廷措置大率急于公家，而缓于民事。

接着举例说：

> 免役钱本率众以给佣，公家无所利其入，今所在猥积，至有一县之人出者半，赢者半，而取之不已。……市易本以抑兼并，便众业，而公利在其间。……然吏或不良，趁民之急而掊克无已，徒欲收赢取尝，而不顾事体之宜与法令之本意。……保甲者，先王什伍教民之法

---

① 吕大防：《上神宗论御臣之要》，黄淮、杨士奇等《宋朝诸臣奏议》卷15，第140页。

也，不专为兵而已。今有司惟以坐作进退、射艺精粗为急，而不问推行考察奸盗、去恶奖善之意。①

吕大防的批评是中肯的，因为此时王安石已经罢相，退居江宁。新法由神宗皇帝亲自主持，其主旨是增加国家财富以服务于对西夏的用兵，而相对减少了对民生的关怀。吕大防没有完全否定新法，而是认为新法不便的原因是"法令之未备，或吏奉法之不谨"，与对新法激烈反对的元老重臣相比，这是一种较温和的立场。总而言之，吕大防对熙丰新法是持否定态度的，但他并不激进，基本属于旧党温和派。

（三）吕大防拜相的由来

元丰八年六月，吕公著上书请求损益新法，且言当今之际，以任人为急，并推荐孙觉、范纯仁、刘挚等六人为言官，其中没有包括吕大防。其后，宣仁太后把吕公著的推荐名单给司马光，司马光遵太后之命，也推荐了他认为是天下贤才，可以尽快提拔的官员。他首先推荐了其熟知的刘挚、范纯仁、范祖禹等六人，或处台谏，或处侍读；再举吕大防、王存、李常等十四人，认为他们"或以行义，或以文学，皆为众所推伏"，请太后"纪其姓名，各随器能，临时使用"②。此外，他特别提出文彦博、吕公著、韩维等五人为国之老成，可以倚信。这两次荐举非常重要，被荐举者后来大都成为元祐政坛的中坚人物。这时的吕大防并无特别过人之处，所以吕公著举荐的六人名单中并没有他的名字。司马光提到他，或许是看重他在"濮议"中的"行义"；至于他的"文学"，晁公武说"（吕大防）在翰林，书命典丽，议者谓在元绛之上"③。说明他的"文学"也能为众所推，但这些"行义"和"文学"远远构不成担任执政的理由。

元祐元年二月，司马光请求宣仁太后把令西夏感到不安的米脂等四寨归还夏国，这一主张朝廷很多人赞同，但也有很多边帅反对，宣仁太后犹豫不决，尚书右丞李清臣上奏说：

---

① 吕大防：《上神宗答诏论彗星上三说九宜》，《宋朝诸臣奏议》卷43，第440—441页。
② 李焘：《长编》卷357，元丰八年六月戊子，第8553页。
③ 晁公武：《郡斋读书志校证》，上海古籍出版社1990年版，第1011页。

窃见吕大防、范纯仁皆久在西塞，今并依京阙，其人明审详练，为众所称，欲望特降圣旨，问以手札，使各具边计及新立城寨可守可弃果决之策。①

李清臣的提议表明，在对待西夏政策的问题上，只有久处西塞熟悉敌情的边帅最有发言权，因此他选择了符合条件的吕大防、范纯仁二人。塞下十三年的经历是吕大防最宝贵的政治资本，在宋夏之间的关键时刻，显示了他的重要性。

元祐元年闰二月十八日，吕大防为尚书右丞。二十七日，范纯仁为同知枢密院事。吕、范二人是继司马光、吕公著之后最先担任执政的元祐党人。吕本中《杂说》记载此事云：

元祐初，申公（吕公著）与司马温公（光）同为左右相，温公久病不出；申公数于帘前荐吕大防、范纯仁可大用。已而大防为尚书（左）〔右〕丞，纯仁命未下也，温公一日召荥阳公（吕希哲）至府第，谓公曰："范纯仁作执政固好，吕大防是韩（缜）〔绛〕宣抚判官，相公何故却荐作执政？"荥阳公即以意答公曰："相公看今从官，谁是胜得吕大防者？"温公默然久之，曰："是也，都不如吕大防。"……初，申公荐大防可在密院，纯仁可在中书，帘中误记，遂以大防为右丞。久之，以纯仁同知。②

吕陶《记闻》亦载：

本朝故事，初拜二府，其室家入谢禁中，以币帛遗典客夫人、茶酒夫人之类，每合率二匹。至吕微仲、范尧夫登庸，赠遗皆倍其数，雅意安在哉！③

以上两则材料表明，吕大防、范纯仁之为执政，实缘于吕公著之举

---

① 李焘：《长编》卷366，元祐元年二月乙亥，第8791页。
② 李焘：《长编》卷370，元祐元年闰二月乙卯注，第8944页。
③ 李焘：《长编》卷369，元祐元年闰二月丙午注，第8903页。

荐。而二人进见太后，给太后以良好的印象，故他们的夫人独得太后之"雅意"。吕公著初荐大防在枢密院，是看重他对边防事务的了解。司马光起初对吕大防有所疑虑，听了吕公著之子吕希哲的解释后才释然，承认吕大防具备担任执政的条件。

元祐元年十一月，吕公著向高太后推荐吕大防任中书侍郎时，称他"忠实可任大事"[①]。史载吕公著评论人才如"权衡之称物"，且以"精识约言"服人。[②] 在吕公著眼中，吕大防"忠实可干大事"且胜过很多人，在一则材料中得到侧证。元祐二年七月，宣仁太后手诏吕公著，令于文臣中择有才行风力，兼知边事，堪大用者三五人，具姓名实封进入。吕公著却认为：

> 除今日已大用人外，其余两制以上及前执政，并未卓然有远识，骨鲠能断大事，可充柱石之任者。其谙晓边事臣僚，尤更难得。[③]

吕公著所称"今日已大用"的元祐党人指中书侍郎吕大防、同知枢密院事范纯仁、尚书左丞刘挚、尚书右丞王存。而其他人如孙固、苏颂、孙觉等，或"才识有所不至"，或"风力不甚强"，或"临事或不至肤敏"，都不如吕大防等"堪大用"。且在"已大用"的四人中，吕大防位次最高。此后，吕公著开始生病，许多事务由吕大防代理，如元祐二年八月，"中书侍郎吕大防为西京应天禅院奉安神宗皇帝御容礼仪使，以吕公著辞疾故也"[④]。元祐三年四月，71岁的宰相吕公著坚决要求致仕，宣仁太后询问吕大防的意见，拜他为司空、同平章军国事，吕大防则升为左仆射兼门下侍郎，开始了长达六年的宰相生涯。

二 元祐时期的政治纷争及吕大防在其中的角色

吕大防从地方调到中央，一路平步青云，很快就位极人臣。他继任了司马光、吕公著的高位，同时也继承了他们的"遗产"：迁延不决的政

---

① 李焘：《长编》卷391，元祐二年七月壬申，第9822页。
② 《宋史》卷336《吕公著传》，第10771页。
③ 李焘：《长编》卷403，元祐二年七月壬申，第9822页。
④ 李焘：《长编》卷404，元祐二年八月乙酉，第9834页。

事，党派纷争的朝廷，伺机反覆的新党和微妙紧张的后宫。要走出内政困局，坚守元祐之政，他将要做出怎样的努力呢？

（一）吕大防与西事、回河之争

1. 西事之争

元祐初，在司马光、文彦博等人的要求下，宋廷下诏弃神宗时夺得的四处战略要地予夏，并开始与其商议归还土地及交换人口事宜。但西夏当政的梁乙逋却以兰州和塞门不在归还范围为由，不但不遣使谢恩，反而于元祐二年二月出兵侵宋，被宋击败后才于元祐四年遣使入贡，与宋商量地界。由于所归还的四寨地界不明，夏对兰州附近的质孤、胜如二堡又请索不已，并于元祐六年进犯并攻毁二堡。① 宋边将范育、种谊请求修复二堡，抵抗西夏，在朝中引发争论。时尚书右丞苏辙是当时宰执中最大的妥协派，他认为他们修筑堡垒是"背约"行为，招纳赵醇忠是妄兴边事，主张废弃二堡，严惩范育、种谊，择妥协派将领守熙河。同知枢密院事韩忠彦与苏辙同，而左相吕大防、签书枢密院事王岩叟反对苏辙的主张。② 吕大防认为："国家岁以二十五万银绢赐与，在西夏当一百万，岂可恣意其侵侮？亦须恩威并行。"③ 虽然苏辙的主张可能得到高太后的认可，但由于吕大防的抵制，范育、种谊等没有被罢免，二堡没有被废弃。

到元祐六年六月，西夏袭宋，边帅要求报复，围绕是否用兵西夏问题，朝廷又有争论，这次妥协派占了上风。苏辙认为西夏攻宋，"非西人之罪，皆朝廷不直之故"，不仅反对用兵，反而要求诘责边帅，不许妄有陈乞。④ 又仗宣仁太后的支持，"欲将七巉经毁之地，皆与夏人"，王岩叟力言不可，吕大防亦支持王，说"将形势要害处分画与彼，有伤事体"⑤。苏辙只得作罢，但又要求戒敕边帅不得探报军情，以免给夏人口实，宣仁太后深以为然。⑥ 边将多受限制，十分被动。果然，就在妥协派占上风，朝廷久议不决，边帅无所适从之际，西夏却先发制人，于元祐六年闰八月

---

① 参考李华瑞《宋夏关系史》，河北人民出版社1998年版，第90页。
② 苏辙：《栾城集·栾城后集》卷13《颍滨遗老传》，上海古籍出版社1987年版，第1304页。
③ 李焘：《长编》卷458，元祐六年五月乙未，第10952页。
④ 苏辙：《栾城集·栾城后集》卷13《颍滨遗老传》，第1306页。
⑤ 李焘：《长编》卷462，元祐六年七月甲申，第11043页。
⑥ 李焘：《长编》卷464，元祐六年八月癸丑，第11092页。

大举进入河东,"以五十万众入寇,围麟州及神木等寨,诸将不敢与战,蕃汉居民为所杀掠,焚荡庐舍,驱虏畜产甚众"①。知太原府范纯仁只得引罪自劾。西夏的进攻给妥协派当头一击,意味着他们"怀柔"政策的破产,主战派能够理直气壮地抵抗西夏的进攻,并且做了迅速的反应。吕大防作为宰相运用其军事才能,指挥有方,调度有序,转被动为主动,使宋军节节胜利。特别是在元祐七年十月,夏军侵入环州等地,遭边帅章楶设计痛击,夏大败而归,无力再战。元祐八年,夏国向宋求和,并遣使谢罪,宋廷接受夏的请求,命诸将停止出击。苏辙后来回忆说:"然(七)〔六〕年夏人竟大入河东。朝廷乃议绝岁赐,禁和市,使沿边诸路为浅计,命熙河进筑定远城,夏人不能争。"②

2. 回河之议

宋人一直以五代的继承者自居,对后晋石敬瑭将燕云十六州割给契丹耿耿于怀。因为在燕山以南,是一马平川的华北平原,燕蓟不收,则河北不保;河北若不保,则河南可危。宋太祖无暇北顾,太宗功败垂成。真宗时辽大举南侵,兵临澶渊城下,宋被迫签订"澶渊之盟"。此后,辽朝的潜在威胁,始终是宋人心中一道挥之不去的阴影。面对辽朝的威胁,宋人在河北缘边地建置"塘泊","塘泊"诸水东起沧州界,西至安肃保州一带,衡广五六百里,在宋辽缘边形成一道蔚为大观的水泽防线,以阻挡辽朝骑兵南下。宋仁宗景祐元年及庆历八年,黄河两次在澶州横陇埽、商胡埽决口,河道向北迁移,经河北平原中部,汇入御河,至今天津地区,合界河(今海河)入海,形成历史上第三次大改道,为黄河北流。这次大改道,导致御河湮灭,河北失馈运之利。恩、冀以北,涨水为害,公私耗损;"塘泊之设,以限南北,浊水所经,便成平陆"③;河徙无常,随时可能进入契丹境内,黄河南岸则属辽界,宋失边防之利。特别是最后两点,关系国防安危,宋人不能等闲视之。嘉祐元年,宰相富弼采取李仲昌的建议,纳河水入六塔河,然后引归横陇旧河,结果因六塔河小,难容全部河水,塞口复决而失败。嘉祐五年,黄河决于大名府第六埽,形成一条流经大名、恩、博、德等州,自沧州入海的新河道,是为黄河东流,又称为二

---

① 李焘:《长编》卷465,元祐六年闰八月,第11115页。
② 苏辙:《栾城集·栾城后集》卷13《颍滨遗老传》,第1307页。
③ 《宋史》卷92《河渠二》,第2289页。

股河。① 神宗即位后，采纳宋昌言"开二股以导东流"的建议，即"于二股之西置上约，擗水令东。俟东流渐深，北流淤浅，即塞北流，放出御河、胡庐河，下纾恩、冀、深、瀛以西之患"②。司马光当时亦赞成此方案。熙宁二年四月，时为河北转运副使的吕大防陪同司马光视察二股河工程，并共同提出治河的建议。③ 元丰四年，黄河决小吴埽，注入御河，恢复北流，东流淤塞，回河工程又告失败。④

哲宗即位后，河虽往北流，但患难丛生。"孙村低下，夏秋霖雨，涨水往往东出，小吴之决既未塞，十月，又决于大名之小张口，河北诸郡皆被水灾。"⑤ 宋廷又有回河之举，时知枢密院事安焘深以黄河东流为是，其理由是："河决每西，则河尾每北，河流既益西决，固以北抵境上。若复不止，则南岸遂属辽界，彼必为桥梁，守以州郡。"⑥ 太师文彦博、中书侍郎吕大防皆主此说。然而，范纯仁、王存、胡宗愈等人深以黄河东流为非，主张维护黄河北流的现实，因他们对黄河改道与边防安全之关系有不同的意见，且其他的水官并不看好在孙村口开减水河，主持回河的水官王孝先亦不能确保万无一失，回河工程，牵涉面广，弄不好就劳民伤财。在言官的建议下，宣仁太后于元祐三年十一月派范百禄、赵君锡相视回河利害，二人经过一番考察后认为"河决不可回"，便报告给朝廷。这时言官曾肇、梁焘、刘安世、李常等人明确地表示站在异议者一边，反对回河。一向慎重的平章军国事吕公著也上言请罢回河之役。因此，宣仁太后于元祐四年正月下诏罢回河及修减水河。⑦ 本来，按吕大防、安焘等人的计划，"孙村口欲作二年开修，今冬（元祐三年冬）先备旧堤梢草一千万束，来春下手，先开减河水，分减水势……至元祐五年方议开闭塞北流，回改全河入东流故道"⑧。可是，他们的主张因反对者众多而不及施行。

元祐四年正月以后，宋廷发生了许多变化。先是，二月，平章军国事吕公著去世；三月，尚书右丞胡宗愈因刘安世多次论奏罢官；六月，右相

---

① 岑仲勉：《黄河变迁史》，中华书局2004年版，第359页。
② 《宋史》卷91《河渠一》，第2275页。
③ 同上书，第2276页。
④ 岑仲勉：《黄河变迁史》，第361页。
⑤ 《宋史》卷92《河渠二》，第2288页。
⑥ 同上书，第2089—2090页。
⑦ 李焘：《长编》卷421，元祐四年正月己亥，第10199页。
⑧ 李焘：《长编》卷416，元祐三年十一月甲辰，第10106页。

范纯仁、尚书左丞王存因"车盖亭诗案"去位。这意味着,宰执中的回河反对势力大为削减,吕大防位高权重,有了更大影响力。与此同时,知枢密院事安焘因母丧去位,太师文彦博致仕,这两位力主回河者的离去,也意味着吕大防若仍坚持回河之役,他将独自面临更大的压力和更多的非议。元祐四年,因夏秋之交,雨水频并,河流暴涨出岸,冀州南宫等五埽危急,又因孙村低下,河水东流。都水监上言黄河北流之患和东流之利。水官李伟等人又建议回河,朝廷采纳了他们的建议,于八月二十八日"诏以回复大河,置都提举修河司,调夫十万人"①。十二月,令开减水河。② 这一次,吕大防决心很大,坚主回河,中书侍郎傅尧俞等"不能回夺"。然而,一日,宣仁太后看到范纯仁反对回河的奏章后,意志动摇,遂又罢河役。这次回河工程因宣仁太后临时改变态度而中辍。几个月后,水官们改变策略,不主张回河,仅要求分水。史称"元祐六年(四)[正]月,吴安持奏请开分水河,播引涨水,纳之故道,从之"③。御史中丞苏辙批评道:"建议分水之人,利在深州危急,以显北流可废而东流当开,其为不忠,莫此为甚。"④ 他又要求除去黄河西岸激水锯牙,且与吕大防辩论,吕答道"无锯牙则水不东,水不东则北流,必有虑",右相刘挚亦助大防。⑤ 宣仁太后最终没有听取苏辙的意见,说明她认可吕大防的分水政策。吕大防曾向哲宗解释道:

> 本朝黄河,持议者有三说:一曰回河,二曰塞河,三曰分水。今议者欲以两河四堤,劳费稍增,久可无患。……本朝昨有二股河分流水势,粗免河患,后因闭塞,一股并入,一股合流,遂至决溢,分水之利,从可知矣。今为四堤二河,分减水势,实为大利。⑥

这表明吕大防暂时主张分减水势缓解河患,而不是一味的要求回河。元祐七年十月,"以大河东流,赐都水使者吴安持三品服,北都水监丞李

---

① 李焘:《长编》卷432,元祐四年八月乙丑注,第10433页。
② 李焘:《长编》卷436,元祐四年十二月甲寅,第10502页。
③ 李焘:《长编》卷454,元祐六年正月己丑注,第10898页。
④ 同上书,第10897页。
⑤ 苏辙:《栾城集·栾城后集》卷13《颍滨遗老传》,第1307页。
⑥ 徐松辑:《宋会要辑稿》方域15,上海古籍出版社2014年版,第9576页。

伟再任"①。吕大防的分水政策取得初步成功。元祐八年，水官吴安持等请于"北流作软土堰，定河流，以免淤填，"又请"塞河梁村口，缕张包口，开清丰口以东鸡爪河"。苏辙等人认为是"阴为回河之计"，极力反对，以致河事迁延不决。②绍圣元年十月，闭塞北流，黄河东流故道，可这时，吕大防早已罢相了。至元符二年，"河决内黄口，东流遂断绝"③，这非吕大防所能预料。

岑仲勉先生认为，"（元符二年）以后，北流最少也保持了六十多年，东流比北流相对的不利，更加明白"。因此，主张回河东流者"不明大势，没有了解前事之失，后事之师……借国防为掩护"④。若从治河防边的角度看，这种说法显然没有对当时情势有充分的理解。回河工程可谓一波三折，吕大防等殚精竭虑，与反对者艰难地周旋，且饱受非议，何尝不是为了生民之安定和边防之安全。李华瑞老师说："显然主回河东流者属于那些实际的人士，他们持续地警告宋辽关系上的潜在危机，提醒巩固国防的必要。"⑤ 这句话可谓持平之论。

（二）吕大防与"朋党之论"

前已提及，在熙丰变法时期，吕大防一直担任边臣，远离了朝廷中的党派纷争。但是，当他担任宰相之后，便不自觉地卷入了"朋党之论"的漩涡中。元祐元年九月，司马光死后，旧党内部分化成各个小党派，互相攻讦不已，而吕大防给人一种"憨直无党"的印象。邵伯温《闻见录》云：

> 哲宗即位，宣仁后垂帘同听政……当时有洛党、川党、朔党之语。洛党者，以程正叔（颐）侍讲为领袖，朱光庭、贾易等为羽翼；川党者，以苏子瞻（轼）为领袖，吕陶等为羽翼；朔党者，以刘挚、梁焘、王岩叟、刘安世为领袖，羽翼尤众。诸党相互攻击不已。……吕微仲秦人，憨直无党；范醇夫（祖禹）蜀人，师温公，不立党，

---

① 《宋史》卷92《河渠二》，第2301页。
② 《宋史》卷93《河渠三》，第2304—2305页。
③ 同上书，第2307页。
④ 岑仲勉：《黄河变迁史》，第361—362页。
⑤ 李华瑞：《北宋治河与防边》，《宋夏史研究》，第153页。

亦不免窜逐以死，尤可哀也。①

邵伯温所描述的洛、蜀、朔党争主要反映司马光死后一段时间内的政治状况，吕大防"无党"，这可能是他任宰相时能为旧党各派所接受的一个原因。同时，这也可能意味着，他为体现自己的中立，有意与各派拉开距离，从而导致自己被孤立。王得臣《麈史》云："丞相吕大防，性凝重寡言。逮秉政，客多干祈，但危坐相对，终不发一谈，时人谓之'铁哈蜊'。"② 一个宰相，为人处世过于拘矜，并非好事。与"夷易宽简"的范纯仁相比，他的人缘显然不甚佳。因此，元祐四年七月，"车盖亭诗案"后，左谏议大夫范祖禹批评他道：

> 吕大防未为执政以前，人望不及（范）纯仁，自居大位，纯仁顿时人望，是以大防比之差少过失。然其为人，粗疏果敢，好立崖岸，简于接物，士大夫多不亲附。③

既然"士大夫多不亲附"，且又"好立崖岸"，自然会引起一些人的反感。如果他施行的政策有违众意，将会招致很大的批评。这是本来"无党"的吕大防之所以卷入"朋党之论"的一个原因。

元祐五年发生的"吏额房事件"直接导致了"朋党之论"的兴起，至于"事件"之本末，苏辙《颍滨遗老传》有详细记载。④ 苏辙原主张逐渐裁减吏额，阙额勿补，以免惊扰，而吕大防嫌其稽缓，秘密创建吏额房，欲尽废冗吏。然所用非人，裁减不公，以致纷诉。台谏官员梁焘、刘安世、贾易、孙升等人先责任永寿等四名参与裁额的吏员徇私舞弊，再责都司不守法，最后语侵宰相吕大防。御史中丞梁焘批评吕大防"暗谬偏执，庸懦忮忌。幸同列之私，忘事君之志。无经国之远虑，乏济物之通才"⑤。大防觉羞辱难堪，上章乞罢，不允，只好称病不出了。这时门下

---

① 邵伯温：《闻见录》卷13，《全宋笔记》第2编，大象出版社2006年版，第204页。
② 王得臣：《麈史》卷下，《全宋笔记》第1编，大象出版社2003年版，第80页。
③ 李焘：《长编》卷430，元祐四年七月庚辰，第10389页。
④ 苏辙：《栾城集·栾城后集》卷13《颍滨遗老传》，第1294—1295页。
⑤ 李焘：《长编》卷441，元祐五年四月壬戌，第10624页。

侍郎刘挚为大防开脱，使他重新获得宣仁太后的信任。① 然吕大防对刘挚的解围表示感激的同时，却又对他产生怀疑，认为他可能是台谏的后台。因为，在议定吏额的过程中，他们曾有过分歧。据刘仿《刘挚行实》所叙，吕、刘之分歧在于：因文书误下中书省，使刘挚知道尚书后省的秘密，又要坚持按正常程序录黄，且对吕之独断专行颇有微词，在吕之强大压力下，刘不欲立异，选择服从。② 吕大防大概怀疑刘挚因此事对其不满，故泄露此事给台谏使攻之，以示报复。吕之怀疑还有另外一个原因，就是刘挚素与台谏诸人相善，刘挚自叙云：

> 于是大防疑滋甚，盖言路三四子皆昔挚台中所与故也。赖三四子不知挚之所尝争者，本是敕令不经中书、门下，给、舍皆不预闻耳，而止弹（时）忱辈怙权卖威，都省听其邪说，以优赏徇子，如此而已。继又击都省不守法，与吏同奸，请斥之。积数十章，其言浸恶，稍及宰相，日奏不已。③

"赖三四子不知挚之所尝争者，本是敕令不经中书、门下，给、舍皆不预闻耳"即是说台谏可能知道吕、刘之间有过争执，但不知所争者只是文书下行程序问题，因为他们没有攻击吕破坏程序之罪，这说明刘并没有向台谏泄露内情。台谏先攻省吏，只因他们徇私；次攻都司，只因他们"与吏同奸"；只是"稍及宰相"吕大防，以究其连带责任而已。御史中丞梁焘之所以对吕激烈批评，或许主要是对他的其他方面的不满，如回河问题、邓温伯事件，还包括对引用杨畏为监察御史的不满等。但吕大防并不明白此中情势，只是怀疑刘挚，很可能形之于色，这给了不怀好意的人们制造谣言的机会。刘仿《刘挚行实》云："士大夫趋利者交斗其间，谓大防与挚因是有隙，于是造为朋党之论。"④ 刘安世后来也说："然（吕大防）自此怨公（刘挚）益甚，阴谋去之，遂引杨畏在言路，谏官疏其奸邪反覆，章十余上，竟不能回。士大夫趋利者汹汹交攻其事，于是朋党之

---

① 李焘：《长编》卷446，元祐五年八月戊戌，第10731页。
② 李焘：《长编》卷444，元祐五年六月辛酉注，第10704—10705页。
③ 李焘：《长编》卷447，元祐五年八月庚戌，第10750—10751页。
④ 李焘：《长编》卷444，元祐五年六月辛酉注，第10705页。

论起矣。"① 据邵伯温说，刘安世为朔党中人，时为左谏议大夫，吕大防的激烈批评者之一，亦是"朋党之论"的受害者，故有不平之语。他称，吕"引杨畏在言路"是为了"阴谋去"刘，正如他称"（邓）温伯差除……止由吕大防留身荐引，意谓言者必须力争，则欲假此为名，以逐臣等，皆是宰相之阴谋"②一样，颇能说明问题。盖吕大防、刘挚曾为吏额事有过争执的说法流传开后，被有意夸大，"谓大防与挚因是有隙"。及台谏群起攻吕，刘被推测为后台，众口一词，吕亦不免"疑滋甚"。当杨畏、邓温伯引进时，立即被推测是"宰相之阴谋"。谣言与疑虑交织，酿成刘氏之党图谋去吕，吕引杨、邓反击的议论，即"朋党之论"。"朋党之论"夸大了吕、刘之间的矛盾，给人宰执相倾的印象。因此，刘挚选择引避，其在《日记》中透露，他之求去，除"避贤者路"一因外，还是因惧祸和避嫌：

> 吕相自都司吏额后，于吾有疑心。……去年六月范尧夫罢后，至此阙右揆，自安厚卿丁忧，近又孙和父薨，吾位遂在众人上，议者或以次第见及，势岂得安？③

刘挚说，人们怀疑他对相位有觊觎之心，这可能是"朋党之论"兴起的又一个原因。刘挚感到不"安"和"孤立"，欲"全身"而退，反映了庙堂上微妙紧张的气氛。

刘挚终未罢相，因为宣仁太后不相信"朋党之论"。随后，台谏官员梁焘、刘安世诸人因"邓温伯事件"罢言职，御史杨畏改工部员外郎，刘挚又升为右相，"朋党之论"似已然消释。可是，至元祐六年十月，担任右相不足一年的刘挚突然被罢免，使"朋党之论"骤然重新升温。刘罢相的一个主要原因是高太后怒其交接新党，此外，御史郑雍等人则制造舆论，认为刘挚曾固结一批人图谋夺取吕大防的首相之位，故有了其党人名单的出笼。④ 至此使"朋党之论"终于形成。

刘挚之罢相，引起人们的猜测，使台谏阴承吕大防风旨的说法又浮出

---

① 刘安世：《原序》，刘挚《忠肃集》附录三，中华书局2002年版，第668—669页。
② 李焘：《长编》卷441，元祐五年四月辛丑，第10617页。
③ 李焘：《长编》卷446，元祐五年八月戊戌，第10732—10733页。
④ 《宋史》卷342《郑雍传》，第10899页。

了水面。《宋史·郑雍传》云："（郑）雍之攻挚，人以为附左相吕大防也。"① 李焘《长编》云："或曰：大防与挚各有异意，皆欲得（杨）畏为助……然畏卒助大防击挚云。"② 这种说法，起初只是传闻，但随着事态的发展，似乎得到了印证。据载刘挚罢相时，给事中朱光庭封还麻制，力辩刘挚之忠，"吕大防尝召光庭谕旨，光庭不至"③。《王岩叟日录》也说："朱光庭之知亳州，吕大防以其召而不至，又不悦其封还麻制，故但以本官出。帝中殊不怒也。"④《宋史·王存传》亦记载因御史纷言刘挚朋党，而吏部尚书王存则请求君王要辨别真伪，不为浮言所惑。吕大防不悦，又出之于外。⑤ 此外，刘挚罢相后，尚书左丞苏颂升右相，尚书右丞苏辙升门下侍郎，御史中丞郑雍为尚书右丞，而殿中侍御史杨畏升为侍御史。以上诸事表明，刘挚之罢相与吕大防定有关系。

元祐八年三月，上任不足一年的右相苏颂突然罢官，其原因是因程颐门人贾易攻击苏轼，门下侍郎苏辙认为贾易奸邪，将其罢免补外，苏颂则称赞贾易"敢言"，"未见其奸邪之迹"，御史杨畏、来之邵借机攻击苏颂。⑥ 邵伯温《杨畏传》认为："子安（杨畏）复为吕相攻刘相出之，又攻苏相颂出之。子安与苏门下辙同为蜀人，连攻二相，欲苏门下为相。"⑦ 据此，杨畏纵横于吕大防、苏辙之间，阴附二人，以求得不可告人之目的。苏颂罢相后，监察御史黄庆基上言："前日陛下罢黜刘挚、王岩叟、朱光庭、孙升、韩川辈，而后洛党稍衰。然而洛党虽衰，川党复盛矣。"⑧ 御史董敦逸也上言川人太盛，朋党不公，奸邪害正。为了使其言论更有杀伤力，他同"御史黄庆基言'苏轼昔为中书舍人，制诰中指斥先帝事，其弟（苏）辙相为表里，以紊朝政'"⑨。他请吕大防"体量"此事，以减杀川人太盛之势。⑩ 然而，吕大防并不如董、黄所愿，治理川党，反而

---

① 《宋史》卷342《郑雍传》，第10899页。
② 李焘：《长编》卷457，元祐六年四月癸丑，第10949页。
③ 李焘：《长编》卷468，元祐六年十一月壬辰，第11169页。
④ 李焘：《长编》卷468，元祐六年十一月壬辰注，第11169页。
⑤ 《宋史》卷341《王存传》，第10873页。
⑥ 徐自明：《宋宰辅编年录校补》卷10，中华书局1986年版，第604页。
⑦ 李焘：《长编》卷482，元祐八年三月癸未条注，第11464页。
⑧ 李焘：《长编》卷482，元祐八年三月己丑，第11467页。
⑨ 《宋史》卷355《董敦逸传》，第11176页。
⑩ 李焘：《长编》卷482，元祐八年三月甲辰，第11478页。

指责他们言论失当,"中伤士人,兼欲动摇朝廷,意极不善"①。于是,二人皆罢。随后,杨畏等人又称他们"诬陷忠良"②。在对待董、黄二人之事上,宰相吕大防与言官杨畏等人站在苏辙一边,这说明,即使三方不是真正的朋党,也是潜在互助者。王铚《元祐八年补录》云:

> 太皇太后觉言者观望吕大防、苏辙意,屡攻罢宰相、执政,以(范)纯仁旧德,故召用,待至国门始下制。(杨)畏与(来)之邵俱论纯仁不当为相,当时皆谓畏阴承风旨,非公论也。③

王铚认为宣仁已经觉察到杨畏、来之邵阴承吕、苏风旨,故外召范为右相。但他却不认为杨、来之击范,是受苏的风旨,然"当时皆谓"如此,连朱熹也相信。他曾对他的门人表示,苏辙曾密谕杨畏诸人攻范纯仁,以图相位。他被贬后愧于见人,故隐居不出。④ 至于吕大防与杨畏之关系,邵伯温说:"(杨畏)因吕相之婿王谠见吕相,吕相亦爱之。"⑤ 此外,高太后去世后,吕大防不顾范纯仁的反对,执意提拔杨畏为礼部侍郎,

> 吕大防既超迁畏为礼部侍郎,畏知大防当去,章惇复用。……致意云:"畏度事势轻重,因吕大防、苏辙以逐刘挚、梁焘辈;又欲并逐大防及辙,而二人觉知,遽罢畏言职。畏迹在元祐,心在熙宁、元丰,首为公辟路者。"⑥

杨畏可能很机巧,有智数,故大防"爱之",欲用为谏议大夫以"助己"。一向以忠恕为怀的范纯仁却认为他心术不正,拒绝同拟进呈,大防竟超迁之。杨寄章惇之语和直省官之言,活脱脱勾勒出一个"倾邪反覆"的"小人"形象。而吕大防与杨畏的亲密关系,让南宋学者吕中有"何

---

① 《宋史》卷355《董敦逸传》,第11176页。
② 李焘:《长编》卷474,元祐八年五月丙申,第11505页。
③ 李焘:《长编》卷484,元祐六年六月戊午注,第11512页。
④ 《朱子语类》卷130《自熙宁至靖康用人》,《朱子全书》第18册,第4042页。
⑤ 李焘:《长编》卷457,元祐六年四月癸丑注,第10948页。
⑥ 杨仲良:《续资治通鉴长编纪事本末》(简称《长编纪事本末》)卷120《逐惇卞党人》,绍圣元年五月己未,北京图书馆出版社2003年版,第3710页。

君子之不悟"① 之叹。

（三）吕大防与"调停"

据说在熙丰变法时期，司马光"凡居洛阳十五年，天下以为真宰相，田夫野老，皆号为司马相公，妇人孺子亦知其为君实也"②。其声望既是如此之盛，远非元丰末年之新派人物如王珪、蔡确之徒所能望其项背。故神宗死后，元丰八年五月，司马光为门下侍郎，七月，吕公著为尚书左丞。此后刘挚、梁焘、孙觉之徒，相继擢用，至元祐元年二月，新党领袖蔡确、韩缜、章惇相继去位，旧党在朝廷中已占优势。这时便有大赦新党的提议，"始，邓绾责滁州，言者未已，范纯仁劝太皇太后勿行，太皇太后因欲下诏，以慰反侧……公著以为当然……曰：'今治道去太甚耳，文景之世，网漏吞舟。且人才实难，宜使自新，岂尽使自弃耶！'"③ 因此元祐元年六月，宣仁太后下诏："宜荡涤隐疵，阔略细故……言者勿复弹劾，有司毋得施行，各俾自新，同归美俗。"④ 然而"诏之未下也，言事官交章论其不可"⑤，只得去掉"言者勿复弹劾"⑥ 六字。元祐元年九月，司马光去世，司马光是旧党在野时"异论"之宗主，也是他们当朝时"更化"之后台。他的死，是旧党的一大损失。因此，王岩叟立即上言："罢张璪辈二三佞邪无状之人……以慰服天下之心。"⑦ 结果，中书侍郎张璪罢官补外。元祐二年四月，王岩叟、傅尧俞又上言："尚书左丞李清臣窃位日久，资材冗阘，无补事功，而性行险邪，阴能害政。"⑧ 结果，李清臣又罢官补外。然而，同年七月，宰相吕公著向宣仁太后推荐人才时，却认为安焘对于枢密院事颇为习熟，应该让其安于职事。⑨ 暴露了言官与宰执之分歧，言官要求除恶务尽，宰执则主张人尽其才。因此，双方展开

---

① 吕中：《类编皇朝大事记讲义》卷20《哲宗皇帝》"小人攻君子"条，上海人民出版社2014年版，第350页。
② 《宋史》卷336《司马光传》，第10767页。
③ 李焘：《长编》卷381，元祐元年六月甲寅，第9249页。
④ 同上书，第9248页。
⑤ 同上书，第9249页。
⑥ 李焘：《长编》卷382，元祐元年七月丙寅，第9326页，
⑦ 李焘：《长编》卷387，元祐元年九月丙辰，第9416—9417页。
⑧ 李焘：《长编》卷399，元祐二年四月己巳，第9727页。
⑨ 李焘：《长编》卷403，元祐二年七月壬申，第9821页。

较量，新党随之沉浮。例如，元祐三年闰十二月，朝廷命新党谢景温为刑部尚书，右正言刘安世交章论其不可，并责宰相，称："景温差除全出宰臣范纯仁之意……吕大防等明知不协士论，而重违违纯仁之意，是以雷同诡随，不能拒正。"① 结果，谢景温罢知郓州。

到元祐四年，新党似有起复之势，旧党强硬派对新党的担心有所加重。可以举两个例子：先是，知邓州蔡确上章陈乞颖昌府，以便私计，右正言刘安世以为不可，认为宰执对新党的政策为"姑息"之政，又诬御史中丞李常、侍御史盛陶等持平之人为王安石、蔡确之党，造出"（蔡）确之朋党大半在朝"的舆论，② 给宣仁太后以压力，表现他对新党的忧虑。与此同时，中书侍郎刘挚亦上言：

> 臣……两蒙宣谕，大意今日朝廷之事，固已尽心，略有成法，唯以久远守之为念。又圣虑深远，因论及它日还政之后，任用左右，常得正人，则与今日用心无异，若万一奸邪复进，荧惑动摇，则反复可忧虑。③

据刘挚说，宣仁太后最起码从元祐四年起就为身后事担忧，深恐到时哲宗信用新党，变易元祐之政，则当时必有关于新党起复之舆论，使宣仁不安。又刘挚称在朝新党之吏十有五六，刘既为执政，定因有所感而发，则新党有起复之迹象明矣。在同一时期，又发生"车盖亭诗案"④。据载"（梁）焘之排论（蔡）确也，又密具确及王安石之亲党姓名以进……范纯仁进曰：'确无党。'吕大防进曰：'确之党甚盛，纯仁之言非是。'刘挚亦助大防，言有之。"⑤ 可以看出，吕大防在关键时刻，附会台谏强硬派，要求惩治蔡确及其党羽，使事态完全向梁焘等人预计的方向发展，这与他平时所持的温和立场不一致。"诗案"不仅使新党受无端之打击，还使旧党持平之人受到牵连。而且，将蔡确远贬岭南，开几十年未有之先例，失朝廷之体，这实非吕大防之本意。后来吕大防、刘挚亦以为过当，

---

① 李焘：《长编》卷421，元祐四年正月癸未，第10186页。
② 李焘：《长编》卷422，元祐四年二月己巳，第10223页。
③ 李焘：《长编》卷423，元祐四年三月甲申，第10240—10241页。
④ 参见金中枢《车盖亭诗案研究》，《宋史研究集》第20辑，"国立编译馆"1990年版，第193—256页。
⑤ 徐自明：《宋宰辅编年录校补》卷9，第537页。

当要挽救之时，却不能回夺宣仁之意。

"车盖亭诗案"是"调停"的背景，随后发生的"邓温伯事件"，才是"调停"之契机。翰林学士承旨邓温伯元丰年间曾被蔡确弹劾而补外，后"召复翰林学士兼皇子阁牍记"。元祐初曾草蔡确官制，有"独嘉定策之功"之语，引发争议。故当元祐五年高太后以"随龙人"为由命邓温伯为尚书左丞时，遭到王岩叟、梁焘、朱光庭、刘安世等人的反对，认为邓是蔡确之党。李焘《长编》云：

> 已而太皇太后谕曰："言者必疑今日温伯别有进事，所以如此争论，然止是见得眼前事，向后亦未可知，安能今日扼温伯进也？昨害民之事，更改不少，知他久后如何？每思及此，令人不可堪，然台谏之言不可不行。"遂以温伯知南京。刘挚进曰："若不忘温伯异时是可任使，即谕曰：'与记，当待别除差遣。'"……吕大防密语挚曰："所谕如此，奈何！"挚曰："昨政事更改，皆合人情，无可论。但失意之人无害于政事者，合进则与进之可也。"后二日……大防立语挚曰："……温伯当伸初命（翰林学士承旨）。"……又曰："言事之官当并与稍迁。"而焘等论温伯不已，故皆移官。①

宣仁太后称"言者……止是见得眼前事，向后亦未可知，安能今日扼温伯进也？……每思及此，令人不可堪"，可见自"车盖亭诗案"后，新党虽备受打击，但宣仁对异日新党起复之担忧不见减除，反而增加。"然台谏之言不可不行"，只是屈服于台谏过激派的压力罢了。其语颇有深意，意味着她放松了对新党斩尽杀绝之态度，从扼杀转向调和了。刘挚领会宣仁参用新党之意，故敢说出"失意之人，合进则进之可也"之类的话。吕大防当即认可，坚决任命邓为翰林学士承旨。翰林学士承旨，以翰林学士入院最久者为之，位在诸翰林学士之上。今日之承旨，常为明日之宰执。前宰相王珪、今执政苏颂均由此途晋升。故梁焘、刘安世等人坚决反对。交章论奏，誓不罢休，既攻温伯，又责宰相。与此同时发生了"吏额房事件"，台谏对吕大防进行严厉的批评，"大防怒言者刻骨，思甘心焉，而未有以

---

① 李焘：《长编》卷443，元祐五年六月丁未，第10663—10664页。

发"①，故趁机提议"言事官当并与稍迁"，以解除他们的言职。

吕、刘二人借"邓温伯事件"，探得宣仁之口风。"调停"之说，便兴起矣。苏辙《颍滨遗老传》记载此事云：

> 自元祐初革新庶政，至是五年矣，一时人心已定。惟元丰旧党分布中外，多起邪说，以摇撼在位。吕微仲（大防）与（中书）[门下]侍郎刘莘老（挚）二人尤畏之，皆持两端为自全计。遂建言欲引用其党，以平旧怨，谓之"调停"，宣仁后疑不决。②

苏辙时为御史中丞，亲历那段历史，当不会妄言。他说"元丰旧党……多起邪说，以摇撼在位"，可在刘挚元祐五年的一篇自叙文章中得到印证：

> （太学博士叶）涛从王安石学……近颇造议论，以朝政为不快，思欲反复王氏学及熙、丰政事，气豪节强。其朋特之，与邓温伯、彭汝励、龚原、孙朴之徒为党。然元祐以来，挚在言路及主政府，论安石政事有所更者固不一，而未尝诋其学。……如涛辈亦颇知挚此意，故皆归心焉。挚与彭、龚、孙尤相善者……挚谓大防曰："意异造言之人，潜心积虑，有深可忧者。若朝廷能以大公包含，平其意泯然，此大善也；若不能，固当分明辨之。"③

既然叶涛等欲复"熙、丰政事"，刘挚却与之"相善"，又劝吕大防以"大公包含，平其意泯然"，可见苏氏之说，为不诬矣。苏辙又说吕大防、刘挚"建言引用其党……谓之'调停'"，亦是实情，因为：

> 刘挚云：去年（元祐五年）有诏，尚书许用前执政，稍异其仪，免巡白请朝谒，别设次俸科，随职杂给。④

---

① 李焘：《长编》卷447，元祐五年八月庚辰，第10751页。
② 苏辙：《栾城集·栾城后集》卷13《颍滨遗老传》，第1297页。
③ 李焘：《长编》卷453，元祐五年十二月戊申，第10866—10867页。
④ 李焘：《长编》卷465，元祐六年闰八月甲子条注，第11107页。

所谓有诏尚书许用"前执政",定包含"元丰旧党",故李清臣、蒲宗孟之徒相继引进,也就名正言顺了,此是后话。总而言之,"调停"确有其事,且在当时引起一番争论。

朝廷坚持引用邓温伯,不惜解除反对者梁焘等人的言职,这一进一退,自然引发人们对朝政动向的揣测。刘挚说:"士大夫汹汹于下,造作语言,更相窥伺,人心不安,皆将(邓)温伯及(梁)焘等去住,阴卜朝廷意旨。"他本是主张"调停"的人,"调停"的对象,是"失意之人,无害于政事者",并非真的要改元祐之政。① 梁焘等人之罢官,一个原因是吕大防"怒言者刻骨",借机去之,而非刘挚之本意,因为他们关系密切,时人以"朔党"名之。刘挚向宣仁太后建议:"何惜暂出温伯,选一名郡委任去处,使之补外?温伯既动,则众人自然安职,众人既安,则温伯便可复召。"② 宣仁太后并没有听从刘挚之言,可见她仍坚持调停新党。但很多人并不赞同"调停",新任御史中丞苏辙就是反对"调停"最激烈的一个,"辙于廷和面论其非,退复以劄子论之……奏入,宣仁后命宰执于帘前读之,仍谕之曰:'苏辙疑吾君臣遂兼用邪正,其言极中理。'诸公相从和之。自此,参用邪正之说衰矣。"③ 苏辙随后对"至是五年"的元祐之政作一番评论,他认为"调停"之举,非全出于吕、刘二人之私意,实有难言之隐衷,盖元祐以来,尽改熙丰之政,复祖宗之法,临事仓促,意气用事,以致弊端丛生,人心不满。苏辙又说,"自此,参用邪正之说衰矣",恐非事实,因为"大臣怙权耻过,终莫肯改"④。元祐之弊不除,就不能挽回士大夫之心,不能减轻当政者之惧,亦不能消除失意者之怨。因此,"调停"之说虽衰,而"调停"之举势在必行。

"调停"之情势既如此,便有蔡确母明氏为确申请量移之举。据载"蔡确母明氏进状及诉于尚书省,乞量移确",吕大防、刘挚"本与确为地",即主张量移蔡确。可宣仁不许,吕、刘"乃不如本谋",无可奈何。王岩叟准备让明氏早归,让其打消量移之企图,但刘挚说"俟详奏知令去",是欲为量移蔡确争取时间,至宣仁同意为止。⑤ 因此,明氏又申诉

---

① 李焘:《长编》卷446,元祐五年八月癸巳,第10738页。
② 同上书,第10739页。
③ 苏辙:《栾城集·栾城后集》卷13《颍滨遗老传》,第1297页。
④ 同上书,第1303页。
⑤ 李焘:《长编》卷458,元祐六年五月庚申,第10954页。

多次，三个月后，"八月二十四日，延和日参奏事，蔡新州（确）之母明氏状申三省，乞移确近地"。刘挚认为蔡确纵不能享受吕惠卿二年量移的待遇，但"于法"可到明年便可量移。但宣仁太后态度坚决，拒不量移，吕大防等不得不放弃努力。虽然量移蔡确未获应允，但吕、刘"本与确为地"，且"在京甚有教之者"，说明量移实是必然之情势，亦是舆论之所向。① 故徐自明引《丁未录》云："（蔡确）到新州五年，两经大霈……更不量移。举族衔冤，莫甚于此。"② 盖宣仁太后独对蔡确有刻骨之恨，故对其特加排斥，然对于新党其他人物，她原则上同意"调停"之。例如，元祐六年闰八月，吕大防、刘挚以"阙官"为由，请任用前新党执政李清臣、蒲宗孟为尚书，"上有黾勉从之之意"；给事中封还，宣仁"不允"；可见她并不反对参用二人。苏辙有异议，"诸公……皆不应"，可见在宰执中，有"调停"之意者已占多数。后经苏辙等苦口婆心地劝导，才使宣仁太后改变主意。③ 调停李、蒲二人的计划虽受阻碍，但"调停"的趋势不可阻挡。在以后两年多的时间里，朝廷经常上演"调停"与"反调停"的斗争。

随着事态的发展，特别是"朋党之论"的影响，旧党内部互相倾轧，势力大为削弱。士大夫对坚守元祐之政的信心日减，对参用新党之举不再强烈反对，许多新党次要人物相继引进。六月，李清臣为户部尚书，终未见人言。七月，范纯仁为尚书右仆射兼中书侍郎。范纯仁虽是旧党，但并不反对引用新党。因为他眼中根本没有新党旧党之分，他认为朋党真伪难辨，索性不辨朋党。④ 即不问政治立场之左右，只问为人从政之贤否。比吕大防"调停"之意，更为彻底。苏辙《颍滨遗老传》云：

> 微仲之在陵下也，尧夫（范纯仁）奏乞除执政，上即用李邦直（清臣）为中书侍郎，邓圣求（温伯）为尚书右丞。二人久在外不得志，遂以元丰事激怒上意，邦直尤力。⑤

---

① 李焘：《长编》卷464，元祐六年八月辛亥，第11089页。
② 徐自明：《宋宰辅编年录校补》卷9，第539—540页。
③ 苏辙：《栾城集·栾城后集》卷13《颍滨遗老传》，第1303页。
④ 《宋史》卷314《范纯仁传》，第10288页。
⑤ 苏辙：《栾城集·栾城后集》卷13《颍滨遗老传》，第1311页。

《刘安世言行录》云：

> 宣仁后晏驾，吕丞相使陵下，范丞相乞除执政。时大臣率用调停之说，遂有李、邓之除。二人皆熙丰之党，屡见攻于元祐，乃以先朝事激怒上意。①

在此之前，礼部侍郎杨畏曾向哲宗密疏李、邓诸人行谊，各加品题，又奏书万言，具言神宗建立法度之意，乞召章惇为宰相，哲宗嘉纳之。吕大防在外，范纯仁竟然请除执政，哲宗便命李、邓二人为之。史称："清臣首倡绍述，温伯和之。"② 因此，正是在李、邓等人的首倡下，"绍述"之说大兴，元祐之"国是"遂变，新党人物纷纷上台，元祐党人惨遭贬谪。故后人对"调停"之举颇有指责之辞，刘安世后来说：

> 微仲、尧夫不知君子、小人势不两立如冰炭，故开倖门，延入李、邓，排去正人，易若反掌。"调停"之说，果何益乎？③

吕中也说：

> 元祐之所以为绍圣者，始于朋党而成于调停。夫以君子而攻君子，故不必为小人所乘，以君子而与小人共事，终必为小人所攻。④

"元祐"之所以变为"绍圣"，与"调停"定有关系。吕、刘、范诸公，难道不明白此中道理，为何孤意执行之？徐自明引《丁未录》云：

> 初，神宗崩，诏至洛，时程颢责汝州酒税，偶以檄来，举哀于府治。既罢，韩宗师曰："今日之事何如？"颢曰："司马君实（光）、吕晦叔（公著）作相矣。"宗师曰："二公作相当何如？"颢曰："当与元丰

---

① 《三朝名臣言行录》卷12之3《谏议刘公》，《朱子全书》第12册，第789页。
② 《长编纪事本末》卷100《绍述》，绍圣元年二月丁未，第3177页。
③ 《三朝名臣言行录》卷12之3《谏议刘公》，《朱子全书》第12册，第790页。
④ 吕中：《类编皇朝大事记讲义》卷20《哲宗皇帝》"小人诬君子有调停之说"条，第349页。

大臣同，若先分党与，他日可忧。"宗师曰："何忧？"颢曰："元丰大臣俱嗜利者，若使自变已甚害人之法则善矣，不然衣冠之祸未艾也。"①

程颢之说，一言以蔽之，即"调停"也。吕、范之举，岂不合哲人之意？为何不能求得和解共生，反而深受其害？《朱子语类》记载朱子答门人语曰：

> 问："明道（程颢）论元祐事，须并用熙丰之党。"曰："明道只是欲与此数人共变其法，且诱他入脚来做。"问："如此却似任术？"曰："处事亦有不能免者，但明道是至诚为之，此数人者亦不相疑忌。然须是明道方能了此。后来元祐诸公治得此党太峻，亦不待其服罪。温公论役法疏略，悉为章子厚（惇）所驳，知一向罢逐，不问所论是非，却是太峻急。"②

朱熹认为，"调停"就是搞统战，化敌为友，但须有至诚之心，吕、刘诸人参用新党之举果真是一片诚心，而无半点私意乎？恐怕未必。元祐初尽废新法，尽贬"新人"，"太峻急"了。"车盖亭诗案"后吕大防、刘挚主张"调停"，"以平旧怨"，但颇受挫折，鲜有成效；到元祐末期，绍述之论已兴时，范纯仁又奏用新党，企图化解旧恨，可是，亡羊补牢，已经晚矣。

三 余语

到了元祐末期，事态变得越来越复杂。太皇太后和小皇帝之间的关系日益紧张，哲宗不愿意接受其祖母的调教，整日恭默不言；宣仁太后无可奈何，到了垂暮之年，仍抓住权柄不放。在宰执之间，为西事、回河等问题争论不休，莫衷一是；旧党强硬派仍不停地批评吕大防的"调停"政策；而潜伏的新党调拨离间，伺机反覆，为新党上台鸣锣开道。官场之阴险难测，莫过于斯。吕大防企图全身而退，又深感受太后隆礼厚恩，不忍独退，"复起视事"。他试着向小皇帝讲授"祖宗之法"，宣传尊亲克己之

---

① 徐自明：《宋宰辅编年录校补》卷9，第577页。
② 《朱子语类》卷130《自熙宁至靖康用人》，《朱子全书》第18册，第4042页。

道，然效果不佳。元祐八年九月，高后去世后，人心思变，吕大防的亲信杨畏、来之邵等人趁他出使山陵之时，劝哲宗绍述先帝之法，起用先帝之人，哲宗欣然听从。吕大防返朝后，知事不可回，即上章乞罢，哲宗应允。吕大防于绍圣元年三月罢知颍昌府，言者随后开始对他进行炮打雷轰式地奏劾，弹劾者给其总结的罪行有四：一是尽废新法，二是贬谪"新人"，三是固结朋党，四是交通内臣。吕大防既有此四宗罪，便遭受痛贬，至绍圣二年八月，诏"吕大防等永不得引用期数及赦恩叙复"①，知陈州范纯仁上言请求哲宗宽宥吕大防等，不但没取得任何效果，自己反而遭受责罚。看来，即使如范纯仁般宽恕持平之人，也不免落职贬官，则大防被贬之根本原因，一言以蔽之，曰"新""旧"党争也。绍圣三年七月，吕大防之兄大忠上言"将臣已除职名，量移大防陕西州郡居住"②，哲宗不允。绍圣四年二月，大防责受舒州团练副使，循州安置；四月，病逝于南迁途中虔州。他可能是唯一一位没有到达岭南就去世了的元祐宰执。③

通过考察吕大防的生平事迹及其在元祐时期的所作所为，我们认为，吕大防没有显赫的家世，他是依凭自己的努力和各种机会取得显位的；他诚非大政治家、大思想家，但他在政治上有自己的理想、主张和信念，非一般渎职者可比；按刘子健先生的标准，这大概属于"仕进—因循"的官僚类型吧。④元祐初期的"更化"，尽废新法，尽黜新党，做得太激进了，开启了无穷的祸端。吕大防继任了司马光、吕公著的高位，也继承了他们留下的"遗产"：迁延不决的政事、党派纷争的朝廷、伺机反覆的新党和微妙紧张的后宫，但他的声望、能力有限，不能很好地解决这些问题。吕大防既卷入"朋党之论"的漩涡中不能自拔；"调停"新党也没有取得应有的成效；尽管他非常努力，但终究不能带领元祐诸公走出政治困局，也不能阻挡"绍述"取代"更化"的命运，他本人也成为新旧党争的牺牲品。

---

① 杨仲良：《长编纪事本末》卷101《逐元祐党上》，第3238页。
② 同上书，第3247页。
③ 陈乐素：《流放岭南的元祐党人》，《宋辽金史论丛》第1辑，中华书局1985年版，第1—18页。
④ 刘子健：《王安石、曾布与北宋晚期官僚类型》，《宋史研究集》第3辑，"国立编译馆"1984年版，第137页。

宋太祖"重儒"说献疑

夏 季

学界对于北宋"文武关系"的一片讨论声还回荡在耳边,一个新问题又跳入眼帘——宋代从何时开始"重儒"。论者一般笼统认为宋初对儒学、儒士就已经相当重视,往往以太祖的"令武臣读书","宰相须用读书人"以及赵普"半部《论语》治天下"为例证,宋人自己也认为从太祖时代就"以儒立国"。邓小南老师在其《祖宗之法》中认为太祖令武臣读书为的是明悉君臣尊卑之义;[①] 何忠礼先生认为赵普用半部《论语》治天下并非虚语;[②] 姚瀛艇先生亦言"太祖建国之后,很快由一介武夫变成为尊儒重文之君"[③];汤恩佳先生说太祖即位之初重新修缮了国子监,塑孔子、颜回及十哲像,是儒学儒教呈现辉煌景象的表现。[④] 笔者认为,一代国君的治国思想,不能只从他的言论和表相中寻找蛛丝马迹,更要在其实际行动中体悟精神主旨。在宋初以后的国史以及笔记中也不乏润饰夸大之处,下面就从五个方面证明宋太祖并非"重儒"。

一 探"读书"

青年时代的太祖印象多半是传说为我们呈现的。相传他身材魁梧,为

---

① 邓小南:《祖宗之法——北宋前期政治述略》,生活·读书·新知三联书店2006年版,第152页。
② 何忠礼:《宋代政治史》,浙江大学出版社2007年版,第53页。
③ 姚瀛艇:《宋代文化史》,河南大学出版社1992年版,第16页。
④ 汤恩佳:《儒教是宋代文化的主体》,《宋代文化研究》(第15集),四川大学出版社2008年版,第24页。

人豁达大度,气概非凡,擅长武术却不喜读书。他的故事颇具传奇色彩:驯烈马时头撞到门柱摔倒在地却安然无恙;《飞龙记》中那爱打抱不平,因而到处闯祸的少侠气概;其英雄救美的故事也为人们津津乐道。虽然只是传说故事,但也能从一个侧面初识太祖的为人、品性。这些虽无正史资料证明,但从当时环境以及他称帝后的言行也可略信三分。然而太祖在随周世宗南征北战时有了一个很大的转变:

> 上性严重寡言。独喜观书,虽在军中,手不释卷。闻人间有奇书,不吝千金购之。显德中,从世宗平淮甸,或谮上于世宗曰:"赵某下寿州,私所载凡数车,皆重货也。"世宗遣使验之,尽发笼箧,唯书数千卷,无他物。世宗亟召上,谕曰:"卿方为朕作将帅,辟封疆,当务坚甲利兵,何用书为!"赵匡胤回答说:"臣无奇谋上赞圣德,滥膺寄任,常恐不逮,所以聚书,欲广闻见,增智虑也。"①

《长编》中的太祖仿佛变了一个人,由少时的爱打抱不平的形象变成了"性严重寡言""独喜观书"。这期间,太祖受了什么突然的启发以至于喜欢看书,我们不得而知,但从后来太祖的言谈举止中可知"严重寡言"一说并不属实。假若周世宗与太祖真的有过这段对话,那么所载的是些什么书就成了探讨的焦点。由"书数千卷"和"奇书"两处可知所含书目种类繁多,并非只是儒家经典。太祖读书目的为开阔眼界,增长智慧谋略,史书、兵法等书目也应涵盖其中,绝非儒学一门可以达成。太祖喜读儒家经典之说并无充分根据。

司马光在《涑水记闻》卷一中记载太祖曾面谕秦王德芳的侍讲说:

> 帝王之子,当务读经书,知治乱之大体,不必学作文章,无所用也。②

同样的一件事在《类说》卷十九中却是这样记载的:

---

① 李焘:《续资治通鉴长编》卷7,乾德四年五月甲戌,中华书局1995年版,第171页。
② 司马光:《涑水记闻》卷1,中华书局1989年版,第16页。

· 491 ·

> 太祖问王官侍讲曰："秦王学业何如？"曰："近日所作文词甚好。"上曰："帝王家儿不必要会文章，但令通晓经义、古今治乱，他日免为舞文弄法吏欺罔耳。"①

一说"读经书"，一说"通晓经义、古今治乱"，虽然只有几个字的差别，但从中可看出前者的说法意在强调经书的重要。这两种说法中，哪一个更真实呢？司马光所记的这句话抄录自《三朝圣政录》。"仁宗亲政后，朝廷内外生成阐扬祖宗故事的热潮。宝元元年，时为嘉州判官的石介有感于'太祖作之，太宗述之，真宗继之，太平之业就矣'②"③，编写了《三朝圣政录》。由于儒学地位的提高，时人便将儒学加以美化，将儒家经典当作修身治世的必读书。于是，便有了太祖"帝王之子，当务读经书"这类的话。

《邵氏闻见录》中讲述了这样一件事，或许能使我们有一定判断：

> 帝一日登明德门，指其榜问赵普曰："明德之门，安用之字？"普曰："语助"。帝曰："之乎者也，助得甚事。"普无言。④

此处的"之乎者也"指的是儒生，太祖对于儒生的轻蔑跃然纸上。石介是北宋庆历之际为儒家争"正统"、排斥佛、道二教和抨击四六时文的健将，几乎言必称"道"。他之所以要这样写，意在强调儒学的独尊地位。这种"戴高帽"的做法只能让我们更加注意分辨太祖对儒学的真正态度。

太祖曾号召武臣读书，李焘在《长编》卷三中写道：

> 上谓近臣曰："今之武臣欲尽令读书，贵知为治之道。"近臣皆莫对。⑤

---

① 王儒涛等：《类说校注》卷19，福建人民出版社1996年版，第606页。
② 石介：《徂徕集》卷18《三朝圣政录序》，文津阁《四库全书》本，文渊阁《四库全书》本，上海古籍出版社2003年版，第364册，第396页。
③ 邓小南：《祖宗之法——北宋前期政治述略》，第376页。
④ 邵伯温：《邵氏闻见录》，中华书局1983年版，第5页。
⑤ 李焘：《续资治通鉴长编》卷3，建隆三年二月壬寅，第62页。

宋太祖"重儒"说献疑

司马光在《涑水记闻》中却写道：

> 太祖闻国子监集诸生讲书，甚喜，遣使赐之酒果，曰："今之武臣，亦当使其读经书，欲其知为治之道也。"①

"读经书"的说法只限于司马光笔下，这使我们对其所言颇具疑问。李沆对于"贵知为治之道"也自有一番解释：

> 昔光武中兴，不责功臣以吏事，及天下已定，数引公卿郎将讲论经义，夜分乃罢。盖创业致治，自有次第。今太祖欲令武臣读书，可谓有意于治矣。近臣不能引以为对，识者非之。②

邓小南老师也进一步阐释了李沆的意思：

> 太祖背后的潜台词，李沆等人无疑把握得很准："昔光武中兴，不责功臣以吏事；及天下已定，数引公卿郎将讲论经义"——引导将帅们读书、讲论经义，是从属于"天下已定"这一总体政治背景的：其目标不在于变武夫为操持"吏事"的治国能手或饱读经书的儒臣，而是要使他们明悉君臣大义。③

李沆在太宗时曾出任翰林学士，又是真宗的老师，是正宗的科班出身，所尊亦是儒学。他的话是为了说明太祖重经义，使臣下谨遵尊卑秩序，突出了儒学的治国作用。他这样解释太祖的语义，无疑带有浓厚的主观色彩。我们在试图理解太祖这句话时应考虑到当时武臣的状况，据脱脱《宋史》载：

> 初诸将，率奋自草野，出身戎行，虽盗贼无赖，亦厕其间，与屠狗贩缯者何以异哉？④

---

① 司马光：《涑水记闻》卷1，第15页。
② 李焘：《续资治通鉴长编》卷3，建隆三年二月壬寅，第62页。
③ 邓小南：《祖宗之法——北宋前期政治述略》，第152页。
④ 《宋史》卷275，中华书局1985年点校本，第9383页。

程大昌对于"欲令武臣读书"一事的理解：

> 五代间凡为节度使皆补亲随为镇将。镇将者如两京军巡、诸州马步军判官是也。此等既是武人，又皆有所凭恃，得以肆为非法，民间甚苦之。太祖微时深知其弊。
> 　　建隆二年二月谓近臣曰："今之武臣欲尽令读书，贵知为治之道。"近臣皆莫对。①

这两段史料皆说明宋初武将多为腹内草莽、仗势欺人之徒，实难教训士兵，严肃军纪，更有镇将鱼肉百姓，在地方作威作福。这种局面既不利于加强军事力量，也有损于太祖在百姓中的名声威望，容易激起民变。说太祖重视在地方民众中的影响是有依据的，他为了防止和有效镇压农民起义采取了养兵法，即在农民起义时招募士兵，把潜在的敌对和反抗力量转化为镇压起义的官方力量，这对于防治民变非常有效。太祖针对武臣的现状，提倡其"读书"，以知"为治之道"，所谓"治道"即知书达理，通晓整饬军队之道。用文化教育武臣，多一些温文尔雅，少一些飞扬跋扈。因此，我认为"明悉君臣大义"一说略显主观。且《宋史》有赞曰：

> 太祖事汉周，同时将校多联事兵间；及分藩立朝，位或相亚。宋国建，皆折其猛悍不可屈之气，俯首改事，且为尽力焉。扬雄有言："御之得其道，则狙诈咸作使。"此太祖之英武而为创业之君也欤！②

"折其猛悍不可屈之气"一语道破太祖的目的，读书用以提升个人的气质，平理心性，丰富见识，销蚀鲁莽。"楚王好细腰，宫中多饿死"③，武臣们也纷纷响应太祖的号召，在太祖面前"掉书袋"：

> 党进者，朔州人，本出溪戎，不识一字。一岁，朝廷遣进防秋于高阳，朝辞日，须欲致词叙别天陛，阁门使吏谓进曰："太尉边臣，

---

① 程大昌：《续演繁露》卷1，文渊阁《四库全书》本，上海古籍出版社2003年版，第852册，第216页。
② 《宋史》卷261，第9050页。
③ 《资治通鉴》卷46《汉纪三十八》，中华书局2007年版，第528页。

不须如此。"进性强很,坚欲之。知班不免写其词于笏,俾进于庭,教令熟诵。进抱笏前跪,移时不能道一字,忽仰面瞻圣容,厉声曰:"臣闻上古其风朴略,愿官家好将息。"仗卫掩口,几至失容。后左右问之曰:"太尉何故忽念此二句?"进曰:"我尝见措大们爱掉书袋,我亦掉一两句,也要官家知道我读书来。"①

太祖的呼吁非常奏效,在平日不可一世的武将身上,也流露出强作"文化人"的可爱。而研究者们往往以"上古其风朴略"一句来证明太祖要求读经书,只因这句话出自儒家经典十三经之一的《孝经》。我认为,出自《孝经》,稀松平常,不足以说明太祖强调过武臣要读经书。儒学自汉起就确立了独尊地位,历经千年,早已潜移默化,深入人心。措大们常引经据典,自然离不开儒家经典,被一字不识的党进听到也不足为奇。

二 析"重儒臣"

研究者往往用《长编》卷七的这段材料作为太祖"重儒臣"的佐证:

> 上初命宰相撰前世所无年号,以改今元。既平蜀,蜀宫人有入掖庭者,上因阅其奁具,得旧鉴,鉴背有"乾德四年铸"。上大惊,出鉴以示宰相曰:"安得已有四年所铸乎?"皆不能答。乃召学士陶穀、窦仪问之,仪曰:"此必蜀物。昔伪蜀王衍有此号,当是其岁所铸也。"上乃悟,因叹曰:"宰相须用读书人。"由是益重儒臣矣。②

此则材料,疑点重重。李华瑞老师在其《宋代建元与政治》一文中就对此提出了疑问:其一,太祖明确表述用前世所无年号,但宰相却用了前蜀的年号,表示宰相无知。但立年号时后周三相范质、王溥、魏仁浦尚未罢事,赵普为枢密使。范质和王溥都是博闻强识之人,应不至于不知道前蜀年号。其二,太祖改元乾德时,窦仪和陶穀均为翰林学士,为何要在

---

① 《宋史》卷260《党进传》,第9018页。
② 李焘:《续资治通鉴长编》卷7,乾德四年五月甲戌,第171页。

改元三年后才提出,显然不合理。其三,乾德三年已知为前蜀年号,为何直到乾德六年才改元天宝。由这三点,得出此材料不可信的结论。① 另外,"益重儒臣"说也无多少依据。邓小南老师在其《谈宋初之"欲武臣读书"与"用读书人"》一文中也指出:

> 宋太祖事实上并没有依据"益重儒臣"的原则对宰执班子进行调整。在随后的几年间,没有发生任何重大的人事更动;只在乾德五年,沈义伦取代王仁赡为枢密副使。尽管沈义伦曾经"习《三礼》于嵩、洛间,以讲学自给"②,但他之所以被擢用,是因为他居官清廉,而并非由于其儒学背景。③

因此,所谓"益重儒学"的说法多半是南宋史家和后来的史家把宋代儒学大发展以后的事实通过润色加在了太祖身上。诸如此类的事例有很多,譬如宋太祖曾作"《日诗》云:'欲出未出光辣挞,千山万山如火发,湏臾走向天上来,逐却残星赶却月。'国史润饰之乃云:'未离海峤千山黑,才到天心万国明'。"④ 文辞虽较工整,但气势却大不如太祖原作。后来的史家为什么要在太祖文辞上如此下功夫修饰呢?目的就在于掩饰太祖粗俗的文学修养,这有利于塑造太祖饱读诗书,崇文尚儒的形象。否则,《长编》中所说的太祖身在军中仍不忘读书的事迹便无法叫人深信了。又如在《宋会要辑稿》中记载:

> 太祖开宝五年五月十六日,以久雨,帝谓宰相曰:'霖雨成灾,得非阙政使之然耶?朕恐宫掖中有所幽闭。'令编籍后宫,得二百八十余人,谕以愿归者以情言。其应命者五十余人,各赐以白金帷帐,遣还其家。赵普等咸称万岁。⑤

---

① 李华瑞:《宋代建元与政治》,原刊于《中国史研究》1996 年第 4 期,后收入氏著《宋史论集》,河北大学出版社 2001 年版,第 44 页。
② 《宋史》卷 264《沈伦传》,第 9112 页。
③ 邓小南:《祖宗之法——北宋前期政治述略》,第 162 页。
④ 陈郁:《藏一话腴内编》卷上,文渊阁《四库全书》本,上海古籍出版社 2003 年版,第 865 册,第 599 页。
⑤ 徐松辑:《宋会要辑稿》崇儒 7 之 77,中华书局 1957 年版,第 2327 页。

这件事体现出太祖虽为君王，却有体恤下人，宽以待民的仁慈之心。同样是开宝五年的事，《长编》则是极尽歌颂太祖之能事：

> 辛未，河大决澶州濮阳县。壬申，命颍州团练使曹翰往塞之。翰辞於便殿，上谓曰：'霖雨不止，又闻河决。朕信宿以来，焚香上祷于天，若天灾流行，愿在朕躬，勿施于民。'翰顿首拜曰：'昔宋景公诸侯耳，一发善言，灾星为之退舍。今陛下忧及兆民，恳祷如是，固宜上感天心，此必不能为灾也。'癸酉，上又谓宰相曰：'霖雨不止，朕日夜焦劳，罔知所措，得非时政有阙使之然耶？'赵普对曰：'陛下临御以来，忧勤庶务，有弊必去，闻善必行，至于苦雨为灾，乃是臣等失职。'上曰：'朕又思之，恐掖庭幽闭者众。昨令遍籍后宫，凡三百八十余人，因告谕愿归其家者，具以情言，得百五十余人，悉厚赐遣之矣。'普等皆称万岁。①

《长编》中的太祖形象更加亲民。其中提到了曾有三句善言的宋景公，他以仁爱著称。用宋景公之典，颂扬儒家仁政的主张，借以说明太祖是遵行儒家规范的一代明君。由此可见，《长编》中恐怕也不乏为太祖贴金镶银之语，意在为其扣上崇儒的帽子。

即便太祖真的说了"宰相须用读书人"这句话，我们也要进入当时的历史情景中品味。太祖是个很有个性的君主，他的言谈粗中带细，略带调侃，往往能有效解救尴尬局面。《长编》卷十二中记载了这样一件事：

> 上因出，忽幸普第。时吴越王俶方遗普书及海物十瓶列庑下，会车驾卒至，普亟出迎，弗及屏也。上顾见，问何物，普以实对。上曰："此海物必佳。"即命启之，皆满贮瓜子金也。普惶恐，顿首谢曰："臣未发书，实不知此。若知此，当奏闻而却之。"上笑曰："但受之，无害。彼谓国家事皆由汝书生耳。"因命普谢而受之。②

赵普慌忙谢罪，处境尴尬时，太祖一语既为他找了个台阶下，也申明

---

① 李焘：《续资治通鉴长编》卷13，开宝五年五月辛未，第284页。
② 李焘：《续资治通鉴长编》卷12，开宝五年五月癸巳，第272页。

了国家大事由自己掌控,不可能由"汝书生"全权处置。《国老谈苑》中也有一例:

> 御宴既罢,著乘醉喧哗。太祖以前朝学士优容之,令扶以出。著不肯退,即趋近屏风,掩袂恸哭。左右拽之而去。明日或奏曰:"王著逼宫门大恸,思念世宗。"太祖曰:"此酒徒也,在世宗幕府,吾所素谙。况一书生,虽哭世宗,能何为也?"①

此事也体现出太祖对臣下的宽容大度。他信任"书生"不是因为书生能力有多强,而是在于书生"能何为也"。他心底或多或少对书生们有小觑的成分,但这并不妨碍他任用"书生"为相。他对赵普信之任之,使得赵普长期居于相位,并无用儒臣替换他的迹象。

五代时重武轻文的政治倾向在宋代得到了很大的改变,主要表现在重用文臣,而文臣又分为吏治之臣与文学之臣。太祖一朝所用多吏治之臣,如赵普、沈伦、吕馀庆、楚昭辅等都是太祖幕府中的幕僚,精于吏治,起家不由文学,建宋后,位于中枢机构,执掌中央大权。而窦仪、陶榖等著名学士,多是扮演了太祖的文学顾问,并未享有实际权力,更没有晋升到宰相的位置。太祖朝虽开科举士,但数量和重视程度远不如太宗以后。五代时,"每岁所取进士其多者仅及唐盛时之半。土宇分割,人士流离,固无怪其然"②。太祖朝进士科取士人数与五代差不多,平均每年只录取十多个,而太宗太平兴国二年取进士数就达到了一百以上。太祖时所考中的进士官至执政以上者,竟无一人,这与之后太宗朝的用人倾向不同。"太宗朝的进士,在太宗朝至少有16人已位至执政,2人位至宰相,太宗即位后的第一位状元吕蒙正还两度入相。"③"宰相须用读书人"不应当作太祖对宰相任免的一种方向性决策,而是更趋近于替赵普等宰辅解除尴尬局面的一句调侃,这也符合他向来谈吐的风格。

那么,他对儒学、儒臣是何态度呢?

---

① 王君玉:《国老谈苑》卷1,《全宋笔记》第2编,大象出版社2008年版,第174页。
② 马端临:《文献通考》卷30《选举三》,文渊阁《四库全书》本,上海古籍出版社2003年版,第202册,第496页。
③ 张其凡:《宋代人物论稿》,上海人民出版社2009年版,第47页。

> 艺祖皇帝用天下之士人，以易武臣之任事者，故本朝以儒立国。而儒道之振，独优于前代。①
>
> 吕中说："我朝以儒立国，故命宰相读书，用儒臣典狱，以文臣知州，卒成一代文明之治。"②

吕中约生活于宋理宗朝。淳祐七年（1247）中进士，曾先后任肇庆府学教授，国子监丞兼崇政殿说书。据《宋史》卷四百二十《朱熠传》，吕中与徐清叟、尤熵、马廷鸾等人被时人誉为"名士"。理学在理宗朝确立了官方统治地位，程朱理学的经典进入学校成为教科书。吕中的《类编皇朝大事记讲义》就是一部为应试读书人学习使用的历史教科书，带有浓郁的官方色彩。

自孟子起，"仁政"就是儒家主流的政治哲学，政权的合法性建立在君主能否做到"内圣外王"即君主内有高尚的道德，外有强大的力量。太祖无疑被认为是"内圣外王"的典范，恰恰符合儒家所推崇的君主形象。宋真宗以后是正统之辨最为兴盛的时期，此时儒学的正统地位得到了充分的认同，在这个时候，吕中把太祖推到了崇尚儒学的前台，既申明了太祖君权的合理性以及宋政权的合法性，也使儒学的独尊地位有了祖宗之法的保证，彰显了其特有的统治意义，此乃一箭双雕之举。

然而，"以儒立国"说皆后人臆断，太祖并无此言，我们在史料中也难以找出太祖对儒学的明确态度。我们反而从下面史料中感受到了儒臣在太祖心中的另一番形象。

> 初，上问宰相赵普曰："儒臣有武干者何人？"普以知彭州、左补阙辛仲甫对。乃徙仲甫为西川兵马都监。于是召见，面试射，且问："能擐甲否？"仲甫曰："臣在郭崇幕府，屡从征讨，固尝被介胄矣。"上曰："汝见王明乎？朕已用为刺史。汝颇忠淳，若公勤不懈，不日当为牧伯也。"仲甫顿首谢。上因谓普曰："五代方镇残虐，民

---

① 《宋史》卷436《儒林六》，第12940页。
② 吕中：《宋朝大事记讲义》卷3《太祖·幸太学》，文渊阁《四库全书》本，上海古籍出版社2003年版，第686册，第210页。

受其祸。朕今选儒臣干事者百余,分治大藩,纵皆贪浊,亦未及武臣一人也。"①

在太祖的心目中,儒臣大多贪浊,其相对武臣来说只是危害小而已,从中难以看出太祖重用儒臣之意。吴曾《能改斋漫录》中记载:

> 太祖尝与赵普议事不合,太祖曰:"安得宰相如桑维翰者与之谋乎!"普对曰:"使维翰在,陛下亦不用。"盖维翰爱钱。太祖曰:"苟用其长,亦当护其短。措大眼孔小,赐与十万贯,则塞破屋子矣。"②

"爱钱""眼孔小",没多大出息的措大们赐些钱财就"塞破屋子"了,映射出太祖轻鄙儒臣的心理。另有一条载于《邵氏闻见录》:

> 太祖初及位,朝太庙,见其所陈笾豆簠簋,则曰:"此何等物也?"侍臣以礼器为对。帝曰:"我之祖宗宁曾识此!"命撤去。亟令进常膳,亲享毕,顾近臣曰:"却令设向来礼器,俾儒士辈行事。"③

似乎在太祖看来,儒士对于所谓迂腐的事情是情有独钟的。后来的大儒朱熹也对儒士好立虚论,不做实事的作风看不下去了,对"秀才"们批评道:

> 秀才好立虚论事,朝廷才做一事,哄哄地哄过了,事又只休。且如黄河事,合即其处,看其势如何,朝夕只在朝廷上哄,河东决西决,凡作一事皆然。太祖当时亦无秀才,全无许多闲说。只是今日何处看修器械,又明日何处教阅。日日著实做,故事成。④

儒士们好立虚论事,当国家有事时不但提不出切实可行的对策,还对

---

① 李焘:《续资治通鉴长编》卷13,开宝五年十二月,第293页。
② 吴曾:《能改斋漫录》卷10《太祖推服桑维翰》,中华书局1985年版,第262页。
③ 邵伯温:《邵氏闻见录》卷1,中华书局1983年版,第5页。
④ 朱杰人等:《朱子全书》,上海古籍出版社2002年版,第18册,第3969页。

别人的方案品头论足,这样的儒士又怎么会被太祖看重?

《宋史》文苑传序中说:"国初杨亿、刘筠,犹袭唐人声律之礼。柳开、穆修志欲变古,而力弗逮。庐陵欧阳修出,以古文倡;临川王安石、眉山苏轼、南丰曾巩起而和之,宋文日趋于古矣!"① 自唐代安史之乱到五代末,藩镇割据和诸侯纷争使世风日下。乱世中,世人不再崇文尚儒,而是崇尚勇猛刚武。柳开是宋代古文运动的先驱,自称"口诵古圣贤人之书,心纪古圣贤人之法"②。他认为当时的士人,"多以礼貌饰诈,中心奸欺,富贪于身而忘其道也"③。因此,他主张文字要宣传孔孟之道,作文要有助于政治教化,提倡古文,反对北宋初的浮靡文风,要求"实而有华",批评"辞涩言苦",强调"古其理,高其意,随言短长,应变作制"④。可奇怪的是,他的复古愿望并没有得到广泛回应,与此同时,另一个文学派别——五代派却十分繁荣,陶谷、张昭、李昉等名士都归于此派,反对复古派。对此,后来的古文倡导者王禹偁认为柳开的文章奇僻,未能密切联系实际,因此才不被推崇。其实不然,柳开的文章以朴实流畅见长,对其文给以艰涩、难懂之评价,则是失于详查。为什么曲不高但和寡呢?原因之一在于儒道在当时不受重视。儒学的体现者是儒士,若儒学受重视则儒士的地位也就会随之升高。假使太祖确定以儒立国,定会有大批士人积极兴儒传道,披上崇儒的外衣,以求得到重用。正因太祖并无此意,柳开的主张才无人理睬。而到了北宋中期,古文运动之所以搞得有声有色,与以儒学为主体的文化教育造就出了大批优秀儒士有密切关系。其受到很大关注,很重要的一个原因就是统治者的倡导。原因之二在于柳开其人沾染了五代的豪横之气,以至后来的士人对他总体评价不高,甚至将其恶化以表达对其粗暴没规矩的不满,这些记载也正体现了历史书写屈从现实政风的规律。由此得出,太祖朝并没有确立儒学的主导地位。我们从在上文比较过的祖宗两朝科举取士人数、用人倾向中推断,儒学受到推崇应是在太宗朝以后。太祖"以儒立国说"在这些事例面前显得摇摇欲坠。

---

① 《宋史》卷439《文苑传一》,第12997页。
② 柳开:《河东集》卷6《上符兴州书》,《四部丛刊初编》,商务印书馆1936年版,第17页。
③ 柳开:《河东集》卷12《送任唐征序》,《四部丛刊初编》,第5页。
④ 柳开:《河东集》卷1《应责》,《四部丛刊初编》,第11页。

三 半部《论语》治天下[①]

赵普"半部《论语》治天下"说广为人知,《宋史》中对此的记载为:

> 晚年手不释卷,每归私第,阖户启箧取书,读之竟日。及次日临政,处决如流。既薨,家人发箧视之,则《论语》二十篇也。[②]

此说法在南宋人的笔下颇为流行。洪业先生在《半部论语治天下辨》中明确指出,这则传说最早是出于南宋史籍——《东都事略》,距赵普卒后也有一百九十四年了,其间并无他著谈及此事。因此,传说的真实性有多大就值得我们认真商榷了。下面我从赵普的经历和属文的角度分析此说能否成立。赵普早年"寡学术",虽然精通吏治,但与文学之臣比起来,知识程度还是相差甚远,身为宰相的赵普也脱不了恶补一番。《长编》中记载:

> 赵普初以吏道闻,寡学术,上每劝以读书,普遂手不释卷。[③]

"手不释卷"也许有些夸张了,可我们通过这条记载,能清楚地看到赵普的变化。让赵普读书的原因,一是太祖的规劝,作为臣下必须遵从;二是身居高位,必须从书中汲取治国方略,若孤陋寡闻,难以服众,难免遭到他人非议;三是来自文学之臣的威胁,卢多逊与赵普矛盾尖锐。史载卢多逊"博涉经史",是太祖赏识的文学顾问,赵普在文化方面就败下阵来了,于是,他开始发奋读书。结果证明,他的努力没有白费。太宗在《赵普神道碑》中说:

[①] 张其凡:《"半部论语治天下"探索》,原载《学林漫录》第10集,中华书局1985年版,后收于氏著《宋代人物论稿》,上海人民出版社2009年版,第74—79页;邓小南:《谈宋初之"欲武臣读书"与"用读书人"》,原载《史学月刊》2005年第7期,后收于氏著《祖宗之法——北宋前期政治述略》,生活·读书·新知三联书店2006年版,第149页;洪业:《半部论语治天下辨》,《洪业论学集》,中华书局1981年版,第405—426页。

[②] 《宋史》卷256《赵普传》,第8940页。

[③] 李焘:《续资治通鉴长编》卷7,乾德四年五月甲戌,第171页。

及至晚年，酷爱读书，经史百家，长存几案，强记默识，经目谙心，硕学老儒，宛有不及，及博达于今古，优雅善于谈谐。①

虽然太宗对赵普的评价很高，可还是指明他在文化方面的进步是从晚年开始的，这其中虽有溢美之词，但从赵普的实际从政情况来看，也应该被看作是一个比较客观的评价。由此可知，赵普博览群书，绝不会仅仅只读《论语》，况且《论语》的篇幅很少，在科举考试时，是作为小经附于《周易》《尚书》、明法三科的，也足见其当时的地位并不太高。退一步讲，说赵普并不是只看《论语》，而是对《论语》格外钟爱，则这个解释也依然难以成立。在赵普《班师》《彗星》《上太祖请行百官考绩表》以及《小畜集》的表状之属三十篇中，没有找到他引用《论语》的话，但从他的奏议中可以看出，他对于《诗经》《左传》《史记》《唐书》等是很熟悉的。例如在其奏议《班师》和《彗星》中写道：

窃见汉武帝时，主父偃、徐乐、严安所上书，及唐相姚元崇献明皇十事，忠言至论，可举而行。
按《左传》云："齐有彗星，齐侯使禳之。晏子曰：'无益也，只取诬焉。'"②

随后他又列举了《诗》《晋书·天文志》《梁书》《唐书》。从这些方面来看，赵普并非孤陋寡闻，而是有着丰富学识的谋臣。尽管《小畜集》乃王禹偁之作，赵普的表状中也有很多是王禹偁代笔的，但赵普的治国思想在表状之中也应有体现。因此所谓的"半部《论语》治天下"一说很难使人信服。张其凡先生在其文《"半部论语治天下"探索》中对这一问题已有精辟论断，笔者只是稍加补充。

四 理想人才

太祖既不喜欢武臣的粗鲁，也不中意儒臣的迂腐，究竟什么是太祖的

---

① 李攸：《宋朝事实》卷3《御制》，中华书局1955年版，第46页。
② 吕祖谦：《宋文鉴》卷41《班师疏》《彗星疏》，中华书局1992年版，第617—619页。

理想型呢？太祖理想中的人才需要文武兼备，并不需要让文武界限那么分明，这与之后太宗时期文武分途有很大区别。太祖"令武臣读书"，也是希望他们能够修成文韬武略兼备的将领。知书达理的人兼济勇武就不会粗暴的滥用武力，而是合理地运用武功方略，这正是人才的理想状态。太祖不仅提倡武臣读书，还提倡文臣习武。"儒臣有武干者"也是太祖想用的人才。将有武干之儒臣转为武将，是赏识眷顾的表示，而不是贬责。名将马知节就是一个能文能武的榜样。《宋史》之《马之节传》里对他是这样描述的，"慷慨以武力智谋自许"，颇有其父马全义之风，太宗、真宗时在对辽和西夏等战事中颇立战功。其文化素养较高，"能好书"，喜欢读书且擅长鉴别图画，甚至著有文集二十卷，为文长于议论，其诗作曾经得到过北宋大文豪苏辙的首肯，少数传世至今。从对他的介绍中可知，其受儒家思想影响颇深，"宾友儒者"。他"遇事敢言，未尝少屈"[①]，为人刚正，誉满天下。

马知节是宋太祖爱将马全义的儿子，马全义病逝后，太祖把他七岁的儿子接到宫中抚养，为他取了知节这个名字，并把他培养成为文武双全的武将。这在一定程度上也可以体现出太祖爱才的倾向。但毕竟文武兼修者不多，太祖只好调节人事，使文武合作，以文臣"知州"，达到以文抑武的目的，即用温文尔雅抑制武力的锋芒，略有以柔克刚的用意。宋初正是按照这样的政策，一方面优待文臣，让他们操持国柄；另一方面，以丰厚俸禄及快速的升迁，笼络补偿打江山及御外侮的武臣。从太祖身上，我们难以看出对儒臣的格外重视，更难察觉对武臣的轻视。所以，太祖"重儒"甚至"以儒立国"的说法都是过于偏执的，对于这个问题还需要认真审视。

五　从美化到神化

我们今天翻看宋人的众多笔记，会发现宋初的笔记很少，只有《东轩笔录》《春明退朝录》等很有限的几部作品，这也一定程度上反映了宋初文治不兴的事实。从这些笔记中，我们也能看到太祖朝对文学之臣的待遇。《东轩笔录》中说"陶毂，自五代至国初，文翰为一时之冠。……建

[①]《宋史》卷278《马知节传》，第9452页。

隆以后，为宰相者，往往不由文翰，而闻望皆出谷下"①。正如前文提到的，太祖朝并没对儒生、儒学情有独钟，更谈不上"以儒立国"。在宋初的笔记中找不到太祖重儒的记载，而明确谈到了真宗好儒一事："真宗天纵睿明，博综文学，尤其重儒，凡侍从之臣每因赐对，未始不从容顾问。"② 王禹偁曾劝真宗不要把精力放在"琐琐之儒"的事，也能看出真宗的确是喜爱儒学，重视儒生的。太宗诏诸儒编写《太平御览》，真宗诏诸儒编君臣事迹一千卷，名曰《册府元龟》，其对儒士的重视程度可见一斑。儒学的兴起最早应该在太宗、真宗两朝。

仁宗时，儒学的地位被进一步抬高了。赵祯爱好学习，崇拜儒家经典。他首次把《论语》《孟子》《大学》《中庸》合在一起让学生学习，开了"四书"的先河。石介编《三朝圣政录》对儒家经典大加颂扬。

宋神宗熙宁四年，《孟子》一书被首次列入科举考试科目之中；熙宁八年，《论语》《孟子》被列为兼经，成为科举考试的必读书；宋哲宗时，将进士分为经义、诗赋两科，分别举行考试。宋哲宗即位后，司马光奏请当代大儒程颐做哲宗的老师。程氏兄弟是宋明理学的奠基者和开创者，其对君王的要求比太祖的"知治乱之大体"严格得多，他以德育为重，强调自身修养。他为哲宗讲经，常因内容枯燥无趣而使哲宗厌烦。北宋中期以后，在统治者的大力倡导下，儒学复兴，形成了天子与士大夫共治天下的局面。也是在这个时候，士人对儒学的认识和运用开始趋向教条化。程颐就是一个将儒经教条化的典范，这一点可以举一个例子说明：元祐元年九月一日，宰相司马光去世了，正巧这天是皇帝率百官祭祀天地神灵的日子。祭祀一结束，百官急忙去吊唁司马光，却被程颐拦住，理由是孔子说的一句话："子于是日哭，则不歌。"③ 由此可看出程颐已将儒经奉为指导一切思想和活动的准则。

成书于宋孝宗的《东都事略》是最早记载赵普"半部论语治天下"说的著作，北宋的笔记中并没有这类说法。这恐怕只是时人推崇儒学的幻想式表达。宋宁宗时，权臣韩侂胄为了打压理学家，把理学定为"伪学"。宋理宗即位之初，史弥远为排除异己将理学家赶出朝廷。史弥远死

---

① 魏泰：《东轩笔录》卷1，中华书局1983年版，第5页。
② 同上书，第6页。
③ 孙钦善：《论语本解》，生活·读书·新知三联书店2009年版，第80页。

后，理宗亲政（1231年），将被赶走的理学家重新请回朝堂，朝野上下掀起了一股尊崇理学的风气。正是因为理宗大力推崇理学，《宋史》对理宗评价很高，"后世有以理学复古帝王之治者，考论匡直辅翼之功，实自帝始焉"①。朱熹是理学的集大成者，钱大昕说，宋史"意在推崇程朱之学"②。他的《四书集注》在元朝被定为科举考试的程式。此时的儒经理学已然被神化成了人人都应遵守的绝对准则，是治国兴邦的不二法门。

众所周知，宋人一直有承继"祖宗之法"的情结，而"祖宗之法"并不只是祖宗定下的法规制度，多是后人按照主观价值追求和现实的需要将其不断丰富的。其思想文化的内容，实则体现了整个宋朝的文化导向。

在摘下宋太祖崇儒的标签后，依然不能忽略其对于当代以及后世文化发展的奠基作用。五代中，不乏出身武将的皇帝，但能以施行文治来实现国家稳定的不多。后唐明宗李嗣源、后周世宗柴荣跟太祖一样出身行伍，却也是一代明主。"明宗虽出夷狄，而为人纯质，宽仁爱人。"③ 明宗目不识丁，但重视文人，对于有才学见识的都加以引用。世宗"区区五六年间，取秦陇，平淮右，复三关，威武之声震慑夷夏，而方内延儒学文章之士，考制度、修《通礼》、定《正乐》、议《刑统》，其制作之法皆可施于后世"④。他重用文臣，虚怀纳谏。"其伐南唐，问宰相李穀以计策；后克淮南，出穀疏，使学士陶穀为赞，而盛以锦囊，尝置之左侧。"⑤

可见太祖并不是五代皇帝中第一个重视文化的。武以建国，文以治国，周世宗无疑是他学习的榜样。然而，明宗因其子造反而死，后周因武将夺权而亡，这使太祖的文治有了他自己的思路。黄袍加身的他深知威胁宋政权稳定的不是儒学文章之士，而是手握重兵的武将们。虽用行政手段收了兵权，却无法防止其在地方为非作歹。为了使他们的粗劣禀性有所收敛，对武将进行文化教育是必要的，这正是"令武臣读书"的高明之处。太祖无疑开了宋朝文治的先河，尽管他本人并没有把文人的地位抬到武人之上，但他是后世"重文抑武"之风的源头；尽管他没有把儒学和儒臣

---

① 《宋史》卷45《理宗五》，第889页。
② 钱大昕：《廿二史考异》，《续修四库全书》，上海古籍出版社1995年版，第454册，第713页。
③ 欧阳修：《新五代史》卷6《明宗纪》，中华书局1999年标点本，第45页。
④ 欧阳修：《新五代史》卷12《世宗纪》，第87页。
⑤ 同上。

放在极其重要的位置，但他对后来的重儒风气起了一定的奠基作用。过分的重文抑武使宋人趋于文弱；过分的尊崇儒学，使思想走向保守，这些都不会是太祖的初衷。宋人用笔造出了一个崇儒的太祖，并把"重文"改写为后来的"重儒"，其背后的历史和文化历程似更需要我们关注。因此，我们在采用各种史料时，仅限于文字上的解读是不够的，还需要把思维投放到当时的历史空间中，感受历史表象下的暗流，综合分析，去伪存真，才能使历史更加丰富，有人情味。

宋辽西夏金史青蓝集
内容初刊信息

黄正林：《国民政府"扶植自耕农"问题研究》，《历史研究》2015 年第 3 期。

徐黎丽：《论民族的三个基本属性》，《西北民族研究》2013 年第 5 期，中国人民大学报刊复印资料《民族问题研究》2014 年第 2 期全文转载。

彭向前：《试论辽对西夏的遏制政策》，《西北民族研究》2003 年第 4 期。

王天顺：《章惇与曾布、蔡卞交恶及其对绍述政治的影响》，《中国史研究》2009 年第 1 期。

马玉臣：《试论宋神宗时期的州县省废》，《中国历史地理论丛》2005 年第 4 期。

靳华：《嘉定议和后的宋金关系》，《北方论丛》2002 年第 6 期。

韩毅：《宋代僧人对儒家中庸思想的认识与回应——以宋学形成前释智圆和释契嵩为中心的考察》，《中华文化论坛》2005 年第 3 期（总第 47 期），中国人民大学复印报刊资料《宗教》2005 年第 6 期全文转载。

郭志安：《论北宋河患对农业生产的破坏与政府应对——以黄河中下游地区为例》，《中国农史》2009 年第 1 期。

张金花：《宋代女性经商探析》，《中国史研究》2006 年第 4 期。

魏华仙：《宋代政府与节日消费》，《中国经济史研究》2010 年第 2 期。

吕变庭：《杨辉算书与南宋社会经济诸关系初探》，《中国社会经济史研究》2014 年第 1 期。

肖建新：《宋代的科举责任追究》，《文史哲》2009 年第 5 期。

杨小敏：《政事与人事：略论蔡京与讲议司》，《西北民族大学学报》（哲学社会科学版）2008 年第 5 期。

尚平：《南宋马纲水运考述》，《首都师范大学学报》2010 年第 1 期。

杨芳：《试论宋代义仓的设置与运营》，《中国农史》2012 年第 2 期。

陈朝阳：《熙宁末年宋交战争考述》，《中国史研究》2012 年第 2 期。

邱志诚：《宋代农书的时空分布及其传播方式》，《自然科学史研究》2011 年第 1 期。

刘双怡：《西夏地方行政区划若干问题初探》，《宋史研究论丛》第 16 辑（河北大学出版社 2015 年版）。

孙方圆：《北宋废止皇帝"田猎"之礼考述》，《中国史研究》2014 年第 1 期。

郭洋辰：《北宋元丰改制前宰相名衔新探》（待刊）

范建文：《宋代坐仓析论》，《中国史研究》2016年第6期。

崔红芬：《西夏僧人赋役问题初探》，《首都师范大学学报》2008年第1期，此次刊出又进行相应修改。

刁培俊：《官治、民治规范下村民的"自在生活"——宋朝村民的生活世界初探》，《文史哲》2013年第4期。

张剑：《范浚的理学思想及其时代意义》，《中国哲学史》2013年第2期，中国人民大学复印报刊资料《哲学》2013年第8期全文转载。

方兴：《明代科举中的"同等学力"》，《光明日报》2014年3月26日第14版。

俞菁慧：《〈周礼〉泉府"国服之息"与"国家借贷"问题——聚焦王安石变法中的青苗借贷及其经义论辩》，《历史研究》2016年第2期。

张勇：《宋代三种物资转输地理格局的分解》，《史林》2016年第2期。

纪雪娟：《契嵩生平编年及思想述论》，首都师范大学2009届学士学位论文（获2010年全国史学新秀杯三等奖）。

朱义群：《北宋宰相吕大防研究》，首都师范大学2010届学士学位论文。

夏季：《宋太祖"重儒"说献疑》，首都师范大学2011届学士学位论文。

主编简介

李华瑞，男，1958年2月出生于甘肃山丹县平坡，祖籍四川绵竹市。1964年9月—1974年1月在山丹煤矿职工子弟学校读小学、初中、高中。1974年春至1976年1月在山丹煤矿农场劳动。1976年2月16日—1977年元月4日在山丹县花寨公社新泉大队一小队插队。1977年1月—1978年9月在山丹煤矿掘进队、供销科煤台工作。1978年10月—1987年8月在西北师范大学历史系读本科、硕士研究生（师从陈守忠先生），任助教。1987年9月—1990年6月在河北大学社科所宋史研究室师从漆侠先生攻读博士学位。1990年6月—2004年8月在河北大学任历史研究所教授、博士生导师、研究生处副处长、人文学院院长等职。2004年9月到首都师范大学历史学院工作，被评为首都师范大学二级教授，2008年4月任首都师范大学唐宋史研究中心主任，2012年7月—2016年7月任首都师范大学学报编辑部主任、社会科学版主编。后被评为教育部长江学者特聘教授。

1996—2014年曾先后任中国宋史研究会秘书长、副会长、法人代表，北京大学中国古代史研究中心学术委员（2001—2009年），台湾东吴大学历史系客座教授（2009.9—2010.1）。现兼任全国哲学社会科学规划办中国历史评审组成员、中国社会科学院西夏文化研究中心副主任、中国人民大学报刊复印资料《宋辽金元史》编委主任。1996年入选全国"百千万人才工程"第二层次人选，1999年被评为第三届河北省社会科学优秀青年专家，2001年获教育部第三届"高校青年教师奖"，2002年获河北省有突出贡献中青年专家称号，2004 年享受国务院政府特殊津贴，2006 年被评为北京市拔尖创新人才。

自 1985 年以来一直从事宋史、西夏史和中国古代经济史的研究。出版个人专著 9 部、编著 7 部、合编著作 8 部，在《历史研究》《中国社会科学》（英文版）《中国史研究》《史学理论研究》《文史》《文献》《中国经济史研究》等国内外期刊上发表学术论文 200 余篇。主持或承担教育部"高等学校优秀青年教师教学科研奖励计划"项目，国家社科基金一般项目、重点项目、重大项目、委托项目，北京市人才强教工程—拔尖人才项目、国家"十一五"重大文化出版工程项目等。主要论著有：《宋代酒的生产和征榷》（1995 年）、《中华酒文化》（1995 年）、《宋夏关系史》（1998 年）、《宋史论集》（2001 年）、《王安石变法研究史》（2004 年）、《宋夏史研究》（2006 年）、《视野、社会与人物——宋史、西夏史研究论文稿》（2012 年）、《宋代救荒史稿》上下册（2014 年）、《宋夏史探研集》（2016 年），主编《中国改革通史·两宋卷》（2000 年）、《"唐宋变革"论的由来与发展》（2010 年）等。其中，《宋夏关系史》《宋代酒的生产和征榷》分获河北省社会科学优秀成果一、二等奖。《宋夏关系史》2010 年被中国人民大学出版社收入"当代中国人文大系"。

作者简介

黄正林，男，1964年10月生，甘肃环县人，历史学博士。陕西师范大学历史文化学院教授，博士生导师，中国现代史学会常务理事。1984年考入西北师范学院历史系，在大学班主任水天长教授、李华瑞教授、侯丕勋教授的引导下，开始走上学术道路。大学毕业后，先后在环县第一中学、庆阳师专、河北大学、河南大学工作。主要从事中国近现代社会经济史和中共党史的研究。主持完成国家社科基金项目及省部级社科项目多项，目前主持国家社科基金重大招标项目1项，从事《陕西经济通史》《陕甘宁边区制度史》的研究与撰写。主要著作有：《陕甘宁边区社会经济史（1937—1945）》《陕甘宁边区乡村的经济与社会》《社会变迁与区域经济史研究》《庆阳通史》（下卷）、《农村经济史研究——以近代黄河上游区域为中心》《近代中国农村经济史研究》等。在《历史研究》《近代史研究》《中共党史研究》《抗日战争研究》《史学月刊》《中国农史》等刊物发表学术论文70余篇。

徐黎丽，女，1966年11月4日出生，兰州大学中国边疆安全研究中心主任、历史文化学院民族学研究所所长，二级教授，博士生导师。发表论文80余篇，出版著作8部。曾任国务院学位办第六届民族学学科评议组委员，现任全国博士后管委会第七届评议组成员、全国青联第十届中央委员、牛津大学访问学者、中国影视人类学学会副会长、中国民族学常务理事、中国人类学民族学研究会理事、世界民族学会常务理事、中央统战部民族宗教研究基地特聘研究员、全国青联社会科学联谊会常务理事。2003 年入选甘肃"555"人才、2005 年 9 月获甘肃省社会科学拔尖人才奖、2005 年获甘肃省第四次各族青年团结进步模范个人荣誉称号、2007 年获教育部新世纪人才奖、2009 年入选国务院特殊津贴专家、2009 年入选甘肃省第二层次领军人才、2009 年入选国家级千百万人才、2013 年获甘肃省宣传文化系统"四个一批"人才奖、2014 年入选甘肃省第一层次领军人才。

彭向前，男，1968 年生，河南省潢川县人，历史学博士，九三学社社员，现为宁夏大学西夏学研究院副院长，研究员，博士生导师，"国家百千万人才工程"第三层次人员，中国民族古文字研究会会员，《西夏学》编委。迄今出版专著《西夏文〈孟子〉整理研究》《宋史夏国传集注》2 部，编著 1 部。在《民族研究》《中国史研究》以及 Письменные памятники Востока（俄罗斯科学院东方所编《东方文献》）、《中国史研究》（韩国）等中外刊物上发表学术论文、译文 90 余篇。主持并完成国家社会科学基金一般项目、教育部人文社会科学重点研究基地重大项目等省部级以上项目 10 项。

汪天顺，男，1972 年生，甘肃古浪人。1992—1999 年就读于西北师范大学历史系，先后获历史学学士、硕士学位，导师为李清凌先生。1999—2002 年就读于河北大学宋史研究中心，师从李华瑞诸先生，获历史学博士学位。自 2002 年以来，任教于广西师范大学历史文化与旅游学院。现为该学院教授、硕士生导师。主要从事中国古代史（宋史）、中国历史文献学等方面的教学科研工作。目前，已完成一项国家社科基金课题《北宋时期西部沿边的民族向心运动与边区社会控制研究》，发表了若干篇关于北宋边疆民族史和政治史的学术论文。

马玉臣（1972—2013），男，河南省三门峡市卢氏县人。河南大学历史文化学院教授、博士生导师。曾先后求学于宋史研究重地河南大学、河北大学、四川大学。独立完成全国高校古委会古籍整理项目 1 项，主持国家社科基金 1 项，参与完成国家社科基金、教育部人文社科等各类课题 7 项。成果获省社科优秀成果 1 次，教育厅社科优秀成果奖 4 次。生前主持国家社会科学基金项目——"宋代'三冗'问题与积贫积弱现象的历史教训研究"。曾在《地理学报》《中国史研究》《中国经济史研究》《史学史研究》《宗教学研究》《中国农史》《中国史研究动态》《史学月刊》《中国社会经济史研究》《中国历史地理论丛》等期刊发表论文 50 余篇，多篇论文被人大报刊复印资料和高校学报文摘转摘。出版《〈中书备对〉辑佚校注》（河南大学出版社 2007 年版）、《古代河南经济史》（河南大学出版社 2012 年版）（合著）。

靳 华 （1964—2002），女，黑龙江齐齐哈尔人。1982—1986 年哈尔滨师范大学历史系本科。1986 年 9 月至 1989 年 3 月，华中师范大学硕士研究生（提前半年毕业）。毕业后回到哈尔滨师范大学历史系任讲师、副教授。1999 年考取河北大学宋史研究中心博士研究生，靳华是一位很有才学的女学者，不幸于 2002 年 4 月 13 日因病英年早逝。她在患病期间仍以顽强的毅力攻读宋史博士学位，并写出多篇学术论文，对宋金之间的榷场贸易的特点、目的、发挥的作用以及两者之间的走私贸易进行了较详细的论述。发表论文有：《宋、金榷场贸易的特点》，《华中师范大学学报》（人文社会科学版）1990 年第 4 期；《试析宋往金界的走私》，《北方论丛》1993 年第 2 期；《试析宋、金榷场建立的目的及作用》，《湖北民族学院学报》1997 年第 1 期；《司马光对宋朝周边政权的态度》，《锦州师范学院学报》（哲学社会科学版）1997 年第 2 期；《史鉴对金世宗施政的影响》，《中南民族学院学报》（哲学社会科学版）1997 年第 2 期；《关于〈中国历史文选〉课的几点思考》，《函授教育》1997 年第 3 期；《两宋之际孟后垂帘听政与民族矛盾》，《求是学刊》1997 年第 3 期；《评〈中国古代的乡里生活〉》，《江西社会科学》1997 年第 11 期；《嘉定议和后的宋金关系》，《北方论丛》2002 年第 6 期。

韩 毅，男，1974 年生，甘肃临洮人。1998 年 6 月毕业于西北师范大学历史系，获历史学学士学位。2001 年 6 月毕业于西北师范大学历史系，获历史学硕士学位，师从李清凌教授。2004 年 6 月毕业于河北大学宋史研究中心，获历史学博士学位，师从李华瑞教授。

2004年9月至2007年8月在中国科学院自然科学史研究所科学技术史博士后流动站从事研究工作。现为中国科学院自然科学史研究所研究员、博士生导师，主要从事医学史、疾病史和宋史等研究。2007年9月至2012年12月参加德国马普科学史研究所—中国科学院自然科学史研究所伙伴合作小组，2008年在德国马普科学史研究所从事访问研究。主持国家社会科学基金项目、国家重点实验室开放基金项目和中国科学院"十二五""十三五"重大项目等。著有《政府治理与医学发展：宋代医事诏令研究》（中国科学技术出版社2014年版）、《宋代瘟疫的流行与防治》（商务印书馆2015年版）。在《EASTM Journal》《中央史学》（韩国）、《国际社会科学杂志》《自然科学史研究》《中国科技史》《中华医史》等刊物发表学术论文40余篇。

郭志安，男，1973年生，河北滦南人，先后于河北大学获得中国古代史专业硕士、博士学位，于郑州大学历史学博士后科研流动站从事博士后科研工作。现为保定学院历史系教授，主要从事历史教学、宋史研究工作。主持、完成省部级和国家级社科项目多项。目前已先后在《西北师大学报》《北方论丛》《中州学刊》《中国农史》《宋辽金元史研究》（韩国）、《历史与文化》（韩国）等刊物发表专业学术论文20余篇。曾获保定名师、保定市学术和技术带头人、保定市社会科学优秀成果奖等荣誉。

张金花，女，1962年生，河北高阳人，文学学士、历史学博士。2002—2005年，于河北大学宋史研究中心，师从李华瑞先生攻读博士学位。自1983年始，先后在河北经贸大学、河北工业大学从事教学与科研工作。2003年，取得教授任职资格。主要研究领域为经济史和管理学。主持完成国家社会科学基金项目2项及20余项省市级社会科学研究项目，出版学术专著2部，发表学术论文60余篇。其中，《广告道德研究》（专著）获第三届河北省哲学社会科学规划项目优秀成果二等奖，《宋诗与宋代商业》（专著）、《论宋代商人的广告自觉》分别获第十届、第十一届河北省社会科学优秀成果三等奖及第五届邓广铭学术奖励基金优秀奖。《夜市经济：中国古代的一种特殊经济形态》《宋代涉商诗的史学解读》《中国古代夜市研究综述》《论宋代商人的广告自觉》《历史视域下的经济与文化》《宋代女性经商探析》等论文刊载于《中国史研究》《中国经济史研究》《中国社会经济史研究》《光明日报》等权威报刊，且或为《新华文摘》等报刊论点摘编，或为人大复印资料之《经济史》和《宋辽金元史》等全文转载与摘编。

魏华仙，女，1964年生，四川仁寿人。1983年9月至1987年7月在四川南充师范学院（今西华师范大学）历史系读书，获学士学位。1987年7月至1992年7月在内江师范专科学校（今内江师范学院）政史系任教，先后获助教、讲师职称。1992年7月至2002年7月在湖南省文理学院历史系任教，1995年5月获副教授职称，1997年9月至2000年7月去云南大学中国经济史研究中心读在职硕士研究生，获硕士学位。2002年9月至2005年7月在河北大学宋史研究中心读博士，获博士学位。之后进入首都师范大学博士后流动站，2007年6月出站。2007年7月至今在四川师范大学历史文化与旅游学院任教，2008年底获教授职称。先后在《中国史研究动态》《河北大学学报》《中国经济史研究》《中国历史地理论丛》等期刊发表文章十数篇。

吕变庭，男，1962年生，河北石家庄市井陉县人，现任河北大学宋史研究中心教授，博士生导师，宋史研究中心副主任，河北省科学技术史学会会长。主要从事中国古代科技思想史研究（以宋代为主），目前出版学术专著15部，发表论文50多篇，主持国家社科基金课题4项，省部级科研课题多项，其学术著作多次获得河北省社会科学优秀成果奖，其中《北宋科技思想史研究纲要》一书获河北省第十一届社会科学优秀成果一等奖，目前正承担国家社科基金重点项目《中国科学技术思想通史》的研究。

肖建新，男，1961年生，江苏南通人，历史学博士、教授，南京审计大学法学院教授、博物馆馆长兼高等教育研究所所长，兼安徽师范大学宪法学与行政法学、中国法制史硕士研究生导师，中国法制史博士生导师,以及中国宋史研究会理事、江苏省法学会审计法研究会常务理事、安徽省史学会理事、安徽省朱子学会理事等。从事宋史、中国法制史、中国监察史、中国审计史等研究,先后主持国家社科基金项目《宋代行政责任追究制度研究》等课题,发表《论宋代的监察机制》《宋朝审计机构的演变》《朱熹的法制思想》《明初法律的二重建构》《论宋代举官责任追究》《岳飞冤狱与监察制度的异化》等多篇论文,出版《宋代法制文明研究》《〈新安志〉整理与研究》《百官箴校注》等多部著作。其中,二三十篇论文为《新华文摘》《高等学校文科学术文摘》和人大复印资料摘编转载。

杨小敏,女,1966年11月生,甘肃甘谷人。天水师范学院历史文化学院院长、教授,历史学博士,硕士生导师。1990年毕业于兰州大学历史系,获学士学位;2010年1月获首都师范大学中国古代史博士学位。中国宋史学会会员,甘肃省历史学会会员。主要从事中国古代史的教学和科研工作,先后主讲《中国古代史》《隋唐史专题》《资治通鉴讲读》《宋代人物评析》《女性文化专题研究》等专业课和公共选修课课程。在《中国经济史研究》《史学集刊》《中国农史》《甘肃社会科学》等刊物发表论文三十余篇;主持完成教育部项目一项,申报成功国家社科项目一项,参与国家社科重点项目一项。专著《蔡京、蔡卞与北宋晚期政局研究》(中国社会科学出版社2012年版)于2013年3月获甘肃省第十三届哲学社会科学奖三等奖,2014年8月获第八届邓广铭学术奖励基金二等奖。参编教材《陇右文化概论》获甘肃省高校社科三等奖;参与的《国学智慧教育创新实验研究》2014年4月获甘肃省教学成果一等奖。先后被评为天水师范学院"优秀中青年教学科研骨干""教书育人"先进个人。

尚 平,男,1972年10月出生,陕西武功人,副教授,博士,中国宋史研究会会员。现任教于湖北师范大学历史文化学院,主要从事中国古代史、宋史的研究和教学工作,已在《史学月刊》等刊物上发表学术论文十余篇,完成博士学位论文《南宋马政研究》(首都师范大学，2009 年），承担省部级、校级科研项目多项。

杨　芳，女，汉族，1977 年 12 月生，甘肃民勤人，2007 年毕业于西北师范大学，获历史文献学硕士学位，同年进入首都师范大学，师从李华瑞教授学习宋史，2011 年获博士学位。现为中国宋史研究会会员、西北师范大学历史文化学院副教授，主要从事中国古代史、文物与博物馆学的教学与科研工作。在《中国经济史研究》《中国边疆史地研究》《敦煌研究》《中国农史》《西北师大学报》等刊物发表论文多篇。教学方面，为本科生开设《中国古代史》《中国历史要籍介绍与选读》《中国文化史》《史学论文写作》等课程。2011 年、2015 年两次在北京师范大学进行文物与博物馆学相关课程的学习，现为研究生开设《博物馆学概论》《博物馆陈列与设计》等课程。

陈朝阳，女，1975 年 1 月出生，河南渑池人。1996 年大学毕业后在义煤集团任教，担任该校的英语教师。2003 年考入河北大学攻读研究生，读研期间，论文《宋代的灯市与灯具》发表于《文史知识》（2004 年 12 月），获得河北大学一等奖学金。2006 年毕业于河北大学宋史研究中心，进入洛阳龙门石窟研究院工作。2009 年，师从首都师范大学历史学院李华瑞教授攻读博士学位。近年来发表论文十余篇，其中《熙宁末年宋交战争考述》一文发表于权威核心期刊《中国史研究》2012 年第 2 期。博士毕业之际获"宁可史学新秀"一等奖。目前在单位主要从事"龙门石窟碑刻题记的整理"项目的研究，该项目跨越的朝代从北魏至清末民初，涉及佛学、民俗、文字等众多内容。另外一个项目是翻译美国学者《龙门供养人》一书。

邱志诚，男，1973 年生，四川巴中人，历史学博士，温州大学人文学院副教授，中国宋史研究会会员。主要研究方向为宋史、农学史。已发表论文 20 余篇，主要有《宋代农书考论》（《中国农史》2010 年第 3 期）、《黑水城文书中发现又一版本的〈千金要方〉——新刊中国藏黑水城 F14：W8 号汉文文书考释》（《首都师范大学学报》2012 年第 1 期)、《错开的花：反观宋代相权与皇权研究及其论争》(《海南大学学报》2007 年第 5 期)、《梅尧臣诗中的审丑意识——兼论宋诗以俗为雅风格的形成》(《中南大学学报》2008 年第 6 期)、《〈尚书〉辨伪与清今文经学——〈尚书〉辨伪与清今文经学及近代疑古思潮研究（上）》(《中南大学学报》2008 年第 2 期) 等。另参著专书 1 部。主持国家社科基金一般项目、浙江省社科规划项目各 1 项。

刘双怡，女，1984 年 5 月生，历史学博士，讲师。2011 年 9 月至 2014 年 7 月就读于首都师范大学历史学院，师从李华瑞教授学习宋史、西夏史。2014 年 9 月起进入四川大学历史文化学院博士后科研流动站从事科研、教学工作。

孙方圆，男，1986 年生，北京人。2010 年 6 月毕业于山西大学历史文化学院。同年 9 月考入首都师范大学历史学院，师从李华瑞教授学习宋史。2013 年获取硕博连读资格，继续在首师大攻读博士学位，现为在读博士研究生，主要研究方向为宋代政治史、军事史和环境史。自硕士入学以来，曾先后赴日本京都大学（2013 年）和美国密歇根大学（2014—2015 年）进行短期交流访学；2012 年获得国家硕士研究生奖学金，2014 年获得国家博士研究生奖学金。已发表专题学术论文两篇：《北宋前期动物保护诏令中的政治文化意蕴：以〈宋大诏令集〉为考察中心》(《史学月刊》2012 年第 6 期)，《北宋废止皇帝"田猎"之礼考述》(《中国史研究》2014 年第 1 期)，该文为中国人民大学书报资料中心主编之《历史学文摘》(2014 年第 2 期) 摘录转载。

郭洋辰，男，1989 年生，广西桂林人，农学学士、历史学硕士，广西师范大学出版社集团有限公司文献图书出版分社编辑。2012—2015 年间于首都师范大学历史学院师从李华瑞教授学习宋史，硕士学位论文《宋代竹木业研究》，主要研究方向为宋史、历史文献学。

范建文，男，汉族，1977 年 12 月生，河南虞城人，历史学博士。现任职于洛阳师范学院。2000 年毕业于商丘师范学院。2000 年 7 月至 2004 年 8 月，在一所中学任教。2004 年 9 月至 2006 年 6 月于华中科技大学历史研究所攻读硕士学位，师从罗家祥先生。2006 年 7 月起，任职于洛阳师范学院。2012 年 9 月至 2016 年 1 月在职于首都师范大学历史学院攻读博士学位，师从李华瑞教授。主要从事中国古代史（宋史方向）的学习、教学与研究。目前重点关注宋代兵器史、军事史、社会文化史及教育史。近年来，先后在《中国史研究》《首都师范大学学报》《四川师范大学学报》《烟台大学学报》《北方论丛》等期刊发表学术论文十余篇。

崔红芬，女，1968 年 6 月生，河北河间人。1985—1989 年就读于兰州大学外语学院俄语系，获俄罗斯文学学士学位。2003—2006 年在兰州大学敦煌学研究所读博士，获历史学博士学位。2006—2008 年为首都师范大学历史学博士后流动站在研人员，2008 年博士后出站，进入河北师范大学历史文化学院从事科研与教学工作，主要研究方向有佛教出土文献、西夏学、佛教史和俄语翻译等。现为河北师范大学历史文化学院教授。2012 年获教育部新世纪人才支持计划资助，2014 年获河北省高等学校高层次人才资助。自从事历史学研究以来，主持省部级、国家级项目多项。在《民族研究》《世界宗教研究》《文献》《敦煌研究》《中国藏学》《中华文化》和香港中文大学《人间佛教》等刊物发表学术论文多篇。出版论著三部即《西夏时期的河西佛教》《文化融合与延续：11—13 世纪藏传佛教在西夏的传播与发展》和《西夏汉传密教文献整理研究》，与他人合作翻译出版译著三部即《西夏物质文化》《孔子和坛记》和《西夏语文学》。

刁培俊，男，1974 年生，河北临西人。1993—2002 年间先后在河北大学读历史学本科和研究生，2007 年获得南开大学博士学位，2011 年首都师范大学博士后出站。主要从事宋史研究，对唐史、元史和 20 世纪史学史也有兴趣。曾在《中国史研究》《中国史研究动态》《光明日报》（理论版）、《南开学报》《厦门大学学报》《文史》、台湾《新史学》《汉学研究通讯》《汉学研究》等发表各类习作 60

余篇，专著《官民交接：两宋乡村职役研究》《问道天水：宋史研究初稿》将于近年付梓。曾任教于南开大学历史学院暨中国社会史研究中心，现为厦门大学人文学院副教授。

张　剑，男，1971年5月生，河南遂平人。1998年毕业于中国社会科学院研究生院，获文学硕士学位；2004年毕业于中国社会科学院研究院，获文学博士学位。2011—2013年在首都师范大学历史学院博士后流动站工作（合作导师李华瑞先生）。现任中国社会科学院文学研究所《文学遗产》编辑部副主编，副主任，兼任宋代文学研究会副会长，中华文学史史料学会常务理事。出版《宋代家族与文学研究》《宋代范浚及其宗族研究》《苏轼论考》《翁心存日记》等著述（含专著、合著、译著、古籍整理）二十余部，发表百余篇学术论文。

方　兴，男，1980年生，江西南昌人。1998—2002年就读于中国人民大学历史系，获学士学位，2011年获中国人民大学历史学博士学位，2014年首都师范大学历史学博士后出站。主要从事明清史研究，先后在《中国经济史研究》《江汉论坛》《中州学刊》《江西社会科学》《光明日报》（理论版）发表论文多篇。2014年主持国家社科基金青年项目《"矿监税使"与晚明社会阶层及利益分成研究》。曾担任中国社会科学杂志社《历史研究》编辑，现为《江西师范大学学报》（哲学社会科学版）编辑，江西师范大学传统社会与江西现代化研究中心讲师。

俞菁慧，女，1981年生，浙江奉化人。本科、硕士分别就读于浙江师范大学、首都师范大学汉语言文学系。2009年考入北京大学哲学系中国哲学专业，师从汤一介先生，研究方向为儒家思想与儒家经典。博士论文《王安石之经术政治与熙宁变法——以〈周礼〉经世为中心》，重点在于关注熙宁变法与王安石研究在政治史、思想史和经学史方面的深化与拓展。博士毕业后，进入首都师范大学历史系做博士后，师从李华瑞教授，从事宋代思想史、政治史、经济史方向的博士后研究。在站期间，相继在《历史研究》《中国史研究》等重要刊物上发表论文数篇。

张 勇，男，1977年生，安徽合肥人，历史学博士后，宋史学会会员，浙江省衢州学院中国哲学与文化研究中心助理研究员，同时担任该校社科部两课课程教学工作，入围浙江省之江青年社科学者计划，学术旨趣集中于宋代经济史，对宋代的物资转输，特别是漕运用力较多。已在《史林》和《武汉大学学报》等期刊发表相关论文十数篇。

纪雪娟，女，1988年生，山东邹平人。2005年考入首都师范大学历史系基地班，2009年保送本校研究生，2010年因专业突出提前攻博，2014年获得历史学博士学位。毕业后进入中国社会科学院历史研究所博士后流动站，现为中国社科院历史研究所研究人员。2007年起跟随李华瑞教授从事宋史研究，并在李老师的指导下撰写学年论文《谋道不谋身，为法不为名——契嵩生平及思想研究》（该论文获得第七届"全国史学新秀奖"三等奖），撰写博士论文《宋代禅僧对儒学的吸收与回应——以〈四库全书·集部〉僧人文集为视角》。目前主要从事宋代"儒释融摄"研究、域外汉籍中宋代文献研究。现已点校出版宋代僧人文集《镡津文集》《北磵文集》，发表《北宋雪窦重显生平及德藏〈祖英集〉研究》《宋僧契嵩〈镡津文集〉版本考述》《北宋守内虚外国策的再认识》等论文九篇。

朱义群，男，1987年生，安徽太湖人，2006—2013年就读于首都师范大学历史学院，获本科、硕士学位，本科毕业论文为《北宋宰相吕大防研究》，硕士毕业论文为《宋神宗即位初期政治研究（1067—1070）》。现为北京大学历史学系博士研究生，研究兴趣涉及王安石变法、北宋中后期政治等。

夏 季，女，1990年生，本科就读于首都师范大学，中国古代史专业宋史方向2011级硕士研究生，师从李华瑞老师。毕业后赴澳大利亚留学。